KB092377

자바스크립트로 배우는
SICP

해럴드 에이블슨, 제럴드 제이 서스먼, 마틴 헨즈,
토비아스 브릭스타드, 줄리 서스먼 지음

류광 옮김

자바스크립트로 배우는 SICP

컴퓨터 프로그램의 구조와 해석

초판 1쇄 발행 2022년 12월 30일

지은이 해럴드 에이블슨, 제럴드 제이 서스먼, 마틴 헨즈, 토비아스 브릭스타드, 줄리 서스먼 / **옮긴이** 류광 / **펴낸이** 김태헌
펴낸곳 한빛미디어(주) / **주소** 서울시 서대문구 연희로2길 62 한빛미디어(주) IT출판2부
전화 02-325-5544 / **팩스** 02-336-7124
등록 1999년 6월 24일 제25100-2017-000058호 / **ISBN** 979-11-6921-062-1 93000

총괄 송경석 / **책임편집** 서현 / **기획·편집** 이민혁 / **교정** 오현숙
디자인 표지·내지 윤혜원 / **전산편집** 도담북스
영업 김형진, 장경환, 조유미 / **마케팅** 박상용, 한종진, 이행은, 고광일, 성화정 / **제작** 박성우, 김정우

이 책에 대한 의견이나 오탈자 및 잘못된 내용에 대한 수정 정보는 한빛미디어(주)의 홈페이지나 아래 이메일로
알려주십시오. 잘못된 책은 구입하신 서점에서 교환해드립니다. 책값은 뒤표지에 표시되어 있습니다.

한빛미디어 홈페이지 www.hanbit.co.kr / 이메일 ask@hanbit.co.kr

Structure and Interpretation of Computer Programs: JavaScript Edition

Copyright © 2022 by Massachusetts Institute of Technology
All rights reserved.

This Korean edition was published by Hanbit Media Inc. in 2022 by arrangement with The MIT Press
through KCC(Korea Copyright Center Inc.), Seoul.

이 책은 (주)한국저작권센터(KCC)를 통한 저작권자와의 독점계약으로 한빛미디어(주)에서 출간되었습니다.
저작권법에 의해 한국 내에서 보호를 받는 저작물이므로 무단전재와 복제를 금합니다.

지금 하지 않으면 할 수 없는 일이 있습니다.
책으로 펴내고 싶은 아이디어나 원고를 메일(writer@hanbit.co.kr)로 보내주세요.
한빛미디어(주)는 여러분의 소중한 경험과 지식을 기다리고 있습니다.

컴퓨터 프로그램의
구조와 해석

Structure and Interpretation of Computer Programs
: JavaScript Edition

자바스크립트로 배우는
SICP

해럴드 에이블슨, 제럴드 제이 서스먼, 마틴 헨즈,
토비아스 브릭스타드, 줄리 서스먼 지음

류광 옮김

한빛미디어
Hanbit Media, Inc.

존경과 감탄의 마음으로, 컴퓨터에 깃든 영혼에게 이 책을 바칩니다.

"나는 컴퓨터 과학에 몸담은 우리가 컴퓨팅에서 계속해서 재미를 느끼는 것이 엄청나게 중요하다고 생각한다. 초창기의 컴퓨팅은 너무나 재미있었다. 물론 유료 고객이 부당한 대우를 받는 경우가 종종 있었고, 얼마 후 우리도 그런 고객들의 불평을 진지하게 받아들이기 시작했다. 그들이 컴퓨터를 오류 없이 성공적이고 완벽하게 사용하는 것이 정말로 우리의 책임이라고 느꼈다. 요즘 우리는 그렇게 느끼지 않는 것 같다. 컴퓨팅을 새로운 방향으로 이끌고 재미있는 분야로 만드는 것은 우리의 책임이라고 생각한다. 재미는 다양한 형태로 나타난다. 예를 들어 새로운 사실을 발견하고, 정리를 증명하고, 프로그램을 작성하고, 암호를 해독하는 데서 재미를 느낄 수 있다. 어떤 형태의 재미이든, 컴퓨터 과학 분야에서 재미라는 요소가 사라지지 않길 바랄 뿐이다. 무엇보다도 나는 우리가 선교사가 되지는 않았으면 좋겠다. 여러분이 컴퓨팅에 관해 아는 것을 다른 사람들도 배우게 될 것이다. 성공적인 컴퓨팅의 열쇠를 여러분만 지닌다고 생각하지 말기 바란다. 여러분이 지닌 것은 지능, 즉 처음 보았을 때 컴퓨터에 관해 알아낸 것보다 더 많은 것을 알아내는 능력이라고 나는 생각하고 희망한다."

— 앨런 J. 펄리스^{Alan J. Perlis}(1922.4.1. – 1990.2.7.)

지은이 소개

지은이 **해럴드 에이블슨** Harold Abelson

MIT 컴퓨터 과학 및 공학 학부 클래스 오브 1922 교수(Class of 1922 Professor of Computer Science and Engineering)

지은이 **제럴드 제이 서스먼** Gerald Jay Sussman

MIT 전기공학부 파나소닉 교수(Panasonic Professor of Electrical Engineering)

지은이 **마틴 헨즈** Martin Henz

싱가포르 국립대학교 컴퓨터 과학 부교수(Associate Professor of Computer Science)

지은이 **토비아스 브릭스타드** Tobias Wrigstad

웁살라 대학교의 컴퓨터 과학 교수

지은이 **줄리 서스먼** Julie Sussman

프로그래머 출신 편집자 겸 작가

옮긴이 소개

옮긴이 **류광**

25년 이상의 번역 경력을 가진 전문 번역가로,『컴퓨터 프로그래밍의 예술』(The Art of Computer Programming) 시리즈와『UNIX 고급 프로그래밍』(Advanced Programming in UNIX Environment) 제2판 및 제3판,『인공지능: 현대적 접근방식』(Artificial Intelligence: A Modern Approach) 제3판 및 제4판,『Game Programming Gems』시리즈를 비롯해 80권 이상의 다양한 IT 전문서를 번역했다. 본서와 관련이 깊은 번역서로는『유연한 소프트웨어를 만드는 설계 원칙』(한빛미디어, 2022)이 있다.

개인 웹사이트 류광의 번역 이야기(https://occamsrazr.net)와 게임 개발 웹사이트 Gpg Study(https://gpgstudy.com)를 운영한다.

본서 『자바스크립트로 배우는 SICP』는 MIT Press가 2022년에 출판한 『*Structure and Interpretation of Computer Programs: JavaScript Edition*』을 우리말로 옮긴 책입니다. 번역하면서 긴 제목의 원서에 걸맞은 번역서 제목은 무엇일까 종종 고민했는데, 한빛미디어 분들이 아주 멋진 제목을 지어 주셨습니다. *Structure and Interpretation of Computer Program*을 흔히 SICP로 줄여 부릅니다. "프로그래밍에 관한 관점을 바꾸어 준 책"이나 "두고두고 다시 꺼내 읽는 책" 같은 표현으로 SICP를 칭송하는 개발자들이 많지만, 접근하기 어렵다는 평도 있었습니다. 그리고 접근이 어려운 이유 하나는 바로 SICP가 스킴Scheme이라는 다소 생소한 언어를 사용한다는 점입니다. 실제로 SICP는 스킴 입문서로도 쓰였다고 합니다. 번역서 제목은 "SICP가 대단한 책이지만 어렵다고 들었는데 자바스크립트라면 한 번 도전해 볼 만하겠다"라는, 독자들이 가질 기대감을 잘 반영한다고 생각합니다.

SICP는 다양한 언어로 각색되었는데, 그중 자바스크립트는 대중적일 뿐만 아니라 스킴의 DNA를 담고 있는 언어라는 점에서 의미가 있습니다. 겉보기에 자바스크립트는 스킴이나 스킴의 바탕 언어인 리스프와 상당히 다르지만, 가이 L. 스틸Jr. Guy L. Steele Jr.이 추천사에서 말하듯이 자바스크립트는 "생각보다 리스프와 가깝"습니다. 사실 넷스케이프 사에서 자바스크립트를 만든 브렌던 아이크Brendan Eich는 스킴 애호가이고, 넷스케이프 사는 웹 브라우저에서 스킴을 사용해 보자는 미끼(?)로 아이크를 영입했다고 합니다. 이후 여러 가지 사정으로 이름과 겉모습 모두 자바Java와 비슷한 언어가 되긴 했지만, 자바와는 달리 처음부터 함수를 일급 객체로 취급하는 등에서 스킴의 영향을 볼 수 있습니다. 게다가 이후 람다 표현식, 꼬리 재귀, 블록 범위 변수 등이 추가되면서 자바스크립트는 스킴에 좀 더 가까워졌습니다.

그래도 자바스크립트는 스킴과 많이 다릅니다. 무엇보다도 자바스크립트에는 리스프와 스킴의 주요 특징 중 하나인 '동형성(homoiconicity)'이 없습니다. 동형성이란 간단히 말해서 코드와 데이터가 같은 형태(표현)라는 것입니다. 리스프와 스킴에서 코드와 데이터는 둘 다 목록(list)이지만, 자바스크립트에서는 코드는 코드이고 데이터는 데이터입니다. 동형성을 갖춘 언어는 코드를 데이터처럼 다룰 수 있고 데이터를 코드로 사용할 수 있기 때문에

제4장의 메타순환적 해석기(해석기 구현 언어와 해석 대상 언어가 같은 해석기)를 만들기 쉽습니다. SICP를 다른 언어로 각색할 때 부분적으로 이 동형성과 관련된 문제 때문에 제3장까지만 각색한 경우가 많다고 들었는데, 이 책의 저자들은 현명한 타협안(프로그램 텍스트를 적절한 표현으로 변환해 주는 함수가 있다고 가정하고 넘어가는)으로 그 장벽을 넘고 SICP 전체를 충실하게 자바스크립트로 각색하는 성과를 이루었습니다.

SICP가 어렵게 느껴지는 것이 스킴 때문만은 아닙니다. SICP의 원저자들이 애초에 왜 이러저러한 문제들을 풀려고 노력했는지 알지 못하면, 책이 어렵고 쉽고를 떠나서 계속 읽어 나갈 동기를 잃을 수 있습니다. 아마추어 커널 해커이자 유명 IT 칼럼니스트인 안윤호 님이 IBM Developer Works에 연재한 "해커 문화의 뿌리를 찾아서"의 1회를 보면, (SICP 한국어판 번역에도 참여한) 안윤호 님조차도 처음에는 SICP가 너무나 이상해서 끝까지 읽지 못했다가, 나중에 SICP와 관련된 문서들과 그 역사적 맥락을 알게 되면서 SICP를 재평가했을 뿐만 아니라 컴퓨터에 대해 다시 생각하게 되었다고 합니다. 제 홈페이지의 이 책을 위한 페이지(아래 문단 참고)에 "해커 문화의 뿌리를 찾아서" 복사본으로의 링크가 있으니 꼭 읽어 보시길 권합니다. 주로 리스프와 스킴의 발전과 밀접하게 관련된 원래의 문제의식들이 이 책의 자바스크립트 예제들에서 어떻게 발현되고 해결되는지 살펴보는 것도 이 책을 계속 읽어 나갈 동기가 될 것입니다.

어려운 책이라고 미리부터 너무 겁을 준 게 아닌가 하는데, 몇 가지 장애물을 잘 넘기고 흐름을 타면 시간 가는 줄 모르고 읽을 수 있는 재미있는 책이라고 생각합니다. 그 장애물 중에 오역과 오탈자도 포함될 것인데, 앞에서 언급한 '이 책을 위한 페이지'에 이 책의 정오표, 추가 자료, 오탈자 및 오역 제보와 의견 교환을 위한 공간을 마련해 두었으니 활용해 주세요. 주소는 https://occamsrazr.net/book/SICPJS입니다(대소문자 주의).

감사의 글로 옮긴이의 글을 마무리하겠습니다. 『유연한 소프트웨어를 만드는 설계 원칙』에 이어 이번에도 제가 번역에만 집중할 수 있도록 제반 사항을 잘 처리해 주신 한빛미디어 이민혁 대리님과 거의 한 페이지 분량의 각주가 등장하는 등 여러모로 다루기 어려운 책을 능숙하게 조판해 주신 도담북스의 왕은정 실장님께 고맙습니다. 그리고 제가 알지 못하는 곳에서 이 책의 출판을 위해 열과 성을 다하신 모든 분께 감사 인사드립니다. 또한, SICP 제2판 번역서 『컴퓨터 프로그램의 구조와 해석』(인사이트, 2016)의 옮긴이 김재우, 김정민, 안윤호, 김수정 님께도 감사의 뜻을 표합니다. 훌륭한 번역서 덕분에 이 책을 번역하면서 중요한 오역 몇 가지를 피할 수 있었습니다. 끝으로, 변함없이 세심하고 전문적인 교정·교열로 이 책을 완성해 준 아내 오현숙에게 감사와 사랑의 마음을 전합니다.

　재미있게 읽으시길!

— 류광

추천사

아직 학생 때 나는 놀라우신(amazing) 앨런 J. 펄리스와 만나 이야기하는 기쁨을 몇 번 누렸다. 그와 나는 아주 다른 두 언어인 리스프^{Lisp}와 APL을 깊이 사랑하고 존경한다는 공통점이 있었다. 그의 발자취를 따르는 것은, 비록 그가 찬란하고 훌륭한 발자국을 남기긴 했지만, 내게 감당하기 힘든 일이었다. 그래도 나는 이 책의 제1판 추천사에서 그가 언급한 주장 하나를 곱씹어 보고자 한다. (그리고 이 추천사를 다 읽기 전에 이 추천사 다음에 나오는 그의 추천사를 먼저 읽어 보길 권한다.) 그는 하나의 자료 구조에 작동하는 함수 100개를 두는 것이 10개의 자료 구조에 작동하는 함수 10개를 두는 것보다 낫다고 말했다. 정말로 그럴까?

이 질문에 세심하게 답하려면 먼저 그 '하나의 자료 구조'가 "범용적"인지, 즉 10개 이상의 좀 더 특화된 자료 구조의 역할을 너끈히 충족할 수 있는지 물어야 한다.

관련해서, 정말로 함수가 100개나 필요한지도 의문시할 수 있다. 그 함수들 모두의 역할을 충족하는 하나의 범용 함수를 만들 수는 없을까?

마지막 질문에 대한 답은 놀랍게도 "있다"이다. (1) 다른 어떤 함수를 서술하는 역할을 하는 자료 구조 하나와 (2) 인수(argument)들의 목록을 받고 다른 어떤 함수를 그 인수들에 적용했을 때 정확히 그 다른 어떤 함수처럼 작동하는 함수를 만들면 된다. 그런 함수를 만드는 것은 다른 함수를 만드는 것보다 아주 약간만 까다로울 뿐이다. 또한, 함수를 비롯해 임의의 계산(computation)을 서술할 수 있는 자료 구조를 설계하는 것 역시 아주 약간만 까다롭다. 이 책의 제4장에서 그런 자료 구조(이를테면 표현식과 문장의 태그된 목록 표현과, 이름들을 값들에 연관시키는 환경의 조합)와 그런 범용 함수(`apply`)를 설명한다. 따라서 어쩌면 함수 하나와 자료 구조 하나로 충분할 수 있다.

원칙적으로는 그렇다. 그러나 실제에서는, 자료 구조들과 함수들을 적절히 차별화(distinction)한다면 우리(계산의 서술을 작성하는 인간)가 코드를 더 잘 이해할 수 있도록 코드를 조직화하는 데 도움이 되는 것이 사실이다. 그런 면에서 나는 펄리스의 주장이 계산 능력이 아니라 인간의 능력과 한계에 관한 것이라고 믿는다.

내가 생각하기에 사람이 잘하는 것 중 하나는 대상에 이름을 붙이는 것이다. 우리는 강력한 연상 능력 또는 연관 기억 능력을 갖추었다. 어떤 이름이 주어지면 그와 연관된 뭔가가 즉시 머릿속에 떠오른다. 이것은 일반적으로 조합 계산법(combinatory calculus)보다 람다 계산법 (lambda calculus)이 훨씬 다루기 쉬운 이유이다. 대부분의 사람은 리스프 표현식 (lambda (x) (lambda (y) (+ x y)))나 자바스크립트JavaScript 표현식 x => y => x + y를 다음과 같은 조합 표현식보다 잘 해석한다.

```
((S ((S (K S)) ((S ((S (K S)) ((S (K K)) (K +)))) ((S (K K)) I)))) (K I))
```

비록 다섯 줄의 리스프 코드로 손쉽게 표현할 수 있는 직접적인 구조적 대응 관계가 존재하는 데도 말이다.

따라서, 원칙적으로는 그냥 하나의 범용 함수로 충분하지만, 그래도 우리는 매번 함수 서술 자체를 범용 함수에 공급하는 것보다는 여러 코드 조각에 이름을 붙이고 함수 서술 이름들을 언급하는 식으로 코드를 모듈화하는 쪽을 선호한다.

1998년 강의 "Growing a Language"에서 나는 좋은 프로그래머는 "그냥 프로그램을 작성하는 데서 멈추지 않고, 실용 어휘(working vocabulary)를 구축한다"라고 말했다. 프로그램의 부품들을 설계하고 정의하면서 우리는 그 부품들에 이름을 붙인다. 그러다 보면 프로그램의 나머지 부품들을 작성하는 데 사용할 수 있는 풍부한 언어가 만들어진다.

자료 구조 역시 단 하나만 두는 대신 여러 자료 구조를 적절히 차별화해서 이름을 붙이는 것이 자연스럽다.

중첩된 목록(nested list)이 앞에서 언급한 범용 자료 구조일 수 있다(또한, HTML이나 XML, JSON같이 좀 더 현대적이고 널리 쓰이는 자료 구조들도 괄호를 이용한 중첩 표현임을 지적하지 않을 수 없다. 리스프의 순수한 소괄호 중첩 표현보다 약간만 더 정교할 뿐이다). 그리고 다양한 상황에서 유용한 함수들도 많이 있다. 목록의 길이를 구하는 함수나 목록의 모든 요소에 하나의 함수를 적용하고 그 결과들로 목록을 만드는 함수 등이 그렇다. 하지만 어떤 특정한 계산 문제를 고민할 때 나는 "두 요소로 된 이 목록은 사람의 이름과 성이고, 두 요소로 된 저 목록은 복소수의 실수부와 허수부이고, 두 요소로 된 또 다른 이 목록은 분수의 분자와 분모이다"라는 식으로 생각하곤 한다. 이것이 바로 차별화인데, 어쩌면 이런 차별화를 자료 구조 자체에 명시적으로 표현하는 게 유용할 수 있다. 적어도 복소수를 분수로 잘못 취급하는 실수를 방지하는 취지에서라도 말이다. (이 역시 인간의 능력과 한계에 관한 언급이다.)

이 책의 제1판이 나온 후로 거의 40년이 흘렀다. 그동안 데이터를 조직화하는 다른 여러 방식이 등장해서 어느 정도 표준으로 자리 잡았는데, 특히 '객체 지향적(object-oriented)' 접근 방식이 그렇다. 또한 자바스크립트를 비롯한 여러 언어는 객체, 문자열, 힙, 맵 같은 특화된 자료 구조를 지원하고 다양한 내장 메커니즘과 라이브러리를 제공한다. 그렇지만 그 대신 좀 더 일반적이고 범용적인 표기법을 버린 언어들이 많다. 예를 들어 자바Java는 원래 일급 함수(first-class function)를 지원하지 않았는데, 비교적 최근에야 일급 함수를 지원하면서 표현력이 크게 증가했다.

APL도 원래는 일급 함수를 지원하지 않았을뿐더러, 지원하는 유일한 자료 구조(임의의 차원의 배열)는 범용 자료 구조로 사용하기에는 너무 불편했다. 다른 배열을 요소로 담을 수 없었기 때문이다. 좀 더 최근 버전의 APL은 값으로서의 익명 함수와 중첩 배열을 지원한다. 덕분에 표현력이 극적으로 좋아졌다. (APL의 초기 설계에는 두 가지 장점이 있었는데, 하나는 유일한 자료 구조에 할 수 있는 수많은 함수를 갖추었다는 점이고 다른 하나는 그 함수들의 이름을 아주 잘 지었다는 점이다. 괴상한 기호와 그리스 문자를 말하는 것이 아니라, APL 프로그래머들이 그 함수들을 언급할 때 말하는 단어, 그러니까 shape, reshape, compress, expand, laminate 같은 단어들을 말하는 것이다. 이 이름들은 기호들을 위한 것이 아니라 기호가 나타내는 함수(function; '기능')를 위한 것이다. 켄 아이버슨Ken Iverson은 배열에 대한 함수들에 짧고 기억하기 쉽고 깔끔한 이름을 붙이는 데 재주가 있었다.)

자바처럼 자바스크립트도 원래 객체와 메서드 위주로 설계된 언어지만, 자바와는 다르게 처음부터 일급 함수를 지원했다. 그리고 객체들을 이용해서 하나의 단일한 범용 자료 구조를 정의하는 것이 그리 어렵지 않다. 그런 면에서 자바스크립트는 생각보다 리스프와 가깝다. 그리고 『컴퓨터 프로그램의 구조와 해석』의 이번 자바스크립트 에디션이 보여주듯이, 자바스크립트는 핵심 개념들을 제시하기에 적합한 또 다른 틀이다. 원래부터 『컴퓨터 프로그램의 구조와 해석』은 프로그래밍 언어에 관한 책이 아니었다. 『컴퓨터 프로그램의 구조와 해석』은 그 어떤 프로그래밍 언어에서도 유용한, 강력하고도 일반적인 프로그램 조직화 방법을 제시한다.

리스프와 자바스크립트의 공통점은 무엇일까? 둘의 공통점으로는 하나의 계산을 나중에 하나의 함수로 실행할 수 있도록 추상화하는 능력, 그런 함수들에 대한 참조를 자료 구조에 내장하는 능력, 함수를 인수들에 적용하는 능력, 차별화 능력(조건부 실행), 편리한 범용 자료 구조, 그런 자료 구조의 데이터의 저장을 완전 자동으로 관리하는 능력(다른 여러 능력을 생각할 때 언어가 당연히 갖추어야 한다고 생각할 수도 있겠지만, 널리 쓰이지만 이런 능력은 없는 프로그래밍 언어도 많이 있다), 그런 범용 자료 구조에 적용할 수 있는 수많은 유용한 함수들, 범용 자료 구조를 이용해서 좀 더 특화된 자료 구조를 표현하는 데 사용하는 표준적인 전략들을 들 수 있다.

따라서 진실은 펄리스가 그토록 설득력 있게 주장한 두 극단 사이의 어딘가에 있을 것이다. 어쩌면 목록 같은 하나의 범용 자료 구조에 대해 유용하게 작동할 정도로 일반적인 40여 개의 함수를 두는 것이 최적의 균형점일 수도 있고, 아니면 하나의 범용 자료 구조에 대해 10개의 특화된 뷰를 두고 뷰마다 유용한 함수 여섯 개를 두는 것이 최적의 균형점일 수도 있겠다.

여러분이 이 책을 읽으면서 프로그래밍 언어의 구성요소들과 그 사용법에만 관심을 둘 것이 아니라, 함수/변수/자료 구조에 붙은 이름에도 관심을 두었으면 좋겠다. 이 책에 나오는 이름들이 아이버슨이 APL 함수들에 붙인 것만큼 짧고 강렬하지는 않지만, 여러분이 전체적인 프로그램 구조를 이해하는 데 도움이 되도록 의도적으로, 그리고 체계적으로 붙인 이름임은 분명하다.

원시 요소들, 조합 수단들, 함수 추상화, 명명(이름 붙이기), 그리고 차별화를 통해 범용 자료 구조를 특화된 방식으로 사용하기 위한 관례들은 좋은 프로그래밍 언어의 근본적인 구축 요소(building block)들이다. 이런 구축 요소들에 상상력과 건전한 공학적 판단(경험에 기초한)을 더하면 나머지는 모두 해결된다.

— 가이 L. 스틸 Jr., 2021년 미국 매사추세츠주 렉싱턴에서

추천사(1984년 제1판)

교사, 장군, 영양사, 심리학자, 부모는 프로그램을 짠다. 군대, 학교, 일부 학회는 프로그램에 따라 작동한다. 대규모 문제를 공략하는 과정에서 일련의 프로그램들이 만들어진다. 그런 프로그램들은 주어진 문제에 특화된 것처럼 보이는 요소들로 가득하다. 지적 활동으로서의 컴퓨터 프로그래밍을 제대로 평가하려면 실제로 프로그래밍을 해 봐야 한다. 즉, 컴퓨터 프로그램을 읽고 써봐야 한다(그것도 많이). 그 프로그램들이 무엇에 관한 것이고 어떤 용도인지는 중요하지 않다. 중요한 것은 프로그램이 얼마나 잘 작동하는지, 그리고 더 큰 프로그램을 만들 수 있도록 다른 프로그램과 얼마나 매끄럽게 연동되는지이다. 이 책에서 '프로그램'의 용도는 디지털 컴퓨터에서 실행하기 위해 리스프의 한 방언으로 작성한 프로그램들의 작성과 실행, 연구에 초점을 둔다. 리스프를 사용한다고 해서 프로그램의 작성에 어떠한 제약이나 한계가 생기는 것은 아니다. 제약이나 한계는 단지 프로그램 서술의 표기법에만 가해진다.

　이 책은 인간의 마음(정신), 컴퓨터 프로그램들의 집합, 그리고 컴퓨터 자체라는 세 가지 측면에 초점을 두고 내용을 전달한다. 모든 컴퓨터 프로그램은 물리적 또는 정신적 과정에 대한 하나의 모형(model)이 우리의 마음속에서 부화한 것이다. 인간의 경험과 사고思考에서 생겨난 그러한 과정(process)은 그 수가 엄청나게 많을 뿐만 아니라 대단히 복잡하다 보니 한 번에 오직 일부만 이해할 수 있다. 그런 과정을 컴퓨터 프로그램으로 만족스럽게 모형화(modeling)할 수 있는 경우는 드물다. 그래서 비록 우리가 이산적인 기호들의 집합과 연동된 함수들의 모자이크를 세심하게 만들어서 프로그램을 구축한다고 해도 프로그램은 계속해서 진화한다. 모형에 대한 우리의 지각(perception)이 심화·확대·일반화됨에 따라 우리는 계속해서 프로그램을 수정한다. 그러한 수정 과정은 모형이 우리가 확립하려고 애쓰는 또 다른 모형 안의 준안정적인(metastable) 자리에 안착해서야 끝난다. 컴퓨터 프로그래밍과 연관된 기쁨과 흥분은 프로그램의 형태로 표현된 메커니즘들이 우리 마음속과 컴퓨터에서 끊임없이 전개되고 그로부터 지각이 폭발적으로 생겨나는 데에서 비롯한다. 예술이 우리의 꿈을 해석한다면, 컴퓨터는 우리의 꿈을 프로그램의 형태로 실행한다!

그러나 그토록 강력한 힘을 가진 컴퓨터는 가혹한 관리자이다. 컴퓨터 프로그램은 반드시 정확해야 하며, 우리는 우리가 말하고자 하는 바를 세세하고 정확하게 말해야 한다. 다른 모든 기호적 활동이 그렇듯이, 우리는 프로그램의 진위를 논증을 통해서 납득하게 된다. 리스프 자체에도 하나의 의미체계(semantics)를 배정할 수 있다(그나저나 이는 다른 모형이다). 그리고 만일 프로그램의 함수를 이를테면 술어 산술(predicate calculus)로 서술할 수 있다면, 프로그램의 정확성에 관한 받아들일 만한 논증을 논리학의 증명법을 이용해서 구축하는 것이 가능할 것이다. 그렇지만 프로그램은 거의 항상 크고 복잡해지기 마련이며, 그러면 프로그램 명세의 정확성이 의심스러워질 수밖에 없다. 그래서 대규모 프로그램의 정확성에 대한 완전하고 형식적인 논증이 제공되는 경우는 드물다. 대규모 프로그램은 작은 프로그램에서 성장하므로, 그 정확성을 우리가 확신할 수 있는 표준적인 프로그램 구조('관용구(idiom)'라고 부른다)들의 컬렉션을 만들어 나가는 것이, 그리고 가치가 증명된 조직화 기법들을 이용해 그 구조들을 조합해서 더 큰 구조를 만드는 방법을 배워 나가는 것이 극히 중요하다. 이 책은 그런 조직화 기법들을 자세히 설명한다. 프로그래밍이라고 부르는 프로메테우스적 활동에 여러분이 참여하려면 그런 기법들을 꼭 알아야 한다. 무엇보다도, 강력한 조직화 기법들을 배우고 익혀 두면 크고 중요한 프로그램을 만드는 능력을 좀 더 빠르게 개발할 수 있다. 반대로, 대규모 프로그램의 작성은 대단히 부담이 큰 일이므로, 큰 프로그램에 들어맞도록 함수의 덩치와 세부사항을 줄이는 새로운 방법을 고안하는 것 역시 우리에게 필요한 일이다.

프로그램과는 달리 컴퓨터는 물리 법칙에서 벗어나지 못한다. 컴퓨터가 빠르게(상태 변경당 몇 나노초 정도로) 작동하려면 전자들이 짧은 거리(끽해야 50cm 정도)에서 전달되어야 한다. 좁은 공간에 밀집된 수많은 컴퓨터가 뿜어내는 열을 식히는 것도 필요하다. 그래서 기능의 다양성과 장치들의 밀도 사이의 균형을 맞추기 위한 절묘한 공학 기술이 개발되었다. 여하튼 하드웨어는 항상 우리가 프로그램하고자 하는 수준보다 훨씬 원초적인 수준에서 작동한다. 우리의 리스프 프로그램을 '기계어' 프로그램으로 변환하는 과정들은 그 자체로 우리가 프로그래밍하는 추상적인 모형들이다. 그런 모형들을 연구하고 제작하다 보면, 임의의 모형을 프로그래밍하는 것과 연관된 조직화 가능한 프로그램에 관해 많은 영감을 얻을 수 있다. 물론 컴퓨터 자체도 그런 식으로 모형화할 수 있다. 이렇게 생각해 보자. 가장 작은 물리적 스위칭 소자의 행동은 양자역학 모형을 따르는데, 그 모형은 미분방정식들로 서술되며, 그 미분방정식들의 상세한 습성은 컴퓨터 프로그램 안의 수치 근사 코드로 잡아낼 수 있다. 그런데 그 프로그램 자체는 다름 아닌 물리적 스위칭 소자들로 구성된 컴퓨터에서 실행된다!

앞에서 언급한 세 가지 초점을 분리해서 식별하는 것이 단지 전술적인 편리함의 문제만은 아니다. 비록 이것이 전적으로 우리의 머릿속에서 일어나는 일이라고 해도, 이러한 논리적 분리는 세 초점(각 초점의 다양성과 활력, 잠재력은 생명의 진화 자체를 제외한다면 우리 인류가 경험하지 못한 수준이다) 사이의 기호적 소통을 가속하는 효과를 낸다. 이 세 초점 사이의 관계는 잘해야 준안정적이다. 컴퓨터의 속도와 용량은 항상 부족하다. 하드웨어 기술에 혁신이 일어나도, 프로그래밍 활동이 더욱 큰 규모로 일어나고 새로운 조직화 원리들과 다양한 추상 모형들이 생겨나므로 여전히 컴퓨터의 속도와 용량은 부족하게 된다. 모든 독자는 우리가 "무엇을 향해 나아가며 그 끝은 어디인가?"라는 질문을 자신에게 끊임없이 던져야 마땅하다. 단, 달콤쌉쌀한 철학에 빠져 프로그래밍의 재미를 놓칠 정도로 자주 던지지는 말아야 할 것이다.

우리가 작성하는 프로그램 중 일부는(충분히 많지는 않다) 수열의 정렬이나 최댓값 찾기, 소수 판정, 제곱근 구하기 같은 엄밀한 수학적 작업을 수행한다. 그런 프로그램을 알고리즘이라고 부르는데, 알고리즘들의 최적 행동에 관해 많은 것이 알려져 있다. 특히, 알고리즘 행동의 두 가지 중요한 요소인 실행 시간과 데이터 저장 요구사항이 많이 파악되었다. 프로그래머는 좋은 알고리즘들과 관용구들을 몸에 익혀야 한다. 프로그램의 명세를 엄밀하게 파악하기가 어려운 경우도 있긴 하지만, 프로그래머는 프로그램의 성능을 추정해야 하며, 항상 성능 개선에 힘써야 한다.

리스프는 사반세기(25년)의 세월을 버티고 여전히 살아 있는 언어이다. 현재 활발히 쓰이는 프로그래밍 언어 중 그보다 오래된 것은 포트란Fortran뿐이다. 두 언어 모두 주요 응용 분야의 프로그래밍 요구를 잘 지원해 왔다. 포트란의 주요 응용 분야는 과학과 공학 계산이고 리스프는 인공지능이다. 이 두 분야는 앞으로도 계속 중요할 것이며, 리스프나 포트란을 열성적으로 아끼는 프로그래머들이 있기 때문에 이 두 언어는 적어도 다음 사반세기 동안에도 활발하게 쓰일 것이다.

리스프는 변한다. 이 책에 쓰인 스킴^{Scheme}은 리스프의 한 방언(dialect)으로, 원래의 리스프에서 발전했으며 몇 가지 중요한 방식으로 원래의 리스프와 다르다. 특히 변수 바인딩에 정적 범위(static scope)가 적용된다는 점과 함수가 함수를 값으로 돌려줄 수 있다는 것이 중요한 차이점이다. 의미 구조로 보면 스킴은 초기 리스프들에 가까운 것만큼이나 알골 60$^{Algol\ 60}$에 가깝다. 이제는 다시 활성 언어가 될 가망이 없는 알골 60은 스킴과 파스칼^{Pascal}의 유전자에 살아 있다. 이 두 언어(그리고 그 파생 언어들)만큼이나 서로 다른 두 문화의 교환용 토큰 역할을 하는 언어들을 찾기란 어렵다. 파스칼은 피라미드를 만드는 언어라고 할 수 있다. 파스칼로 만든 프로그램은 군대가 무거운 돌들을 제자리로 밀어 넣어 만든 위압적이고 웅장한 정적 건축물과 비슷하다. 반면에 리스프는 유기체를 만드는 언어이다. 리스프로 만든 프로그램은 여러 분대가 살아 움직이는 수많은 간단한 조직들을 짜 맞추어서 만든 동적인 구조물과 비슷하다. 두 경우 모두 조직화 원리들은 대체로 동일하나, 엄청나게 중요한 차이점이 하나 있다. 그것은 바로, 개별 리스프 프로그래머에게 주어지는 범용적이고(discretionary) 내보내기 가능한(exportable) 기능성은 파스칼 프로젝트에서 발견할 수 있는 것보다 수십 배 많다는 것이다. 리스프 프로그램은 수많은 함수로 이루어진 라이브러리들로 가득하며, 그런 라이브러리들의 효용(utility)은 그런 라이브러리들을 산출한 응용 프로그램 자체의 효용을 뛰어넘는다. 그런 효용 증가의 주된 요인은 리스프의 본질적인 자료 구조인 목록(list)이다. 목록은 그 구조가 단순하고 적용 방식이 자연스럽기 때문에, 자신만의 특별한 인터페이스와 연동 방식을 요구하는 함수가 놀랄 만큼 적다. 반면에 파스칼에서는 선언할 수 있는 자료 구조들이 너무나 많다 보니, 인과관계에 따른 연동이 불가능하거나 비효율적일 정도로 특화된 함수들이 생겨날 수밖에 없다. 하나의 자료 구조에 작동하는 함수 100개를 두는 것이 10개의 자료 구조에 작동하는 함수 10개를 두는 것보다 낫다, 그 결과로, 피라미드는 변경 없이 천 년을 버텨야 하지만 유기체는 진화하지 않으면 소멸한다.

이 책이 내용과 연습문제를 다루는 방식과 파스칼 입문 교과서의 방식을 비교해 보면 이러한 차이점을 좀 더 실감할 수 있을 것이다. 이 책이 MIT 학생들(그곳에서만 볼 수 있는 별종들)만 이해할 수 있는 교과서라는 오해를 굳이 해명하고 싶지는 않다. 어느 학교의 학생이든, 또는 어떤 용도로 쓰이든, 이 책은 리스프 프로그래밍을 다루는 진지한 책이라면 갖추어야 모든 것을 담고 있다.

다른 대부분의 리스프 책과는 달리 이 책은 프로그래밍 자체에 관한 교과서임을 주의하자. 대부분의 리스프 책은 인공지능 분야의 직업 훈련용으로 쓰인다. 어차피, 고려 대상인 시스템이 커짐에 따라 소프트웨어 공학과 인공지능의 핵심적인 프로그래밍 관심사들이 합쳐지는 경향이 있다. 인공지능 분야 바깥에서도 리스프에 관한 관심이 이토록 커지는 이유이다.

인공지능의 목표를 보면 짐작하겠지만, 인공지능 연구에서 여러 가지 중요한 프로그래밍 문제들이 제기되었다. 다른 프로그래밍 문화에서는 새로운 문제가 제기되면 새로운 언어가 등장한다. 사실, 새로운 언어를 만들어서 작업 모듈들 사이의 소통을 통제하고 격리하는 것은 그 어떤 대규모 프로그래밍 과제에서도 유용한 조직화 원칙이다. 그러나 그런 언어들은 인간과의 상호작용이 가장 자주 일어나는 시스템 가장자리에 접근할수록 점점 더 복잡해지는 경향이 있다. 그러다 보니 그런 시스템을 개발하다 보면 복잡한 언어 처리 기능을 여러 번 거듭해서 만들게 된다. 리스프는 구문론(문법)과 의미론(실행 시점의 작동 방식)이 아주 간단한 덕분에 파싱을 그냥 기본적인 작업으로 취급할 수 있다. 따라서 리스프 프로그래밍에서는 파싱 기술은 그리 큰 역할을 하지 못하며, 대규모 리스프 시스템에서 언어 처리기를 만드는 작업 때문에 시스템의 성장과 변화가 늦어지는 일은 거의 없다. 마지막으로, 구문론과 의미론의 이러한 단순함은 모든 리스프 프로그래머가 짊어진 짐의 근원이자 모든 리스프 프로그래머에게 부여되는 자유의 근원이라는 점도 언급하지 않을 수 없다. 몇 줄짜리 아주 짧은 프로그램이 아닌 한, 범용적인 함수들로 가득 채우지 않고서는 그 어떤 리스프 프로그램도 작성할 수 없다. 자신의 생각을 중첩된 괄호들 안에 표현하는 리스프 프로그래머에게 축배를 든다.

— 앨런 J. 펄리스, 미국 코네티컷주 뉴헤이븐에서

머리말

고전 『컴퓨터 프로그램의 구조와 해석』(*Structure and Interpretation of Computer Programs*, SICP)의 자바스크립트 판(edition)인 본서 『자바스크립트로 배우는 SICP』는 계산(computation)에 관한 일련의 정신 모형(mental model)들을 구축해 가면서 계산의 핵심 개념들을 독자에게 소개한다. 제1장에서 제3장까지는 모든 고수준 프로그래밍 언어에 공통인 프로그래밍 개념들을 다룬다. SICP의 처음 두 판은 예제 프로그램에 스킴Scheme이라는 프로그래밍 언어를 사용했다. 스킴의 간결하고 표현식 지향적인 문법 덕분에 그 두 판은 해당 언어의 설계 자체보다는 프로그래밍의 바탕 개념들에 집중할 수 있었다. 기존 두 판의 제4장과 제5장은 스킴을 이용해서 스킴 언어 처리기를 개발하면서 정신 모형들에 관한 독자의 이해를 심화하고 언어적 확장과 대안들을 제시했다.

1984년 제1판과 1996년 제2판이 출간된 후 SICP는 전 세계 대학교에서 교과서로 쓰였다. 특히 싱가포르 국립 대학교(NUS)는 1997년에 SICP에 기초한 입문 강좌 CS1101S를 개설했다. 1990년대 중반에는 파이썬Python, 자바스크립트JavaScript, 루비Ruby 같은 언어들이 등장했다. 이 언어들은 스킴의 핵심 설계 요소들을 공유하긴 하지만, 사람들에게 익숙한 중위(infix) 표기법(수학에 쓰이는 표기법)을 사용하는 좀 더 복잡하고 문장(statement) 지향적인 문법을 갖추었다는 점이 스킴과 달랐다. 그런 언어들이 인기를 끌면서 강사들은 SICP 기반 강좌를 그런 언어에 맞게 각색했는데, 주로는 예제 프로그램을 해당 언어로 옮기고 해당 언어에 고유한 내용을 추가하는 식이었고, 스킴에 특화된 제4장과 제5장은 생략했다.

SICP를 자바스크립트로 각색

2008년 NUS는 SICP 제2판을 자바스크립트에 맞게 각색한 버전(이하 간단히 'SICP JS')을 만들기 시작했고, 2012년에 CS1101S 과목이 자바스크립트 기반 과목으로 바뀌었다. ECMAScript 2015 표준이 제정되면서 자바스크립트에도 람다 표현식과 꼬리 재귀, 블록 범위 변수와 상수가 도입되었고, 그 덕분에 SICP JS를 원판에 아주 가깝게 자바스크립트로 각색할 수 있었다. 우리 저자들은 자바스크립트와 스킴이 너무 달라서 어쩔 수 없는 경우에만 SICP

의 본문을 크게 뜯어고쳤다. 이 책은 자바스크립트의 작은 일부만 다룰 뿐이므로, 자바스크립트 입문서로 사용하는 것은 바람직하지 않다. 예를 들어 자바스크립트 본연의 객체 개념(그 어떤 관점에서도 자바스크립트의 근본 요소로 간주되는)은 아예 언급하지도 않는다!

제1~3장의 예제 프로그램을 자바스크립트로 옮기는 일은 쉬웠다. 그냥 스킴의 원시 요소들(목록 구조를 지원하는 것들을 포함해서)을 반영한 라이브러리를 추가하고 본문을 적절히 고치면 되었다. 그러나 자바스크립트의 반환문 처리 때문에 제4장과 제5장의 해석기(interpreter)와 컴파일러는 조금 뜯어고쳐야 했다. 스킴의 표현식 지향적 문법에는 반환문이 없다. 흔히 return 같은 키워드로 표현되는 반환문은 문장 지향적 언어의 두드러진 특징이다.

제1~3장에서는 오늘날 대부분의 주류 언어에 쓰이는 구문 스타일을 자바스크립트를 이용해서 소개한다. 그렇지만 제4장에서는 구문 스타일이 크게 변하는데, 이는 기존 구문 스타일로는 프로그램을 자료 구조로서 직접 표현하기가 마땅치 않기 때문이다. 이 문제를 극복하기 위해 §4.1에서는 프로그램 파싱이라는 개념을 독자에게 소개한다. §4.4에서는 논리 프로그래밍 시스템을 이야기하는데, 자바스크립트의 경직된 구문 구조 때문에 시스템의 구현이 상당히 복잡해진다. 또한 프로그래밍 언어를 설계하는 도구로서의 자바스크립트의 한계들이 드러난다.

SICP JS의 활용을 위한 참고자료

MIT Press(원서 출판사) 웹사이트의 SICP JS 페이지에는 이 책을 활용하는 데 도움이 되는 참고자료가 있는 페이지로의 링크가 있다.◆ 참고자료에는 이 책의 모든 예제 코드뿐만 아니라 교육자를 위한 상세한 자료도 포함되어 있는데, 특히 다수의 추가 연습문제와 전형적인 단학기 대학 강좌를 위해 SICP JS의 일부를 선택하는 데 관련한 조언들이 있다. 이 책의 자바스크립트 프로그램들은 자바스크립트의 ECMAScript 2020 명세(ECMA 2020)를 준수하는 그 어떤 자바스크립트 구현에서도 실행할 수 있다. 가능하면 엄격 모드(strict mode)에서 실행할 것을

··

◆ 옮긴이 2022년 10월 현재, MIT Press 웹사이트를 거칠 필요 없이 저자들이 관리하는 https://about.sourceacademy.org/로 바로 가는 것이 빠르다. 이 문단에서 언급하는 자료는 모두 이곳에 있다.

권한다. 참고자료 페이지는 **sicp**라는 자바스크립트 패키지도 소개한다. 이 패키지는 책에서 '원시(primitive)' 함수로 간주하는 모든 자바스크립트 함수를 제공한다.

독자에게

만일 독자가 이 책으로 프로그래밍을 처음 접한다면, 컴퓨터 프로그램의 구조와 해석에 관해 이 책에서 새로이 배운 내용을 스킴과 완전한 자바스크립트 언어를 비롯해 더 많은 프로그래밍 언어를 학습하는 데 활용하길 진심으로 바란다. 이 책을 읽기 전에 이미 자바스크립트를 배운 독자라면, 자바스크립트 언어에 깔린 근본 개념들에 대한 새로운 통찰을 얻을 것이며, 그렇게 적은 것으로 얼마나 많은 것을 얻을 수 있는지 깨닫게 될 것이다. SICP 원판(스킴 버전)을 읽은 적이 있는 독자라면 익숙한 개념들의 새로운 표현을 즐길 수 있을 것이다. 그리고 저자 웹사이트에 있는, SICP 원판과 SICP JS를 좌우로 병치한 온라인 비교판도 흥미로울 것이다.

— 마틴 헨즈와 토비아스 브릭스타드

머리말(1996년 제2판 및 1984년 제1판)

SICP 제2판(1996) 서문

> 다른 모든 것과는 달리 소프트웨어는 결국 폐기되는 것이라고 할 수 있
> 을까? 즉, 소프트웨어를 항상 비누 거품 같은 것으로 봐야 하는 것일까?
>
> — 앨런 J. 펄리스

이 책의 내용은 1980년부터 MIT의 컴퓨터 과학 입문 과목의 기반으로 쓰였다. 우리(저자들)는 이 내용을 4년간 가르친 후 아예 책으로 냈다. 그것이 이 책의 제1판이다. 그로부터 12년이 흘러 이 제2판이 출간되었다. 우리의 노력이 널리 받아들여지고 다른 교과서들에도 반영되었다는 점이 기쁘다. 우리는 학생들이 이 책의 착안들과 프로그램들에 기초해서 새로운 컴퓨터 시스템의 핵심부와 새로운 언어를 구축하는 모습을 볼 수 있었다. 오래된 탈무드식 말장난을 빌자면,♦ 우리의 학생들은 우리의 건설자(builder)들이 되었다. 그토록 능력 있는 학생들과 그토록 숙달된 건설자들이 나온 것은 정말로 다행한 일이다.

이 제2판을 준비하면서 우리가 강좌를 진행하면서 깨달은 사항들과 MIT를 비롯해 여러 곳의 동료들이 제안한 사항들을 반영해서 책의 수백 곳을 좀 더 명확히 다듬었다. 우리는 책에 나오는 주요 프로그래밍 시스템들(일반적 산술 시스템, 해석기, 레지스터 기계 시뮬레이터, 컴파일러 등)을 대부분 재설계했다. 그리고 IEE 스킴 표준(IEEE 1990)을 준수하는 그 어떤 스킴 구현에서도 잘 작동하도록 예제 프로그램들을 다시 작성했다.

이번 판은 몇 가지 새로운 주제를 강조한다. 가장 중요한 주제는 계산 모형에서 시간을 다루는 여러 접근 방식의 핵심 역할이다. 상태를 가진 객체, 동시적 프로그래밍, 함수형 프로그래밍, 지연 평가, 비결정론적 프로그래밍이 그러한 접근 방식들이다. 동시성과 비결정론에 관한 절(section)들을 새로이 추가했고, 이 주제를 책 전체에 통합하려고 노력했다.

이 책 제1판의 구성은 앞에서 언급한 MIT 단학기 강좌의 진행 과정을 그대로 반영한다. 그

♦ 옮긴이 아이들을 뜻하는 히브리어 단어 banayich와 건설자들을 뜻하는 bonayich의 발음/철자가 비슷하다는 점을 이용해서 교육과 계승의 중요성을 강조하는 이야기가 탈무드에 나온다.

러나 제2판에는 새로운 내용이 많이 추가되었기 때문에 한 학기로는 책의 모든 내용을 다룰 수 없다. 따라서 담당 교원은 한 학기 동안 가르칠 항목들을 골라야 한다. 우리의 경우에는 논리 프로그래밍에 관한 절(§4.4)을 종종 건너뛰었으며, 학생들에게 레지스터 기계 시뮬레이터를 사용하게 하긴 했지만 그 구현(§5.2)은 가르치지 않았다. 그리고 컴파일러(§5.5)는 개괄적으로만 다루었다. 이렇게 진행해도 강의 일정은 여전히 빡빡하다. 처음 서너 장(chapter)만 다루고 나머지 내용은 후속 과목으로 두는 쪽을 택하는 교원도 있을 것이다.

MIT Press의 월드와이드웹 사이트는 이 책의 사용자들을 지원하는 자료를 제공한다. 여기에는 이 책의 프로그램들과 몇 가지 프로그래밍 과제들의 예, 보충 자료, 그리고 자유로이 내려받을 수 있는 스킴(리스프의 한 방언) 구현들이 포함된다.

— 해럴드 에이블슨과 제럴드 제이 서스먼

SICP 제1판(1984) 서문

> 컴퓨터는 바이올린과 비슷하다. 바이올린 초보자가 먼저 음반을 재생한 다음에 스스로 바이올린을 켠다고 상상해 보자. 초보자는 자기 바이올린 소리가 끔찍하다고 말할 것이다. 우리의 인본주의자(humanist)들과 대다수의 컴퓨터 과학자도 그렇게 주장한다. 그들을 컴퓨터 프로그램들이 특정한 목적에는 훌륭하지만, 유연하지 않다고 말한다. 바이올린도 타자기도 유연하지 않다—우리가 사용법을 익히기 전에는.
>
> — 마빈 민스키, "Why Programming Is a Good Medium for Expressing Poorly-Understood and Sloppily-Formulated Ideas(프로그래밍이 잘 이해되지 않고 허술하게 정식화된 개념들을 표현하기에 좋은 매체인 이유)"

"컴퓨터 프로그램의 구조와 해석"은 매사추세츠 공과대학(MIT)이 컴퓨터 과학 입문 과목이다. 전기공학이나 컴퓨터 과학이 전공인 MIT 학생은 모두 네 가지 '공통 핵심 교과과정' 중 하나인 이 과목을 이수해야 한다. 우리 저자들은 1978년부터 이 과목의 개발에 관여했으며, 1980년 가을부터 현재 형태의 이 내용을 매년 600에서 700명의 학생에게 가르쳤다. 컴퓨터를 조금 사용해 본 학생들이 많았고 프로그래밍이나 하드웨어 설계 경험이 꽤 많은 학생도 있긴 했지만, 대부분의 학생은 계산(전산)에 관한 정식 훈련을 거의 받지 않은 상태였다.

이 컴퓨터 과학 입문 과목을 설계하면서 우리는 두 가지 주요 관심사를 반영했다. 첫째로, 우리는 컴퓨터 언어라는 것이 단지 컴퓨터가 어떤 연산들을 수행하게 만드는 수단이 아니라 방법론에 관한 관념들을 표현하기 위한 참신한 형식적 매체라는 개념을 학생들에게 심어주고자 했다. 간단히 말해서, 우리는 사람들이 읽을 것을 염두에 두고 프로그램을 작성해야 하며, 컴퓨터로 프로그램을 실행하는 것은 부차적인 일일 뿐이다. 둘째로, 우리는 이런 수준의 컴퓨터 과학 교과 과목에서 다루어야 할 본질적인 내용은 특정 프로그래밍 언어 구성요소의 구문이나 특정한 함수를 효율적으로 계산하기 위한 교묘한 알고리즘이 아니라, 심지어 계산의 알고리즘과 토대의 수학적 분석도 아니라, 대규모 소프트웨어 시스템의 지적인 복잡성을 제어하는 데 사용하는 기법들이라고 믿는다.

우리의 목표는 이 과목을 수료한 학생들이 프로그래밍의 스타일 요소들(elements of style)◆과 미학이 어떤 것인지 감을 잡게 하는 것이다. 이 과목을 제대로 공부한 학생은 대규모 시스템의 복잡성을 제어하는 주요 기법들에 익숙할 것이다. 그런 학생은 이 책의 프로그램들에 쓰인 스타일로 작성된 50페이지 분량의 프로그램을 읽고 이해하는 데 어려움이 없을 것이다. 그런 학생은 읽지 않아도 되는 것과 이해할 필요가 없는 것을 잘 선별할 수 있을 것이다. 그런 학생은 원작성자의 스타일과 취향을 유지하면서 거리낌 없이 프로그램을 수정할 수 있을 것이다.

◆ 옮긴이 여기서 스트렁크와 화이트의 권위 있는 영어 글쓰기 지침서 *The Elements of Style*을 떠올리면 좋을 것이다. '문체의 요소'라고 옮길 수 있는 제목의 이 책은 쉼표나 어포스트로피의 용법 같은 깨알 같은 영작문 지침뿐만 아니라, "Omit needless words(필요 없는 단어들은 생략하라)" 같은, 영문법을 익히는 것만으로는 배울 수 없는, 그리고 영어뿐만 아니라 다른 모든 언어(프로그래밍 언어도 포함해서)의 글쓰기에도 적용될 만한 지침들을 제공한다.

이런 능력들이 컴퓨터 프로그래밍에만 요구되는 것은 아니다. 우리가 가르치고 유도하는 기법들은 모든 공학 설계에 공통이다. 우리는 적절한 때에 세부사항들을 숨기는 추상들을 구축함으로써 복잡성을 통제한다. 우리는 공통의 인터페이스를 확립하고 표준적이고 잘 이해된 조각들을 그 인터페이스에 기초해서 '짜맞추기(mix and match)' 방식으로 조합함으로써 복잡성을 통제한다. 우리는 설계의 특정 측면들을 강조하고 그 밖의 측면들은 덜 강조하는 새로운 설계 서술 언어들을 만들어서 복잡성을 통제한다.

이 과목에 대한 우리의 접근 방식에는, '컴퓨터 과학'이 사실은 과학이 아니며 컴퓨터 과학의 중요성은 컴퓨터와 별로 관련이 없다는 우리의 신념이 깔려 있다. 컴퓨터 혁명이 혁신적으로 바꾸는 것은 우리가 생각하는 방식과 그 생각을 표현하는 방식이다. 그러한 변화의 핵심은 **절차적 인식론**(procedural epistemology)이라고 부를 만한 분야의 탄생이다. 이 분야에서는 지식의 구조를 전통적인 수학 과목이 취하는 선언적(declarative) 관점이 아니라 명령적(imperative) 관점에서 고찰한다. 수학은 "이것은 무엇인가(what is)"라는 개념(선언적 지식)을 엄밀하게 다루기 위한 틀을 제공하는 반면에 컴퓨터는 "어떻게 하는가(how to)"라는 개념(명령적 지식)을 엄밀하게 다루기 위한 틀을 제공한다.

이 내용을 가르치기 위해 우리는 프로그래밍 언어 리스프에서 파생된 한 방언을 사용한다. 우리가 이 언어를 정식으로 가르치지는 않는데, 그럴 필요가 없기 때문이다. 우리는 그냥 이 언어를 도구로 사용할 뿐이고, 학생들을 며칠 안 되어서 이 언어에 익숙해진다. 이는 리스프류 언어의 큰 장점 중 하나이다. 이런 언어들에는 복합 표현식을 만드는 방법이 몇 개 되지 않으며, 구문적 구조가 거의 없기 때문에 금방 배울 수 있다. 체스 규칙을 한 시간 이내로 배울 수 있듯이, 리스프의 형식적인 속성들도 한 시간 이내로 배울 수 있다. 조금만 시간이 지나면 언어의 문법적 세부사항은 모두 잊고(사실 세부사항이랄 것이 거의 없다) 실제 문제들, 그러니까 우리가 무엇을 계산하고자 하는가, 문제를 감당할 수 있는 조각들로 분해하려면 어떻게 하는가, 그 조각들을 어떻게 처리할 것인가 같은 문제들에 집중하게 될 것이다. 리스프의 또 다른 장점은 프로그램을 여러 모듈로 분해하는 대규모 전략들을 우리가 아는 그 어떤 언어보다도 많이 지원한다는(그러나 그런 전략들을 강요하지는 않는다) 점이다. 리스프로는 절차적 추상과 데이터 추상을 만들 수 있고, 공통의 사용 패턴을 고수준 함수를 이용해서 프로그램에 반영할 수 있고, 배정과 데이터 변경을 이용해서 지역 상태를 모형화할 수 있고, 프로그램의 구성요소들을 스트림과 지연 평가를 이용해서 연결할 수 있고, 내장 언어도 손쉽게 구현할 수 있다. 이 모든 것이 프로그램을 점진적으로 설계하고, 구축하고, 검사하고, 디버깅하기 좋은 대화식 환경 안에 내장되어 있다. 우리는 유례없는 위력과 우아함을 가진 이 정교한 도구를 만들어 낸 존 매카시 John McCarthy로 시작하는 모든 세대의 리스프 마법사들에게 감사한다.

이 책이 사용하는 리스프의 한 방언인 스킴은 리스프와 알골Algol의 위력과 우아함을 결합하려는 시도의 결과물이다. 리스프에서는 메타언어적 위력을 가져왔다. 여기에는 단순한 구문, 프로그램을 데이터 객체로서 일관되게 표현하는 능력, 쓰레기 수거가 적용되며 힙에 할당되는 데이터가 포함된다. 그리고 알골에서는 어휘순 범위 적용과 블록 구조를 가져왔다. 이 두 가지는 알골 위원회에서 활동하는 프로그래밍 언어 설계의 선구자들이 우리 모두에게 준 선물이다. 처치의 람다 계산법과 프로그래밍 언어의 구조 사이의 관계에 관한 통찰을 제공한 존 레이놀즈John Reynolds와 피터 랜딘Peter Landin도 언급해야 할 것이다. 또한, 우리는 컴퓨터가 등장하기 수십 년 전부터 이 분야를 탐색한 수학자들에게 빚을 졌다. 알론조 처치Alonzo Church, 바클리 로서Barkley Rosser, 스티븐 클레이니Stephen Kleene, 해스켈 커리Haskell Curry 등이 그런 선구자들이다.

— 해럴드 에이블슨과 제럴드 제이 서스먼

감사의 글

『컴퓨터 프로그램의 구조와 해석』(*Structure and Interpretation of Computer Programs*, SICP)을 자바스크립트에 맞게 각색한 본서(SICP JS)는 싱가포르 국립대학(National University of Singapore, NUS)에서 CS1101S 과목을 위해 개발한 책이다. 우리 저자들은 이 과목을 꺽 림Low Kok Lim과 함께 6년 이상 가르치고 있다. 그 과목과 이 출판 프로젝트의 성공에는 림의 건전한 교육학적인 판단이 결정적인 역할을 했다. CS1101S 교사진에는 NUS 의 여러 동료 교원과 300명이 넘는 대학원생 조교들이 포함된다. 지난 9년 동안 이들이 끊임 없이 피드백을 제공한 덕분에 우리는 수많은 자바스크립트 관련 문제점들을 해결할 수 있었고, SICP와 자바스크립트 모두의 본질적인 특징들을 유지하면서 불필요하게 까다로운 사항들을 제거할 수 있었다.

SICP JS는 출판 프로젝트이자 소프트웨어 프로젝트이다. 우리는 2008년에 원 저자들로부 터 책의 원본 파일들을 받았다. 초기 SICP 도구 사슬(tool chain)은 류 항Liu Hang이 개발하 고 펑 퍄오퍄오Feng Piaopiao가 다듬었다. 찬 게르 헤안Chan Ger Hean은 이 책의 인쇄판을 위한 첫 도구들을 개발했다. 그 도구들은 졸린 탄Jolyn Tan이 첫 전자책 버전을 위해 만든 도구들에 기반한 것이다. 그리고 허 신웨He Xinyue와 왕 첸Wang Qian은 현재의 SICP/SICP JS 비교판을 위해 이 도구들을 수정했다. 새뮤얼 팡Samuel Fang은 SICP JS의 온라인 버전을 설계하고 개발 했다.

SICP JS와 CS1101S의 온라인 버전은 *Source Academy*라고 부르는 소프트웨어 시스템에 크게 의존한다. Source Academy 시스템은 자바스크립트의 한 부분집합에 해당하는 언어를 지원하는데, 그 언어를 *Source*라고 부른다. SICP JS를 준비하는 동안 수십 명의 학생이 Source Academy 시스템에 기여했다. 시스템에는 이들을 명시적으로 언급하는 'Contributors' 섹션이 있다.◆ 2020년부터 NUS CS4215 Programming Language Implementation 강좌의 수강생들이 SICP JS에 쓰이는 여러 프로그래밍 언어 구현들에 기여 했다. §3.4에 쓰인 Source의 동시적 비전은 징친 쿠Zhengqun Koo와 조너선 찬Jonathan Chan

------

◆ 옮긴이 https://sourceacademy.org/contributors를 말하는 것으로 보인다.

이 개발했고, §4.2에 나오는 지연 평가 구현은 젤룰리 아메드Jellouli Ahmed, 이언 켄들 덩컨Ian Kendall Duncan, 크루즈 조마리 에반젤리스타Cruz Jomari Evangelista, 올든 탄Alden Tan이 개발했다. §4.3의 비결정론적 구현은 아르살란 치마Arsalan Cheema와 아누바브Anubhav가 개발했고, 대릴 탄Daryl Tan은 그 구현을 Source Academy에 통합하는 작업을 도왔다.

우리는 STINT(Swedish Foundation for International Cooperation in Research and Higher Education; 연구 및 고등교육의 국제 협력을 위한 스웨덴 재단)에 감사한다. 마틴과 토비아스는 STINT의 안식년 프로그램과 연결되어 있으며, STINT는 토비아스가 CS1101S의 공동 교사로 일하는 것과 SICP JS 프로젝트에 참여하는 것을 허락했다.

앨런 워프스-브록Allen Wirfs-Brock이 이끄는 ECMAScript 2015 위원회의 대담한 노력에 감사의 뜻을 표하고자 한다. SICP JS는 자바스크립트 언어의 const 선언과 let 선언, 그리고 람다 표현식에 크게 의존하는데, 이들은 모두 ECMAScript 2015에서 자바스크립트에 추가되었다. 이들 덕분에 우리는 SICP의 가장 중요한 개념들을 원판(스킴 버전)과 최대한 가까운 형태로 표현할 수 있었다. 첫 ECMAScript의 표준화를 이끈 가이 L. 스틸 Jr.는 제4장의 몇몇 연습문제에 관해 상세하고 유용한 피드백을 제공했다.

— 마틴 헨즈와 토비아스 브릭스타드

감사의 글(1996년 제2판)

우리 저자들은 이 책과 교과 과정의 개발을 도운 여러 사람에게 감사의 마음을 전한다.

이 과목은 1960년대 후반에 잭 워즌크래프트Jack Wozencraft와 아서 에반스 Jr.Arthur Evans Jr.가 가르친, 프로그래밍 언어와 람다 계산법에 관한 멋진 과목인 "6.231"의 명백한 지적 후손이다.

우리는 MIT의 전기공학 및 컴퓨터 과학의 입문 교과과정을 공학 설계의 원칙들을 강조해서 재조직화한 로버트 파노Robert Fano에 큰 빚을 졌다. 파노는 우리가 이 프로젝트를 시작하도록 이끌었으며, 이 책의 단초가 된 최초의 강의 노트들을 작성했다.

우리가 가르치고자 한 프로그래밍의 스타일과 미학의 상당 부분은 가이 L. 스틸 Jr.와 함께 개발한 것이다. 그는 제럴드 제이 서스먼과 함께 스킴 언어의 초기 개발을 이끌었다. 그리고 이 책에 나오는, 함수형 프로그래밍 공동체의 여러 기법은 데이비드 터너David Turner, 피터 헨더슨Peter Henderson, 댄 프리드먼Dan Friedman, 데이비드 와이즈David Wise, 윌 클링어Will Clinger에게 배운 것이다.

조엘 모지스Joel Moses는 우리에게 대형 시스템의 구조를 가르쳤다. 제어의 복잡성을 피하고 모형화할 세계의 실제 구조를 반영하는 데이터의 조직화에 초점을 두어야 한다는 통찰은 그가 기호 계산을 위한 Macyma 시스템을 구축하면서 얻은 경험에서 온 것이다.

프로그래밍에 대한 우리의 태도(attitude)는 상당 부분 마빈 민스키Marvin Minsky와 시모어 페퍼트Seymour Papert의 영향으로 형성된 것이다. 너무 복잡해서 정밀하게 다루기 어려운 개념들을 탐험하기 쉬운 표현 수단을 계산이 제공한다는 점을 우리가 이해한 것은 이들 덕분이다. 이들은 프로그램을 작성하고 수정하는 능력을 갖춘 학생은 탐험을 위한 매체로 프로그램을 자연스럽게 사용하게 된다고 강조한다.

우리는 또한 프로그래밍이 아주 재미있는 활동이며 프로그램의 즐거움을 지원하는데 신경을 더 써야 한다는 앨런 J. 펄리스의 의견에 동의한다. 부분적으로 이 즐거움은 위대한 대가들이 일하는 모습을 관찰하는 데에서 온다. 다행히도 우리는 빌 고스퍼Bill Gosper와 리처드 그린블랫Richard Greenblatt 밑에서 수습 프로그래머로 지냈다.

우리가 이 교과과정을 개발하는 데 기여한 모든 사람을 일일이 언급하기란 쉽지 않은 일이다. 지난 15년간 우리와 함께 일하면서 많은 시간을 초과로 근무한 모든 강사, 연습 수업 강사, 조교에게, 특히 빌 시버트Bill Siebert, 알버트 마이어Albert Meyer, 조 스토이Joe Stoy, 랜디 데이비스Randy Davis, 루이스 브라이다Louis Braida, 에릭 그림슨Eric Grimson, 로드 브룩스Rod Brooks, 린 스타인Lynn Stein, 피터 숄로비치Peter Szolovit에게 감사한다. 또한 이 과목의 교육에 두드러지게 기여한, 이제는 웰즐리 대학교에 있는 프랭클린 터백Franklin Turbak에게 특별히 감사한다. 대학원 교육에 관한 그의 성과는 우리 모두가 갈망하는 하나의 기준이 되었다. 알쏭달쏭한 동시성 문제를 우리가 이해하는 데 도움을 준 제리 샐처Jerry Saltzer와 짐 밀러Jim Miller, 제4장에서 비결정론적 평가를 설명하는 데 기여한 피터 솔로비치와 데이비드 매컬리스터David McAllester에게도 감사한다.

이 내용을 다른 대학교에서 가르치는 데 귀중한 노력을 기울인 사람들이 많이 있다. 그들 중 우리와 가깝게 일한 사람들을 들자면 이스라엘 테크니온 공과대학교의 제이컵 카트제넬손Jacob Katzenelson, 캘리포니아 대학교 어바인의 하디 마이어Hardy Mayer, 옥스포드 대학교의 조 스토이, 퍼듀 대학교의 엘리샤 색스Elisha Sacks, 노르웨이 과학기술대학교의 얀 코모로프스키Jan Komorowski가 있다. 이 과목을 다른 대학교에서 가르친 공로로 주요 교육 관련 상을 받은 동료들을 우리는 특히나 자랑스럽게 여긴다. 예일 대학교의 케네스 입Kenneth Yip, 캘리포니아 대학교 버클리의 브라이언 하비Brian Harvey, 코넬 대학교의 댄 허튼로커Dan Huttenlocher가 그들이다.

알 모예Al Moyé는 이 내용을 우리가 휴렛 팩커드의 공학자들에게 가르치고 강의들의 비디오 테이프를 만들도록 준비해 주었다. 이 테이프들을 이용해서 계속해서 교육 강좌들을 설계하고 전 세계의 대학교와 회사에서 교육을 진행한 능력 있는 강사들, 특히 짐 밀러, 빌 시버트, 마이크 아이젠버그Mike Eisenberg에게 감사의 뜻을 표하고자 한다.

다른 여러 나라의 교육자들이 제1판을 번역하는 데 상당한 노력을 기울였다. 미셸 브리앙Michel Briand과 앙드레 픽André Pic은 제1판을 프랑스어로 옮겼고 주자네 다니엘스–헤롤트

Susanne Daniels-Herold는 독일어로, 모토요시 후미오Motoyoshi, Fumio는 일본어로 옮겼다. 중국어판도 나왔는데 누가 번역했는지는 모른다. 우리의 책이 '무허가' 번역의 대상이 되었다는 점을 영광으로 여기기로 하겠다.

교육용으로 우리가 사용하는 스킴 시스템들의 개발에 기술적으로 기여한 수많은 사람을 모두 나열하기는 어렵다. 가이 L. 스틸 Jr. 외에 주된 마법사로는 크리스 핸슨Chris Hanson, 조 보비어Joe Bowbeer, 짐 밀러, 기예모 로사스Guillermo Rozas, 스티븐 애덤스Stephen Adams가 있다. 또한 리처드 스톨먼Richard Stallman, 앨런 보든Alan Bawden, 켄트 피트먼Kent Pitman, 존 태프트Jon Taft, 닐 메일Neil Mayle, 존 램핑John Lamping, 그윈 오스노스Gwyn Osnos, 테리 라라비Tracy Larrabee, 조지 커렛George Carrette 소마 차우드리Soma Chaudhuri, 빌 키아르키아로Bill Chiarchiaro, 스티븐 커쉬Steven Kirsch, 리 클로츠Leigh Klotz, 웨인 노스Wayne Noss, 토드 캐스Todd Cass, 패트릭 오도넬Patrick O'Donnell, 케빈 시어볼드Kevin Theobald, 대니얼 와이스Daniel Weise, 케네스 싱클레어Kenneth Sinclair, 앤서니 쿠르트망슈Anthony Courtemanche, 헨리 M. 우Henry M. Wu, 앤드루 벌린Andrew Berlin, 러스 슈Ruth Shyu도 많은 시간을 내서 기여했다.

MIT의 구현 외에, IEEE 스킴 표준 작업에 참여한 여러 사람에게 감사하고자 한다. 윌리엄 클링어와 조너선 리스Jonathan Rees는 R4RS를 편집했고 크리스 헤인즈Chris Haynes, 데이비드 바틀리David Bartley, 크리스 핸슨Chris Hanson, 짐 밀러는 IEEE 표준 명세서를 준비했다.

댄 프리드먼은 오랫동안 스킴 공동체를 이끌었다. 이 공동체는 언어 설계의 문제를 다루었을 뿐만 아니라, 교육과 관련한 의미 있는 혁신도 이룩했다. 이를테면 Schemer's Inc.의 EdScheme에 기반한 고등학교 교과과정이나 마이크 아이젠버그의 책과 브라이언 하비와 매슈 라이트Matthew Wright의 책이 이 공동체에서 나왔다.

이 내용을 실제 책으로 만드는 데 기여한 사람들, 특히 MIT Press의 테리 엘링Terry Ehling, 래리 코언Larry Cohen, 폴 베트게Paul Bethge에게 감사한다. 엘라 마즐Ella Mazel은 멋진 앞표지 이미지를 찾아냈다. 제2판에서는 책 디자인을 도운 버나드 마즐과 엘라 마즐에게, 그리고 비범한 TeX 마법사 데이비드 존스David Jones에게 감사한다. 또한 우리는 새 초안에 날카로운 의견을 제시한 여러 독자에게 빚을 졌다. 제이컵 카트제넬손, 하디 마이어, 짐 밀러, 그리고 특히 줄리 서스먼이 그의 책『*Simply Scheme*』에 했던 일을 이 책에 한 브라이언 하비에게 감사한다.

마지막으로, 수년간 이 작업을 격려하고 지원한 여러 회사와 단체에 감사의 마음을 전한다. 휴렛 팩커드는 아이라 골드스타인Ira Goldstein과 조엘 번바움Joel Birnbaum을 통해, DARPA는 밥 칸Bob Kahn을 통해 우리를 지원했다.

— 해럴드 에이블슨과 제럴드 제이 서스먼

CONTENTS

CONTENTS

제 2 장   데이터를 이용한 추상화   141

CONTENTS

제 1장

함수를 이용한 추상화

단순 관념(simple idea)에 그 힘을 행사하는 지성의 행위는 주로 다음 세 가지다. 1. 다수의 단순 관념을 하나의 복합(compound) 관념으로 조합한다. 복잡한(complex) 관념들은 모두 이런 식으로 만들어진다. 2. 둘째는 두 관념(단순 관념이든 복합 관념이든)을 가져와 또 다른 관념으로 설정함으로써 그 둘을 하나의 관념으로 통합하지 않고도 두 관념을 한 번에 볼 수 있게 만드는 것이다. 관계에 관한 관념은 모두 이런 식으로 만들어진다. 3. 셋째는 하나의 관념을 그 실제 존재에 수반하는 다른 모든 관념으로부터 분리하는 것이다. 이를 추상화라고 부르며, 일반적인 관념은 모두 이런 식으로 만들어진다.

— 존 로크John Locke, 『*An Essay Concerning Human Understanding*(인간지성론)』(1690)

이제부터 우리가 공부할 것은 **계산적 과정(computational process)**◆이라는 아이디어이다. 계산적 과정(줄여서 그냥 '과정')은 컴퓨터 안에 사는 추상적인 존재이다. 과정은 점차 전개되

◆ 옮긴이 computational process는 어떤 구체적인 산술 계산(calculation)을 수행하는 과정보다는 좀 더 넓은 개념으로, "그 과정의 세부절차 단계들을 명확히 규정할 수 있으며 형식화할 수 있"는 과정을 말한다(이정모 1999. "인지심리학 개념", 과학사상29호. http://www.aistudy.co.kr/paper/culture/brain_lee.htm에서 재인용) 현실적으로는 디지털 컴퓨터에서 구체적인 알고리즘에 따라 수행할 수 있는 과정이라고 생각하면 될 것이다. 이러한 과정을 산술 계산 과정과 구분하기 위해 계산에 접미사 '적'을 붙인 '계산적 과정'이라는 용어를 사용하기로 한다. 이 책에서 '적'을 붙여서 의미를 확장하는 조어법은 재귀 과정 대 재귀적 과정, 반복 과정 대 반복적 과정 등에도 적용된다.

면서 데이터^{data}라고 부르는 또 다른 존재를 조작하게 된다. 하나의 과정은 일정한 규칙들의 패턴에 따라 전개되는데, 그러한 패턴이 바로 **프로그램**program이다. 인간은 프로그램을 작성함으로써 과정의 전개를 이끈다. 본질적으로, 프로그래머는 자신의 주문(spell)들로 컴퓨터의 영혼을 불러낸다.

실제로 계산적 과정은 마법사가 생각하는 영혼의 개념과 아주 비슷하다. 영혼은 볼 수도 없고 만질 수도 없으며, 애초에 어떠한 물질로 만들어진 것이 아니지만, 마법사가 보기에 그 영혼은 엄연히 실재한다. 마법사가 불러낸 영혼처럼 계산적 과정은 어떤 지적인 일을 할 수 있다. 질문에 답할 수 있고, 은행에서 돈을 지급하거나 공장에서 로봇 팔을 제어해서 세상에 영향을 미칠 수 있다. 우리가 계산적 과정을 불러내기 위해 사용하는 프로그램은 마법사의 주문과 비슷하다. 프로그램은 난해하고 비밀스러운 **프로그래밍 언어**(programming language)로 만들어진 기호 표현식들로 세심하게 구성되며, 과정이 수행해야 할 과제들을 상세하게 서술한다.

정확하게 작동하는 컴퓨터 안에서 계산적 과정은 프로그램들을 엄밀하고 정확하게 수행한다. 따라서, 마치 마법사의 제자처럼 초보 프로그래머는 반드시 자신이 불러낸 과정이 어떤 일을 하는지 이해하고 예측하는 방법을 배워야 한다. 프로그램에 사소하더라도 오류(흔히 버그 ^{bug}라고 부르는)가 있으면 복잡하고 예측하지 못한 결과가 빚어질 수 있다.

다행히도 프로그래밍을 배우는 것은 마법을 배우는 것보다 훨씬 덜 위험하다. 이는 우리가 다루는 영혼을 안전하게 가두어 두기가 어렵지 않기 때문이다. 그렇지만 실무를 위한 현업 프로그래밍에는 세심함과 전문성, 그리고 지혜가 필요하다. 예를 들어 CAD(computer-aided design; 컴퓨터 보조 설계) 프로그램의 작은 버그 하나 때문에 비행기가 추락하거나, 댐이 무너지거나, 산업 로봇이 자폭하는 재앙이 벌어질 수 있다.

숙련된 소프트웨어 기술자들은 자신이 불러낸 계산적 과정이 주어진 과제를 의도 대로 잘 수행할 것임을 스스로 상당히 확신할 수 있도록 프로그램을 조직화하는 능력을 갖추고 있다. 그런 소프트웨어 기술자들은 시스템의 행동을 미리 머릿속에 그릴 수 있다. 그들은 예기치 못한 문제가 발생해도 재앙적인 결과로 이어지지는 않도록 프로그램의 구조를 짜는 방법을 알고 있으며, 실제로 문제가 발생한 경우 프로그램을 **디버깅**^{debugging}(버그 제거)하는 능력도 갖추고 있다. 잘 설계된 자동차나 원자로처럼 잘 설계된 계산적 시스템은 모듈식으로, 그러니까 개별 부품을 따로 작성, 교체, 디버깅할 수 있는 형태로 만들어진다.

자바스크립트 프로그램

계산적 과정을 서술하려면 적당한 언어가 있어야 한다. 그런 용도로 이 책에서는 자바스크립트JavaScript라는 프로그래밍 언어를 사용한다. 우리가 일상적인 생각들을 자연어(영어, 스웨덴어, 중국어 등)로 표현하듯이, 그리고 정량적(quantitative) 현상들을 흔히 수학 표기법으로 서술하듯이, 계산적 과정에 관한 절차적인 생각들을 이 책에서는 자바스크립트로 표현한다. 자바스크립트는 웹 페이지에 내장된 스크립트를 통해서 웹 브라우저의 행동을 제어하려는 용도로 1995년에 만들어진 프로그래밍 언어이다. 창안자 브렌던 아이크Brendan Eich는 원래 이 언어에 모카Mocha라는 이름을 붙였는데, 이후 라이브스크립트LiveScript로 바뀌었다가 결국 자바스크립트가 되었다. "JavaScript"라는 이름은 현재 오라클 사의 등록상표이다.

웹 스크립트용 언어로 출발하긴 했지만 자바스크립트는 범용 프로그래밍 언어이다. 자바스크립트 언어로 서술된 계산 과정은 자바스크립트 해석기(interpreter)♦라고 부르는 프로그램이 수행한다. 최초의 자바스크립트 해석기는 당시 넷스케이프 커뮤니케이션 사에 다니던 아이크가 넷스케이프 네비게이터(웹 브라우저)를 위해 작성했다. 자바스크립트는 프로그래밍 언어 스킴과 셀프의 핵심 기능들을 물려받았다. 스킴은 리스프의 한 방언으로, 이 책의 원판에서 예제를 위한 프로그래밍 언어로 쓰였다. 어휘순 범위(lexically scoped) 일급 함수나 동적 형식 적용 같은 자바스크립트의 가장 근본적인 설계 원칙들은 스킴에서 물려받은 것이다.

자바스크립트라는 이름은 또 다른 프로그래밍 언어 자바Java에서 비롯했지만, 자바스크립트와 자바는 겉모습이 약간 닮았을 뿐이다. 자바와 자바스크립트 모두 프로그래밍 언어 C의 중괄호 블록 구조를 사용한다. 흔히 저수준 언어로의 컴파일 과정이 요구되는 자바나 C와는 달리 자바스크립트 프로그램은 웹 브라우저가 해석하는 형태로 실행되었다. 넷스케이프 네비게이터 이후 여러 웹 브라우저가 자바스크립트 해석기를 제공했는데, 특히 Microsoft의 인터넷 익스플로러는 *JScript*라는 자바스크립트 버전을 위한 해석기를 제공했다. 웹 브라우저 제어용 언어로 자바스크립트가 인기를 끌면서 표준화 작업이 시작되었고, 그 결과로 *ECMAScript* 표준이 만들어졌다. 첫 번째 ECMAScript 표준의 제정은 가이 L. 스틸 Jr.가 이끌었으며, 1997년 6월에 표준이 완성되었다(ECMA 1997). ECMAScript 2015로 알려진 제6판은 앨런 워프스브록 Allen Wirfs-Brock이 주도했고 2015년 6월에 ECMA 총회(General Assembly of ECMA)의

....

♦ 옮긴이 interpreter는 한 언어로 된 프로그램을 한 문장씩 다른 언어로 변환한다는 뜻을 담은 용어이므로 '통역기'가 더 나은 표현일 수 있다. 그러나 기존의 용례와 어법을 반영해서, 그리고 무엇보다도 이 책의 주제 중 하나가 컴퓨터 프로그램의 '해석'이라는 점을 생각해서, 이 번역서에서는 '해석기'를 사용한다.

승인을 받았다 (ECMA 2015).

원래 자바스크립트 프로그램은 웹 페이지에 내장되었기 때문에, 웹 브라우저 개발자들은 자바스크립트를 지원하기 위해 자바스크립트 해석기를 구현해야 했다. 자바스크립트 프로그램이 복잡해짐에 따라 해석기들이 더 효율적으로 발전했으며, 결국에는 JIT(Just-In-Time) 컴파일 같은 정교한 구현 기법들까지 도입되었다. 이 글을 쓰는 현재(2021년) 과반수의 자바스크립트 프로그램이 웹 페이지에 내장되어서 브라우저의 해석기로 실행된다. 그렇지만 Node.js 같은 시스템을 이용해서 자바스크립트를 범용 프로그래밍 언어로 사용하는 경우도 늘고 있다.

ECMAScript 2015는 중요한 프로그래밍 구축 요소들과 자료 구조들을 공부하기에 아주 적합한, 그리고 그런 요소들을 그것을 지원하는 언어적 기능들과 연관시키는 데 아주 적합한 기능들을 갖추고 있다. 어휘순 범위 일급 함수를 람다 표현식을 통해 문법적으로 지원하는 덕분에 함수적 추상들에 직접적으로 간결하게 접근할 수 있으며, 동적 형식 적용 덕분에 이 책을 스킴을 이용한 원판 SICP와 최대한 가깝게 유지할 수 있다. 다 떠나서, 자바스크립트 프로그래밍은 그 자체로 대단히 재미있다.

1.1 프로그래밍의 기본 요소

강력한 프로그래밍 언어는 단지 컴퓨터가 수행할 과제를 지시하는 수단 이상의 어떤 것이다. 프로그래밍 언어는 우리가 과정에 관한 생각들을 조직화하는 틀로도 작용한다. 따라서 프로그래밍 언어를 고찰할 때는 단순한 아이디어들을 조합해서 좀 더 복잡한 아이디어를 만드는 데 사용하는 수단에 주의를 기울여야 한다. 모든 강력한 언어는 이를 위해 다음 세 가지 메커니즘을 제공한다.

- **원시 표현식**(primitive expression): 언어와 관련한 가장 단순한 개체(entity)를 나타낸다.

- **조합**(combination) **수단**: 단순한 요소들로부터 복합적인 요소를 만드는 데 쓰인다.

- **추상화**(abstraction) **수단**: 복합적인 요소들에 이름을 붙여서 하나의 단위로 다루는 데 쓰인다.

프로그래밍에서 우리가 다루는 요소(element)들은 크게 함수와 데이터로 나뉜다. (나중에 이 둘이 사실 아주 명백하게 구분되지는 않는다는 점을 알게 될 것이다.) 거칠게 비유하자면 데이터는 우리가 조작하고자 하는 '재료'이고, 함수는 데이터를 다루는 규칙들을 서술(description)한 것이다. 따라서 모든 강력한 프로그래밍 언어는 반드시 원시 데이터(primitive data)와 원시 함수(primitive function)를 서술하는 기능이 있어야 하고, 그런 함수들과 데이터를 조합하고 추상화하는 수단들도 제공해야 한다.

이번 장에서는 함수를 구축하는 규칙들에 집중하기 위해 단순한 수치 데이터만 다루기로 한다.[1] 이후의 장들에서 보겠지만, 이번 장의 규칙들은 복합 데이터를 조작하는 함수를 구축하는 데에도 적용된다.

1.1.1 표현식

프로그래밍을 처음 배울 때 유용한 접근 방식 하나는 전형적인 상호작용 방식에 따라 자바스크립트JavaScript 해석기를 직접 사용해 보는 것이다. 사람과 해석기의 전형적인 상호작용 방식이란, 사람이 해석기의 프롬프트에서 하나의 **문장**(statement)을 입력하고, 해석기가 그 문장을 **평가**(evaluation)해서 그 결과를 화면에 표시하는 것이다.

여러분이 해석기에 입력해볼 만한 문장으로 표현식 문장이 있다. 표현식 문장은 **표현식**(expression)과 세미콜론(;)으로 구성된다. 표현식은 하나 이상의 원시 표현식(primitive expression) 으로 구성되는데, 여러 원시 표현식 중 하나로 수(number; 또는 수치)♦가 있다. (좀 더 정확하게는, 원시 표현식으로서의 수는 하나의 십진수를 나타내는 숫자들로 구성된다.) 예를 들어 자바스크립트 해석기에 다음과 같은 '프로그램'을 입력하면

---

1 수를 '단순한 데이터'로 간주하는 것은 다소 뻔뻔한 허세이다. 사실 수를 다루는 것은 모든 프로그래밍 언어에서 가장 까다롭고 헷갈리는 측면이다. 수와 관련해서 흔히 겪는 문제점들을 몇 가지 들자면 다음과 같다. 어떤 컴퓨터 시스템은 2 같은 **정수**와 2.71 같은 **실수**를 구별해서 취급한다. 실수 2.00이 정말로 정수 2와 다를까? 정수에 쓰이는 산술 연산들은 실수에 쓰이는 연산들과 같은가? 6 나누기 2는 3일까 아니면 3.0일까? 큰 수는 어떻게 표현해야 할까? 소수점 이하 몇 자리나 표현할 수 있을까? 정수들의 구간이 실수들의 구간과 같을까? 이런 질문들에는 반올림 오차와 절단(cutoff) 오차에 관련된 여러 문제점이 깔려 있다. 수치해석 분야는 전적으로 이런 문제점들을 다룬다. 그러나 이 책의 초점은 수치 기법이 아니라 대규모 프로그램 설계이므로, 이런 문제점들은 무시하기로 한다. 이번 장의 수치 예제들은 비정수 연산의 결과에 유효자릿수가 모자라는 경우 그냥 통상적인 반올림 규칙을 적용한다.

♦ 옮긴이 이 번역서에서 수와 수치는 정확히 동일한 용어이다. 문장 속에서 한 글자짜리 한자어 '수'가 어색하거나 오독의 위험이 있을 때는 수 대신 수치를 사용했다.

```
486;
```

해석기는 다음과 같은 평가 결과를 출력한다.[2]

```
486
```

수를 나타내는 표현식들을 연산자(+나 * 같은)로 조합할 수 있다. 그 결과는 연산자들에 해당하는 원시 함수를 해당 수들에 적용하는 하나의 복합 표현식이다. 다음이 그러한 복합 표현식들의 예이다.

```
137 + 349;
486

1000 - 334;
666

5 * 99;
495

10 / 4;
2.5

2.7 + 10;
12.7
```

이처럼 다른 표현식을 구성요소로 담고 있는 표현식을 가리켜 **조합**(combination)이라고 부른다. 앞의 예처럼 가운데에 **연산자**(operator)가 있고 그 왼쪽과 오른쪽에 **피연산자**(operand) 표현식들이 있는 형태의 조합을 **연산자 조합**(operator combination)이라고 부른다. 연산자 조합의 값은 연산자로 지정된 함수를 인수(argument)들, 즉 피연산자 값들에 적용해서 구한다.

연산자를 두 피연산자 사이에 배치하는 관례를 **중위 표기법**(infix notation)이라고 부른다. 중위 표기법은 학교와 일상생활에서 익숙한 수학 표기법과 동일하다. 수학에서 수식 안에 수식

----

2 이 책 전체에서 사용자가 입력하는 코드는 보통의 고정폭 글꼴로 표시하고 해석기가 출력한 텍스트는 지금 예처럼 기울어진 고정폭 글꼴로 표시한다.

을 중첩하는 것처럼 연산자 조합도 **중첩**(nesting; 또는 내포)할 수 있다. 즉, 연산자 조합 자체를 다른 연산자 조합의 피연산자로 사용할 수 있다.

```
(3 * 5) + (10 - 6);
19
```

수학에서처럼 자바스크립트에서도, 연산 순서의 혼동을 피하기 위해 소괄호로 연산자 조합들을 묶을 수 있다. 소괄호를 생략하면 자바스크립트는 통상적인 관례에 따라 연산 순서를 결정한다. 즉, 곱셈과 나눗셈을 덧셈과 뺄셈보다 먼저 처리한다. 예를 들어 다음은

```
3 * 5 + 10 / 2;
```

다음에 해당한다.

```
(3 * 5) + (10 / 2);
```

이런 관례를 일컬어 연산자 *와 /가 연산자 +와 -보다 **우선순위**(precedence)가 높다(또는 "우선한다")고 말한다. 일련의 덧셈과 뺄셈들은 왼쪽에서 오른쪽으로 평가되며, 일련의 곱셈과 나눗셈도 마찬가지이다. 따라서 다음은

```
1 - 5 / 2 * 4 + 3;
```

다음에 해당한다.

```
(1 - ((5 / 2) * 4)) + 3;
```

이런 관례를 일컬어 연산자 +, -, *, /가 **왼쪽 결합**(left-associative)이라고 말한다.

표현식들의 이러한 중첩에는, 그리고 자바스크립트 해석기가 평가할 수 있는 표현식의 전반적인 복잡도에는 (이론적으로) 제한이 없다. 반면 사람은 다음처럼 비교적 간단한 표현식도 헷갈린다.

```
3 * 2 * (3 - 5 + 4) + 27 / 6 * 10;
```

자바스크립트 해석기는 그냥 이것을 쉽사리 57로 평가할 것이다. 다음처럼 표현식의 주요 구성요소를 시각적으로 명확하게 구분해서 표기한다면 사람도 덜 헷갈릴 것이다.

```
3 * 2 * (3 - 5 + 4)
+
27 / 6 * 10;
```

복잡한 표현식 문장이 주어져도 해석기는 항상 동일한 기본 주기(cycle)로 작동한다. 해석기는 사용자가 입력한 문장을 읽고(read), 그 문장을 평가하고(evaluate), 결과를 출력한다(print). 이러한 주기를 반복하는 것을 가리켜 *REPL*(read–evaluate–print loop)이라고 부른다. 자바스크립트 REPL에서 출력을 위해 특별한 명령이 필요하지는 않음을 주목하자. 특별한 명령이 없어도 해석기는 주어진 표현식의 평가 결과를 출력한다.[3]

1.1.2 이름 붙이기와 환경

계산적 객체(computational object)에 이름(name)을 붙여서 이름으로 그 객체를 지칭하는 수단들은 프로그래밍 언어의 필수 기능에 해당한다. 그런 수단으로 가장 먼저 살펴볼 것은 상수(constant)이다. 상수의 이름은 해당 객체의 값(value)을 지칭하는 용도로 쓰인다.

자바스크립트에서 상수에 이름을 붙이는 수단은 다음과 같이 const라는 키워드로 시작하는 상수 선언(constant declaration; 또는 상수 선언문)이다.

```
const size = 2;
```

---

3 자바스크립트는 모든 문장이 값(value)이라는 관례를 따른다(연습문제 4.8 참고). 이 관례와 자바스크립트 프로그래머들이 효율성은 신경 쓰지 않는다는 평판은 "자바스크립트 프로그래머는 모든 것의 가치(*value*)를 알지만 그 대가(*cost*)는 전혀 모른다"라는 문구로 이어진다. 이 문구는 원래 앨런 J. 펄리스가 리스프 프로그래머들을 비꼬면서 한 말을 자바스크립트에 맞게 고친 것이다(그리고 원래의 문구 자체도 오스카 와일드의 말을 빌려온 것이다).

이 문장에 대해 해석기는 2라는 값을 `size`라는 이름에 연관시킨다.[4] 일단 `size`라는 이름에 2라는 수가 연관되면, 그때부터는 값 2를 `size`라는 이름으로 지칭할 수 있다.

```
size;
2

5 * size;
10
```

다음은 `const`로 상수들을 선언하고 표현식에 사용하는 예이다.

```
const pi = 3.14159;

const radius = 10;

pi * radius * radius;
314.159
```

```
const circumference = 2 * pi * radius;

circumference;
62.8318
```

복합적인 연산의 결과를 간단한 이름으로 지칭할 수 있다는 점에서, 상수 선언은 우리의 언어♦에서 가장 단순한 추상화 수단이다. 앞의 예제에서 `circumference`가 바로 그러한 예이다(이 상수는 계산된 원의 둘레를 지칭한다). 일반적으로 계산적 객체는 그 구조가 대단히 복잡할 수 있다. 따라서 복잡한 구조의 세부사항을 기억해 두고 객체를 사용할 때마다 그 구조를 거듭 명시하는 것은 극히 불편한 일이다. 실제로, 복잡한 프로그램은 점차 더 복잡한 계산적 객체들을 구축해 나가는 식으로 만들어진다. 해석기를 이용하면 이름–객체 연관 관계를 일련의

---

4 선언으로 끝나는 프로그램을 해석기가 평가한 결과는 따로 표시하지 않기로 한다. 그 결과가 이전 문장들에 따라 다를 수 있기 때문이다. 자세한 사항은 연습문제 4.8을 보기 바란다.

♦ 옮긴이 저가 서문에서도 이야기했듯이 이 책이 다루는 자바스크립트는 완전한 자바스크립트의 한 부분집합에 기초한 하나의 '방언(파생어)'이다. '우리[의] 언어'나 '이 책의 언어'는 이 방언을 뜻한다. 이 방언이 고정된 것이 아니라 장(챕터)를 거듭함에 따라 확장, 개선된다는 점을 주의하기 바란다. 그리고 원서에서 'full Javascript'라고 부르는 원래의 완전한 자바스크립트는 표준어–방언의 비유에 따라 '표준' 자바스크립트라고 부르기로 한다.

상호작용을 통해서 점진적으로 만들어 나갈 수 있으므로 이처럼 프로그램을 단계적으로 구축하기가 특히나 편하다. 이러한 특징 덕분에 프로그램의 점진적 개발 및 테스트가 원활해진다. 이는 자바스크립트 프로그램들이 흔히 많은 수의 비교적 간단한 함수들로 구성되는 이유이다.

짐작했겠지만, 이름과 값을 연관시키고 이름으로부터 값을 조회할 수 있으려면 해석기는 반드시 이름–객체 쌍들을 저장하고 관리하는 특정한 메모리 공간을 갖추어야 한다. 그러한 메모리 공간을 환경(environment)이라고 부른다(나중에 보겠지만 하나의 계산에 다수의 환경이 관여하기도 하므로, 지금 말하는 환경은 좀 더 정확하게는 **프로그램 환경**(program environment)이다).[5]

1.1.3 연산자 조합의 평가

이번 장의 목표 중 하나는 절차적 사고(procedural thinking)에 관한 논점들을 잘 구분하는 것이다. 한 예로, 연산자 조합을 평가할 때 해석기가 따르는 다음과 같은 절차(procedure)를 생각해 보자.

- 주어진 연산자 조합을 평가하기 위해 다음을 수행한다:
  1. 조합의 피연산자 표현식들을 평가한다.
  2. 연산자가 나타내는 함수를 인수(피연산자들의 값)들에 적용한다.

단순하긴 하지만, 이 규칙은 계산적인 과정에 관해 일반적으로 중요한 사항 몇 가지를 잘 보여준다. 첫째로, 단계 1은 주어진 조합의 평가 과정을 완료하기 위해서는 먼저 조합의 각 피연산자를 평가해야 함을 말해준다. 이는 규칙의 한 단계에서 규칙 자신을 수행해야 함을 뜻한다. 즉, 이 평가 규칙은 재귀적(recursive)이다.

재귀라는 개념 덕분에 깊게 중첩된 조합의 평가 규칙도 아주 간결하게 표현할 수 있음을 주목하자. 만일 재귀가 없었다면 평가 과정을 상당히 복잡하게 서술해야 했을 것이다. 다음 예를 보자.

```
(2 + 4 * 6) * (3 + 12);
```

---

5 제3장에서 보겠지만, 해석기의 작동 방식을 이해하려면 이러한 환경 개념이 꼭 필요하다. 제4장에서는 환경들을 이용해서 해석기를 구현해 본다.

이 복합 연산자 조합을 평가하려면 서로 다른 네 가지 조합에 평가 규칙을 적용해야 한다. 그 과정을 [그림 1.1]처럼 하나의 트리tree(나무 구조) 형태로 시각화할 수 있다. 트리의 각 노드node('마디')는 하나의 조합을 나타내고, 노드에서 뻗어 나온 갈래(branch; '가지')들은 그 조합의 연산자와 피연산자들로 이어진다. 이러한 트리 표현에서, 조합의 평가 과정은 트리의 말단 노드('잎')들에서 출발해서 피연산자 값들을 해당 연산자에 따라 결합해서 점차 위쪽 노드들로 올려보내는 과정에 해당한다. 일반적으로 재귀는 이처럼 트리 형태의 위계구조(hierarchy)로 조직화된 객체들을 다루는 데 대단히 강력한 기법이다. 실제로, 이처럼 "값들을 위로 올려보내는" 형태의 평가 규칙은 트리 누산(tree accumulation)이라고 부르는 좀 더 일반적인 과정의 한 사례이다.

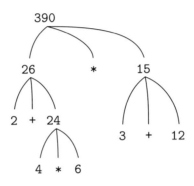

그림 1.1 연산자 조합 평가 과정의 트리 표현. 각 부분 표현식의 값이 표시되어 있다.

다음으로, 단계 1을 재귀적으로 거듭 적용하다 보면 조합이 아니라 원시 표현식(수치나 이름 같은)을 평가해야 하는 지점에 도달한다는 점도 중요하다. 원시 표현식 평가에는 다음과 같은 규칙들이 적용된다.

- 수치의 값은 해당 숫자들이 나타내는 바로 그 값이다.

- 이름의 값은 현재 환경에서 그 이름에 연관된 객체이다.

여기서 주목할 점은 표현식 안의 이름이 뜻하는 바를 환경이 결정한다는 점이다. 자바스크립트 같은 대화식(상호작용적) 언어에서 x + 1 같은 표현식의 값을 이야기하려면 x라는 이름의 의미를 제공하는 환경에 관한 정보가 꼭 필요하다. 제3장에서 보겠지만, 평가가 일어나는 문맥을 제공하는 환경이라는 일반적인 개념은 우리가 프로그램의 실행을 이해할 때 중요한 역할을 한다.

앞의 평가 규칙이 선언에는 적용되지 않음을 주의하자. 예를 들어 **const** x = 3;을 평가할 때 해석기가 두 인수(x라는 이름이 지칭하는 값과 3)에 상등 연산자 =를 적용하지는 않는다. ◆ 선언은 이름을 값에 연관시키는 것만을 목적으로 하는 특별한 종류의 프로그램 구성요소이다. (간단히 말해서 **const** x = 3;은 조합이 아니다.)

앞에서 **const**를 굵은 글꼴로 표시한 것은 이것이 자바스크립트의 키워드이기 때문이다. 다른 키워드들도 이런 식으로 표시한다. 키워드는 특별한 의미를 지니기 때문에 이름으로는 사용할 수 없다. 문장 안에서 하나의 키워드 또는 키워드들의 조합을 만나면 자바스크립트 해석기는 그 문장을 특별한 방식으로 처리한다. 키워드를 포함한 문장을 구문형(syntactic form)이라고 부르는데, ◆◆ 각각의 구문형마다 고유한 평가 규칙이 있다. 다양한 종류의 문장들과 표현식들(각자 나름의 평가 규칙을 가진)은 프로그래밍 언어의 구문론(syntax)을 형성한다.

1.1.4 복합 함수

앞에서 우리는 자바스크립트 프로그래밍의 원시 요소들(강력한 프로그래밍 언어라면 반드시 갖추어야 할)을 살펴보았다. 정리하자면 다음과 같다.

- 수치와 산술 연산은 원시 데이터와 원시 함수에 해당한다.

- 조합의 중첩은 연산들을 조합하는 수단을 제공한다.

- 이름과 값을 연관시키는 상수 선언은 제한적이나마 추상화의 수단을 제공한다.

이번 절에서는 함수 선언(function declaration)을 살펴본다. 복합 연산(compound operation)에 이름을 붙여서 그 연산을 하나의 단위로 지칭하게 하는 함수 선언은 상수 선언보다 훨씬 강력한 추상화 기법이다.

◆ 옮긴이 이와 관련한 혼동을 피하기 위해 자바스크립트를 비롯해 여러 프로그래밍 언어는 상등 연산자와 배정 연산자에 다른 기호를 사용한다. 자바스크립트에서 "같음"을 판정하는 연산자는 ==와 ===인데, 이 책의 자바스크립트에서는 '엄격한 상등(strictly equal)' 또는 '동일함(identical)'를 뜻하는 후자를 주로 사용한다(§1.1.6 참고).

◆◆ 옮긴이 일반적으로 (프로그래밍) 언어론에서 syntactic form은 말 그대로 "구문적 형태"(의미론(semantics)과는 대조되는)인데, 생성 문법의 용어로 말하자면 '생성 규칙', 그러니까 "이 키워드 다음에는 어떤 이름이 나올 수 있고, 그 이름 다음에는 이런 기호가 나와야 하고, ..." 같은 규칙에 해당한다. 이 책의 syntactic form은 스킴 버전에 쓰인 'special form(특수형)'을 저자가 자바스크립트의 성격에 맞게 바꾼 것으로, 본문 문장에서 보듯이 일반적인 의미보다는 훨씬 좁은 의미로 쓰인다.

'제곱(squaring)'이라는 개념을 표현하는 문제로 시작하자. 일상 언어에서는 제곱이라는 것을 "뭔가를 제곱하려면 그것을 자기 자신과 곱하라(To square something, take it times itself)."라고 표현할 수 있다. 이를 우리의 언어로 표현하면 다음과 같다.

```
function square(x) {
    return x * x;
}
```

다음은 이 함수 선언을 일상 언어의 표현에 대응시킨 것이다.

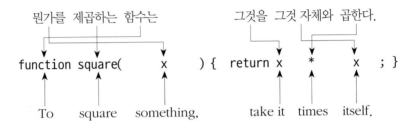

이것은 square라는 이름이 붙은 하나의 **복합 함수**(compound function)이다. 이 함수는 뭔가에 자기 자신을 곱하는 연산을 나타낸다. 곱할 대상에는 x라는 지역 이름(local name)이 부여된다. 이 지역 이름은 일상 언어의 대명사와 같은 역할을 한다. 해석기는 앞의 함수 선언을 해석해서 이 복합 함수에 square라는 이름을 연관시킨다.[6]

가장 단순한 형태의 함수 선언은 다음과 같다.

```
function 이름(매개변수들) { return 표현식; }
```

*이름*은 환경 안에서 함수 정의와 연관시킬 기호이다.[7] *매개변수들*은 함수의 본문 안에서 함수의 인수들을 지칭하는 데 사용할 지역 이름들이다. 이 매개변수들은 소괄호로 감싸고 각각을

---

[6] 여기서 두 가지 연산이 조합됨을 주목하자. 하나는 함수 자체를 생성하는 것이고 다른 하나는 그 함수에 square라는 이름을 붙이는 것이다. 사실 이 둘을 분리할 수도 있다. 즉, 먼저 이름이 없는 함수를 만들고, 그런 다음 그 함수에 이름을 붙이는 것도 가능하다. 이에 관해서는 §1.3.2에서 살펴본다.

[7] 이 책 전체에서 표현식의 일반적인 구문을 설명할 때 이처럼 이름 같이 기울인 글꼴의 기호를 사용한다. 이런 기호는 해당 표현식이 실제로 쓰일 때 구체적인 무언가로 채워질 '칸' 또는 '자리표'에 해당한다.

쉼표로 구분한다. 이는 함수를 인수들에 적용할 때의 구문과 동일하다. 이 가장 간단한 형태의 함수 선언에서 함수의 본문(body)은 반환문(return statement) 하나로만 구성되는데,[8] 반환문은 키워드 **return** 다음에 반환 표현식(return expression)이 오는 형태이다. 반환 표현식은 함수 적용(function application)의 값을 산출한다. 함수 호출 시 주어진 실제 인수들을 반환 표현식에 있는 매개변수들에 대입해서 평가한 결과가 곧 함수 적용의 값이다. 상수 선언과 표현식 문장처럼 반환문은 세미콜론으로 끝난다.

square라는 함수를 선언했으니, 이제 그것을 하나의 함수 적용 표현식(이하 간단히 '함수 적용')에서 사용할 수 있다. 다음은 square를 21에 적용하는◆ 함수 적용 표현식에 세미콜론을 붙여서 하나의 문장을 만든 것이다.

```
square(21);
441
```

함수 적용은 표현식들로부터 더 큰 표현식을 만드는 또 다른 종류의 조합이다(다른 하나는 연산자 조합). 함수 적용의 일반 형태는 다음과 같다.

함수-표현식(인수-표현식들)

여기서 함수-표현식은 쉼표로 분리된 인수-표현식들에 적용할 함수이다. 함수 적용을 평가할 때 해석기는 §1.1.3에서 설명한 연산자 조합의 평가 절차와 상당히 비슷한 절차를 따른다. 그 절차는 다음과 같다.

- 함수 적용을 평가하려면 다음을 수행한다:
  1. 적용의 부분식들, 즉 함수 표현식과 인수 표현식들을 각각 평가한다.
  2. 함수, 즉 함수 표현식의 값을 인수 표현식 값들에 적용한다.

```
square(2 + 5);
49
```

---

8 일반적으로 함수의 본문은 일련의 문장들로 구성된다. 그런 경우 해석기는 함수 적용의 값을 결정하는 반환문이 나올 때까지 각 문장을 차례로 평가한다.

◆ 옮긴이 다른 프로그래밍 언어들(특히 절차적 언어)에서는 "인수로 함수를 호출한다"라는 표현이 흔히 쓰이지만, 이 책에서는 "함수를 인수에 적용한다(apply)"라는 표현도 사용한다.

이 경우 인수 표현식은 하나의 복합 표현식인 연산자 조합 2 + 5이다.

```
square(square(3));
81
```

이 예에서 보듯이, 함수 적용 표현식을 다른 함수 적용의 인수 표현식으로 사용하는 것도 당연히 가능하다.

square를 다른 함수를 정의하는 구축 요소(building block)로 사용할 수도 있다. 다음은 $x^2 + y^2$을 나타낸 것이다.

```
square(x) + square(y)
```

주어진 두 수의 제곱합을 산출하는 함수 sum_of_squares를 선언하는 것은 간단한 문제이다.[9]

```
function sum_of_squares(x, y) {
    return square(x) + square(y);
}

sum_of_squares(3, 4);
25
```

더 나아가서, sum_of_squares 자체를 또 다른 함수의 구축 요소로 사용할 수 있다.

```
function f(a) {
    return sum_of_squares(a + 1, a * 2);
}

f(5);
136
```

---

9 sum_of_squares처럼 여러 단어를 조합해서 하나의 이름을 만드는 방식은 여러 가지인데, 어떤 방식을 사용하느냐는 프로그램의 가독성(readability)에 영향을 미친다. 그리고 프로그래밍 공동체마다 이런 명명법에 대한 관례가 다르다. 자바스크립트에서 흔히 쓰이는 낙타 등 표기법(camel case)이라는 관례에서는 sumOfSquares처럼 대문자와 소문자를 섞는다. 이 책에서는 밑줄로 단어들을 연결하는 뱀 표기법(snake case)을 따르는데, 그것이 이 책의 스킴 버전에 쓰인 관례와 좀 더 가깝기 때문이다. 스킴 버전에서는 밑줄 대신 하이픈(-)으로 단어들을 연결한다(이런 관례를 '케밥 표기법'이라고 부르기도 하는데, 자바스크립트처럼 -가 연산자인 언어에서는 사용할 수 없다—옮긴이).

이런 복합 함수들 외에, 모든 자바스크립트 환경은 해석기 자체에 내장된, 또는 표준 라이브러리로부터 적재한 원시 함수들도 제공한다. 이 책에 쓰이는 자바스크립트 환경에는 연산자의 형태로 제공되는 원시 함수들 외에도 `math_log`(인수의 자연로그를 계산한다) 같은 함수들이 있다.[10] 이런 추가적인 원시 함수들을 사용하는 방법은 복합 함수를 사용하는 방법과 정확히 동일하다. 예를 들어 `math_log(1)`의 적용을 평가한 결과는 수치 0이다. 사실 앞에 나온 `sum_of_squares`의 정의만 보고는 `square`가 해석기에 내장된 함수인지, 라이브러리에서 적재한 함수인지, 아니면 하나의 복합 함수로서 정의된 것인지 구별할 수 없다.

1.1.5 함수 적용의 치환 모형

주어진 함수 적용을 평가할 때 해석기는 §1.1.4에서 설명한 과정을 따른다. 즉, 해석기는 먼저 함수 적용의 요소들을 평가한 후 함수(함수 적용 중 함수 표현식의 값)를 인수들(함수 적용 중 인수 표현식들의 값들)에 적용한다.

원시 함수의 적용은 해석기 또는 라이브러리가 처리한다고 간주할 수 있다. 복합 함수의 적용 과정은 다음과 같다.

- 하나의 복합 함수를 인수들에 적용하기 위해, 함수의 각 매개변수를 해당 인수로 치환해서 함수의 반환 표현식을 평가한다.[11]

다음 함수 적용을 예로 들어서 이 적용 과정을 살펴보자.

```
f(5)
```

---

[10] 이 책의 자바스크립트 환경에는 ECMAScript의 Math 객체에 있는 모든 함수와 상수가 포함되어 있다. 그 함수들과 상수들의 이름은 math_로 시작한다. 예를 들어 ECMAScript의 Math.log에 해당하는 함수는 math_log이다. 이런 함수들을 비롯해 이 책에서 원시 함수로 간주하는 모든 자바스크립트 함수를 제공하는 sicp라는 자바스크립트 패키지를 MIT Press 사이트의 이 책에 대한 웹 페이지에서 내려받을 수 있다.

[11] 함수의 본문이 일련의 문장들로 구성된 경우 함수 적용의 값은 처음으로 마주친 반환문의 반환 표현식의 값(역시 매개변수들을 인수들로 치환해서 평가한)이다.

여기서 f는 §1.1.4에서 선언한 함수이다. 이 f의 반환 표현식은 다음과 같다.

```
sum_of_squares(a + 1, a * 2)
```

이 반환 표현식에 있는 매개변수 a를 인수 5로 치환하면 다음이 된다.

```
sum_of_squares(5 + 1, 5 * 2)
```

이제 이 문제는 함수 표현식 sum_of_squares와 인수 두 개의 적용을 평가하는 문제로 축소되었다. 이 함수 적용의 평가에는 세 개의 부분문제(subproblem)가 관여한다. 우선 함수 표현식을 평가해서 두 인수에 적용할 함수들을 구해야 하고, 두 인수 표현식을 평가해서 두 개의 인수를 구해야 한다. 함수 표현식 sum_of_squares가 지칭하는 것은 §1.1.4에서 sum_of_squares라는 이름으로 선언한 함수(이하 간단히 sum_of_squares 함수)이다. 그리고 5 + 1은 6이고 5 * 2는 10이다. 이제 sum_of_squares 함수를 6과 10에 적용해야 한다. 두 값을 sum_of_squares 본문의 반환 표현식에 있는 매개변수 x와 y에 대입하면 반환 표현식은 다음과 같은 모습이 된다.

```
square(6) + square(10)
```

마찬가지 방식으로 각 인수를 square 함수의 반환 표현식에 대입하면◆ 다음이 나온다.

```
(6 * 6) + (10 * 10)
```

이제 곱셈을 처리하면 다음이 나오고,

```
36 + 100
```

덧셈까지 처리하면 최종적인 값이 나온다.

```
136
```

◆ 옮긴이 "A에 B를 대입한다"는 "A를 B로 치환한다"와 같은 뜻이다.

방금 설명한 과정을 함수 적용의 **치환 모형**(substitution model; 또는 대입 모형)이라고 부른다. 이것을 함수 적용의 '의미'를 결정하는 모형으로 보아도 좋다. 적어도 이번 장에서 지금까지 살펴본 종류의 함수에 한해서는 그렇다. 그렇지만 다음 두 가지 점을 유념해야 한다.

- 치환 모형은 여러분이 함수 적용을 이해하는 데 도움을 주기 위한 것일 뿐, 해석기가 반드시 이런 식으로 작동한다는 뜻은 아니다. 전형적인 해석기들이 함수 본문 텍스트의 매개변수들을 치환하는 식으로 함수 적용을 평가하지는 않는다. 실제 해석기들은 매개변수들에 대한 지역 환경을 이용해서 '치환'을 처리한다. 이에 관해서는 제3장과 제4장에서 해석기의 구현을 자세히 살펴볼 때 좀 더 논의하겠다.

- 이 책은 해석기의 작동 방식을 서술하는 다양한 모형을 간단한 것에서부터 점점 더 복잡한 것의 순으로 제시한다. 제5장에서는 하나의 완결적인 해석기 및 컴파일러 구현을 만나게 될 것이다. 지금 이야기하는 치환 모형은 그런 모형 중 첫 번째로, 평가 과정을 형식적으로(formally) 고찰하는 데 익숙해지기 위한 첫걸음으로서의 모형일 뿐이다. 일반적으로 과학과 공학에서 어떤 현상을 모형화(modeling; 주어진 대상을 서술하는 모형을 만드는 것)할 때는 먼저 단순하고 불완전한 모형으로 시작한다. 대상을 좀 더 상세하게 조사하면 그런 단순한 모형으로는 관측된 사실들을 제대로 서술할 수 없게 되며, 그러면 단순한 모형을 좀 더 정련된 모형으로 대체해야 한다. 치환 모형도 마찬가지이다. 특히, 제3장에서 등장하는 '가변 데이터'를 사용하는 함수는 치환 모형으로는 제대로 적용할 수 없기 때문에 좀 더 정교한 함수 적용 모형이 필요해진다.[12]

인수 우선 평가 대 정상 순서 평가

§1.1.4에서 이야기한 평가 절차에 따르면, 해석기는 함수와 인수 표현식들을 먼저 평가하고 그 결과로 얻은 함수를 인수들에 적용한다. 그런데 이것이 평가를 수행하는 유일한 방법은 아니다. 인수의 값이 실제로 필요해질 때까지 인수 표현식의 평가를 미루는 평가 모형도 가능하다. 그런 평가 모형에서는 그냥 인수 표현식들을 해당 매개변수들에 대입해 놓기만 하고, 평가 과

---

12 치환은 개념 자체는 단순하지만, 치환 과정을 수학적으로 엄밀하게 정의하는 것은 놀랄 만큼 복잡하다. 문제는 함수의 매개변수에 쓰이는 이름과 함수를 적용할 표현식들에 쓰이는 이름(매개변수의 이름과 같을 수 있다)에서 혼동이 발생할 수 있다는 점에서 비롯된다. 실제로 논리와 프로그래밍의 의미론에 관한 문헌들에서 **치환**(substitution)을 잘못 정의하는 사례가 예전부터 있었다. 치환에 관한 세심한 논의로는 [Stoy 1977]을 보라.

정이 진행되어서 연산자들과 원시 함수들만 관여하는 표현식을 평가할 때가 되면 비로소 그 인수 표현식들을 평가한다. 예를 들어 다음 함수 적용을 그런 식으로 평가한다고 하자.

```
f(5)
```

이 함수 적용은 다음과 같이 전개(expansion)되고,

```
sum_of_squares(5 + 1, 5 * 2)

square(5 + 1)     + square(5 * 2)

(5 + 1) * (5 + 1) + (5 * 2) * (5 * 2)
```

다음과 같이 축약(reduction)된다.

```
  6    *    6    +    10    *    10

       36        +         100

            136
```

이전의 평가 모형과 같은 결과에 도달했지만 그 과정은 다르다. 특히, 이번에는 5 + 1과 5 * 2가 각각 두 번씩 평가되었다. 표현식

```
x * x
```

의 축약 과정에서 x가 각각 5 + 1과 5 * 2로 치환되었기 때문이다.

이처럼 "먼저 완전히 전개한 후 축약"하는 평가 방법을 정상 순서 평가(normal-order evaluation; 또는 표준 순서 평가)라고 부른다. 반면에 앞에서 본, "먼저 인수들을 평가한 후 적용"하는 평가 방법(해석기가 실제로 사용하는)은 인수 우선 평가 또는 적용적 순서 평가(applicative-order evaluation)라고 부른다. 치환 모형으로 평가할 수 있으며(이 책의 처음 두 장에 나오는 모든 함수가 그렇다) 적법한(legitimate) 값들을 산출하는 함수 적용의 경우 정상 순서 평가와 인수 우선 평가가 같은 값을 산출함을 증명하는 것이 가능하다. (정상 순서 평가와 인수 우선 평가가 같은 결과를 내지 않는 '위법적인' 값의 예가 연습문제 1.5에 나온다.)

자바스크립트는 인수 우선 평가 방식을 사용하는데, 앞의 5 + 1과 5 * 2에서 본 것처럼 같은 표현식이 여러 번 평가되어서 생기는 비효율성을 피하는 것도 이유이긴 하지만, 좀 더 중요한 이유는 치환 모형을 벗어난 함수들에 대해서는 정상 순서 평가가 훨씬 복잡하다는 점이다. 그렇지만 상황에 따라서는 정상 순서 평가가 대단히 가치있는 도구일 수 있는데, 이 점이 뜻하는 바 몇 가지를 제3장과 제4장에서 좀 더 살펴볼 것이다.[13]

1.1.6 조건부 표현식과 술어

지금까지 배운 것만으로 선언할 수 있는 함수들은 그 표현력이 대단히 제한적이다. 특히, 여러분은 어떤 조건을 판정해서 그 결과에 따라 서로 다른 연산을 수행하는 방법을 아직 모른다. 예를 들어 주어진 수의 절댓값을 구하려면 다음에서 보듯이 주어진 값이 음수인지 아닌지에 따라 다른 연산을 수행할 수 있어야 한다.

$$|x| = \begin{cases} x & \text{만일 } x \geq 0 \text{이면} \\ -x & \text{그렇지 않으면} \end{cases}$$

이런 연산 구조를 사례 분석(case analysis; 또는 경우 분석)이라고 하는데, 자바스크립트에서는 조건부 표현식(conditional expression)을 이용해서 표현할 수 있다. 다음은 조건부 표현식을 이용해서 절댓값을 구하는 함수이다.

```
function abs(x) {
    return x >= 0 ? x : - x;
}
```

이 함수의 반환 표현식은 "만일 x가 0보다 크거나 같으면 x를 돌려주고, 그렇지 않으면 $-x$를 돌려준다"라는 뜻이다. 조건부 표현식의 일반적인 형태는 다음과 같다.

술어 ? 귀결-표현식 : 대안-표현식

---

13 제3장에서는 겉으로 보기에 '무한한' 자료 구조를 제한된 형태의 정상 순서 평가를 통해서 처리하는 한 가지 방법에 해당하는 **스트림 처리**(stream processing)를 소개한다. 그리고 §4.2에서는 자바스크립트 해석기를 수정해서 정상 순서 버전의 자바스크립트를 만들어 본다.

조건부 표현식은 하나의 술어(predicate)로 시작한다. 술어는 값이 참(true) 아니면 거짓(false)인 표현식이다. 참과 거짓은 서로 구별되는 두 가지 **부울 값**(boolean value)이다. 자바스크립트에서 **true**와 **false**는 각각 부울 값 참과 거짓으로 자명하게 평가된다. 술어 다음에는 물음표와 **귀결 표현식**(consequent expression)이 오고 그다음에 콜론(:)과 대안 **표현식**(alternative expression)으로 끝난다.

조건부 표현식을 평가할 때 해석기는 먼저 표현식의 술어를 평가한다. 만일 술어가 참으로 평가되면 해석기는 귀결 표현식을 평가해서 그 값을 조건부 표현식 전체의 값으로서 돌려준다. 만일 술어가 거짓으로 평가되면 해석기는 대안 표현식을 평가해서 그 값을 조건부 표현식 전체의 값으로서 돌려준다.[14]

참 또는 거짓으로 평가되는 표현식뿐만 아니라 참 또는 거짓을 돌려주는 연산자와 함수도 술어라는 부른다. 앞의 절댓값 함수 **abs**는 **>=**라는 연산자를 사용하는데, 이 연산자는 두 수치 인수를 받아서 첫째 것이 둘째 것보다 크거나 같으면 참, 아니면 거짓을 돌려준다. 따라서 이 연산자도 하나의 술어이다.

절댓값 계산 시 인수가 0인 경우를 따로 처리하기도 한다. 다음은 이를 수식으로 표현한 것이다.

$$|x| \quad = \quad \begin{cases} x & \text{만일 } x > 0 \text{이면} \\ 0 & \text{만일 } x = 0 \text{이면} \\ -x & \text{그렇지 않으면} \end{cases}$$

이처럼 사례(경우)가 여러 개인 사례 분석 구조를 자바스크립트에서는 다음처럼 대안 표현식들이 다른 조건부 표현식 안에 있는 형태로 중첩된 표현식으로 표현할 수 있다.

```javascript
function abs(x) {
    return x > 0
           ? x
           : x === 0
           ? 0
           : - x;
}
```

----

14 표준 자바스크립트의 조건부 표현식은 부울 값이 아닌 값으로 평가되는 술어도 허용한다(좀 더 자세한 사항은 §4.1.3의 각주 4.14 참고). 그러나 이 책에서는 부울 값으로 평가되는 술어만 조건부 표현식에 사용한다.

대안 표현식 x === 0 ? 0 : - x를 괄호로 감쌀 필요는 없다. 조건부 표현식 구문형은 오른쪽 결합이기 때문이다. 해석기는 빈칸과 줄 바꿈을 무시하므로, 코드 포매팅은 오직 가독성을 위한 것이다. 여기서는 가독성을 위해 ?들과 :들을 첫 술어 아래에 정렬했다. 사례 분석 구조의 일반적인 형태는 다음과 같다.

---

p_1
? e_1
: p_2
? e_2
⋮
: p_n
? e_n
: *최종-대안-표현식*

술어 p_i와 해당 귀결 표현식 e_i를 묶어서 하나의 절(clause)이라고 부른다. 그런 어법에서, 하나의 사례 분석 구조는 일련의 절들 끝에 하나의 최종 대안 표현식이 있는 형태라고 할 수 있다. 조건부 표현식의 평가 방식에 따라 하나의 사례 분석 구조가 평가되는 과정은 이렇다. 먼저 술어 p_1이 평가된다. 만일 그 값이 거짓이면 p_2가 평가된다. 만일 p_2도 거짓이면 p_3이 평가된다. 이런 과정이 반복되다가 참으로 평가되는 술어가 나오면 해당 귀결 표현식 e를 평가해서 그 값을 사례 분석 구조 전체의 값으로 돌려준다. 만일 모든 p가 거짓이면 사례 분석 구조 전체의 값은 최종 대안 표현식의 값이다.

수들에 적용되는[15] >=나 >, <, <=, ===, !== 같은 원시 술어들 외에, 복합 술어(compound predicate)를 구축하는 데 사용할 수 있는 논리 조합 연산들도 있다. 다음은 그런 연산 중 가장 자주 쓰이는 세 가지이다.

- 표현식₁ && 표현식₂

  이 연산은 논리곱(logical conjunction)에 해당한다. 의미는 영단어 'and'와 대략 같다. 이 구문형은 표현식₁ ? 표현식₂ : false의 문법적 설탕(편의 구문)이다.[16]

----

[15] 일단은 이 연산자들을 수치 인수에만 적용하는 것으로 제한한다. §2.3.1과 §3.3.1에서 상등 술어 ===와 부등 술어 !== 를 다른 자료형(데이터 형식)에 일반화할 것이다.

[16] 기능 자체는 차이가 없고 단지 피상적인 수준에서 뭔가를 좀 더 일관되고 간편하게 표기하는 데 쓰이는 구문형을 종종 **문법적 설탕**(syntactic sugar)이라고 부른다. 이 문구는 피터 랜딘[Peter Landin]이 고안했다.

- 표현식$_1$ ¦¦ 표현식$_2$

  이 연산은 논리합(logical disjunction)에 해당한다. 의미는 영단어 'or'와 대략 비슷하다.
  이 구문형은 표현식$_1$? true : 표현식$_2$의 문법적 설탕이다.

- !표현식

  이 연산은 논리부정(logical negation; 줄여서 부정)에 해당한다. 의미는 영단어 'not'과
  대략 비슷하다. 논리부정 표현식의 값은 표현식이 거짓으로 평가되면 참이고 참으로 평가
  되면 거짓이다.

&&와 ¦¦는 연산자가 아니라 구문형임을 주의하자. 이들의 우변에 오는 표현식이 항상 평가되
지는 않는다. 반면에 !는 연산자이며, §1.1.3의 평가 규칙을 따른다. 이전에 살펴본 다른 연산
자들은 인수를 두 개 받는 이항(binary) 연산자이지만, 이 !는 인수 하나만 받는 단항(unary)
연산자이다. 연산자 !를 인수 앞에 둔다는 점도 주목하자. 이런 방식의 연산자를 전위 연산자
(prefix operator)라고 부른다. 앞에 나온 abs 함수의 표현식 - x에 쓰인 수치 부정 연산자
-도 전위 연산자이다.

이 술어들의 사용법을 보여주는 예로, 다음은 수 x가 $5 < x < 10$ 구간에 있는지 판정하는
표현식이다.

```
x > 5 && x < 10
```

구문형 &&는 우선순위가 비교 연산자 >, <보다 낮다. 그리고 조건부 표현식 구문형 …? …: …
의 우선순위는 지금까지 배운 모든 연산자보다 낮다. 앞의 abs 함수에도 이 점이 쓰였다.

또 다른 예로, 다음 함수는 첫 인수가 둘째 인수보다 크거나 같은지 판정한다.

```
function greater_or_equal(x, y) {
    return x > y ¦¦ x === y;
}
```

이를 다음과 같이 표현할 수도 있다.

```
function greater_or_equal(x, y) {
    return ! (x < y);
}
```

두 수에 적용된 함수 **greater_or_equal**은 **>=** 연산자와 동일하게 작동한다. 단항 연산자는 이항 연산자보다 우선순위가 높기 때문에, 이 예에서 괄호는 꼭 필요하다.

■ **연습문제 1.1**

다음은 일련의 문장들이다. 각 문장에 대해 해석기가 출력하는 결과는 무엇인가? 해석기가 문장들을 차례로(위에서 아래로) 평가한다고 가정할 것.

```
10;

5 + 3 + 4;

9 - 1;

6 / 2;

2 * 4 + (4 - 6);

const a = 3;

const b = a + 1;

a + b + a * b;

a === b;

b > a && b < a * b ? b : a;

a === 4
? 6
: b === 4
? 6 + 7 + a
: 25;
```

```
2 + (b > a ? b : a);

(a > b
 ? a
 : a < b
 ? b
 : -1)
*
(a + 1);
```

마지막 두 문장에서 조건부 표현식들을 감싸는 괄호들은 꼭 필요하다. 조건부 표현식 구문형의 우선순위가 산술 연산자 +와 *보다 낮기 때문이다.

■ **연습문제 1.2**

다음 수식을 자바스크립트 표현식으로 옮겨라.

$$\frac{5+4+\left(2-\left(3-(6+\frac{4}{5})\right)\right)}{3(6-2)(2-7)}$$

■ **연습문제 1.3**

세 개의 수를 받고 셋 중 가장 작은 것을 제외한 두 수의 제곱들을 합한 결과를 돌려주는 함수를 선언하라.

■ **연습문제 1.4**

앞에서 본 함수 적용 평가 모형은 함수 표현식이 복합 표현식인 경우도 허용한다. 이 점을 고려해서 **a_plus_abs_b** 함수의 작동 방식을 서술하라.

```
function plus(a, b) { return a + b; }
function minus(a, b) { return a - b; }
function a_plus_abs_b(a, b) {
```

```
    return (b >= 0 ? plus : minus)(a, b);
}
```

■ **연습문제 1.5**

벤 빗디들Ben Bitdiddle◆은 주어진 해석기가 인수 우선 평가를 사용하는지 정상 순서 평가를
사용하는지 파악하는 방법을 고안했다. 이를 위해 벤은 다음 두 함수를 선언했다.

```
function p() { return p(); }

function test(x, y) {
    return x === 0 ? 0 : y;
}
```

이제 다음과 같은 문장을 평가하면 해석기의 평가 방식을 파악할 수 있다.

```
test(0, p());
```

해석기가 인수 우선 평가를 사용할 때와 정상 순서 평가를 사용할 때 이 문장이 어떤 식으로 평
가되는지를 각각 서술하라. (해석기가 정상 순서이든 인수 우선이든 조건부 표현식의 평가 규
칙은 동일하다고 가정할 것. 즉, 어떤 경우이든 술어 표현식이 제일 먼저 평가되고, 그 결과에
따라 귀결 표현식 또는 대안 표현식이 평가된다.)

1.1.7 예제: 뉴턴 방법으로 제곱근 구하기

앞에서 소개한 함수들은 통상적인 수학 함수와 아주 비슷하다. 수학의 함수처럼 컴퓨터의 함수
도 하나 이상의 매개변수로 결정되는 하나의 값을 지칭한다. 하지만 수학 함수와 컴퓨터 함수
에는 중요한 차이점이 하나 있다. 바로, 컴퓨터의 함수는 반드시 효과적(effective)이어야 한

◆ 옮긴이 벤 빗디들은 가상의 인물이다. Bitdiddle은 bit(비트, 약간)와 diddle(속이다, 빈둥거리다)을 조합한 것으로 보
인다. 연습문제들에는 빗디들 외에도 Alyssa P. Hacker나 Eva Lu Ator 등 뭔가를 암시하는 이름의 가상 인물들이 등장
한다.

다는 점이다. ◆

이 점을 보여주는 예로 제곱근을 구하는 문제를 생각해 보자. 제곱근 함수는 다음과 같이 정의할 수 있다.

$$\sqrt{x} = y \geq 0 \text{이고 } y^2 = x \text{라는 조건을 충족하는 } y$$

이 정의는 완벽하게 적법한 수학 함수를 서술한다. 이 정의를 이용하면 주어진 수가 다른 어떤 수의 제곱근인지 알아낼 수 있으며, 제곱근에 관한 일반적인 사실들도 끌어낼 수 있다. 그렇지만 이 정의가 컴퓨터 함수를 서술하지는 않는다. 사실 이 정의는 주어진 수의 제곱근을 실제로 구하는 방법에 관해서는 아무것도 말해주지 않는다. 이 정의를 유사 자바스크립트 코드로 바꾸어도 마찬가지이다.

```
function sqrt(x) {
    return y >= 0 && square(y) === x라는 조건을 충족하는 y
}
```

제곱근을 어떻게 구하면 되는지가 더 궁금해질 뿐이다.

수학 함수와 컴퓨터 함수의 이러한 차이점은 사물의 성질(property; 속성)을 서술하는 것과 뭔가를 하는 방법을 서술하는 것의 차이를 반영한다. 이를 선언적 지식(declarative knowledge)과 명령적 지식(imperative knowledge)의 구분이라고 말하기도 한다. 수학에서는 주로 선언적 서술(이것은 무엇인가?)에 관심을 두지만 컴퓨터 과학에서는 주로 명령적 저술(어떻게 하는가?)에 관심을 둔다.[17]

....

◆ 옮긴이 '효율적(efficient)'이 아님을 주의하자. 여기서 '효과적'은 예상한 대로의 효과나 결과를 산출한다는 뜻으로, "실효성이 있다"라고 이해해도 될 것이다.

17 선언적 서술과 명령적 서술에는 밀접한 관련이 있다. 사실 수학과 컴퓨터 과학 자체가 밀접하게 관련되어 있다. 예를 들어 프로그램이 산출한 답이 "정확하다"라고 말할 수 있으려면 프로그램에 관한 선언적 문장(명제)들이 필요하다. 프로그램의 정확성을 증명하기 위한 기법들을 확립하는 것을 목적으로 많은 연구가 진행되었는데, 그 분야에서 기술적인 어려움의 상당 부분은 명령적 문장들(프로그램을 구축하는 데 쓰이는)과 선언적 문장들(뭔가를 연역하는 데 사용할 수 있는) 사이의 간극을 조절하는 것과 연관된다. 비슷한 맥락에서 프로그래밍 언어 설계자들은 선언적 문장들로 실제로 프로그램을 짤 수 있는 '초고수준(very high-level)' 언어를 고민해 왔다. 그들은, 프로그래머가 자신이 원하는 일을 서술하기만 하면 그 일을 실행하는 방법을 생성할 정도로 정교한 해석기를 만들려고 했다. 일반적으로 이는 불가능한 일이지만 몇몇 주요 분야에서 성과가 있긴 했다. 이런 개념을 제4장에서 다시 고찰할 것이다.

제곱근을 어떻게 계산해야 할까? 가장 흔히 쓰이는 방법은 뉴턴 방법(Newton's method)을 이용해서 제곱근의 근삿값을 거듭 개선해 나가는 것이다. 뉴턴 방법에서는 먼저 수 x의 제곱근이 될 만한 y의 값을 추측하고, y와 x/y의 평균으로 더 나은(실제 제곱근에 더 가까운) 추측값을 구하는 과정을 반복한다.[18] 예를 들어 다음은 2의 제곱근을 뉴턴 방법으로 구하는 과정이다. 초기 추측값(guess)은 1이다.

추측값	몫	평균
1	$\dfrac{2}{1} = 2$	$\dfrac{(2+1)}{2} = 1.5$
1.5	$\dfrac{2}{1.5} = 1.3333$	$\dfrac{(1.3333 + 1.5)}{2} = 1.4167$
1.4167	$\dfrac{2}{1.4167} = 1.4118$	$\dfrac{(1.4167 + 1.4118)}{2} = 1.4142$
1.4142	$\ldots$	$\ldots$

이 과정을 반복하면 추측값이 실제 제곱근에 점점 더 가까워진다.

그럼 이러한 과정을 자바스크립트 함수로 정식화(formulation)해보자. 피제곱근수(radicand; 제곱근을 구하고자 하는 수)에 해당하는 값 하나와 추측값에 해당하는 값 하나로 출발해서, 만일 추측값이 우리의 목적을 기준으로 충분히 좋다면 과정을 끝내고, 그렇지 않으면 앞에서 말한 추측값 개선 과정을 반복한다. 다음은 이러한 기본 전략을 함수로 표현한 것이다.

```
function sqrt_iter(guess, x) {
    return is_good_enough(guess, x)
           ? guess
           : sqrt_iter(improve(guess, x), x);
}
```

이 함수는 다른 두 함수를 사용한다. 그중 하나는 추측값을 개선하는 **improve** 함수인데, 추측값과 피제곱근수를 추측값으로 나눈 몫의 평균을 개선된 추측값으로 돌려준다.

---

18 사실 이 제곱근 알고리즘은 뉴턴 방법의 한 특수 사례이다. 뉴턴 방법은 방정식의 근을 구하는 일반적인 기법이다. 예제에 쓰인 제곱근 알고리즘 자체는 기원후 1세기 알렉산드리아의 헤론(Heron of Alexandria)이 고안했다. 일반적인 뉴턴 방법을 자바스크립트 함수로 표현하는 방법은 §1.3.4에 나온다.

```
function improve(guess, x) {
    return average(guess, x / guess);
}
```

두 수의 평균을 구하는 **average** 함수는 다음과 같다.

```
function average(x, y) {
    return (x + y) / 2;
}
```

다른 하나는 현재 추측값이 "충분히 좋은지" 판정하는 **is_good_enough** 함수이다. 이 함수의 '충분히 좋음' 판정이 아주 정교하지는 않지만, 이 예제의 목적으로는 쓸만하다. (좀 더 나은 판정 방식은 연습문제 1.7을 보라.) 이 함수는 추측값의 제곱과 피제곱근수의 차이가 미리 정의한 허용치(여기서는 0.001) 이하이면 충분히 좋은 추측값이라고 판단한다.[19]

```
function is_good_enough(guess, x) {
    return abs(square(guess) - x) < 0.001;
}
```

마지막으로, 전체 반복 과정을 시작하는 수단이 필요하다. 다음은 피제곱근수가 무엇이든 항상 1이라는 추측값으로 시작하는 예이다.

```
function sqrt(x) {
    return sqrt_iter(1, x);
}
```

이상의 함수 선언들을 해석기에 입력하고 나면 다른 함수를 사용할 때와 마찬가지 방식으로 **sqrt** 함수를 사용할 수 있다.

---

19 술어로 쓰이는 함수의 이름에는 흔히 is_라는 접두사를 붙인다. 이렇게 하면 그 함수가 술어임을 알아채기 쉽다. (기억하겠지만 "A is B." 형태의 영어 문장에서 A가 주어, 'is B'가 술어이다. 참/거짓을 판정할 수 있는 주어-술어 문장은 논리학에서 말하는 '명제'가 되며, 이는 프로그램의 술어가 부울 값을 돌려준다는 점에 대응된다. —옮긴이)

```
sqrt(9);
3.00009155413138

sqrt(100 + 37);
11.704699917758145

sqrt(sqrt(2) + sqrt(3));
1.7739279023207892

square(sqrt(1000));
1000.000369924366
```

sqrt 프로그램은 지금까지 소개한 간단한 함수형 언어(functional language)로서의 우리 언어가 이를테면 C나 파스칼로 작성할 수 있는 모든 순수 수치 프로그램을 작성하기에 충분하다는 점을 보여준다. 우리의 언어에 컴퓨터가 어떤 작업을 되풀이해서 수행하도록 지시하는 반복(iteration) 구조는 하나도 없지만, 놀랍게도 반복적인 뉴턴 방법을 구현할 수 있었다. sqrt_iter 함수는 특별한 반복 구조(루프문) 없이 그냥 함수를 호출하는 평범한 능력만으로도 반복을 구현할 수 있음을 보여준다.[20]

■ 연습문제 1.6

문자 ?와 :가 관여하는 조건부 표현식 문법이 마음에 들지 않은 알리사 P. 해커Alyssa P. Hacker는 "그냥 조건부 표현식처럼 작동하는 보통의 조건부 함수를 선언해서 사용하면 안 될까?"라고 물었다.[21] 알리사의 동료 에바 루 에이터Eva Lu Ator는 실제로 그런 함수를 만드는 것이 가능하다고 주장하고, 다음과 같은 conditional 함수를 선언했다.

```
function conditional(predicate, then_clause, else_clause) {
    return predicate ? then_clause : else_clause;
}
```

---

[20] 반복을 함수 호출로 구현할 때 효율성 문제가 걱정되는 독자는 §1.2.1의 '꼬리 재귀'에 관한 논의를 참고하기 바란다.

[21] 원판 *Structure and Interpretation of Computer Programs*의 리스프 해커인 알리사는 더 간단하고 좀 더 균일한 구문을 선호한다.

그러고는 아래와 같이 이 함수의 사용법을 알리사에게 시연했다.

```
conditional(2 === 3, 0, 5);
5

conditional(1 === 1, 0, 5);
0
```

이를 반긴 알리사는 conditional을 이용해서 다음과 같은 제곱근 계산 함수를 작성했다.

```
function sqrt_iter(guess, x) {
    return conditional(is_good_enough(guess, x),
                       guess,
                       sqrt_iter(improve(guess, x),
                                 x));
}
```

이 함수로 제곱근을 계산하면 어떤 일이 생기는지 설명하라.

■ **연습문제 1.7**

제곱근 계산에 쓰인 is_good_enough 술어의 판정 방식은 아주 작은 수의 제곱근을 구할 때는 그리 효과적이지 않다. 그리고 실제 컴퓨터에서 산술 연산은 거의 항상 정밀도(유효자릿수)가 제한된 상태로 수행되기 때문에, is_good_enough의 판정 방식은 아주 큰 수의 제곱근 계산에도 부적합하다. 이러한 점을 좀 더 자세히 설명하고, 작은 수와 큰 수에 대해 판정이 실패하는 사례들을 제시하라. is_good_enough를 구현하는 또 다른 전략은 반복 과정에서 guess의 변화량을 추적하면서 변화량이 guess의 아주 작은 비율보다 작으면 충분히 좋은 추측값이라고 판정하는 것이다. 이런 종류의 반복 종료 판정 방식을 사용하는 제곱근 함수를 설계하라. 작은 수와 큰 수에 대해 그 함수가 본문의 함수보다 더 잘 작동하는가?

세제곱근을 위한 뉴턴 방법에서는, y가 x의 세제곱근을 근사하는 값이라고 할 때 다음 공식으로 더 나은 근삿값을 구한다.

$$\frac{x/y^2 + 2y}{3}$$

이 공식을 이용해서 제곱근 함수와 비슷한 형태의 세제곱근 함수를 구현하라. (§1.3.4에서는 이 제곱근 함수와 세제곱근 함수를 추상화한 것에 해당하는, 일반적인 뉴턴 방법의 구현을 이야기한다.)

1.1.8 블랙박스 추상으로서의 함수

sqrt 함수는 하나의 과정(계산적 과정)을 서로 연관된 일단의 함수들로 정의하는 첫 번째 예이다. sqrt_iter의 선언이 재귀적이라는 점에 주목하자. 즉, 이 함수의 정의에는 함수 자신의 평가가 포함된다. 어떤 함수의 정의에 함수 자신의 평가가 포함된다는 점이 좀 이상하게 느껴질 수도 있겠다. 컴퓨터가 수행할 잘 정의된 과정을 이런 '순환' 정의로 서술한다는 것이 말이 안 된다고 생각하는 독자도 있을 것이다. 이 문제는 §1.2에서 좀 더 자세히 살펴보기로 하고, 일단 지금은 sqrt 예제의 다른 몇 가지 요점을 고찰하기로 하자.

이 예제에서 제곱근 계산 문제가 다수의 부분문제로 자연스럽게 분해됨을 주목하기 바란다. 제곱근 계산 문제는 주어진 추측값이 충분히 좋은지 판정하는 문제, 추측값을 더 개선하는 문제 등으로 분해되며, 각 부분문제를 개별적인 함수로 처리한다. 전체 sqrt 프로그램은 문제를 부분문제들로 분해한 것에 대응되는 함수들의 군집(cluster)이라고 할 수 있다(그림 1.2 참고).

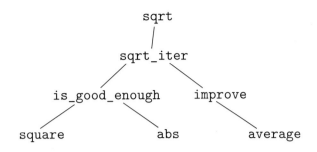

그림 1.2 sqrt 프로그램의 함수 분해.

이러한 분해(decomposition) 전략이 문제를 그냥 여러 부분으로 나누는 것만은 아니다. 어떤 문제든 단순히 여러 부분으로 나누는 것은 쉬운 일이다. 예를 들어 문제를 서술한 텍스트의 행들을 10개씩 묶어서 나누어도 된다. 그렇지만 우리에게 필요한 분해 전략은 각 함수가 각자 식별 가능한 과제(task)를 수행하고 그 함수들을 각각의 '모듈module'로 사용해서 다른 함수의 정의에 사용할 수 있게 하는 것이다. 예를 들어 앞에서 square를 이용해서 is_good_enough 함수를 정의할 때 우리는 square를 하나의 '블랙박스'로 취급할 수 있었다. is_good_enough 함수 정의의 맥락에서는 square가 자신의 결과를 어떻게 계산하는지가 중요하지 않다. 중요한 것은 square가 제곱을 계산한다는 사실뿐이다. 그 시점에서는 제곱 계산의 세부사항을 나중으로 미루어도 된다. 실제로, is_good_enough 함수의 관점에서 square는 하나의 구체적인 함수라기보다는 함수의 한 추상이라고 할 수 있다. 그러한 추상을 함수적 추상(functional abstraction)이라고 부른다. 이러한 추상 수준에서 square는 제곱을 계산해서 돌려주기만 한다면(구체적인 계산 방법이야 어떻든) 어떤 함수라도 상관 없다.

정리하자면, 함수의 반환값(return value)만 고려한다고 할 때 다음 두 제곱 계산 함수는 서로 구별할 수 없다. 두 함수 모두 하나의 수치 인수를 받고 그 제곱을 산출한다.[22]

```
function square(x) {
    return x * x;
}
```

---

22 이 함수 중 어느 것이 더 효율적인 구현인지조차도 명확하지 않다. 답은 함수를 실행하는 하드웨어에 따라 달라진다. "자명한(trivial)" 구현이 오히려 덜 효율적으로 실행되는 컴퓨터도 있을 수도 있다. 예를 들어 방대한 로그표와 진수표(antilogarithm table)를 아주 효율적인 방식으로 저장하고 조회하는 컴퓨터를 생각해 보기 바란다.

```
function square(x) {
    return math_exp(double(math_log(x)));
}
function double(x) {
    return x + x;
}
```

따라서 함수는 세부사항을 숨길 수 있어야 한다. 함수의 사용자가 항상 함수의 작성자는 아니다. 다른 프로그래머가 짠 함수를 가져와서 일종의 블랙박스처럼 사용하는 경우가 더 많다. 사용자는 함수가 어떻게 구현되었는지 몰라도 함수를 사용할 수 있어야 한다.

지역 이름

함수의 사용자가 몰라도 되는 함수 구현의 세부사항 중 하나는 함수 작성자가 함수의 매개변수에 붙인 이름이다. 예를 들어 다음 두 함수는 구별할 수 없어야 한다.

```
function square(x) {
    return x * x;
}
```

```
function square(y) {
    return y * y;
}
```

함수의 의미가 함수 작성자가 정한 매개변수 이름과는 독립적이어야 한다는 이러한 원칙이 당연하게 느껴지겠지만, 이 원칙은 함수의 작성과 사용에 심오한 영향을 미친다. 가장 간단한 영향은 함수 매개변수 이름이 반드시 함수 본문 안에서만 유효한 지역 이름(local name)이어야 한다는 것이다. 예를 들어 제곱근 계산 예제의 is_good_enough 함수를 생각해 보자.

```
function is_good_enough(guess, x) {
    return abs(square(guess) - x) < 0.001;
}
```

is_good_enough 작성자의 의도는 square 함수로 구한 첫 인수의 제곱이 둘째 인수와 충분히(미리 정한 허용오차 이내로) 가까운지를 판단하는 것이다. is_good_enough의 작성자는 첫 인수에 guess라는 이름을 붙이고 둘째 인수에는 x라는 이름을 붙였다. square의 인수는

guess이다. square의 작성자가 인수의 이름으로 (앞에서처럼) x를 사용했다고 해도, 그 x는 is_good_enough의 x와는 구별되어야 한다. square 함수의 실행이 is_good_enough에 있는 x의 값에는 영향을 미치지 않아야 한다. square가 계산을 마친 후 is_good_enough가 그 x의 값을 사용해야 할 수도 있기 때문이다.

만일 매개변수들이 해당 함수 본문의 지역 이름이 아니라면 해석기가 square의 매개변수 x와 is_good_enough의 매개변수 x를 혼동할 수 있으며, 그러면 is_good_enough의 행동은 square의 구현 세부사항에 따라 달라진다. 따라서 square는 더 이상 우리가 원하는 블랙박스가 아니다.

함수의 매개변수는 그 이름이 중요하지 않다는 점에서 함수 선언에서 아주 특별한 역할을 한다. 그런 이름을 일컬어 함수 선언에 **바인딩되었다** 또는 **묶였다**(bound)라고 말한다. 뒤집어 말하면, 함수 선언은 자신의 매개변수들을 자신에게 묶는다. 묶인 이름들을 함수 선언 전체에서 일관되게 다른 이름으로 바꾼다면 함수 선언의 의미는 변하지 않는다.[23] 함수에 묶이지 않은 이름은 **자유롭다**고 말한다. 주어진 이름의 바인딩이 유효하게 유지되는 문장들의 집합을 그 이름의 **범위**(scope)라고 부른다. 함수 선언에서, 함수의 매개변수로 선언된 묶인 이름들의 범위는 함수의 본문 전체이다.

앞의 is_good_enough 선언에서 guess와 x는 묶인 이름이지만 abs와 square는 자유로운 이름(간단히 자유 이름)이다. is_good_enough의 의미는 guess와 x에 붙인 이름과는 무관해야 한다. 물론 두 이름이 같아서는 안 되며, abs와 square와도 달라야 한다. (예를 들어 guess를 abs로 바꾸면, is_good_enough가 abs라는 이름을 갈무리(capturing)하는 결과가 되어서 버그가 생긴다. 이 경우 abs는 자유 이름에서 묶인 이름으로 바뀐다.) 반면에 자유 이름의 변화는 is_good_enough의 의미에 영향을 미친다. is_good_enough의 올바른 작동은 abs라는 이름이 주어진 수의 절댓값을 계산하는 함수를 지칭한다는 사실에 의존한다. 예를 들어 abs의 본문을 math_cos(원시 코사인 함수)의 본문으로 대체하면 is_good_enough 함수가 이전과는 다른 결과를 내게 된다.

---

23 일관된 이름 바꾸기라는 개념은 사실 좀 난해하며, 형식적으로 정의하기가 어렵다. 유명한 논리학자들도 이 부분에서 민망한 실수를 저지른 바 있다.

내부 선언과 블록 구조

지금까지 우리가 배운 이름 격리(isolation) 방식은 단 한가지이다. 바로, 함수의 매개변수는 그 함수 본문의 지역 이름이라는 것이다. 그것과는 다른 방식으로 이름의 용법을 제어하는 방법을 제곱근 계산 예제 프로그램을 이용해서 살펴보기로 하자. 기존 프로그램은 다음과 같이 개별적인 함수들로 구성된다.

```
function sqrt(x) {
    return sqrt_iter(1, x);
}
function sqrt_iter(guess, x) {
    return is_good_enough(guess, x)
           ? guess
           : sqrt_iter(improve(guess, x), x);
}
function is_good_enough(guess, x) {
    return abs(square(guess) - x) < 0.001;
}
function improve(guess, x) {
    return average(guess, x / guess);
}
```

이 프로그램의 문제점은, sqrt의 사용자에게 중요한 함수는 sqrt 뿐이라는 점이다. 다른 함수들(sqrt_iter, is_good_enough, improve)는 사용자에게 혼란만 준다. is_good_enough는 sqrt의 작동에 꼭 필요하므로, 사용자는 제곱근 계산 프로그램과 함께 사용하는 다른 프로그램에서 is_good_enough라는 이름의 다른 함수를 선언해서는 안 된다. 이런 문제는 대형 시스템을 다수의 프로그래머가 함께 구축할 때 특히나 심각해진다. 예를 들어 수많은 수치 함수들로 이루어진 대형 라이브러리를 개발한다고 하자. 수치 함수 중에는 충분히 좋은 결과가 나올 때까지 근삿값을 거듭 개선하는 방식을 사용하는 함수가 많다. 그런 함수를 작성할 때는 자연스럽게 is_good_enough나 improve 같은 이름의 보조 함수를 만들게 된다. 그런 보조 함수들을 sqrt에 국한된 지역 이름으로 만든다면, sqrt가 반복적 근사를 사용하는 다른 수치 함수들과 공존할 수 있다. 이것이 가능하려면 함수가 자신에게만 국한된 내부 구조를 가져야 한다. 예를 들어 제곱근 계산 문제라면 sqrt를 이런 식으로 선언하면 될 것이다.

```
function sqrt(x) {
    function is_good_enough(guess, x) {
```

```
        return abs(square(guess) - x) < 0.001;
    }
    function improve(guess, x) {
        return average(guess, x / guess);
    }
    function sqrt_iter(guess, x) {
        return is_good_enough(guess, x)
                ? guess
                : sqrt_iter(improve(guess, x), x);
    }
    return sqrt_iter(1, x);
}
```

서로 짝을 이루는 중괄호 쌍은 하나의 **블록**block을 이룬다. 블록 안에서 선언된 이름들은 그 블록 내부로만 한정된다. 선언들이 그런 식으로 중첩된 구조를 가리켜 **블록 구조**(block structure)라고 부르는데, 아주 단순한 형태의 이름 조직화 문제라면 이 블록 구조가 정답이다. 하지만 더 나은 해법이 숨어 있다. 보조 함수들의 선언들을 블록 안으로 한정하는 것에서 그치지 않고, 그 함수들을 더 단순하게 만드는 것이 가능하다. x는 **sqrt**의 선언에 바인딩되므로, **sqrt** 안에 한정된 보조 함수 **is_good_enough**, **improve**, **sqrt_iter**는 x와 같은 범위에 있다. 따라서 이 함수들에 x를 명시적으로 전달할 필요가 없다. 대신 x를 내부 선언들 안에서 하나의 자유 이름으로 사용할 수 있다. 다음이 그러한 구현이다. x의 값은 보조 함수들을 감싸는 **sqrt** 함수가 호출될 때 주어진 인수로 설정된다. 이런 방식을 **어휘순 범위 적용**(lexical scoping)◆이라고 부른다.[24]

```
function sqrt(x) {
    function is_good_enough(guess) {
        return abs(square(guess) - x) < 0.001;
    }
```

....

◆ 옮긴이 식별자('이름')의 유효 범위에 관한 문맥에서 'lexical'은 일상 언어에서 말하는 사전순(가나다순, 알파벳순 등)과는 다른 의미이다. lexical은 해석기 또는 컴파일러가 어휘 분석(lexical analysis) 과정에서 소스 코드의 토큰들을 인식하는 순서(아주 간단히 말하면 위에서 아래, 왼쪽에서 오른쪽)와 관련되며, 그래서 이 번역서에서는 '어휘순'이라는 용어를 사용한다. '동적 범위(dynamic scope)'와는 대조되는 범위라는 점에서 어휘순 범위를 '정적 범위(static scope)'라고 부르기도 한다.

24 어휘순 범위 적용에서는 주어진 함수의 자유 이름들이 그 함수를 감싸는 함수 선언의 바인딩들을 참조한다. 다른 말로 하면, 자유 이름의 값은 그 함수가 선언된 환경에서 조회된다. 이러한 범위 적용 방식이 실제로 어떻게 작동하는지는 환경과 해석기의 행동을 상세히 다루는 제3장에서 자세히 이야기한다.

```
    function improve(guess) {
        return average(guess, x / guess);
    }
    function sqrt_iter(guess) {
        return is_good_enough(guess)
                ? guess
                : sqrt_iter(improve(guess));
    }
    return sqrt_iter(1);
}
```

이 책에서는 큰 프로그램을 이해하기 쉬운 조각들로 나누는 목적으로 블록 구조를 적극적으로 활용한다.[25] 알골 60[Algol 60]이라는 프로그래밍 언어에서 기원한 블록 구조는 현재 대부분의 고급 프로그래밍 언어에도 쓰이며, 대규모 프로그램의 구축을 조직화하는 데 도움이 되는 중요한 도구이다.

1.2 함수와 과정(함수가 생성하는)

지금까지 프로그래밍의 여러 원시 요소를 살펴보았다. 원시 산술 연산들을 사용해 보았고, 그연산들을 조합해 보았으며, 그런 합성 연산들을 복합 함수로 선언해서 추상화해 보았다. 그런데 그 정도로는 우리가 프로그램을 짤 줄 안다고 말하기 어렵다. 지금 우리는 기물(말)들의 이동 방법만 알 뿐 전형적인 오프닝이나 전술·전략은 아무것도 모르는 체스 초보자와 비슷하다. 체스 초보자처럼 우리도 아직 해당 영역의 흔한 사용 패턴을 알지 못한다. 우리는 어떤 수(move)가 가치가 있는지(어떤 함수가 선언할 가치가 있는지)에 관한 지식이 부족하다. 그리고 그 수를 두는 것(함수의 실행)이 빚는 결과를 예측할 경험도 부족하다.

다른 모든 인위적이고 창조적인 활동에서 그렇듯이, 어떠한 동작의 결과를 머릿속에서 그리는 것(시각화)은 전문 프로그래머가 되는 데 꼭 필요한 능력이다. 예를 들어 전문 사진작가가 되려면 장면을 어떻게 바라봐야 할지, 다양한 노출 설정과 후처리 방법으로 사진을 인화했을 때 각 영역이 얼마나 어둡게 나올 것인지 등을 예측하는 방법을 배워야 한다. 그런 것들을 예측

----

25 내장된 선언들은 함수 본문의 제일 처음에 와야 한다. 함수의 선언과 적용이 뒤섞인 프로그램을 실행했을 때 생기는 문제점을 경영진이 책임져주지는 않는다. §1.3.2의 각주 54와 56도 참고하기 바란다.

할 수 있어야 그로부터 거꾸로 추론해서 프레임, 조명, 노출, 인화 과정을 계획해서 원하는 효과를 얻을 수 있다. 프로그래밍에서도 마찬가지이다. 프로그래밍에서 우리는 하나의 계산적 과정이 취할 일련의 동작들을 계획하며, 그러한 과정을 프로그램의 요소들로 제어한다. 전문적인 프로그래머가 되려면 다양한 종류의 함수가 생성하는 과정들을 시각화할 수 있어야 한다. 원하는 행동을 보이는 프로그램을 안정적으로 구축하는 방법은 그런 능력을 갖추고 나서야 비로소 배울 수 있다.

함수는 계산적 과정의 **국소 전개**(local evolution; 지역적 전개)에 관한 패턴이다. 함수는 과정의 각 단계(stage)가 그 이전 단계를 기반으로 어떻게 구축되는지를 명시한다. 주어진 계산적 과정의 국소적인 전개 방식을 함수로 명시하는 것에서 머무르지 않고 그러한 과정의 전반적인 행동 방식, 즉 **전역** 행동 방식(global behavior)도 프로그램으로 명시할 수 있으면 좋을 것이다. 일반적으로 이는 아주 어려운 일이지만, 적어도 과정의 전형적인 전개 패턴 몇 가지는 서술을 시도해 보아야 할 것이다.

이번 절에서는 간단한 함수가 생성하는 과정의 몇 가지 공통된 '형태(shape)'들을 살펴본다. 또한 그런 과정들이 시간과 공간이라는 중요한 계산 자원을 소비하는 속도도 조사한다. 이번 절에서 살펴볼 함수는 아주 단순하다. 이 함수는 마치 화면 조정용 테스트 패턴과 비슷한 역할을 한다. 즉, 이 함수는 그 자체로 실용적인 예가 아니라 작위적으로 단순화된 원형적인 패턴이다.

1.2.1 선형 재귀와 반복

다음과 같이 정의되는 계승(factorial; 차례곱) 함수를 생각해 보자.

$$n! \quad = \quad n \cdot (n-1) \cdot (n-2) \cdots 3 \cdot 2 \cdot 1$$

계승을 계산하는 방법은 많다. 한 가지는 임의의 양의 정수 n에 대해 $n!$이 n 곱하기 $(n-1)!$과 같다는 점을 이용하는 것이다.

$$n! \quad = \quad n \cdot [(n-1) \cdot (n-2) \cdots 3 \cdot 2 \cdot 1] \quad = \quad n \cdot (n-1)!$$

이는 $(n-1)!$을 계산하고 거기에 n을 곱하면 $n!$이 나온다는 뜻이다. 1!이 1과 같다는 조항을 추가한다면, 이러한 재귀 관계를 다음과 같은 컴퓨터 함수로 직접 옮길 수 있다.

```
function factorial(n) {
    return n === 1
           ? 1
           : n * factorial(n - 1);
}
```

[그림 1.3]은 6!을 계산할 때 이 함수가 어떤 식으로 작동하는지를 §1.1.5의 치환 모형으로 나
타낸 것이다.

　　이제 계승을 계산하는 또 다른 방법으로 넘어가자. n!을 계산한다는 것은 1에 2를 곱하고,
그 결과에 3을 곱하고, 그 결과에 4를 곱하는 식으로 n까지 곱하는 것에 해당한다. 이러한 과
정을 이런 식으로 정식화할 수 있다: 중간 곱셈 결과를 담는 '곱(product)'과 1에서 n까지 1씩
증가하는 '카운터counter'를 두고 다음 규칙에 따라 카운터와 곱을 함께 갱신하는 단계를 반복
한다. 카운터가 n보다 커지면, 그때까지의 곱셈 결과를 담은 '곱'의 값이 곧 n!이다.

곱　　　←　카운터 · 곱
카운터　←　카운터 + 1

이 경우에도 이러한 정식화를 컴퓨터 함수로 옮기는 것은 어렵지 않다.[26]

```
function factorial(n) {
    return fact_iter(1, 1, n);
}
function fact_iter(product, counter, max_count) {
    return counter > max_count
           ? product
```

....

26 실제 프로그램에서는 앞 절에서 소개한 블록 구조를 이용해서 fact_iter의 선언을 숨길 것이다.

```
function factorial(n) {
    function iter(product, counter) {
        return counter > n
               ? product
               : iter(counter * product,
                      counter + 1);
    }
    return iter(1, 1);
}
```

그러나 여기서는 한 번에 생각할 거리를 최소화하기 위해 이렇게 하지 않았다.

```
            : fact_iter(counter * product,
                        counter + 1,
                        max_count);
    }
```

[그림 1.4]는 앞에서처럼 치환 모형을 이용해서 이 과정을 시각화한 것이다.

```
factorial(6)
6 * factorial(5)
6 * (5 * factorial(4))
6 * (5 * (4 * factorial(3)))
6 * (5 * (4 * (3 * factorial(2))))
6 * (5 * (4 * (3 * (2 * factorial(1)))))
6 * (5 * (4 * (3 * (2 * 1))))
6 * (5 * (4 * (3 * 2)))
6 * (5 * (4 * 6))
6 * (5 * 24)
6 * 120
720
```

그림 1.3 6!을 계산하는 선형 재귀적 과정.

```
factorial(6)
fact_iter(1, 1, 6)
fact_iter(1, 2, 6)
fact_iter(2, 3, 6)
fact_iter(6, 4, 6)
fact_iter(24, 5, 6)
fact_iter(120, 6, 6)
fact_iter(720, 7, 6)
720
```

그림 1.4 6!을 계산하는 선형 반복적 과정.

두 과정을 비교해보자. 관점에 따라서는 두 과정이 별로 다를 것이 없다. 둘 다 동일한 정의역에 대한 동일한 수학 함수를 계산하며, 둘 다 $n!$을 계산하는 데 필요한 단계 수는 n에 정비례한다. 사실 곱셈을 수행해서 부분곱들을 구하는 순서도 정확히 동일하다. 하지만 과정의 '형태'를 살펴보면 두 과정이 상당히 다른 방식으로 전개됨을 알 수 있다.

첫 과정을 치환 모형에 따라 시각화한 [그림 1.3]의 화살표가 보여주듯이, 첫 과정은 먼저 완전히 전개된 후 최종 결과를 향해 축약되는 형태이다. 전개는 계산적 과정이 지연된 연산(deferred operation)들(지금 예에서는 지연된 곱셈 연산들)의 사슬(chain; 연쇄)을 구축함에 따라 일어나고, 축약은 그런 지연된 연산들이 실제로 수행됨에 따라 일어난다. 이처럼 지연된 연산들의 사슬을 특징으로 하는 과정을 가리켜 재귀적 과정(recursive process)이라고 부른다. 이런 과정을 수행하려면 해석기는 나중에 수행할 연산들을 기억해야 한다. $n!$을 계산할 때 지연된 곱셈 사슬의 길이는(따라서 해석기가 기억해야 할 정보의 양도) n에 선형(linear; 일차)으로 비례한다. 그래서 이런 재귀적 과정을 선형 재귀적 과정(linear recursive process)이라고 부른다.

반면에 둘째 과정은 전재되거나 축약되지 않는다. 임의의 n에 대해 해석기는 각 단계에서 그냥 `product`와 `counter`, `max_count`의 현재 값만 기억하면 된다. 이런 과정을 반복적 과정(iterative process)이라고 부른다. 일반적으로 반복적 과정은 과정의 상태를 고정된 개수의 상태 변수(state variable)들과 과정이 한 상태에서 다른 상태로 이동할 때 상태 변수들을 갱신하는 고정된 규칙, 그리고 과정을 종료해야 하는 조건을 명시하는 종료 판정 규칙으로 규정된다(과정에 따라서는 종료 판정 규칙이 필요하지 않을 수도 있다). $n!$을 계산하는 반복적 과정에서는 필요한 단계 수가 n에 선형으로 증가한다. 이런 과정을 선형 반복적 과정(linear iterative process)이라고 부른다.

두 과정의 차이점을 다른 방식으로 살펴볼 수도 있다. 반복적 과정에서 상태 변수들은 임의의 시점에서 과정의 상태를 완전하게 서술한다. 특정 단계를 마친 후 해석기를 멈추었다고 할 때, 상태 변수 세 개만 기억해 두면 언제라도 멈춘 지점부터 과정을 진행할 수 있다. 그러나 재귀적 과정에서는 그럴 수 없다. 재귀적 과정에는 해석기가 관리하며 상태 변수들에는 들어 있지 않은 어떤 '숨겨진' 정보가 존재한다. 그 정보는 지연된 연산들의 사슬을 처리할 때 "과정이 현재 어디에 있는지"를 나타낸다. 사슬이 길수록 해석기는 더 많은 정보를 관리해야 한다.[27]

----

27 제5장에서 레지스터 기반 컴퓨터를 위해 함수를 구현하는 문제를 논의할 때, 그 어떤 반복적 과정이라도 고정된 개수의 레지스터만 있고 보조 메모리는 없는 컴퓨터에서 '하드웨어 수준'으로 구현할 수 있음을 보게 될 것이다. 반면에 재귀적 과정을 구현하려면 흔히 스택이라고 부르는 보조 자료 구조가 컴퓨터에 있어야 한다.

반복과 재귀를 비교할 때는 재귀적 과정이라는 개념을 재귀 함수라는 개념과 혼동하지 말아야 한다. 함수가 재귀적이라는 것은 함수 선언에서 함수가 함수 자신을 (직접적으로든 간접적으로든) 참조한다는 구문상의 사실을 말하는 것이다. 그러나 어떤 과정이 재귀적이라는 것은 (예를 들어 과정이 선형 재귀적 패턴을 따른다는 것은) 그 과정이 어떤 식으로 전개되는가에 관한 것이지, 함수가 어떤 구문으로 작성되었는가에 관한 것이 아니다. 이 둘을 혼동하면, 예를 들어 `fact_iter` 같은 재귀적 함수가 반복적 과정을 생성한다는 것이 이상하게 느껴질 것이다. `fact_iter`가 생성하는 과정은 실제로 반복적 과정이다. 그 과정의 상태는 전적으로 세 개의 상태 변수로 서술되며, 그 세 이름만 기억하면 해석기는 언제라도 과정을 재개할 수 있다.

과정과 함수의 구분이 헷갈리는 이유 중 하나는 흔히 쓰이는 프로그래밍 언어(C, 자바, 파이썬 등) 대부분의 함수 호출 구현이, 비록 재귀적 함수가 반복적 과정을 서술한다고 해도 그 함수가 소비하는 메모리는 호출 횟수에 비례하도록 설계되었다는 점이다. 그러다 보니 그런 언어들에서는 반복적 과정을 do, repeat, until, for, while 같은 특별한 '루프 구조'로만 서술할 수 있다. 제5장에서 살펴볼 자바스크립트 구현에는 그런 결함이 없다. 그 구현은 반복적 과정을 고정된 크기의 공간에서 실행한다. 이는 그 반복적 과정이 재귀적 함수로 서술된다고 해도 마찬가지이다. 이런 성질을 가진 구현을 가리켜 꼬리 재귀적(tail-recursive) 구현이라고 부른다.[28] 꼬리 재귀적 구현에서는 반복을 통상적인 호출 메커니즘으로 표현할 수 있으므로, 특별한 반복 구조는 오직 편의 구문(문법적 설탕)으로만 쓰일 뿐이다.[29]

---

28 꼬리 재귀는 오래전부터 알려진 컴파일러 최적화 요령의 하나이다. 칼 휴잇[Carl Hewitt]은 꼬리 재귀의 일관성 있는 의미론적 토대를 제공했다(Hewitt 1977). 그는 제3장에서 논의할 '메시지 전달' 계산 모형을 이용해서 꼬리 재귀를 설명했다. 이에 영감을 받은 제럴드 제이 서스먼과 가이 L. 스틸 Jr.는 스킴을 위한 꼬리 재귀 해석기를 구축했다(Steele 1975). 이후 스틸은 꼬리 재귀가 함수 호출들을 컴파일하는 자연스러운 방식의 한 귀결임을 보였다(Steele 1977). 스킴의 IEEE 표준에 따르면 스킴 구현은 반드시 꼬리 재귀적이어야 한다. 자바스크립트에 대한 ECMA 표준도 결국 ECMAScript 2015에서 이 선례를 따랐다(ECMA 2015). 그렇지만 이 책을 쓰는 현재(2021년) 대부분의 자바스크립트 구현은 꼬리 재귀와 관련해서 이 표준을 준수하지 않는다.

29 [연습문제 4.7]에서는 반복적 과정을 생성하는 함수를 위한 자바스크립트의 편의 구문으로서의 while 루프를 살펴본다. 다른 여러 통상적인 프로그래밍 언어들처럼 표준 자바스크립트는 다양한 구문형을 갖추고 있는데, 그 구문형들은 모두 리스프로 좀 더 균일하게 표현할 수 있다. 이 점과 그런 구조들에 흔히 세미콜론이 관여하며 세미콜론 배치 규칙이 종종 애매하다는 점 때문에 앨런 J. 펄리스는 이런 경구를 남겼다: "문법적 설탕은 세미콜론 암을 일으킨다."

다음 두 함수는 주어진 인수를 1 증가하는 함수 inc와 1 감소하는 함수 dec를 이용해서 두 양의 정수의 덧셈을 구현한다.

```
function plus(a, b) {
    return a === 0 ? b : inc(plus(dec(a), b));
}

function plus(a, b) {
    return a === 0 ? b : plus(dec(a), inc(b));
}
```

plus(4, 5);를 평가할 때 각 함수가 생성하는 과정을 치환 모형으로 표현하라. 이 과정들은 반복적인가, 아니면 재귀적인가?

■ 연습문제 1.10

다음 함수는 애커만 함수(Ackermann's function)라고 부르는 수학 함수를 계산한다.

```
function A(x, y) {
    return y === 0
           ? 0
           : x === 0
           ? 2 * y
           : y === 1
           ? 2
           : A(x - 1, A(x, y - 1));
}
```

다음 문장들은 각각 어떤 값으로 평가되는가?

```
A(1, 10);

A(2, 4);

A(3, 3);
```

위의 함수 A를 이용해서 선언된 다음 함수들이 있다.

```
function f(n) {
    return A(0, n);
}
function g(n) {
    return A(1, n);
}
function h(n) {
    return A(2, n);
}
function k(n) {
  return 5 * n * n;
}
```

양의 정수 n에 대해 함수 f, g, h가 계산하는 함수를 각각 간결한 수식으로 표현하라. 예를 들어 k(n)은 $5n^2$을 계산한다.

1.2.2 트리 재귀

흔히 볼 수 있는 또 다른 계산 패턴으로 트리 재귀(tree recursion)가 있다. 한 예로, 피보나치 수열을 계산하는 문제를 생각해 보자. 피보나치 수열의 각 수는 그 이전 두 수의 합이다.

0, 1, 1, 2, 3, 5, 8, 13, 21, ...

일반화하자면, 피보나치 수열은 다음과 같은 규칙으로 정의된다.

$$
\text{Fib}(n) = \begin{cases} 0 & \text{만일 } n = 0 \text{이면} \\ 1 & \text{만일 } n = 1 \text{이면} \\ \text{Fib}(n-1) + \text{Fib}(n-2) & \text{그밖의 경우} \end{cases}
$$

이 정의를 다음과 같이 재귀적 피보나치 수 계산 함수로 거의 직접적으로 옮길 수 있다.

```
function fib(n) {
    return n === 0
```

```
            ? 0
            : n === 1
            ? 1
            : fib(n - 1) + fib(n - 2);
    }
```

이 계산의 패턴을 생각해 보자. `fib(5)`를 계산하려면 `fib(4)`와 `fib(3)`을 계산해야 하고, `fib(4)`를 계산하려면 `fib(3)`과 `fib(2)`를 계산해야 한다. 이를 일반화하면 [그림 1.5]에서 보듯이 계산 과정이 마치 나무(트리) 모양으로 전개됨을 알 수 있다. 각 수준에서 가지(branch)가 둘씩 갈라져 나옴을 주목하자. `fib`가 한 번 호출될 때마다 또 다른 두 `fib` 호출이 발생한다는 점을 반영한다.

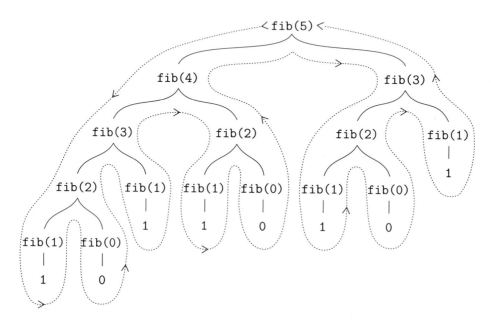

그림 1.5 `fib(5)`의 계산에서 생성되는 트리 재귀적 과정.

이 함수는 트리 재귀를 설명하는 용도로는 적합하지만, 피보나치 수를 계산하는 데에는 아주 나쁜 방법이다. 계산이 너무나 많이 중복되기 때문이다. [그림 1.5]를 보면 `fib(3)`의 계산이 전체 작업의 거의 절반을 차지할 정도로 중복된다. 실제로, 함수가 `fib(1)`이나 `fib(0)`을 계산하는 횟수(일반화한다면 트리의 잎 노드(말단 노드) 개수)가 정확히 Fib(n+1)임을 증명할 수 있다. Fib(n)의 값이 n에 대해 지수적으로(exponentially) 증가한다는 점(증명 가능함)을 생각하면 이것이 얼마나 나쁜지 실감할 수 있을 것이다. 좀 더 엄밀하게 말하면(연습문제 1.13을 보라), Fib(n)은 $\phi^n/\sqrt{5}$에 가장 가까운 정수이다. 여기서

$$\phi \;=\; (1+\sqrt{5})/2 \;\approx\; 1.6180$$

은 다음 방정식을 충족하는 **황금비**(golden ratio)이다.

$$\phi^2 \;=\; \phi+1$$

간단히 말해서 이 과정이 사용하는 단계의 수는 입력에 대해 지수적으로 증가한다. 반면에 공간은 입력에 선형적으로만 증가한다. 계산의 임의의 지점에서 트리의 현재 수준보다 위에 있는 노드들만 기억하면 되기 때문이다. 일반화하면, 트리 재귀적 과정에 필요한 단계의 수는 트리의 노드 수에 비례하고, 필요한 공간은 트리의 최대 깊이에 비례한다.

피보나치 수를 계산하는 반복적 과정도 정식화할 수 있다. 핵심은 두 정수 a와 b를 Fib(1)=1과 Fib(0)=0으로 초기화하고 단계마다 다음 규칙으로 둘을 함께 변환하는 것이다.

$$a \;\leftarrow\; a+b$$
$$b \;\leftarrow\; a$$

이 변환을 n번 적용하면 a와 b는 각각 Fib(n+1)과 Fib(n)이 됨을 증명하기가 어렵지 않다. 따라서 피보나치 수열을 반복적 과정으로 계산하는 것이 가능하다. 다음은 그러한 반복적 과정을 생성하는 함수들이다.

```
function fib(n) {
    return fib_iter(1, 0, n);
}
function fib_iter(a, b, count) {
    return count === 0
           ? b
           : fib_iter(a + b, a, count - 1);
}
```

Fib(n)을 계산하는 이 둘째 방법은 선형 반복에 해당한다. 즉, 필요한 단계의 수는 n에 선형으로 비례한다. 반면에 첫 방법은 Fib(n) 자체로 증가한다. n이 아주 작아도 이는 엄청난 차이이다.

그렇다고 트리 재귀적 과정이 쓸모가 없다는 결론을 내려서는 안 된다. 수치가 아니라 위계 구조로 된 데이터를 다루는 과정에서는 이러한 트리 재귀가 강력하고 자연스럽다.[30] 그리고 수치 연산에서도 트리 재귀가 프로그램의 이해와 설계에 도움이 되기도 한다. 예를 들어 첫 `fib` 함수가 둘째 `fib` 함수보다 훨씬 덜 효율적이긴 하지만, 피보나치 수열의 수학적 정의를 거의 그대로 자바스크립트로 옮긴 것이라는 점에서 좀 더 직관적이다. 재귀적 계산을 세 상태 변수의 변환 반복으로 변형할 수 있다는 점에 주목한 덕분에 이를 반복적 알고리즘으로 정식화할 수 있었다.

예제: 잔돈 만들기

반복적 피보나치 알고리즘은 머리를 약간만 굴려도 떠올릴 수 있다. 그러나 다음 문제는 좀 까다로울 것이다. 50센트, 25센트, 10센트, 5센트, 1센트 동전들로 1달러(100센트)만큼의 잔돈을 만드는 방법은 몇 가지나 될까? 일반화하자면, 여러 종류의 동전들로 임의의 금액을 조합하는 방법은 몇 가지인가?

이 문제는 재귀적 함수로 간단히 풀 수 있다. 사용 가능한 동전 종류들이 일정한 순서로 배열되어 있다고 할 때, 다음과 같은 관계가 성립한다.

n가지 동전을 이용해서 금액 a를 만드는 방법의 수는

- 첫 번째 종류의 동전(이하 제1종 동전)을 제외한 나머지 동전들로 금액 a를 만드는 방법의 수에

- n가지 종류의 동전들을 모두 사용해서 금액 $a-d$를 만드는 방법의 수를 더한 것과 같다. 여기서 d는 첫 번째 종류 동전의 액면가(denomination)이다.

이 관계가 실제로 성립하는지 파악하기 위해, 동전들로 주어진 금액을 만드는 방법들을 제1종 동전을 전혀 사용하지 않고 만드는 방법들과 제1종 동전도 사용해서 만드는 방법들로 나눌 수 있다는 점에 주목하자. 즉, 주어진 금액을 만드는 전체 방법의 수는 제1종 동전을 전혀 사용하지 않는 방법의 수에 제1종 동전을 사용하는 방법의 수를 더한 것과 같다. 그런데 후자의 수는 제1종 동전을 사용하고 남은 금액을 만드는 방법의 수와 같다.

---

[30] §1.1.3에서 이 점이 암시되어 있다. 바로, 자바스크립트 해석기 자체가 트리 재귀적 과정을 이용해서 표현식을 평가한다.

그러므로 우리는 여러 가지 동전들로 주어진 금액을 만드는 방법의 수를 구하는 문제를 더 적은 금액을 만드는 문제 또는 더 적은 수의 동전으로 금액을 만드는 문제로 재귀적으로 축약해 나갈 수 있다. 이러한 축약 규칙을 세심하게 고찰해 보면 이것을 하나의 알고리즘으로 서술할 수 있겠다는 생각이 들 것이다. 단, 완결적인 알고리즘이 되려면 다음과 같은 퇴화 사례(degenerate case)들도 정의해 두어야 한다.[31]

- 만일 a가 정확히 0이면 잔돈을 만드는 방법은 단 한 가지이다.

- 만일 a가 0보다 작으면 잔돈을 만드는 방법은 0가지이다.

- 만일 n(동전 종류)이 0이면 잔돈은 만드는 방법은 0가지이다.

이상의 서술을 재귀적 함수로 옮기는 것은 쉬운 일이다.

```
function count_change(amount) {
    return cc(amount, 5);
}
function cc(amount, kinds_of_coins) {
    return amount === 0
        ? 1
        : amount < 0 || kinds_of_coins === 0
        ? 0
        : cc(amount, kinds_of_coins - 1)
          +
          cc(amount - first_denomination(kinds_of_coins),
             kinds_of_coins);
}
function first_denomination(kinds_of_coins) {
    return kinds_of_coins === 1 ? 1
        : kinds_of_coins === 2 ? 5
        : kinds_of_coins === 3 ? 10
        : kinds_of_coins === 4 ? 25
        : kinds_of_coins === 5 ? 50
        : 0;
}
```

---

31 예를 들어 1센트 동전들과 5센트 동전들로 10센트를 만드는 문제에 이 축약 규칙을 적용하는 과정을 상세히 고찰해 보면 이런 퇴화 사례들이 필요함을 알게 될 것이다.

(`first_denomination` 함수는 사용 가능한 동전 종류의 수를 받고 제1종 동전의 액면가를 돌려준다. 이 함수는 동전 종류들이 액면가가 큰 것에서 작은 것의 순으로 정렬되어 있다고 가정하지만, 다른 순서를 사용해도 무방하다.) 이제 100센트 잔돈을 만드는 문제를 풀어보자.

```
count_change(100);
292
```

`count_change` 함수는 트리 재귀적 과정을 생성하며, 이 과정의 계산들은 `fib`의 첫 구현과 비슷한 방식으로 중복된다. 피보나치 수열 예제와는 달리 이번에는 더 효율적인 알고리즘이 바로 머리에 떠오르지 않는다. 그래서 이 문제는 독자의 도전 과제로 남기기로 한다. 트리 재귀적 과정이 대단히 비효율적이긴 해도 이해하기 쉽고 서술하기 쉬울 때가 많다는 점 때문에, 트리 재귀적 함수를 같은 결과를 좀 더 효율적으로 계산하는 함수로 변환하는 능력을 갖춘 '똑똑한 컴파일러'를 만들어서 두 방식의 장점만 취하자고 제안하는 사람들이 생겼다.[32]

■ 연습문제 1.11

만일 $n < 3$이면 $f(n) = n$이고 만일 $n \geq 3$이면 $f(n) = f(n-1)\} + 2f(n-2) + 3f(n-3)$으로 정의되는 함수 f가 있다. 재귀적 과정으로 f를 계산하는 자바스크립트 함수를 작성하라. 반복적 과정으로 f를 계산하는 자바스크립트 함수를 작성하라.

---

[32] 중복 계산 문제를 완화하는 접근 방식 하나는 함수가 계산한 결과가 자동으로 테이블(표 형태의, 하나 이상의 키를 통해서 특정 항목에 효율적으로 접근할 수 있는 자료 구조—옮긴이)에 저장되게 하고, 함수 호출 시 먼저 해당 인수들에 대한 계산 결과가 테이블에 있는지 점검해서 있다면 계산을 다시 수행하는 대신 테이블에 담긴 결과를 사용하는 것이다. 그러면 같은 계산을 여러 번 중복하지 않을 수 있다. 테이블화(tabulation) 또는 메모화(memoization)라고 부르는 이 전략을 자바스크립트에서도 쉽게 구현할 수 있다. 표 작성 기법은 종종 지수적 단계를 요구하는 과정(count_change 같은)을 시간과 공간 모두 입력에 선형으로 비례하는 공정으로 변환하는 데에도 쓰인다. [연습문제 3.27]을 보라.

■ 연습문제 1.12

다음과 같은 패턴으로 배치된 수들을 **파스칼의 삼각형**(Pascals triangle)이라고 부른다.

이 삼각형의 두 빗변(양쪽 가장자리)에 해당하는 성분들은 모두 1이고 그 안쪽 수들은 각각 그 윗 행에 있는 두 수의 합이다.[33] 파스칼의 삼각형의 성분들을 재귀적 과정으로 계산하는 함수를 작성하라.

■ 연습문제 1.13

$\mathrm{Fib}(n)$이 $\phi^n/\sqrt{5}$에 가장 가까운 정수임을 증명하라. 여기서 $\phi = (1 + \sqrt{5})/2$이다. 힌트: 귀납법과 피보나치 수열의 정의를 이용해서 $\mathrm{Fib}(n) = (\phi^n - \psi^n)/\sqrt{5}$임을(여기서 $\psi = (1 - \sqrt{5})/2$.) 증명해 볼 것.

1.2.3 증가 차수

앞의 예제들에서 보듯이, 계산적 과정의 종류나 성격에 따라 과정이 계산 자원을 소비하는 속도가 크게 다를 수 있다. 이러한 차이를 서술할 때 편리한 것이 바로 **증가 차수**(order of growth; 또는 증가 규모)라는 개념이다. 증가 차수는 입력이 커짐에 따라 과정이 요구하는 자원의 양을 대략 측정한 것이다.

---

33 파스칼의 삼각형을 이루는 수들은 이항계수(binomial coefficient)에 해당한다. n번째 행의 수들은 다름 아닌 $(x + y)^n$을 전개했을 때이 항이 계수들이다. 계수들을 이러 실으로 계산하는 패턴은 1653년 출판되 확률론에 관한 블레즈 파스칼의 혁신적인 저작 *Traité du triangle arithmétique*(수 삼각형론)에 등장했다. [Edwards 2019]에 따르면 이 패턴은 11세기 페르시아 수학자 알카라지$^{Al-Karaji}$의 저작과 12세기 힌두 수학자 바스카라^{Bhaskara}의 저작, 그리고 13세기 중국 수학자 양휘^{楊輝}의 저작에도 나온다.

문제의 크기를 측정하는 매개변수를 n이라고 하자. 그리고 크기가 n인 문제를 푸는 과정에 필요한 자원의 양이 $R(n)$이라고 하자. 앞의 예제들에서는 주어진 함수가 계산할 수치 자체가 n이었지만, 문제에 따라서는 다른 어떤 수량이 n일 수 있다. 예를 들어 어떤 수의 제곱근을 근사하는 문제라면 필요한 유효자릿수가 n일 수 있다. 행렬 곱셈이라면 행렬의 행 수를 n으로 두면 될 것이다. 일반적으로, 하나의 문제에는 그 문제를 위한 과정을 분석하는 데 바람직한 속성들이 여러 개 있다. $R(n)$도 마찬가지이다. $R(n)$은 과정에 쓰이는 내부 저장 레지스터의 개수일 수도 있고, 수행된 기본 기계어 명령(machine operation)의 개수일 수도 있고, 등등이다. 한 번에 고정된 개수의 명령만 수행하는 컴퓨터에서는 과정을 실행하는 시간이 수행된 기계어 명령의 수에 비례할 것이다.

충분히 큰 임의의 n에 대해 다음 부등식을 만족하며 n과는 독립인 양의 상수 k_1과 k_2가 존재할 때(다른 말로 하면, 큰 n에 대해 값 $R(n)$이 $k_1 f(n)$과 $k_2 f(n)$ 사이일 때), 이를 두고 $R(n)$의 증가 차수가 $\Theta(f(n))$이라고 말하고 $R(n) = \Theta(f(n))$으로 표기한다(Θ는 세타라고 읽는다).

$$k_1 f(n) \quad \leq \quad R(n) \quad \leq \quad k_2 f(n)$$

예를 들어 §1.2.1에서 설명한 계승 계산을 위한 선형 재귀적 과정이 수행하는 단계의 수는 입력 n에 정비례한다. 따라서 이 과정에 필요한 단계 수의 증가 차수는 $\Theta(n)$이다. 과정에 필요한 공간 역시 $\Theta(n)$의 차수로 증가함을 알 수 있다. 반복적 계승 계산 과정은 어떨까? 단계 수는 여전히 $\Theta(n)$이지만 공간은 $\Theta(1)$, 즉 상수이다.[34] 트리 재귀적 피보나치 계산 과정의 단계 수는 $\Theta(\phi^n)$이고 공간은 $\Theta(n)$인데, 여기서 ϕ는 §1.2.2에서 설명한 황금비이다.

증가 차수가 과정의 행동 방식(습성)을 아주 대략적으로만 나타낸다는 점을 주의하기 바란다. 예를 들어 n^2개의 단계가 필요한 과정과 $1000n^2$개의 단계가 필요한 과정, 그리고 $3n^2 + 10n + 17$개의 단계가 필요한 과정의 증가 차수는 모두 $\Theta(n^2)$으로 동일하다. 그렇지만 증가 차수는 문제의 크기가 변함에 따라 과정의 행동이 어떻게 변할 것인지 예측하는 데 유용한 정보를 제공한다. $\Theta(n)$(선형) 과정의 경우 크기가 두 배가 되면 과정에 필요한 자원도 대략

---

34 이 문장들이 상당히 단순화된 것임을 주의하자. 예를 들어 만일 단계 수를 기계어 명령 개수로 센다면, 이는 예를 들어 곱셈을 수행하는 데 필요한 기계어 명령들의 개수가 곱할 수의 크기와는 무관하게 항상 일정하다고 가정하는 것이다. 그러나 실제로는, 곱할 수가 충분히 크면 그 가정이 성립하지 않는다. 공간에 대한 추정 역시 마찬가지이다. 과정의 설계와 서술처럼 과정의 분석 역시 다양한 추상 수준에서 일어날 수 있다.

두 배가 된다. 지수적 과정에서는 문제의 크기가 커질 때마다 자원 사용량에 일정한 계수가 곱해진다. §1.2의 나머지 부분에서는 증가 차수가 로그(logarithmic)인 두 알고리즘을 살펴본다. 증가 차수가 로그라는 것은 문제의 크기가 두 배가 될 때 자원 요구량이 일정한 상수로 증가한다는 뜻이다.

■ **연습문제 1.14** ───────────────────────────

잔돈 11센트를 만드는 문제에 대해 §1.2.2의 count_change 함수가 생성하는 과정을 트리 형태로 표시하라. 잔돈 금액의 증가에 따른 공간 및 단계 수의 증가 차수는 무엇인가?

───■

■ **연습문제 1.15** ───────────────────────────

주어진 각도(라디안 단위)의 사인값을 계산한다고 하자. 한 가지 방법은, 만일 x가 충분히 작다면 근사적으로 $\sin x \approx x$ 라는 점과 다음과 같은 삼각함수 항등식을 이용해서 사인의 인수 x의 크기를 줄일 수 있다는 점을 이용하는 것이다.

$$\sin x \;=\; 3 \sin \frac{x}{3} - 4 \sin^3 \frac{x}{3}$$

(이 연습문제의 목적에서는, 각도의 크기(절댓값)가 0.1라디안보다 크지 않다면 "충분히 작은" 것으로 간주한다.) 다음은 이러한 착안을 그대로 옮긴 자바스크립트 함수들이다.

```javascript
function cube(x) {
    return x * x * x;
}
function p(x) {
    return 3 * x - 4 * cube(x);
}
function sine(angle) {
    return ! (abs(angle) > 0.1)
           ? angle
           : p(sine(angle / 3));
}
```

a. sine(12.15)를 평가할 때 함수 p가 몇 번이나 적용되는가?

b. sine(a)를 평가할 때 sine 함수가 생성하는 과정에 쓰이는 공간과 단계 수의 증가 차수(a의 함수로서의)는 무엇인가?

1.2.4 거듭제곱

주어진 수의 거듭제곱(exponential; 지수함수)을 구하는 문제를 생각해 보자. 밑(base; 기수) b와 양의 정수 지수 n을 받고 때 b^n을 계산하는 함수를 만들고자 한다. 한 가지 방법은 다음과 같은 재귀적 정의를 이용하는 것이다.

$$
\begin{aligned}
b^n &= b \cdot b^{n-1} \\
b^0 &= 1
\end{aligned}
$$

이를 자바스크립트로 옮기는 것은 어렵지 않다.

```javascript
function expt(b, n) {
    return n === 0
           ? 1
           : b * expt(b, n - 1);
}
```

이것은 선형 재귀적 과정이다. 단계 수는 $\Theta(n)$이고 공간은 $\Theta(n)$이다. 계승 계산 예제에서처럼 이를 반복적 과정으로 바꾸는 것도 어려운 일이 아니다.

```javascript
function expt(b, n) {
    return expt_iter(b, n, 1);
}
function expt_iter(b, counter, product) {
    return counter === 0
           ? product
           : expt_iter(b, counter - 1, b * product);
}
```

이 버전의 단계 수는 $\Theta(n)$이고 공간은 $\Theta(1)$이다.

연속제곱(successive squaring)을 이용하면 거듭제곱에 필요한 단계 수를 줄일 수 있다. 예를 들어 b^8을 곧이곧대로 다음처럼 계산하는 대신,

$$b \cdot (b \cdot (b \cdot (b \cdot (b \cdot (b \cdot (b \cdot b))))))$$

다음처럼 계산하면 곱셈 세 번으로 끝난다.

$$
\begin{aligned}
b^2 &= b \cdot b \\
b^4 &= b^2 \cdot b^2 \\
b^8 &= b^4 \cdot b^4
\end{aligned}
$$

이 방법은 지수가 2의 제곱수일 때 통한다. 다음과 같은 규칙을 두면 일반적인 경우에도 연속제곱 기법을 활용할 수 있다.

$$
\begin{aligned}
b^n &= (b^{n/2})^2 && \text{만일 } n \text{이 짝수이면} \\
b^n &= b \cdot b^{n-1} && \text{만일 } n \text{이 홀수이면}
\end{aligned}
$$

다음은 이 방법을 자바스크립트 함수로 표현한 것이다.

```javascript
function fast_expt(b, n) {
    return n === 0
        ? 1
        : is_even(n)
        ? square(fast_expt(b, n / 2))
        : b * fast_expt(b, n - 1);
}
```

주어진 정수가 짝수인지 판정하는 술어 **is_even**은 다음과 같다. 이 술어는 정수 나눗셈의 나머지를 돌려주는 연산자 **%**를 활용한다.

```javascript
function is_even(n) {
    return n % 2 === 0;
}
```

fast_expt가 전개하는 과정의 공간과 단계 수는 n의 증가에 따라 로그적으로(즉, n의 로그에 비례해서) 증가한다.♦ fast_expt를 이용해서 b^{2n}을 계산하는 데 필요한 곱셈의 수가 b^n을 계산할 때보다 1회 더 많을 뿐이라는 점을 생각하면 증가 차수가 로그임을 이해할 수 있을 것이다. 따라서, 계산할 수 있는 지수의 크기는 새 곱셈을 허용할 때마다 (근사적으로) 두 배가 된다. 즉, 지수가 n인 거듭제곱에 필요한 곱셈 횟수는 n의 이진로그(밑이 2인 로그)에 비례해서 증가한다. 그러므로 이 과정의 증가 차수는 $\Theta(\log n)$이다.[35]

증가 차수 $\Theta(\log n)$과 $\Theta(n)$의 차이는 n이 커지면 극명해진다. 예를 들어 $n = 1000$에 대해 fast_expt의 곱셈 횟수는 14회밖에 되지 않는다.[36] 연속제곱 기법을 이용해서 단계 수가 로그인 반복적 거듭제곱 알고리즘을 고안하는 것도 가능하다(연습문제 1.16). 그렇지만 다른 여러 반복적 알고리즘처럼, 그런 반복적 거듭제곱 알고리즘은 재귀적 알고리즘보다 서술하기 어렵다.[37]

■ 연습문제 1.16

fast_expt처럼 연속제곱을 이용하는, 그리고 단계 수가 로그인 '반복적' 거듭제곱 과정을 전개하는 함수를 설계하라. (힌트: $(b^{n/2})^2 = (b^2)^{n/2}$이라는 점에 주목하고, 지수 n과 밑 b 외에 또 다른 상태 변수 a를 두되 한 상태에서 다음 상태로 넘어가도 곱 ab^n은 변하지 않도록 상태를 변환하는 공식을 고안할 것. 과정의 시작에서 a가 1로 출발한다면, 과정이 끝났을 때 a의 값이 곧 최종적인 거듭제곱 답이다. 일반적으로, 반복적 알고리즘의 설계를 고민할 때는 상태가 바뀌어도 변하지 않는 **불변량**(invariant quantity)을 정의하는 기법이 크게 도움이 된다.)

♦ 옮긴이 이하, 특별히 혼동의 여지가 없는 한 단계 수가 로그적으로 증가하는 것을 간단히 "단계 수가 로그(적)이다"라고 표현하기로 한다. "단계 수가 선형이다", "2차이다" 등도 마찬가지이다.

35 좀 더 엄밀하게 따지면, 필요한 곱셈 횟수는 n의 이진로그에서 1을 빼고 거기에 n의 이진수 표현에 있는 1의 개수를 더한 것이다. 이 총 곱셈 횟수는 항상 n의 이진로그의 2배보다 작다. 증가 차수 정의에 나온 임의의 상수 k_1과 k_2는, 로그의 밑이 로그적 과정의 증가 차수에 영향을 미치지 않음을 말해준다. 즉, 밑이 어떻든 로그적 과정의 증가 차수는 모두 $\Theta(\log n)$이다.

36 지수가 1000인 거듭제곱을 계산할 필요가 있는지 궁금하다면 §1.2.6을 보기 바란다.

37 이 반복적 알고리즘은 아주 오래되었다. 이 알고리즘은 기원전 200년 이전에 아차리아Ácharya가 저술한 **찬다수트라** Chandah-sutra에 나온다. [Knuth 1997b]의 §4.6.3은 이 알고리즘과 기타 여러 거듭제곱 방법을 상세히 논의하고 분석한다.

■ 연습문제 1.17

이번 절의 거듭제곱 알고리즘은 곱셈을 되풀이해서 거듭제곱을 계산한다. 이와 비슷하게, 덧셈을 되풀이해서 정수 곱셈을 수행할 수 있다. 다음은 expt와 비슷한 방식으로 정의한 곱셈 함수이다(우리의 언어가 덧셈만 지원하고 곱셈은 지원하지 않는다고 가정한 것이다).

```
function times(a, b) {
    return b === 0
           ? 0
           : a + times(a, b - 1);
}
```

이 알고리즘의 단계 수는 b에 정비례한다(선형). 이 함수 외에, 주어진 정수를 두 배로 만드는 double 함수와 주어진 짝수 정수를 2로 나누는 halve 함수가 있다고 하자. 이 함수들을 이용해서, fast_expt처럼 단계 수가 로그인 곱셈 함수를 설계하라.

■ 연습문제 1.18

[연습문제 1.16]과 [연습문제 1.17]의 결과를 이용해서, 두 정수를 덧셈·두 배·절반 연산으로 곱하되 단계 수가 로그인 반복적 과정을 생성하는 함수를 고안하라.[38]

■ 연습문제 1.19

피보나치 수를 로그 단계 수로 계산하는 똑똑한 알고리즘이 있다. §1.2.2의 fib_iter 과정에서 상태 변수 a와 b를 $a \leftarrow a+b$와 $b \leftarrow a$로 변환했음을 기억할 것이다. 이 변환을 T라고 할 때, $a=1$과 $b=0$에서 출발해서 T를 n번 거듭 적용하면 $\mathrm{Fib}(n+1)$과 $\mathrm{Fib}(n)$이 나온다. 다른 말로 하면, 쌍 $(1,0)$에 출발해서 T를 n번 적용한 '변환 거듭제곱(power of transformation)' T^n은 피보나치 수열을 산출한다. 이제 T가 좀 더 일반적인 변환들의 모임(family) T_{pq}에서 $p=0$이고 $q=1$인 특수 사례라고 생각해 보자. 여기서 T_{pq}는 쌍 (a,b)를

---

38 '러시아 농민 곱셈법'이라고도 부르는 이 알고리즘 역시 아주 오래되었다. 이 알고리즘을 적용한 사례가 현존하는 가장 오래된 두 수학 문서 중 하나인 린드 파피루스[Rhind Papyrus]에 나온다. 린드 파피루스는 기원전 1700년경에 아모제[A-h-mose]라는 이집트 서기(scribe)가 작성했다(더 오래된 문서를 베껴 쓴 것이라고 한다).

$a \leftarrow bq+aq+ap$와 $b \leftarrow bp+aq$에 따라 변환한다. 그러한 변환 T_{pq}를 두 번 적용한 것이 같은 형태의 변환 $T_{p'q'}$를 한 번 적용한 것과 동일한 효과를 낼 수 있음을 증명하고, 그러한 조건을 만족하는 p'와 q'를 p와 q로 표현하라. 이 문제를 풀면 이런 변환을 제곱(2제곱)하는 양함수 형태의 공식을 얻을 수 있으며, 그러면 `fast_expt` 함수에서처럼 연속제곱을 이용해서 T^n을 계산할 수 있게 된다. 마지막으로, 이 모든 것을 모아서 다음과 같이 단계 수가 로그인 피보나치 수 계산 함수를 완성하라.[39]

```
function fib(n) {
    return fib_iter(1, 0, 0, 1, n);
}
function fib_iter(a, b, p, q, count) {
    return count === 0
           ? b
           : is_even(count)
           ? fib_iter(a,
                      b,
                      〈 ?? 〉,          // p′을 계산한다.
                      〈 ?? 〉,          // q′을 계산한다.
                      count / 2)
           : fib_iter(b * q + a * q + a * p,
                      b * p + a * q,
                      p,
                      q,
                      count - 1);
}
```

1.2.5 최대공약수

두 정수 a와 b의 최대공약수(greatest common divisor, GCD)는 a와 b 모두와 나누어떨어지는 가장 큰 정수이다. 예를 들어 16과 28의 최대공약수는 4이다. 제2장에서 유리수 산술을 구현하는 방법을 살펴볼 텐데, 유리수를 약분해서 기약분수로 만들 때 최대공약수가 필요하다. (유리수를 기약분수로 만들려면 분자와 분모를 해당 최대공약수로 나누어야 한다. 예를 들어 16/28을 약분하면 4/7이다.) 두 정수를 소인수분해해서 공통의 인수들을 찾는 식으로 최대

---

[39] 이 연습문제는 [Kaldewaij 1990]에 나온 한 예제에 기초해서 조 스토이[Joe Stoy]가 제안했다.

공약수를 구할 수도 있지만, 그보다 훨씬 효율적인 알고리즘이 널리 알려져 있다.

그 알고리즘에 깔린 핵심 착안은, a를 b로 나눈 나머지가 r이라고 할 때 a와 b의 공약수들은 다름 아닌 b와 r의 공약수들과 정확히 같다는 것이다. 따라서 다음과 같은 방정식을 이용하면 두 정수의 최대공약수를 구하는 문제를 더 작은 정수 쌍의 최대공약수를 구하는 문제들로 점차 줄여나갈 수 있다.

$$GCD(a, b) \quad = \quad GCD(b, r)$$

예를 들어 다음은 $GCD(206, 40)$을 $GCD(2, 0)$으로 축약해서 2라는 정답을 얻는 과정이다.

$$
\begin{aligned}
GCD(206, 40) \quad &= \quad GCD(40, 6) \\
&= \quad GCD(6, 4) \\
&= \quad GCD(4, 2) \\
&= \quad GCD(2, 0) \\
&= \quad 2
\end{aligned}
$$

임의의 두 정수로 시작해서 축약 과정을 반복하다 보면 항상 둘째 수가 0인 쌍에 도달함을 증명하는 것이 가능하다. 그 지점에 도달하면, 쌍의 첫 수가 최대공약수이다. 이런 식으로 최대공약수를 구하는 알고리즘을 유클리드 알고리즘(Euclid's Algorithm) 또는 유클리드 호제법◆이라고 부른다.[40]

유클리드 호제법을 함수로 표현하는 것은 쉬운 일이다.

```
function gcd(a, b) {
    return b === 0 ? a : gcd(b, a % b);
}
```

◆ 옮긴이 '호제법'은 서로(互) 나눈다(除)는 뜻이다. 알고리즘의 핵심을 반영한 이름이라는 점에서, 이 책에서는 '유클리드 알고리즘' 대신 '유클리드 호제법'을 주로 사용하기로 한다.

10 유클리드의 알고리즘이라는 이름을 이 알고리즘이 유클리드의 기하학 원론 제7권(기원전 300년경)에 나오기 때문에 붙였다. [Knuth 1997a]에 따르면 이것은 현재 알려진 자명하지 않은(nontrivial) 알고리즘 중에서 제일 오래된 알고리즘이다. 고대 이집트의 곱셈법(연습문제 1.18)이 이보다 더 오래된 것은 확실하지만, 일련의 예제로 제시된 것이 아니라 하나의 일반적 알고리즘으로 제시된 것은 유클리드 알고리즘이 가장 오래되었다는 것이 커누스의 설명이다.

이 함수는 하나의 반복적 과정을 생성한다. 그 과정의 단계 수는 관련된 정수들의 로그에 비례해서 증가한다.

유클리드 호제법에 필요한 단계 수가 로그로 증가한다는 사실에는 최대공약수 계산과 피보나치 수 계산 사이의 흥미로운 관계가 들어 있다. 다음은 그 관계를 말해주는 정리이다.

> 라메의 정리(Lamé's Theorem): 유클리드 호제법으로 어떤 정수 쌍의 최대공약수를 구하는 데 필요한 단계 수가 k라고 할 때, 그 쌍의 더 작은 정수는 반드시 k번째 피보나치 수보다 크거나 같다.[41]

이 정리를 이용하면 유클리드 호제법의 증가 차수를 추정할 수 있다. 함수의 두 입력 정수중 작은 쪽을 n이라고 하자. 과정의 단계 수가 k라고 할 때, 반드시 $n \geq \text{Fib}(k) \approx \phi^k/\sqrt{5}$가 성립한다. 따라서 단계 수 k는 n의 로그(밑은 ϕ)에 비례해서 증가한다. 그러므로 증가 차수는 $\Theta(\log n)$이다.

■ **연습문제 1.20**

함수가 생성하는 과정은 당연히 해석기에 쓰이는 규칙들에 의존한다. 한 예로, 앞에 나온 반복적 gcd 함수를 생각해 보자. 이 함수를 정상 순서 평가(§1.1.5)로 해석한다고 가정한다. (조건부 표현식의 정상 순서 평가 규칙은 연습문제 1.5에서 설명했다.) gcd(206, 40)의 평가로 생성되는 과정을 치환 모형(정상 순서에 대한)을 이용해서 묘사하되, 실제로 수행된 remainder 연산들을 표시하라. gcd(206, 40)의 정상 순서 평가에서 remainder 연산이 실제로 몇 번이나 수행되는가? 적용적 순서 평가(인수 우선 평가)에서는 몇 번인가?

---

[41] 이 정리는 1845년에 가브리엘 라메$^{\text{Gabriel Lamé}}$가 증명했다. 라메는 주로 수리물리학의 성과로 이름이 알려진 수학자이자 공학자이다. 이 정리를 증명하기 위해, $a_k \geq b_k$인 정수 쌍 (a_k, b_k)를 고려하자. 이때 k는 유클리드 호제법의 단계 수이다. 증명의 핵심은 정수 쌍을 $(a_{k+1}, b_{k+1}) \rightarrow (a_k, b_k) \rightarrow (a_{k-1}, b_{k-1})$이라는 세 단계로 축약하면 반드시 $b_{k+1} \geq b_k + b_{k-1}$이라는 주장을 증명하는 것이다. 하나의 축약 단계는 변환 $a_{k-1} = b_k$, $b_{k-1} = a_k$를 b_k로 나눈 나머지를 적용하는 것으로 정의된다. 둘째 공식은 $a_k = qb_k + b_{k-1}$을 충족하는 어떤 양의 정수 q가 존재함을 뜻한다.

그런데 그 q는 1보다 크거나 같으므로 반드시 $a_k = qb_k + b_{k-1} \geq b_k + b_{k-1}$이다. 하지만 이전 축약 단계에서 $b_{k+1} = a_k$였으므로, $b_{k+1} = a_k \geq b_k + b_{k-1}$이다. 이로써 앞의 주장이 증명되었다. 이제 k(알고리즘이 종료하기까지의 단계 수)에 대해 수학적 귀납법을 적용하면 정리 자체가 증명된다. $k = 1$일 때 정리는 참이다. 이 경우 정리는 그냥 b가 Fib(1)=1보다 작지 않음을 뜻하기 때문이다. 이제 k보다 작거나 같은 모든 정수에 대해 정리가 참이라고 가정하고, $k + 1$에 대해 정리가 참임을 증명한다. $(a_{k+1}, b_{k+1}) \rightarrow (a_k, b_k) \rightarrow (a_{k-1}, b_{k-1})$이 축약 과정에서 나타나는 일련의 정수들이라고 할 때, 귀납법의 가정에 의해 $b_{k-1} \geq \text{Fib}(k-1)$이고 $b_k \geq \text{Fib}(k)$이다. 여기에 앞에서 증명한 주장을 피보나치 수열의 정의와 함께 적용하면 $b_{k+1} \geq b_k + b_{k-1} \geq \text{Fib}(k) + \text{Fib}(k-1) = \text{Fib}(k+1)$이 나온다. 이로써 라메의 정리가 증명되었다.

1.2.6 예제: 소수 판정

이번 절에서는 주어진 정수 n이 소수素數(prime number)인지 판정하는 방법 두 가지를 설명한다. 한 방법은 증가 차수가 $\Theta(\sqrt{n})$이고, 다른 한 방법은 '확률적' 알고리즘인데 증가 차수가 무려 $\Theta(\log n)$이다. 이번 절 끝은 연습문제들에서는 이 알고리즘들에 기초한 프로그래밍 프로젝트를 제시한다.

약수 찾기

오래전부터 수학자들은 소수와 관련한 문제에 매혹되었는데, 특히 주어진 수가 소수인지 판정하는 방법을 고민한 사람이 많았다. 주어진 수가 소수인지 판정하는 한 방법은 그 수의 약수(divisor)들을 조사하는 것이다. 다음 프로그램은 주어진 수 n의 가장 작은(그러나 1보다는 큰) 정수 약수를 찾는데, 이를 위해 2 이상의 모든 정수로 n을 나누어 보는 직접적인 방법을 사용한다.

```
function smallest_divisor(n) {
    return find_divisor(n, 2);
}
function find_divisor(n, test_divisor) {
    return square(test_divisor) > n
           ? n
           : divides(test_divisor, n)
           ? test_divisor
           : find_divisor(n, test_divisor + 1);
}
function divides(a, b) {
    return b % a === 0;
}
```

주어진 수 n이 소수인지는 "만일 n 자체가 n의 최소 약수이면, 그리고 오직 그럴 때만, n은 소수이다"라는 규칙으로 판정할 수 있다. 다음은 이를 함수로 표현한 것이다.

```
function is_prime(n) {
    return n === smallest_divisor(n);
}
```

`find_divisor`의 재귀 종료 판정은 만일 n이 소수가 아니면 $\sqrt{n}$보다 작거나 같은 약수가 반드시 존재한다는 사실에 기초한다.[42] 이는 이 알고리즘이 1과 $\sqrt{n}$ 사이의 약수들만 시험해 보면 된다는 뜻이다. 따라서 n이 소수인지 판정하는 데 필요한 단계 수의 증가 차수는 $\Theta(\sqrt{n})$이다.

페르마 판정법

$\Theta(\log n)$ 차수의 소수 판정은 페르마의 소정리(Fermats Little Theorem)라고 부르는 수론의 한 정리에 기초한다.[43]

> 페르마의 소정리: 만일 n이 소수이고 a가 n보다 작은 임의의 양의 정수이면, a의 n 제곱은 n을 법으로 하여(modulo) a와 합동이다.

(두 수가 n을 법으로 하여 합동(congruent modulo n)이라는 것은 두 수를 n으로 나누었을 때 그 나머지가 같다는 뜻이다. a를 n으로 나눈 나머지를 n을 법으로 한 a의 나머지라고 부르기도 하며, 더 줄여서 a의 나머지(법 n)로 표기하기도 한다.)

n이 소수가 아닐 때, 일반적으로 n보다 작은 대부분의 수 a는 위의 관계를 충족하지 않는다. 이로부터 다음과 같은 소수 판정 알고리즘을 끌어낼 수 있다: 수 n이 주어졌을 때, $a < n$을 무작위로 선택해서 a^n을 n으로 나눈 나머지를 계산한다. 만일 그 결과가 a와 같지 않으면 n은 소수가 아님이 분명하다. 만일 a와 같다면 n이 소수일 가능성이 크다. 이제 또 다른 a를 무작위로 선택해서 같은 방법으로 판정한다. 거기서도 긍정적인 답이 나왔다면 n이 소수일 가능성은 더욱 커진다. 더 많은 a 값으로 시도하면 판정 결과에 관한 우리의 확신을 더욱 키울 수 있다. 이 알고리즘을 페르마 판정법(Ferma test)이라고 부른다.

---

[42] 만일 d가 n의 약수이면 n/d도 n의 한 약수이다. 그러나 d와 n/d 둘 다 $\sqrt{n}$보다 클 수는 없다.

[43] 피에르 드 페르마Pierre de Fermat(1601 – 1665)는 현대 수론의 창시자로 간주되는 프랑스의 수학자이다. 그는 수론에서 중요한 결과들을 많이 얻었지만, 증명은 생략하고 결과만 발표할 때가 많았다. 페르마의 소정리는 1640년에 그가 쓴 한 편지에 나온다. 출판된 첫 증명은 1736년 오일러가 발표했다(그전에 라이프니츠의 미출판 원고에 동일한 증명이 있음이 발견되었다). 페르마의 가장 유명한 결과인 '페르마의 마지막 정리'는 페르마가 *Arithmetic*(3세기 그리스 수학자 디오판토스가 쓴 책)의 여백에 적어둔 것인데, 거기에 그는 "진정으로 놀라운 증명을 발견했지만 여백이 모자라서 쓰지 못한다"라는 글귀를 남겼다. 페르마의 마지막 정리를 증명하는 것은 수론에서 가장 유명한 과제 중 하나가 되었는데, 결국 프린스턴 대학교의 앤드루 와일즈Andrew Wiles가 1995년에 완전한 증명을 제시했다.

페르마 판정법을 구현하려면 한 수의 거듭제곱을 다른 수로 나눈 나머지를 계산하는 함수가
필요하다.

```
function expmod(base, exp, m) {
    return exp === 0
           ? 1
           : is_even(exp)
           ? square(expmod(base, exp / 2, m)) % m
           : (base * expmod(base, exp - 1, m)) % m;
}
```

이 함수는 §1.2.4의 **fast_expt** 함수와 아주 비슷하다. 이 함수 역시 연속제곱 기법을 사용하
므로, 단계 수는 지수의 로그에 비례해서 증가한다.[44]

이 함수는 $[1, n-1]$ 구간에서 무작위로 정수 a의 값을 선택하고 a의 n제곱을 n으로 나눈
나머지가 a와 같은지 판정한다. a의 값은 원시 함수 **math_random**을 이용해서 선택하는데,
이 원시 함수는 1보다 작은 음이 아닌 난수를 돌려준다. 따라서 **math_random**이 돌려준 값에
$n-1$을 곱하고 또 다른 원시 함수 **math_floor**로 소수부를 버린 후 1을 더하면 $[1, n-1]$ 구간
의 정수 난수가 된다.

```
function fermat_test(n) {
    function try_it(a) {
        return expmod(a, n, n) === a;
    }
    return try_it(1 + math_floor(math_random() * (n - 1)));
}
```

다음 함수는 매개변수 **times**로 주어진 횟수만큼 판정을 실행한다. 각 실행에서 판정이 성
공('통과')하면 **true**를, 그렇지 않으면 **false**를 돌려준다.

```
function fast_is_prime(n, times) {
    return times === 0
```

----

44 지수 e가 1보다 큰 경우의 추약 단계들은 임의의 정수 x y m에 대해 x 곱하기 y를 m으로 나눈 나머지는 x를 m으
로 나눈 나머지와 y를 m으로 나눈 나머지를 따로 구해서 곱한 후 m으로 나눈 나머지와 같다는 사실에 기초한다. 예를 들
어 e가 짝수일 때는 $b^{e/2}$을 m으로 나눈 나머지를 계산하고 그것을 제곱한 결과를 m으로 나눈 나머지를 구하면 된다. 이
기법은 계산 도중에 m보다 훨씬 큰 수들을 다루지 않아도 된다는 점에서 유용하다. (이를 연습문제 1.25와 비교해 볼 것.)

```
        ? true
        : fermat_test(n)
        ? fast_is_prime(n, times - 1)
        : false;
}
```

확률적 방법

우리가 익숙한 대부분의 알고리즘은 반드시 정확한 답을 산출하지만, 페르마 판정법은 그렇지 않다. 페르마 판정법으로 얻은 답은 확률적으로만 정확하다. 좀 더 정확히 말하면, 만일 n이 페르마 판정법을 통과하지 못한다면 n은 확실히 소수가 아니다. 그러나 n이 판정을 통과했다고 해도 n이 반드시 소수라는 보장은 없다. 단지 소수일 가능성이 아주 클 뿐이다. 우리가 원하는 것은, 임의의 수 n에 대해 페르마 판정을 충분히 많이 수행한다면, 그리고 n이 항상 판정을 통과함을 알게 된다면, 이 소수 판정이 틀릴 확률을 얼마든지 낮출 수 있다는 것이다.

안타깝게도 그러한 주장이 아주 옳은 것은 아니다. 페르마 판정법이 틀리는 결과를 내게 만드는 수들이 존재한다. 즉, n이 소수가 아닌데도 모든 정수 $a < n$에 대해 a^n을 n으로 나눈 나머지가 a와 합동인 수들이 있다. 다행히 그런 수들은 극히 드물기 때문에, 실제 응용에서 페르마 판정법은 상당히 믿을 만하다.[45] 그리고 그런 수들에 속지 않도록 페르마 판정법을 변형한 판정법들도 있다. 그런 판정법들은 페르마 판정법처럼 무작위로 $a < n$을 선택하고 n과 a에 대한 어떤 조건을 점검함으로써 정수 n의 소수 여부를 판정한다. 한편 페르마 판정법과는 대조적으로, 임의의 n에 대해, n이 소수가 아닌 한 대부분의 정수 $a < n$에 대해 그 조건이 성립하지 않음을 증명하는 것이 가능하다. 그러면, 만일 무작위로 선택한 a 값에 대해 n이 판정을 통과한다면 n이 소수일 확률은 2분의 1보다 크다. 만일 n이 무작위로 선택한 두 a 값에 대해 판정을 통과한다면, n이 소수일 확률은 4분의 3보다 크다. 이런 식으로 더 많은 무작위 a 값들로 판정을 거듭함으로써 판정 오류 확률을 얼마든지 낮출 수 있다.

....

[45] 페르마 판정법을 속이는 수들을 **카마이클 수**(Carmichael numbers)라고 부르는데, 그런 수가 극히 드물다는 점 말고는 알려진 것이 거의 없다. 100,000,000 미만의 수 중 카마이클 수는 255개이다. 가장 작은 카마이클 수 몇 개를 들자면 561, 1105, 1729, 2465, 2821, 6601이다. 무작위로 선택한 아주 큰 수의 소수 판정에서 페르마 판정법을 속일 값이 나올 확률은 컴퓨터가 "정확한" 알고리즘을 실행하는 도중에 우주방사선(cosmic radiation) 때문에 오류를 일으킬 확률보다도 작다. 둘째 이유가 아니라 첫째 이유 때문에 알고리즘이 부적합하다고 간주한다는 점은 수학이 공학과 어떻게 다른지를 말해준다.

오류 확률을 얼마든지 낮출 수 있음이 증명 가능한 판정법이 존재한다는 점이 알려지면서 이런 종류의 알고리즘에 관한 관심이 크게 일어났다. 이런 종류의 알고리즘을 이제는 **확률적 알고리즘**(probabilistic algorithms)이라고 부른다. 확률적 알고리즘은 연구가 아주 활발하며, 다른 여러 분야에 효과적으로 적용되었다.[46]

■ **연습문제 1.21**

smallest_divisor 함수를 이용해서 199, 1999, 19999의 최소 약수를 각각 구하라.

■ **연습문제 1.22**

원시 함수 get_time은 아무 인수도 받지 않고 UTC 기준으로 1970년 1월 1일 00시 00분 00초[47]로부터 흐른 밀리초의 개수를 돌려준다. 다음 timed_prime_test는 인수로 주어진 정수 n을 화면에 출력한 후 그것이 소수인지 판정한다. 만일 n이 소수이면 이 함수는 별표 세 개와 판정에 걸린 시간을 출력한다.[48]

```
function timed_prime_test(n) {
    display(n);
    return start_prime_test(n, get_time());
}
function start_prime_test(n, start_time) {
    return is_prime(n)
           ? report_prime(get_time() - start_time)
           : true;
}
```

---

46 확률적 소수 판정의 활약이 두드러진 분야 중 하나는 암호학이다. 이 글을 쓰는 현재, 임의의 300자리 수를 소인수분해하는 것은 막대한 계산량 때문에 사실상 불가능하지만, 그런 수가 소수인지는 페르마 판정법을 이용해서 몇 초만에 알아낼 수 있다. 이러한 비대칭성은 리베스트[Rivest]와 샤미르[Shamir], 에이들먼[Adleman]이 1977년에 제안한 "해독 불가 암호"의 구축에 바탕이 되었다. 그들이 고안한 *RSA* 알고리즘은 전자 통신의 보안을 개선하는 데 널리 쓰이는 기법으로 자리 잡았다. 이 점과 기타 여러 연구 성과 덕분에 한때는 '순수' 수학에서 오직 수학자들만의 연구 주제로 간주되었던 소수가 암호학, 전자 금융, 정보 검색에서 실제로 쓸모가 있음이 밝혀졌다.

47 유닉스 기원(UNIX epoch)이라고 부르는 이 날짜는 유닉스 운영체제에서 시간을 다루는 함수들의 명세에 공식적으로 포함되어 있다.

48 원시 함수 display는 자신의 인수를 돌려줄 뿐만 아니라 그것을 화면에 출력한다. 여기서 " *** "는 display 함수의 인수로 전달한 **문자열**이다. 문자열은 §2.3.1에서 좀 더 자세히 다룬다.

```
function report_prime(elapsed_time) {
    display(" *** ");
    display(elapsed_time);
}
```

이 함수를 이용해서, 주어진 구간의 연속된 홀수들의 소수성을 판정하는 함수 search_for_primes를 작성하라. 그리고 그 함수를 이용해서 1,000보다 큰 최소 소수 세 개와 10,000보다 큰 최소 소수 세 개, 100,000보다 큰 최소 소수 세 개, 1,000,000보다 큰 최소 소수 세 개를 구하라. 그 과정에서 각 소수 판정에 걸린 시간도 눈여겨보기 바란다. 판정 알고리즘의 증가 차수가 $\Theta(\sqrt{n})$이므로, 10,000 부근의 소수를 판정하는 데 걸리는 시간은 1,000 부근의 소수를 판정하는 데 걸린 시간의 $\sqrt{10}$배 정도이어야 한다. 여러분의 결과가 실제로 그런 특성을 보이는가? 100,000과 1,000,000에 대한 시간 측정치들이 $\sqrt{n}$ 예측과 부합하는가? 여러분의 결과가, 프로그램이 실행되는 시간은 계산에 필요한 단계 수에 비례한다는 개념과 부합하는가?

■ **연습문제 1.23**

이번 절 도입부에 나온 smallest_divisor 함수는 필요 없는 판정을 많이 수행한다. 주어진 수가 2로 나누어떨어짐을 알게 되었다면, 2보다 큰 짝수로 나누어떨어지는지는 굳이 판정할 필요가 없다. 따라서 test_divisor는 2, 3, 4, 5, 6, ...이 아니라 2, 3, 5, 7, 9, ...를 판정에 사용해야 마땅하다. 이 점을 반영하기 위해, 입력이 2와 같으면 3을 돌려주고 그렇지 않으면 입력에 2를 더한 값을 돌려주는 next라는 함수를 선언하라. 그리고 test_divisor + 1 대신 next(test_divisor)를 사용하도록 smallest_divisor를 수정하라. timed_prime_test와 수정된 smallest_divisor를 이용해서 [연습문제 1.22]에서 말한 열두 소수를 구하라. 수정 덕분에 판정을 위한 단계 수가 절반으로 줄어들었으므로 프로그램이 이전보다 약 두 배 빠르게 실행될 것이다. 실제로 그런가? 아니라면, 두 알고리즘의 속도 비(ratio)를 구체적으로 계산해 보고, 그것이 2가 아닌 이유를 설명하라.

■ **연습문제 1.24**

[연습문제 1.22]의 timed_prime_test를 fast_is_prime(페르마 판정법)을 사용하도록 수정해서 [연습문제 1.22]의 열두 소수를 구하라. 파르마 판정법의 증가 차수는 $\Theta(\log n)$이므

로, 1,000,000 부근의 소수들을 판정하는 데 걸리는 시간이 1000 부근의 소수들을 판정하는 데 걸리는 시간보다 아주 길지는 않을 것이다. 여러분의 결과가 실제로 그런가? 그렇지 않다면 그 이유는 무엇인지 설명할 수 있는가?

■ **연습문제 1.25**

알리사 P. 해커는 expmod가 너무 장황하다고 불평한다. 거듭제곱을 계산하는 법은 이미 알고 있으므로 expmod를 그냥 다음과 같이 간단하게 작성해도 된다는 것이 알리사의 주장이다.

```
function expmod(base, exp, m) {
    return fast_expt(base, exp) % m;
}
```

알리사의 주장이 옳을까? 이 함수를 우리의 빠른 소수 판정 프로그램에 그대로 사용해도 좋을까? 여러분의 결론을 설명하라.

■ **연습문제 1.26**

루이스 리즈너Louis Reasoner는 [연습문제 1.24]를 푸느라 애를 먹었다. 이상하게도 자신이 짠 fast_is_prime의 판정이 역시 자신이 짠 is_prime의 판정보다 느렸다. 그래서 루이스는 친구 에바 루 에이터에게 도움을 청했다. 루이스의 코드를 조사한 둘은 루이스가 expmod 함수를 square를 호출하는 대신 명시적으로 곱셈을 수행하도록 고쳤음을 발견했다.

```
function expmod(base, exp, m) {
    return exp === 0
           ? 1
           : is_even(exp)
           ? (  expmod(base, exp / 2, m)
              * expmod(base, exp / 2, m)) % m
           : (base * expmod(base, exp - 1, m)) % m;
}
```

루이스는 "이렇게 고친다고 무슨 차이가 있는지 모르겠어"라고 말했지만, 에바는 "나는 알겠어"라면서 "함수를 이런 식으로 작성하면 $\Theta(\log n)$ 과정이 $\Theta(n)$ 과정으로 바뀐다고!"라고 말했다. 에바의 답을 설명하라.

■ 연습문제 1.27

각주 1.45에서 예로 든 여섯 가지 카마이클 수가 실제로 페르마 판정법을 속이는지 확인하라. 즉, 정수 n을 받고 모든 $a < n$에 대해 a^n이 n을 법으로 하여 a와 합동인지 판정하는 함수를 작성하고, 각주 1.45에 나온 카마이클 수들로 그 함수를 시험해 보라.

■ 연습문제 1.28

속일 수 없는 페르마 판정법의 한 변형으로 밀러–라빈 판정법(Miller – Rabin test; [Miller 1976]과 [Rabin 1980])이 있다. 이 판정법은 "n이 소수이고 a가 n보다 작은 양의 정수일 때, a의 $(n-1)$ 제곱은 n을 법으로 하여 1과 합동이다."라는, 페르마의 소정리의 또 다른 형태로 출발한다. 구체적인 판정 방법은 다음과 같다. 무작위로 수 $a < n$을 택하고, expmod를 이용해서 n을 법으로 한 a의 $(n-1)$제곱을 구한다. 단, expmod에서 제곱 단계를 수행할 때마다 "n을 법으로 한 1의 자명하지 않은(nontrivial; 이하 간단히 '비자명') 제곱근", 즉 1이나 $n-1$이 아니지만 제곱하면 n을 법으로 하여 1과 합동인 어떤 수를 발견했는지 확인한다. 그런 1의 비자명 제곱근이 존재함을 증명할 수 있다면 n은 소수가 아니다. 또한, 만일 n이 홀수이고 소수가 아니면, 수 $a < n$들 중 적어도 절반에서는 이런 식으로 a^{n-1}을 계산했을 때 n을 법으로 한 1의 비자명 제곱근이 발견됨을 증명할 수 있다. (이것이 밀러–라빈 판정법을 속일 수 없는 이유이다.) 1의 비자명 제곱근이 발견되었을 때 그 사실을 신호하도록 expmod 함수를 수정하고, 이를 이용해서 `fermat_test`와 비슷한 형태의 밀러–라빈 판정 함수를 구현하라. 알려진 여러 소수와 합성수로 그 함수를 시험해 볼 것. 힌트: expmod가 1의 비자명 제곱근을 발견했음을 알리는 편리한 방법 하나는 그런 경우 0을 돌려주는 것이다.

1.3 고차 함수를 이용한 추상의 정식화

앞에서 보았듯이, 함수는 사실상 수들에 관한 복합 연산(특정한 수치와는 독립적인)을 서술하는 추상이라고 할 수 있다. 한 예로 다음 함수를 생각해 보자.

```
function cube(x) {
    return x * x * x;
}
```

이 함수는 특정한 수치의 세제곱을 계산하는 것이 아니라, 임의의 수의 세제곱을 구하는 방법을 서술한 것이다. 이런 cube 함수를 작성해서 사용하는 대신, 필요할 때마다 다음과 같이 구체적인 표현식으로 세제곱을 구하는 것도 물론 가능하다.

```
3 * 3 * 3
x * x * x
y * y * y
```

그러나 이런 접근 방식에는 심각한 단점이 있다. 바로, 우리가 고수준 연산이 아니라 언어의 원시 요소들에 해당하는 구체적인 연산(지금 예에서는 곱셈)의 수준에서 작업해야 한다는 것이다. 비록 프로그램이 세제곱을 계산한다고 해도, 우리의 언어에 어떠한 수를 세제곱한다는 개념을 표현할 능력이 없다는 문제가 남는다. 강력한 프로그래밍 언어가 반드시 갖추어야 할 요소 하나는 프로그래머가 공통의 패턴에 이름을 부여해서 추상을 구축하고 그런 추상들을 직접 사용해서 프로그램을 만들게 하는 능력이다. 함수가 바로 그러한 능력을 제공한다. 아주 원초적인 프로그래밍 언어라도 대부분의 경우 함수 선언 메커니즘만큼은 갖추고 있는 이유가 바로 이것이다.

수치만 처리하는 프로그램을 만들 때에도, 만일 함수의 매개변수가 반드시 수치이어야 한다는 제약이 있으면 추상을 만드는 능력이 크게 제한된다. 동일한 프로그래밍 패턴이 서로 다른 여러 함수에 쓰이는 경우는 흔하다. 그런 패턴을 하나의 개념(concept)으로 표현하려면 함수를 인수로 받거나 함수를 값으로 돌려주는 함수를 만들어야 한다. 함수를 다루는 함수를 가리켜 고차 함수(higher-order function)라고 부른다. 이번 절에서는 고차 함수가 어떻게 우리 언어의 표현력을 크게 증가하는 강력한 추상화 메커니즘으로 작용하는지 살펴본다.

1.3.1 함수를 받는 함수

다음 세 함수를 생각해 보자. 첫 함수는 a에서 b까지의 정수들을 합한다.

```
function sum_integers(a, b) {
    return a > b
           ? 0
           : a + sum_integers(a + 1, b);
}
```

둘째 함수는 주어진 구간의 정수들의 세제곱의 합을 계산한다.

```
function sum_cubes(a, b) {
    return a > b
           ? 0
           : cube(a) + sum_cubes(a + 1, b);
}
```

셋째 함수는 다음 급수에 있는 항들을 합산한다.

$$\frac{1}{1 \cdot 3} + \frac{1}{5 \cdot 7} + \frac{1}{9 \cdot 11} + \cdots$$

이 급수는 $\pi/8$에 (아주 느리게) 수렴한다.[49]

```
function pi_sum(a, b) {
    return a > b
           ? 0
           : 1 / (a * (a + 2)) + pi_sum(a + 4, b);
}
```

이 세 함수에서 뚜렷한 공통의 패턴을 발견할 수 있을 것이다. 세 함수는 거의 동일한 형태이다. 다른 부분은 함수의 이름과 더할 항(term)들을 계산하는 데 쓰이는 a의 함수, a의 다음값을 제공하는 함수뿐이다. 따라서 다음과 같은 템플릿이 있다면 각 슬롯(이탤릭으로 표시된)을 적절히 채워서 세 함수를 만들어 낼 수 있다.

---

49 흔히 $\frac{\pi}{4} = 1 - \frac{1}{3} + \frac{1}{5} - \frac{1}{7} + \cdots$ 의 형태로 표기하는 이 급수는 라이프니츠가 제시했다. 이 급수에 기초한 몇 가지 신기한 수치 처리 요령이 §3.5.3에 나온다.

```
function 이름 (a, b) {
    return a > b
           ? 0
           : 항 (a) + 이름 (다음_항 (a), b);
}
```

공통의 패턴이 존재한다는 것은 유용한 추상이 표면 아래에 숨어 있음을 말해주는 강력한 증거이다. 실제로, 수학자들은 오래전에 급수의 합(summation of a series)이라는 추상을 인식하고, 그러한 개념을 표현하기 위해 '시그마 표기법(Sigma notation)'을 고안했다. 다음이 시그마 표기의 예이다.

$$\sum_{n=a}^{b} f(n) \quad = \quad f(a) + \cdots + f(b)$$

시그마 표기법은 수학자가 어떤 특정한 수치들의 합이 아니라 합산이라는 개념 자체를 다룰 수 있게 한다는 점에서 강력하다. 예를 들어 시그마 표기법을 이용하면 특정한 급수와는 독립적인, 합들에 관한 일반적인 결과를 정식화할 수 있다.

이와 비슷하게, 우리의 언어에도 특정한 합을 계산하는 함수가 아니라 합산의 개념 자체를 표현하는 함수를 작성하는 능력이 있으면 좋을 것이다. 실제로 우리의 함수형 언어로도 그런 일이 가능하다. 그냥 앞의 템플릿에 있는 '슬롯'들을 매개변수로 바꾸면 된다.

```
function sum(term, a, next, b) {
    return a > b
           ? 0
           : term(a) + sum(term, next(a), next, b);
}
```

sum이 구간의 상계 a와 하계 b뿐만 아니라 함수 term과 next도 인수로 받음을 주목하자. 이 sum 함수는 다른 모든 함수와 동일한 방법으로 사용할 수 있다. 예를 들어 다음은 이 함수(그리고 주어진 인수를 1 증가하는 함수 inc)를 이용해서 sum_cubes를 정의한 것이다.

```
function inc(n) {
    return n + 1;
}
```

```
function sum_cubes(a, b) {
    return sum(cube, a, inc, b);
}
```

이 함수들을 이용해서 1에서 10까지의 정수들의 세제곱의 합을 구할 수 있다.

```
sum_cubes(1, 10);
3025
```

또한, 주어진 인수를 그대로 돌려주는 `identity` 함수(항등함수를 뜻한다)를 도입한다면 `sum_integers`도 `sum`으로 정의할 수 있다.

```
function identity(x) {
    return x;
}

function sum_integers(a, b) {
    return sum(identity, a, inc, b);
}
```

다음은 이들을 이용해서 1에서 10까지의 정수를 더하는 예이다.

```
sum_integers(1, 10);
55
```

`pi_sum` 역시 마찬가지 방식으로 정의할 수 있다.[50]

```
function pi_sum(a, b) {
    function pi_term(x) {
        return 1 / (x * (x + 2));
    }
    function pi_next(x) {
        return x + 4;
    }
```

----

[50] 여기서는 블록 구조(§1.1.8)를 이용해서 pi_next의 선언과 pi_term의 선언을 pi_sum 안에 내장했다. 그 두 함수는 다른 용도로는 쓰일 가능성이 작기 때문에 이렇게 한 것이다. §1.3.2에서는 이 두 함수를 아예 제거한다.

```
    return sum(pi_term, a, pi_next, b);
}
```

이 함수들을 이용해서 π의 근삿값을 구하면 다음과 같다.

```
8 * pi_sum(1, 1000);
3.139592655589783
```

이러한 sum을 이용해서 또 다른 개념들을 정식화하는 것도 가능하다. 예를 들어 상계 a와 하계 b 사이에서 함수 f의 정적분을 구한다고 하자. 다음은 작은 dx 값들에 대해 그 정적분을 수치적으로 근사하는 공식이다.

$$\int_a^b f \;=\; \left[f\left(a + \frac{dx}{2}\right) + f\left(a + dx + \frac{dx}{2}\right) + f\left(a + 2dx + \frac{dx}{2}\right) + \cdots \right] dx$$

이를 함수로 직접 표현하는 것이 어렵지 않다.

```
function integral(f, a, b, dx) {
    function add_dx(x) {
        return x + dx;
    }
    return sum(f, a + dx / 2, add_dx, b) * dx;
}

integral(cube, 0, 1, 0.01);
0.24998750000000042

integral(cube, 0, 1, 0.001);
0.249999875000001
```

(참고로 0과 1 사이에서 cube의 적분의 참값은 1/4이다.)

■ 연습문제 1.29

심프슨 공식이나 심프슨 법칙(Simpson's Rule)이라고도 부르는 심슨 근사법은 앞에서 예시한 방법보다 더 정확한 수치 적분법이다. 심슨 근사법에서는 a와 b 사이의 함수 f의 적분을 다음과 같이 근사한다.

$$\frac{h}{3}[y_0 + 4y_1 + 2y_2 + 4y_3 + 2y_4 + \cdots + 2y_{n-2} + 4y_{n-1} + y_n]$$

여기서 어떠한 양의 정수 n에 대해 $h = (b-a)/n$이며, $y_k = f(a+kh)$이다. (n이 클수록 근사의 정확도가 증가한다.) f, a, b, n을 인수로 받고 심슨 근사법으로 계산한 적분 값을 돌려주는 함수를 선언하라. 그 함수를 이용해서 0과 1 사이에서 cube의 적분을 구하라($n = 100$과 $n = 1000$에 대해 각각 구해 볼 것). 그리고 그 결과를 앞에 나온 integral 함수로 얻은 결과와 비교하라.

■ 연습문제 1.30

앞에서 본 sum 함수는 선형 재귀적 과정을 생성한다. 그런데 합산을 반복적 과정으로 수행하도록 함수를 작성하는 것도 가능하다. 다음 선언의 〈??〉들에 적절한 표현식을 채워서 그런 함수를 작성하라.

```
function sum(term, a, next, b) {
    function iter(a, result) {
        return 〈 ?? 〉
                ? 〈 ?? 〉
                : iter(〈 ?? 〉, 〈 ?? 〉);
    }
    return iter(〈 ?? 〉, 〈 ?? 〉);
}
```

■ 연습문제 1.31

a. sum 함수처럼 고차 함수로 표현할 수 있는 추상들은 대단히 많다. sum은 그중 가장 간단한 것일 뿐이다.[51] sum과 비슷하되, 주어진 구간의 입력들에 대한 함숫값들을 모두 곱한 결과를 돌려주는 product라는 함수를 작성하라. 그리고 그 product를 이용해서 계승을 계산하는 함수 factorial을 정의하라. 또한, product와 다음 공식을 이용해서 π의 근삿값을 계산하라.[52]

$$\frac{\pi}{4} = \frac{2 \cdot 4 \cdot 4 \cdot 6 \cdot 6 \cdot 8 \cdots}{3 \cdot 3 \cdot 5 \cdot 5 \cdot 7 \cdot 7 \cdots}$$

b. 만일 여러분이 작성한 product 함수가 재귀적 과정을 생성한다면, 반복적 과정을 생성하는 함수를 따로 작성하라. 그렇지 않고 반복적 과정을 생성한다면, 재귀적 과정을 생성하는 함수를 따로 작성하라.

■ 연습문제 1.32

a. sum과 product(연습문제 1.31)의 합산과 승산은 누산(accumulation)이라는 좀 더 일반적인 개념의 특수 사례들이다. 누산은 일단의 항들을 어떤 일반적인 함수로 조합(결합)하는 연산으로, 다음과 같은 accumulate로 대표할 수 있다.

```
accumulate(combiner, null_value, term, a, next, b);
```

accumulate 함수는 sum이나 product처럼 조합할 항과 구간의 상,하계를 받는다. 또한 이 함수는 현재 항을 지금까지의 누산 결과와 조합하는 방법을 명시한 combiner 함수(인수 두 개를 받는다)와 누산할 항이 더 이상 없을 때 사용할 기준값(base value)을 뜻하는

---

51 [연습문제 1.31~1.33]의 의도는 서로 달라 보이는 다수의 연산을 적절한 추상을 이용해서 통합하면 표현력이 얼마나 커지는지를 보여주는 것이다. 그렇지만, 비록 누산(accumulation; 연습문제 1.32)과 필터링(연습문제 1.33)이 우아한 개념이긴 해도 지금 우리가 그런 추상들을 자유자재로 사용할 수 있는 수준은 아니다. 그런 추상들을 조합하는 데 적합한 수단을 제공하는 자료 구조를 아직 이야기하지 않았기 때문이다. 이 주제는 §2.2.3에서 순차열(sequence)을 필터들과 누산기들을 조합해서 더욱 강력한 추상을 만들기 위한 인터페이스로 사용하는 방법을 이야기할 때 다시 논의하겠다. §2.2.3에서는 그런 수단들이 그 자체로 강력하고 우아한 프로그램 설계 접근 방식임을 보게 될 것이다.

52 이 공식은 17세기 영국 수학자 존 월리스[John Wallis]가 발견했다.

null_value도 인수로 받는다. 이러한 accumulate를 작성하고, sum과 product를 본문에서 그냥 accumulate를 호출하기만 하는 식으로 작성하라.

b. 만일 여러분이 작성한 accumulate 함수가 재귀적 과정을 생성한다면, 반복적 과정을 생성하는 함수를 따로 작성하라. 그렇지 않고 반복적 과정을 생성한다면, 재귀적 과정을 생성하는 함수를 따로 작성하라.

■ 연습문제 1.33

조합할 항들을 특정 조건에 따라 걸러낸다는 필터링filtering 개념을 도입하면 누산을 좀 더 일반화할 수 있다. '필터링된 누산(filtered accumulation)'은 주어진 구간의 값 중에서 특정 조건을 충족하는 값들만 누산하는 것을 말한다. accumulate(연습문제 1.32)를 그런 식으로 일반화한 filtered_accumulate라는 함수를 작성하라. filtered_accumulate 함수는 accumulate의 인수들 외에 필터 역할을 할 술어도 인수로 받아야 한다. 또한, filtered_accumulate를 이용해서 다음을 계산하는 프로그램을 작성하라.

a. a에서 b까지의 구간에 있는 소수들의 제곱들의 합(여러분이 is_prime 술어를 이미 작성했다고 가정한다).

b. n보다 작고 n과 서로소인 모든 양의 정수(즉, GCD(i,n) = 1을 충족하는 모든 양의 정수 i < n)의 합.

1.3.2 람다 표현식을 이용한 함수 구축

§1.3.1의 sum을 사용하다 보면, 고차 함수의 인수로만 사용할 pi_term나 pi_next 같은 자명한 함수를 일일이 선언하기가 아주 귀찮게 느껴질 수 있다. pi_next와 pi_term을 따로 선언하는 대신, "주어진 입력을 4만큼 증가한 값을 돌려주는 함수"나 "입력에 2를 더한 값을 입력과 곱한 결과의 역수를 돌려주는 함수"를 그 자리에서 바로 명시할 수 있다면 편할 것이다. 함수선언을 위한 특별한 구문형으로서의 람다 표현식(lambda expression)을 도입하면 그런 일이 가능하다. 줄여서 그냥 '람다식'이라고도 부르는 람다 표현식을 이용하면 방금 전에 언급한 두함수를 다음과 같이 표현할 수 있다.

```
x => x + 4
x => 1 / (x * (x + 2))
```

다음은 이들을 이용해서 **pi_sum** 함수를 보조 함수 없이 표현한 예이다.

```
function pi_sum(a, b) {
    return sum(x => 1 / (x * (x + 2)),
               a,
               x => x + 4,
               b);
}
```

또 다른 예로, 람다식을 이용하면 보조 함수 **add_dx** 없이 **integral** 함수를 작성할 수 있다.

```
function integral(f, a, b, dx) {
    return sum(f,
               a + dx / 2,
               x => x + dx,
               b)
           *
           dx;
}
```

일반화하자면, 람다식은 함수 선언과 동일한 방식으로 함수를 작성하되, 다음처럼 함수의 이름과 **return** 키워드, 그리고 함수 본문의 중괄호 쌍을 생략한 것이다(앞의 예들처럼 함수의 매개변수가 하나뿐일 때는 매개변수 목록을 감싸는 소괄호 쌍도 생략할 수 있다).[53]

```
(매개변수들) => 표현식
```

람다식의 평가로 생성된 함수는 함수 선언문으로 생성된 함수와 다를 바가 없는 번듯한 함수이다. 유일한 차이는 람다식의 경우 환경에 함수 이름이 추가되지 않는다는 점뿐이다. 이 책의 목적에서 다음 함수 선언문은

---

53 §2.2.4에서는 함수 선언문에서처럼 표현식 하나가 아니라 블록(여러 문장으로 된)을 본문으로 사용할 수 있도록 람다 표현식의 구문을 전개한다.

```
function plus4(x) {
    return x + 4;
}
```

다음의 상수 선언문과 동등하다.[54]

```
const plus4 = x => x + 4;
```

이 람다 표현식을 이런 식으로 이해하면 될 것이다.

이것은 인수 x의 함수로, 결과는 인수 더하기 4이다.

값이 함수인 다른 모든 표현식과 마찬가지로, 다음 예처럼 람다식도 함수 적용에 사용할 수 있다. 다음이 그러한 예이다.

```
((x, y, z) => x + y + square(z))(1, 2, 3);
12
```

좀 더 일반화하면, 함수 이름이 쓰이는 지점이라면 어떤 곳이라도 함수 이름 대신 람다식을 사용할 수 있다.[55] 단, =>가 함수 적용보다 우선순위가 낮기 때문에 이런 경우 람다식 전체를 소괄호로 감싸야 한다는 점도 주의하기 바란다.

----

54 완전한 자바스크립트에서는 두 버전에 미묘한 차이가 있다. 함수 선언문은 소위 '호이스팅hoisting'에 의해 자동으로 그 선언문을 감싼 블록의 시작 지점 또는 프로그램의 시작 부분(그 어떤 블록에도 포함되지 않은 경우)으로 이동하지만, 상수 선언문은 이동하지 않는다. 함수 선언문으로 선언된 이름은 배정문(§3.1.1)을 이용해서 다른 객체를 다시 배정할 수 있지만, 상수 선언문으로 선언된 이름은 그럴 수 없다. 이 책에서는 그런 기능들을 사용하지 않고 함수 선언과 상수 선언을 동일한 것으로 간주한다.

55 람다 표현식보다 자명한 용어, 이를테면 함수 정의(function definition) 같은 용어를 사용한다면 의미가 더 명확해지고 자바스크립트를 배우는 사람들이 겁을 덜 먹었을 것이다. 그렇지만 리스프와 스킴은 물론이고 자바스크립트에서도 람다 표현식이라는 용어가 이미 확고하게 자리 잡았는데, 부분적으로 이 책의 스킴 버전의 영향 때문임은 의심의 여지가 없다. 이런 표기법은 수리논리학자 알론조 처치Alonzo Church가 [Church 1941]에서 소개한 수학적 정식화인 람다 계산법(λ calculus)에서 온 것이다. 처치는 함수와 함수 적용이라는 개념들을 연구하기 위한 엄밀한 토대를 제공하기 위해 람다 계산법을 만들었다. 람다 계산법은 프로그래밍 언어의 의미론에 관한 수학적 연구의 기본 도구가 되었다.

const를 이용한 지역 이름 만들기

람다식의 또 다른 용도는 지역 이름(local name)을 만드는 것이다. 함수를 작성하다 보면 함수의 매개변수로 묶인 이름들 이외도 지역 이름이 필요할 때가 많다. 한 예로 다음과 같은 수학 함수를 계산한다고 하자.

$$f(x, y) \quad = \quad x(1 + xy)^2 + y(1 - y) + (1 + xy)(1 - y)$$

이 함수를 다음과 같이 표현한다면 좀 더 알기 쉽다.

$$a \quad = \quad 1 + xy$$
$$b \quad = \quad 1 - y$$
$$f(x, y) \quad = \quad xa^2 + yb + ab$$

f를 계산하는 컴퓨터 함수를 작성할 때 역시, x와 y뿐만 아니라 a와 b 같은 중간 계산 결과들에도 이름을 붙이면 편할 것이다. 한 가지 방법은 다음과 같이 보조 함수를 도입해서 지역 이름을 바인딩하는 것이다.

```
function f(x, y) {
    function f_helper(a, b) {
        return x * square(a) + y * b + a * b;
    }
    return f_helper(1 + x * y, 1 - y);
}
```

물론 람다 표현식으로 익명의 함수를 만들어서 지역 이름들을 묶어도 된다. 그러면 함수의 본문은 그 익명 함수를 호출하는 문장 하나로 줄어든다.

```
function f_2(x, y) {
    return ( (a, b) => x * square(a) + y * b + a * b
           )(1 + x * y, 1 - y);
}
```

이보다 더 편한 방식은 함수의 본문 안에서 상수 선언문으로서 지역 이름들을 선언하는 것이다. 다음은 const를 이용해서 앞의 함수를 다시 작성한 것이다.

```
function f_3(x, y) {
    const a = 1 + x * y;
    const b = 1 - y;
    return x * square(a) + y * b + a * b;
}
```

하나의 블록 안에서 **const**로 선언된 이름의 범위는 해당 선언문을 감싸는 가장 가까운 블록
(지금 예에서는 함수의 본문 자체)이다. **56 57**

조건문

앞에서 우리는 함수 선언에만 국한된 지역 이름을 선언하는 것이 유용할 때가 많음을 보았다.
그런데 함수가 커지면 이름들의 범위를 최대한 좁게 유지하는 것이 바람직하다. 예를 들어 연
습문제 1.26의 expmod 함수를 생각해 보자.

```
function expmod(base, exp, m) {
    return exp === 0
            ? 1
            : is_even(exp)
            ? (  expmod(base, exp / 2, m)
               * expmod(base, exp / 2, m)) % m
            : (base * expmod(base, exp - 1, m)) % m;
}
```

----

56 블록 안에서 선언된 이름은 해당 선언문이 완전히 평가되기 전에는 사용할 수 없음을 주의하자. 그 블록 바깥에 같은
이름이 선언되어 있어도 마찬가지이다. 예를 들어 다음 프로그램은 최상위 수준에서 선언된 a를 이용해서 f 안의 b 값을
계산하려 하지만, 의도대로 되지 않는다.

```
const a = 1;
function f(x) {
    const b = a + x;
    const a = 5;
    return a + b;
}
f(10);
```

이 프로그램에 대해 해석기는 오류를 발생한다. 이는 a + x를 평가하는 시점에서는 a의 선언문이 아직 완전히 평가
되지 않았기 때문이다. 평가를 좀 더 공부한 후 §4.1.6(연습문제 4.19)에서 이 프로그램을 다시 고찰한다.

57 함수 적용의 평가에서 매개변수들에 인수들을 대입하는 것과 비슷하게, 상수 선언의 경우는, 블록 본문의 나머지 부
분에 나오는 상수 이름(상수 선언문 = 좌변에 있던)에 해당 선언문의 = 우변에 있는 표현식의 값을 대입한다는 규칙을 추
가해서 치환 모형을 확장할 수 있을 것이다.

이 함수는 필요 이상으로 비효율적이다. 다음과 같은 호출이 두 군데에 있기 때문이다.

```
expmod(base, exp / 2, m);
```

이 함수의 경우에는 **square** 함수를 이용해서 효율성 문제를 해결할 수 있지만, 일반적으로 그런 해결책이 항상 가능한 것은 아니다. **square**를 사용하지 않고 문제를 해결한다고 할 때, 다음처럼 앞의 표현식을 하나의 지역 이름으로 묶으면 되지 않을까 하는 생각이 들 것이다.

```javascript
function expmod(base, exp, m) {
    const half_exp = expmod(base, exp / 2, m);
    return exp === 0
           ? 1
           : is_even(exp)
           ? (half_exp * half_exp) % m
           : (base * expmod(base, exp - 1, m)) % m;
}
```

그러나 이렇게 해도 여전히 함수는 비효율적일뿐더러, 함수의 실행이 끝나지 않는다는 더 심각한 문제가 발생한다! 문제의 원인은 상수 선언문이 조건부 표현식 바깥에 있다는 점이다. 그래서 **exp === 0**인 기준 경우(base case)에도 그 상수 선언문이 평가된다. 그런 상황을 피하기 위해서는 단순히 조건에 따라 다른 표현식이 평가되는 조건부 표현식이 아니라, 조건에 따라 다른 '문장'(특히 반환문)이 수행되는 조건문(conditional statement)이 필요하다. 다음은 조건문을 이용해서 작성한 **expmod** 함수이다.

```javascript
function expmod(base, exp, m) {
    if (exp === 0) {
        return 1;
    } else {
        if (is_even(exp)) {
            const half_exp = expmod(base, exp / 2, m);
            return (half_exp * half_exp) % m;
        } else {
            return (base * expmod(base, exp - 1, m)) % m;
        }
    }
}
```

조건문의 일반적인 형태는 다음과 같다.

---

if (*술어*) { *귀결-문장들* } **else** { *대안-문장들* }

조건부 표현식을 평가할 때와 비슷하게 해석기는 먼저 술어를 평가한다. 술어가 참이면 해석기는 *귀결-문장들*에 있는 일련의 문장들을 차례로 평가하고, 술어가 거짓이면 해석기는 *대안-문장들*에 있는 일련의 문장들을 차례로 평가한다. 그런 문장 중 반환문을 만나면 실행의 흐름은 조건문을 감싼 함수에서 벗어나서 함수 호출 지점으로 돌아가며, 반환문 다음에 있는 문장들과 조건문 다음의 문장들은 무시된다. 귀결 문장들과 대안 문장들은 각자 고유한 블록을 형성하며, 따라서 그런 문장들에서 선언된 상수는 해당 블록의 지역 이름이 된다.

■ **연습문제 1.34**

다음과 같은 함수가 있다고 하자.

```
function f(g) {
    return g(2);
}
```

그러면

```
f(square);
4
```

이고

```
f(z => z * (z + 1));
6
```

이다. 만일 해석기에게 **f(f)**라는 함수 적용 표현식을 평가하라고 (변태적으로) 요청한다면 어떤 일이 벌어지는지 설명하라.

1.3.3 일반적 방법으로서의 함수

§1.1.4에서는 수치 연산 패턴이 구체적인 수치들과는 독립이 되도록 수치 연산을 추상화하는 메커니즘으로서 복합 함수를 소개했다. 더 나아가서, §1.3.1의 **integral** 같은 고차 함수가 있으면 비슷한 계산 방법들을 구체적인 함수와는 독립적이 되도록 일반화하는 용도로 함수를 활용할 수 있다. 이번 절에서는 그러한 추상화/일반화의 좀 더 본격적인 예로, 방정식의 근을 구하는 일반적인 방법과 함수의 고정점을 구하는 일반적 방법을 함수로 직접 표현하는 문제를 논의한다.

이분법을 이용한 방정식 근 구하기

이분법(bisection method) 또는 구간 반분법(interval halving method)은 방정식 $f(x) = 0$(여기서 f는 연속 함수)의 근(들)을 구하는 간단하지만 강력한 기법이다. 이분법의 핵심은, $f(a) < 0 < f(b)$인 점(point) a와 b가 주어졌을 때 a와 b 사이에 f가 0인 점이 적어도 하나는 있다는 것이다. 그러한 영점을 구하는 방법은 이렇다. x를 a와 b의 평균으로 설정하고 $f(x)$를 계산한다. 만일 $f(x) > 0$이면 a와 x 사이에 f의 영점이 존재한다. 만일 $f(x) < 0$이면 x와 b 사이에 f의 영점이 존재한다. 이런 식으로 f의 영점이 반드시 존재하는 구간을 계속 절반으로 분할하는 작업을 구간이 충분히 작아질 때까지 반복한다. 근이 존재할 수 있는 구간이 단계마다 이전의 절반이 되므로, 이 과정의 최대 필요 단계 수는 로그적으로 증가한다. 좀 더 구체적으로, 원래 구간의 길이가 L고 허용오차(즉, "충분히 작다"라고 간주할 구간의 길이)가 t라고 할 때 증가 차수는 $\Theta(\log(L/T))$이다. 다음은 이러한 전략을 구현하는 함수이다.

```
function search(f, neg_point, pos_point) {
    const midpoint = average(neg_point, pos_point);
    if (close_enough(neg_point, pos_point)) {
        return midpoint;
    } else {
        const test_value = f(midpoint);
        return positive(test_value)
               ? search(f, neg_point, midpoint)
               : negative(test_value)
               ? search(f, midpoint, pos_point)
               : midpoint;
    }
}
```

이 함수는 근을 구할 함수 f와 함께 f의 값이 음수가 되는 점과 양수가 되는 점도 받는다. 이 함수는 먼저 주어진 두 점의 중점을 계산한다. 그런 다음, 주어진 두 점이 충분히 가까우면(즉, 두 점이 정의하는 구간이 충분히 작으면) 그 중점을 답(근)으로 돌려준다. 충분히 작지 않다면 중점에서의 f의 값을 계산한다. 만일 f의 값이 양수이면 원래의 음수 점과 중점을 구간의 상, 하계로 해서 함수 자신을 호출한다. 그렇지 않고 f의 값이 음수이면 중점과 원래의 양수 점으로 함수 자신을 호출한다. 마지막으로, f의 값이 0일 수도 있다. 이 경우에는 중점이 곧 우리가 찾던 근이다. 구간이 "충분히 작은지" 판정하는 데는 §1.1.7에서 제곱근을 근사할 때 사용한 것과 비슷한 다음 함수를 사용하면 될 것이다.[58]

```
function close_enough(x, y) {
    return abs(x - y) < 0.001;
}
```

그런데 이 search 함수는 사용하기가 편하지 않다. 함수가 음수가 되는 점이나 양수가 되는 점을 실수로 잘못 지정하면 틀린 답이 나오기 때문이다. 그래서 이 search 함수를 직접 사용하는 대신, 주어진 두 끝점 중 f가 양수가 되는 점과 음수가 되는 점을 파악해서 적절히 search 함수를 호출해주는 다음과 같은 함수를 도입하기로 하자. 만일 주어진 두 끝점에 대해 f의 부호가 같으면 이분법을 적용할 수 없으므로 함수는 오류를 보고한다.[59]

```
function half_interval_method(f, a, b) {
    const a_value = f(a);
    const b_value = f(b);
    return negative(a_value) && positive(b_value)
            ? search(f, a, b)
            : negative(b_value) && positive(a_value)
            ? search(f, b, a)
            : error("values are not of opposite sign");
}
```

----

58 여기서는 계산의 허용오차에 해당하는 '작은' 수로 0.001을 사용했다. 실제 계산에서 적절한 허용오차는 풀고자 하는 문제에 따라, 그리고 컴퓨터와 알고리즘의 제약과 한계에 따라 다르다. 적절한 허용오차를 결정하는 것은 수치해석 전문가나 어떤 '마법사'의 도움을 받아야 하는 아주 까다로운 문제일 때가 많다.

59 여기서는 원시 함수 error를 오류 보고용으로 사용했다. error 함수는 주어진 문자열과 함께 error가 호출된 프로그램 행 번호를 출력한다.

다음은 이분법으로 2와 4 사이에서 $\sin x = 0$의 근을 구함으로써 π를 근사하는 예이다.

```
half_interval_method(math_sin, 2, 4);
3.14111328125
```

또 다른 예로, 다음은 1과 2 사이에서 $x^3 - 2x - 3 = 0$의 근을 이분법으로 구한다.

```
half_interval_method(x => x * x * x - 2 * x - 3, 1, 2);
1.89306640625
```

함수의 고정점 구하기

함수 f에 대해 방정식 $f(x) = x$를 충족하는 수 x를 가리켜 f의 고정점(fixed point)이라고 부른다. f가 어떤 함수이냐에 따라서는, 초기 추측값에서 출발해서 함숫값이 별로 변하지 않을 때까지 f를 반복해서 적용하면 f의 고정점을 발견할 수 있다.

$$f(x),\ f(f(x)),\ f(f(f(x))),\ \ldots$$

다음은 그런 식으로 함수의 고정점을 근사하는 `fixed_point` 함수이다. `fixed_point`는 함수와 초기 추측값을 받고, 연속된 두 함숫값의 차이가 미리 정해진 허용오차보다 작아질 때까지 함수를 반복해서 적용한다.

```
const tolerance = 0.00001;
function fixed_point(f, first_guess) {
    function close_enough(x, y) {
        return abs(x - y) < tolerance;
    }
    function try_with(guess) {
        const next = f(guess);
        return close_enough(guess, next)
                ? next
                : try_with(next);
    }
    return try_with(first_guess);
}
```

한 예로, `fixed_point`로 코사인 함수의 고정점을 근사해 보자. 초기 추측값은 1로 했다.[60]

```
fixed_point(math_cos, 1);
0.7390822985224023
```

비슷한 방법으로 방정식 $y = \sin y + \cos y$의 근도 구할 수 있다.

```
fixed_point(y => math_sin(y) + math_cos(y), 1);
1.2587315962971173
```

이 고정점 근사 과정은 §1.1.7에서 제곱근을 구할 때 사용한 과정을 떠올리게 한다. 둘 다, 어떤 조건을 충족하는 결과가 나올 때까지 추측값을 거듭 개선해 나간다는 착안에 기초한다. 실제로, 제곱근을 구하는 과정을 하나의 고정점 근사 과정으로 정식화하는 것도 어렵지 않다. 어떤 수 x의 제곱근을 계산한다는 것은 $y^2 = x$가 되는 y를 구하는 것이다. 이 방정식을 $y = x/y$로 둘 수 있다. 그러면 제곱근을 구하는 것은 결국 함수 $y \mapsto x/y$의 고정점을 찾는 문제가 된다.[61] 따라서 제곱근 계산을 다음과 같이 표현하면 될 것 같다.

```
function sqrt(x) {
    return fixed_point(y => x / y, 1);
}
```

안타깝게도 이 고정점 검색 과정은 수렴하지 않는다. 초기 추측값이 y_1이라고 할 때, 그다음 추측값은 $y_2 = x/y_1$이고 그다음 추측값은 $y_3 = x/y_2 = x/(x/y_1) = y_1$이다. y_2를 개선했는데 y_1이 다시 등장했음을 주목하자. 따라서 계산 과정은 해(제곱근)를 중심으로 끝없이 진동하는 무한 루프에 빠지게 된다.

....

60 계산기로도 코사인의 고정점을 찾을 수 있다. 라디안 모드로 설정한 후 값이 별로 변하지 않을 때까지 cos 버튼을 계속 누르면 된다.

61 여기서 $\mapsto$는 수학에서 람다 표현식을 표기하는 수단으로, '사상(mapping)'을 나타낸다. $y \mapsto x/y$는 `y => x / y`에 해당한다. 즉, 이것은 y에서의 값이 x/y인 함수이다.

이런 진동(oscillation)을 제어하는 한 가지 방법은 추측값이 크게 변하지 않게 하는 것이다. 예를 들어 y 다음의 추측값으로 x/y 대신 그보다 변화가 작은 $\frac{1}{2}(y+x/y)$(즉, y와 x/y의 평균)를 사용하면 어떨까? 해는 항상 추측값 y와 x/y 사이에 있으므로, 이렇게 해도 고정점 검색은 여전히 유효하다. 이렇게 바꾸면 고정점 검색 과정은 $y \mapsto \frac{1}{2}(y+x/y)$의 고정점을 찾는 것이 된다.

```
function sqrt(x) {
    return fixed_point(y => average(y, x / y), 1);
}
```

($y = \frac{1}{2}(y+x/y)$)는 방정식 $y = x/y$의 단순한 변환임을 주목하자. 그냥 양변에 y를 더하고 2로 나눈 것일 뿐이다.)

이렇게 수정한 sqrt는 제곱근을 문제없이 잘 근사한다. 잘 살펴보면, 이 sqrt가 생성하는 제곱근 근사 과정이 §1.1.7에 나온 원래의 sqrt가 생성하는 과정과 정확히 동일함을 알 수 있다. 이처럼 연속된 근삿값들을 평균하는 접근 방식을 **평균 감쇠**(average damping)라고 부르는데, 고정점 검색이 수렴하게 만들 때 즐겨 쓰인다.

■ **연습문제 1.35**

황금비 ϕ(§1.2.2)가 변환 $x \mapsto 1 + 1/x$의 한 고정점임을 증명하고, 그 사실을 이용해서 fixed_point 함수로 ϕ를 계산하라.

■ **연습문제 1.36**

계산 과정에서 계산한 추측값들을 출력하도록 fixed_point를 수정하라. 출력에는 [연습문제 1.22]에 나온 원시 함수 display를 사용하면 된다. 수정된 fixed_point로 $x \mapsto \log(1000)/\log(x)$의 고정점을 구해서 방정식 $x^x = 1000$의 근을 구하라. (자연로그의 계산에는 원시 함수 math_log를 사용하면 된다.) 평균 감쇠를 적용한 경우와 그렇지 않은 경우의 단계 수를 비교하라. (추측값 1로 fixed_point를 시작하면 안 된다. $\log(1) = 0$이므로 0으로 나누기가 발생한다.)

■ **연습문제 1.37**

다음과 같은 형태의 수식을 무한 **연분수**(continued fraction)라고 부른다.

$$f \;=\; \cfrac{N_1}{D_1 + \cfrac{N_2}{D_2 + \cfrac{N_3}{D_3 + \cdots}}}$$

한 예로, N_i와 D_i가 모두 1인 무한 연분수의 값은 $1/\phi$이다(여기서 ϕ는 §1.2.2에서 설명한 황금비). 이런 무한 연분수를 근사하는 한 가지 방법은 항들을 일정 개수만큼 전개한 다음에는 전개를 중단하는 것이다. 다음과 같이 k번째 항까지만 전개한 연분수를 k항 유한 연분수라고 부른다.

$$\cfrac{N_1}{D_1 + \cfrac{N_2}{\ddots + \cfrac{N_K}{D_K}}}$$

a. n과 d가 항 색인 i를 받고 해당 연분수 항의 N_i와 D_i를 돌려주는 함수들이라고 하자. cont_frac(n, d, k)를 평가하면 k항 유한 연분수의 값을 계산하는 함수 cont_frac를 선언하라. 그리고 일련의 k 값들로 다음을 평가해서 $1/\phi$를 근사하라.

```
cont_frac(i => 1, i => 1, k);
```

소수점 이하 네 자리까지 정확한 근삿값을 얻으려면 k가 얼마나 커야 하는가?

b. 만일 여러분이 작성한 cont_frac 함수가 재귀적 과정을 생성한다면, 반복적 과정을 생성하는 함수를 따로 작성하라. 그렇지 않고 반복적 과정을 생성한다면, 재귀적 과정을 생성하는 함수를 따로 작성하라

■ **연습문제 1.38**

1737년에 스위스 수학자 레온하르트 오일러Leonhard Euler가 출판한 *De Fractionibus Continuis*(연속 분수)라는 제목의 연구논문(memoir)에 $e-2$(여기서 e는 자연로그의 밑)의 연분수 전개가 수록되어 있다. 그 연분수에서 N_i는 모두 1이고 D_i는 1, 2, 1, 1, 4, 1, 1, 6, 1,

1, 8, ...이다. [연습문제 1.37]에서 작성한 `cont_frac` 함수와 오일러의 해당 연분수 전개를 이용해서 e를 근사하라.

■ **연습문제 1.39**

다음은 1770년에 독일 수학자 J.H. 람베르트^{Lambert}가 발표한, 탄젠트 함수의 연분수 표현이다.

$$\tan x \;=\; \cfrac{x}{1 - \cfrac{x^2}{3 - \cfrac{x^2}{5 - \cfrac{x^2}{\ddots}}}}$$

여기서 x의 단위는 라디안이다. 람베르트의 공식에 기초해서 탄젠트 함수의 근삿값을 계산하는 함수 `tan_cf(x, k)`를 선언하라. `k`는 [연습문제 1.37]에서처럼 계산할 항의 개수이다.

1.3.4 함수를 돌려주는 함수

앞의 예제들이 보여주듯이, 함수가 다른 함수를 인수로 받는 능력은 프로그래밍 언어의 표현력을 크게 향상한다. 거기서 더 나아가서, 반환값으로 함수를 돌려주는 함수를 이용하면 언어의 표현력을 더욱 높일 수 있다.

이번에도 고정점 예제(§1.3.3)를 이용해서 이러한 착안을 설명해 보겠다. §1.3.3에서 우리는 $\sqrt{x}$가 함수 $y \mapsto x/y$의 한 고정점이라는 관찰에 기초해서 고정점 검색으로 제곱근을 근사하는 함수를 작성했는데, 검색 과정이 수렴하게 만들기 위해 평균 감쇠 기법을 적용했다. 평균 감쇠는 그 자체로 유용한 일반적 기법이다. 함수 f를 근사한다고 할 때, 평균 감쇠 기법은 x에서의 값이 x와 $f(x)$의 평균과 같은 함수를 이용해서 f의 다음 추측값을 구한다.

다음은 이러한 평균 감쇠 기법을 위한 자바스크립트 함수이다.

```javascript
function average_damp(f) {
    return x => average(x, f(x));
}
```

average_damp 함수는 함수 f를 인수로 받고 람다 표현식으로 작성된 익명의 함수를 돌려준다. 그 익명 함수 자체는 인수 x에 대해 x와 f(x)의 평균을 돌려준다. 예를 들어 이 average_damp를 square 함수에 적용하면, x에서의 값이 x와 x^2의 평균인 수학 함수에 해당하는 자바스크립트 함수가 반환된다. 그 함수를 10에 적용하면 10과 100의 평균인 55가 나온다.[62]

```
average_damp(square)(10);
55
```

다음은 average_damp를 이용해서 다시 작성한 제곱근 근사 함수이다.

```
function sqrt(x) {
    return fixed_point(average_damp(y => x / y), 1);
}
```

전체 계산 방법의 세 가지 아이디어가 이 정식화에 명시적으로 드러나 있음을 주목하자. 하나는 고정점 검색이고 다른 하나는 평균 감쇠, 마지막 하나는 함수 $y \mapsto x/y$이다. 제곱근 근사법의 이 정식화를 §1.1.7에 나온 원래의 버전과 비교해 보면 배울 점이 많을 것이다. 이 함수들이 동일한 계산적 과정을 표현한다는 점과, 그러한 과정을 이런 추상들로 표현한 덕분에 아이디어가 훨씬 명확해졌다는 점을 주목하기 바란다. 일반적으로, 어떠한 과정을 함수로 정식화하는 방법은 여러 가지이다. 숙련된 프로그래머는 아주 명료한 과정 정식화 방법을 선택하는 데 익숙하다. 특히, 계산적 과정의 유용한 요소가 다른 응용에서도 재사용할 수 있는 개별적인 구성요소로 노출되는 형태의 정식화를 선택할 줄 안다. 그런 재사용의 간단한 예를 하나 제시하겠다. x의 세제곱근은 함수 $y \mapsto x/y^2$의 한 고정점이므로, 제곱근 함수를 다음과 같은 세제곱근 함수로 즉시 일반화할 수 있다.[63]

```
function cube_root(x) {
    return fixed_point(average_damp(y => x / square(y)), 1);
}
```

---

62 이 함수 적용의 함수 표현식 average_damp(square) 자체가 하나의 함수 적용임을 주목하자. 이런 형태의 구문을 [연습문제 1.4]에서 이미 보았지만, 거기에 나온 것은 그냥 장난감 수준의 인위적인 예제였다. 그러나 지금처럼 고차 함수가 반환값으로 돌려준 함수를 적용해야 할 때는 이런 형태의 함수 적용이 실제로 유용하고 필요하다.

63 이를 더욱 일반화하는 문제가 [연습문제 1.45]에 나온다.

뉴턴 방법

§1.1.7에서 제곱근 함수를 처음 소개할 때 그것이 **뉴턴 방법**(Newton's method)의 한 특수 사례라고 말했다. $x \mapsto g(x)$가 미분 가능 함수라고 할 때, 방정식 $g(x) = 0$의 근은 함수 $x \mapsto f(x)$의 한 고정점이다. 여기서

$$f(x) \;=\; x - \frac{g(x)}{Dg(x)}$$

이고 $Dg(x)$는 g의 도함수를 x에서 평가한 값(미분계수)이다. 뉴턴 방법은 이전에 살펴본 고정점 검색 방법으로 f의 고정점을 구해서 방정식의 근을 근사한다.[64] 다수의 함수 g와 충분히 좋은 x의 추측값에 대해 뉴턴 방법은 $g(x) = 0$의 해(근)로 아주 빠르게 수렴한다.[65]

뉴턴 방법을 자바스크립트 함수로 구현하려면 도함수(derivative)라는 개념을 표현할 수 있어야 한다. 여기서 도함수는 평균 감쇠처럼 한 함수를 다른 함수로 변환하는 어떤 것이다. 예를 들어 함수 $x \mapsto x^3$을 미분한 도함수는 함수 $x \mapsto 3x^2$이다. 일반화하면, g가 함수이고 dx가 어떤 작은 값일 때, g의 도함수 Dg는 임의의 x에서 값이 다음과 같이 주어지는(작은 dx가 0으로 접근할 때) 하나의 함수이다.

$$Dg(x) \;=\; \frac{g(x + dx) - g(x)}{dx}$$

따라서 도함수라는 개념을 다음과 같이 표현할 수 있다(dx를 임의로 0.00001이라고 두었다).

```
const dx = 0.00001;

function deriv(g) {
    return x => (g(x + dx) - g(x)) / dx;
}
```

---

64 기초 미적분 교과서들은 뉴턴 방법을, $x_{n+1} = x_n - g(x_n)/Dg(x_n)$을 반복해서 근삿값을 구하는 과정으로 설명한다. 그러나 계산적 과정을 다룰 수 있는 프로그래밍 언어와 고정점이라는 개념을 이용하면 뉴턴 방법을 훨씬 간결하게 설명할 수 있다.

65 뉴턴 방법이 항상 해로 수렴하지는 않지만, 수렴이 가능한 경우에서 각 반복에서 참값에 대한 근삿값의 유효자릿수 정확도가 두 배로 증가한다는 점은 증명이 가능하다. 그런 경우 뉴턴 방법은 이분법보다도 훨씬 빠르게 수렴한다.

average_damp처럼 deriv도 함수를 받고 함수를 돌려주는 함수이다. 예를 들어 $x \mapsto x^3$의 도함수를 5에서 근사하려면 다음과 같이 하면 된다(참값은 75이다).

```
function cube(x) { return x * x * x; }

deriv(cube)(5);
75.00014999664018
```

다음은 deriv를 이용해서 뉴턴 방법을 고정점 검색 과정으로 표현한 것이다.

```
function newton_transform(g) {
    return x => x - g(x) / deriv(g)(x);
}
function newtons_method(g, guess) {
    return fixed_point(newton_transform(g), guess);
}
```

newton_transform 함수는 이번 절 처음 부분에 나온 공식을 표현한다. newton_transform 덕분에 newtons_method의 본문은 아주 간결하다. newtons_method는 근(0이 되는 점)을 구하고자 하는 함수와 초기 추측값을 받는다. 예를 들어 x의 제곱근을 근사하려면, 초기 추측값을 1로 해서 함수 $y \mapsto y^2 - x$의 영점을 뉴턴 방법으로 구하면 된다.[66] 다음은 이 점에 기초해서 선언한 또 다른 제곱근 함수이다.

```
function sqrt(x) {
    return newtons_method(y => square(y) - x, 1);
}
```

추상화와 일급 함수

지금까지 우리는 제곱근 계산을 좀 더 일반적인 방법의 특수 사례로 표현하는 방법 두 가지를 살펴보았다. 하나는 고정점 검색 방법을 사용하고 다른 하나는 뉴턴 방법을 사용했다. 뉴턴 방법 자체도 하나의 고정점 검색 과정으로 표현할 수 있으므로, 고정점 검색으로 제곱근을 구하는 두 가지 방법을 살펴본 것이라고 말해도 틀리지 않는다. 두 방법 모두 하나의 함수로 시작해

------

66 제곱근을 구할 때는 초기 추측값을 어떻게 설정하든 뉴턴 방법이 해로 빠르게 수렴한다.

서 그 함수를 변환한 어떤 함수의 고정점을 찾는다. 이러한 일반적 개념 자체를 다음과 같이 하나의 함수로 표현할 수 있다.

```
function fixed_point_of_transform(g, transform, guess) {
    return fixed_point(transform(g), guess);
}
```

이 함수는 어떤 함수를 돌려주는 함수 g와 그 g를 변환하는 함수 **transform**, 그리고 초기 추측값을 받는 대단히 일반적인 함수이다. 반환값은 변환된 함수의 고정점이다.

이러한 추상을 이용하면, 이번 절의 첫 번째 제곱근 계산 함수를 다음과 같이 일반적 방법의 한 사례로 만들 수 있다.

```
function sqrt(x) {
    return fixed_point_of_transform(
             y => x / y,
             average_damp,
             1);
}
```

이번 절의 두 번째 제곱근 계산($y \mapsto y^2 - x$의 뉴턴 변환의 고정점을 찾는 뉴턴 방법의 한 사례) 역시 그런 식으로 다시 만들 수 있다.

```
function sqrt(x) {
    return fixed_point_of_transform(
             y => square(y) - x,
             newton_transform,
             1);
}
```

§1.3의 도입부에서 이야기했듯이, 복합 함수는 우리가 일반적인 계산 방법을 프로그래밍 언어의 명시적인 요소들로 표현하게 하는 수단이라는 점에서 중요한 추상화 메커니즘이다. 그리고 앞의 예제들에서 우리는 고차 함수를 이용해서 그런 일반적인 방법들을 조작함으로써 또 다른 추상들을 만들어 낼 수 있음을 보았다.

프로그래머로서 우리는 프로그램의 바탕에 깔린 추상들을 식별하고 그 추상들을 일반화해서 더욱 강력한 추상들을 만들어 낼 기회를 놓치지 말아야 한다. 그렇다고 우리가 항상 가능한 한 가장 추상적인 방식으로 프로그램을 작성해야 한다는 뜻은 아니다. 숙련된 프로그래머는 주어진 문제에 맞는 수준의 추상을 선택하는 방법을 알고 있다. 중요한 것은 그런 추상들의 관점에서 문제를 고찰하는 능력이다. 그런 능력이 있으면 추상들을 새로운 문맥에도 적용할 수 있게 된다. 고차 함수는 우리가 그런 추상들을 프로그래밍 언어의 요소들로서 명시적으로 표현할 수 있게 하고, 그럼으로써 추상들을 여타의 계산 요소들과 마찬가지 방식으로 다룰 수 있게 한다는 점에서 중요하다.

일반적으로 프로그래밍 언어는 계산적 요소들의 조작 방식에 이러저러한 제약을 가한다. 그런 제약이 가장 적은 요소를 가리켜 일급(first-class) 자격의 요소, 줄여서 일급 요소라고 부른다. 일급 요소들이 가진 '권리와 특권' 몇 가지를 들자면 다음과 같다.[67]

- 이름으로 지칭할 수 있다.

- 함수에 전달하는 인수가 될 수 있다.

- 함수가 돌려주는 반환값이 될 수 있다.

- 자료 구조에 포함할 수 있다.[68]

다른 고수준 프로그래밍 언어처럼 자바스크립트도 함수에 완전한 일급 자격을 부여한다. 함수에 일급 자격을 부여하면 효율적으로 구현하기가 어려워지지만,[69] 표현력의 이득이 엄청나게 크다.

---

67 프로그래밍 언어 요소의 일급 자격이라는 개념은 영국 컴퓨터 과학자 크리스토퍼 스트래치^{Christopher} Strachey(1916 - 1975)가 처음으로 제안했다.

68 이것의 예는 제2장에서 자료 구조를 소개한 후에 나온다.

69 일급 함수가 구현에 주는 주된 부담은, 함수를 반환값으로 돌려줄 수 있게 하려면 함수가 실행 중이 아닌 동안에도 함수의 자유 이름들을 메모리에 유지해야 한다는 것이다. §4.1에서 살펴보는 자바스크립트 구현에서는 그런 이름들을 함수의 환경에 저장한다.

■ **연습문제 1.40**

표현식에 다음과 같이 newtons_method와 함께 사용해서 $x^3 + ax^2 + bx + c$의 영점들을 근사할 수 있는 cubic 함수를 선언하라.

```
newtons_method(cubic(a, b, c), 1)
```

■ **연습문제 1.41**

단항 함수(인수 하나짜리 함수)를 받고 그 함수를 두 번 적용하는 함수를 돌려주는 함수 double을 선언하라. 예를 들어 inc가 주어진 인수에 1을 더하는 함수라고 할 때, double(inc)는 주어진 인수에 2를 더하는 함수이어야 한다. 다음 문장의 함수 적용 표현식이 돌려주는 값은 무엇인가?

```
double(double(double))(inc)(5);
```

■ **연습문제 1.42**

f와 g가 각각 단항 함수라고 하자. f와 g의 **합성**(composition)은 함수 $x \mapsto f(g(x))$로 정의된다. 그러한 합성을 구현하는 함수 compose를 선언하라. 예를 들어 inc가 주어진 인수에 1을 더하는 함수라고 할 때 다음과 같은 결과가 나와야 한다.

```
compose(square, inc)(6);
49
```

■ **연습문제 1.43**

f가 하나의 수치 함수이고 n이 양의 정수라고 할 때, x에서의 값이 $f(f(...(f(x))...))$인 함수를 'f의 n회 적용 함수'라고 부르기로 하자. 예를 들어 f가 $x \mapsto x+1$이라는 함수일 때 f의 n회 적용 함수는 함수 $x \mapsto x+n$이다. 그리고 f가 주어진 인수를 제곱하는 함수이면 f의 n회 적용

함수는 주어진 인수를 2^n으로 거듭제곱하는 함수이다. f를 계산하는 함수와 양의 정수 n을 받고 f의 n회 적용 함수를 돌려주는 함수를 작성하라. 그 함수를 다음과 같이 사용할 수 있어야 한다.

```
repeated(square, 2)(5);
625
```

힌트: [연습문제 1.42]의 compose 함수가 유용할 것이다.

■ **연습문제 1.44**

함수의 **평활화**(smoothing)는 신호 처리에서 중요한 개념이다. f가 함수이고 dx가 어떤 작은 값이라고 할 때, f를 평활화한 버전은 점 x에서의 값이 $f(x-dx)$와 $f(x)$, $f(x+dx)$의 평균인 함수이다. f를 계산하는 함수를 받고 평활화된 f를 계산하는 함수를 돌려주는 함수 smooth를 작성하라. 한 함수를 여러 번 평활화해서(즉, 평활화된 함수를 다시 평활화하는 과정을 반복해서) n겹으로 평활화한 함수(n −fold smoothed function)를 구하는 것이 문제를 푸는 데 도움이 될 때가 종종 있다. smooth와 [연습문제 1.43]의 repeated를 이용해서 임의의 함수를 n겹으로 평활화한 함수를 생성하는 방법을 제시하라.

■ **연습문제 1.45**

§1.3.3에서 제곱근을 근사할 때, $y \mapsto x/y$의 고정점을 곧이곧대로 구하려 하면 검색 과정이 수렴하지 않아서 무한 루프에 빠진다는 점과 평균 감쇠로 그 문제를 해결할 수 있다는 점을 알게 되었다. 세제곱근 역시, $y \mapsto x/y^2$의 평균 감쇠 버전으로 고정점을 구해서 근사할 수 있다. 그러나 네제곱근에는 이런 방법이 통하지 않는다. 한 번의 평균 감쇠로는 $y \mapsto x/y^3$의 고정점 검색이 수렴하지 않기 때문이다. 그러나 평균 감쇠를 두 번 적용하면(즉, $y \mapsto x/y^3$의 평균 감쇠의 평균 감쇠를 이용하면) 고정점 검색이 수렴하게 된다. 여러 가지 n 값으로 실험해서, $y \mapsto x/y^{n-1}$에 대한 고정점 검색으로 n제곱근을 계산할 때 평균 감쇠가 몇 번이나 필요한지를 파악하라. 그리고 그 결과에 기초해서, fixed_point와 average_damp, 그리고 [연습문제 1.43]

의 repeated 함수를 이용해서 n제곱근을 계산하는 간단한 함수를 구현하라. 계산에 필요한 모든 산술 연산들은 원시 함수로서 주어진다고 가정할 것.

■ **연습문제 1.46**

이번 장의 여러 수치적 방법은 **반복적 개선**(iterative improvement)이라고 부르는 극도로 일반적인 계산 전략의 구체적인 사례들이다. 반복적 개선 전략이란, 뭔가를 계산할 때는 일단 정답을 추측한 값을 정하고, 그 추측값이 충분히 좋은지 판정하고, 충분히 좋지 않다면 그 추측값을 좀 더 개선한 값을 새 추측값으로 삼아서 다시 시도하는 것을 말한다. 이 전략을 구현한, 함수 두 개를 받는 `iterative_improve`라는 함수를 작성하라. 첫 인수는 추측값이 충분히 좋은지 판정하는 함수이고 둘째 인수는 추측값을 개선하는 함수이다. `iterative_improve` 함수는 그 두 함수를 이용해서 충분히 좋은 추측값이 나올 때까지 추측값을 계속 개선하는 함수를 돌려주어야 한다. §1.1.7의 `sqrt` 함수와 §1.3.3의 `fixed_point` 함수를 이 `iterative_improve`로 다시 작성하라.

제 2장

데이터를 이용한 추상화

> 이제 수학적 추상화의 결정적인 단계로 들어가자. 여기서 우리는 기호
> 가 무엇을 대표하는지는 잊기로 한다. ... [그렇다고 수학자가] 할 일이
> 사라지는 것은 아니다. 기호가 무엇을 대표하는지 살펴보지 않고도 기
> 호들로 할 수 있는 연산이 많이 있다.
>
> — 헤르만 바일Hermann Weyl, 『*The Mathematical Way of Thinking*』

제1장에서는 계산적 과정이 무엇인지, 그리고 함수가 프로그램 설계에서 어떤 역할을 하는지
를 주로 이야기했다. 원시 데이터(수치)와 원시 연산(산술 연산)을 사용하는 방법과 합성을 이
용해 함수들을 조합해서 복합 함수를 만드는 방법, 매개변수를 활용하는 방법, 그리고 함수 선
언들을 이용해서 계산적 과정을 추상화하는 방법을 살펴보았다. 함수를 과정의 지역적 전개에
대한 패턴으로 간주할 수 있다는 점을 제시했으며, 함수에 내장된 계산적 과정에 대한 몇 가지
공통 패턴들을 분류 · 추론하고, 간단한 알고리즘 분석도 수행했다. 또한 계산의 일반적 방법들
을 조작하고 추론하는 수단으로서의 고차 함수가 우리 언어의 표현력을 크게 개선한다는 점도
살펴보았다. 제1장에서 살펴본 요소들은 프로그래밍의 본질(essence) 중 상당 부분을 차지한다.

이번 장에서는 좀 더 복잡한 데이터를 살펴본다. 제1장의 모든 함수는 단순한 수치 데이터
에 작용한다. 그러나 우리가 컴퓨터로 풀려는 문제 중에는 단순한 데이터로는 감당할 수 없는
것이 많다. 대체로 우리는 어떤 복잡한 현상을 모형화(modeling)하기 위해 프로그램을 설
계하는데, 다양한 측면을 가진 실세계의 현상을 모형화하려면 부품이 여러 개인 계산적 객체
(computational object)를 구축해야 하는 경우가 많다. 그런 만큼, 제1장에서는 함수들을

조합해서 복합 함수를 형성하는 식으로 추상을 구축했지만, 이번 장에서는 모든 프로그래밍 언어의 또 다른 핵심 측면인 데이터를 이용한 추상화 수단, 다시 말해 데이터 객체들을 조합해서 **복합 데이터**(compound data)를 형성함으로써 추상을 구축하는 데 사용하는 수단으로 관심을 돌린다.

프로그래밍 언어에 복합 데이터가 필요한 이유는 무엇일까? 그 이유는 복합 함수가 필요한 이유와 동일하다. 즉, 우리가 프로그램을 설계하는 개념적 수준을 높이고, 설계의 모듈성을 증가하고, 언어의 표현력을 향상하는 것이다. 함수 선언 능력이 있으면 계산적 과정을 언어의 원시 연산들만 사용할 때보다 더 높은 개념적 수준에서 다룰 수 있는 것과 마찬가지로, 복합 데이터 객체를 구축하는 능력이 있으면 언어의 원시 데이터 객체를 사용할 때보다 더 높은 수준에서 데이터를 다룰 수 있다.

유리수가 관여하는 계산을 수행하는 시스템을 설계한다고 하자. 그런 시스템에는 이를테면 두 유리수의 합을 계산하는 **add_rat** 같은 연산이 필요할 것이다. 단순 데이터만 사용하는 수준에서는 유리수를 분자와 분모에 해당하는 정수 두 개로 취급할 수 있다. 이 경우 유리수 계산 프로그램은 각각의 유리수를 두 개의 정수(분자와 분모)로 취급할 것이므로, **add_rat**는 두 개의 함수(합의 분자를 산출하는 함수와 분모를 산출하는 함수)로 구현될 것이다. 하지만 그러면 어떤 분자가 어떤 분모와 짝을 이루는지를 일일이 추적해야 한다는 불편한 상황이 만들어진다. 시스템이 다수의 유리수에 대해 다수의 연산을 수행해야 한다면, 그런 세부적인 관리 사항들 때문에 프로그램이 대단히 지저분해질 수 있다. 프로그램을 만들고 이해하는 우리의 머릿속도 그만큼이나 복잡해질 것임은 말할 필요도 없겠다. 따라서 그런 접근 방식보다는, 분자와 분모를 "접착제로 붙여서" 하나의 쌍(pair), 즉 하나의 **복합 데이터 객체**(compound data object)를 만들고, 우리가 유리수를 단일한 개념적 단위로 생각하는 것과 마찬가지로 프로그램이 그러한 쌍들을 단일한 객체로서 취급하게 만드는 것이 바람직하다.

복합 데이터를 이용하면 프로그램의 모듈성(modularity)도 높일 수 있다. 유리수를 그 자체로 완결적인 객체로 직접 다룰 수 있으면, 프로그램에서 유리수를 개별 객체로서 다루는 부분과 유리수를 개별 객체로서의 정수 쌍으로 표현하는 데 관련한 세부사항을 처리하는 부분을 분리할 수 있다. 이처럼 프로그램에서 데이터 객체의 표현을 다루는 부분과 그러한 객체를 실제로 활용하는 부분을 분리한다는 개념은 하나의 강력한 설계 방법론이다. 이런 방법론을 데이터 **추상화**(data abstraction)라고 부른다. 데이터 추상화로 모듈성을 높이면 프로그램의 설계와 유지보수, 수정이 훨씬 쉬워짐을 이번 장에서 보게 될 것이다.

복합 데이터를 이용하면 프로그래밍 언어의 표현력이 크게 증가한다. $ax+by$ 형태의 선형결합(일차결합)을 프로그램에서 표현하는 문제를 생각해 보자. 제1장의 경험에 기초해서 a, b, x, y를 인수로 받고 $ax+by$의 값을 돌려주는 함수를 작성하면 될 것이다. 인수들이 모두 수치일 때는 간단하다. 그냥 다음과 같이 원시 산술 연산을 사용하는 함수로 충분하다.

```
function linear_combination(a, b, x, y) {
    return a * x + b * y;
}
```

그렇지만 수치만 다루는 것이 아니면 상황이 복잡해진다. 유리수, 복소수, 다항식 등 덧셈과 곱셈이 정의되는 모든 가능한 수학적 대상에 대해 선형결합을 계산할 수 있어야 한다고 가정하자. 그러면 선형결합 함수는 다음과 같은 모습이어야 할 것이다.

```
function linear_combination(a, b, x, y) {
    return add(mul(a, x), mul(b, y));
}
```

이 함수가 제대로 작동하려면 add와 mul이 원시 함수 +와 *가 아니라, 주어진 인수 a, b, x, y가 대표하는 데이터의 종류에 따라 적절한 연산을 수행하는 좀 더 복잡한 함수이어야 한다. 여기서 핵심은, linear_combination이 a, b, x, y에 관해 알아야 할 유일한 정보는 그 인수들에 대해 add와 mul이 적절한 연산을 수행한다는 점뿐이라는 것이다. linear_combination의 관점에서는 a, b, x, y 자체가 실제로 무언인지는 중요하지 않다. 특히, 이들이 좀 더 기본적인 데이터로 어떻게 표현되는지는 알 필요가 없다. 이 예는 우리가 복합 데이터 객체를 직접 다루는 능력을 프로그래밍 언어가 제공한다는 것이 왜 중요한지도 말해준다. 그런 능력이 없다면, linear_combination 같은 함수가 자신의 인수들을 add와 mul에 넘겨주려면 반드시 그 인수들의 구체적인 구조를 알아야 한다.[1]

---

1 이와 마찬가지로, 함수를 직접 다루는 능력 역시 프로그래밍 언어의 표현력을 높여준다. 예를 들어 §1.3.1에 나온 sum 함수는 함수 term을 인수로 받고 일정 구간에 대한 term의 값들을 합산한다. sum을 그런 식으로 정의하려면 term 같은 함수를 그 자체로 하나의 개체로서(term이 더 기본적인 연산들로 어떻게 표현되는지와는 무관하게) 취급할 수 있어야 한다. 실제로, 만일 프로그래밍 언어에 '함수'라는 개념이 없다면 애초에 sum 같은 연산을 정의할 생각도 못 했을 것이다. 더 나아가서, 합산을 수행하는 관점에서는 term이 더 기본적인 연산들로 어떻게 구성되는지는 중요하지 않다.

이번 장은 먼저 앞에서 언급한 유리수 산술 시스템을 구현하고, 그것을 바탕으로 복합 데이터와 데이터 추상을 논의한다. 이번 장에서도 복합 함수를 이야기하는데, 주로는 복잡성을 다스리기 위한 추상화 기법으로 복합 함수를 이야기한다. 또한, 데이터 추상화를 이용하면 프로그램의 서로 다른 부분들 사이에 적절한 **추상화 장벽**(abstraction barrier)을 세울 수 있다는 점도 이번 장에서 배우게 될 것이다.

이번 장에서 보겠지만, 복합 데이터를 구성하려면 애초에 여러 데이터 객체를 조합해서 좀 더 복잡한 데이터 객체를 만드는 데 사용할 수 있는 일종의 '접착제'를 프로그래밍 언어가 제공해야 한다. 그런 접착제의 종류는 다양하다. 실제로 이번 장에는 특별한 '데이터' 연산을 전혀 사용하지 않고 함수만으로 복합 데이터를 구성하는 방법이 나온다. 이런 방법이 존재한다는 점은 '함수'와 '데이터'의 구분을 더욱 흐릿하게 만든다. 사실 제1장의 끝으로 가면서 이미 함수와 데이터의 구분선은 거의 희미해졌다. 이번 장에서는 또한 순차열과 트리를 표현하는 데 흔히 쓰이는 기법 몇 가지도 살펴본다. 복합 데이터를 다루는 데 꼭 필요한 개념으로 **닫힘**closure이 있다. '접착제'로 원시 데이터 객체뿐만 아니라 복합 데이터 객체들로도 복합 데이터를 구성할 수 있으려면 닫힘이라는 성질이 필요하다. 또 다른 핵심 개념은 복합 데이터 객체들이 프로그램 모듈들을 '짜맞추기(mix-and-match)' 방식으로 조합하기 위한 **합의된 인터페이스** (conventional interface)의 역할을 한다는 것이다. 이번 절에서는 닫힘 성질을 가진 간단한 그래픽 언어의 예를 이용해서 이런 개념들 몇 가지를 설명한다.

그런 다음에는 기호 **표현식**(symbolic expression)을 도입해서 우리 언어의 표현력을 향상한다. 기호 표현식은 수치뿐만 아니라 임의의 기호를 기본 구성요소로 사용할 수 있는 데이터이다. 주어진 수치 함수를 계산하는 과정이 여러 가지일 수 있는 것과 마찬가지로, 주어진 데이터 구조를 더 간단한 객체들로 표현하는 방법 역시 여러 가지일 수 있음을 알게 될 것이다. 또한, 데이터를 어떻게 표현하느냐에 따라 데이터를 조작하는 계산적 과정의 시간 및 공간 요구량이 크게 달라질 수 있다는 점도 배운다. 이러한 개념들을 기호적 미분, 집합의 표현, 정보 부호화의 맥락에서 살펴볼 것이다.

다음으로는 프로그램의 여러 부분에서 각자 다른 방식으로 표현될 수도 있는 데이터를 다루는 문제를 논의한다. 이 논의는 서로 다른 여러 형식의 데이터를 다루어야 하는 **일반적 연산** (generic operation)을 구현할 필요성으로 이어진다. 일반적 연산들이 존재하는 프로그램의 모듈성을 관리하려면 단순한 데이터 추상으로 세울 수 있는 것보다 더욱더 강력한 추상화 장벽이 필요하다. 특히, 이번 장에서는 개별 데이터 표현을 따로따로 설계한 후 **가산적**(additive; 또는 첨가식)으로(즉, 기존 코드를 수정하지 않고) 조합할 수 있게 하는 기법인 데이터 **지향적 프로그래밍**(data-directed programming)을 소개한다. 시스템 설계에서 이 접근 방식이 얼마나 강력한지 보여주기 위해, 이번 장의 마지막 부분에서는 다항식에 대해 기호적 산술을 수행하는 패키지를 그때까지 배운 모든 것을 적용해서 구현해 본다. 그 패키지에서 다항식의 계수는 정수일 수도 있고 유리수나 복소수일 수도 있으며, 심지어는 또 다른 다항식일 수도 있다.

2.1 데이터 추상화

§1.1.8에서 보았듯이, 좀 더 복잡한 함수를 만드는 데 쓰이는 요소로서의 함수를 단지 어떤 구체적인 연산들의 집합이 아니라 함수적 추상이라고 간주할 수도 있다. 이는 함수의 세부적인 구현 방법을 숨길 수 있으며 함수 자체를 전체적인 행동 방식이 동일한 다른 임의의 함수로 대체할 수 있다는 뜻이다. 다른 말로 하면, 어떠한 함수가 쓰이는 방식과 그 함수를 다른 좀 더 기본적인 함수들로 구현하는 구체적인 방식을 분리하는 식으로 함수를 추상화할 수 있다. 이런 개념을 복합 데이터에 적용한 것이 데이터 **추상화**(data abstraction)이다. 데이터 추상화는 우리가 어떠한 복합 데이터 객체가 쓰이는 방식과 그 복합 데이터를 좀 더 기본적인 데이터 객체들로 구축하는 구체적인 방식을 분리할 수 있게 하는 방법론이다.

데이터 추상화의 핵심은 복합 데이터 객체를 사용하는 프로그램이 "추상 데이터(abstract data)"에 대해 작동하도록 프로그램의 구조를 짜는 것이다. 다른 말로 하면, 프로그램은 데이터에 관해 최소한의 가정만(주어진 과제를 수행하는 데 꼭 필요한 것만) 두어야 한다. 그와 함께, '구체적(concrete)' 데이터 표현을 해당 데이터를 사용하는 프로그램과는 독립적으로 정의해야 한다. 시스템의 이 두 부분 사이의 인터페이스는 **선택자**(selector)라고 부르는 함수와 **생성자**(constructor)라고 부르는 함수들의 집합으로 구성된다. 이 인터페이스는 구체적인 표현을 이용해서 추상 데이터를 구현한다. 그럼 유리수를 다루는 함수들의 집합을 설계하는 예제를 통해서 이 기법을 살펴보기로 하자.

2.1.1 예제: 유리수 산술 연산

유리수에 대해 어떠한 산술 연산을 수행한다고 하자. 유리수들을 더하고, 빼고, 곱하고, 나눌 수 있어야 하고, 두 유리수가 같은지 판정할 수 있어야 한다.

분자와 분모로 유리수를 만드는 수단(('생성자')을 이미 갖추었다고 가정한다. 또한, 주어진 유리수에서 분자와 분모를 추출하는 수단('선택자')들도 이미 갖추었다고 가정한다. 좀 더 구체적으로, 생성자와 선택자들이 다음과 같은 함수들이라고 가정하자.

- make_rat(n, d)는 분자(numerator)가 정수 n이고 분모(denominator)가 정수 d인 유리수를 돌려준다.

- numer(x)는 유리수 x의 분자를 돌려준다.

- denom(x)는 유리수 x의 분모를 돌려준다.

이 예제는 희망적 사고(wishful thinking)라고 하는 강력한 합성(synthesis) 전략을 사용한다. 무슨 말이냐 하면, 유리수의 표현 방식과 함수 numer, denom, make_rat의 구체적인 구현 방식은 이야기하지 않고 그냥 이들이 잘 작동할 것이라고 희망적으로 생각하고 넘어가자는 뜻이다. 어쨌거나, 앞의 세 함수가 있다면 우리는 다음 관계식들을 이용해서 유리수들을 더하고, 빼고, 곱하고, 나눌 수 있고 상등을 판정할 수 있다. ◆

$$\frac{n_1}{d_1} + \frac{n_2}{d_2} = \frac{n_1d_2 + n_2d_1}{d_1d_2}$$

$$\frac{n_1}{d_1} - \frac{n_2}{d_2} = \frac{n_1d_2 - n_2d_1}{d_1d_2}$$

$$\frac{n_1}{d_1} \cdot \frac{n_2}{d_2} = \frac{n_1n_2}{d_1d_2}$$

$$\frac{n_1/d_1}{n_2/d_2} = \frac{n_1d_2}{d_1n_2}$$

$$\frac{n_1}{d_1} = \frac{n_2}{d_2} \quad \Longleftrightarrow \quad n_1d_2 = n_2d_1$$

....

◆ 옮긴이 마지막 등식의 ⟺는 동치 관계를 뜻한다. 즉, A ⟺ B는 만일 A가 참이면, 그리고 오직 그럴 때만(if and only if) B가 참이라는 뜻이다. 다른 말로 하면 A와 B는 서로의 필요충분조건이다.

다음은 이 유리수 산술 법칙들을 함수로 표현한 것이다.

```javascript
function add_rat(x, y) {
    return make_rat(numer(x) * denom(y) + numer(y) * denom(x),
                    denom(x) * denom(y));
}
function sub_rat(x, y) {
    return make_rat(numer(x) * denom(y) - numer(y) * denom(x),
                    denom(x) * denom(y));
}
function mul_rat(x, y) {
    return make_rat(numer(x) * numer(y),
                    denom(x) * denom(y));
}
function div_rat(x, y) {
    return make_rat(numer(x) * denom(y),
                    denom(x) * numer(y));
}
function equal_rat(x, y) {
    return numer(x) * denom(y) === numer(y) * denom(x);
}
```

이제까지 우리는 선택자 함수 numer 및 denom과 생성자 함수 make_rat를 이용해서 유리수에 대한 산술 연산을 정의했다. 그러나 그 함수들 자체는 아직 정의하지 않았다. 이 함수들을 정의하려면 분자와 분모를 "접착해서" 하나의 유리수를 구성하는 수단이 필요하다.

쌍 자료 구조

이번 예제의 데이터 추상을 구체적인 수준에서 구현하는 데 유용한 자료 구조로 쌍(pair)이 있다. 이 책의 언어는 쌍 객체를 생성하는 pair라는 함수를 제공한다. 이 함수는 인수 두 개를 받고 그 인수를 담은 복합 데이터 객체를 돌려준다. 쌍 객체에 담긴 두 요소 중 하나를 추출할 때는 원시 함수 head와 tail을 사용한다. 다음은 pair와 head, tail을 이용해서 쌍 객체를 다루는 예이다.

```javascript
const x = pair(1, 2);

head(x);
```
1

```
tail(x);
2
```

원시 데이터 객체처럼 쌍 객체에도 이름을 붙여서 지칭할 수 있음을 주목하기 바란다. 더 나아가서, pair를 이용해서 쌍 객체들을 두 요소로 하는 또 다른 쌍 객체를 만드는 것도 가능하다.

```
const x = pair(1, 2);

const y = pair(3, 4);

const z = pair(x, y);

head(head(z));
1

head(tail(z));
3
```

§2.2에서 보겠지만, 이러한 조합 능력 덕분에 쌍 객체는 모든 종류의 복합 자료 구조를 생성하는 데 사용할 수 있는 범용적인 구축 요소가 된다. 다른 말로 하면, 이 책에서 데이터 추상화에 필요한 접착제로는 함수 pair, head, tail로 구현된 복합 데이터 원시 요소 쌍 객체 한 가지만 있으면 된다. 쌍 객체들로 만든 데이터 객체를 목록 구조 데이터(list-structured data)라고 부른다.

유리수의 표현

쌍 객체를 이용하면 유리수 시스템을 자연스럽게 완성할 수 있다. 그냥 하나의 유리수를 두 정수, 즉 분자와 분모의 쌍으로 표현하면 된다. 그러면 make_rat과 numer, denom을 다음과 같이 아주 간단하게 구현할 수 있다.[2]

----

2 선택자들과 생성자를 이렇게 정의할 수도 있다.

```
const make_rat = pair;
const numer = head;
const denom = tail;
```

첫 정의는 make_rat이라는 이름에 표현식 pair의 값을 연관시킨다. 그 값은 쌍 객체를 생성하는 원시 함수이다. 따라서 make_rat과 pair는 동일한 원시 생성자를 지칭하는 이름들이다.

선택자들과 생성자를 이런 식으로 정의하면 프로그램의 속도가 빨라진다. make_rat이 pair를 호출하는 것이 아니라

```
function make_rat(n, d) { return pair(n, d); }
function numer(x) { return head(x); }
function denom(x) { return tail(x); }
```

그리고 계산 결과를 표시하려면 유리수를 적절한 형태로, 이를테면 분자와 슬래시, 분모로 표시하는 수단도 필요하다. 이를 위해 임의의 값(지금 예에서는 수치)을 문자열로 변환하는 원시 함수 **stringify**를 사용한다. 자바스크립트의 연산자 +는 다양한 형식의 데이터에 대해 작동하도록 **중복적재**(overloading)되어 있다. 두 수치에 대해서는 이 연산자가 덧셈을 수행하지만, 두 문자열에 대해서는 그 두 문자열을 **연결**(concatenation)해서 만든 문자열을 돌려준다.[3]

```
function print_rat(x) {
    return display(stringify(numer(x)) + " / " + stringify(denom(x)));
}
```

다음은 이상의 유리수 함수들을 사용하는 예이다.[4]

```
const one_half = make_rat(1, 2);

print_rat(one_half);
"1 / 2"

const one_third = make_rat(1, 3);

print_rat(add_rat(one_half, one_third));
"5 / 6"
```

---

make_rat이 곧 pair이므로, make_rat를 호출하면 함수 두 개가 아니라 하나만 호출된다. 그러나 이런 접근 방식에서는 함수 호출을 추적하거나 함수 호출에 중단점(breaking point)을 두는 등의 디버깅 수단들을 사용할 수 없다. 유리수 관련 프로그램을 디버깅할 때 우리가 관심을 두는 것은 make_rat의 호출일 뿐이지만, 이 접근 방식에서는 모든 pair 호출을 추적해야 한다.

그런 이유로 이 책에서는 이런 스타일의 정의를 사용하지 않기로 한다.

3 자바스크립트에서는 문자열 하나와 수치 하나 또는 그밖의 여러 피연산자 조합에 연산자 +를 적용할 수 있다. 그러나 이 책에서는 수치 두 개나 문자열 두 개에만 이 연산자를 적용한다.

4 [연습문제 1.22]에서 소개한 원시 함수 display는 주어진 인수들을 돌려주지만, 아래의 예에서는 print_rat가 표시한 내용만 표시하고 print_rat이 돌려준, 그래서 해석기가 화면에 출력한 내용은 생략했다.

```
print_rat(mul_rat(one_half, one_third));
"1 / 6"

print_rat(add_rat(one_third, one_third));
"6 / 9"
```

마지막 예가 보여주듯이, 현재의 유리수 구현은 유리수를 약분하지 않는다. 이 문제는 make_rat을 고쳐서 해결할 수 있다. §1.2.5에 나온 gcd 함수처럼 두 정수의 최대공약수를 계산하는 함수가 있다면, 분자와 분모의 최대공약수로 분자와 분모를 각각 나누어서 유리수를 기약분수로 만들면 된다.

```
function make_rat(n, d) {
    const g = gcd(n, d);
    return pair(n / g, d / g);
}
```

이제 다음과 같이 바람직한 결과가 나온다.

```
print_rat(add_rat(one_third, one_third));
"2 / 3"
```

실제 유리수 연산을 구현하는 함수(add_rat와 mul_rat 등)는 전혀 고치지 않고 생성자 make_rat만 고쳐서 문제를 해결했다는 점에 주목하자.

■ **연습문제 2.1** ─────────────────────────

양수뿐만 아니라 음수도 받도록 make_rat를 개선하라. 유리수가 양수이면 분자와 분모 모두 양수가 되도록 정규화하고, 유리수가 음수이면 분자만 음수가 되도록 정규화해야 한다.

───■

2.1.2 추상화 장벽

복합 데이터와 데이터 추상화의 다른 예제들로 넘어가기 전에, 유리수 예제에서 제기된 문제점 몇 가지를 살펴보기로 하자. 앞에서 우리는 유리수 연산들을 생성자 make_rat와 선택자 numer 및 denom을 이용해서 정의했다. 일반적으로 데이터 추상화에는, 데이터 객체 형식마다 그 형식의 데이터 객체에 관한 모든 조작을 표현하는 데 사용할 일단의 기본적인 연산들을 정의하고 오직 그 연산들만으로 데이터를 조작한다는 개념이 깔려 있다.

[그림 2.1]은 유리수 시스템의 구조를 나타낸 것이다. 수평선은 시스템의 서로 다른 추상화 '수준(level)'을 가르는 **추상화 장벽**(abstraction barriers)이다. 각 수준에서, 추상화 장벽 위에 있는 프로그램은 그 아래 있는 프로그램의 데이터 추상들을 활용한다. 유리수를 사용하는 프로그램은 오직 유리수 패키지가 '공공 용도(public use)'로 제공한 함수들, 즉 add_rat, sub_rat, mul_rat, div_rat, equal_rat만으로 유리수를 다룬다. 그리고 그 공공 용도 함수들은 오직 그 아래 수준이 제공하는 생성자 make_rat와 선택자 numer, denom만으로 구현되며, 그 생성자와 선택자들은 쌍 객체를 기반으로 구현된다. 전체 시스템에서 쌍 객체 장벽보다 위에 있는 프로그램들은 쌍 객체를 그냥 pair와 head, tail을 이용해서 조작할 뿐, 쌍 객체가 어떻게 구현되는지는 알지 못하고 알 필요도 없다. 본질적으로 각 수준의 함수들은 추상화 장벽을 정의하고 서로 다른 수준들을 연결하는 인터페이스로 작용한다.

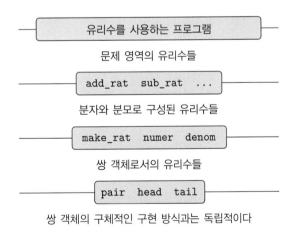

유리수를 사용하는 프로그램

문제 영역의 유리수들

add_rat sub_rat ...

분자와 분모로 구성된 유리수들

make_rat numer denom

쌍 객체로서의 유리수들

pair head tail

쌍 객체의 구체적인 구현 방식과는 독립적이다

그림 2.1 유리수 산술 패키지의 네이터 추상와 상벽들.

단순한 개념이지만, 이런 개념을 잘 적용하면 수많은 장점이 생긴다. 한 가지 장점은 프로그램을 관리(유지보수)하고 수정하기가 훨씬 쉽다는 것이다. 그 어떤 복잡한 자료 구조라도 프로그래밍 언어가 제공하는 원시 자료 구조를 이용해서 다양한 방식으로 표현할 수 있다. 물론 자료 구조 표현의 선택은 자료 구조를 다루는 프로그램에 큰 영향을 미친다. 따라서, 나중에 자료 구조의 표현을 변경한다면 그 자료 구조를 사용하는 모든 프로그램도 수정해야 할 수 있다. 덩치 큰 프로그램의 경우 이러한 수정에는 시간과 비용이 든다. 그러나 아주 적은 수의 프로그램 모듈만 구체적인 표현에 의존하도록 시스템을 설계한다면 그러한 비용을 최소화할 수 있다.

한 예로, 유리수를 기약분수로 약분하는 또 다른 방법은 유리수를 생성할 때가 아니라 유리수의 분자나 분모에 접근할 때 약분을 수행하는 것이다. 이 방법에서는 생성자와 선택자들이 다음과 같은 모습이 된다.

```
function make_rat(n, d) {
    return pair(n, d);
}
function numer(x) {
    const g = gcd(head(x), tail(x));
    return head(x) / g;
}
function denom(x) {
    const g = gcd(head(x), tail(x));
    return tail(x) / g;
}
```

이 구현과 이전 구현은 gcd를 호출하는 지점이 다르다. 전형적인 방식으로 유리수를 사용하는 프로그램은 같은 유리수의 분자와 분모에 여러 번 접근할 것이므로, 이전 구현에서처럼 유리수를 생성할 때 gcd를 호출하는 것이 유리하다. 그러나 생성이 빈번하고 접근은 드문 경우라면 접근할 때 gcd를 호출하는 게 나을 것이다. 어떤 경우이든, 유리수의 표현을 바꾸어도 add_rat나 sub_rat 같은 다른 함수들은 전혀 수정할 필요가 없어야 한다.

적은 수의 인터페이스 함수들만 표현에 의존하게 만들면 프로그램의 수정은 물론이고 프로그램의 설계에도 도움이 된다. 여러 가지 구현을 바꾸어 가면서 시험해 볼 수 있는 유연성이 생기기 때문이다. 유리수 시스템의 예를 계속 들자면, 유리수 패키지를 설계할 때 gcd를 생성 시점에서 호출할지 지 선택 시점에서 호출할지를 설계 시점에서 미리 결정하지 않을 수도 있다.

데이터 추상화 방법론은 그런 결정을 뒤로 미룬 채로도 시스템의 나머지 부분을 계속 개발해 나갈 수 있는 유연성을 제공한다.

■ **연습문제 2.2**

평면의 선분(line segment)을 표현하는 문제를 생각해 보자. 하나의 선분은 두 점의 쌍, 즉 시작점과 끝점의 쌍으로 표현할 수 있다. 두 점을 이용한 선분 표현을 정의하는 생성자 make_segment와 선택자 start_segment 및 end_segment를 선언하라. 더 나아가서, 하나의 점은 좌표 쌍, 즉 x 좌표성분과 y 좌표성분의 쌍으로 표현할 수 있다. 그러한 표현을 정의하는 생성자 make_point와 선택자 x_point 및 y_point를 정의하라. 마지막으로, 이 생성자들과 선택자들을 이용해서 선분의 중점(midpoint)을 계산하는 midpoint_segment 함수를 선언하라. 이 함수는 선분 하나를 받고 그 선분의 중점을 돌려주어야 한다(여기서 중점은 그 좌표성분들이 두 끝점 좌표성분들의 평균인 점이다). 그 함수를 시험해 보려면 점을 출력하는 수단이 필요할 것이다. 다음이 그러한 용도의 함수이다.

```
function print_point(p) {
    return display("(" + stringify(x_point(p)) + ", "
                       + stringify(y_point(p)) + ")");
}
```

■ **연습문제 2.3**

평면의 직사각형(rectangle)에 대한 표현을 구현하라. (힌트: 연습문제 2.2의 함수들이 유용할 것이다.) 직사각형 생성자와 선택자들을 이용해서 주어진 직사각형의 둘레와 넓이를 계산하는 함수를 작성하라. 그런 다음 직사각형에 대한 또 다른 표현을 구현하라. 둘레 및 넓이 계산 함수가 두 표현 모두에 대해 잘 작동하도록 적절한 추상화 장벽을 두어서 시스템을 설계할 수 있는가?

2.1.3 데이터란 무엇인가?

§2.1.1에서 유리수 산술 시스템을 구현할 때, 당시에는 아직 작성하지 않은 세 함수 `make_rat`, `numer`, `denom`을 이용해서 유리수 연산 `add_rat`, `sub_rat` 등을 구현했다. 그때 우리는 그런 연산들이 분자, 분모, 유리수 같은 데이터 객체들로 정의된다는 점과 그 데이터 객체들의 행동은 앞에서 말한 세 함수가 결정한다는 정도만 정해 두고 유리수 연산 함수들을 구현했다.

그런데 데이터라는 것이 정확히 무엇일까? "주어진 생성자와 선택자들로 구현되는 어떤 것"이라는 정의로는 좀 부족하다. 아무 함수나 세 개를 골라서 생성자와 선택자로 사용한다고 해서 유리수 구현에 적합한 토대가 만들어지는 것은 아님이 분명하다. 만일 두 정수 n과 d로 하나의 유리수 x를 생성했다면, x에서 분자와 분모를 추출해서 분자를 분모로 나눈 결과가 n을 d로 나눈 결과와 동일하다는 보장이 있어야 의미 있는 유리수 시스템이 만들어진다. 다른 말로 하면, `make_rat`와 `numer`, `denom`은 반드시 다음과 같은 조건을 충족해야 한다: 임의의 정수 n과 0이 아닌 임의의 정수 d에 대해 만일 x가 `make_rat(n, d)`이면

$$\frac{\texttt{numer(x)}}{\texttt{denom(x)}} = \frac{n}{d}$$

이다. 사실 유리수 표현에 적합한 토대를 구성하기 위해 `make_rat`, `numer`, `denom`이 반드시 충족해야 할 조건은 이것 하나뿐이다. 일반화하자면, 데이터라는 것은 어떠한 선택자들과 생성자들, 그리고 유효한 표현을 위해 그 함수들이 반드시 충족하는 조건들의 집합으로 정의된다.[5]

이러한 관점을 유리수 같은 '고수준' 데이터 객체뿐만 아니라 저수준 객체의 정의에도 적용할 수 있다. 유리수를 정의하는 데 사용한 쌍 객체를 생각해 보자. 앞에서 우리는 쌍 객체라는

---

5 놀랍게도 이러한 개념을 엄밀하게 정식화하기란 대단히 어렵다. 그런 정식화에 대한 접근 방식은 크게 두 가지이다. 하나는 C. A. R. 호어가 제안한 것으로(Hoare 1972), 흔히 **추상 모형**(abstract model) 방법이라고 부른다. 이 접근 방식은 앞의 유리수 예제가 개괄한 것과 비슷하게 "함수 더하기 조건" 명세를 정식화한다. 앞에서 유리수 표현에 대한 조건을 정수의 성질들(상등과 나눗셈)로 명시했음을 주목하자. 일반적으로 추상 모형은 이전에 정의된 형식의 데이터 객체들을 이용해서 새로운 종류의 데이터 객체를 정의한다. 따라서 데이터 객체에 관한 단언(assertion)은 이전에 정의된 데이터 객체에 대한 단언들로 환원해서 점검할 수 있다. 또 다른 접근 방식은 MIT의 질레스[Zilles]와 IBM의 고근[Goguen], 대처, 와그너, 라이트(Thatcher, Wagner, Wright 1978), 그리고 토론토 대학교의 구탁(Guttag 1977)이 제안한 것으로, 대수 **명세**(algebraic specification)라고 부른다. 이 접근 방식에서는 '함수'를 추상 대수 시스템의 요소로 취급하는데, 함수의 행동을 지금 말하는 '조건'에 대응되는 공리(axiom)들로 명시하고, 추상 대수학의 기법들을 이용해서 데이터 객체에 관한 단언을 점검한다. 두 방법 모두를 개괄하는 논문으로 [Liskov, Ziles 1975]가 있다.

것이 실제로 무엇인지는 이야기하지 않았다. 단지 우리의 언어가 쌍 객체를 다루는 함수 pair, head, tail을 제공한다고 말했을 뿐이다. 우리가 이 세 연산에 관해 알아야 할 것은, pair를 이용해서 두 객체를 하나의 쌍으로 붙일 수 있고 head와 tail을 이용해서 그 쌍에서 해당 객체들을 추출할 수 있다는 점뿐이다. 다른 말로 하면, 이 연산들은 임의의 객체 x와 y에 대해 만일 z가 pair(x, y)이면 head(z)는 x이고 tail(z)는 y라는 조건을 충족한다. 앞에서 언급했듯이 이 세 함수는 이 책의 언어에 원시 함수로 포함되어 있다. 그렇지만 앞의 조건을 충족하기만 한다면 그 어떤 세 함수도 쌍 객체를 구현하는 토대가 될 수 있다. 이 점은 아무런 자료 구조 없이 함수만으로도 pair와 head, tail을 구현할 수 있다는 놀라운 사실이 잘 말해준다. 다음이 그러한 정의들이다.[6]

```
function pair(x, y) {
    function dispatch(m) {
        return m === 0
                ? x
                : m === 1
                ? y
                : error(m, "argument not 0 or 1 -- pair");
    }
    return dispatch;
}
function head(z) { return z(0); }
function tail(z) { return z(1); }
```

이런 함수형 구현은 데이터가 무엇인가에 관한 우리의 직관적인 개념과 잘 맞지 않는다. 그렇긴 하지만, 앞에서 말한 조건을 충족하는지만 확인한다면(실제로 충족한다) 이들이 쌍 객체의 유효한 표현이라고 말할 수 있다.

여기서 주목할 미묘한 사항 하나는, pair(x, y)가 돌려주는 값이 함수라는 점이다. 구체적으로 이 값은 pair 안에 정의된 dispatch 함수인데, 이 함수는 인수 하나를 받고 그 인수가 0이냐 1이냐 따라 x 또는 y를 돌려준다. 그래서 head(z)는 z를 0에 적용하도록 정의했다. 즉, z가 이전에 pair(x, y)가 돌려준 함수라고 할 때, z를 0에 적용하면 x가 반환된다. 따라

----

6 §1.3.3에서 소개한 error 함수는 생략 가능한 둘째 인수를 받는다. 그 둘째 인수로 주어진 문자열은 첫 인수가 표시되기 전에 표시된다. 예를 들어 m이 42일 때 다음이 출력된다.

```
Error in line 7: argument not 0 or 1 -- pair: 42
```

서 head(pair(x, y))가 x이어야 한다는 조건이 충족된다. 마찬가지로, tail(pair(x, y))는 pair(x, y)가 돌려준 함수를 1에 적용하며, 그러면 y가 반환된다. 결론적으로 이 함수형 구현은 쌍 객체의 유효한 표현이며, pair와 head, tail만으로 쌍 객체에 접근하는 한 우리는 이 구현을 '진짜' 자료 구조를 사용하는 구현과 구분할 수 없다.

쌍 객체를 이처럼 함수만으로 표현하는 방법을 제시한 것은 우리의 언어가 이런 식으로 작동하기 때문이 아니라(자바스크립트의 원시 자료 구조인 벡터를 이용해서 구현하는 것이 더 효율적이다) 그냥 이런 식으로도 표현할 수 있음을 보여주기 위한 것이었다. 이러한 함수형 표현이 난해하긴 하지만, 쌍 객체가 충족해야 할 유일한 조건들을 충족한다는 점에서 완벽하게 유효한 쌍 표현이다. 이 예는 또한 함수를 객체로서 다루는 능력이 곧 복합 데이터를 표현하는 능력으로 이어진다는 점도 보여준다. 지금은 이 점이 잘 이해가 되지 않을 수 있겠지만, 데이터의 함수적 표현은 이 책의 프로그래밍 레퍼토리에서 중심적인 역할을 한다. 이런 프로그래밍 스타일을 메시지 전달(message passing)이라고 부르는데, 제3장에서 모형화와 시뮬레이션 문제를 다룰 때 이것을 기본 도구로 사용한다.

■ 연습문제 2.4

다음은 쌍의 또 다른 함수적 표현이다. 이 표현에서 임의의 객체 x와 y에 대한 head(pair(x, y))가 x를 돌려주는지 확인하라.

```
function pair(x, y) {
    return m => m(x, y);
}
function head(z) {
    return z((p, q) => p);
}
```

tail은 어떻게 정의해야 할까? (힌트: 이것이 제대로 작동하는지 확인하는 데에는 §1.1.5의 치환 모형이 유용할 것이다.)

정수 *a*와 *b*의 쌍을 하나의 정수 $2^a 3^b$으로 표현한다면, 음이 아닌 정수들의 쌍을 수치와 산술 연산만으로 표현할 수 있음을 보여라. 그리고 그런 표현을 정의하는 함수 pair, head, tail 을 정의하라.

■ 연습문제 2.6

쌍 객체를 함수로 표현하는 것(연습문제 2.4)이 별로 어렵지 않았다면, 이런 문제도 생각해 보기 바란다. 함수를 다룰 수 있는 언어에서는 0이라는 수와 임의의 수에 1을 더하는 연산을 다음과 같이 아무런 수치도 사용하지 않고 정의할 수 있다(적어도 음이 아닌 정수만 다룬다고 할 때).

```
const zero = f => x => x;

function add_1(n) {
    return f => x => f(n(f)(x));
}
```

이러한 표현을 창안자 알론조 처치의 이름을 따서 처치 수(Church numerals)라고 부른다. 알론조 처치는 람다 계산법을 고안한 바로 그 논리학자이다.

1과 2를 나타내는 함수 one과 two를 직접(zero와 add_1을 사용하지 말고) 정의하라. (힌트: add_1(zero)를 치환 모형으로 평가해 볼 것.) 덧셈 함수 plus를 직접(add_1을 거듭 적용하지 말고) 정의하라.

2.1.4 심화 연습문제: 구간 산술

알리사 P. 해커가 공학 문제를 푸는 데 도움이 되는 시스템을 설계하고 있다. 알리사가 원하는 기능 중 하나는 부정확한 수량(물리적 장치의 매개변수를 측정한 값 등)을 미리 정해진 정밀도(precision)로 조작하고, 그런 근삿값들이 포함된 계산의 결과 역시 해당 성밀노가 되게 만느는 것이다.

전기공학자들은 알리사의 시스템을 이용해서 전기적 수량들을 계산할 것이다. 전기공학에서는 두 저항 R_1과 R_2를 병렬로 연결한 병렬 등가 저항(parallel equivalent resistance) R_p의 값을 다음과 같은 공식으로 계산해야 할 때가 많다.

$$R_p \quad = \quad \frac{1}{1/R_1 + 1/R_2}$$

일반적으로 저항소자(resistor; 줄여서 그냥 '저항')의 저항 값은 저항 제조업체가 보장하는 어떤 허용오차(tolerence) 이내의 근삿값이다. 예를 들어 "6.8Ω옴, 허용오차 10%"라고 적힌 저항의 저항 값은 $6.8 - 0.68 = 6.12$에서 $6.8 + 0.68 = 7.48$ 구간의 어떤 값이다. 따라서, 예를 들어 6.8Ω 10% 저항과 4.7Ω 5% 저항을 병렬로 연결한 저항 값은 약 2.58Ω(두 저항 모두 가장 작은 값일 때)에서 약 2.97Ω(두 저항 모두 가장 큰 값일 때)까지이다.

알리사는 이를 위해 '구간(interval; 부정확한 수량이 가질 수 있는 값들의 범위를 대표하는 객체)'들을 조합하기 위한 산술 연산들로 구성된 '구간 산술(interval arithmetic)' 패키지를 구현하기로 했다. 두 구간을 더하고, 빼고, 곱하고, 나눈 결과는 해당 연산으로 얻을 수 있는 값들의 범위를 나타내는 또 다른 구간이다.

일단 알리사는 범위의 하계(lower bound)와 상계(upper bound)에 해당하는 두 끝점으로 구성된 '구간'이라는 추상적 객체가 있다고 가정했다. 또한 알리사는 주어진 두 끝점으로 하나의 구간 객체를 생성하는 데이터 생성자 make_interval을 구현할 수 있다고 가정했다. 이러한 가정에 기초해서 알리사는 먼저 두 구간을 더하는 함수를 다음과 같이 작성했다. 이 함수의 논리는, 결과 구간의 하계는 두 구간의 하계들의 합이고 결과 구간의 상계는 두 구간의 상계들의 합이라는 것이다.

```
function add_interval(x, y) {
    return make_interval(lower_bound(x) + lower_bound(y),
                         upper_bound(x) + upper_bound(y));
}
```

알리사는 두 구간을 곱하는 함수도 구현했다. 이번에는 논리가 좀 더 복잡한데, 결과 구간의 하계는 두 구간 상, 하계들의 곱 중 최솟값이고 결과 구간의 상계는 그런 곱 중 최댓값이다. (함수 math_min과 math_max는 임의의 개수의 인수들의 최솟값과 최댓값을 구하는 원시 함수이다.)

```
function mul_interval(x, y) {
    const p1 = lower_bound(x) * lower_bound(y);
    const p2 = lower_bound(x) * upper_bound(y);
    const p3 = upper_bound(x) * lower_bound(y);
    const p4 = upper_bound(x) * upper_bound(y);
    return make_interval(math_min(p1, p2, p3, p4),
                         math_max(p1, p2, p3, p4));
}
```

한 구간을 다른 한 구간으로 나누는 함수는 둘째 구간의 역을 첫째 구간에 곱해서 구간 나눗셈을 구현한다. 구간의 역은 구간 상계의 역을 하계로, 구간 하계의 역을 상계로 둔 구간이다.

```
function div_interval(x, y) {
    return mul_interval(x, make_interval(1 / upper_bound(y),
                                         1 / lower_bound(y)));
}
```

■ 연습문제 2.7

알리사의 프로그램은 아직 미완성이다. 구간 추상이 아직 완전히 구현되지 않았기 때문이다. 다음은 구간 생성자의 정의이다.

```
function make_interval(x, y) { return pair(x, y); }
```

선택자 upper_bound와 lower_bound를 정의해서 구현을 완성하라.

■ 연습문제 2.8

알리사와 비슷한 논리를 이용해서 두 구간의 뺄셈을 구현하는 방법을 서술하라. 그리고 해당 뺄셈 함수 sub_interval을 정의하라.

■ **연습문제 2.9**

구간의 너비(width; 또는 폭)는 상계와 하계의 차이를 2로 나눈 것이다. 이 너비는 구간으로 지정된 수치의 불확실성을 측정하는 측도로 쓰인다. 산술 연산 중에는 두 구간의 연산 결과의 너비가 오직 두 구간 너비들만 인수로 하는 함수인 연산도 있고, 그렇지 않은 연산도 있다. 두 구간의 합(또는 차)의 너비가 오직 두 구간 너비의 함수임을 증명하라. 그리고 곱셈과 나눗셈은 그렇지 않음을 보여주는 사례를 제시하라.

■ **연습문제 2.10**

전문 시스템 프로그래머인 벤 빗디들이 알리사 어깨 너머로 코드를 보다가, 0이 포함된 구간으로 구간을 나누면 어떻게 되는지가 명확하지 않다는 평을 했다. 나누는 구간에 0이 포함되는지 점검해서 그런 경우 오류를 발생하도록 알리사의 프로그램을 수정하라.

■ **연습문제 2.11**

벤은 이런 평도 했다: "구간 끝점들의 부호에 따라 `mul_interval`의 처리를 아홉 경우로 나눌 수 있는데, 곱셈이 세번 이상인(즉, 두 번보다 많아야 하는) 것은 하나뿐이야." 벤의 조언에 따라 나눗셈 함수를 다시 작성하라.

　알리사는 프로그램을 디버깅한 후 잠재적 사용자에게 보여주었다. 그 사용자는 알리사의 프로그램이 엉뚱한 문제를 푼다고 불평했다. 사용자는 불확실한 수치들을 상·하계로 표현한 객체로 다루는 것이 아니라 중심 값(center value)과 가산적 허용오차로 표현한 객체로 다루고자 했다. 예를 들어 사용자는 [3.35, 3.65]가 아니라 3.5 ± 0.15를 원했다. 알리사는 자기 책상으로 돌아와서, 이 문제를 해결하기 위해 다음과 같은 또 다른 생성자와 선택자들을 추가했다.

```
function make_center_width(c, w) {
    return make_interval(c - w, c + w);
}
function center(i) {
    return (lower_bound(i) + upper_bound(i)) / 2;
}
function width(i) {
```

```
    return (upper_bound(i) - lower_bound(i)) / 2;
}
```

안된 일이지만 알리사의 사용자들은 대부분 공학자이다. 실제 공학 문제에서는 불확실성이 크지 않은 측정치들을 다룰 때가 많으며, 이때 불확실성은 구간의 폭에 대한 구간 중점의 비율로 측정된다. 흔히 공학자들은 앞의 저항 예에서처럼 장치의 매개변수에 퍼센트 허용오차를 지정한다.

■ **연습문제 2.12**

중심 값과 퍼센트 허용오차를 받고 그에 해당하는 구간을 생성하는 생성자 make_center_percent를 정의하라. 주어진 구간의 퍼센트 허용오차를 돌려주는 선택자 percent도 정의해야 한다. center 선택자는 앞에 나온 것과 같다.

■ **연습문제 2.13**

퍼센트 허용오차가 작다고 가정할 때, 두 구간의 곱의 허용오차를 두 구간의 허용오차들로 근사하는 간단한 공식이 있음을 보여라. 문제를 단순화하기 위해 모든 수치가 양수라고 가정해도 좋다.

상당한 작업 끝에 알리사 P. 해커는 완성된 시스템을 사용자에게 인도했다. 몇 년 후 알리사가 이 모든 것을 다 잊었을 때쯤에, 렘 E. 트위킷Lem E. Tweakit이라는 사용자가 알리사에게 전화를 걸어서 불평을 쏟아냈다. 렘은 병렬 저항 공식을 다음과 같이 대수학적으로 동등한 두 가지 수식으로 표현할 수 있다는 점에 주목했다.

$$\frac{R_1 R_2}{R_1 + R_2}$$

$$\frac{1}{1/R_1 + 1/R_2}$$

이에 따라 렘은 동일한 병렬 저항 공식을 서로 다른 방식으로 계산하는 두 프로그램을 작성했다.

```
function par1(r1, r2) {
    return div_interval(mul_interval(r1, r2),
                        add_interval(r1, r2));
}
function par2(r1, r2) {
    const one = make_interval(1, 1);
    return div_interval(one,
                        add_interval(div_interval(one, r1),
                                     div_interval(one, r2)));
}
```

렘의 불평은, 이 두 가지 계산 방식에 대해 알리사의 프로그램이 서로 다른 값을 산출한다는 것이었다. 이것은 실제로 심각한 문제이다.

■ 연습문제 2.14

다양한 수식으로 시스템의 행동을 조사해서 렘의 주장이 옳음을 확인하라. 구간 A와 B를 만들고, 그것으로 A/A와 A/B를 계산해 볼 것. 너비가 중심 값의 아주 작은 퍼센트인 구간들로 시험해 보면 중요한 통찰을 얻을 수 있을 것이다. 중심 퍼센트 형태(연습문제 2.12)의 구간들로 계산을 수행해서 결과들을 조사해 보라.

■ 연습문제 2.15

또 다른 사용자인 에바 루 에이터도 대수학적으로 동등하지만 형태가 다른 수식들이 서로 다른 구간을 산출한다는 점을 발견했다. 에바에 따르면, 알리사의 시스템을 이용해서 구간을 계산할 때, 만일 불확실한 수치를 지칭하는 이름이 딱 한 번씩만 나오도록 구간 연산을 표현하면 오차 범위가 더 줄어든다고 한다. 즉, 앞의 렘의 프로그램에서 par2가 par1보다 "더 나은" 병렬 저항 계산 함수이다. 에바의 주장이 옳을까? 옳다면 왜 그럴까?

■ **연습문제 2.16**

이상의 논의를 일반화해서, 동등한 수식에 대한 표현식들이 서로 다른 결과를 내는 이유를 설명하라. 이런 단점이 없는 구간 산술 패키지를 만들 수 있을까? 아니면 그것이 불가능한 목표일까? (주의: 이 문제는 매우 어렵다.)

2.2 위계적 데이터와 닫힘 성질

앞에서 보았듯이 쌍 객체는 복합 데이터 객체를 생성하는 데 사용할 수 있는 기본적인 '접착제'를 제공한다. [그림 2.2]는 쌍 객체를 표준적인 방식으로 시각화한 것인데, 구체적으로는 pair(1, 2)가 생성하는 쌍을 나타낸 것이다. 상자-포인터 표기법(box-and-pointer notation)라고 부르는 이러한 시각화 방법에서 각 복합 객체는 상자를 가리키는 **포인터**pointer로 표시된다. 한 쌍 객체의 상자는 두 부분으로 구성되는데, 왼쪽 부분은 쌍의 머리(head)이고 오른쪽 부분은 꼬리(tail)이다.

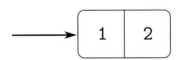

그림 2.2 pair(1, 2)의 상자-포인터 표현.

pair를 수치뿐만 아니라 다른 쌍 객체들을 조합하는 데에도 사용할 수 있음은 이미 앞에서 보았다. (특히, 연습문제 2.2와 연습문제 2.3을 풀려면 이 기능이 꼭 필요하다.) 따라서 쌍 객체는 모든 종류의 자료 구조를 생성하는 데 사용할 수 있는 범용적인 구축 요소가 된다. [그림 2.3]은 쌍을 이용해서 수치 1, 2, 3, 4를 조합하는 두 가지 방법을 보여준다.

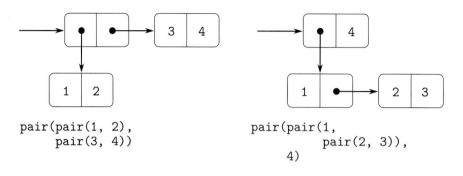

```
pair(pair(1, 2),          pair(pair(1,
     pair(3, 4))               pair(2, 3)),
                              4)
```

그림 2.3 쌍을 이용해서 1, 2, 3, 4를 조합하는 두 가지 방법.

쌍 객체들이 구성요소인 쌍을 생성하는 능력은 목록 구조(list structure)가 표현 도구로 중요한 이유의 핵심이다. 이 책에서는 이러한 능력을 **pair**의 닫힘 성질(closure property)이라고 부른다. 일반화하면, 데이터 객체들을 조합하는 연산이 있을 때, 만일 그 연산으로 조합한 결과들을 또 다시 그 연산으로 조합할 수 있다면, 그 연산을 가리켜 닫힘 성질을 충족한다고 말한다.[7] 위계적(hierarchical; 또는 계통적) 자료 구조를 생성할 수 있게 한다는 점에서, 닫힘은 모든 조합 수단의 조합 능력에 핵심인 성질이다. 여기서 위계적 구조란 그것을 구성하는 부품들 자체가 또 다른 부품들로 구성되며, 그 부품 역시 또 다른 부품들로 구성되는 식으로 이어지는 구조이다.

제1장 도입부에서 함수를 다룰 때 사실상 이 닫힘 성질이 작용했다. 극히 단순한 프로그램을 제외한 모든 프로그램은 한 조합의 요소들 자체가 다른 어떤 조합들일 수 있다는 사실에 의존하며, 함수가 이점을 잘 보여준다. 이번 절에서는 닫힘 성질이 복합 데이터에 미치는 영향에 초점을 둔다. 쌍 객체를 이용해서 순차열과 트리를 표현하는 통상적인 기법 몇 가지를 설명하고, 닫힘을 명료한 방식으로 보여주는 그래픽 언어 하나를 살펴본다.

---

7 여기서 'closure(닫힘)'는 추상 대수학의 용어이다. 어떤 집합과 어떤 연산이 있을 때, 만일 그 연산을 집합의 원소들에 적용한 결과가 항상 그 집합의 원소이면 그 집합이 그 연산에 대해 닫혀 있다고 말한다. 프로그래밍 언어 공동체는 (안타깝게도) 'closure'를 이와는 완전히 무관한 개념을 서술하는 데 사용한다. 프로그래밍 언어에서 closure는 자유 이름을 가진 함수를 표현하는 구현 기법의 하나이다. 이 책에서 closure를 그런 의미로 사용하는 경우는 없다.

2.2.1 순차열의 표현

쌍 객체로 구축할 수 있는 유용한 자료 구조로 **순차열**(sequence)이 있다. 순차열은 여러 데이터 객체가 특정 순서로 나열된 구조이다. 쌍으로 순차열을 표현하는 방법이 여러 가지임은 말할 필요가 없을 것이다. [그림 2.4]는 특히나 직접적인 표현을 나타낸 것으로, 수치 1, 2, 3, 4를 쌍들의 사슬(chain)로 표현한다. 각 쌍의 **head**는 해당 수치이고, **tail**은 사슬의 다음 쌍이다. 마지막 쌍의 **tail**은 그 쌍이 순차열의 끝임을 나타낸다. 상자–포인터 도표에서는 이를 대각선으로 표시하고, 자바스크립트에서는 **null**이라는 원시 값(primitive value)으로 표현한다. 이러한 순차열 전체를 다음과 같이 중첩된 **pair** 연산으로 생성할 수 있다.

```
pair(1,
    pair(2,
        pair(3,
            pair(4, null))));
```

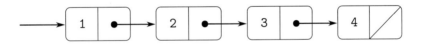

그림 2.4 쌍들의 사슬로 표현한 순차열 1, 2, 3, 4.

이처럼 중첩된 **pair** 적용으로 만든 쌍 객체들의 순차열을 **목록**(list)이라고 부른다. 이 책의 자바스크립트 환경은 목록 객체의 생성을 돕는 **list**라는 원시 함수를 제공한다.[8] 예를 들어 앞의 순차열은 **list(1, 2, 3, 4)**로 생성할 수 있다. 일반적으로 다음은

```
list(a_1, a_2, …, a_n)
```

다음과 동등하다.

```
pair(a_1, pair(a_2, pair(…, pair(a_n, null)…)))
```

---

8 이 책에서 **목록** 또는 **목록 객체**는 '목록 끝 표시'로 끝나는 쌍들의 사슬을 뜻한다. 반면에 **목록 구조**는 목록뿐만 아니라 쌍 객체들로 만들어 낼 수 있는 모든 자료 구조를 뜻한다.

이 책의 해석기는 상자-포인터 도표의 텍스트 버전에 해당하는 표기법을 이용해서 이런 순차열을 출력한다. 그런 표기법을 **상자 표기법**(box notation)이라고 부르기로 하자. 예를 들어 pair(1, 2)가 산출하는 객체는 [1, 2]로 출력되며, [그림 2.4]의 데이터 객체는 [1, [2, [3, [4, null]]]]로 출력된다.

```
const one_through_four = list(1, 2, 3, 4);

one_through_four;
[1, [2, [3, [4, null]]]]
```

head 함수는 목록의 첫 요소(항목)를 돌려주는 선택자이고 tail은 첫 요소를 제외한 나머지 모든 요소로 이루어진 부분 목록(sublist)를 돌려주는 선택자라고 생각하면 될 것이다. head와 tail을 적절히 중첩해서 적용하면 목록의 둘째, 셋째 요소와 그 이후 요소들을 얻을 수 있다. 생성자 pair는 주어진 목록(둘째 인수) 제일 앞에 새 요소(첫 인수)를 추가한 목록을 돌려준다.

```
head(one_through_four);
1

tail(one_through_four);
[2, [3, [4, null]]]

head(tail(one_through_four));
2

pair(10, one_through_four);
[10, [1, [2, [3, [4, null]]]]]

pair(5, one_through_four);
[5, [1, [2, [3, [4, null]]]]]
```

쌍들의 사슬의 끝을 표시하는 용도로 쓰이는 null 값은 아무런 요소도 없는 순차열, 즉 빈 목록(empty list)으로 간주할 수 있다.[9]

---

[9] 자바스크립트에서 null 값은 다양한 용도로 쓰이지만, 이 책에서는 빈 목록을 나타내는 용도로만 사용한다.

상자 표기법이 읽기 어려울 때가 종종 있다. 이 책에서 어떤 자료 구조가 목록의 성질을 지니고 있음을 나타낼 때 상자 표기법과는 다른 **목록 표기법**(list notation)을 사용한다. 가능한 경우에는 목록을, 평가 시 원하는 구조가 산출되도록 list를 적용하는 표현식의 형태로 표기한다. 예를 들어 상자 표기법으로 다음과 같이 표시되는 목록을,

```
[1, [[2, 3], [[4, [5, null]], [6, null]]]]
```

목록 표기법으로는 다음과 같이 표시한다.[10]

```
list(1, [2, 3], list(4, 5), 6)
```

목록 연산

요소들의 순차열을 쌍 객체들을 이용해서 목록으로 표현하는 방식에서 자연스럽게 도출되는 관례적인 프로그래밍 기법이 있다. 바로, tail을 연달아 적용해서 목록의 요소들을 차례로 훑는 것이다. 예를 들어 아래의 list_ref 함수는 목록과 수 n을 받고 목록의 n번째 요소를 돌려준다. 목록의 요소들에 번호를 붙일 때에는 0부터 시작하는 것이 관례이다. list_ref가 사용하는 방법은 다음과 같다.

- 만일 $n = 0$이면 list_ref는 목록의 head를 돌려준다.

- 그렇지 않으면 list_ref는 목록의 tail의 $(n-1)$번째 요소를 돌려준다.

```
function list_ref(items, n) {
    return n === 0
           ? head(items)
           : list_ref(tail(items), n - 1);
}

const squares = list(1, 4, 9, 16, 25);

list_ref(squares, 3);
16
```

---

10 이 책의 자바스크립트 환경은 display_list라는 원시 함수를 제공한다. 이 함수는 원시 함수 display와 비슷하게 작동하되, 상자 표기법 대신 목록 표기법을 사용한다.

목록 전체를 훑어야 하는 경우도 많은데, 이를 위해 이 책의 자바스크립트 환경은 `is_null`이라는 원시 술어를 제공한다. 이 술어는 주어진 인수가 빈 목록이면 참으로 평가된다. 다음은 이러한 이 술어의 전형적인 용법을 보여주는 함수로, 주어진 목록의 요소 개수를 계산한다.

```
function length(items) {
    return is_null(items)
           ? 0
           : 1 + length(tail(items));
}

const odds = list(1, 3, 5, 7);

length(odds);
4
```

`length` 함수는 단순한 재귀적 계획을 구현한다. 축약 단계는 다음과 같다.

- 임의의 목록의 `length`는 그 목록의 `tail`의 `length`에 1을 더한 것이다.

`length` 함수는 이러한 축약 단계를 다음과 같은 기준 경우(base case; 종료 조건)에 도달할 때까지 반복한다.

- 빈 목록의 `length`는 0이다.

목록의 길이를 반복적 과정으로 계산하는 것도 가능하다. 다음의 `length`가 그러한 함수이다.

```
function length(items) {
    function length_iter(a, count) {
        return is_null(a)
               ? count
               : length_iter(tail(a), count + 1);
    }
    return length_iter(items, 0);
}
```

또 다른 관례적인 프로그래밍 기법은 `tail`을 이용해서 목록을 훑으면서 목록의 요소들을 `pair`를 이용해서 다른 목록에 연결하는 것이다. 이를 append라는 함수로 구현해 보자. 이 함수는 목록 두 개를 받고 그 두 목록을 연결해서, 즉 첫 목록 끝에 둘째 목록을 추가해서 만든 새 목록을 돌려주어야 한다.

```
append(squares, odds);
```
list(1, 4, 9, 16, 25, 1, 3, 5, 7)

```
append(odds, squares);
```
list(1, 3, 5, 7, 1, 4, 9, 16, 25)

append 함수도 재귀적 계획을 이용해서 구현한다. append가 list1에 list2를 추가하는 과정은 다음과 같다.

- 만일 list1이 빈 목록이면 추가 결과는 그냥 list2이다.

- 그러지 않으면 list1의 tail에 list2를 추가한 결과를 list1의 head에 추가한다.

```
function append(list1, list2) {
    return is_null(list1)
           ? list2
           : pair(head(list1), append(tail(list1), list2));
}
```

■ 연습문제 2.17

주어진 (빈 목록이 아닌) 목록의 마지막 요소만 담은 목록을 돌려주는 last_pair 함수를 정의하라.

```
last_pair(list(23, 72, 149, 34));
```
list(34)

■ 연습문제 2.18

주어진 목록의 요소들이 원래와는 반대 순서로 나열된 목록을 돌려주는 reverse 함수를 정의하라.

```
reverse(list(1, 4, 9, 16, 25));
```
list(25, 16, 9, 4, 1)

§1.2.2의 잔돈 만들기 프로그램을 생각해 보자. 프로그램이 사용하는 화폐 단위를 손쉽게 바꿀 수 있으면(예를 들어 영국 파운드 단위의 잔돈을 만드는 방법의 수를 계산할 수 있도록) 좋을 것이다. §1.2.2의 프로그램에서 화폐 단위에 관한 정보는 `first_denomination` 함수와 `count_change` 함수에 나뉘어져 있다. 예를 들어 미국에서 쓰이는 동전이 다섯 종류라는 정보는 `count_change` 함수에 내장되어 있다. 이렇게 하는 대신, 잔돈을 만드는 데 사용할 동전들을 목록의 형태로 프로그램에 제공할 수 있다면 더 좋을 것이다.

이를 위해, 함수 cc가 사용할 동전을 뜻하는 정수를 둘째 인수로 받는 대신 동전 액면가들의 목록을 받도록 수정하기로 하자. 예를 들어 다음과 같이 화폐별 동전 액면가 목록들을 만든 후,

```
const us_coins = list(50, 25, 10, 5, 1);
const uk_coins = list(100, 50, 20, 10, 5, 2, 1);
```

원하는 화폐 단위로 cc를 호출하는 것이 목표이다.

```
cc(100, us_coins);
292
```

이것이 실제로 작동하려면 물론 cc를 적절히 수정해야 한다. 전체적인 형태는 이전과 같지만, 둘째 인수에 접근하는 방식이 다르다.

```
function cc(amount, coin_values) {
    return amount === 0
           ? 1
           : amount < 0 || no_more(coin_values)
           ? 0
           : cc(amount, except_first_denomination(coin_values)) +
             cc(amount - first_denomination(coin_values), coin_values);
}
```

이 함수가 사용하는 `first_denomination`, `except_first_denomination`, `no_more` 함수를 목록 구조에 대한 원시 연산들을 이용해서 정의하라. `coin_values` 목록에 있는 요소들의 순서가 달라지면 cc가 산출하는 답도 달라질까? 왜 그런지, 또는 왜 그렇지 않은지 설명하라.

───────────────────────────

언어에 고차 함수를 표현하는 능력이 있다면, 함수의 매개변수를 여러 둘 필요 없이 하나만 두어도 된다. 예를 들어 **plus**처럼 인수가 두 개인 것이 자연스러운 함수가 있다고 할 때, 한 번에 인수 하나씩 전달해서 덧셈을 수행하도록 함수를 변형하는 만드는 것이 가능하다. 변형된 함수를 첫 인수에 적용한 결과를 둘째 인수에 적용하는 식으로 진행하면 다항 함수의 적용을 단항 함수의 적용 반복으로 흉내낼 수 있다. 이런 기법을 미국의 수학자이자 논리학자인 해스켈 브룩스 커리Haskell Brooks Curry의 이름을 따서 **커링**currying이라고 부르는데, 하스켈Haskell이나 OCaml 같은 프로그래밍 언어에서 상당히 많이 쓰인다. 자바스크립트에서 **plus**를 커링한 버전은 다음과 같은 모습이다.

```
function plus_curried(x) {
    return y => x + y;
}
```

커링된 함수를 첫 인수로 받고 그 함수를 적용할 인수들의 목록을 둘째 인수로 받아서, 커링된 함수를 각각의 인수에 차례로(목록에 있는 인수들의 순서대로) 적용하는 함수 **brooks**를 작성하라. 예를 들어 **brooks**의 다음과 같은 적용은 **plus_curried(3)(4)**와 같은 결과를 산출해야 한다.

```
brooks(plus_curried, list(3, 4));
7
```

더 나아가서, **brooks** 함수 자체를 커링할 수도 있다. 다음처럼 적용할 수 있는 함수 **brooks_curried**를 작성하라.

```
brooks_curried(list(plus_curried, 3, 4));
7
```

이 **brooks_curried** 함수를 다음과 같이 적용하는 두 문장의 평가 결과는 무엇인가?

```
brooks_curried(list(brooks_curried,
                list(plus_curried, 3, 4)));
```

```
brooks_curried(list(brooks_curried,
                    list(brooks_curried,
                         list(plus_curried, 3, 4))));
```

목록 매핑

목록에 대한 대단히 유용한 연산 하나는, 목록의 각 요소에 어떠한 변환을 적용한 결과들로 새 목록을 만드는 것이다. 예를 들어 다음 함수는 주어진 목록의 각 요소를 주어진 계수로 비례한 결과를 돌려준다.

```
function scale_list(items, factor) {
    return is_null(items)
           ? null
           : pair(head(items) * factor,
                  scale_list(tail(items), factor));
}

scale_list(list(1, 2, 3, 4, 5), 10);
[10, [20, [30, [40, [50, null]]]]]
```

§1.3에서처럼, 이러한 일반적 개념을 추상화하고 하나의 공통 패턴으로 포착해서 고차 함수로 표현해 보자. 고차 함수의 이름은 map이다. map 함수는 단항 함수 하나와 목록 하나를 받고 그 단항 함수를 목록의 각 요소에 적용한 결과들로 이루어진 목록을 돌려준다.

```
function map(fun, items) {
    return is_null(items)
           ? null
           : pair(fun(head(items)),
                  map(fun, tail(items)));
}

map(abs, list(-10, 2.5, -11.6, 17));
[10, [2.5, [11.6, [17, null]]]]

map(x => x * x, list(1, 2, 3, 4));
[1, [4, [9, [16, null]]]]
```

다음은 앞의 scale_list 함수를 map을 이용해서 새로이 정의한 것이다.

```
function scale_list(items, factor) {
    return map(x => x * factor, items);
}
```

함수 map은 중요한 프로그램 구축 요소인데, 단지 공통의 패턴을 포착하기 때문만은 아니다. 이 함수가 목록을 다루는 좀 더 높은 수준의 추상을 확립한다는 것이 더 중요한 이유이다. 원래의 scale_list가 가진 재귀적 구조에는 목록의 요소별 처리 방식이 그대로 드러나 있다. 그러나 map으로 구현한 scale_list에는 그러한 세부사항이 숨겨져 있으며, 대신 목록의 요소들에 비례 변환을 적용해서 새 목록을 만든다는 고수준의 개념이 좀 더 잘 드러나 있다. 두 정의의 차이는 컴퓨터가 서로 다른 과정을 수행한다는 것이 아니라(실제로는 같은 과정을 수행한다), 우리가 이 과정을 서로 다른 방식으로 생각하게 된다는 것이다. 본질적으로 map은 목록을 변환하는 함수의 구현과 목록의 요소들을 추출하고 조합하는 세부적인 방법 사이의 추상화 장벽을 세우는 데 도움이 된다. [그림 2.1]에 나온 추상화 장벽들처럼, 이 추상화 장벽은 순차열을 다른 순차열로 변환하는 연산들의 개념적 틀(framework)을 유지하면서도 순차열의 세부적인 구현 방법을 바꿀 수 있는 유연성을 제공한다. §2.2.3에서는 순차열의 이러한 용법을 프로그램 조직화를 위한 틀로까지 확장한다.

■ **연습문제 2.21**

square_list 함수는 수들의 목록을 받고 그 수들의 제곱으로 이루어진 목록을 돌려준다.

```
square_list(list(1, 2, 3, 4));
[1, [4, [9, [16, null]]]]
```

다음은 square_list의 서로 다른 두 구현이다. 빠진 표현식들을 채워서 두 구현을 완성하라.

```
function square_list(items) {
    return is_null(items)
           ? null
           . pair( (??) , (??) );
}

function square_list(items) {
```

```
    return map(⟨ ?? ⟩, ⟨ ?? ⟩);
}
```

■ 연습문제 2.22

루이스 리즈너는 [연습문제 2.21]의 첫 square_list 함수가 반복적 과정을 생성하도록 고치려 한다. 루이스가 새로 작성한 함수는 다음과 같다.

```
function square_list(items) {
    function iter(things, answer) {
        return is_null(things)
                ? answer
                : iter(tail(things),
                       pair(square(head(things)),
                            answer));
    }
    return iter(items, null);
}
```

안타깝게도 이렇게 정의된 square_list는 요소들이 역순인 목록을 돌려준다. 왜 그럴까?

이 버그를 고치기 위해 루이스는 pair의 인수들을 맞바꾸었다.

```
function square_list(items) {
    function iter(things, answer) {
        return is_null(things)
                ? answer
                : iter(tail(things),
                       pair(answer,
                            square(head(things))));
    }
    return iter(items, null);
}
```

이 버전 역시 제대로 작동하지 않는다. 그 이유를 설명하라.

---

for_each 함수는 map처럼 함수와 목록을 받고 함수를 목록의 각 요소에 적용한다. 그러나 map과는 달리 for_each 함수는 각 적용의 결과를 전혀 사용하지 않는다. 즉, for_each는 새 목록을 생성하는 것이 아니라, 각 요소에 대해 어떤 동작(화면 출력 등)을 수행하는 수단이라 할 수 있다. 다음이 그러한 예이다.

```
for_each(x => display(x), list(57, 321, 88));
57
321
88
```

for_each 자체의 반환값(위에는 표시하지 않았음)은 어떤 값이라도 상관 없다. 예를 들어 true를 돌려주면 될 것이다. 이러한 for_each를 구현하라.

2.2.2 위계적 구조

목록을 이용한 순차열 표현은 순차열 자체를 요소로 하는 순차열로 자연스럽게 일반화된다. 예를 들어 다음 표현식을 생각해 보자.

```
pair(list(1, 2), list(3, 4));
```

이 표현식이 생성하는 객체 [[1, [2, null]], [3, [4, null]]]을 항목 세 개 짜리 목록으로 간주할 수 있는데, 그중 첫 항목은 그 자체가 [1, [2, null]]이라는 하나의 목록이다. [그림 2.5]는 이러한 구조를 쌍 객체로 표현한 것이다.

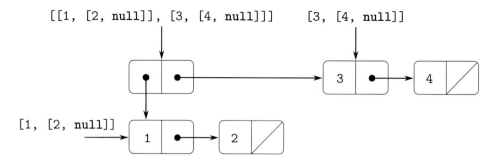

그림 2.5 pair(list(1, 2), list(3, 4))가 생성하는 목록 구조.

순차열을 요소로 하는 순차열이라는 것을 트리^{tree} 구조로 이해할 수도 있다. 이때 순차열의 요소들은 트리의 가지(branch; 분기)들이고, 그 자체가 순차열인 요소는 부분 트리(subtree; 또는 하위 트리)이다. [그림 2.6]은 [그림 2.5]의 구조를 트리 형태로 표시한 것이다.

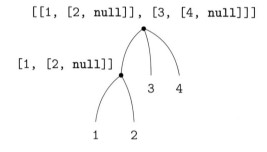

그림 2.6 [그림 2.5]의 목록 구조를 트리 형태로 표시한 모습.

재귀는 이런 트리 구조를 자연스럽게 다룰 수 있는 수단이다. 흔히 트리에 대한 연산을 트리의 가지에 대한 연산으로 축약할 수 있으며, 그런 연산을 가지의 가지에 대한 연산으로 축약하는 식으로 트리의 '잎(leaf)' 노드 또는 말단 노드까지 나아갈 수 있다는 점을 생각하면 이해가될 것이다. 한 예로, 주어진 트리의 전체 잎 노드 수를 돌려주는 count_leaves 함수를 §2.2.1의 length 함수를 참고해서 비교해 보자.

```
const x = pair(list(1, 2), list(3, 4));

length(x);
3

count_leaves(x);
4

list(x, x);
list(list(list(1, 2), 3, 4), list(list(1, 2), 3, 4))

length(list(x, x));
2

count_leaves(list(x, x));
8
```

이런 count_leaves를 구현하는 데에는 length의 재귀 계획이 도움이 된다.

- 목록 x의 length는 x의 tail의 length에 1을 더한 것이다.

- 빈 목록의 length는 0이다.

count_leaves 함수도 이와 비슷하다. 먼저, 빈 목록에 해당하는 트리에는 잎이 하나도 없다.

- 빈 목록의 count_leaves는 0이다.

그러나 축약 단계는 length와 조금 다르다. 목록에서 head를 뽑을 때, 그 head가 잎을 가진 트리일 수 있다는 점을 고려해야 한다. 다음은 이 점을 반영한 축약 단계이다.

- 트리 x의 count_leaves는 x의 head의 count_leaves에 x의 tail의 count_leaves를 더한 것이다.

마지막으로, head들을 따라가다 보면 실제로 잎 노드에 도달하게 된다. 이를 위한 또 다른 기준 경우가 필요하다

- 잎 노드의 count_leaves는 1이다.

트리에 대한 재귀 함수를 작성하는 데 도움이 되도록 이 책의 자바스크립트 환경은 is_pair라는 원시 술어를 제공한다. 이 술어는 주어진 인수가 쌍 객체인지 판정한다. 다음은 count_leaves의 전체 코드이다.[11]

```
function count_leaves(x) {
    return is_null(x)
           ? 0
           : ! is_pair(x)
           ? 1
           : count_leaves(head(x)) + count_leaves(tail(x));
}
```

■ **연습문제 2.24**

표현식 list(1, list(2, list(3, 4)))를 평가한다고 하자. 이에 대해 해석기가 출력하는 결과와 그에 해당하는 상자-포인터 표현, 그리고 트리 형태로 해석한 표현(그림 2.6 참고)을 제시하라.

■ **연습문제 2.25**

다음과 같이 목록 표기법으로 표시된 목록들에서 7을 추출하는 head와 tail의 조합을 각각 제시하라.

```
list(1, 3, list(5, 7), 9)

list(list(7))

list(1, list(2, list(3, list(4, list(5, list(6, 7))))))
```

---

11 두 술어의 순서가 중요하다. null은 is_null을 충족하지만 쌍 객체는 아니기 때문이다.

x와 y가 다음과 같은 두 목록이라고 하자.

```
const x = list(1, 2, 3);const y = list(4, 5, 6);
```

다음 표현식들을 평가한 결과를 상자 표기법과 목록 표기법으로 제시하라.

```
append(x, y)

pair(x, y)

list(x, y)
```

[연습문제 2.18]의 reverse 함수를 수정해서, 목록 하나를 받고 그 목록의 요소들을 역순으로 나열하되 모든 부분 목록 역시 요소들이 역순인 목록을 돌려주는 deep_reverse 함수를 정의하라. 다음은 reverse와 deep_reverse의 차이를 보여주는 예이다.

```
const x = list(list(1, 2), list(3, 4));

x;
list(list(1, 2), list(3, 4))

reverse(x);
list(list(3, 4), list(1, 2))

deep_reverse(x);
list(list(4, 3), list(2, 1))
```

트리(목록으로 표현된) 하나를 받고 트리의 잎들을 담은 목록을 돌려주는 함수 **fringe**를 작성하라. 다음 예에서 보듯이 목록의 요소들은 트리의 잎들을 왼쪽에서 오른쪽으로 나열한 것이어야 한다.

```
const x = list(list(1, 2), list(3, 4));

fringe(x);
list(1, 2, 3, 4)

fringe(list(x, x));
list(1, 2, 3, 4, 1, 2, 3, 4)
```

가지(branch)가 두 개인 모빌mobile을 이진 모빌이라고 부르기로 하자. 하나의 이진 모빌은 왼쪽 가지와 오른쪽 가지로 구성된다. 각 가지는 특정 길이의 막대이며, 막대 끝에는 하나의 추 또는 또 다른 이진 모빌이 달려 있다. 자바스크립트에서 이러한 이진 모빌을 (이를테면 **list**를 이용해서) 두 개의 가지로 이루어진 하나의 복합 데이터로 표현할 수 있다.

```
function make_mobile(left, right) {
    return list(left, right);
}
```

하나의 가지 객체는 **length**(반드시 수치 자료이여야 한다)와 가지 끝에 달린 요소를 뜻하는 **structure**로 생성된다. 전자는 막대의 길이이고 후자는 추의 무게를 뜻하는 수치이거나 또 다른 이진 모빌이다.

```
function make_branch(length, structure) {
    return list(length, structure);
}
```

a. 모빌의 왼쪽 가지와 오른쪽 가지를 돌려주는 선택자 `left_branch`와 `right_branch`를 작성하라. 그리고 가지의 구성요소들을 돌려주는 선택자 `branch_length`와 `branch_structure`를 작성하라.

b. 이 선택자들을 이용해서, 주어진 모빌의 전체 추 무게를 돌려주는 `total_weight` 함수를 정의하라.

c. 최상단 왼쪽 가지에 가해지는 토크와 최상단 오른쪽 가지에 가해지는 토크가 같은(즉, 왼쪽 막대의 길이에 해당 추 무게를 곱한 값이 오른쪽 막대의 길이에 해당 추 무게를 곱한 값과 같은), 그리고 가지에 달린 부분 모빌들 역시 그런 관계를 만족하는 모빌을 가리켜 **균형 잡힌** (balanced) 모빌이라고 말한다. 주어진 모빌이 균형 잡힌 모빌인지 판정하는 술어를 설계하라.

d. 모빌과 가지를 다음과 같은 생성자들로 생성하도록 모빌의 표현을 바꾼다고 하자.

```
function make_mobile(left, right) {
    return pair(left, right);
}
function make_branch(length, structure) {
    return pair(length, structure);
}
```

이 새 표현에 맞게 프로그램을 얼마나 변경해야 할까?

트리에 대한 매핑

`map`이 순차열을 다루는 데 강력한 추상이듯이, 재귀와 결합된 `map`은 트리를 다루는 데 강력한 추상이다. 예를 들어 §2.2.1의 `scale_list` 함수와 비슷한 `scale_tree` 함수는 비례계수와 트리(잎들이 모두 수치인)를 받고 그 트리와 동일한 형태이되 각 잎의 수치에 비례계수가 곱해진 트리를 돌려준다. 다음은 `count_leaves`의 것과 비슷한 재귀 계획에 기초해서 구현한 `scale_tree`이다.

```
function scale_tree(tree, factor) {
    return is_null(tree)
           ? null
           : ! is_pair(tree)
```

```
             ? tree * factor
             : pair(scale_tree(head(tree), factor),
                    scale_tree(tail(tree), factor));
    }

    scale_tree(list(1, list(2, list(3, 4), 5), list(6, 7)),
               10);
    list(10, list(20, list(30, 40), 50), list(60, 70))
```

그런데 트리를 부분 트리들의 순차열로 간주하고 **map**을 적용해서 **scale_tree**를 구현할 수도 있다. 순차열에 대해 비례 연산을 매핑해서 부분 트리들을 재귀적으로 처리한 결과를 돌려주면 된다. 트리가 하나의 잎 노드인 기준 경우에서는 그냥 해당 수치에 비례계수를 곱한다.

```
function scale_tree(tree, factor) {
    return map(sub_tree => is_pair(sub_tree)
                           ? scale_tree(sub_tree, factor)
                           : sub_tree * factor,
               tree);
}
```

다른 여러 트리 연산도 이와 비슷하게 순차열 연산과 재귀의 조합으로 구현할 수 있다.

■ **연습문제 2.30** ──────────────────

[연습문제 2.21]의 **square_list** 함수와 비슷하되 다음 예처럼 트리의 잎들을 제곱하는 **square_tree** 함수를 작성하라.

```
square_tree(list(1,
                 list(2, list(3, 4), 5),
                 list(6, 7)));
list(1, list(4, list(9, 16), 25), list(36, 49)))
```

잎들을 직접(즉, 다른 고차 함수를 사용하지 않고) 제곱하는 버전과 **map**과 재귀의 조합을 사용하는 버전을 따로 선언할 것.

■ 연습문제 2.31

[연습문제 2.30]의 해답을 추상화해서, `square_tree`를 다음과 같이 선언할 수 있는 성질을 지닌 `tree_map` 함수를 작성하라.

```
function square_tree(tree) { return tree_map(square, tree); }
```

■ 연습문제 2.32

수학의 집합(set)을 서로 구별되는◆ 요소들의 목록으로 표현할 수 있다. 그리고 한 집합의 모든 부분집합으로 구성된 집합은 목록들의 목록으로 표현할 수 있다. 예를 들어 `list(1, 2, 3)`에 해당하는 집합의 모든 부분집합으로 이루어진 집합은 다음과 같다.

```
list(null, list(3), list(2), list(2, 3),
     list(1), list(1, 3), list(1, 2),
     list(1, 2, 3))
```

다음 틀의 〈??〉에 적절한 코드를 채워서, 주어진 집합의 모든 부분집합의 집합을 생성하는 함수를 완성하라. 그리고 그 함수가 왜 작동하는지를 명확하게 설명하라.

```
function subsets(s) {
    if (is_null(s)) {
        return list(null);
    } else {
        const rest = subsets(tail(s));
        return append(rest, map(〈 ?? 〉, rest));
    }
}
```

◆ 옮긴이 이 예제에서 요소 중복 여부를 점검하지는 않음을 주의할 것.

2.2.3 합의된 인터페이스로서의 순차열

지금까지 복합 데이터를 살펴보면서, 데이터 추상화 덕분에 데이터의 구체적인 표현 방식에 구애받지 않고 프로그램을 설계할 수 있다는 점과 여러 가지 대안 표현을 자유로이 실험할 수 있는 유연성이 생긴다는 점을 강조했다. 이번 절에서는 자료 구조를 다룰 때 적용되는 또 다른 강력한 설계 원리인 합의된 인터페이스(conventional interface)의 활용을 살펴본다.

§1.3에서 우리는 수치 데이터를 다루는 프로그램들에서 공통으로 발견되는 패턴들을 고차 함수들로 구현된 프로그램 추상들로 반영하는 방법을 살펴보았다. 복합 데이터에 대해서도 그런 식으로 추상화를 적용할 수 있는데, 여기에는 자료 구조를 다루는 방식이 큰 영향을 미친다. 예를 들어 §2.2.2의 count_leaves 함수와 비슷한 형태의 다음 함수를 생각해 보자. 이 함수는 트리를 받고 수치가 홀수인 잎들만 골라서 그 수치의 제곱을 모두 합한다.

```
function sum_odd_squares(tree) {
    return is_null(tree)
           ? 0
           : ! is_pair(tree)
           ? is_odd(tree) ? square(tree) : 0
           : sum_odd_squares(head(tree)) +
             sum_odd_squares(tail(tree));
}
```

그리고 다음은 짝수 피보나치 수 Fib(k)(여기서 k는 주어진 정수 n 이하의 색인)들로 이루어진 목록을 생성하는 함수인데, 언뜻 보기에는 앞의 함수와 비슷한 점이 없다.

```
function even_fibs(n) {
    function next(k) {
        if (k > n) {
            return null;
        } else {
            const f = fib(k);
            return is_even(f)
                    ? pair(f, next(k + 1))
                    : next(k + 1);
        }
    }
    return next(0);
}
```

이 두 함수의 구조가 아주 다르긴 하지만, 두 계산을 좀 더 추상적으로 서술해 보면 사실은 둘이 아주 비슷하다는 점을 알 수 있다. 첫 프로그램은 다음과 같은 일을 수행한다.

- 트리의 잎들을 나열(열거)한다.

- 홀수 잎들만 선택하는 필터를 적용한다.

- 선택된 각 잎의 수치를 제곱한다.

- 0에서 출발해서, +를 이용해서 그 제곱들을 누산한다.

둘째 프로그램은 다음과 같다.

- 0에서 n까지의 정수를 나열한다.

- 각 정수를 색인으로 사용해서 해당 피보나치 수를 계산한다.

- 짝수 피보나치 수들만 선택하는 필터를 적용한다.

- 빈 목록에서 출발해서, pair를 이용해서 그 피보나치 수들을 누산(누적)한다.

신호처리 공학자라면 이런 과정들을 일련의 단계(stage)들을 거치는 신호 흐름(signal flow)의 관점에서 개념화하는 것이 자연스러울 것이다. [그림 2.7]에서 보듯이, 신호 흐름의 각 단계는 프로그램 계획의 각 부분을 구현한다. sum_odd_squares는 하나의 열거자(enumerator)로 출발한다. 열거자는 주어진 트리의 잎들로 구성된 하나의 '신호'를 생성한다. 그 신호는 필터로 전달된다. 필터는 홀수 요소들만 통과시키고 짝수 요소들은 모두 걸러낸다. 홀수 요소들로 이루어진 신호는 맵으로 들어간다. 이때 맵은 각 요소에 square를 적용하는 하나의 '변환기(transducer)'이다. 맵의 출력은 누산기(accumulator)로 들어간다. 누산기는 초기 값 0에서 출발해서 각 요소를 +를 이용해서 결합한다. even_fibs의 신호 흐름도(signal-flow diagram)도 이와 비슷한 방식으로 작동한다.

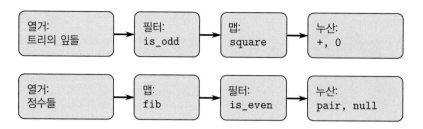

그림 2.7 sum_odd_squares 함수(위)와 even_fibs 함수(아래)의 신호 흐름도를 보면 두 프로그램의 공통성이 드러난다.

안타깝게도, 앞의 두 함수 선언은 이러한 신호 흐름 구조를 명확하게 드러내지 않는다. 한 예로, sum_odd_squares 함수를 살펴보면 열거 단계가 일부는 is_null 및 is_pair 판정으로, 일부는 함수의 트리 재귀적 구조로 구현되어 있다. 전체적으로, 두 함수 모두 신호 흐름 구조의 구성요소들에 대응되는 부분들이 명확히 나뉘어 있지 않다. 두 함수는 계산을 각자 다른 방식으로 분해한다. 열거 단계가 프로그램 전체에 분산되어서 맵, 필터, 누산 단계와 뒤섞여 있다. 만일 함수들이 신호 흐름 구조를 명확하게 드러내도록 프로그램을 조직화한다면, 프로그램이 개념적으로 훨씬 명확해질 것이다.

순차열 연산들

신호 흐름이 좀 더 명확하게 드러나도록 프로그램을 조직화하는 관건은 처리 과정의 한 단계에서 다음 단계로 흘러가는 '신호'들에 집중하는 것이다. 그런 신호들을 목록으로 표현한다면, 목록 연산들을 이용해서 각 단계의 처리를 구현할 수 있다. 예를 들어 신호 흐름도의 매핑 단계를 §2.2.1의 map 함수를 이용해서 구현한다면 다음과 같다.

```
map(square, list(1, 2, 3, 4, 5));
list(1, 4, 9, 16, 25)
```

순차열에서 주어진 술어를 충족하는 요소들만 선택하는 필터링 단계는 다음과 같은 함수로 구현하면 될 것이다.

```
function filter(predicate, sequence) {
    return is_null(sequence)
            ? null
```

```
            : predicate(head(sequence))
        ? pair(head(sequence),
               filter(predicate, tail(sequence)))
        : filter(predicate, tail(sequence));
}
```

다음은 이 함수를 이용해서 순차열의 홀수 요소들만 선택하는 예이다.

```
filter(is_odd, list(1, 2, 3, 4, 5));
list(1, 3, 5)
```

누산 단계 역시 비슷한 방식으로 구현할 수 있다.

```
function accumulate(op, initial, sequence) {
    return is_null(sequence)
            ? initial
            : op(head(sequence),
                 accumulate(op, initial, tail(sequence)));
}

accumulate(plus, 0, list(1, 2, 3, 4, 5));
15

accumulate(times, 1, list(1, 2, 3, 4, 5));
120

accumulate(pair, null, list(1, 2, 3, 4, 5));
list(1, 2, 3, 4, 5)
```

이제 순차열 요소들을 열거하는 단계만 구현하면 신호 흐름 구조의 구현이 완성된다. even_fibs의 경우에는 주어진 구간의 정수들을 생성해야 한다. 다음이 그러한 함수이다.

```
function enumerate_interval(low, high) {
    return low > high
            ? null
            : pair(low,
                   enumerate_interval(low + 1, high));
}
```

```
enumerate_interval(2, 7);
list(2, 3, 4, 5, 6, 7)
```

그리고 **sum_odd_squares**를 위한 트리 잎들의 열거에는 다음 함수를 사용하면 된다.[12]

```
function enumerate_tree(tree) {
    return is_null(tree)
           ? null
           : ! is_pair(tree)
           ? list(tree)
           : append(enumerate_tree(head(tree)),
                    enumerate_tree(tail(tree)));
}

enumerate_tree(list(1, list(2, list(3, 4)), 5));
list(1, 2, 3, 4, 5)
```

그럼 이상의 수단들을 이용해서 **sum_odd_squares**와 **even_fibs**를 신호 흐름도 형태로 구현해 보자. 먼저 다음은 **sum_odd_squares**이다. 이 함수는 트리의 잎들을 열거하고, 필터로 홀수 잎들만 선택하고, 선택된 각 요소를 제곱하고, 그것들을 모두 합한다.

```
function sum_odd_squares(tree) {
    return accumulate(plus,
                      0,
                      map(square,
                          filter(is_odd,
                                 enumerate_tree(tree))));
}
```

다음으로, **even_fibs**는 0에서 n까지의 정수를 열거하고, 각 정수로 피보나치 수를 생성하고, 짝수 피보나치 수들만 선택하고, 그것들을 모아서 하나의 목록을 만든다.

```
function even_fibs(n) {
    return accumulate(pair,
                      null,
```

....

12 사실 이것은 [연습문제 2.28]의 fringe와 동일한 함수이다. 이 함수가 일반적인 순차열 조작 함수 모음의 일부라는 점을 강조하기 위해 이름을 바꾸었다.

```
                    filter(is_even,
                        map(fib,
                            enumerate_interval(0, n))));
    }
```

프로그램을 이처럼 순차열 연산의 형태로 표현하는 방식의 장점은 프로그램을 모듈식으로 설계하는 데 도움이 된다는 것이다. 여기서 모듈식 설계(modular design)란 비교적 독립적인 조각들을 조합해서 프로그램을 구축하는 방식을 말한다. 표준적인 구성요소들의 라이브러리와 그 구성요소들을 유연한 방식으로 연결하는 '합의된 인터페이스'가 있으면 모듈식 설계가 원활해진다.

모듈식 구축은 공학 설계에서 복잡성 제어를 하는 데 큰 위력을 보이는 전략이다. 예를 들어 현업에서 신호 처리 응용 프로그램을 만드는 설계자들은 표준화된 일단의 필터와 변환기 중에서 적절한 필터들과 변환기들을 선택하고 중첩시켜서 시스템을 구축할 때가 많다. 순차열 연산들도 우리가 짜맞추기 식으로 조립할 수 있는 표준적인 프로그램 구성요소들의 라이브러리를 제공한다. 예를 들어 처음 $n+1$개의 피보나치 수들의 제곱들로 이루어진 목록을 구축하는 프로그램을 만든다고 할 때, 처음부터 새로 만드는 대신 다음과 같이 **sum_odd_squares** 함수와 **even_fibs** 함수에 쓰인 구성요소들을 재활용해서 좀 더 간단하게 만들어 낼 수 있다.

```
function list_fib_squares(n) {
    return accumulate(pair,
                        null,
                        map(square,
                            map(fib,
                                enumerate_interval(0, n))));
}

list_fib_squares(10);
list(0, 1, 1, 4, 9, 25, 64, 169, 441, 1156, 3025)
```

같은 구성요소들을 다른 식으로 재배치하면 주어진 순차열에 있는 홀수 정수들의 제곱들의 곱을 계산하는 함수도 순식간에 만들어낼 수 있다.

```
function product_of_squares_of_odd_elements(sequence) {
    return accumulate(times,
                        1,
```

```
            map(square,
                filter(is_odd, sequence)));
}

product_of_squares_of_odd_elements(list(1, 2, 3, 4, 5));
225
```

더 나아가서, 통상적인 데이터 처리 응용 프로그램들을 순차열 연산의 관점에서 정식화하는 것도 가능하다. 직원 레코드들로 이루어진 순차열을 검색해서 연봉이 제일 높은 프로그래머의 연봉을 알아내야 한다고 하자. 주어진 직원 레코드에서 연봉 정보를 추출하는 선택자 **salary**와 주어진 직원 레코드가 프로그래머에 관한 것인지를 판정하는 술어 **is_programmer**가 있다고 가정할 때, 다음과 같은 함수를 작성하면 될 것이다.

```
function salary_of_highest_paid_programmer(records) {
    return accumulate(math_max,
                      0,
                      map(salary,
                          filter(is_programmer, records)));
}
```

이상의 예들은 순차열 연산으로 표현할 수 있는 수많은 연산 중 극히 일부일 뿐이다.[13]

순차열(여기서는 목록으로 구현한)은 처리 모듈들을 조합하는 데 사용할 수 있는 하나의 합의된 인터페이스로 작용한다. 더 나아가서, 자료 구조들을 일관되게 순차열로 표현하면 프로그램의 자료 구조 의존성이 적은 수의 순차열 연산들로 국소화된다는 장점이 생긴다. 순차열의 다른 표현을 시험해 보고 싶으면, 프로그램의 전반적인 설계는 그대로 두고 그 순차열 연산들만 바꾸면 된다. §3.5에서 무한 순차열도 지원하도록 순차열 처리 패러다임을 일반화할 때 이러한 능력을 다시 살펴볼 것이다.

----

13 리처드 워터스[Richard Waters]는 전통적인 포트란 프로그램을 자동으로 분석해서 맵, 필터, 누산의 형태로 표시하는 프로그램을 개발했다(Waters, 1979). 워터스는 Fortran Scientific Subroutine Package 코드의 90%가 이 패러다임에 들어맞는다는 점을 발견했다. 리스프가 프로그래밍 언어로 성공한 이유 중 하나는 목록 자료 구조가, 순서 있는 컬렉션을 고차 연산들을 이용해서 조작할 수 있는 형태로 표현하기 위한 하나의 표준적인 매체로 기능한다는 점이다. 파이썬 같은 여러 현대적 언어들은 이 점을 교훈으로 삼았다.

다음은 누산 같은 몇 가지 기본적인 목록 조작 연산들을 위한 함수들이다. 빠진 표현식을 채워서 함수 정의를 완성하라.

```
function map(f, sequence) {
    return accumulate((x, y) => ⟨ ?? ⟩,
                      null, sequence);
}
function append(seq1, seq2) {
    return accumulate(pair, ⟨ ?? ⟩, ⟨ ?? ⟩);
}
function length(sequence) {
    return accumulate(⟨ ?? ⟩, 0, sequence);
}
```

x의 다항식을 특정한 x 값으로 평가하는 것을 하나의 누산으로 정식화할 수 있다. 다음과 같은 다항식을,

$$a_n x^n + a_{n-1} x^{n-1} + \cdots + a_1 x + a_0$$

호너의 법칙(Horner's rule) 또는 호너의 방법(Horner's method)이라고 부르는 잘 알려진 알고리즘을 이용해서 다음과 같은 구조로 변환할 수 있다.

$$(\cdots (a_n x + a_{n-1}) x + \cdots + a_1) x + a_0$$

말로 하자면, a_n으로 출발해서 거기에 x를 곱하고, a_{n-1}을 더하고, x를 곱하는 식으로 a_0까지 나아가는 것이다.[14] 다음의 틀을 채워서 호너의 법칙을 이용해서 다항식을 평가하는 함수를 완

[14] 커누스에 따르면 이 방법은 19세기 초에 W. G. 호너가 정식화했지만, 그보다 100년 전에 뉴튼이 실제로 사용했다 (Knuth 1997b). 호너의 법칙은 먼저 $a_n x^n$을 계산하고 거기에 $a_{n-1} x^{n-1}$을 더하는 식으로 나아가는 직접적인 방법보다 덧셈 횟수와 곱셈 횟수가 더 적다. 임의의 다항식을 평가하는 임의의 알고리즘이 덧셈과 곱셈을 호너의 법칙보다 더 적게 수행할 수는 없음이 증명되어 있다. 따라서 호너의 법칙은 다항식 평가를 위한 최적 알고리즘 중 하나이다. 이 점을 (덧셈 횟수에 관해) 증명한 A. M. 오스트롭스키[Ostrowski]의 1954년 논문은 최적 알고리즘에 관한 현대적 연구의 시초가 되었다고 할 수 있다. 곱셈 횟수에 관한 증명은 1996년에 V. Y. 판[Pan]이 제시했다. 보로딘과 먼로의 책(Borodin Munro 1975)은 최적 알고리즘에 관한 이러한 결과들과 기타 여러 결과들을 개괄한다.

성하라. a_0에서 a_n까지의 다항식 계수들이 그 순서대로 하나의 순차열로 주어진다고 가정할 것.

```
function horner_eval(x, coefficient_sequence) {
    return accumulate((this_coeff, higher_terms) => ⟨ ?? ⟩,
                      0,
                      coefficient_sequence);
}
```

예를 들어 $1 + 3x + 5x^3 + x^5$을 $x = 2$에서 평가하려면 이 함수를 다음과 같이 호출하면 된다.

```
horner_eval(2, list(1, 3, 0, 5, 0, 1));
```

■ 연습문제 2.35

§2.2.2의 count_leaves 함수를 다음과 같은 형태의 누산으로 재정의하라.

```
function count_leaves(t) {
    return accumulate(⟨ ?? ⟩, ⟨ ?? ⟩, map(⟨ ?? ⟩, ⟨ ?? ⟩));
}
```

■ 연습문제 2.36

함수 accumulate_n은 accumulate와 비슷하되 순차열들의 순차열을 셋째 인수로 받는다. 그 순차열의 부분 순차열들은 요소 개수가 모두 같다고 가정한다. accumulate_n은 부분 순차열들의 첫 요소를 첫 인수로 주어진 누산 함수로 모두 결합해서 결과 순차열의 첫 요소를 만들고, 부분 순차열들의 둘째 요소를 모두 결합해서 둘째 요소를 만드는 식으로 결과 순차열을 구축해야 한다. 예를 들어 s가 다음과 같은 네 순차열을 담은 순차열이라고 할때,

```
list(list(1, 2, 3), list(4, 5, 6), list(7, 8, 9), list(10, 11, 12))
```

accumulate_n(plus, 0, s)의 결과는 순차열 list(22, 26, 30)이어야 한다. 다음과 같은 accumulate_n 정의의 빈 표현식들을 채워서 정의를 완성하라.

```
function accumulate_n(op, init, seqs) {
    return is_null(head(seqs))
           ? null
           : pair(accumulate(op, init, ⟨ ?? ⟩),
                  accumulate_n(op, init, ⟨ ?? ⟩));
}
```

■ 연습문제 2.37

벡터 $v = (v_i)$를 수들의 순차열(수열)로 표현하고 행렬 $m = (m_{ij})$는 그런 벡터들의 순차열(각 벡터가 행렬의 각 행)로 표현한다고 하자. 예를 들어 다음 행렬은

$$\begin{bmatrix} 1 & 2 & 3 & 4 \\ 4 & 5 & 6 & 6 \\ 6 & 7 & 8 & 9 \end{bmatrix}$$

다음과 같은 순차열로 표현된다.

```
list(list(1, 2, 3, 4),
     list(4, 5, 6, 6),
     list(6, 7, 8, 9))
```

이러한 표현 방식을 이용하면 기본적인 행렬 연산들과 벡터 연산들을 순차열 연산들을 이용해서 간결하게 표현할 수 있다. 기본적인 행렬, 벡터 연산들은 다음과 같다(행렬 대수에 관한 교과서에 흔히 등장하는 연산들이다).

- dot_product(v, w)는 내적 연산이다. $\sum_i v_i w_i$를 돌려준다.

- matrix_times_vector(m, v)는 행렬 곱하기 벡터 연산이다. 성분들이 $t_i = \sum_j m_{ij} v_j$인 벡터 t를 돌려준다.

- matrix_times_matrix(m, n)은 행렬 곱하기 행렬 연산이다. 성분들이 $p_{ij} = \sum_k m_{ik} n_{kj}$인 행렬 p를 돌려준다.

- transpose(m)은 행렬 전치 연산이다. 성분들이 $n_{ij} = m_{ji}$인 행렬 n을 돌려준다.

내적 연산은 다음과 같이 정의하면 된다.[15]

```
function dot_product(v, w) {
    return accumulate(plus, 0, accumulate_n(times, 1, list(v, w)));
}
```

다음 함수들의 빈 곳을 채워서 나머지 행렬 연산들을 완성하라. (accumulate_n은 연습문제 2.36에서 선언한 함수이다.)

```
function matrix_times_vector(m, v) {
    return map(⟨ ?? ⟩, m);
}
function transpose(mat) {
    return accumulate_n(⟨ ?? ⟩, ⟨ ?? ⟩, mat);
}
function matrix_times_matrix(n, m) {
    const cols = transpose(n);
    return map(⟨ ?? ⟩, m);
}
```

■ **연습문제 2.38**

accumulate 함수에 fold_right라는 이름을 붙이기도 한다. 이 이름은 이 함수가 순차열의 첫 요소를 그 오른쪽에 있는 나머지 요소들을 결합한 결과와 결합한다는 점을 반영한다. fold_right와 비슷하되 결합(조합) 방향이 반대인 fold_left라는 함수도 있다.

```
function fold_left(op, initial, sequence) {
    function iter(result, rest) {
        return is_null(rest)
                ? result
                : iter(op(result, head(rest)),
                        tail(rest));
    }
    return iter(initial, sequence);
}
```

---

15 이 정의는 [연습문제 2.36]의 함수 accumulate_n을 사용한다.

다음 표현식들의 값을 밝혀라.

```
fold_right(divide, 1, list(1, 2, 3));

fold_left(divide, 1, list(1, 2, 3));

fold_right(list, null, list(1, 2, 3));

fold_left(list, null, list(1, 2, 3));
```

임의의 순차열에 대해 `fold_right`의 결과와 `fold_left`의 결과가 같으려면 op가 어떤 성질을 갖추어야 할까?

■ **연습문제 2.39**

reverse(연습문제 2.18)를, [연습문제 2.38]의 `fold_right`와 `fold_left`를 이용해서 정의하고자 한다. 다음 코드의 빈 곳을 채워서 정의를 완성하라.

```
function reverse(sequence) {
    return fold_right((x, y) => ⟨ ?? ⟩, null, sequence);
}
```

```
function reverse(sequence) {
    return fold_left((x, y) => ⟨ ?? ⟩, null, sequence);
}
```

중첩된 매핑

순차열 패러다임을 좀 더 확장하면 흔히 중첩 루프로 표현되는 여러 계산도 순차열 패러다임에 포함시킬 수 있다.[16] 이런 문제를 생각해 보자. 양의 정수 n이 주어졌을 때, $1 \le j < i \le n$이고

---

16 이 연습문제에서 논의하는 숭첩된 매핑에 내린 깁근 방식은 데이비드 터너[David Turner]가 우리 저자들에게 제시했다. 터너가 만든 프로그래밍 언어 KRC와 Miranda는 이런 프로그램 요소들을 다루기 위한 우아한 정식화를 제공한다. 이번 절의 예제들(연습문제 2.42도 보라)은 [Turner 1981]에서 가져온 것이다. §3.5.3에서는 이 접근 방식을 무한 순차열로 일반화한다.

$i+j$가 소수라는 조건을 충족하는 서로 다른 양의 정수 i와 j의 순서쌍을 모두 구하고자 한다. 예를 들어 n이 6일 때 그런 순서쌍들은 다음과 같다.

i	2	3	4	4	5	6	6
j	1	2	1	3	2	1	5
$i+j$	3	5	5	7	7	7	11

이 계산을 수행하는 한 가지 자연스러운 방법은 일단 n보다 작거나 같은 모든 양의 정수 순서쌍을 생성하고, 필터를 적용해서 그중 합이 소수인 것들만 선택하고, 그런 각 쌍 (i, j)에 대해 세값쌍(triple) $(i, j, i+j)$를 만들면 된다.

모든 정수 순서쌍을 생성하는 방법은 간단하다. 각 정수 $i \leq n$에 대해 정수 $j < i$들을 나열하고, 그러한 각 i와 j에 대해 쌍 (i, j)를 만들면 된다. 이를 순차열 연산으로 표현한다면 순차열 enumerate_interval(1, n)에 대한 매핑을 중첩하는 형태가 될 것이다. 구체적으로, enumerate_interval(1, n)이 산출하는 순차열의 각 i에 대해 순차열 enumerate_interval(1, i - 1)을 만들고, 그 순차열의 각 j에 대해 쌍 list(i, j)를 생성한다. 그러면 i마다 쌍들의 순차열이 만들어진다. 그런 순차열들을 모두 조합하면 원했던 양의 정수 순서쌍들의 순차열이 만들어진다.[17]

```
accumulate(append,
           null,
           map(i => map(j => list(i, j),
                        enumerate_interval(1, i - 1)),
               enumerate_interval(1, n)));
```

이런 종류의 프로그램에서는 이처럼 매핑들을 조합하고 **append**로 누산하는 작업이 아주 흔하게 쓰이므로, 이를 다음과 같은 개별적인 함수로 만들어 두기로 하자.

```
function flatmap(f, seq) {
    return accumulate(append, null, map(f, seq));
}
```

....

17 여기서는 하나의 쌍을 통상적인 쌍 객체 대신 요소가 두 개인 목록으로 표현한다. 즉, '쌍' (i, j)는 pair(i, j)가 아니라 list(i, j)로 표현된다.

이제 이 순서쌍 순차열에 필터를 적용해서 합이 소수인 것들만 선택해야 한다. 필터의 술어는 순차열의 요소마다 호출된다. 술어는 하나의 쌍을 받고 그 쌍에서 두 정수를 추출해서 두 정수의 합이 소수인지 판정해야 한다. 다음이 그러한 작업을 수행하는 술어 함수이다.

```
function is_prime_sum(pair) {
    return is_prime(head(pair) + head(tail(pair)));
}
```

마지막으로, 다음은 필터로 선택한 각 쌍에 대해 그 쌍의 두 정수와 그 합으로 이루어진 세값쌍을 만들어야 한다. 다음이 그런 세값쌍을 만드는 함수이다.

```
function make_pair_sum(pair) {
    return list(head(pair), head(tail(pair)),
                head(pair) + head(tail(pair)));
}
```

다음은 이상의 단계들을 모두 결합해서 하나의 함수로 만든 것이다.

```
function prime_sum_pairs(n) {
    return map(make_pair_sum,
               filter(is_prime_sum,
                      flatmap(i => map(j => list(i, j),
                                       enumerate_interval(1, i - 1)),
                              enumerate_interval(1, n))));
}
```

중첩된 매핑은 구간의 수들을 나열한 순차열이 아닌 순차열에도 유용하다. 예를 들어 집합 S의 모든 순열(permutation)을 생성한다고 하자. 모든 순열을 생성한다는 것은 집합의 원소들을 순서대로 나열하는 모든 방법을 알아내는 것을 뜻한다. 예를 들어 집합 {1, 2, 3}의 모든 순열은 {1, 2, 3}, { 1, 3, 2}, {2, 1, 3}, { 2, 3, 1}, { 3, 1, 2}, { 3, 2, 1}이다. s의 순열을 생성하는 계획은 이렇다. S의 각 원소 x에 대해, 집합 $S - x$의 모든 순열의 순차열을 재귀적으로 생성하고,[18] 각 순차열의 제일 앞에 x를 삽입한다. 그러면 S의 각 x에 대해 x로 시작하는 S의 순

----

18 집합 $S - x$는 s에서 x를 제거한 집합이다.

열들의 순차열이 만들어진다. 그런 순차열들을 모두 결합하면 S의 모든 순열이 나온다.[19]

```
function permutations(s) {
    return is_null(s)           // 공집합인가?
           ? list(null)         // 공집합을 담은 순차열
           : flatmap(x => map(p => pair(x, p),
                              permutations(remove(x, s))),
                     s);
}
```

이 전략이 S의 순열들을 생성하는 문제를 S보다 원소가 적은 집합의 순열들을 생성하는 문제로 축소하는 방식을 눈여겨보기 바란다. 재귀적으로 문제를 축소하다 보면 공집합, 즉 원소가 하나도 없는 집합에 해당하는 말단 사례(기준 사례)에 도달한다. 그런 경우에는 공집합 하나를 담은 순차열 list(null)을 생성한다. permutations가 사용하는 remove 함수는 주어진 순차열에서 주어진 요소를 제외한 모든 요소를 담은 순차열을 돌려준다. 이 함수는 다음과 같이 간단한 필터로 표현할 수 있다.

```
function remove(item, sequence) {
    return filter(x => ! (x === item),
                  sequence);
}
```

■ **연습문제 2.40**

정수 n이 주어졌을 때 $1 \le j < i \le n$인 순서쌍 (i, j)들의 순차열을 생성하는 함수 unique_pairs를 작성하라. 그리고 그 unique_pairs를 이용해서 앞에 나온 prime_sum_pairs를 더 간단하게 정의하라.

■ **연습문제 2.41**

주어진 정수 n보다 작거나 같은 서로 다른 양의 정수 i, j, k로 이루어진 순서 있는 세값쌍 중 세 정수의 합이 주어진 정수 s와 같은 세값쌍을 모두 찾는 함수를 작성하라.

----

19 자바스크립트 프로그램에서 //는 주석(comments)을 뜻한다. 해석기는 //부터 그 행의 끝까지를 그냥 무시한다. 이 책에서는 주석을 그리 많이 사용하지 않는다. 대신, 서술적인 이름들을 이용해서 프로그램 자체가 자신을 설명하게 만든다.

'8-퀸 퍼즐eight-queens puzzle'은 체스판에 퀸 여덟 개를 놓되 퀸들이 서로 체크 상태가 되지 않게(즉, 두 퀸이 같은 행이나 열, 대각선에 놓이지 않게) 배치하는 방법을 찾는 문제이다. [그림 2.8]에 여러 답 중 하나가 나와 있다. 이 퍼즐을 푸는 방법 하나는 문제의 조건을 지키면서 체스판의 각 열에 퀸을 하나씩 놓아 보는 것이다. 즉, $k-1$개의 퀸을 놓은 상태에서 기존의 퀸들과 체크가 되지 않는 칸을 찾아서 k번째 퀸을 놓는 식이다. 이러한 접근 방식을 재귀적으로 정식화할 수 있다. $k-1$개의 퀸을 체스판의 처음 $k-1$개의 열에 배치하는 모든 가능한 방법의 순차열을 생성했다고 하자. 그러한 방법 각각에 대해, k번째 열의 각 행에 퀸을 놓아서 생기는 확장된 체스판 국면◆을 생성한다. 그런 국면들에 필터를 적용해서, k번째 열의 퀸이 기존의 퀸들에게 잡히지 않는 국면들만 선택한다. 그러면 처음 k개의 열에 k개의 퀸을 안전하게 배치하는 모든 방법의 순차열이 만들어진다. 이런 과정을 반복하면 이 퍼즐의 해답 하나가 아니라 모든 해답이 나온다.

그림 2.8 8-퀸 퍼즐의 한 해답.

◆ 옮긴이 '국면'은 체스판의 특정 칸들에 특정 체스 기물들이 놓인 전체 상황을 일컫는 용어로, 이 예제의 목적에서는 기물 위치들의 집합(중복 없는 목록)으로 표현할 수 있다.

이상의 해법을 queens라는 함수로 구현하고자 한다. 이 함수는 $n \times n$ 체스판에 n개의 퀸을 배치하는 문제의 모든 해답으로 이루어진 순차열을 돌려준다. queens 함수 안에는 queens_cols라는 함수가 있다. 이 함수는 체스판의 처음 k개의 열에 k개의 퀸을 배치하는 모든 방법의 순차열을 돌려준다.

```
function queens(board_size) {
    function queen_cols(k) {
        return k === 0
                ? list(empty_board)
                : filter(positions => is_safe(k, positions),
                        flatmap(rest_of_queens =>
                                map(new_row =>
                                        adjoin_position(new_row, k,
                                                        rest_of_queens),
                                        enumerate_interval(1, board_size)),
                                queen_cols(k - 1)));
    }
    return queen_cols(board_size);
}
```

queens_cols가 호출하는 rest_of_queens 함수는 처음 $k-1$개의 열에 $k-1$개의 퀸을 배치하는 방법 하나를 돌려주고, new_row 함수는 k번째 열에 퀸을 놓을 행 하나를 제안해 준다. 체스판 국면의 표현을 구현해서 프로그램을 완성하라. 구체적으로, 새 위치(행 번호와 열 번호로 구성된)를 기물 위치 집합(국면)의 제일 앞에 추가하는 adjoin_position 함수와 빈 국면을 돌려주는 empty_board 함수를 작성해야 하며, 주어진 국면에서 k번째 열의 주어진 행에 퀸을 놓아도 안전한지의 여부를 알려주는 is_safe 함수도 작성해야 한다. (새 퀸이 안전한지만 알면 됨을 주의할 것—기존의 퀸들은 이미 서로에게 안전한 칸에 놓여 있다.)

■ 연습문제 2.43

루이스 리즈너는 [연습문제 2.42]를 푸느라 애를 먹었다. 루이스가 작성한 queens 함수는 원하는 결과를 내긴 하지만, 실행 속도가 극히 느렸다. (6×6 체스판의 퍼즐을 푸는 데도 시간이 너무 오래 걸려서 중도에 포기하기 일쑤이다.) 루이스가 도움을 청하자 에바 루 에이터는 (연습문제 2.42의 코드와 비교할 때) flatmap의 중첩 매핑 순서가 바뀌었다는 점을 지적했다. 루이스가 작성한 flatmap은 다음과 같다.

```
flatmap(new_row =>
        map(rest_of_queens =>
               adjoin_position(new_row, k, rest_of_queens),
             queen_cols(k - 1)),
      enumerate_interval(1, board_size));
```

매핑 순서가 이렇게 바뀌어서 프로그램이 느리게 실행되는 이유를 설명하라. [연습문제 2.42]의 프로그램으로 퍼즐을 푸는 데 걸리는 시간이 T라고 가정하고, 루이스의 프로그램이 8-퀸 퍼즐을 푸는 데 걸리는 시간을 추정하라.

2.2.4 예제: 그림 언어

이번 절에서는 데이터 추상화와 닫힘 성질의 위력을 보여주는, 그리고 고차 함수들을 필수적인 방식으로 활용하는 방법을 보여주는 예제로 간단한 그림 그리기용 언어를 소개한다. 이번 예제의 '그림 언어(picture language)'는 [그림 2.9]에 나온 그림 같은, 같은 요소를 기울이고, 비례시키고, 반복한 패턴을 손쉽게 시험해 볼 수 있게 설계된 언어이다.[20] 이 언어로 조합하는 데이터 객체는 목록 구조가 아니라 함수로 표현된다. pair는 닫힘 성질을 충족하는 덕분에 얼마든지 복잡한 목록 구조를 손쉽게 구축하는 데 사용할 수 있는데, 이 언어의 연산들도 닫힘 성질을 충족하기 때문에 임의로 복잡한 패턴들을 손쉽게 구축할 수 있다.

그림 언어

§1.1에서 프로그래밍 공부를 시작할 때 우리 저자들은 언어의 원시 수단들, 즉 조합 수단들과 추상화 수단들에 초점을 두고 언어를 설명하는 것의 중요성을 강조했다. 여기서도 그 틀에 따라 그림 언어를 설명하기로 한다.

---

20 이 그림 언어는 피터 헨더슨Peter Henderson이 M. C. 에츠허르Escher의 목판화 "Square Limit" 같은 이미지를 만들기 위해 설계한 언어(Henderson 1982)에 기초한다. 그 목판화에는 이번 절의 square_limit 함수를 이용해서 구성한 것과 비슷한, 반복되고 비례(확대·축소)된 패턴이 등장한다.

그림 2.9 그림 언어로 생성한 디자인들.

이 그림 언어가 우아한 언어인 이유 중 하나는 언어에 딱 한 종류의 요소만 있다는 점이다. 그 요소는 화가(painter)라고 부르는 요소이다. 화가 요소는 주어진 평행사변형 틀 또는 '액자(frame)'에 들어맞게 기울이고(전단 변환) 비례시킨(확대 · 축소 변환) 하나의 이미지를 그린다. 예를 들어 그림 언어에는 **wave**라고 부르는◆ 원시 화가 요소가 있다. 이 화가 요소는 [그림 2.10]과 같은 투박한 선 그림(line drawing)을 그린다. 그림의 실제 형태는 액자의 형태를 따른다. [그림 2.10]의 네 이미지는 모두 **wave** 화가가 그린 같은 그림이지만, 액자의 형태가 각기 다르다. 이보다 더 정교한 그림을 그리는 화가들도 있다. 예를 들어 **rogers**라는 원시 화가 요소는 MIT 창립자인 윌리엄 바턴 로저스William Barton Rogers의 모습을 그린다.[21] [그림

◆ 옮긴이 참고로 영어 단어 'wave'에는 '손 흔들기' 또는 "손을 흔들다"라는 뜻이 있다.

21 윌리엄 바턴 로저스(1804 – 1882)는 MIT의 설립자이자 초대 학장이다. 지질학자이자 재능 있는 교육자였던 로저스는 윌리엄 & 메리 대학교와 버지니아 대학교에서 교수로 재직했다. 1859년에 보스턴으로 이주하면서 연구 시간이 늘어나자 그는 '공과대학교(polytechnic institute)' 설립 계획을 세웠으며, 매사추세츠 주 최초의 주 가스 계량기 검침원(State Inspector of Gas Meters)으로도 일했다.

1861에 MIT가 세워지고 로저스가 초대 학장으로 선임되었다. 로저스는 고전을 과도하게 강조한 당시 대학 교육과는 차별화된, '유용한 학습(useful learning)'이라는 이념을 채택했다. 당시 대학 교육을 두고 로저스는 "더 넓고, 높고, 실용적인 교육과 훈련에 방해가 된다고" 쓴 바 있다. 그가 이상적으로 생각한 교육은 좁은 범위의 전문 직업 교육과도 달랐다. 그의 말을 빌자면 다음과 같다.

세상은 실무자와 과학자를 억지로 구분하지만, 그런 구분은 전혀 쓸모가 없다. 현시대의 모든 체험은 그러한 구분이 전적으로 가치가 없음을 증명한다.

로저스는 1870년까지 MIT 학장을 역임하다 건강 문제로 사임했다. 1878년에 2대 학장으로 취임한 존 렁클John Runkle은 1873년 경제 공황으로 인한 재정 위기와 하버드의 MIT 인수 시도에 대한 저항의 압박 하에서 사임하고 만다. 렁클의 뒤를 이어 다시 학장으로 취임한 로저스는 1881년까지 학장으로 지냈다.

2.11]이 바로 rogers가 그린 네 그림인데, 액자들은 [그림 2.10]에 나온 wave의 것들과 같다.

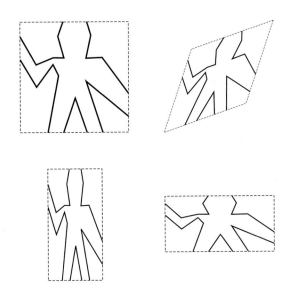

그림 2.10 wave 화가 요소가 생성한 이미지를 서로 다른 네 개의 '액자'로 표시한 모습. 점선은 액자의 형태를 나타내기 위한 것일 뿐, 이미지의 일부가 아니다.

로저스는 1882년 MIT 졸업식 행사에서 졸업생들을 앞에 두고 연설을 하는 중에 쓰러져서 급기야는 사망하고 말았다. 같은 해 추도사에서 렁클은 로저스의 유언을 다음과 같이 인용했다.

"오늘 여기에서 MIT의 현재를 바라볼 때, (...중략...) 저는 과학의 시작을 떠올립니다. 저는 150년 전 스티븐 헤일스가 조명용 가스(illuminating gas)에 관한 소책자를 발간한 것을 기억합니다. 그 소책자에서 헤일스는 자신의 연구가 역청탄(bituminous coal) 128개에 관해—"

"역청탄"이 바로 로저스가 지상에서 마지막으로 내뱉은 말이었습니다. 그 순간 로저스는 마치 자기 앞의 탁자에 놓인 노트를 참고하려는 듯이 몸을 숙였다가, 천천히 몸을 세우고, 양손을 위로 올리고는 지상에서의 그 모든 노력과 승리의 장면으로부터 "죽음의 내일"로 옮겨갔습니다. 삶의 모든 신비가 풀리는, 그리고 육신을 떠난 영혼이 무한한 미래의 새롭고도 여전히 불가해한 수수께끼를 숙고하면서 끝없는 만족을 느끼는 그곳으로 말입니다.

프랜시스 A. 워커Francis A. Walker(MIT 3대 학장)는 이렇게 말했다.

그는 평생 충실하고 영웅적인 인간으로 살았으며, 마치 기사(knight)가 갑옷을 입은 채로 죽길 원하듯이, 자신의 위치에서 소임을 다하다가 죽었다.

그림 2.11 MIT의 설립자이자 초대 학장인 윌리엄 바턴 로저스의 이미지들. 액자들은 [그림 2.10]에 나온 것들과 같다(원본 이미지 제공: MIT 박물관).

이미지들을 조합할 때는 다양한 연산으로 기존 화가 요소들을 결합해서 새 화가 요소를 만든다. 예를 들어 beside 연산은 두 화가를 결합해서 새 화가를 만드는데, 새 화가는 액자의 왼쪽 절반에 첫 화가의 이미지를, 오른쪽 절반에 둘째 화가의 이미지를 배치한다. 그와 비슷하게, below 연산은 첫 화가의 이미지가 둘째 화가의 이미지 아래에 배치된 그림을 그리는 복합 화가 요소를 생성한다. 또한, 주어진 화가의 이미지를 적절히 변환한 이미지를 산출하는 새 화가를 생성하는 연산들도 있다. 예를 들어 flip_vert는 주어진 화가의 이미지를 수직으로 반전한, 즉 위아래로 뒤집은 이미지를 그리는 화가를 만들고, flip_horiz는 주어진 화가의 이미지를 수평으로 반전한 이미지를 그리는 화가를 만든다.

[그림 2.12]는 wave4라는 화가 요소의 그림이다. 이 화가는 wave로 시작하는 두 단계로 생성된다.

```
const wave2 = beside(wave, flip_vert(wave));
const wave4 = below(wave2, wave2);
```

이런 식으로 복잡한 이미지를 구축해 나갈 수 있는 것은 화가 요소들이 언어의 조합 수단하에서 닫혀 있는 덕분이다. 두 화가 요소에 대한 `beside` 연산이나 `below` 연산의 결과는 그 자체로 화가 요소이다. 따라서 연산의 결과를 좀 더 복잡한 화가 요소를 만드는 데 사용할 수 있다. `pair`를 이용해서 목록 구조를 구축하는 것과 마찬가지로, 몇 안 되는 수의 연산들만 이용해서 복잡한 구조를 구축할 수 있으려면 이처럼 데이터가 조합 수단에 대해 닫혀 있다는 성질이 필수이다.

화가들을 조합하는 능력을 갖추었다면, 화가들의 조합에 대한 전형적인 패턴들을 추상화하는 단계로 나아가는 것이 바람직하다. 여기서는 화가 연산들을 자바스크립트 함수로 구현한다. 이는 그림 언어에 어떤 특별한 추상화 메커니즘을 둘 필요가 없음을 뜻한다. 조합 수단이 그냥 보통의 자바스크립트 함수이므로, 함수에 적용할 수 있는 연산이면 어떤 것이든 화가 요소에도 적용할 수 있다. 예를 들어 **wave4**에서 볼 수 있는 패턴을 다음과 같이 추상화하는 것이 가능하다.

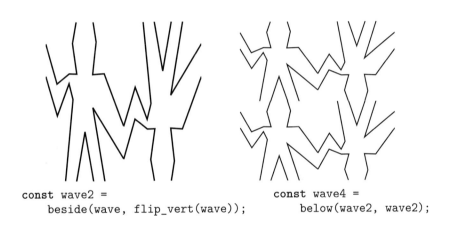

```
const wave2 =
    beside(wave, flip_vert(wave));
```

```
const wave4 =
    below(wave2, wave2);
```

그림 2.12 [그림 2.10]의 **wave**로 시작해서 생성한 복합 화가와 그 이미지.

```
function flipped_pairs(painter) {
    const painter2 = beside(painter, flip_vert(painter));
    return below(painter2, painter2);
}
```

이제 wave4를 이 패턴의 한 인스턴스로 구체화해서 간단하게 정의할 수 있다.

```
const wave4 = flipped_pairs(wave);
```

재귀적 연산들을 정의하는 것도 가능하다. 다음은 주어진 화가의 이미지를 분할해서 액자 오른쪽에 재귀적으로 채우는 화가이다. [그림 2.13]과 [그림 2.14]에 이 화가의 재귀 방식과 그림 예가 나와 있다.

```
function right_split(painter, n) {
    if (n === 0) {
        return painter;
    } else {
        const smaller = right_split(painter, n - 1);
        return beside(painter, below(smaller, smaller));
    }
}
```

그리고 다음은 주어진 화가의 이미지를 오른쪽뿐만 아니라 위쪽으로도 재귀적으로 분할해서 균형을 맞추는 화가이다(연습문제 2.44와 그림 2.13, 그림 2.14 참고).

```
function corner_split(painter, n) {
    if (n === 0) {
        return painter;
    } else {
        const up = up_split(painter, n - 1);
        const right = right_split(painter, n - 1);
        const top_left = beside(up, up);
        const bottom_right = below(right, right);
        const corner = corner_split(painter, n - 1);
        return beside(below(painter, top_left),
                      below(bottom_right, corner));
    }
}
```

corner_split로 만든 이미지의 복사본 네 개를 적절히 배치하면 점점 더 작은 이미지들이 상하좌우 대칭으로 배치된 이미지가 만들어진다. 이런 패턴을 추상화한 연산을 square_limit라고 부르기로 하자. 이번 절 도입부에 나온 [그림 2.9]는 바로 이 연산을 wave와 rogers에 적용한 결과이다.

```javascript
function square_limit(painter, n) {
    const quarter = corner_split(painter, n);
    const half = beside(flip_horiz(quarter), quarter);
    return below(flip_vert(half), half);
}
```

■ **연습문제 2.44**

corner_split가 사용하는 함수 up_split를 정의하라. 이 함수는 right_split와 비슷하되, below와 beside의 역할이 맞바뀐 것이다.

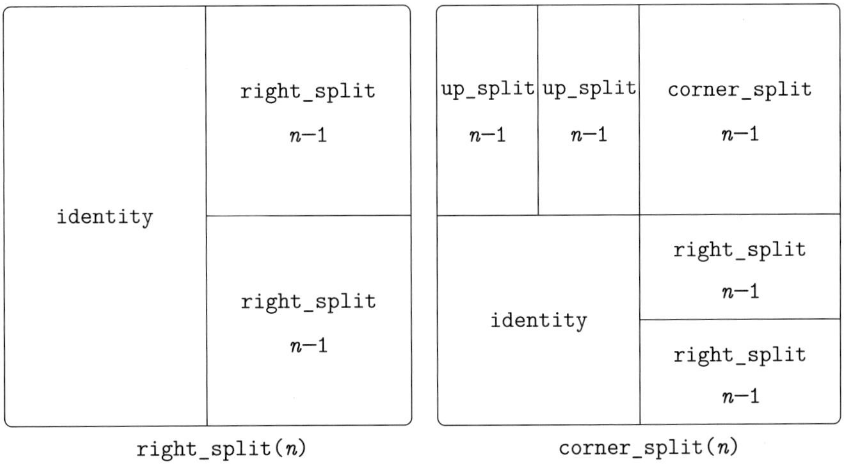

| identity | right_split
$n-1$ |
| | right_split
$n-1$ |

right_split(n)

up_split $n-1$	up_split $n-1$	corner_split $n-1$
identity		right_split $n-1$
		right_split $n-1$

corner_split(n)

그림 2.13 right_split와 corner_split를 위한 재귀 계획들.

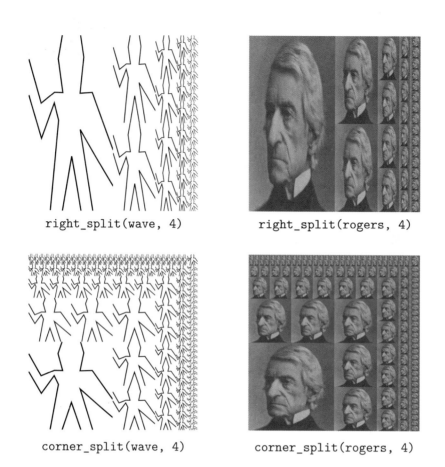

right_split(wave, 4)

right_split(rogers, 4)

corner_split(wave, 4)

corner_split(rogers, 4)

그림 2.14 재귀적 연산 right_split를 화가 wave와 rogers에 적용한 결과. 네 개의 corner_split 결과를 조합하면 [그림 2.9]에 나온 상하좌우 대칭 이미지가 된다.

고차 연산

화가들을 조합하는 패턴을 추상하는 것에서 한 차원 위로 올라가서, 화가 연산들을 조합하는 패턴도 추상화할 수 있다. 즉, 화가 연산 자체를 조합의 요소로 간주해서 그런 요소들을 조합하는 수단을 만들어 보는 것이다. 구체적으로는, 화가 연산들을 받아서 새 화가 연산을 돌려주는 함수를 작성하고자 한다.

예를 들어 flipped_pairs와 square_limit는 화가가 그린 이미지의 복사본 네 장을 직사각형 틀에 적절히 배치한다는 공통점이 있다. 둘은 단지 그 복사본들을 배치하는 방향이 다를 뿐이다. 다음은 이러한 화가 조합 패턴을 추상화하는 한 가지 방법을 보여주는 함수이다. 이 함수는 화가 하나를 받는 화가 연산 네 개를 받고, 각 연산으로 각 화가를 변환한 결과를 정사각형 틀의 네 부분에 배치하는 화가 연산을 돌려준다.[22] 함수 tl, tr, bl, br은 변환들을 각각 정사각형의 왼쪽 위 복사본, 오른쪽 위 복사본, 왼쪽 아래 복사본, 오른쪽 아래 복사본에 적용한다.

```
function square_of_four(tl, tr, bl, br) {
    return painter => {
        const top = beside(tl(painter), tr(painter));
        const bottom = beside(bl(painter), br(painter));
        return below(bottom, top);
    };
}
```

이제 이 square_of_four를 이용해서 flipped_pairs를 다음과 같이 간결하게 정의할 수 있다.[23]

마찬가지로 square_limit도 다음과 같이 간결하게 표현할 수 있다.[24]

```
function square_limit(painter, n) {
    const combine4 = square_of_four(flip_horiz, identity,
                                    rotate180, flip_vert);
    return combine4(corner_split(painter, n));
}
```

----

22 square_of_four를 보면 람다 표현식은 본문이 그냥 하나의 return 문이 아니라 블록인데, 이것은 §1.3.2에서 소개한 람다 표현식의 확장된 문법을 따른 것이다. 이런 람다 표현식의 형태는 (매개변수들) => { 문장들 } 또는 매개변수 => { 문장들 }이다.

23 아니면 이렇게 정의해도 된다.

```
const flipped_pairs = square_of_four(identity, flip_vert,
                                     identity, flip_vert);
function flipped_pairs(painter) {
    const combine4 = square_of_four(identity, flip_vert,
                                    identity, flip_vert);
    return combine4(painter);
}
```

24 함수 rotate180은 화가를 180도 회전한다. rotate180을 적용하는 대신, [연습문제 1.42]의 compose를 이용해서 compose(flip_vert, flip_horiz)라고 해도 된다.

함수 right_split와 up_split을 하나의 일반적 분할(splitting) 연산의 인스턴스로 표현할 수 있다. 그러한 일반적 분할 연산에 해당하는 함수 split를 선언하라. 다음 표현식들을 평가해서 얻은 right_split와 up_split가 본문에 나온 right_split와 up_split와 동일하게 작동해야 한다.

```
const right_split = split(beside, below);
const up_split = split(below, beside);
```

액자 객체

화가 요소들과 그 조합 수단들의 구현을 살펴보기 전에, 그림의 틀을 나타내는 액자(frame) 객체부터 살펴보자. 하나의 액자를 세 개의 벡터로 서술할 수 있다. 하나는 액자가 놓일 위치를 결정하는 원점(origin) 벡터이고 다른 둘은 액자의 꼭짓점들을 결정하는 변(edge; 가장자리) 벡터이다. 원점 벡터는 평면의 어떤 절대 원점을 기준으로 한 액자 원점의 오프셋을 지정하고, 변 벡터들은 액자 원점을 기준으로 한 액자 꼭짓점 오프셋을 지정한다. 변들이 서로 수직이면 액자는 직사각형이 되고, 그렇지 않으면 액자는 좀 더 일반적인 평행사변형이 된다.

[그림 2.15]는 하나의 액자를 규정하는 세 벡터를 도식화한 것이다. 데이터 추상화의 원칙에 따라, 이런 액자를 구체적으로 어떻게 표현할 것인지는 아직 명시하지 말아야 한다. 그저 벡터 세 개를 받아서 하나의 액자 객체를 산출하는 생성자 make_frame과 세 벡터를 돌려주는 선택자 origin_frame, edge1_frame, edge2_frame이 이미 정의되어 있다고만 가정한다(이 함수들은 연습문제 2.47에서 구현해 본다).

이미지 자체는 단위 정사각형($0 \leq x, y \leq 1$)안의 좌표들로 명시된다. 액자마다 **액자 좌표 맵**(frame coordinate map)이 있는데, 이 맵을 이용해서 이미지를 액자에 맞게 기울이고 비례시킨다. 이 맵은 벡터 $\mathbf{v} = (x, y)$를 다음과 같은 벡터 합으로 사상(매핑)함으로써 단위 정사각형을 액자에 맞게 변환한다.

$$원점(액자) + x \cdot 변_1(액자) + y \cdot 변_2(액자)$$

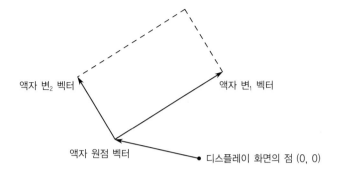

그림 2.15 하나의 액자는 원점과 두 변에 해당하는 벡터 세 개로 규정된다.

예를 들어 $(0, 0)$은 액자의 원점으로 사상되고 $(1, 1)$은 원점에서 대각선 방향으로 반대편에 있는 꼭짓점에 사상되고, $(0.5, 0.5)$는 액자의 중심에 사상된다. 다음은 이러한 액자 좌표 맵을 생성하는 함수이다.[25]

```
function frame_coord_map(frame) {
    return v => add_vect(origin_frame(frame),
                         add_vect(scale_vect(xcor_vect(v),
                                             edge1_frame(frame)),
                                  scale_vect(ycor_vect(v),
                                             edge2_frame(frame))));
}
```

`frame_coord_map`을 액자 객체에 적용하면 벡터를 받고 벡터를 돌려주는 함수가 반환된다. 단위 정사각형 안에 있는 벡터로 그 함수를 호출하면 그 함수는 액자 안에 있는 벡터를 돌려준다. 예를 들어 다음 표현식이 돌려주는 벡터는

```
frame_coord_map(a_frame)(make_vect(0, 0));
```

다음 표현식이 돌려주는 벡터와 같다.

```
origin_frame(a_frame);
```

----

25 함수 `frame_coord_map`은 [연습문제 2.46](아래)에 서술된 벡터 연산들을 사용하는데, 이 벡터 연산들은 벡터에 대한 표현들이 구현되어 있다고 가정한다. 데이터 추상화 때문에, 벡터들이 구체적으로 어떻게 표현되는지는 중요하지 않다. 벡터 연산들이 정확하게 작동하기만 하면 된다.

■ **연습문제 2.46**

2차원 평면의 원점에서 임의의 한 점을 가리키는 2차원 벡터 v를 좌표성분 x와 y로 구성된 하나의 쌍 객체로 표현할 수 있다. 생성자 make_vect와 좌표성분 선택자 xcor_vect, ycor_vect를 정의해서 벡터를 위한 데이터 추상을 구현하라. 그리고 그 생성자와 선택자들을 이용해서 벡터 덧셈, 벡터 뺄셈, 스칼라·벡터 곱셈을 수행하는 함수 add_vect, sub_vect, scale_vect를 구현하라. 세 벡터 연산의 정의는 다음과 같다.

$$\begin{aligned}
(x_1, y_1) + (x_2, y_2) &= (x_1 + x_2, y_1 + y_2) \\
(x_1, y_1) - (x_2, y_2) &= (x_1 - x_2, y_1 - y_2) \\
s \cdot (x, y) &= (sx, sy)
\end{aligned}$$

■ **연습문제 2.47**

다음은 두 가지 액자 생성자이다.

```
function make_frame(origin, edge1, edge2) {
    return list(origin, edge1, edge2);
}
```

```
function make_frame(origin, edge1, edge2) {
    return pair(origin, pair(edge1, edge2));
}
```

각 생성자에 대해, 액자 데이터 추상에 필요한 선택자들을 구현하라.

화가 요소

화가는 함수로 표현된다. 화가를 나타내는 함수는 주어진 액자에 맞게 기울이고 비례시킨 이미지를 생성한다. 예를 들어 p가 화가 요소이고 f가 액자라고 할 때, f를 인수로 해서 p를 호출하면 p가 액자에 맞게 그린 이미지가 반환된다.

원시 화가(primitive painter)들을 구현하는 구체적인 방법은 그래픽 시스템의 특성과 화가들이 그릴 이미지의 종류에 따라 다르다. 예를 들어 주어진 두 점을 잇는 직선 선분(segment)을 그리는 **draw_line**이라는 함수가 있다고 하자. 그러면 [그림 2.10]에 나온 **wave** 화가처럼 선 그림을 그리는 화가들을 만들어 낼 수 있다. 다음은 주어진 목록에 담긴 선분들로 하나의 선 그림을 그리는 화가를 만드는 함수이다.[26]

```
function segments_to_painter(segment_list) {
    return frame =>
               for_each(segment =>
                            draw_line(
                                frame_coord_map(frame)
                                    (start_segment(segment)),
                                frame_coord_map(frame)
                                    (end_segment(segment))),
                        segment_list);
}
```

각 선분은 단위 정사각형을 기준으로 한 좌표성분들로 지정된다. 이 함수가 생성하는 화가는 목록의 각 선분에 대해, 선분의 끝점들을 액자 좌표 맵으로 변환한 후 변환된 끝점들을 잇는 선분을 그린다.

화가 요소를 함수로 표현하면 그림 언어에 강력한 추상화 장벽이 세워진다. 이 그림 언어에서 우리는 모든 종류의 원시 화가 요소를 다종다양한 그래픽 기능에 기초해서 만들고 조합할 수 있다. 화가 요소의 구현 세부사항은 중요하지 않다. 어떤 함수라도, 하나의 액자 객체를 받고 그 액자에 들어맞는 뭔가를 그리기만 한다면 그림 언어의 화가 요소가 될 수 있다.[27]

---

26 segments_to_painter 함수는 [연습문제 2.48](아래)에 나오는 직선 선분 표현을 사용한다. 또한 이 함수는 [연습문제 2.23]에서 설명한 for_each 함수도 사용한다.

27 예를 들어 [그림 2.11]의 rogers 화가는 회색조(gray-scale) 이미지에 기초한다. 주어진 액자의 각 점에 대해 rogers 화가는 액자 좌표 맵에 의해 그 점으로 사상될 이미지의 한 점을 구하고, 그 점의 색상에 맞는 적절한 회색 값을 액자 점에 설정한다. 그림 언어가 다양한 종류의 화가를 지원하는 덕분에 §2.1.3에서 논의한 추상 데이터 개념을 충실하게 적용할 수 있다. §2.1.3에서는 석실한 조건을 충족히기만 한다면 그 어떤 유리수 표현도 사용할 수 있음을 이야기했다. 그와 비슷하게, 이번 절에서는 주어진 액자에 뭔가를 그릴 수만 있다면 어떤 함수도 화가 요소가 될 수 있다는 사실을 활용한다. §2.1.3에서는 또한 쌍을 함수로 구현하는 방법도 제시했는데, 이번 절의 화가 요소는 데이터를 함수로 표현하는 두 번째 예에 해당한다.

평면의 한 직선 선분은 두 벡터의 쌍으로 표현할 수 있다. 하나는 원점에서 선분의 시작점으로 이어지는 벡터이고, 다른 하나는 원점에서 선분의 끝점으로 이어지는 벡터이다. 선분을 표현하기 위한 생성자 make_segment와 선택자 start_segment, end_segment를 [연습문제 2.46]의 벡터 표현을 이용해서 구현하라.

■ 연습문제 2.49

segments_to_painter를 이용해서 다음과 같은 원시 화가 요소들을 정의하라.

a. 주어진 액자의 테두리를 그리는 화가.

b. 주어진 액자의 꼭짓점들을 대각선 방향으로 연결해서 'X'자를 그리는 화가.

c. 주어진 액자의 각 변 중점을 연결해서 마름모꼴(다이아몬드)을 그리는 화가.

d. wave 화가.

화가 요소의 변환과 조합

화가 요소에 대한 연산(flip_vert나 beside 같은)은 주어진 액자를 변형한 액자로 원본 화가 요소를 호출하는 식으로 작동한다. 예를 들어 flip_vert는 화가 요소가 이미지를 어떻게 뒤집는지는 알지 못한다. 그냥 액자 자체를 상하로 뒤집을 뿐이다. 즉, 상하 반전된 화가는 원래의 화가와 같되, 그냥 상하 반전된 액자를 사용하는 것일 뿐이다.

화가 요소에 대한 연산들은 transform_painter 함수에 기초한다. 이 함수는 화가 요소 하나와 액자를 변환하는 방법에 관련된 세 인수를 받고 새 화가 요소를 돌려준다. 액자 객체로 새 화가(변환된 화가) 요소를 호출하면, 새 화가 요소는 지정된 방식으로 액자를 변환하고 그 액자로 원래의 화가를 호출한다. transform_painter의 변환 관련 인수는 새 프레임의 꼭짓점들을 결정하는 벡터들이다. 그 벡터들을 액자로 사상하면, 첫 벡터는 새 액자의 원점을 가리키고 나머지 둘은 각각 두 변 벡터의 끝점을 가리킨다. 따라서, 그 벡터들이 단위 정사각형 내부를 가리킨다면 변환된 액자는 원본 액자 안에 놓이게 된다.

```
function transform_painter(painter, origin, corner1, corner2) {
    return frame => {
            const m = frame_coord_map(frame);
            const new_origin = m(origin);
            return painter(make_frame(
                            new_origin,
                            sub_vect(m(corner1), new_origin),
                            sub_vect(m(corner2), new_origin)));
        };
}
```

다음은 이 함수를 이용해서 상하 반전 화가를 만드는 예이다.

```
function flip_vert(painter) {
    return transform_painter(painter,
                            make_vect(0, 1),   // 새 원점
                            make_vect(1, 1),   // 변 벡터 1의 새 끝점
                            make_vect(0, 0));  // 변 벡터 2의 새 끝점
}
```

transform_painter를 이용하면 새로운 변환을 손쉽게 정의할 수 있다. 예를 들어 다음은 화가의 이미지를 주어진 액자의 오른쪽 윗부분으로 축소하는 화가를 만드는 함수이다.

```
function shrink_to_upper_right(painter) {
    return transform_painter(painter,
                            make_vect(0.5, 0.5),
                            make_vect(1, 0.5),
                            make_vect(0.5, 1));
}
```

그리고 다음은 이미지를 반시계방향으로 90도 회전하는 화가를 만드는 함수이다.[28]

```
function rotate90(painter) {
    return transform_painter(painter,
                            make_vect(1, 0),
```

----

28 rotate90 함수는 액자가 정사각형일 때만 순수한 회전이다. 액자가 정사각형이 아니면, 이미지가 회전될 뿐만 아니라 회전된 액자에 맞게 적절히 확대 또는 축소된다.

```
                           make_vect(1, 1),
                           make_vect(0, 0));
    }
```

또한, 이미지를 액자 중심 부분으로 축소하는 화가도 간단하게 정의할 수 있다.[29]

```
function squash_inwards(painter) {
    return transform_painter(painter,
                             make_vect(0, 0),
                             make_vect(0.65, 0.35),
                             make_vect(0.35, 0.65));
}
```

액자 변환은 둘 이상의 화가를 조합하는 수단을 정의할 때도 핵심 역할을 한다. 예를 들어 beside 함수는 화가 두 개를 받아서, 두 화가의 그림을 액자의 왼쪽, 오른쪽 절반에 배치하는 복합 화가를 돌려준다. 이 복합 화가는 액자의 왼쪽 절반에 자신의 이미지를 그리도록 변환된 첫 화가와 액자의 오른쪽 절반에 자신의 이미지를 그리도록 변환된 둘째 화가를 각각 호출해서 하나의 이미지를 완성한다.

```
function beside(painter1, painter2) {
    const split_point = make_vect(0.5, 0);
    const paint_left  = transform_painter(painter1,
                                          make_vect(0, 0),
                                          split_point,
                                          make_vect(0, 1));
    const paint_right = transform_painter(painter2,
                                          split_point,
                                          make_vect(1, 0),
                                          make_vect(0.5, 1));
    return frame => {
            paint_left(frame);
            paint_right(frame);
        };
}
```

---

29 [그림 2.10]과 [그림 2.11]의 마름모꼴 이미지는 이 squash_inwards를 wave와 rogers에 적용해서 만든 것이다.

화가 데이터의 추상화 덕분에, 특히 화가를 함수로 표현한 덕분에 `beside`를 아주 손쉽게 구현할 수 있었음을 주목하기 바란다. `beside` 함수는 주어진 두 화가 요소에 관해 아무것도 알 필요가 없다. `beside` 함수에게 중요한 것은 이 화가 요소들이 주어진 액자에 뭔가를 그린다는 점뿐이다.

■ **연습문제 2.50**

좌우로 뒤집힌 이미지를 생성하도록 화가를 변환하는 변환 함수 `flip_horiz`를 선언하고, 그것을 이용해서 이미지를 반시계방향으로 180도 회전하게 하는 변환 함수와 270도 회전하게 하는 변환 함수를 선언하라.

■ **연습문제 2.51**

두 화가의 그림을 상하로 배치하는 화가를 만드는 변환 함수 `below`를 선언하라. `below` 함수는 화가 요소 두 개를 받고, 첫 화가의 이미지를 액자의 아래쪽 절반에 배치하고 둘째 화가의 이미지를 액자의 위쪽 절반에 배치하는 화가를 돌려주어야 한다. 그러한 `below`를 두 가지 방식으로 구현해 볼 것. 먼저 앞에서 본 `beside`처럼 직접 액자들을 변환하는 방식으로 구현하고, 그런 다음 `beside`와 적절한 회전 연산들(연습문제 2.50)을 조합한 형태로도 구현하라.

견고한 설계를 위한 언어 수준들

이번 절의 그림 언어는 함수와 데이터를 이용한 추상화에 관해 앞에서 살펴본 몇 가지 핵심 개념을 활용한다. 근본적인 데이터 추상인 화가 요소들을 함수적 표현으로 구현한 덕분에 여러 가지 장점이 생긴다. 우선, 그림 언어는 서로 다른 기본적인 그리기 기능들을 통일된 방식으로 처리할 수 있다. 둘째로, 조합 수단들이 닫힘 성질을 충족하므로 복잡한 설계도 손쉽게 구축할 수 있다. 마지막으로, 함수를 추상화하는 데 쓰이는 모든 수단을 화가 요소들의 조합 수단들을 추상화하는 데 사용할 수 있다.

이번 장에서는 또한 언어와 프로그램 설계에 관한 또 다른 핵심 개념인 **계층화된 설계** (stratified design; 줄여서 층화 설계) 접근 방식도 엿볼 수 있었다. 계층화된 설계란, 복잡한 시스템은 반드시 일련의 언어들로 서술한 일련의 수준(level)들로 구성해야 한다는 것이다.

계층화된 설계에서 시스템의 각 수준은 그 수준에서 '원시(primitive)' 부품으로 간주되는 부품들의 조합으로 만들어지며, 각 수준에서 만들어진 부품들은 그다음 수준에서 원시 부품으로 쓰인다. 계층화된 설계의 각 수준에 쓰이는 언어는 그 수준의 세부사항에 맞는 원시 요소들(조합 수단들과 추상화 수단들)을 제공한다.

계층화된 설계는 복잡한 시스템을 다루는 공학 분야에 널리 쓰인다. 예를 들어 컴퓨터 공학에서는 저항(레지스터)과 트랜지스터를 조합해서(그리고 아날로그 회로를 위한 언어로 서술해서) AND 게이트나 OR 게이트 같은 부품들을 만든다. 그런 부품들은 디지털 회로 설계를 위한 언어[30]의 원시 요소들이 된다.

이런 부품들을 조합해서 프로세서, 버스 구조, 메모리 시스템 등을 만들고, 그런 것들을 조립해서 컴퓨터를 만든다. 이때는 컴퓨터 아키텍처에 적합한 언어들이 쓰인다. 다수의 컴퓨터를 조합해서 분산 시스템을 만들 때는 네트워크 연결 관계를 서술하는 데 적합한 언어가 쓰인다. 이보다 더 크고 복잡한 시스템도 이런 식으로 수준을 높여가면서 만들어 나간다.

이번 절의 그림 언어 역시 이러한 계층화의 작은 예이다. 그림 언어는 점과 선을 서술하는 원시 요소(원시 화가)들과 그것들을 조합하는 수단을 제공한다. rogers 같은 화가는 그런 원시 요소들을 조합해서 자신의 이미지를 구성한다. 이번 절에서는 그런 원시 요소들을 beside 나 below 같은 기하학적 조합 수단을 이용해서 조합하는 부분을 중점적으로 설명했다. 또한, 그보다 한 수준 위로 올라가서 beside와 below를 기본 수단으로 취급하는 언어도 사용해 보았다. 그 수준에서는 기하학적 조합 수단들을 조합하는 공통의 패턴을 포착하는 square_of_four 같은 연산들을 정의했다.

계층화된 설계는 프로그램을 견고하게(robust) 만드는 데 도움이 된다. 프로그램이 "견고하다" 또는 "강건하다"라는 것은, 명세가 조금 바뀌었을 때 프로그램도 조금만 고치면 되는 것을 말한다. 예를 들어 [그림 2.9]에 나온 wave 화가의 그림을 다른 식으로 바꾼다고 하자. 가장 낮은 수준에서 wave 요소가 생성하는 이미지의 상세한 모습을 직접 변경할 수도 있고, 중간 수준에서 corner_split가 wave를 복제하는 방식을 바꿀 수도 있고, 가장 높은 수준에서 square_limit가 이미지 복사본 네 개를 액자의 네 부분에 배치하는 방식을 바꿀 수도 있다. 일반화하자면, 계층화된 설계의 수준들은 각자 서로 다른 어휘(시스템의 특성들을 서술하는)와 능력(시스템을 변경하는)을 제공한다.

----

30 §3.3.4에 그런 언어의 예가 나온다.

[그림 2.9]에 나온 wave의 square_limit 연산(네 방향 재귀적 반복)을 앞에서 언급한 세 가지 수준에서 각각 수정하라. 좀 더 구체적으로 말하면:

a. 원시 화가 wave에 [연습문제 2.49]의 선분들을 추가하라(예를 들어 얼굴에 미소를 추가해 볼 것).

b. corner_split가 구축하는 패턴을 변경하라(예를 들어 up_split와 right_split의 복사본을 두 개가 아니라 하나씩만 사용하는 등으로).

c. square_of_four를 이용해서 모서리 부분들을 현재와는 다른 패턴으로 배치하도록 square_limit를 수정하라(예를 들어 로저스 얼굴의 가장 큰 버전이 네 모서리에서 액자 바깥쪽을 향하게 하는 등)

2.3 기호 데이터

지금까지 사용한 복합 데이터 객체들은 모두 수치들에서 출발해서 만들어진다. 이번 절에서는 문자열을 데이터로 다루는 능력을 도입해서 우리 언어의 표현 능력을 확장한다.

2.3.1 문자열

지금까지는 문자열을, display 함수와 error 함수(연습문제 1.22의 예에서처럼)를 이용해서 메시지를 출력하는 용도로만 사용했다. 그러나 문자열도 복합 데이터를 구성하는 요소가 될 수 있다. 다음은 문자열 데이터를 포함하는 목록들이다.

```
list("a", "b", "c", "d")
list(23, 45, 17)
list(list("Jakob", 27), list("Lova", 9), list("Luisa", 24))
```

문자열과 이름을 구분하기 위해, 문자열은 큰따옴표로 감싼다. 예를 들어 자바스크립트 표현식 z는 z라는 이름의 값을 나타내지만, "z"는 글자 하나로 구성된 문자열, 좀 더 구체적으로는 영어 알파벳 마지막 글자의 소문자로 구성된 문자열을 나타낸다.

다음은 큰따옴표를 이용해서 이름과 문자열을 구분한 예이다.

```
const a = 1;
const b = 2;

list(a, b);
[1, [2, null]]

list("a", "b");
["a", ["b", null]]

list("a", b);
["a", [2, null]]
```

§1.1.6에서 수치에 대한 원시 술어 ===와 !==를 소개했다. 이제부터는 문자열 두 개에 대해서도 ===와 !==를 사용하기로 한다. 술어 ===는 만일 두 문자열이 같으면, 그리고 오직 그럴 때만 참으로 평가되며, !==는 만일 두 문자열이 같지 않으면, 그리고 오직 그럴 때만 참으로 평가된다.[31]

===를 이용하면 member라는 유용한 함수를 구현할 수 있다. 이 함수는 인수 두 개를 받는다. 두 인수는 문자열 하나와 문자열들의 목록 하나일 수도 있고 수치 하나와 수치들의 목록 하나일 수도 있다. 만일 첫 인수(문자열 또는 수치)가 목록(둘째 인수)에 들어 있지 않으면(즉, 목록의 그 어떤 요소와도 ===가 참이 아니면) member는 null을 돌려준다. 첫 인수가 목록에 있으면, 그 인수가 처음 등장한 지점에서 시작하는 부분 목록을 돌려준다.

```
function member(item, x) {
    return is_null(x)
           ? null
           : item === head(x)
           ? x
           : member(item, tail(x));
}
```

----

[31] 여기서는 만일 두 문자열이 같은 문자들을 같은 순서로 담고 있다면, 그 두 문자열이 "같다"라고 간주한다. 문자열의 상등을 이렇게 정의하면 아직 우리가 해결할 수 없는 심오한 논제 하나를 피할 수 있다. 그 논제란, 프로그래밍 언어에서 "같음"이 무엇을 뜻하는가이다. 이에 관해서는 제3장의 §3.1.3에서 다시 이야기한다.

예를 들어 다음 표현식의 값은 null이지만,

```
member("apple", list("pear", "banana", "prune"))
```

다음 표현식의 값은 list("apple", "pear")이다.

```
member("apple", list("x", "y", "apple", "pear"))
```

■ **연습문제 2.53**

다음 표현식들의 평가 결과를 각각 상자 표기법과 목록 표기법으로 제시하라.

```
list("a", "b", "c")
list(list("george"))
tail(list(list("x1", "x2"), list("y1", "y2")))
tail(head(list(list("x1", "x2"), list("y1", "y2"))))
member("red", list("blue", "shoes", "yellow", "socks"))
member("red", list("red", "shoes", "blue", "socks"))
```

■ **연습문제 2.54**

만일 두 목록이 같은 요소들을 같은 순서로 담고 있다면, 그 두 목록은 같은(상등인) 목록이다. 그런 식으로 목록의 상등을 판정하는 술어 equal이 있다고 할 때, 다음 표현식은 참이지만

```
equal(list("this", "is", "a", "list"), list("this", "is", "a", "list"))
```

다음 표현식은 거짓이다.

```
equal(list("this", "is", "a", "list"), list("this", list("is", "a"), "list"))
```

이러한 equal을 수치와 문자열에 대한 원시 상등 술어 ===를 이용해서 재귀적으로 정의할 수 있다. 좀 더 구체적으로 말하면, 만일 a와 b가 둘 다 수치이거나 둘 다 문자열이고 ===가 참이면 둘은 상등이고, 만일 둘 다 쌍 객체이고 head(a)와 head(b)가 상등(equal이 참)이며

tail(a)와 tail(b)가 상등이면 둘은 상등이다. 이러한 재귀적 계획을 이용해서 equal을 하나의 함수로 구현하라.

■ **연습문제 2.55**

자바스크립트 해석기는 큰따옴표 " 다음 문자부터 그다음 큰따옴표 이전 문자까지를 모아서 하나의 문자열을 만든다. 이런 방식에서는 큰따옴표 자체를 문자열의 한 문자로 포함시킬 수 없다. 큰따옴표를 포함하는 문자열을 위해 자바스크립트는 'say your name aloud'처럼 큰따옴표 대신 작은따옴표로 문자열을 지정하는 문법을 제공한다. 즉, 큰따옴표가 있는 문자열을 만들려면 작은따옴표로 문자열을 감싸면 되고, 반대로 작은따옴표가 있는 문자열은 큰따옴표로 문자열을 감싸면 된다. 예를 들어 'say "your name" aloud'와 "say 'your name' aloud"는 둘 다 유효한 문자열이다. 4번 문자와 14번 문자(첫 문자가 0번이라고 할 때)만 다를 뿐이다. 그런데 사용하는 글꼴에 따라서는 작은따옴표 두 개와 큰따옴표 하나를 구분하기 어려울 수 있다. 여러분은 다음 표현식에서 작은따옴표와 큰따옴표를 구분할 수 있는가? 이 표현식의 값은 무엇인가?

```
'"' === ""
```

2.3.2 예제: 기호 미분

기호 조작을 설명하고 데이터 추상화를 좀 더 깊게 이해하기 위해, 대수식(algebraic expression)의 기호 미분(symbolic differentiation)을 위한 함수를 설계하는 문제를 생각해 보자. 대수식과 변수를 받고 그 대수식을 그 변수에 대해 미분한 도함수(derivative)를 돌려주는 함수를 만들고자 한다. 예를 들어 $ax^2 + bx + c$와 x가 주어졌을 때 이 함수는 $2ax + b$를 돌려주어야 한다. 프로그래밍 언어 리스프에서 기호 미분은 역사적으로 특별한 의미를 지닌 주제이다.[32] 기호 미분은 기호 조작(symbol manipulation)을 위한 컴퓨터 언어의 동기가 된 응용 사례 중 하나였다. 게다가, 기호 미분은 오늘날 응용수학과 물리학에서 일상적으로 쓰이

---

[32] 이 책의 원판은 프로그래밍 언어로 스킴Scheme을 사용했는데, 스킴은 리스프의 한 방언(파생 언어)이다.

는 강력한 기호적 수학 처리 패키지의 개발로 이어진 연구 흐름의 실마리가 되었다.

이번 절에서는 §2.1.1에서 유리수 시스템을 개발할 때 따랐던 것과 동일한 데이터 추상화 전략에 따라 기호 미분 프로그램을 개발한다. 즉, '합(sum)', '곱(product)', '변수(variable)' 같은 추상적인 객체(대상)에 작용하는 미분 알고리즘을 먼저 정의하되 그런 대상을 표현하는 방법은 신경 쓰지 않기로 하고, 알고리즘을 다 정의한 후에야 표현 문제를 처리하기로 한다.

추상 데이터에 기초한 미분 프로그램

예제와 논의를 단순하게 유지하기 위해, 두 인수(피연산자)의 합(sum)과 곱(product)이라는 두 가지 연산으로만 구성된 대수식을 다루는 아주 단순한 기호 미분 프로그램을 고려하기로 한다. 그런 종류의 대수식은 다음과 같은 축약 법칙을 적용해서 미분할 수 있다.

$$\frac{dc}{dx} = 0 \quad \text{여기서 } c\text{는 상수 또는 } x\text{와는 다른 어떤 변수}$$

$$\frac{dx}{dx} = 1$$

$$\frac{d(u+v)}{dx} = \frac{du}{dx} + \frac{dv}{dx}$$

$$\frac{d(uv)}{dx} = u\left(\frac{dv}{dx}\right) + v\left(\frac{du}{dx}\right)$$

마지막 두 미분 법칙이 재귀적인 성질을 지녔음을 주목하자. 즉, 두 항의 합의 도함수는 각 항의 도함수를 더한 것인데, 각 항 역시 다른 어떤 두 항의 합일 수 있다. 이처럼 미분 대상을 더 작은 조각들로 분해하다 보면 결국에는 더 이상 분해할 수 없는 상수나 변수에 도달한다. 상수와 변수의 미분은 0이거나 1이다.

이 법칙들을 하나의 함수에 내장하려면 §2.1.1에서 유리수 시스템을 구현할 때처럼 약간의 희망적 사고가 필요하다. 일단, 대수식을 표현하는 수단이 갖추어져 있다고 가정하자. 그렇다고 할 때 지금 필요한 것은 주어진 대수식이 합인지, 곱인지, 상수인지, 변수인지 구별하는 수단과 대수식의 구성요소들을 추출하는 수단이다. 예를 들어 주어진 대수식이 합이면 덧수(addend; 덧셈의 첫 항)과 피가산수(augend; 둘째 항)를 추출할 수 있어야 한다. 또한 그런 구성요소들로 대수식을 구축하는 수단도 필요하다. 다음과 같은 선택자, 생성자, 술어를 구현하는 함수들이 이미 존재한다고 가정하자.

is_variable(e)	e가 변수인가?
is_same_variable(v1, v2)	v1과 v2가 같은 변수인가?
is_sum(e)	e가 합인가?
addend(e)	합 e의 덧수.
augend(e)	합 e의 피가산수.
make_sum(a1, a2)	a1과 a2의 합을 생성한다.
is_product(e)	e가 곱인가?
multiplier(e)	곱 e의 곱수(multiplier).
multiplicand(e)	곱 e의 피승수(multiplicand).
make_product(m1, m2)	m1과 m2의 곱을 생성한다.

이들과 원시 술어 **is_number**(주어진 객체가 수치인지 판정하는 술어)를 이용해서 앞의 미분 법칙들을 함수로 표현하면 다음과 같다.

```
function deriv(exp, variable) {
    return is_number(exp)
           ? 0
           : is_variable(exp)
           ? is_same_variable(exp, variable) ? 1 : 0
           : is_sum(exp)
           ? make_sum(deriv(addend(exp), variable),
                      deriv(augend(exp), variable))
           : is_product(exp)
           ? make_sum(make_product(multiplier(exp),
                                   deriv(multiplicand(exp),
                                         variable)),
                      make_product(deriv(multiplier(exp),
                                         variable),
                                   multiplicand(exp)))
           : error(exp, "unknown expression type -- deriv");
}
```

이 deriv 함수는 완결적인 미분 알고리즘을 담고 있다. 추상 데이터에 기초해서 작성한 덕분에 이 함수는 대수식을 위한 적절한 선택자들과 생성자들이 있기만 하면 대수식의 구체적인 표현 방식과는 무관하게 미분을 수행한다. 그럼 적절한 선택자들과 생성자들을 구현해서 대수식을 표현하는 문제로 넘어가자.

대수식의 표현

목록 구조로 대수식을 표현하는 방법을 생각해 보면 여러 가지가 떠오를 것이다. 예를 들어 통상적인 대수식의 구조를 그대로 반영한 형태로 기호들을 목록에 나열할 수도 있다. 이를테면 $ax+b$를 list("a", "*", "x", "+", "b")로 표현하는 식이다. 그러나 대수식을 표현하는 자바스크립트 값 내부에 대수식의 수학적 구조를 온전하게 반영한다면 자바스크립트로 대수식을 다루기가 쉬워진다. 이런 접근 방식에서 $ax+b$는 list("+", list("*", "a", "x"), "b")로 표현할 수 있다. 이항 연산자가 피연산자들보다 앞에 있음을 주목하자. §1.1.1에서는 연산자를 가운데 두는 중위 표기법을 소개했지만, 여기서는 이항 연산자를 제일 앞에 두는 전위 표기법(prefix notation)을 사용하기로 한다. 다음은 전위 표기법에 기초한, 미분 문제를 위한 데이터 표현 방식이다.

- 변수는 그냥 문자열이다. 변수는 원시 술어 **is_string**을 이용해서 식별한다.

```
function is_variable(x) { return is_string(x); }
```

- 두 변수는 만일 해당 문자열들이 같으면 상등이다.

```
function is_same_variable(v1, v2) {
    return is_variable(v1) && is_variable(v2) && v1 === v2;
}
```

- 곱과 합은 목록 구조로 생성한다.

```
function make_sum(a1, a2) { return list("+", a1, a2); }
function make_product(m1, m2) { return list("*", m1, m2); }
```

- 첫 요소가 문자열 "+"인 목록은 합이다.

```
function is_sum(x) {
    return is_pair(x) && head(x) === "+";
}
```

- 덧수는 합 목록의 둘째 요소이다.

```
function addend(s) { return head(tail(s)); }
```

- 피가산수는 합 목록의 셋째 요소이다.

```
function augend(s) { return head(tail(tail(s))); }
```

- 곱은 첫 요소가 문자열 "*"인 목록이다.

```
function is_product(x) {
    return is_pair(x) && head(x) === "*";
}
```

- 곱수는 곱 목록의 둘째 요소이다.

```
function multiplier(s) { return head(tail(s)); }
```

- 피승수는 곱 목록의 셋째 요소이다.

```
function multiplicand(s) { return head(tail(tail(s))); }
```

이제 이들을 deriv에 내장된 알고리즘과 결합하기만 하면 잘 작동하는 기호 미분 프로그램이 만들어진다. 먼저 이 기호 미분 프로그램의 작동 예 몇 가지를 보자.

```
deriv(list("+", "x", 3), "x");
list("+", 1, 0)

deriv(list("*", "x", "y"), "x");
```

```
list("+", list("*", "x", 0), list("*", 1, "y"))

deriv(list("*", list("*", "x", "y"), list("+", "x", 3)), "x");
list("+", list("*", list("*", "x", "y"), list("+", 1, 0)),
        list("*", list("+", list("*", "x", 0), list("*", 1, "y")),
                list("+", "x", 3)))
```

이 예들을 보면 미분 프로그램이 올바른 답을 산출하긴 하지만, 답이 정리되지 않았음을 알 수 있다. 다음 등식이 참인 것은 사실이지만,

$$\frac{d(xy)}{dx} \quad = \quad x \cdot 0 + 1 \cdot y$$

미분 프로그램이 $x \cdot 0 = 0$이고 $1 \cdot y = y$이며 $0 + y = y$라는 점을 안다면 더욱 좋을 것이다. 둘째 예의 답은 그냥 y이어야 한다. 셋째 예가 암시하듯이, 원래의 대수식이 복잡하다면 문제가 아주 심각해진다.

이 문제는 유리수 구현에서 마주친 것과 상당히 비슷하다. 초기의 유리수 구현이 분자와 분모를 약분하지 않았듯이, 현재의 미분 프로그램은 답을 가장 단순한 형태로 축약하지 않는다. 유리수 시스템의 경우 그냥 구현의 생성자들과 선택자들만 수정해서 약분 기능을 도입했음을 기억할 것이다. 여기서도 비슷한 전략을 사용할 수 있다. deriv는 전혀 수정하지 않고, make_sum을 이런 식으로 고치기로 한다: 만일 합의 두 가수(summand; 덧수와 피가산수를 통칭하는 용어)가 수치이면 make_sum은 그 둘을 더한 결과를 돌려준다. 그리고 두 가수 중 하나가 0이면 make_sum은 다른 가수를 돌려준다.

```
function make_sum(a1, a2) {
    return number_equal(a1, 0)
            ? a2
            : number_equal(a2, 0)
            ? a1
            : is_number(a1) && is_number(a2)
            ? a1 + a2
            : list("+", a1, a2);
}
```

이 make_sum은 number_equal이라는 함수를 사용한다. 이 함수는 첫 인수로 주어진 표현식의 값이 둘째 인수로 주어진 수치와 상등인지 판정한다.

```js
function number_equal(exp, num) {
    return is_number(exp) && exp === num;
}
```

make_product 역시 마찬가지 방식으로 수정한다. 두 인수 중 하나가 0이면 곱은 0이고, 두 인수 중 하나가 1이면 곱은 다른 인수이다.

```js
function make_product(m1, m2) {
    return number_equal(m1, 0) || number_equal(m2, 0)
           ? 0
           : number_equal(m1, 1)
           ? m2
           : number_equal(m2, 1)
           ? m1
           : is_number(m1) && is_number(m2)
           ? m1 * m2
           : list("*", m1, m2);
}
```

앞의 세 가지 예에 대해 이 버전은 다음과 같이 작동한다.

```js
deriv(list("+", "x", 3), "x");
1

deriv(list("*", "x", "y"), "x");
"y"

deriv(list("*", list("*", "x", "y"), list("+", "x", 3)), "x");
list("+", list("*", "x", "y"), list("*", "y", list("+", "x", 3)))
```

이전보다 아주 좋아지긴 했지만, 셋째 예를 보면 우리가 "가장 단순한" 형태라고 인정할 만한 답을 프로그램이 내놓으려면 가야 할 길이 멀다. 애초에 대수식 단순화는 복잡한 문제인데, 한 관점에서 가장 단순한 형태의 수식이라고 해도 다른 관점에서는 단순하지 않을 수 있다는 점이 한 가지 이유이다.

좀 더 다양한 종류의 대수식을 처리하도록 기본적인 미분 프로그램을 확장하는 방법을 제시하라. 예를 들어 다음과 같은 미분 법칙을 추가해 볼 것.

$$\frac{d(u^n)}{dx} \;=\; nu^{n-1}\left(\frac{du}{dx}\right)$$

이 미분 법칙을 도입하려면 `deriv`에 새로운 조건절을 추가하고, 거듭제곱의 미분을 위한 `is_exp`와 `base`, `exponent`, `make_exp` 같은 함수들을 정의해야 한다. (주어진 목록이 거듭제곱임을 나타내는 식별자로는 문자열 `"**"`이 적당하다.) 거듭제곱의 지수가 0이면 결과는 무조건 1이고 지수가 1이면 결과는 자기 자신이라는 규칙도 이 함수들에 내장해야 한다.

■ 연습문제 2.57

미분 프로그램을, 임의의 개수(둘 이상)의 인수들로 합과 곱을 구성할 수 있도록 확장하라. 예를 들어 마지막 예를 다음과 같이 표현할 수 있어야 한다.

```
deriv(list("*", "x", "y", list("+", "x", 3)), "x");
```

`deriv` 함수는 전혀 수정하지 않고 합과 곱의 표현만 바꾸어서 프로그램을 확장해 볼 것. 예를 들어 합의 addend는 여전히 첫 항을 돌려주되, augend는 첫 항을 제외한 나머지 항들의 합을 돌려주도록 바꾸어야 할 것이다.

■ 연습문제 2.58

통상적인 수학 표기법처럼 `"+"`와 `"*"`를 전위 연산자가 아니라 중위 연산자로 두어서 대수식을 표현하도록 미분 프로그램을 수정한다고 하자. 미분 프로그램은 추상 데이터에 기초하므로, 미분 프로그램이 이전과는 다른 방식으로 표현된 대수식을 다루게 하려면 대수식의 표현을 정의하는 술어, 선택자, 생성자들만 변경하면 된다.

a. 미분 프로그램이 다음 예처럼 중위 표기법으로 표현된 대수식을 미분하도록 프로그램 구성 요소들을 적절히 수정하라.

```
list("x", "+", list(3, "*", list("x", "+", list("y", "+", 2))))
```

문제를 간단하게 만들기 위해, "+"와 "*"는 항상 두 개의 인수를 받으며 대수식들에 항상 괄호가 적용되어 있다고 가정할 것.

b. 통상적인 수학 표기법에서는 곱셈이 덧셈보다 우선순위가 높다는 가정하에서 다음 예처럼 불필요한 괄호를 생략한다.

```
list("x", "+", "3", "*", list("x", "+", "y", "+", 2))
```

이런 괄호 생략을 허용한다면 문제가 훨씬 어려워진다. 이 표기법으로 작성된 대수식이 주어졌을 때도 미분 프로그램이 정확하게 작동하도록 술어들과 선택자들, 생성자들을 적절히 설계하라.

2.3.3 예제: 집합의 표현

앞의 예제들에서 우리는 두 종류의 복합 데이터 객체에 대한 표현을 작성했다. 하나는 유리수이고 다른 하나는 대수식이었다. 그 예제들 중 하나에서는 표현식을 생성 시점에서 축약할 것인가 아니면 선택 시점에서 축약할 것인가를 선택해야 했다. 그 점을 제외할 때, 이 자료 구조들을 목록으로 표현하기로 한 것 자체는 고민할 것이 없는 당연한 선택이었다. 그렇지만 집합(set)을 표현하는 문제에서는 선택이 그리 자명하지 않다. 가능한 표현 방식이 여러 개이며, 그 방식들은 여러 면에서 서로 상당히 다르다.

일상적인 의미에서 집합은 그냥 서로 다른 객체들을 모아둔 것이다. 데이터 추상화의 방법을 동원하면 집합을 좀 더 엄밀하게 정의할 수 있다. 이 경우 '집합'은 집합에 적용할 수 있는 연산들로 정의된다. 집합에 적용할 수 있는 연산들을 `union_set`, `intersection_set`, `is_element_of_set`, `adjoin_set`이라는 함수들로 표현하기로 하자. `is_element_of_set`

함수는 주어진 요소가 집합에 속하는지 판정하는 술어이다. `adjoin_set` 함수는 객체와 집합을 받고 객체를 집합에 추가해서 만든 새 집합을 돌려준다. `union_set` 함수는 두 집합의 합집합, 즉 두 집합의 모든 원소를 중복 없이 포함한 집합을 돌려준다. `intersection_set` 함수는 두 집합의 교집합, 즉 두 집합 모두에 있는 원소들만으로 이루어진 집합을 돌려준다. 데이터 추상화의 관점에서, 이 함수들을 방금 말한 설명과 일치하는(consistent; 모순되지 않는) 방식으로 작동하도록 구현하기만 한다면 그 어떤 표현도 집합으로 취급할 수 있다.[33]

순서 없는 목록으로 표현한 집합

집합을 표현하는 한 가지 방법은 원소들을 목록에 저장하되 그 어떤 원소도 목록에 많아야 한 번만 등장한다는 규칙을 강제하는 것이다. 공집합은 빈 목록으로 표현한다. 이 표현 방식에서 `is_element_of_set`은 §2.3.1의 `member` 함수와 비슷하다. 단, 집합의 원소가 반드시 수치나 문자열이어야 하는 것은 아니므로 이 술어는 === 대신 **equal**을 사용한다.

```
function is_element_of_set(x, set) {
    return is_null(set)
            ? false
            : equal(x, head(set))
            ? true
            : is_element_of_set(x, tail(set));
}
```

이 술어가 있으면 `adjoin_set` 함수를 작성할 수 있다. 추가할 객체가 이미 집합에 있으면 그냥 집합을 돌려주고, 그렇지 않으면 **pair**를 이용해서 그 객체를 집합을 표현하는 목록에 추가하면 된다.

---

33 좀 더 정식화된 정의를 원하는 독자를 위해 "방금 말한 설명과 일치"한다는 것이 뜻하는 바를 명시적으로 밝히면 다음과 같다.
- 임의의 집합 S와 임의의 객체 x에 대해, `is_element_of_set(x, adjoin_set(x, S))`가 참이다(비공식적으로는 "객체를 집합에 추가하면 그 객체가 원소인 새 집합이 나온다").
- 임의의 두 집합 S, T와 임의의 객체 x에 대해 `is_element_of_set(x, union_set(S, T))`가 `is_element_of_set(x, S) || is_element_of_set(x, T)`이 같다(비공식적으로는 "union_set(S, T)의 원소들은 S 또는 T에 있는 원소들이다").
- 임의의 객체 x에 대해 `is_element_of_set(x, null)`은 거짓이다(비공식적으로는 "그 어떤 객체도 공집합의 원소가 아니다").

```
function adjoin_set(x, set) {
    return is_element_of_set(x, set)
           ? set
           : pair(x, set);
}
```

교집합을 위한 intersection_set 함수는 재귀적인 방식으로 구현할 수 있다. set2와 set1의 tail(첫 원소를 제외한 나머지 원소들)의 교집합을 만드는 방법을 안다면, 그 교집합에 set1의 head를 포함시켜야 하는지만 결정하면 된다. 그런데 그 여부는 head(set1)이 set2에도 들어 있는지에 달려 있다. 다음은 이러한 재귀적인 전략으로 구현한 intersection_set 함수이다.

```
function intersection_set(set1, set2) {
    return is_null(set1) || is_null(set2)
           ? null
           : is_element_of_set(head(set1), set2)
           ? pair(head(set1), intersection_set(tail(set1), set2))
           : intersection_set(tail(set1), set2);
}
```

표현을 설계할 때 해결해야 할 문제 하나는 효율성이다. 집합 연산들에 필요한 단계 수를 생각해 보자. 이 연산들은 모두 is_element_of_set을 사용하므로, 이 is_element_of_set의 속도가 전체적인 집합 구현의 효율성에 큰 영향을 미친다. 구현에 따라서는, 객체가 집합의 원소인지를 판정하려면 집합 전체를 훑어야 한다. (최악의 경우는 집합 전체를 훑었는데 객체가 집합에 없다고 판명되는 경우이다.) 그러면, 집합의 원소가 n개일 때 is_element_of_set의 단계 수는 n일 수 있다. 따라서 필요한 단계 수는 $\Theta(n)$으로 증가한다. 이 연산을 사용하는 adjoin_set에 필요한 단계 수 역시 $\Theta(n)$으로 증가한다. intersection_set은 set1의 각 원소에 is_element_of_set을 적용하므로, 필요한 단계 수는 두 집합의 크기의 곱에 비례한다. 즉, 두 집합 모두 원소가 n일 때 증가 차수는 $\Theta(n^2)$이다. union_set도 마찬가지이다.

■ **연습문제 2.59**

순서 없는 목록으로 표현된 두 집합에 대한 union_set 연산을 구현하라.

앞에서 우리는 집합을 중복 없는 목록으로 표현했다. 이 연습문제에서는 중복을 허용하기로 한다. 예를 들어 집합 {1, 2, 3}을 목록 list(2, 3, 2, 1, 3, 2, 2)라고 표현할 수도 있다고 하겠다. 이 표현에 대해 작동하는 함수 is_element_of_set, adjoin_set, union_set, intersection_set을 설계하라. 중복을 허용하지 않는 표현에 대한 함수들에 비해 이들의 효율성은 어느 정도인가? 이 표현이 중복 없는 표현보다 더 나은 응용 분야가 있을까?

순서 있는 목록으로 표현한 집합

집합 연산들의 속도를 높이는 한 방법은 집합의 원소들이 목록에서 오름차순으로 나열되도록 표현 방식을 바꾸는 것이다. 그러려면 두 객체의 크기를 비교해서 순서를 결정하는 수단이 필요하다. 예를 들어 문자열이라면 사전순으로 비교하면 될 것이고, 임의의 객체라면 특정한 방식으로 객체에 어떤 고유한 번호를 부여하고 그 번호를 비교하면 될 것이다. 논의를 단순하게 유지하기 위해 여기서는 원소들이 모두 수치인 집합만 고려한다. 그러면 그냥 원시 술어 >와 < 로 원소들을 비교하면 된다. 그럼 수치들의 집합을 요소들이 오름차순인 목록으로 표현해 보자. 이전 버전에서는 집합 {1, 3, 6, 10}의 원소들을 아무 순서로나 나열해도 되었지만, 이 버전에서는 오직 list(1, 3, 6, 10)으로만 표현할 수 있다.

이처럼 순서 있는 목록을 사용하면 생기는 장점 중 하나는 is_element_of_set이 빨라진다는 것이다. 이제는 집합 전체를 훑을 필요가 없다. 주어진 수치보다 큰 원소가 나오면 집합에 그 수치가 없는 것이 확실하므로 검색을 중단해도 된다.

```
function is_element_of_set(x, set) {
    return is_null(set)
           ? false
           : x === head(set)
           ? true
           : x < head(set)
           ? false
           : // x > head(set)
             is_element_of_set(x, tail(set));
}
```

순서 있는 표현에서 이 연산의 단계 수는 어느 정도나 줄어들까? 최악의 경우는 찾으려는 원소가 목록의 제일 마지막 원소인 경우이다. 그러면 단계 수는 순서 없는 표현과 같다. 다양한 크기의 수치들을 검색한다면 어떤 경우에는 목록의 처음 몇 원소만 검색해도 그 수치가 발견되고, 또 어떤 경우에는 목록을 거의 다 훑은 후에야 발견될 것이다. 평균적으로는 목록 크기의 절반 정도를 조사해야 할 것이다. 따라서 필요한 평균 단계 수는 $n/2$이다. 증가 차수는 여전히 $\Theta(n)$이지만, 단계 수는 이전 구현보다 평균적으로 2분의 1 정도이다.

속도 증가는 intersection_set에서 더욱 두드러진다. 순서 없는 표현에서 이 연산의 필요 단계 수는 $\Theta(n^2)$이다. set1의 원소마다 set2 전체를 훑어야 하기 때문이다. 그러나 순서 있는 표현에서는 다음과 같은 좀 더 현명한 방법을 사용할 수 있다. 먼저 두 집합의 첫 원소 x1과 x2를 비교한다. 만일 x1과 x2가 같으면 그중 하나를 교집합에 포함시킨다. 교집합의 나머지 원소들은 두 집합의 tail들의 교집합이다. x1과 x2가 같지 않으면 두 경우로 나뉜다. 만일 x1이 x2보다 작으면, x1이 set2에 있을 가능성이 없다. x2는 set2에서 가장 작은 원소이기 때문이다. 따라서 검색을 생략해도 된다. 이 경우 교집합은 set1의 tail과 set2의 교집합이다. 만일 x2가 x1보다 작으면, 같은 논리로 교집합은 set2의 tail과 set1의 교집합이다. 다음은 이러한 전략으로 구현한 intersection_set 함수이다.

```
function intersection_set(set1, set2) {
    if (is_null(set1) || is_null(set2)) {
        return null;
    } else {
        const x1 = head(set1);
        const x2 = head(set2);
        return x1 === x2
               ? pair(x1, intersection_set(tail(set1), tail(set2)))
               : x1 < x2
               ? intersection_set(tail(set1), set2)
               : // x2 < x1
               intersection_set(set1, tail(set2));
    }
}
```

이 연산에 필요한 단계 수를 추정하려면, 각 단계에서 교집합 문제를 더 작은 집합들(set1이나 set2 또는 둘 다에서 첫 원소를 제거한)의 교집합으로 축약한다는 점에 주목해야 한다. 따라서 필요한 단계 수는 set1의 크기와 set2의 크기의 합을 넘지 않는다. 즉, 단계 수의 증가 차수는 $\Theta(n^2)$이 아니라 $\Theta(n)$이다. 증가 차수가 이렇게 달라지면, 그리 크지 않은 집합들이라도 속도가 상당히 빨라진다.

■ **연습문제 2.61**

순서 있는 표현에 대한 adjoin_set을 구현하라. is_element_of_set에서처럼 순서 있는 표현의 장점을 활용해서 순서 없는 표현보다 평균적으로 단계 수가 절반 정도가 되는 함수를 작성할 것.

■ **연습문제 2.62**

순서 있는 목록으로 표현된 집합에 대한, 증가 차수가 $\Theta(n)$인 union_set 함수를 구현하라.

이진 트리로 표현한 목록

집합의 원소들을 트리 형태로 배열하면 순서 있는 목록 표현보다도 효율성을 더 높일 수 있다. 트리의 각 노드는 집합의 한 원소를 담는다. 이를 노드의 '항목(entry)'이라고 부르기로 하겠다. 하나의 노드에는 다른 두 노드(빈 노드일 수 있다)로 연결되는 링크들이 있는데, '왼쪽' 링크는 자신보다 더 작은 항목을 담은 노드로 이어지고 '오른쪽' 노드는 자신보다 더 큰 항목을 담은 노드로 이어진다. [그림 2.16]에 집합 {1, 3, 5, 7, 9, 11}을 표현한 여러 이진 트리의 예가 나와 있다. 같은 트리를 이처럼 여러 형태의 이진 트리로 표현할 수 있음을 주목하기 바란다. 주어진 이진 트리가 유효한 집합 표현이 되는 조건은 주어진 한 노드의 왼쪽 부분 트리에 있는 모든 항목은 노드의 항목보다 작고 오른쪽 부분 트리에 있는 모든 항목은 노드의 항목보다 크다는 것뿐이다.

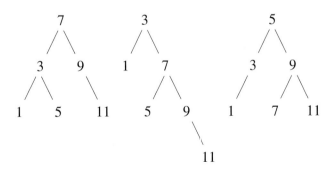

그림 2.16 집합 {1, 3, 5, 7, 9, 11}을 표현하는 여러 이진 트리.

트리 표현의 장점은 이렇다. 수치 x가 집합에 있는지 판정한다고 하자. 먼저 트리의 최상위 노드의 항목을 x와 비교한다. 만일 x가 그 항목보다 작으면, 이진 트리의 조건에 의해 왼쪽 부분 트리만 검색하면 된다. x가 그 항목보다 크면 오른쪽 부분 트리만 검색하면 된다. 만일 트리가 '균형'이 잡혀 있다면, 좌우 부분 트리들은 원래의 트리의 절반 크기이다. 따라서, 각 단계에서 크기가 n인 트리를 검색하는 문제는 크기가 $n/2$인 트리를 검색하는 문제로 줄어든다. 단계마다 트리의 크기가 절반으로 줄어들기 때문에, 크기가 n인 트리를 검색하는 데 필요한 단계수의 증가 차수는 $\Theta(\log n)$이 된다.[34] 그러면 큰 집합의 경우 이전 구현들에 비해 속도가 상당히 빨라진다.

트리 역시 목록으로 표현할 수 있다. 하나의 노드는 요소가 세 개인 목록으로 표현한다. 첫 요소는 노드의 항목이고 그다음 둘은 왼쪽 부분 트리와 오른쪽 부분 트리이다. 노드에 왼쪽 부분 트리나 오른쪽 부분 트리가 없으면 빈 목록을 해당 요소로 사용한다. 다음은 이런 식으로 트리를 목록으로 표현하는 데 사용하는 함수들이다.[35]

```
function entry(tree) { return head(tree); }
function left_branch(tree) { return head(tail(tree)); }
function right_branch(tree) { return head(tail(tail(tree))); }
function make_tree(entry, left, right) {
    return list(entry, left, right);
}
```

트리의 표현이 갖추어졌으므로, 이제 앞에서 설명한 전략에 따라 `is_element_of_set`을 작성할 수 있다.

```
function is_element_of_set(x, set) {
    return is_null(set)
            ? false
            : x === entry(set)
            ? true
            : x < entry(set)
```

---

34 §1.2.4의 빠른 거듭제곱 알고리즘과 §1.3.3의 이분법 검색에서도 보았듯이, 각 단계에서 문제의 크기가 절반으로 주는 것은 로그 증가 차수의 두드러진 특징이다.

35 집합을 트리로 표현하고 트리 자체는 목록으로 표현한다는 것은 데이터 추상에 기초한 데이터 추상에 해당한다. 함수 entry, left_branch, right_branch, make_tree는 '이진 트리'라는 추상과 목록을 이용해서 트리를 표현하는 구체적인 방식을 분리하는 장벽으로 작용한다.

```
            ? is_element_of_set(x, left_branch(set))
          : // x > entry(set)
            is_element_of_set(x, right_branch(set));
  }
```

한 항목을 집합에 추가하는 연산도 이와 비슷한 방식으로 구현할 수 있다. 단계 수의 증가 차수 역시 $\Theta(\log n)$이다. 항목 x를 추가하려면, x를 현재 노드의 항목과 비교해서 왼쪽 부분 트리와 오른쪽 부분 트리 중 하나로 내려보내는 과정을 재귀적으로 반복한다. 더 이상 내려갈 부분 트리가 없으면, 해당 부분 트리를 생성하고 재귀를 중단한다. 만일 x가 현재 노드의 항목과 같으면 그냥 그 노드를 돌려준다. x를 추가할 트리가 빈 트리이면, x가 항목이고 왼쪽, 오른쪽 링크가 비어 있는 새 트리를 생성한다. 다음은 이상의 방식으로 작성한 함수이다.

```
function adjoin_set(x, set) {
    return is_null(set)
            ? make_tree(x, null, null)
          : x === entry(set)
            ? set
          : x < entry(set)
            ? make_tree(entry(set),
                        adjoin_set(x, left_branch(set)),
                        right_branch(set))
          : // x > entry(set)
            make_tree(entry(set),
                      left_branch(set),
                      adjoin_set(x, right_branch(set)));
}
```

앞에서 트리가 균형이 잡혀 있다면 연산을 로그 단계 수로 수행할 수 있다고 말했다. 여기서 "균형이 잡혀 있다"라는 것은 모든 노드에서 왼쪽 부분 트리와 오른쪽 부분 트리의 항목 수가 거의 같다는 뜻이다. 이런 균형 이진 트리(balanced binary tree; 간단히 균형 트리)에서는 각 부분 트리의 크기가 그 부모 트리의 절반 정도이다. 그런데 현재의 구현이 구축하는 트리가 균형 이진 트리인지 확신할 수 있을까? 균형 트리로 시작한다고 해도 adjoin_set으로 원소들을 추가하다 보면 트리의 균형이 깨질 수 있다. 새로 추가된 원소의 위치는 집합에 이미 있는 원소들과의 비교 결과에 따라 결정되므로, 만일 원소들을 트리에 "무작위하게" 추가한다면 평균적으로 트리는 균형을 이룰 것이다. 그러나 원소들이 항상 무작위로 추가된다는 보장은 없다. 예를 들어 1에서 7까지의 수를 차례로 트리에 추가하면 [그림 2.17]처럼 극도로 편향된 트리가 만들어진다. 이 트리는 모든 왼쪽 부분 트리가 비어 있어서 단순한 순서 있는 목록보다 나을 것이 없다. 이 문제의 해결책 하나는 임의의 트리를 균형 트리로 변환하는 연산을 정의하고, `adjoin_set` 연산을 몇 번 수행할 때마다 이 변환을 적용해서 트리의 균형을 유지하는 것이다. 그 밖에도 여러 해결책이 있는데, 대부분은 검색과 삽입을 $\Theta(\log n)$ 단계로 수행할 수 있는 새로운 자료 구조의 설계가 관여한다.[36]

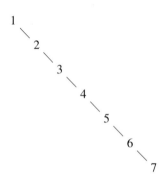

그림 2.17 1에서 7을 차례로 추가해서 만든 균형 깨진 트리.

■ **연습문제 2.63**

다음 두 함수 모두 이진 트리를 목록으로 변환한다.

```
function tree_to_list_1(tree) {
    return is_null(tree)
            ? null
            : append(tree_to_list_1(left_branch(tree)),
                    pair(entry(tree),
                        tree_to_list_1(right_branch(tree))));
}

function tree_to_list_2(tree) {
    function copy_to_list(tree, result_list) {
```

----

36 그런 자료 구조의 예로 B-트리$^{\text{B-tree}}$와 적흑 트리(red-black tree)가 있다. 이 문제만 다루는 자료 구조 관련 문헌들이 많이 있는데, 이를테면 [Cormen, Leiserson, Rivest, Stein 2022]를 보라.

```
            return is_null(tree)
                    ? result_list
                    : copy_to_list(left_branch(tree),
                                   pair(entry(tree),
                                        copy_to_list(right_branch(tree),
                                                     result_list)));
    }
    return copy_to_list(tree, null);
}
```

a. 두 함수가 모든 트리에 대해 동일한 결과를 산출할까? 그렇지 않다면 두 함수의 결과는 어떻게 다른가? [그림 2.16]의 트리들에 대해 두 함수는 어떤 목록들을 산출하는가?

b. 노드가 n개인 균형 트리를 목록으로 바꾸는 데 필요한 두 함수의 단계 수 증가 차수가 같은가? 아니라면, 단계 수가 더 느리게 증가하는 함수는 어느 것인가?

■ **연습문제 2.64**

다음은 순서 있는 목록을 균형 이진 트리로 변환하는 `list_to_tree` 함수이다. 이 함수가 사용하는 보조 함수 `partial_tree`는 정수 n과 크기가 n 이상인 목록을 받고 그 목록의 처음 n개의 요소를 담은 균형 이진 트리를 생성한다. `partial_tree`는 head가 그러한 트리이고 `tail`이 트리에 포함되지 않은 목록 요소들의 목록인 쌍 객체(`pair` 함수로 생성한)를 돌려준다.

```
function list_to_tree(elements) {
    return head(partial_tree(elements, length(elements)));
}
function partial_tree(elts, n) {
    if (n === 0) {
        return pair(null, elts);
    } else {
        const left_size = math_floor((n - 1) / 2);
        const left_result = partial_tree(elts, left_size);
        const left_tree = head(left_result);
        const non_left_elts = tail(left_result);
        const right_size = n - (left_size + 1);
        const this_entry = head(non_left_elts);
        const right_result = partial_tree(tail(non_left_elts), right_size);
        const right_tree = head(right_result);
```

```
            const remaining_elts = tail(right_result);
            return pair(make_tree(this_entry, left_tree, right_tree),
                        remaining_elts);
        }
    }
```

a. partial_tree의 작동 방식을 짧은 문단 하나로 최대한 명확하게 서술하라. list(1, 3, 5, 7, 9, 11)에 대해 list_to_tree가 산출한 트리를 그려라.

b. list_to_tree가 요소 n개짜리 목록을 변환하는 데 필요한 단계 수의 증가 차수는 무엇인가?

■ **연습문제 2.65**

[연습문제 2.63]과 [연습문제 2.64]의 결과를 이용해서, 이진 트리(균형 이진 트리)로 표현된 집합들을 위한 union_set과 intersection_set을 단계 수의 증가 차수가 $\Theta(n)$이 되도록 구현하라.[37]

집합과 정보 검색

앞에서 우리는 집합을 목록으로 표현하는 여러 가지 방법을 조사하고, 데이터 객체의 표현 방법이 그 데이터를 사용하는 프로그램의 성능에 큰 영향을 미칠 수 있다는 점을 살펴보았다. 이번 절에서 집합에 초점을 둔 이유 중 하나는, 여기서 논의한 기법들이 정보 검색(information retrieval)이 관여하는 여러 응용 분야에 거듭 등장하기 때문이다.

기업의 인사 파일이나 회계 시스템의 거래(트랜잭션) 기록 같은 수많은 개인 레코드record를 담은 데이터베이스를 생각해 보자. 전형적인 데이터 관리 시스템은 레코드에 담긴 데이터에 접근하거나 데이터를 수정하는 데 많은 시간을 소비한다. 따라서 그런 효율적인 레코드 접근 방법이 꼭 필요하다. 효율적인 접근의 핵심은 각 레코드에 레코드를 식별하기 위한 키key 필드를 두는 것이다. 그 레코드를 고유하게 식별할 수 있는 것이면 어떤 형태의 데이터라도 키가 될 수 있다. 인사 파일이라면 직원의 ID 번호를 키로 사용하면 될 것이고, 회계 시스템이라면 거

---

37 [연습문제 2.63~2.65]는 폴 힐핑거Paul Hilfinger에 기인한다.

래 번호를 키로 사용하면 될 것이다. 무엇을 키로 사용하든, 자료 구조로서의 레코드를 설계할 때는 반드시 주어진 레코드의 키를 돌려주는 선택자 함수 **key**를 설계에 포함해야 한다.

데이터베이스를 그러한 레코드들의 집합으로 표현한다고 하자. 주어진 키에 해당하는 레코드를 찾는 용도로 **lookup**이라는 함수를 두기로 한다. 이 함수는 키와 데이터베이스를 받고 데이터베이스에서 그 키를 가진 레코드를 찾아서 돌려준다. 만일 그런 레코드가 없으면 **false**를 돌려준다. 이러한 **lookup** 함수는 **is_element_of_set**과 거의 같은 방식으로 구현할 수 있다. 예를 들어 다음은 레코드들의 집합을 순서 없는 목록으로 표현할 때의 **lookup** 함수이다.

```
function lookup(given_key, set_of_records) {
    return is_null(set_of_records)
           ? false
           : equal(given_key, key(head(set_of_records)))
           ? head(set_of_records)
           : lookup(given_key, tail(set_of_records));
}
```

물론 커다란 집합을 순서 없는 목록으로 표현하는 것보다 더 나은 방법들이 있다. '임의 접근 (random access)'이 필요한 레코드들을 다루는 정보 검색 시스템들은 앞에서 논의한 이진 트리 표현 같은 트리 기반 방법들을 주로 사용한다. 그런 시스템을 설계할 때는 지금껏 이야기한 데이터 추상 방법론이 크게 도움이 될 수 있다. 설계자는 순서 없는 목록 같은 간단하고 직접적인 표현들을 이용해서 시스템을 빠르게 구현해 본다. 물론 그런 초기 구현은 실무용 시스템으로는 적합하지 않지만, 시스템의 나머지 부분을 테스트하는 데 사용할 "임시방편적인" 데이터베이스로는 충분하다. 데이터 표현은 나중에라도 더 정교하게 다듬을 수 있다. 추상적인 선택자들과 생성자들을 이용해서 데이터베이스에 접근한다면, 데이터 표현이 바뀌어도 시스템의 나머지 부분은 바꿀 필요가 없다.

■ **연습문제 2.66**

이진 트리로 표현된 레코드 집합을 위한 **lookup** 함수를 구현하라. 이진 트리에서 레코드들의 순서 관계는 해당 키의 수치 값을 기준으로 한다고 가정할 것.

2.3.4 허프먼 부호화 트리

이번 절에서는 목록 구조와 데이터 추상화를 이용해서 집합과 트리를 다루는 데 숙달하기 위한 실습으로, 데이터를 비트열(bit sequence; 1들과 0들의 순차열)로 표현하는 여러 방법을 시험해 본다. 예를 들어 컴퓨터에서 텍스트를 표현하는 데 쓰이는 ASCII 코드는 각 문자를 7비트열(비트 일곱 개의 순차열)로 부호화한다. 일곱 개의 비트로는 총 $2^7 = 128$개의 서로 다른 문자를 표현할 수 있다. 일반화하면, 서로 다른 n개의 기호를 구분하는 데에는 기호당 $\log_2 n$개의 비트가 필요하다. 만일 모든 메시지가 A, B, C, D, E, F, G, H라는 여덟 가지 기호로만 구성된다면, 다음처럼 각 문사를 3비트로 표현하는 부호 체계를 사용해서 메시지를 부호화하면 될 것이다.

A	000	C	010	E	100	G	110
B	001	D	011	F	101	H	111

이 부호 체계를 사용해서 다음 메시지를 부호화(encoding)하면

BACADAEAFABBAAAGAH

다음과 같은 54비트열이 나온다.

001000010000011000100000101000001001000000000110000111

ASCII 코드나 위의 A–H 부호처럼 메시지의 각 기호를 같은 개수의 비트로 표현하는 부호를 가리켜 고정 길이 부호(fixed-length code)라고 부른다. 그런데 각 기호를 서로 다른 개수의 비트로 표현하는 **가변 길이 부호**(variable-length code)를 사용하는 것이 나을 때도 있다. 예를 들어 모스 부호(Morse code)는 영문 알파벳의 글자마다 도트^{dot}(짧은 발신 전류)와 대시 dash(긴 발신 전류)의 개수가 제각각이다. 특히, 가장 자주 쓰이는 글자인 E는 도트 하나로 표현된다. 일반적으로, 만일 메시지를 구성하는 기호들 중 아주 자주 쓰이는 것도 있고 거의 쓰이지 않는 것도 있다면, 자주 쓰이는 기호들에 더 짧은 부호를 배정하면 데이터를 좀 더 효율적으로(즉, 각 메시지에 더 적은 수의 비트를 사용해서) 부호화할 수 있다. 예를 들어 A에서 H까지의 문자들을 앞에서와는 다르게 다음과 같은 부호 체계로 부호화한다고 하자.

A	0	C	1010	E	1100	G	1110
B	100	D	1011	F	1101	H	1111

이 부호를 이용해서 앞의 메시지를 부호화한 결과는 다음과 같다.

100010100101101100011010100100000111001111

이 비트열은 비트가 42개밖에 안 된다. 따라서 이전의 고정 길이 부호보다 공간이 20% 이상 절약된다.

가변 길이 부호를 사용할 때 어려운 점 하나는, 1들과 0들의 순차열을 읽어 나가는 과정에서 각 기호의 끝을 어떻게 인식할 것인가이다. 모스 부호는 각 글자의 도트와 대시 순차열 다음에 특별한 **분리 부호**(구체적으로는 신호 전송을 잠시 쉬는 것)를 사용함으로써 이 문제를 해결한다. 또 다른 해결책은 한 기호의 완전한 부호가 다른 기호의 완전한 부호의 앞자리(접두사)와 겹치는 일이 없도록 기호들에 부호들을 배정하는 것이다. 그런 부호 체계를 **앞자리 부호**(prefix code; 또는 접두 부호)라고 부른다. 앞의 예에서 A는 0으로 부호화되고 B는 100으로 부호화되므로, 다른 기호들에 0이나 100으로 시작하는 부호를 배정해서는 안 된다.

일반적으로, 부호화할 메시지를 구성하는 기호들의 상대도수(relative frequency)를 활용하는 가변 길이 앞자리 부호를 이용하면 부호화 결과의 비트열 길이를 크게 줄일 수 있다. 이를 위한 부호 체계로 주목할 만한 것이 창안자 데이비드 허프먼David Huffman의 이름을 딴 허프먼 부호(Huffman code)이다. 허프먼 부호는 부호화할 기호들을 잎(말단 노드)들에 담은 이진 트리로 표현할 수 있다. 트리의 각 중간 노드(잎이 아닌 노드)는 그 노드 아래에 있는 모든 잎 노드의 기호들을 담은 하나의 집합이다. 각 잎 노드의 기호에는 가중치(기호의 상대도수)가 배정되며, 중간 노드에는 그 노드 아래에 있는 모든 잎 노드의 가중치들을 합한 가중치가 배정된다. 이 가중치들이 부호화나 복호화(decoding)에 쓰이지는 않는다. 잠시 후에 보겠지만, 이 가중치들은 트리의 구축을 돕는 역할을 한다.

[그림 2.18]은 앞에 나온 A~H 부호를 위한 허프먼 부호화 트리이다. 잎 노드들의 가중치에서 보듯이, 메시지들에서 A가 출현하는 상대도수는 8이고 B의 상대도수가 3, 나머지 글자들은 모두 상대도수가 1이다.

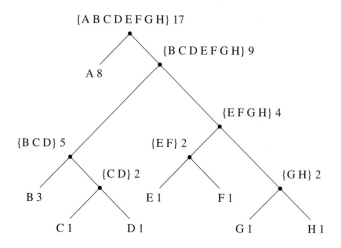

그림 2.18 허프먼 부호화 트리의 예.

이런 허프먼 트리가 주어졌을 때, 임의의 기호를 부호화하는 과정은 이렇다. 트리의 뿌리(최상위 노드)에서 출발해서 그 기호가 담긴 잎 노드를 찾아 내려간다. 한 노드에서 왼쪽 가지로 내려갈 때는 부호에 비트 0을 추가하고, 오른쪽 가지로 내려갈 때는 비트 1을 추가한다. (왼쪽 가지와 오른쪽 가지 중 어느 것을 따라 내려갈 것인지는 해당 기호가 어느 쪽 가지의 잎 노드에 있는지, 즉 그 기호가 어느 집합에 들어 있는지에 따라 결정한다.) 예를 들어 [그림 2.18]의 트리를 이용해서 D를 부호화한다고 하자. 뿌리 노드에서 출발해서 D가 있는 잎 노드에 도달하려면 뿌리 노드에서 오른쪽 가지를 선택하고 그다음에는 왼쪽 가지, 그다음에는 오른쪽 가지, 마지막으로 오른쪽 가지를 선택해야 한다. 그러면 D의 부호는 1011이다.

주어진 비트열을 허프먼 트리를 이용해서 복호화하는 방법도 비슷하다. 뿌리 노드에서 출발해서, 비트열의 첫 비트(제일 왼쪽 비트)가 0이냐 1이냐에 따라 왼쪽 가지나 오른쪽 가지를 선택한다. 그런 다음에는 비트열의 다음 비트를 이용해서 같은 과정을 반복한다. 그러다 보면 결국 특정 기호를 담은 잎 노드에 도달한다. 이를 비트열의 모든 비트가 소진될 때까지 반복하면 메시지 전체가 복호화된다. 예를 들어 비트열 10001010을 [그림 2.18]의 트리로 복호화한다고 하면, 뿌리에서 시작해서 오른쪽 가지로 내려가고(비트열의 첫 비트가 1이므로), 왼쪽 가지로 내려가고(둘째 비트가 0이므로), 다시 왼쪽 가지로 내려간다(셋째 비트도 0이므로). 그러면 B를 담은 잎 노드에 도달하므로, 메시지의 첫 기호는 B이다. 다시 뿌리 노드로 돌아가서, 이번에는 왼쪽 가지로 내려간다(비트열의 그다음 비트가 0이므로). 그곳은 A의 잎 노드이다.

이제 남은 비트들은 1010이다. 트리를 다시 뿌리로 돌아가서, 오른쪽, 왼쪽, 오른쪽, 왼쪽 가지로 내려가면 C에 도달한다. 따라서 전체 메시지는 BAC이다.

허프먼 트리 만들기

'알파벳', 즉 메시지에 쓰이는 기호들의 집합과 각 기호의 상대도수가 주어졌다고 할 때, "최적의" 허프먼 부호(다른 말로 하면 메시지를 가장 적은 수의 비트들로 부호화하는 트리)를 만들려면 어떻게 해야 할까? 허프먼은 이를 위한 알고리즘을 제시했다. 또한 허프먼은 그 알고리즘으로 만든 낸 부호가, 그 부호를 만드는 데 쓰인 상대도수들과 동일한 상대도수를 가진 기호들로 구성된 메시지에 대해서는 실제로 최적의 가변 길이 부호임을 증명했다. 허프먼 부호의 최적성을 여기서 증명하지는 않겠다. 허프먼 트리를 만드는 방법만 제시한다.[38]

허프먼 트리를 생성하는 알고리즘은 아주 간단하다. 핵심은, 도수가 낮은 기호일수록 뿌리 노드에서 먼 노드에 배치하는 것이다. 먼저, 부호화를 적용할 초기 자료에서 기호들과 그 상대도수들을 뽑고, 기호와 상대도수를 담은 잎 노드들을 만든다. 그런 다음에는 가중치(상대도수)가 가장 낮은 두 잎 노드를 선택해서, 그 두 노드가 왼쪽, 오른쪽 자식 노드인 중간 노드를 만든다. 이때 새 중간 노드의 가중치는 두 자식 노드 가중치의 합이다. 노드 집합에서 두 노드를 제거하고, 새로 만든 중간 노드를 노드 집합에 추가한다. 남은 노드들에 대해서도 이러한 노드 병합(merge) 과정, 즉 집합에서 가중치가 가장 낮은 두 노드를 연결하는 새 노드를 만들고, 두 노드는 집합에서 제거하고 새 노드를 집합에 추가하는 과정을 반복한다. 집합에 노드가 하나만 남으면 반복을 멈춘다. 그 하나의 노드가 바로 전체 트리의 뿌리 노드이다. 다음은 [그림 2.18]의 허프먼 트리를 만드는 과정이다.

초기 잎 노드들	{(A 8) (B 3) (C 1) (D 1) (E 1) (F 1) (G 1) (H 1)}
병합	{(A 8) (B 3) ({C D} 2) (E 1) (F 1) (G 1) (H 1)}
병합	{(A 8) (B 3) ({C D} 2) ({E F} 2) (G 1) (H 1)}
병합	{(A 8) (B 3) ({C D} 2) ({E F} 2) ({G H} 2)}
병합	{(A 8) (B 3) ({C D} 2) ({E F G H} 4)}
병합	{(A 8) ({B C D} 5) ({E F G H} 4)}
병합	{(A 8) ({B C D E F G H} 9)}
최종 병합	{(({A B C D E F G H} 17)}

---

[38] 허프먼 부호의 수학적 성질에 관한 논의로는 [Hamming 1980]을 보라.

이 알고리즘이 항상 고유한 트리를 산출하지는 않는다. 각 단계에서 가중치가 가장 작은 노드가 항상 고유한 것은 아니기 때문이다. 또한, 두 노드를 병합하는 순서(즉, 두 노드 중 어떤 것을 왼쪽 가지에 둘 것인지)도 임의적이다.

허프먼 트리의 표현

앞에서 개괄한 알고리즘을 이용해서 허프먼 트리를 생성하는 방법과 허프먼 트리를 이용해서 메시지를 부호화하고 복호화하는 시스템을 만드는 방법은 잠시 후에 연습문제들에서 다루기로 한다. 우선은 허프먼 트리를 이 책의 언어로 어떻게 표현할 것인지부터 살펴보자.

트리의 잎 노드들은 문자열 "leaf"와 잎 노드의 기호, 그리고 가중치로 구성된 목록으로 표현한다.

```
function make_leaf(symbol, weight) {
    return list("leaf", symbol, weight);
}
function is_leaf(object) {
    return head(object) === "leaf";
}
function symbol_leaf(x) { return head(tail(x)); }
function weight_leaf(x) { return head(tail(tail(x))); }
```

일반적인 트리는 "code_tree"라는 문자열과 왼쪽 가지, 오른쪽 가지, 기호들의 집합, 그리고 가중치로 구성된 목록으로 표현한다. 기호 집합은 정교한 집합 표현을 사용하는 대신 그냥 기호들을 나열한 목록으로 표현하기로 한다. 두 노드를 병합해서 하나의 트리를 만들 때 트리의 가중치는 두 노드 가중치의 합이고 기호 집합은 두 노드 기호 집합의 합집합이다. 기호 집합을 단순한 목록으로 표현하므로, 합집합은 §2.2.1에서 정의한 append 함수로 만들면 된다.

```
function make_code_tree(left, right) {
    return list("code_tree", left, right,
                append(symbols(left), symbols(right)),
                weight(left) + weight(right));
}
```

다음은 이런 식으로 생성한 트리에 맞는 선택자들이다.

```
function left_branch(tree) { return head(tail(tree)); }
function right_branch(tree) { return head(tail(tail(tree))); }
function symbols(tree) {
    return is_leaf(tree)
           ? list(symbol_leaf(tree))
           : head(tail(tail(tail(tree))));
}
function weight(tree) {
    return is_leaf(tree)
           ? weight_leaf(tree)
           : head(tail(tail(tail(tail(tree)))));
}
```

함수 symbols와 weight는 주어진 인수가 잎 노드인지 일반적인 트리인지에 따라 약간 다르게 작동한다. 이들은 일반적 함수(generic function), 즉 둘 이상의 자료형(data type; 데이터 형식)을 처리할 수 있는 함수의 간단한 예이다. 일반적 함수는 §2.4와 §2.5에서 좀 더 이야기한다.

복호화 함수

다음 함수는 복호화 알고리즘을 구현한다. 이 함수는 비트열(0들과 1들의 목록)과 허프먼 트리 객체를 받는다.

```
function decode(bits, tree) {
    function decode_1(bits, current_branch) {
        if (is_null(bits)) {
            return null;
        } else {
            const next_branch = choose_branch(head(bits),
                                              current_branch);
            return is_leaf(next_branch)
                   ? pair(symbol_leaf(next_branch),
                          decode_1(tail(bits), tree))
                   : decode_1(tail(bits), next_branch);
        }
    }
    return decode_1(bits, tree);
}
function choose_branch(bit, branch) {
```

```
        return bit === 0
               ? left_branch(branch)
               : bit === 1
               ? right_branch(branch)
               : error(bit, "bad bit -- choose_branch");
    }
```

decode_1 함수는 두 개의 인수를 받는데, 첫째는 비트열의 나머지 비트들이고 둘째는 트리 안에서의 현재 위치이다. 이 함수는 비트열의 다음 비트가 0이냐 1이냐에 따라 왼쪽 또는 오른쪽 가지로 내려간다. 그러다가 잎 노드를 만나면 그 잎 노드의 기호를 지금까지 복호화한 결과(기호들의 목록)에 추가하고 다시 트리의 뿌리 노드로 돌아가서 같은 과정을 반복한다. choose_branch 함수의 마지막 절(clause)에 있는 오류 점검도 주목하기 바란다. 만일 입력 데이터에 0이나 1이 아닌 수치가 있으면 이 절이 오류를 발생한다.

가중 원소 집합

이상의 트리 표현에서 잎이 아닌 노드들의 기호 집합은 그냥 단순한 목록이다. 그런데 앞에서 논의한 트리 생성 알고리즘은 가중치가 가장 작은 두 항목을 병합하는 과정을 반복하면서 잎들과 트리들의 집합을 조작한다. 집합에서 가장 작은 항목을 찾는 연산이 여러 번 수행되므로, 집합을 순서 있는 자료 구조로 표현하는 것이 바람직하다.

여기서는 잎들과 트리들의 집합을 원소들이 그 가중치 순으로 정렬된 목록으로 표현하기로 한다. 다음은 주어진 항목을 집합에 추가하는 adjoin_set 함수이다. 이 함수는 [연습문제 2.61]의 것과 비슷하되, 항목 자체의 값이 아니라 항목의 가중치를 이용해서 항목이 추가될 위치를 결정한다는 점이 다르다. 또한, 지금 예에서는 추가할 항목이 집합에 이미 존재하는 원소일 가능성이 없으므로 중복 점검은 하지 않는다.

```
function adjoin_set(x, set) {
    return is_null(set)
           ? list(x)
           : weight(x) < weight(head(set))
           ? pair(x, set)
           : pair(head(set), adjoin_set(x, tail(set)));
}
```

다음으로, 초기 잎 노드 집합을 만드는 함수를 보자. 이 함수는 다음과 같이 기호와 도수의 쌍들로 이루어진 목록을 받고,

```
list(list("A", 4), list("B", 2), list("C", 1), list("D", 1))
```

허프먼 알고리즘으로 병합하기에 적합한 형태의 순서 있는 잎 노드 집합을 생성한다.

```
function make_leaf_set(pairs) {
    if (is_null(pairs)) {
        return null;
    } else {
        const first_pair = head(pairs);
        return adjoin_set(
                    make_leaf(head(first_pair),        // 기호
                              head(tail(first_pair))),  // 도수
                    make_leaf_set(tail(pairs)));
    }
}
```

■ **연습문제 2.67**

다음과 같은 부호화 트리와 예제 메시지(비트열)가 있다고 하자.

```
const sample_tree = make_code_tree(make_leaf("A", 4),
                                   make_code_tree(make_leaf("B", 2),
                                                  make_code_tree(
                                                      make_leaf("D", 1),
                                                      make_leaf("C", 1))));
const sample_message = list(0, 1, 1, 0, 0, 1, 0, 1, 0, 1, 1, 1, 0);
```

decode 함수를 이용해서 이 메시지를 복호화한 결과를 제시하라.

■ **연습문제 2.68**

다음의 encode 함수는 메시지(기호열)와 허프먼 트리를 받고 허프먼 트리로 메시지를 부호화해서 만든 비트열(0들과 1들의 목록)을 산출한다.

```
function encode(message, tree) {
    return is_null(message)
           ? null
           : append(encode_symbol(head(message), tree),
                    encode(tail(message), tree));
}
```

여러분이 할 일은 encode 함수가 사용하는 encode_symbol 함수를 작성하는 것이다. 이 함수는 주어진 기호를 주어진 트리로 부호화한 비트열을 돌려주어야 한다. 또한, 만일 그 기호가 트리에 없으면 그 사실을 보고하는 기능도 갖추어야 한다. 여러분이 작성한 함수로 [연습문제 2.67]의 결과를 부호화했을 때 원래의 예제 비트열이 나오는지 확인하라.

■ 연습문제 2.69

다음 함수는 기호-도수 쌍들의 목록(각 기호는 반드시 하나의 쌍에만 있어야 한다)을 받고 허프먼 알고리즘에 따라 허프먼 부호화 트리를 생성한다.

```
function generate_huffman_tree(pairs) {
    return successive_merge(make_leaf_set(pairs));
}
```

make_leaf_set 함수는 본문에 나온 것으로, 주어진 쌍들의 목록을 순서 있는 잎 노드 집합으로 변환한다. 집합에서 가중치가 가장 작은 두 원소를 병합하는 과정을 집합에 원소가 하나만 남을 때까지 반복해서 그 원소(완성된 허프먼 트리)를 돌려주는 successive_merge 함수를 작성하라. 본문의 make_code_tree를 활용할 것. (이 함수는 조금 까다롭지만 그리 복잡하지는 않다. 만일 함수가 아주 복잡해진다면 여러분이 뭔가 잘못 하고 있는 것이다. 순서 있는 집합 표현의 장점을 잘 활용해 보기 바란다.)

■ 연습문제 2.70

다음은 1950년대 로큰롤 노래들의 가사를 효율적으로 부호화하려고 설계한 기호 여덟 개짜리 알파벳과 상대도수들이다. ('알파벳'의 '기호'가 반드시 개별 글자일 필요는 없음을 주목할 것.)

| A | 2 | GET | 2 | NA | 16 | YIP | 9 |
| BOOM | 1 | JOB | 2 | SHA | 3 | WAH | 1 |

generate_huffman_tree 함수(연습문제 2.69)를 이용해서 이 부호 체계를 위한 허프먼 트리를 생성하고, encode 함수(연습문제 2.68)를 이용해서 다음 메시지를 부호화하라. ◆

Get a job

Sha na na na na na na na na

Get a job

Sha na na na na na na na na

Wah yip yip yip yip yip yip yip yip yip

Sha boom

부호화에 몇 개의 비트가 필요한가? 여덟 기호 알파벳에 대한 고정 길이 코드를 사용한다고 할 때 이 코드를 부호화하는 데 필요한 최소 비트 수는 몇인가?

■ 연습문제 2.71

기호 n개짜리 알파벳을 위한 허프먼 트리가 있다고 하자. 그리고 그 기호들의 상대도수가 1, 2, 4, ⋯, 2^{n-1}이라고 하자. $n = 5$에 대한 트리와 $n = 10$에 대한 트리를 그려 보라. 임의의 n에 대해, 도수가 가장 높은 기호를 그러한 트리로 부호화하는 데 필요한 비트 수는 얼마인가? 도수가 가장 낮은 기호의 부호화에 필요한 비트 수는 얼마인가?

■ 연습문제 2.72

[연습문제 2.68]에서 여러분이 설계한 부호화 함수를 생각해 보자. 기호 하나를 부호화하는 데 필요한 단계 수의 증가 차수는 무엇인가? 부호화 과정에서 조사하는 각 노드에서 기호 목록을 검색하는 데 필요한 단계 수도 포함시켜야 한다. n개의 기호들의 상대도수가 [연습문제 2.71] 에서처럼 주어진 특수한 경우에서, 알파벳에서 도수가 가장 높은 기호와 가장 낮은 기호를 부호화하는 데 필요한 단계 수의 증가 차수(n의 함수로서의)는 각각 무엇인가?

◆ 옮긴이 모든 단어를 대문자로 변환하고, 줄 바꿈은 빈칸으로 대체해서 문제를 풀기 바란다.

2.4 추상 데이터의 다중 표현

지금까지 우리는 프로그램의 상당 부분을 프로그램이 조작하는 데이터 객체의 구체적인 구현 방식과는 무관하게 작성할 수 있게 하는 시스템 구축 방법론인 데이터 추상화를 살펴보았다. 예를 들어 §2.1.1에서는 유리수를 사용하는 프로그램의 설계가 유리수를 컴퓨터 언어의 기본 적인 복합 데이터 구축 메커니즘과는 분리되게 만드는 방법을 이야기했다. 여기서 핵심은 추 상화 장벽을 세우는 것인데, 유리수 예제의 경우는 유리수의 생성자와 선택자들(`make_rat`, `numer`, `denom`)이 그러한 장벽이었다. 그 생성자와 선택자들은 시스템의 바탕에서 유리수를 목록 구조로 표현하는 방식과 프로그램이 유리수를 사용하는 방식을 분리하는 역할을 했다. 유 리수 산술을 수행하는 함수들(`add_rat`, `sub_rat`, `mul_rat`, `div_rat`)의 세부사항과 유리 수를 사용하는 '고수준' 함수들 사이에도 그와 비슷한 추상화 장벽이 있었다. 이런 식으로 구축 된 프로그램 전체의 구조가 [그림 2.1]에 나와 있다.

이런 데이터 추상화 장벽들은 복잡성을 다스리는 데 위력을 발휘하는 도구이다. 데이터 객 체들의 바탕 표현을 프로그램의 나머지 부분과 격리하면 큰 프로그램 하나를 설계하는 작업 을 각자 따로 수행할 수 있는 더 작은 설계 작업들로 분할할 수 있다. 그런데 이런 종류의 데 이터 추상화가 항상 우리가 원한 만큼의 위력을 발휘하지는 않는다. 데이터 객체의 '바탕 표현 (underlying representation)'이라는 것이 명확하지 않을 때가 있기 때문이다.

이를테면 한 종류의 데이터 객체를 유용하게 표현하는 방식이 둘 이상일 수도 있고, 그런 다 수의 표현을 다룰 수 있도록 시스템을 설계하는 게 바람직할 때도 있다. 간단한 예로, 복소수는 그 위력이 거의 동등한 두 가지 방식으로 표현할 수 있다. 하나는 직교좌표 형태(실수부와 허 수부)이고 다른 하나는 극좌표 형태(크기와 각도)이다. 응용에 따라서는 직교좌표가 더 나을 때도 있고 극좌표가 더 나을 때도 있다. 그리고 복소수를 그 두 가지 방식 모두로 표현하는, 그 리고 복소수를 다루는 함수들이 두 가지 표현 모두에 대해 작동하는 시스템을 만드는 것도 얼 마든지 가능하다.

좀 더 중요한 점이 있다. 프로그래밍 시스템을 여러 사람이 오랜 시간 동안 함께 일하면서 설계하는 경우가 많으며, 시간이 흐르면서 시스템에 대한 요구조건도 변하기 마련이다. 그런 환경에서는 데이터 표현 방식에 대한 선택을 미리 모든 사람이 합의한다는 것이 애초에 불가능 하다. 따라서 데이터의 표현과 사용을 분리하는 데이터 추상화 장벽뿐만 아니라 서로 다른 설 계상의 선택 사항들을 분리하는 장벽도 필요하다. 그런 장벽이 있으면 한 프로그램 안에 서로 다른 선택이 공존할 수 있다. 더 나아가서, 대형 프로그램은 흔히 각자 따로 설계된 기존 모듈들을 조합해서 만드는 경우가 많으므로, 프로그래머들이 모듈들을 통합해서 가산적(additive; 첨가식)으로 대형 프로그램을 구축하기 위한 관례(convention)들을 합의할 필요가 있다. 그런 관례들을 만들어서 모두가 지킨다면 모듈들을 다시 설계하거나 다시 구현해야 하는 사태를 피할 수 있다.

이번 절에서는 한 종류의 데이터를 프로그램의 서로 다른 부분에서 서로 다른 방식으로 표현할 수 있게 만드는 방법을 살펴본다. 그런 일이 가능하려면 일반적 함수(generic function), 즉 여러 방식으로 표현될 수 있는 데이터에 대해 작용하는 함수가 필요하다. 이번 장에서 이야기할 일반적 함수는 형식 태그(type tag)를 가진 데이터 객체들을 다룬다. 이때 형식 태그는 데이터 객체의 처리 방식을 명시적으로 알려주는 정보로 쓰인다. 또한 이번 절에서는 일반적 연산들로 시스템을 가산적으로 조립하는 데 사용하는 편리하고도 강력한 구현 전략인 데이터 **지향적 프로그래밍**(data-directed programming)도 논의한다.

이번 절은 간단한 복소수 예제로 시작한다. 이 예제에서, 추상적인 '복소수' 데이터 객체라는 개념을 유지하면서도 복소수의 직교좌표 표현과 극좌표 표현을 분리해서 설계하는 데 형식 태그와 데이터 지향적 프로그래밍 스타일이 어떻게 작용하는지 보게 될 것이다. 그런 복소수 시스템을 만들기 위해 이 예제는 복소수의 표현과는 무관한 방식으로 복소수의 구성요소들에 접근하는 일반적 선택자들을 이용해서 복소수 산술 함수들(`add_complex`, `sub_complex`,

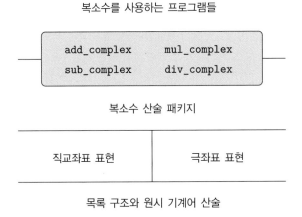

복소수를 사용하는 프로그램들

| `add_complex` | `mul_complex` |
| `sub_complex` | `div_complex` |

복소수 산술 패키지

| 직교좌표 표현 | 극좌표 표현 |

목록 구조와 원시 기계어 산술

그림 2.19 복소수 시스템의 데이터 추상화 장벽들.

mul_complex, div_complex)을 구현한다. [그림 2.19]는 그렇게 만들어진 복소수 시스템의 구조이다. 그림에서 보듯이 이 시스템에는 두 종류의 추상화 장벽이 있다. '수평' 추상화 장벽들은 [그림 2.1]의 장벽들과 같은 역할을 한다. 즉, 이 장벽들은 '고수준' 연산들과 '저수준' 표현들을 격리한다. 그리고 하나의 '수직' 장벽은 복소수의 서로 다른 표현들을 따로 설계하고 사용할 수 있게 한다.

다음 절인 §2.5에서는 형식 태그와 데이터 지향적 스타일을 이용해서 일반적 산술 패키지를 개발해 볼 것이다. 이 산술 패키지는 모든 종류의 '수'를 조작하는 데 사용할 수 있는 함수들 (add, mul 등등)을 제공하며, 새로운 종류의 수를 다루어야 할 때 쉽게 확장할 수 있다. §2.5.3에서는 이 일반적 산술 패키지를 기호 대수를 수행하는 시스템에서 사용하는 방법을 살펴본다.

2.4.1 복소수의 여러 표현

일반적 연산들을 사용하는 프로그램의 간단한(그러나 작위적인) 예로, 복소수에 대한 연산들을 수행하는 시스템을 개발해 보겠다. 먼저 순서쌍으로 복소수를 표현하는 두 가지 방식인 직교좌표 형태(실수부와 허수부)와 극좌표 형태(크기와 각도)를 논의한다.[39] §2.4.2에서는 형식 태그와 일반적 연산들을 이용해서 그 두 표현이 하나의 시스템 안에서 공존하게 만든다.

유리수처럼 복소수도 순서쌍(ordered pair)으로 표현하는 것이 자연스럽다. 복소수들의 집합을 '실수' 축과 '허수' 축이라는 두 직교 좌표축으로 정의되는 2차원 공간(평면)으로 생각할 수 있다(그림 2.20). 이런 관점에서 복소수 $z = x + iy$(여기서 $i^2 = -1$)는 평면의, 실수 좌표성분이 x이고 허수 좌표성분이 y인 한 점에 해당한다. 이런 복소수 표현에서는 두 복소수의 합을 간단하게 계산할 수 있다. 두 복소수의 합은 다음처럼 해당 좌표성분들의 합이다.

$$\text{실수부} (z_1 + z_2) \quad = \quad \text{실수부}(z_1) + \text{실수부}(z_2)$$
$$\text{허수부} (z_1 + z_2) \quad = \quad \text{허수부}(z_1) + \text{허수부}(z_2)$$

----

[39] 실제 계산 시스템들에서는 직교좌표와 극좌표의 변환에서 생기는 반올림 오차 때문에 대부분의 경우 극좌표 형태보다 직교좌표 형태가 더 바람직하다. 이는 이 복소수 예제가 비현실적인 이유이다. 그렇지만 이 예제는 일반적 연산을 이용한 시스템의 설계 방식을 잘 보여주며, 이번 장에서 나중에 개발할 좀 더 실질적인 시스템들로 이어지는 좋은 출발점으로 작용한다.

그러나 복소수들을 곱할 때는 극좌표 형태로 표현된 복소수들이 더 자연스럽다. 극좌표 형태에서 복소수는 크기(magnitude)와 각도(angle)로 표현된다. [그림 2.20]에서 r이 크기이고 A가 각도이다. 이런 표현에서, 두 복소수의 곱은 한 복소수의 길이를 다른 복소수의 길이에 비례해서 늘리고 다른 복소수의 각도만큼 회전한 것이다.

$$\text{크기}(z_1 \cdot z_2) \quad = \quad \text{크기}(z_1) \cdot \text{크기}(z_2)$$
$$\text{각도}(z_1 \cdot z_2) \quad = \quad \text{각도}(z_1) + \text{각도}(z_2)$$

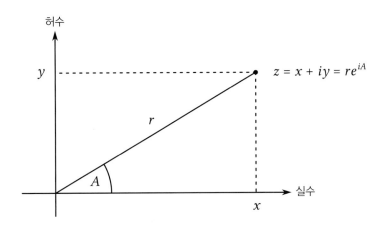

그림 2.20 평면의 점으로서의 복소수.

이상에서 보듯이 복소수의 표현 방식은 적어도 두 개이며, 그 둘은 각자 다른 연산에 더 적합하다. 그렇지만 복소수를 사용하는 프로그램을 작성하는 사람의 관점에서는, 데이터 추상화의 원리를 따른다면 따라 복소수를 다루는 모든 연산을 컴퓨터로 복소수를 표현하는 데 사용하는 구체적인 방식과는 무관하게 사용할 수 있어야 한다. 예를 들어 직교좌표로 명시된 복소수의 크기를 구할 수 있으면 유용할 때가 많다. 반대로, 극좌표로 명시된 복소수의 실수부를 파악할 수 있으면 유용할 때도 많다.

그런 시스템을 설계하는 데에는 §2.1.1에서 유리수 패키지를 설계할 때 적용한 것과 동일한 데이터 추상화 전략이 유용하다. 복소수에 대한 연산들을 `real_part`, `imag_part`, `magnitude`, `angle`이라는 네 가지 선택자를 이용해서 구현한다고 가정하자. 또한, 복소수를 생성하는 두 가지 생성자가 있다고 가정하자. `make_from_real_imag`는 주어진 실수부와 허수부로 복소수를 만들어서 돌려주고, `make_from_mag_ang`는 주어진 크기와 각도로 복소수를 만들어서 돌려준다. 이 함수들은 임의의 복소수 객체 z에 대해 다음 두 호출 모두 z와 상등인 복소수 객체를 생성한다는 성질을 충족한다.

```
make_from_real_imag(real_part(z), imag_part(z));
make_from_mag_ang(magnitude(z), angle(z));
```

이상의 생성자들과 선택자들을 이용하면, 생성자들과 선택자들로 규정된 '추상 데이터'로서의 복소수에 대한 산술 연산들을 구현할 수 있다. §2.1.1에서 유리수에 대해 했던 것과 같은 방식이다. 앞의 수학 공식들에서 보았듯이, 두 복소수를 더하거나 뺄 때는 실수부와 허수부를 사용하는 것이 자연스럽고 두 복소수를 곱하거나 나눌 때는 크기와 각도를 사용하는 것이 자연스럽다.

```
function add_complex(z1, z2) {
    return make_from_real_imag(real_part(z1) + real_part(z2),
                               imag_part(z1) + imag_part(z2));
}
function sub_complex(z1, z2) {
    return make_from_real_imag(real_part(z1) - real_part(z2),
                               imag_part(z1) - imag_part(z2));
}
function mul_complex(z1, z2) {
    return make_from_mag_ang(magnitude(z1) * magnitude(z2),
                             angle(z1) + angle(z2));
}
function div_complex(z1, z2) {
    return make_from_mag_ang(magnitude(z1) / magnitude(z2),
                             angle(z1) - angle(z2));
}
```

복소수 패키지를 완성하려면 두 표현 중 대표적인 표현 하나를 선택해야 하고, 그 표현에 대한 생성자와 선택자들을 원시 수치 데이터와 원시 목록 구조를 이용해서 구현해야 한다. 선택지는 두 가지이다. 복소수를 순서쌍(실수부, 허수부) 형태의 '직교좌표'로 표현할 것인가, 아니면 순서쌍(크기, 각도) 형태의 '극좌표'로 표현할 것인가?

두 방식의 차이를 좀 더 구체적으로 이해하는 데 도움이 되는 예를 제시하겠다. 두 프로그래머 벤 빗디들과 알리사 P. 해커가 복소수 시스템의 표현을 각자 따로 설계한다고 하자. 벤은 직교좌표 형태를 사용하기로 했다. 이 표현 방식에서 복소수의 실수부와 허수부를 선택하는 선택자들은 아주 간단하게 구현할 수 있다. 또한, 주어진 실수부와 허수부로 복소수를 생성하는 생성자 역시 아주 간단하게 구현할 수 있다. 직교좌표 표현에서 크기와 각도를 선택하거나 크기와 각도가 주어졌을 때 직교좌표 형태의 복소수를 생성할 때는 다음과 같은 삼각함수 관계식들을 사용한다.

$$
\begin{array}{llll}
x &=& r\cos A & \qquad r &=& \sqrt{x^2 + y^2} \\
y &=& r\sin A & \qquad A &=& \arctan(y, x)
\end{array}
$$

이 공식들은 실수부 및 허수부 (x, y)와 크기 및 각도 (r, A) 사이의 관계를 말해준다.[40] 정리하자면, 다음은 벤의 복소수 표현을 규정하는 선택자들과 생성자들이다.

```
function real_part(z) { return head(z); }
function imag_part(z) { return tail(z); }
function magnitude(z) {
    return math_sqrt(square(real_part(z)) + square(imag_part(z)));
}
function angle(z) {
    return math_atan2(imag_part(z), real_part(z));
}
function make_from_real_imag(x, y) { return pair(x, y); }

function make_from_mag_ang(r, a) {
    return pair(r * math_cos(a), r * math_sin(a));
}
```

반면에 알리사는 극좌표 형태로 복소수를 표현하기로 했다. 이 표현으로는 크기와 각도를 선택하기가 쉽지만, 실수부와 허수부를 선택하려면 삼각함수 관계식들을 사용해야 한다. 알리사의 표현은 다음과 같다.

```
function real_part(z) {
    return magnitude(z) * math_cos(angle(z));
}
function imag_part(z) {
```

---

40 이 구현에서 자바스크립트 math_atan2 함수로 계산하는 역탄젠트(arctangent) 함수는 두 인수 y와 x를 받고 탄젠트 값이 y/x가 되는 각도 중 하나를 돌려준다. 어느 사분면에 있는 각도인지는 인수들의 부호에 따라 결정된다.

```
        return magnitude(z) * math_sin(angle(z));
    }
    function magnitude(z) { return head(z); }
    function angle(z) { return tail(z); }
```

```
    function make_from_real_imag(x, y) {
        return pair(math_sqrt(square(x) + square(y)),
                    math_atan2(y, x));
    }
    function make_from_mag_ang(r, a) { return pair(r, a); }
```

데이터 추상화 원칙을 제대로 따랐다면, 동일한 add_complex, sub_complex, mul_complex, div_complex 구현이 벤의 표현과 알리사의 표현 모두에 대해 잘 작동할 것이다.

2.4.2 태그된 데이터

데이터 추상화라는 것을 '사전 결정 최소화 원리(principle of least commitment)'의 한 사례로 볼 수도 있다. §2.4.1에서 우리는 벤의 직교좌표 표현과 알리사의 극좌표 표현 모두에 대해 잘 작동하도록 복소수 시스템을 설계했다. 선택자들과 생성자들이 세운 추상화 장벽 덕분에 데이터 객체의 구체적인 표현 방식을 선택하는 문제를 최대한 뒤로 미룰 수 있었으며, 그래서 시스템 설계의 유연성을 최대로 유지할 수 있었다.

사전 결정 최소화 원리를 이보다 더 극단적인 형태로도 밀어붙일 수 있다. 원한다면 선택자들과 생성자들을 설계한 이후까지도 표현의 중의성(ambiguity)을 남겨둘 수 있으며, 벤의 표현과 알리사의 표현 중 하나를 사용하는 것이 아니라 둘 다 사용하기로 결정할 수도 있다. 그러나 두 표현 모두 하나의 시스템에 포함시키려면 극좌표 형태의 데이터와 직교좌표 형태의 데이터를 구분하는 수단이 필요하다. 그런 수단이 없다면, 예를 들어 magnitude로 순서쌍 (3, 4)의 크기를 선택한다고 할 때 답은 5일 수도 있고(직교좌표 형태로 해석한 경우) 3일 수도 있다(극좌표 형태로 해석한 경우). 두 표현 방식을 구분하는 한 가지 간단한 방법은 데이터 객체 자체에 그것의 종류를 말해주는 일종의 꼬리표, 즉 형식 태그(type tag)를 포함시키는 것이다. 지금 예라면 직교좌표를 뜻하는 "rectangular"나 극좌표를 뜻하는 "polar" 같은 문자열을 복소수 객체에 형식 태그로서 포함시키면 된다. 복소수를 다루는 함수에서는 그 태그를 보고 적절한 선택자를 적용한다.

태그가 붙은 데이터, 줄여서 '태그된 데이터(tagged data)'를 다루기 위해, 데이터 객체에서 태그를 추출하는 **type_tag** 함수와 데이터 객체의 실제 내용(복소수의 경우 극좌표나 직교좌표)을 추출하는 **contents** 함수를 두기로 한다. 또한 태그와 내용을 받고 태그된 데이터 객체를 생성해서 돌려주는 **attach_tag**라는 함수도 만들기로 하자. 다음은 이들을 통상적인 목록 구조를 이용해서 간단히 구현한 것이다.

```
function attach_tag(type_tag, contents) {
    return pair(type_tag, contents);
}
function type_tag(datum) {
    return is_pair(datum)
           ? head(datum)
           : error(datum, "bad tagged datum -- type_tag");
}
function contents(datum) {
    return is_pair(datum)
           ? tail(datum)
           : error(datum, "bad tagged datum -- contents");
}
```

이제 **type_tag**를 이용해서 술어 **is_rectangular**와 **is_polar**를 정의할 수 있다. 이들은 주어진 복소수가 각각 직교좌표 형태인지의 여부와 극좌표 형식인지의 여부를 말해준다.

```
function is_rectangular(z) {
    return type_tag(z) === "rectangular";
}
function is_polar(z) {
    return type_tag(z) === "polar";
}
```

형식 태그가 있으면 두 가지 표현이 한 시스템에서 공존할 수 있다. 그러려면 벤과 알리사가 각자 자신의 구현을 조금 고쳐야 한다. 벤은 복소수를 생성할 때마다 **rectangular**라는 태그를 붙이도록 자신의 함수들을 수정하고, 알리사는 **polar**라는 태그를 붙이도록 함수들을 수정한다. 또한, 벤과 알리사는 자신의 함수 이름들이 상대방의 함수 이름들과 충돌하지 않게 해야 한다. 한 가지 방법은 접미사를 이용하는 것이다. 벤이 표현 함수들의 이름 끝에 **rectangular**라는 접미사를 붙이고 알리사는 **polar**라는 접미사를 붙인다면 이름들이 충돌할 일이 없다. 다음은 §2.4.1에 나온 벤의 직교좌표 표현을 이런 식으로 수정한 버전이다.

```
function real_part_rectangular(z) { return head(z); }
function imag_part_rectangular(z) { return tail(z); }
function magnitude_rectangular(z) {
    return math_sqrt(square(real_part_rectangular(z)) +
                     square(imag_part_rectangular(z)));
}
function angle_rectangular(z) {
    return math_atan(imag_part_rectangular(z),
                     real_part_rectangular(z));
}
function make_from_real_imag_rectangular(x, y) {
    return attach_tag("rectangular", pair(x, y));
}
function make_from_mag_ang_rectangular(r, a) {
    return attach_tag("rectangular",
                      pair(r * math_cos(a), r * math_sin(a)));
}
```

그리고 다음은 알리사의 극좌표 표현을 수정한 버전이다.

```
function real_part_polar(z) {
    return magnitude_polar(z) * math_cos(angle_polar(z));
}
function imag_part_polar(z) {
    return magnitude_polar(z) * math_sin(angle_polar(z));
}
function magnitude_polar(z) { return head(z); }
function angle_polar(z) { return tail(z); }

function make_from_real_imag_polar(x, y) {
    return attach_tag("polar",
                      pair(math_sqrt(square(x) + square(y)),
                           math_atan(y, x)));
}
function make_from_mag_ang_polar(r, a) {
    return attach_tag("polar", pair(r, a));
}
```

이제 두 가지 표현 모두를 지원하는 일반적 선택자들을 보자. 각 일반적 선택자는 주어진 인수의 태그를 점검해서 해당 형식의 데이터를 다루는 적절한 함수를 호출한다. 예를 들어 복소수의 실수부를 돌려주는 real_part는 주어진 복소수의 꼬리표에 따라 벤의 real_part_rectangular를 호출하거나 알리사의 real_part_polar를 호출한다. 두 경우 모두, 태그가 붙지 않은 실제 데이터를 contents 선택자로 추출해서 해당 직교좌표 함수나 극좌표 함수의 호출에 사용한다.

```
function real_part(z) {
    return is_rectangular(z)
            ? real_part_rectangular(contents(z))
            : is_polar(z)
            ? real_part_polar(contents(z))
            : error(z, "unknown type -- real_part");
}
function imag_part(z) {
    return is_rectangular(z)
            ? imag_part_rectangular(contents(z))
            : is_polar(z)
            ? imag_part_polar(contents(z))
            : error(z, "unknown type -- imag_part");
}
function magnitude(z) {
    return is_rectangular(z)
            ? magnitude_rectangular(contents(z))
            : is_polar(z)
            ? magnitude_polar(contents(z))
            : error(z, "unknown type -- magnitude");
}
function angle(z) {
    return is_rectangular(z)
            ? angle_rectangular(contents(z))
            : is_polar(z)
            ? angle_polar(contents(z))
            : error(z, "unknown type -- angle");
}
```

이제 §2.4.1의 add_complex, sub_complex, mul_complex, div_complex를 그대로 복소수 산술 연산에 사용할 수 있다. 이제는 이들이 호출하는 선택자들이 일반적 함수이기 때문이다. 예를 들어 add_complex 함수의 정의는 이전과 정확히 동일하다.

```
function add_complex(z1, z2) {
    return make_from_real_imag(real_part(z1) + real_part(z2),
                               imag_part(z1) + imag_part(z2));
}
```

마지막으로, 복소수 객체를 새로 생성할 때 벤의 표현을 사용할 것인지 알리사의 표현을 사용할 것인지를 결정해야 한다. 한 가지 합리적인 선택은, 사용자가 실수부와 허수부를 가지고 있으면 직교좌표 형태로 생성하고, 크기와 각도를 가지고 있으면 극좌표 형태로 생성하게 하는 것이다. 다음이 이를 위한 두 생성자이다.

```
function make_from_real_imag(x, y) {
    return make_from_real_imag_rectangular(x, y);
}
function make_from_mag_ang(r, a) {
    return make_from_mag_ang_polar(r, a);
}
```

지금까지 설계한 복소수 시스템의 구조가 [그림 2.21]에 나와 있다. 이 시스템은 비교적 독립적인 세 부분으로 나뉜다. 하나의 복소수 산술 연산이고 다른 하나는 알리사의 극좌표 표현, 나머지 하나는 벤의 직교좌표 표현이다. 극좌표 표현과 직교좌표 표현은 벤과 알리사가 각자 따로 구현한 것일 수 있으며, 두 표현 모두 또 다른 프로그래머가 추상적인 생성자/선택자 인터페이스를 이용해서 구현한 복소수 산술 함수들을 위한 바탕 표현으로 쓰일 수 있다.

데이터 객체마다 그 객체의 형식이 태그로 달려 있으므로, 데이터 객체에 대한 선택자들은 일반적인(generic) 방식으로 작동한다. 즉, 각 선택자는 주어진 데이터의 구체적인 형식이 무엇인지에 따라 다르게 작동하도록 정의된다. 이 시스템을 잘 살펴보면 서로 다른 표현들과의 연동(interfacing)을 위한 일반적인 메커니즘을 발견할 수 있다. 표현의 특정한 구현(이를테면 알리사의 극좌표 패키지) 안에서는 복소수가 태그 없는 쌍 객체(크기, 각도)이다. 일반적 선택자는 polar 형식의 복소수가 주어지면 그 복소수 객체에서 태그를 떼어내고 내용만 알리사의 구현에 넘겨준다. 반대로, 알리사의 생성자가 일반적인 용도를 위한 복소수를 생성할 때는 그것이 극좌표 형태임을 뜻하는 태그를 복소수 객체에 추가한다. 그러면 고수준 함수들은 그 복소수가 극좌표 형태로 표현된 것임을 인식하게 된다. §2.5에서 보겠지만, 이처럼 객체가 한 수준에서 다른 수준으로 넘어갈 때마다 적절히 태그를 붙였다 떼었다 하는 방식은 하나의 중요한 조직화 전략으로 쓰일 수 있다.

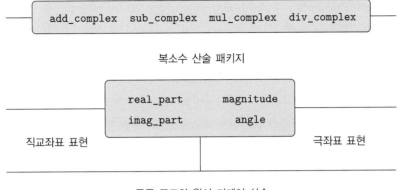

그림 2.21 일반적 복소수 시스템의 구조.

2.4.3 데이터 지향적 프로그래밍과 가산성

데이터의 형식을 점검해서 적절한 함수를 호출하는 일반적인 전략을 가리켜 형식 기반 디스패치 (dispatching on type)라고 부른다. 이것은 시스템을 모듈식으로 설계하는 데 유용한 강력한 전략이다. 그렇긴 하지만 §2.4.2에 나온 식으로 디스패치를 구현하면 중요한 약점이 두 가지 생긴다. 하나는 모든 구현에 대한 정보를 일반적 인터페이스 함수들(real_part, imag_part, magnitude, angle)자체에 포함해야 한다는 것이다. 예를 들어 복소수의 새로운 표현 방식을 복소수 시스템에 도입한다고 하자. 그러려면 새 표현을 위한 형식을 정한 다음 모든 일반적 인터페이스 함수에 새 형식을 점검하고 해당 표현에 맞는 선택자를 적용하는 조건절을 추가해야 한다.

§2.4.2의 기법이 가진 또 다른 약점은, 개별 표현들을 서로 다른 프로그래머가 따로 만들 수는 있지만, 함수 이름이 중복되어서는 안된다는 제약이 따른다는 점이다. 즉, 프로그래머들은 주어진 이름의 함수가 시스템 전체에서 딱 하나만 있어야 규칙을 지켜야 한다. 이 때문에 §2.4.1에서 벤과 알리사는 함수 이름들을 변경해야 했다.

두 약점에는 공통의 문제점이 깔려 있다. 그 문제점이란, 이런 식으로 일반적 인터페이스를 구현하는 기법에는 가산성(additivity)이 없다는 것이다. 일반적 선택자 함수를 구현하는 개발자는 새 표현이 도입될 때마다 자신의 함수들을 수정해야 하며, 개별 표현들의 연동을 담당한 개발자는 이름 충돌을 피하기 위해 코드를 수정해야 한다. 두 경우 모두, 그런 식으로 코드를 수정하는 것이 어려운 일은 아니지만, 코드를 수정해야 한다는 것 자체가 문제이다. 새 표현이 추가될 때마다 기존 코드를 수정하는 것은 불편할 뿐만 아니라 버그가 생길 여지가 있다. 지금의 복소수 시스템처럼 작은 시스템이라면 큰 문제가 아니겠지만, 복소수 표현 방식이 두 가지가 아니라 수백 가지인 시스템이라면 어떨지 상상해 보기 바란다. 더 나아가서, 추상 데이터 인터페이스에서 관리해야 할 일반적 선택자가 지금 예제보다 훨씬 많으며, 그 어떤 프로그래머도 그 모든 표현과 인터페이스 함수를 알지는 못할 수도 있다. 이것은 대규모 데이터베이스 관리 시스템 같은 프로그램에서 실제로 발생하는, 그리고 반드시 해결해야 하는 문제이다.

이 문제를 해결하는 데 필요한 것은 시스템 설계를 더욱 모듈화하는 수단이다. 데이터 지향적 프로그래밍(data-directed programming)이라고 부르는 프로그래밍 기법이 그러한 수단을 제공한다. 데이터 지향적 프로그래밍을 이해하려면, 우리가 일단의 서로 다른 형식들에 공통인 일단의 일반적 연산들을 다룬다는 것은 사실상 [그림 2.22]처럼 생긴 2차원 테이블(표)을 다루는 것이라는 점에 주목할 필요가 있다. 이러한 테이블의 한 축은 가능한 연산들이고 다른 한 축은 가능한 형식들이며, 각 항목(item)은 해당 형식에 대한 해당 연산을 구현하는 함수이다. 앞 절에서 개발한 복소수 시스템에서는 연산 이름과 자려형, 실제 함수 사이의 대응 관계가 일반적 인터페이스 함수들의 여러 조건절에 분산되어 있다. 그렇지만 같은 정보를 [그림 2.22] 같은 테이블로 조직화하면 대응 관계가 훨씬 명확해진다.

연산들	형식들	
	극좌표	직교좌표
real_part	real_part_polar	real_part_rectangular
imag_part	imag_part_polar	imag_part_rectangular
magnitude	magnitude_polar	magnitude_rectangular
angle	angle_polar	angle_rectangular

그림 2.22 복소수 시스템의 연산-형식 테이블.

데이터 지향적 프로그래밍은 프로그램이 이런 테이블을 직접 사용하도록 프로그램을 설계하는 기법이다. 이전에는 복소수 산술 코드와 두 표현 패키지를 연동하는 메커니즘이, 형식에 대한 디스패치를 명시적으로 수행하는 함수들의 집합의 형태였다. 그러나 데이터 지향적 프로그래밍에서는 연산 이름과 인수 형식의 조합을 테이블에서 찾아서 해당 함수를 적용하는 하나의 함수가 연동을 담당한다. 이런 설계에서는 새 표현 패키지를 시스템에 추가할 때 기존 함수들을 전혀 변경할 필요가 없다. 그냥 테이블에 새 항목을 추가하기만 하면 된다.

이 계획을 구현하기 위해, 연산–형식 테이블을 조작하기 위한 두 함수 put과 get이 있다고 가정하자.

- put(연산, 형식, 항목)
  표에서 연산과 형식이 가리키는 칸에 항목을 추가한다.

- get(연산, 형식)
  표에서 연산과 형식이 가리키는 칸에 있는 항목을 돌려준다. 그런 항목이 없으면 get은 그 항목이 정의되지 않았음을 뜻하는, undefined라는 이름으로 지칭하는 고유한 기본(primitive) 값을 돌려준다. 주어진 항목이 정의되지 않았는지의 여부는 is_undefined라는 원시 술어로 판정할 수 있다.[41]

일단은 이 put과 get이 우리의 언어에 포함되어 있다고 가정한다. 제3장의 §3.3.3에서 이 두 함수를 비롯해 연산–형식 테이블을 조작하는 여러 연산을 구현해 볼 것이다.

그럼 복소수 시스템에 데이터 지향적 프로그래밍을 실제로 적용해 보자. 직교좌표 표현을 개발한 벤은 이전과 동일한 방식으로 자신의 코드를 구현한다. 벤은 그 함수들을 하나의 패키지(package)로 묶고, 직교좌표 복소수들을 어떻게 다루어야 하는지를 말해주는 항목들을 연산–형식 테이블에 추가함으로써 패키지를 시스템의 나머지 부분과 연동시킨다. 다음은 그런 식으로 직교좌표 복소수 패키지를 시스템에 설치하는 함수이다.

```
function install_rectangular_package() {
    // 내부 함수들
    function real_part(z) { return head(z); }
    function imag_part(z) { return tail(z); }
```

---

41 undefined는 모든 자바스크립트 구현에 미리 선언된 이름이므로 해당 원시 값을 지칭하는 용도로만 사용해야 한다.

```
function make_from_real_imag(x, y) { return pair(x, y); }
function magnitude(z) {
    return math_sqrt(square(real_part(z)) + square(imag_part(z)));
}
function angle(z) {
    return math_atan(imag_part(z), real_part(z));
}
function make_from_mag_ang(r, a) {
    return pair(r * math_cos(a), r * math_sin(a));
}

// 시스템 나머지 부분과의 인터페이스
function tag(x) { return attach_tag("rectangular", x); }
put("real_part", list("rectangular"), real_part);
put("imag_part", list("rectangular"), imag_part);
put("magnitude", list("rectangular"), magnitude);
put("angle", list("rectangular"), angle);
put("make_from_real_imag", "rectangular",
    (x, y) => tag(make_from_real_imag(x, y)));
put("make_from_mag_ang", "rectangular",
    (r, a) => tag(make_from_mag_ang(r, a)));
return "done";
}
```

이 설치 함수의 내부 함수들은 §2.4.1에 나온, 벤이 따로 구현한 그 함수들임을 주목하자. 시스템의 나머지 부분과 연동하기 위해 이 함수들을 고칠 필요는 없다. 게다가, 이 함수 선언들은 설치 함수 안에 있으므로, 직교좌표 패키지 바깥에 있는 함수들과 이름이 충돌할 여지가 없다. 벤은 선택자 real_part를 real_part라는 연산 이름과 list("rectangular")라는 형식으로 연산–형식 테이블에 설치한다. 다른 선택자들도 마찬가지 방식으로 테이블에 추가한다.[42] 이 설치 함수는 또한 외부 시스템이 사용할 생성자들도 정의한다.[43] 이 생성자들은 적절한 태그를 첨부한다는 점만 빼면 벤이 이전에 만든 생성자들과 동일하다.

알리사의 극좌표 패키지를 선택하는 함수도 이와 비슷하다.

----

42 여기서 형식을 "rectangular" 대신 list("rectangular")로 표현한 것은, 나중에 형식이 서로 다를 수 있는 다수의 인수에 대한 연산을 지원해야 하는 상황을 염두에 둔 것이다.

43 생성자의 형식은 굳이 목록으로 표현할 필요가 없다. 하나의 생성자는 항상 특정한 형식 하나의 객체를 생성하는 데 쓰이기 때문이다.

```
function install_polar_package() {
    // 내부 함수들
    function magnitude(z) { return head(z); }
    function angle(z) { return tail(z); }
    function make_from_mag_ang(r, a) { return pair(r, a); }
    function real_part(z) {
        return magnitude(z) * math_cos(angle(z));
    }
    function imag_part(z) {
        return magnitude(z) * math_sin(angle(z));
    }
    function make_from_real_imag(x, y) {
        return pair(math_sqrt(square(x) + square(y)),
                    math_atan(y, x));
    }

    // 시스템 나머지 부분과의 인터페이스
    function tag(x) { return attach_tag("polar", x); }
    put("real_part", list("polar"), real_part);
    put("imag_part", list("polar"), imag_part);
    put("magnitude", list("polar"), magnitude);
    put("angle", list("polar"), angle);
    put("make_from_real_imag", "polar",
        (x, y) => tag(make_from_real_imag(x, y)));
    put("make_from_mag_ang", "polar",
        (r, a) => tag(make_from_mag_ang(r, a)));
    return "done";
}
```

벤과 알리사 모두 자신만의 접미사를 붙이기 이전의, 따라서 서로 동일한 함수 이름들
(real_part 등)을 사용한다. 그러나 함수들이 각각의 설치 함수 내부에 선언되어 있으므로(§
1.1.8 참고) 이름 충돌은 없다.

복소수 산술 선택자들은 apply_generic이라고 하는 일반적 '연산' 함수를 이용해서 테이
블에 접근한다. apply_generic 함수는 주어진 인수들에 대해 하나의 일반적 연산을 적용한
다. 이를 위해 이 함수는 인수로 주어진 연산 이름과 형식으로 테이블을 조회해서 해당 함수를
찾는다. 만일 그런 함수가 존재하면 나머지 인수(들)에 그 함수를 적용한다.[44]

---

44 apply_generic 함수는 §4.1.4(각주 4.18)에 나오는 apply_in_underlying_javascript 함수를 사용한다. 이 함수
는 함수 하나와 목록 하나를 받고 목록의 요소들에 함수를 적용한다. 예를 들어 다음 호출은 10을 돌려준다.

```
apply_in_underlying_javascript(sum_of_squares, list(1, 3))
```

```
function apply_generic(op, args) {
    const type_tags = map(type_tag, args);
    const fun = get(op, type_tags);
    return ! is_undefined(fun)
           ? apply_in_underlying_javascript(fun, map(contents, args))
           : error(list(op, type_tags),
                   "no method for these types -- apply_generic");
}
```

이제 이 `apply_generic`을 이용해서 복소수를 위한 일반적 선택자들을 다음과 같이 정의할 수 있다.

```
function real_part(z) { return apply_generic("real_part", list(z)); }
function imag_part(z) { return apply_generic("imag_part", list(z)); }
function magnitude(z) { return apply_generic("magnitude", list(z)); }
function angle(z)     { return apply_generic("angle", list(z));     }
```

새 복소수 표현을 시스템에 추가해도 이 선택자들은 변경할 필요가 없다는 점에 주목하자.

패키지 외부의 프로그램이 실수부와 허수부 또는 크기와 각도로 복소수 객체를 생성할 수 있으려면, 표에서 적절한 생성자를 선택해서 호출하는 수단이 필요하다. §2.4.2에서처럼, 실수부와 허수부가 있으면 직교좌표 형태의 복소수를 생성하고 크기와 각도가 있으면 극좌표 형태의 복소수를 생성하기로 한다.

```
function make_from_real_imag(x, y) {
    return get("make_from_real_imag", "rectangular")(x, y);
}
function make_from_mag_ang(r, a) {
    return get("make_from_mag_ang", "polar")(r, a);
}
```

■ **연습문제 2.73**

다음은 §2.3.2에 나온, 기호 미분을 수행하는 프로그램이다.

```
function deriv(exp, variable) {
    return is_number(exp)
```

```
                    ? 0
                    : is_variable(exp)
                    ? is_same_variable(exp, variable) ? 1 : 0
                    : is_sum(exp)
                    ? make_sum(deriv(addend(exp), variable),
                               deriv(augend(exp), variable))
                    : is_product(exp)
                    ? make_sum(make_product(multiplier(exp),
                                            deriv(multiplicand(exp), variable)),
                               make_product(deriv(multiplier(exp), variable),
                                            multiplicand(exp)))
                    // 여기에 또 다른 미분 법칙을 추가할 수 있다.
                    : error(exp, "unknown expression type -- deriv");
}
```

```
deriv(list("*", list("*", "x", "y"), list("+", "x", 4)), "x");
list("+", list("*", list("*", x, y), list("+", 1, 0)),
          list("*", list("+", list("*", x, 0), list("*", 1, y)),
                    list("+",   x, 4)))
```

이 프로그램을, 미분할 표현식의 형식에 기초한 디스패치를 수행하는 프로그램으로 볼 수 있다. 이 경우 데이터의 '형식 태그'는 대수 연산자 기호('+' 등)이고 수행할 연산은 deriv이다. 기본 미분 함수를 다음과 같이 재작성하면 이 프로그램이 데이터 지향적 스타일로 바뀐다.

```
function deriv(exp, variable) {
    return is_number(exp)
           ? 0
           : is_variable(exp)
           ? is_same_variable(exp, variable) ? 1 : 0
           : get("deriv", operator(exp))(operands(exp), variable);
}
function operator(exp) { return head(exp); }
function operands(exp) { return tail(exp); }
```

a. 무엇을 왜, 어떻게 바꾸었는지 설명하라. 술어 is_number와 is_variable을 이 데이터 지향적 디스패치 메커니즘에 집어넣지 않고 남겨 둔 이유는 무엇인가?

b. 합과 곱을 미분하는 함수들과 그 함수들을 위의 프로그램이 사용하는 연산-형식 테이블에 설치하는 보조 코드를 작성하라.

c. 거듭제곱 미분 법칙(연습문제 2.56) 등 여러분이 원하는 미분 법칙들을 더 추가해서 이 데이터 지향적 시스템에 설치하라.

d. 이 간단한 대수 조작 시스템에서 표현식의 형식은 표현식의 요소들을 묶는 대수 연산자이다. 그런데 deriv의 디스패치 부분이 다음과 같은 형태가 되도록 함수 조회의 색인 순서를 뒤집을(즉, (연산, 연산자)이 아니라 (연산자, 연산)으로) 수도 있다.

```
get(operator(exp), "deriv")(operands(exp), variable);
```

deriv를 이렇게 바꾼다면, 기호 미분 프로그램의 나머지 부분은 어떻게 변경해야 할까?

■ **연습문제 2.74**

인세이셔블 엔터프라이지스 사(Insatiable Enterprises, Inc.),◆ 줄여서 인세이셔블 사는 고도로 탈집중화된 거대기업으로, 전 세계에 수많은 독립 부서를 두고 있다. 이 회사의 컴퓨터 시설은 교묘한 네트워크 연동 방식으로 연결되어 있기 때문에, 어떤 사용자에게도 네트워크 전체가 단 한 대의 컴퓨터처럼 보인다. 인세이셔블의 회장은 자사 네트워크의 이러한 능력을 이용해서 부서 파일들에서 경영 정보를 추출하려 했지만, 첫 시도에서 장애물을 만났다. 모든 부서 파일이 자바스크립트로 작성된 자료 구조로 만들어져 있긴 하지만 구체적인 자료 구조는 부서마다 달랐던 것이다. 회장은 즉시 부서장들을 소집해서, 부서들의 기존 자율성을 유지하면서도 본사의 요구를 충족할 수 있도록 파일들을 통합할 전략을 수립할 것을 지시했다.

이 연습문제에서 여러분이 할 일은 데이터 지향적 프로그래밍을 이용해서 그런 전략을 구현하는 것이다. 한 예로, 부서마다 인사 기록을 하나의 파일로 관리하며, 그 파일은 직원 이름이 키^{key}인 레코드들의 집합으로 구성된다고 하자. 그런 직원 레코드 집합의 구체적인 구조는 부서마다 다를 수 있다. 더 나아가서, 각 직원의 레코드 자체도 address나 salary 같은 식별자를 키로 한 정보 조각들의 집합이다. 이런 가정하에서, 여러분이 풀어야 할 구체적인 문제들은 다음과 같다.

a. 본사가 사용할 get_record 함수를 구현하라. 이 함수는 주어진 부서 인사 파일에서 주어진 이름의 직원 레코드를 찾아서 돌려주어야 한다. 이 함수는 모든 부서의 인사 파일을 지원

◆ 옮긴이 벤 빗디들처럼 예제를 위해 만든 가상의 이름이다. 'insatiable'에는 "만족을 모르는, 탐욕스러운" 등의 뜻이 있다.

해야 한다. 이를 위해 개별 부서의 파일을 어떤 구조로 만들어야 할 지 설명하라. 특히, 그 구조에 어떤 형식 정보를 포함시켜야 할까?

b. 본사가 사용할 `get_salary` 함수를 구현하라. 이 함수는 주어진 직원 레코드(임의의 부서 인사 파일에서 뽑은)에서 급료(salary) 정보를 추출해서 돌려주어야 한다. 이 함수가 제대로 작동하려면 인사 파일의 직원 레코드를 어떤 구조로 만들어야 할까?

c. 본사가 사용할 `find_employee_record` 함수를 구현하라. 이 함수는 직원 이름과 모든 부서 인사 파일의 목록을 받고, 모든 인사 파일을 검색해서 주어진 이름의 직원 레코드를 찾아서 돌려주어야 한다.

d. 인세이셔블 사가 새 회사를 인수할 때, 새 인사 정보를 중앙 시스템에 통합하려면 무엇을 어떻게 바꾸어야 할까?

메시지 전달

데이터 지향적 프로그래밍의 핵심은 프로그램의 일반적 연산들을 [그림 2.22]에 나온 것 같은 명시적인 연산-형식 테이블을 이용해서 처리한다는 것이다. §2.4.2에서 사용한 프로그래밍 스타일에서는 각 연산이 각자 디스패치를 수행하게 하는 식으로 형식 기반 디스패치를 조직화했다. 본질적으로 이는 명시적인 연산-형식 테이블을 행(row)들로 분해하고, 각각의 일반적 연산 함수가 테이블의 각 행을 담당하게 만드는 것이었다.

데이터 지향적 프로그래밍의 또 다른 구현 전략은 연산-형식 테이블을 열(column)들로 분해하고, 자료형을 기반으로 디스패치를 스스로 처리하는 '지능적 연산'들을 사용하는 대신 연산 이름을 기반으로 디스패치를 처리하는 '지능적 데이터 객체'를 사용하는 것이다. 직교좌표 복소수 같은 데이터 객체를 목록 구조 같은 자료 구조로 표현하는 대신, 수행할 연산 이름을 받고 해당 연산을 수행하는 함수로 표현한다면 그런 전략을 구현할 수 있다. 이런 접근 방식에서 `make_from_real_imag`은 다음과 같은 모습이 된다.

```
function make_from_real_imag(x, y) {
    function dispatch(op) {
        return op === "real_part"
               ? x
               : op === "imag_part"
```

```
                    ? y
                    : op === "magnitude"
                    ? math_sqrt(square(x) + square(y))
                    : op === "angle"
                    ? math_atan(y, x)
                    : error(op, "unknown op -- make_from_real_imag");
        }
        return dispatch;
    }
```

데이터 객체를 이런 식으로 표현한다면, 일반적 연산을 인수에 석용하는 `apply_generic` 함수는 그냥 연산의 이름을 데이터 객체에 넘겨주고 나머지는 데이터 객체가 알아서 하게 하면 그만이다.[45]

```
    function apply_generic(op, arg) { return head(arg)(op); }
```

`make_from_real_imag`이 돌려주는 것이 하나의 함수(내부 `dispatch` 함수)임을 주목하자. `apply_generic`은 자신에게 주어진 연산 이름으로 그 함수를 호출한다.

이런 스타일의 프로그래밍을 가리켜 메시지 전달(message passing)이라고 부른다. 메시지 전달이라는 명칭은 데이터 객체가 연산 이름을 '메시지'로서 받는다는 비유에서 비롯한 것이다. 메시지 전달 프로그래밍의 예가 §2.1.3에 이미 나왔다. 거기서 우리는 `pair`, `head`, `tail`을 데이터 객체 없이 함수만으로 정의할 수 있음을 알게 되었다. 여기서는 메시지 전달이 그냥 수학적인 요령이 아니라 일반적 연산들이 있는 시스템을 조직화하는 데 유용한 기법임을 알게 될 것이다. 단, 이번 장의 나머지 부분에서는 메시지 전달이 아니라 데이터 지향적 프로그래밍을 이용해서 일반적 산술 연산을 논의한다. 메시지 전달은 제3장에 다시 등장한다. 거기서는 메시지 전달이 시뮬레이션 프로그램을 구조화하는 데 강력한 도구일 수 있음을 보게 될 것이다.

■ 연습문제 2.75

생성자 `make_from_mag_ang`를 메시지 전달 스타일로 구현하라. 이 함수는 앞에 나온 `make_from_real_imag`와 비슷한 형태이어야 한다.

---

[45] 이러한 조직화 방식의 한 가지 한계는 단항(인수가 하나인) 일반적 함수만 지원한다는 점이다.

일반적 연산들을 갖춘 대형 시스템이 진화하다 보면 새로운 형식의 데이터 객체나 새 연산들이 필요하게 된다. 세 가지 전략(명시적 디스패치와 일반적 연산, 데이터 지향적 스타일, 메시지 전달 스타일) 각각에 대해, 시스템에 새 형식이나 새 연산을 추가하려면 무엇을 바꾸어야 하는지 설명하라. 새로운 형식이 더 자주 추가되는 시스템에 가장 적합한 조직화 방식은 무엇인가? 새로운 연산이 더 자주 추가되는 시스템에 가장 적합한 것은 무엇인가?

2.5 일반적 연산을 갖춘 시스템

이전 절에서 우리는 데이터 객체를 여러 가지 방식으로 표현할 수 있는 시스템을 설계하는 방법을 살펴보았다. 여기서 핵심 개념은 데이터 연산을 지정하는 코드와 다양한 표현 방식을 일반적 인터페이스 함수를 통해 연결한다는 것이다. 이번 절에서는 서로 다른 표현에 대해 일반적인 연산뿐만 아니라 서로 다른 종류의 인수들에 대한 일반적인 연산을 정의하는 데에도 같은 개념을 적용할 수 있음을 살펴본다. 한 예로 산술 연산을 생각해 보자. 앞에서 우리는 다양한 산술 연산 패키지를 만나 보았다. 이 책의 언어 자체에는 원시 산술 연산들(+, -, *, /)이 내장되어 있다. §2.1.1에서는 유리수 산술을 구현했고(add_rat, sub_rat, mul_rat, div_rat), §2.4.3에서는 복소수 산술을 구현했다. 이번 절에서는 데이터 지향적 기법을 이용해서 이 모든 산술 패키지를 하나의 산술 연산 패키지로 통합한다.

[그림 2.23]은 이번 절에서 구축할 시스템의 구조이다. 추상화 장벽들에 주목하자. '수(수의 구체적인 표현이 어떻든)'를 다루는 사용자가 수들을 더하기 위해 알아야 할 것은 add 함수 하나뿐이다. 이 add 함수는 보통의 산술과 유리수 산술, 복소수 산술을 구분하는 능력을 갖춘 일반적 인터페이스의 일부이다. 이 인터페이스 덕분에 수치를 사용하는 프로그램은 서로 다른 산술 패키지에 일관된 방식으로 접근할 수 있다. 개별 산술 패키지 자체도, 서로 다른 표현을 위해 만들어진 하위 패키지들을 통합하는 목적으로 일반적 함수를 사용할 수 있다(예를 들어 복소수 패키지는 직교좌표 표현과 극좌표 표현의 통합을 위해 add_complex 같은 일반적 함수를 사용한다). 더 나아가서, 시스템의 구조가 가산적이기 때문에 각각의 산술 패키지를 따로 개발해서 일반적 산술 시스템에 결합하는 것이 가능하다.

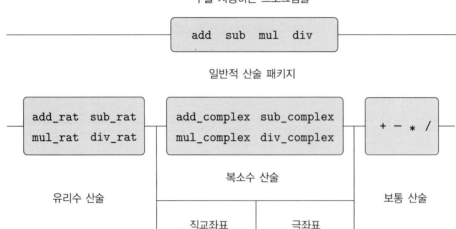

수를 사용하는 프로그램들

일반적 산술 패키지

유리수 산술

복소수 산술

직교좌표 극좌표

보통 산술

목록 구조와 원시 기계어 산술

그림 2.23 일반적 산술 시스템.

2.5.1 일반적 산술 연산

일반적 산술 연산(generic arithmetic operation)들을 설계하는 문제는 일반적 복소수 연산들을 설계하는 문제와 비슷하다. 이런 산술 연산 패키지에는 예를 들어 보통의 수치(이하 '보통 수')에는 통상적인 원시 덧셈 +을 적용하고, 유리수에 대해서는 **add_rat** 같은 함수를 적용하고, 복소수에는 **add_complex** 같은 함수를 적용하는 일반적 덧셈 함수 **add**가 있어야 한다. **add**와 기타 일반적 산술 연산들을 구현할 때 §2.4.3에서 복소수를 위한 일반적 선택자들을 구현할 때 사용한 것과 동일한 전략을 사용할 수 있다. 즉, 각 수마다 형식 태그를 붙이고, 일반적 함수가 주어진 인수의 형식에 따라 적절한 패키지를 선택해서 호출을 디스패치하면 된다.

다음은 일반적 사칙연산 함수들이다.

```
function add(x, y) { return apply_generic("add", list(x, y)); }
function sub(x, y) { return apply_generic("sub", list(x, y)); }
function mul(x, y) { return apply_generic("mul", list(x, y)); }
function div(x, y) { return apply_generic("div", list(x, y)); }
```

먼저 **보통**의 수들을 처리하는 산술 패키지를 만들어서 설치해보자. 해당 연산들은 이미 우리 언어 자체에 내장되어 있다. 이 연산들에는 `"javascript_number"`라는 문자열을 태그로 부여한다. 이 보통 산술 패키지의 산술 연산들은 원시 산술 연산들이다(따라서 태그가 붙지 않은 수들을 처리하기 위해 또 다른 함수들을 정의할 필요는 없다). 이 연산들은 모두 두 개의 인수를 받으므로, 목록 `list("javascript_number", "javascript_number")`를 키로 해서 연산-형식 테이블에 설치한다.

```javascript
function install_javascript_number_package() {
    function tag(x) {
        return attach_tag("javascript_number", x);
    }
    put("add", list("javascript_number", "javascript_number"),
        (x, y) => tag(x + y));
    put("sub", list("javascript_number", "javascript_number"),
        (x, y) => tag(x - y));
    put("mul", list("javascript_number", "javascript_number"),
        (x, y) => tag(x * y));
    put("div", list("javascript_number", "javascript_number"),
        (x, y) => tag(x / y));
    put("make", "javascript_number",
        x => tag(x));
    return "done";
}
```

자바스크립트 산술 패키지를 사용하는 사용자는 다음 함수를 이용해서 (태그된) 보통 수치를 만든다.

```javascript
function make_javascript_number(n) {
    return get("make", "javascript_number")(n);
}
```

이제 일반적 산술 시스템의 틀이 만들어졌다. 이 틀을 이용해서 새로운 종류의 수에 대한 산술 패키지를 시스템에 손쉽게 추가할 수 있다. 다음은 유리수 산술을 수행하는 패키지이다. 시스템의 가산성 덕분에 §2.1.1의 유리수 코드를 아무 수정 없이 패키지의 내부 함수들로 재활용할 수 있다.

```
function install_rational_package() {
    // 내부 함수들
    function numer(x) { return head(x); }
    function denom(x) { return tail(x); }
    function make_rat(n, d) {
        const g = gcd(n, d);
        return pair(n / g, d / g);
    }
    function add_rat(x, y) {
        return make_rat(numer(x) * denom(y) + numer(y) * denom(x),
                        denom(x) * denom(y));
    }
    function sub_rat(x, y) {
        return make_rat(numer(x) * denom(y) - numer(y) * denom(x),
                        denom(x) * denom(y));
    }
    function mul_rat(x, y) {
        return make_rat(numer(x) * numer(y),
                        denom(x) * denom(y));
    }
    function div_rat(x, y) {
        return make_rat(numer(x) * denom(y),
                        denom(x) * numer(y));
    }
    // 시스템 나머지 부분과의 인터페이스
    function tag(x) {
        return attach_tag("rational", x);
    }
    put("add", list("rational", "rational"),
        (x, y) => tag(add_rat(x, y)));
    put("sub", list("rational", "rational"),
        (x, y) => tag(sub_rat(x, y)));
    put("mul", list("rational", "rational"),
        (x, y) => tag(mul_rat(x, y)));
    put("div", list("rational", "rational"),
        (x, y) => tag(div_rat(x, y)));
    put("make", "rational",
        (n, d) => tag(make_rat(n, d)));
    return "done";
}

function make_rational(n, d) {
    return get("make", "rational")(n, d);
}
```

복소수에 대해서도 이와 비슷한 방식으로 산술 패키지를 정의하고 설치할 수 있다. 태그로는 "complex"를 사용하기로 하자. 다음의 복소수 산술 패키지는 직교좌표 표현 패키지와 극좌표 표현 패키지에서 정의한 make_from_real_imag 연산과 make_from_mag_ang 연산을 연산–형식 테이블에 등록한다. 가산성 덕분에 §2.4.1의 add_complex, sub_complex mul_complex, div_complex 함수들을 수정 없이 이 패키지의 내부 함수들로 사용할 수 있다.

```
function install_complex_package() {
    // 직교좌표 패키지와 극좌표 패키지에서 가져온 함수들
    function make_from_real_imag(x, y) {
        return get("make_from_real_imag", "rectangular")(x, y);
    }
    function make_from_mag_ang(r, a) {
        return get("make_from_mag_ang", "polar")(r, a);
    }
    // 내부 함수들
    function add_complex(z1, z2) {
        return make_from_real_imag(real_part(z1) + real_part(z2),
                                   imag_part(z1) + imag_part(z2));
    }
    function sub_complex(z1, z2) {
        return make_from_real_imag(real_part(z1) - real_part(z2),
                                   imag_part(z1) - imag_part(z2));
    }
    function mul_complex(z1, z2) {
        return make_from_mag_ang(magnitude(z1) * magnitude(z2),
                                 angle(z1) + angle(z2));
    }
    function div_complex(z1, z2) {
        return make_from_mag_ang(magnitude(z1) / magnitude(z2),
                                 angle(z1) - angle(z2));
    }
    // 시스템 나머지 부분과의 인터페이스
    function tag(z) { return attach_tag("complex", z); }
    put("add", list("complex", "complex"),
        (z1, z2) => tag(add_complex(z1, z2)));
    put("sub", list("complex", "complex"),
        (z1, z2) => tag(sub_complex(z1, z2)));
    put("mul", list("complex", "complex"),
        (z1, z2) => tag(mul_complex(z1, z2)));
    put("div", list("complex", "complex"),
        (z1, z2) => tag(div_complex(z1, z2)));
```

```
    put("make_from_real_imag", "complex",
        (x, y) => tag(make_from_real_imag(x, y)));
    put("make_from_mag_ang", "complex",
        (r, a) => tag(make_from_mag_ang(r, a)));
    return "done";
}
```

다음은 복소수 패키지 바깥의 프로그램이 필요에 따라 실수부와 허수부 또는 크기와 각도로 복소수를 생성하는 데 사용할 함수들이다. 원래는 직교좌표 패키지와 극좌표 패키지에 있던 바탕 함수들을 복소수 패키지로 들여온 방식과 그 함수들을 복소수 패키지 바깥으로 내보내는 방식을 눈여겨보기 바란다.

```
function make_complex_from_real_imag(x, y){
    return get("make_from_real_imag", "complex")(x, y);
}
function make_complex_from_mag_ang(r, a){
    return get("make_from_mag_ang", "complex")(r, a);
}
```

지금까지 만든 시스템은 하나의 2수준 태그 시스템이다. $3 + 4i$ 같은 직교좌표 형태의 전통적인 복소수는 [그림 2.24]에 나온 것처럼 표현된다. 바깥쪽 태그("complex")는 이 '수'를 복소수 산술 패키지로 보내는 데 쓰인다. 안쪽 태그("rectangular")는 복소수 태그 안에서 그 복소수를 직교좌표 패키지로 보내는 데 쓰인다. 크고 복잡한 시스템이라면 수준이 셋 이상일 수 있다. 각 수준 또는 계층은 일반적 연산들을 통해서 그다음 수준과 연동한다. 데이터 객체가 "아래로(downward; 상위 수준에서 하위 수준으로)" 점차 내려가는 과정에서, 데이터 객체를 적절한 패키지로 보내는 데 쓰인 바깥쪽 태그는 제거되고(contents를 적용해서) 그 다음 수준의 태그가 다음번 디스패치에 쓰이게 된다(다음 수준이 있는 경우).

그림 2.24 복소수 $3 + 4i$의 직교좌표 표현.

이상의 패키지들에서, 이전에 만들어 둔 add_rat나 add_complex 같은 산술 함수들을 이름을 바꾸지 않고 그대로 사용했음을 주목하자. 그런 함수들은 모두 서로 다른 설치 함수의 내부에서 선언되므로, 굳이 접미사를 이용해서 이름을 다르게 붙일 필요가 없다. 그냥 모든 패키지에서 add, sub, mul, div 같은 단순한 이름을 사용해도 된다.

■ 연습문제 2.77

루이스 리즈너는 magnitude(z)라는 표현식을 평가하려고 했다. 여기서 z는 [그림 2.24]에 나온 객체이다. 놀랍게도 해석기는 5라는 답을 내놓는 대신 apply_generic이 발생한, list("complex") 형식에 대해서는 magnitude 연산을 위한 메서드가 없다는 오류 메시지를 출력했다. 루이스가 표현식과 오류 메시지를 알리사 P. 해커에게 보여주자 알리사는 "복소수 선택자들이 "polar" 수와 "rectangular" 수에 대해서만 정의되어 있고 "complex" 수에 대해서는 정의되어 있지 않은 것이 문제야. 그러니 complex 패키지에 다음을 추가하기만 하면 모든 게 잘 돌아갈 거야"라고 말했다.

```
put("real_part", list("complex"), real_part);
put("imag_part", list("complex"), imag_part);
put("magnitude", list("complex"), magnitude);
put("angle",     list("complex"), angle);
```

이 해결책이 왜 잘 통하는지 상세히 설명하라. 한 예로, z가 [그림 2.24]에 나온 객체라고 할 때 표현식 magnitude(z)의 평가 과정에서 호출되는 모든 함수를 추적하라. 특히, apply_generic이 몇 번이나 호출되는가? 각 apply_generic 호출은 어떤 함수로 디스패치되는가?

■ 연습문제 2.78

javascript_number 패키지의 내부 함수들은 그냥 원시 함수 +, − 등을 호출하기만 할 뿐이다. 그렇지만 자바스크립트의 원시 함수들을 직접 사용하는 것은 불가능하다. 우리의 형식 태그 시스템은 각 데이터 객체에 형식 태그가 붙어 있어야 작동하기 때문이다. 그런데 사실 모든 자바스크립트 구현에는 내부적으로 쓰이는 형식 시스템이 존재한다. 주어진 데이터 객체가 특정 형식인지 판정하는 is_string이나 is_number 같은 원시 술어들이 증거이다. §2.4.2의 type_tag, contents, attach_tag를, 자바스크립트의 내부 형식 시스템을 활용하도록 다시 정의하라. 즉, 시스템이 이전처럼 작동하되 보통 수들이 head가 문자열 "javascript_number"인 쌍 객체가 아니라 자바스크립트 자체의 수치로 표현되게 만들어야 한다.

■ 연습문제 2.79

두 수의 상등을 판정하는 일반적 상등 술어 `is_equal`을 정의하고 일반적 산술 패키지에 설치하라. 이 연산은 보통 수와 유리수, 복소수에 대해 작동해야 한다.

■ 연습문제 2.80

인수가 0인지 판정하는 일반적 술어 `is_equal_to_zero`를 정의하고 일반적 산술 패키지에 설치하라. 이 연산은 보통 수와 유리수, 복소수에 대해 작동해야 한다.

2.5.2 형식이 서로 다른 데이터 객체들의 결합

앞에서 우리는 보통 수, 복소수, 유리수를 포괄하는, 그리고 필요하다면 다른 종류의 수도 새로 만들어서 추가할 수 있는 통합된 산술 시스템을 정의하는 방법을 이야기했다. 그런데 논의 과정에서 중요한 문제점 하나를 무시하고 넘어갔다. 바로, 지금까지 우리가 정의한 연산들은 서로 다른 자료형들을 완전히 독립적인 대상들로 간주한다는 점이다. 예를 들어 보통 수 두 개를 더하는 기능을 제공하는 패키지와 복소수 두 개를 더하는 기능을 제공하는 패키지는 서로 완전히 별개이다. 지금까지 우리는 형식의 경계를 넘나드는 연산(이를테면 복소수와 보통 수의 덧셈)들을 정의하는 것이 의미가 있다는 사실을 전혀 고려하지 않았다. 앞에서 우리는 프로그램의 여러 부분 사이에 장벽을 세워서 각각을 따로 개발하고 고찰할 수 있게 하는 데 많은 공을 들였다. 교차 형식 연산(cross-type operation; 형식을 넘나드는 연산) 때문에 그러한 모듈 장벽들이 무너지는 것은 바람직하지 않으므로, 그런 연산들을 세심하게 통제된 방식으로 시스템에 도입할 필요가 있다.

교차 형식 연산을 처리하는 한 가지 방법은, 주어진 연산이 유효한 모든 형식 조합마다 따로 함수를 설계하는 것이다. 예를 들어 복소수와 보통 수를 더하는 다음과 같은 함수를 만들어서

list("complex", "javascript_number")라는 형식 태그로 연산–형식 테이블에 추가할 수도 있다.[46]

```javascript
// 복소수 패키지에 추가할 함수
function add_complex_to_javascript_num(z, x) {
    return make_complex_from_real_imag(real_part(z) + x, imag_part(z));
}
put("add", list("complex", "javascript_number"),
    (z, x) => tag(add_complex_to_javascript_num(z, x)));
```

이런 기법이 유효하긴 하지만, 상당히 번거롭다. 이런 시스템에 새로운 형식을 추가하려면 그냥 그 형식을 위한 함수들의 패키지를 만드는 것으로 끝나는 것이 아니라 다른 형식들과의 모든 가능한 조합에 대해 교차 형식 연산들을 구현하는 함수들도 정의하고 설치해야 한다. 후자를 위한 코드가 해당 형식 자체에 대한 연산들을 정의하는 데 필요한 코드보다 훨씬 많을 가능성이 크다. 이 기법은 또한 개별 패키지들을 가산적으로 결합하는 능력을 훼손한다. 적어도 개별 패키지의 구현자가 다른 패키지들을 고려해야 한다는 점에서 그렇다. 예를 들어 앞의 예제에서 복소수와 보통 수에 대한 혼합 연산을 보통 수에 대한 패키지가 아니라 복소수 패키지가 담당하는 것이 합리적인 선택일 것이다. 그렇지만 복소수와 유리수의 혼합 연산은 선택이 명확하지 않다. 복소수 패키지가 담당하게 할 수도 있고, 유리수 패키지가 담당하게 할 수도 있고, 아니면 어떤 제3의 패키지가 두 패키지의 연산들을 추출해서 처리하게 할 수도 있다. 패키지와 교차 형식 연산이 아주 많은 시스템을 설계하는 경우, 처리의 책임을 패키지들에 어떻게 나눌 것인지에 일관된 정책을 공식화하기란 대단히 어려울 수 있음을 주의해야 한다.

강제 형변환(코어션)

서로 완전히 무관한 연산들이 서로 완전히 무관한 형식들에 작용하는 일반적인 상황에서는 교차 형식 연산들을 명시적으로 구현하는 것이, 번거로워도 어쩔 수 없는 유일한 선택일 수 있다. 다행히, 보통의 경우는 형식 시스템에 숨어 있는 추가적인 구조를 활용해서 그보다 더 나은 방식으로 문제를 해결할 수 있다. 서로 다른 형식들이 완전히 무관하지는 않은, 그래서 한 형식의 객체를 다른 형식의 객체로 볼 수 있는 방법이 존재하는 경우가 많다. 한 형식의 객체를 다른 형식의 객체로 취급하는 과정을 강제 형변환 또는 코어션coercion이라고 부른다. 예를 들어 보통

---

46 또한, 이와 거의 동일한 함수를 만들어서 list("javascript_number", "complex") 형식 태그로 추가해야 한다.

수와 복소수를 어떠한 산술 연산으로 결합하는 경우, 보통 수를 허수부가 0인 복소수로 간주할 수 있다. 이렇게 하면 혼합 산술 연산이 두 복소수의 연산으로 변하므로, 그냥 복소수 산술 패키지를 평소대로 사용해서 처리하면 된다.

이러한 개념을 구현하는 데 흔히 쓰이는 방식은 한 형식의 객체를 다른 형식의 동등한 객체로 변환하는 코어션 함수를 설계하는 것이다. 다음은 보통 수를 실수부와 허수부로 이루어진 복소수로 변환하는 전형적인 강제 형변환 함수이다.

```
function javascript_number_to_complex(n) {
    return make_complex_from_real_imag(contents(n), 0);
}
```

다음은 이런 형태의 강제 형변환 함수들을 특별한 강제 형변환 테이블에 설치하는 코드이다. 이 테이블은 두 형식의 이름들을 색인으로 해서 특정 강제 형변환 함수를 저장한다.

```
put_coercion("javascript_number", "complex",
                javascript_number_to_complex);
```

(이 테이블을 조작하는 put_coercion 함수와 get_coercion 함수가 만들어져 있다고 가정한다.) 일반적으로 이 테이블에는 빈 항목들이 존재한다. 모든 형식을 다른 모든 형식으로 변환할 수는 없기 때문이다. 예를 들어 임의의 복소수를 임의의 보통 수로 변환하는 방법은 없으므로, complex_to_javascript_number라는 일반적 함수는 이 테이블에 없다.

강제 형변환 테이블이 마련되었다고 할 때, 다음으로 할 일은 강제 형변환을 일관된 방식으로 처리하도록 §2.4.3의 apply_generic 함수를 수정하는 것이다. 어떤 연산이 요청되었을 때 이 함수는 이전처럼 그 연산이 인수 형식들에 대해 정의되어 있는지부터 점검한다. 만일 연산-형식 테이블에 해당 함수가 존재한다면 이전처럼 그 함수에 처리를 넘긴다. 그런 함수가 존재하지 않는다면 강제 형변환을 시도한다. 단순함을 위해 여기서는 연산의 인수가 항상 둘이라고 가정한다.[47] 먼저 강제 형변환 테이블에서 첫 형식의 객체를 둘째 형식의 객체로 변환하는 함수가 존재하는지 점검한다. 만일 그런 함수가 있다면, 첫 인수를 그 함수로 변환한 결과와 둘째 인수로 원래의 연산을 다시 시도한다. 만일 그런 함수가 없다면, 즉 첫 형식의 객체를 둘째 형식으로

----

47 [연습문제 2.82]에서는 이 함수를 일반화해본다.

변환하는 것이 불가능하다면, 둘째 형식의 객체를 첫째 형식으로 변환해서 시도한다. 이 모든 시도가 실패하면 연산을 포기한다. 다음이 이런 식으로 수정한 `apply_generic` 함수이다.

```
function apply_generic(op, args) {
    const type_tags = map(type_tag, args);
    const fun = get(op, type_tags);
    if (! is_undefined(fun)) {
        return apply(fun, map(contents, args));
    } else {
        if (length(args) === 2) {
            const type1 = head(type_tags);
            const type2 = head(tail(type_tags));
            const a1 = head(args);
            const a2 = head(tail(args));
            const t1_to_t2 = get_coercion(type1, type2);
            const t2_to_t1 = get_coercion(type2, type1);
            return ! is_undefined(t1_to_t2)
                   ? apply_generic(op, list(t1_to_t2(a1), a2))
                   : ! is_undefined(t2_to_t1)
                   ? apply_generic(op, list(a1, t2_to_t1(a2)))
                   : error(list(op, type_tags),
                           "no method for these types");
        } else {
            return error(list(op, type_tags),
                         "no method for these types");
        }
    }
}
```

이 강제 형변환 방식은 교차 형식 연산들을 앞에서 이야기한 것처럼 명시적으로 정의하는 기법보다 여러 면에서 유리하다. 가능한 형식 조합마다 강제 형변환 함수를 작성해야 한다는 것은 여전하지만(형식이 n일 때 최대 n^2개의 함수를 작성해야 한다), 형식 조합당 하나의 강제 형변환 함수만 작성하면 된다. 명시적 방법에서는 각 형식 조합과 각 일반적 연산에 대해 서로 다른 함수를 작성해야 한다.[48] 형식 조합당 하나의 강제 형변환 함수만 정의하면 되는 이유는

------

[48] 보통의 경우, 조금 머리를 쓴다면 강제 형변환 함수를 n^2씩이나 만들 필요가 없다. 예를 들어 형식 1을 형식 2로 변환하는 방법과 형식 2를 형식 3으로 변환하는 방법을 알고 있다면, 그 지식을 형식 1에서 형식 3으로의 변환에 활용할 수 있다. 이런 접근 방식을 적용하면 새 형식을 시스템에 추가할 때 작성해야 하는 강제 형변환 함수의 수를 크게 줄일 수 있다. 시스템을 최대한 정교하게 만들 여건이 된다면, 형식들 사이의 관계를 나타내는 '그래프'를 검색해서 이미 존재하는 강제 형변환 함수들로부터 새 형식을 위한 강제 형변환 함수들을 자동으로 생성하는 기능을 구현하는 것도 가능하다.

형식 간 변환이 형식들 자체에만 의존할 뿐 형식에 적용할 연산과는 무관하기 때문이다.

한편, 이러한 강제 형변환 방식이 충분히 일반적이지 않은 응용 분야도 있을 수 있다. 주어진 두 객체 모두 상대방의 형식으로 변환이 불가능한 경우라도, 둘을 제3의 형식으로 변환해서 연산을 수행하는 게 가능한 경우가 존재한다. 일반적으로, 프로그램의 모듈성을 유지하면서도 이런 복잡한 형변환을 지원하려면 형식들 사이에 존재하는 또 다른 구조를 활용해야 한다. 그럼 이 문제를 좀 더 자세히 살펴보자.

형식들의 위계구조

앞에서 살펴본 강제 형변환 방식은 두 형식 사이에 자연스러운 관계가 존재한다는 점에 의존한다. 그런데 단지 두 형식 사이의 관계가 아니라, 서로 다른 여러 형식의 관계에 관한 좀 더 "전역적인" 구조가 존재할 때가 많다. 예를 들어 정수, 유리수, 실수, 복소수를 다루는 일반적 산술 시스템을 구축한다고 하자. 그런 시스템에서는 정수를 특별한 종류의 유리수로 간주하고, 유리수는 특별한 종류의 실수로 간주하고, 실수 자체는 특별한 종류의 복소수로 간주하는 것이 상당히 자연스럽다. 이러한 관계는 **형식들의 위계구조**(hierarchy of types)를 형성한다. 지금 예의 위계구조에서 정수는 유리수의 **하위형식**(subtype)이고(이는 유리수에 대한 모든 연산이 정수에도 자동으로 적용됨을 뜻한다), 반대로 유리수는 정수의 **상위형식**(supertype)이다. 이 위계구조는 한 형식의 상위형식과 하위형식이 각각 많아야 하나인 아주 단순한 형태의 위계구조이다. 이런 단순한 형태의 위계구조를 **탑**(tower)이라고 부른다. [그림 2.25]에 수 형식들의 탑이 나와 있다.

그림 2.25 형식 탑의 예.

형식들의 위계구조가 이런 탑 구조이면 위계구조에 새 형식을 추가하는 문제가 엄청나게 간단해진다. 그런 경우 그냥 새 형식을 그 바로 위의 상위형식에 내장하는 방법과 그 바로 아래의 하위형식에 내장하는 방법만 명시하면 된다. 예를 들어 정수와 복소수를 더하는 기능을 추가할 때 `integer_to_complex` 같은 특화된 강제 형변환 함수를 명시적으로 정의할 필요가 없다. 정수를 유리수로 변환하는 방법과 유리수를 실수로 변환하는 방법, 실수를 복소수로 변환하는 방법을 명시하기만 하면, 시스템이 정수를 일련의 단계를 거쳐 복소수로 변환한 후 두 개의 복소수를 더한다.

형식들의 위계구조를 활용하도록 `apply_generic` 함수를 수정하려면 어떻게 해야 할까? 기본적인 전략은, 우선 형식마다 그 형식의 객체를 형식 탑의 한 수준 위에 있는 형식의 객체로 '승격'하는 함수 `raise`를 정의해 두고, 두 객체의 연산이 요청되었을 때 더 낮은 수준의 형식을 다른 형식까지 승격시키는 기능을 연산 처리 코드에 추가하는 것이다. (연습문제 2.83과 연습문제 2.84에서 이러한 전략의 구현 세부사항을 고찰한다.)

탑 구조의 또 다른 장점은, 각 형식이 자신의 상위형식에 정의된 모든 연산을 "물려받는다"라는 개념, 즉 상속(inheritance)을 구현하기 쉽다는 것이다. 예를 들어 정수의 실수부를 선택하는 함수를 따로 정의하지 않는다고 해도, 정수가 복소수의 한 하위형식이라는 점 덕분에 정수에 대해서도 `real_part`가 작동하리라고 기대할 수 있다. 탑 구조의 경우 `apply_generic`을 적절히 수정하기만 하면 이런 기능을 일관된 방식으로 구현할 수 있다. 요청된 연산이 주어진 객체의 형식에 대해 직접 정의되어 있지 않은 경우 그 객체를 해당 상위형식으로 승격한 후 다시 시도한다. 그런 식으로 탑을 따라 위로 올라가면서 인수의 형식을 변환하다 보면, 요청된 연산이 실제로 정의되어 있는 형식을 만나거나 탑의 꼭대기에 도달하게 된다(후자의 경우는 연산을 포기한다).

탑 구조가 좀 더 일반적인 형태의 위계구조보다 나은 점이 또 있다. 탑 구조는 데이터 객체를 더 단순한 표현으로 "강등(lowering)"하기도 쉽다. 예를 들어 $2+3i$에 $4-3i$를 더했을 때 복소수 $6+0i$가 아니라 정수 6이 나오는 것이 더 바람직할 수 있다. [연습문제 2.85]에서는 이런 강등 연산을 구현하는 한 가지 방법을 논의한다. (여기서 핵심은 $6+0i$처럼 강등이 가능한 객체와 $6+2i$처럼 강등이 불가능한 객체를 구분하는 일반화된 방식이 필요하다는 것이다.)

위계구조의 한계

앞에서 보았듯이, 주어진 시스템의 자료형들을 탑 형태로 자연스럽게 배치할 수 있으면 서로 다른 형식들에 대한 일반적 연산을 다루는 문제가 아주 간단해진다. 그렇지만 형식들을 항상 그렇게 탑 구조로 배치할 수 있는 것은 아니다. [그림 2.26]은 좀 더 복잡한 혼합 형식 위계구조의 예로, 여러 기하학 도형들 사이의 관계를 나타낸 것이다. 특히 이 위계구조는 한 형식의 하위형식이 단 하나가 아니라 여러 개일 수 있음을 보여준다. 예를 들어 삼각형과 사각형은 둘 다 다각형의 하위형식이다. 게다가 한 형식의 상위형식 역시 여러 개일 수 있다. 예를 들어 직각 이등변 삼각형은 직각삼각형의 하위형식이기도 하고 이등변 삼각형의 하위형식이기도 하다. 프로그래밍에서는 이러한 다중 상위형식이 특히나 까다로운 문제가 되는데, 왜냐하면 상위형식이 여러 개라는 것은 위계구조에서 형식을 "승격시키는" 방법이 단 하나가 아니라는 뜻이기 때문이다. 객체에 연산을 적용할 때 사용할 "올바른" 상위형식을 찾으려면 `apply_generic` 같은 함수 안에서 형식 네트워크 전체를 상당한 시간을 들여서 검색해야 할 수 있다. 한 형식에 하위형식이 여러 개일 수 있다는 점 역시, 어떠한 값을 형식 위계구조를 따라 "강등시켜서" 강제 형변환을 수행할 때 비슷한 문제를 일으킨다. 대형 시스템 설계의 모듈성을 유지하면서도 서로 연관된 다수의 형식을 유연하게 처리하는 것은 아주 어려운 일이며, 현재 많이 연구되는 분야이다.[49]

---

49 이 문장은 이 책의 제1판에 나온 것이지만, 당시(1984년)뿐만 아니라 지금도 여전히 사실이다. 개체들의 서로 다른 형식들 사이의 관계를 표현하는 유용하고도 일반적인 틀(프레임워크)을 개발하는 것은 처리 불가능할(intractable) 정도로 어려운 일로 보인다. 1984년에 존재한 혼란과 지금 존재하는 혼란의 주된 차이점은, 여러 부적합한 온톨로지 이론(ontological theory)들이 이제는 그에 상응하게 다양하고 부적합한 프로그래밍 언어들에 내장되었다는 점이다. 예를 들어 객체 지향적 프로그래밍 언어들이 가진 복잡성의 상당 부분, 그리고 요즘 객체 지향적 언어들의 미묘하고도 헷갈리는 차이점들의 상당 부분은, 상호 연관된 형식들에 대한 일반적 연산들을 어떻게 처리하는가와 밀접히 관련되어 있다. 제3장에서 계산적 객체를 논의할 때는 이런 문제점들을 완전히 피해 간다. 객체 지향적 프로그래밍에 익숙한 독자라면, 제3장에 지역 상태를 많이 이야기하면서도 '클래스'나 '상속'은 전혀 언급하지 않는다는 점이 눈에 띌 것이다. 사실 우리 저자들이 생각하기에, 앞에서 언급한 문제점들을 컴퓨터 언어 설계만으로는 적절히 해결할 수 없고, 지식 표현과 자동화된 추론 분야의 연구 성과도 도입해야 제대로 해결이 되지 않을까 싶다.

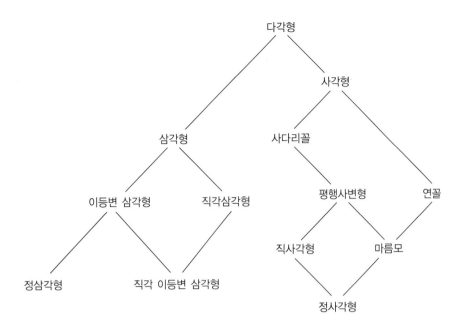

그림 2.26 기하 도형 형식들의 관계.

■ **연습문제 2.81**

루이스 리즈너는 두 인수의 형식이 같을 때도 `apply_generic`이 인수들을 각자 상대방 형식으로 변환하려 드는 경우가 있음을 발견했다. 그래서 루이스는 각 형식의 인수를 그 형식 자체로 "강제 형변환하는" 함수를 강제 형변환 테이블에 추가해야 마땅하다고 추론했다. 예를 들어 앞에 나온 `javascript_number_to_complex` 함수 외에 다음과 같은 함수들도 추가해야 한다.

```
function javascript_number_to_javascript_number(n) { return n; }
function complex_to_complex(n) { return n; }
put_coercion("javascript_number", "javascript_number",
             javascript_number_to_javascript_number);
put_coercion("complex", "complex", complex_to_complex);
```

a. 루이스의 이 강제 형변환 함수들을 설치했다고 할 때, `"complex"` 형식의 두 인수나 `"javascript_number"` 형식의 두 인수와 테이블에는 해당 함수가 없는 연산으로 `apply_generic`을 호출하면 어떤 일이 벌어질까? 예를 들어 다음과 같은 일반적 거듭제곱 연산을 정의했다고 가정하자.

```
function exp(x, y) {
    return apply_generic("exp", list(x, y));
}
```

그리고 자바스크립트 수 패키지에는 거듭제곱을 위한 함수를 추가했지만 다른 패키지들에는 그런 함수를 추가하지 않았다고 하자.

```
// 다음을 자바스크립트 수 패키지에 추가했음
put("exp", list("javascript_number", "javascript_number"),
    (x, y) => tag(math_exp(x, y))); // 원시 함수 math_exp를 사용함
```

만일 두 복소수 인수로 **exp**를 호출하면 어떤 일이 벌어지는가?

b. 형식이 같은 수들의 강제 형변환을 손봐야 한다는 루이스의 생각이 옳을까? 아니면 현재의 **apply_generic**이 올바르게 작동하는 것일까?

c. 두 인수의 형식이 같을 때는 강제 형변환을 적용하지 않도록 **apply_generic**을 수정하라.

■ 연습문제 2.82

인수가 여러 개인(셋 이상일 수 있는) 일반적인 경우에서 강제 형변환을 처리하도록 **apply_generic**을 일반화하는 방법을 제시하라. 한 가지 전략은 모든 인수를 첫 인수의 형식으로 변환하고, 그런 다음에 둘째 인수의 형식으로 변환하고, 등등으로 진행하는 것이다. 이 전략(그리고 본문에 나온 이 전략의 이항 버전)이 충분히 일반적이지 않은 사례를 제시하라. (힌트: 적절한 혼합 형식 연산이 테이블에 있긴 하지만 이 전략으로는 그 연산에 도달하지 못하는 경우를 찾아볼 것.)

■ 연습문제 2.83

[그림 2.25]의 형식 탑처럼 구성된 정수, 유리수, 실수, 복소수 형식 위계구조를 다루는 일반적 산술 시스템을 설계한다고 하자. 복소수를 제외한 형식 각각에 대해 그 형식의 탑의 한 층 위로 승격하는 함수를 설계하라. 그리고 복소수를 제외한 각 형식에 대해 작동하는 일반적 **raise**를 시스템에 설치하는 방법을 보여라.

본문에서 설명한 대로 주어진 인수들이 같은 형식이 될 때까지 적절히 승격한 후 연산을 수행하도록 `apply_generic` 함수를 수정하라. 승격에는 [연습문제 2.83]의 `raise` 연산을 사용할 것. 탑에서 두 형식 중 어느 것이 더 높은지 판정하는 방법을 고안할 필요가 있다. 그러한 판정을 시스템의 나머지 부분과 "호환되는" 방식으로 수행해야 한다. 이 때문에 탑에 새 수준을 추가하는 데 문제가 생겨서는 안 된다.

■ 연습문제 2.85

본문에서 데이터 객체를 탑의 더 낮은 수준으로 최대한 강등시켜서 데이터의 표현을 '단순화'하는 방법을 언급했다. [연습문제 2.83]에 나온 탑의 형식들에 대해 그러한 강등을 수행하는 함수 `drop`을 설계하라. 여기서 핵심은 주어진 객체를 강등할 수 있는지를 일반적인 방식으로 판정하는 방법을 고안하는 것이다. 예를 들어 복소수 $1.5 + 0i$는 `"real"`(유리수)까지 강등할 수 있고 복소수 $1 + 0i$는 `"integer"`(정수)까지 강등할 수 있으며 복소수 $2 + 3i$는 전혀 강등할 수 없다. 다음은 주어진 객체의 강등 가능 여부를 판정하는 한 가지 전략이다. 먼저 객체를 탑의 아래 수준으로 "투영하는" `project`라는 일반적 연산을 정의한다. 예를 들어 복소수를 아래 수준으로 투영하려면 허수부를 포기해야 한다. 반대로 생각하면, 어떤 수를 `project`로 투영한 후 다시 `raise`로 승격했을 때 원래의 형식으로 돌아온다면, 그 수는 강등이 가능한 것이다. 이 발상을 구체화해서, 주어진 객체를 최대한 아래로 강등시키는 `drop` 함수를 작성하라. 다양한 투영 연산을 설계해야 하며,[50] `project`를 하나의 일반적 함수로 시스템에 설치해야 한다. 또한 [연습문제 2.79]에서 설명한 일반적 상등 술어도 활용할 필요가 있을 것이다. 마지막으로, 연산의 결과를 단순화한 답을 돌려주도록 [연습문제 2.84]의 `apply_generic`을 `drop` 함수를 이용해서 다시 작성하라.

■ 연습문제 2.86

실수부와 허수부, 크기와 각도가 보통 수일 수도 있고 유리수일 수도 있으며 시스템에 추가된 (또는 나중에 추가할) 다른 어떤 수일 수도 있는 복소수를 다루어야 한다고 하자. 이를 위해 본

---

50 실수는 원시 함수 `math_round`를 이용해서 정수로 투영할 수 있다. 이 함수는 주어진 인수에 가장 가까운 정수를 돌려준다(그런 정수가 둘인 경우 `math_round`는 양의 무한대에 더 가까운 것을 선택한다. —옮긴이).

문의 일반적 산술 시스템을 어떻게 바꾸어야 하는지 서술하고 실제로 구현하라. 보통 수와 유리수에 대해 일반적으로 작동하는 sine이나 cosine 같은 연산들을 정의해야 할 것이다.

2.5.3 예제: 기호 대수

기호 대수식(symbolic algebraic expression)의 조작은 대규모 시스템의 설계에서 발생하는 아주 어려운 문제점들을 보여주는 복잡한 과정이다. 일반적으로 대수식을, 피연산자들과 그에 대한 연산자들이 트리 형태로 조직화된 위계구조로 볼 수 있다. 상수와 변수 같은 일단의 원시 객체들에서 출발해서 그런 객체들을 더하기나 곱하기 같은 대수 연산자들로 결합해 나가다 보면 얼마든지 복잡한 대수식이 만들어진다. 다른 언어들에서처럼 기호 대수식 조작을 위한 언어에서도 복합 객체들을 단순한 이름으로 지칭하기 위한 추상들을 구축하는 것이 가능하다. 기호 대수의 전형적인 추상으로는 선형결합, 다항식, 유리함수, 삼각함수 같은 개념들을 들 수 있다. 여기서는 이들을 복합 '형식'으로 취급한다. '형식'이라는 개념이 표현식의 처리 방식을 명시하는 데 유용할 때가 많기 때문이다. 예를 들어 다음 대수식을 생각해 보자.

$$x^2 \sin(y^2 + 1) + x \cos 2y + \cos(y^3 - 2y^2)$$

이 대수식을, 최상위의 형식은 x의 다항식이고, 그 다항식의 계수들은 삼각함수이고, 각 삼각함수의 인수는 y의 다항식이고, 그 다항식의 계수들은 정수인 위계구조로 생각할 수 있다.

여기서 완결적인 대수 조작 시스템을 개발하지는 않을 것이다. 그런 시스템은 대수학을 깊게 이해한 사람들이 우아한 알고리즘을 작성해야 만들 수 있는 엄청나게 복잡한 프로그램이다. 이번 절에서는 대수 조작 중 간단하지만 중요한 부분 하나만 살펴본다. 그것은 다항식 산술이다. 이번 절의 논의를 통해서, 대수 조작 시스템의 설계자가 어떤 종류의 결정을 내리게 되는지와 그런 시스템을 만들 때 추상 데이터와 일반적 연산이라는 개념을 어떻게 적용하는 것이 도움이 되는지 배우게 될 것이다.

다항식 산술

다항식에 대해 산술 연산을 수행하는 시스템을 설계할 때 가장 먼저 할 일은 시스템이 다룰 다항식을 좀 더 구체적으로 정의하는 것이다. 일반적으로 다항식은 특정한 변수를 기준으로 정의된다. 그런 변수를 다항식의 **부정원**(indeterminate; 미지수)이라고 부른다. 단순함을 위해 여기서는 부정원이 하나인 다항식만 다루기로 한다. 그런 다항식을 **일변량** 다항식(univariate polynomial) 또는 일변수 다항식이라고 부른다.[51] 이 예제의 목적에서 다항식은 항(term)들의 합이며, 각 항은 하나의 계수(coefficient)이거나, 부정원의 거듭제곱이거나, 계수와 부정원 거듭제곱의 곱이다. 그리고 계수는 다항식의 부정원에는 의존하지 않는 어떤 대수식이다. 예를 들어 다음은 간단한 x의 다항식이고,

$$5x^2 + 3x + 7$$

다음은 계수들이 y의 다항식인 x의 다항식이다.

$$(y^2 + 1)x^3 + (2y)x + 1$$

사실 여기에는 까다로운 문제가 숨어 있다. 첫 다항식이 $5y^2 + 3y + 7$과 같을까 다를까? 합리적인 답은 "만일 이 다항식들을 순수한 수학 함수로 간주한다면 같고, 일종의 구문형 (syntactic form)♦으로 간주한다면 다르다"일 것이다. 또한, 대수학의 관점에서 둘째 다항식은 계수들이 x의 다항식인 y의 다항식으로도 볼 수 있다. 우리의 기호 대수 조작 시스템이 이점을 인식해야 할까? 더 나아가서, 다항식을 표현하는 다른 방법도 존재한다. 예를 들어 인수 (factor)들의 곱으로 표현할 수도 있고, (단변량 다항식의 경우) 뿌리 노드들의 집합으로 표현하거나 주어진 일단의 점(point)들에서 다항식을 평가한 값들의 목록으로 표현할 수도 있다.[52] 이 모든 질문을 단번에 해결하기 위해, 우리의 기호 대수 조작 시스템에서 '다항식'은 바탕에 깔린 수학적 의미가 아니라 그냥 특정한 구문형이라고 정의하기로 한다.

....

[51] 단, 다항식의 계수 자체는 다른 어떤 변수의 다항식일 수 있다. 이 덕분에 완전한 다변량 시스템과 본질적으로 같은 수준의 표현력이 생긴다. 단점도 있는데, 잠시 후에 논의하겠지만 이 때문에 강제 형변환 문제들이 발생한다.

♦ 옮긴이 §1.1.3에서는 구문형을 "키워드를 포함한 문장"이라고 정의했지만, 지금 맥락에서는 그냥 주어진 언어의 구성 요소들을 문법(구문론)에 따라 조합해서 만든 좀 더 일반적인 의미의 구성체(construct)라고 해석하는 것이 나을 것이다.

[52] 단변량 다항식의 경우에는 다항식을 주어진 점들의 집합에 대한 다항식 값들의 목록으로 표현하는 것이 아주 좋은 방법일 수 있다. 그런 표현에서는 다항식 산술이 극히 간단해진다. 예를 들어 이런 식으로 표현된 두 다항식의 합을 구하려면 그냥 해당 점들에서의 다항식 값들을 더하면 그만이다. 이런 표현을 좀 더 통상적인 표현으로 변환해야 한다면, $n+1$개의 점들에서의 다항식 값들로부터 n차 다항식의 계수들을 복원하는 방법을 말해주는 라그랑주 보간 공식을 이용하면 된다.

이제 고민할 것은 다항식들에 대한 산술을 어떻게 수행할 것인가이다. 시스템을 단순하게 유지하기 위해 덧셈과 곱셈만 고려하기로 한다. 또한, 연산으로 결합할 두 다항식이 반드시 같은 부정원을 가지고 있어야 한다는 규칙도 두기로 한다.

이 예제 시스템의 설계 역시, 지금까지 사용해 온 익숙한 데이터 추상화 원리들에 따르기로 하겠다. 다항식은 코드에서 poly라는 이름으로 나타내는 자료 구조를 이용해서 표현한다. 하나의 다항식 객체는 변수 하나와 하나 이상의 항들로 구성된다. 주어진 다항식 객체에서 변수 (부정원)와 항들의 목록을 추출하는 선택자 variable과 term_list가 이미 갖추어져 있으며, 주어진 변수와 항 목록으로 다항식 객체를 생성하는 make_poly라는 생성자도 이미 만들어져 있다고 가정하겠다. 변수를 지정하는 데이터는 그냥 하나의 문자열로 하기로 한다. 따라서 §2.3.2의 is_same_variable 함수를 이용해서 두 변수의 상등을 판정할 수 있다. 다음은 두 다항식 객체를 더하는 함수와 곱하는 함수이다.

```
function add_poly(p1, p2) {
    return is_same_variable(variable(p1), variable(p2))
           ? make_poly(variable(p1),
                       add_terms(term_list(p1), term_list(p2)))
           : error(list(p1, p2), "polys not in same var -- add_poly");
}
function mul_poly(p1, p2) {
    return is_same_variable(variable(p1), variable(p2))
           ? make_poly(variable(p1),
                       mul_terms(term_list(p1), term_list(p2)))
           : error(list(p1, p2), "polys not in same var -- mul_poly");
}
```

다항식 산술을 기존의 일반적 산술 시스템에 통합하려면 다항식 객체에 형식 태그를 부여해야 한다. 태그로는 "polynomial"을 사용하자. 다음은 태그된 다항식들에 대한 적절한 연산들을 연산–형식 테이블에 설치하는 함수의 틀이다. §2.5.1에서 했던 것처럼, 필요한 모든 코드를 하나의 다항식 패키지 설치 함수 안에 둔다.

```
function install_polynomial_package() {
    // 내부 함수들
    // 다항식의 표현
    function make_poly(variable, term_list) {
        return pair(variable, term_list);
```

```
    }
    function variable(p) { return head(p); }
    function term_list(p) { return tail(p); }
    〈§2.3.2의 is_same_variable 함수와 is_variable 함수〉

    // 항과 항 목록의 표현
    〈아래 본문의  adjoin_term...coeff 함수들〉

    function add_poly(p1, p2) { ... }
    〈add_poly가 사용하는 함수들〉
    function mul_poly(p1, p2) { ... }
    〈mul_poly가 사용하는 함수들〉

    // 시스템 나머지 부분과의 인터페이스
    function tag(p) { return attach_tag("polynomial", p); }
    put("add", list("polynomial", "polynomial"),
        (p1, p2) => tag(add_poly(p1, p2)));
    put("mul", list("polynomial", "polynomial"),
        (p1, p2) => tag(mul_poly(p1, p2)));
    put("make", "polynomial",
        (variable, terms) => tag(make_poly(variable, terms)));
    return "done";
}
```

다항식 덧셈은 항별(termwise)로 수행한다. 덧셈에서는 두 다항식에서 차수(order)가 같은 항들, 즉 부정원의 거듭제곱 지수가 같은 항들을 결합해야 한다. 차수가 같은 두 항에 대해, 계수는 두 항의 계수들의 합이고 차수는 두 항의 것과 같은 새 항을 만든다. 차수가 다른 항들은 그냥 결과(합) 다항식의 항 목록에 그대로 추가한다.

다항식의 항들로 이루어진 목록, 즉 항 목록(term list)을 다루는 함수들도 필요하다. 빈 항 목록을 돌려주는 the_empty_termlist라는 생성자와 항 목록에 새 항을 추가하는 adjoin_term이라는 함수가 있다고 하자. 또한, 주어진 항 목록이 빈 목록인지 판정하는 술어 is_empty_termlist와 항 목록에서 최고 차수 항(차수가 높은 큰 항)을 추출하는 선택자 first_term, 그리고 최고 차수 항을 제외한 나머지 항들을 돌려주는 선택자 rest_terms도 이미 만들어져 있다고 가정하자. 항 자체를 다루는 함수들로는, 주어진 차수와 계수로 항을 생성하는 생성자 make_term과 각각 항의 차수와 계수를 돌려주는 선택자 order와 coeff가 있다고 하겠다. 이상의 연산들 덕분에 항과 항 목록 모두 데이터 추상으로 간주할 수 있다. 즉, 이들의 구체적인 표현은 따로 고민해도 된다.

다음은 두 다항식의 합을 위한 항 목록을 생성하는 함수이다.[53] §1.3.2에서 설명한 조건문보다 구문이 조금 확장된 형태의 조건문이 쓰였음을 주목하자. else 다음에 문장 블록 대신 또다른 if 문을 두었다.

```
function add_terms(L1, L2) {
    if (is_empty_termlist(L1)) {
        return L2;
    } else if (is_empty_termlist(L2)) {
        return L1;
    } else {
        const t1 = first_term(L1);
        const t2 = first_term(L2);
        return order(t1) > order(t2)
                ? adjoin_term(t1, add_terms(rest_terms(L1), L2))
                : order(t1) < order(t2)
                ? adjoin_term(t2, add_terms(L1, rest_terms(L2)))
                : adjoin_term(make_term(order(t1),
                                        add(coeff(t1), coeff(t2))),
                              add_terms(rest_terms(L1),
                                        rest_terms(L2)));
    }
}
```

이 함수에서 가장 주목할 부분은, 두 항을 결합할 때 그 계수들을 일반적 함수 add를 이용해서 더한다는 점이다. 잠시 후에 보겠지만, 이 점은 이후의 설계에 큰 영향을 미친다.

항 목록 두 개를 곱할 때는 첫 목록의 각 항을 둘째 목록의 모든 항에 곱해야 한다. 이를 위해, 주어진 하나의 항을 주어진 목록의 모든 항에 곱하는 mul_term_by_all_terms 함수를 반복해서 호출한다. 그런 다음, 이 함수가 돌려준 항 목록들(첫 목록의 항마다 하나씩)을 모두 합해서 하나의 항 목록을 만든다. 두 항의 곱은 계수가 두 항의 계수들이 곱이고 차수는 두 항의 차수들의 합인 항이다.

```
function mul_terms(L1, L2) {
    return is_empty_termlist(L1)
```

----

[53] 이 연산은 [연습문제 2.62]에서 만든 순서 있는 합집합 연산 union_set과 아주 비슷하다. 실제로, 다항식의 항 목록은 항들이 차수(부정원의 거듭제곱 지수) 순으로 정렬된 집합이라고 할 수 있으며, 그런 관점에서 다항식 합의 항 목록을 산출하는 함수는 union_set과 거의 동일하다.

```
                ? the_empty_termlist
                : add_terms(mul_term_by_all_terms(
                                    first_term(L1), L2),
                        mul_terms(rest_terms(L1), L2));
    }
    function mul_term_by_all_terms(t1, L) {
        if (is_empty_termlist(L)) {
            return the_empty_termlist;
        } else {
            const t2 = first_term(L);
            return adjoin_term(
                        make_term(order(t1) + order(t2),
                                mul(coeff(t1), coeff(t2))),
                        mul_term_by_all_terms(t1, rest_terms(L)));
        }
    }
```

다항식의 덧셈과 곱셈에 필요한 실질적인 함수들은 이것이 전부이다. 항들을 일반적 함수 add와 mul을 이용해서 다루는 덕분에, 이 다항식 패키지는 우리의 일반적 산술 패키지가 지원하는 모든 종류의 수를 항의 계수로 사용할 수 있다. 또한, 만일 §2.5.2에서 논의한 것들 같은 강제 형변환 메커니즘을 도입한다면, 다음처럼 계수의 형식이 서로 다른 다항식의 산술도 자동으로 처리된다.

$$\left[3x^2 + (2+3i)x + 7\right] \cdot \left[x^4 + \tfrac{2}{3}x^2 + (5+3i)\right]$$

앞에서 다항식 덧셈 함수 add_poly와 곱셈 함수 mul_poly를 polynomial이라는 형식에 대한 add 연산과 mul 연산으로 일반적 산술 시스템에 설치했으므로, 이제 일반적 산술 시스템은 다음과 같은 다항식 연산들도 처리할 수 있다.

$$\left[(y+1)x^2 + (y^2+1)x + (y-1)\right] \cdot \left[(y-2)x + (y^3+7)\right]$$

이는 시스템이 계수들을 결합하려 할 때 해당 연산이 add와 mul을 통해 디스패치되기 때문이다. 지금 예에서는 계수들 자체가 다항식(y의)이므로, 계수들은 add_poly와 mul_poly를 통해서 결합된다. 이러한 과정은 일종의 "데이터 지향적 재귀"라고 할 수 있는데, 예를 들어 한 mul_poly 호출에서 계수들을 곱하기 위해 mul_poly 자신을 호출하는 식이다. 계수의 계수 역시 다항식이어도(3변수 다항식을 표현하기 위해 이런 방법을 사용할 수 있다) 데이터 지향적 재귀에 의해 시스템은 또 다른 수준의 재귀 호출들을 수행하면서 데이터가 이끄는 대로('데이터 주도') 위계구조의 여러 수준을 적절히 나아간다.[54]

항 목록의 표현

마지막으로, 항 목록의 적절한 표현을 구현하는 문제를 해결해야 한다. 항 목록은 사실상 항의 차수를 키(색인)로 사용해서 접근할 수 있는 계수들의 집합이다. 따라서 집합을 표현하는 데 쓰이는 함수들(§2.3.3)을 항 목록의 표현에 그대로 활용할 수 있다. 한편 `add_terms` 함수와 `mul_terms` 함수는 항 목록들을 항상 차수가 높은 것에서 낮은 것의 순서로 접근한다. 따라서 일종의 순서 있는 목록 표현을 사용하는 것이 바람직하다.

항 목록을 표현하는 목록의 구조를 어떻게 잡아야 할까? 한 가지 고려사항은, 이 시스템으로 다루는 다항식들의 '밀도(density)'이다. 대부분의 차수에서 항의 계수가 0이 아닌 다항식을 가리켜 조밀(dense; 또는 촘촘한) 다항식이라고 말하고, 계수가 0인 항이 많은 다항식을 가리켜 희소(sparse; 또는 성긴) 다항식이라고 말한다. 예를 들어 다음은 조밀 다항식이고

$$A: \quad x^5 + 2x^4 + 3x^2 - 2x - 5$$

다음은 희소 다항식이다.

$$B: \quad x^{100} + 2x^2 + 1$$

조밀 다항식의 항 목록은 계수들의 목록 형태로 표현하는 것이 가장 효율적이다. 예를 들어 앞의 다항식 A는 list(1, 2, 0, 3, -2, -5)로 깔끔하게 표현할 수 있다. 이 표현은 항 계수들을 항 차수의 내림차순으로 나열한 것이다.[55] B 같은 희소 다항식을 이런 식으로 표현하면 낭비가 아주 심하다. B를 이런 식으로 표현하면 대부분은 0이고 몇 요소만 0이 아닌 목록이

---

54 이러한 과정이 아주 매끄럽게 진행되려면, '수치'를 다항식으로 강제 형변환하는 능력을 일반적 산술 시스템에 추가해야 한다. 하나의 수치는 계수가 수치이고 차수는 0인 항 하나로 이루어진 다항식으로 간주할 수 있으므로 강제 형변환이 가능하다. 다음 예처럼 다항식 형태의 계수 $y + 1$을 계수 2에 더해야 하는 연산을 수행하려면 그런 강제 형변환 기능이 꼭 필요하다.

$[x^2 + (y+1)x + 5] + [x^2 + 2x + 1]$

55 이 다항식 예제는 일반적 산술 시스템이 [연습문제 2.78]에 제안된 형식 메커니즘을 이용해서 구현되었다고 가정한다. 즉, 다항식이 아니라 보통의 수인 계수는 head가 `"javascript_number"`인 쌍 객체 대신 자바스크립트 본연의 수치로 표현한다.

된다. 희소 다항식의 항 목록을 좀 더 합리적으로 표현하는 방법 하나는 0이 아닌 항들만 목록에 담는 것이다. 이때 각 항은 그 항의 차수와 계수로 표현한다. 이런 방식에서는 다항식 B를 list(list(100, 1), list(2, 2), list(0, 1))로 표현할 수 있으므로 효율적이다. 실제 응용에서 다루는 다항식들은 대부분 희소 다항식이므로, 여기서도 이 표현 방식을 사용하기로 한다. 정리하자면, 항 목록(항들의 목록)은 개별 항 목록들이 차수의 내림차순으로 나열된 목록이다. 항 목록의 표현 방식을 결정했다면, 항과 항 목록을 위한 선택자들과 생성자들을 구현하는 것은 비교적 간단한 문제이다.[56]

```
function adjoin_term(term, term_list) {
    return is_equal_to_zero(coeff(term))
           ? term_list
           : pair(term, term_list);
}

const the_empty_termlist = null;
function first_term(term_list) { return head(term_list); }
function rest_terms(term_list) { return tail(term_list); }
function is_empty_termlist(term_list) { return is_null(term_list); }

function make_term(order, coeff) { return list(order, coeff); }
function order(term) { return head(term); }
function coeff(term) { return head(tail(term)); }
```

여기서 is_equal_to_zero는 [연습문제 2.80]에서 정의한 것이다(잠시 후 나오는 연습문제 2.87도 보라).

이제 다항식 패키지의 사용자가 (태그된) 다항식 객체를 생성하는 데 사용할 함수만 있으면 된다. 다음이 그러한 함수이다.

```
function make_polynomial(variable, terms) {
    return get("make", "polynomial")(variable, terms);
}
```

....

56 항 목록의 요소들이 차수의 내림차순이라고 가정하긴 하지만, adjoin term은 그냥 새 항을 기존 항 목록의 제일 앞에 삽입하는 것으로 구현되어 있다. 그러나 현재 시스템에서 adjoin_term을 사용하는 함수들(add_terms 등)이 항상 목록의 최고차항으로만 adjoin_term을 호출하므로 이 점이 문제가 되지는 않는다. 만일 그렇게 하지 않았다면 adjoin_term을 순서 있는 집합 표현을 위한 생성자 adjoin_set(연습문제 2.61)과 비슷한 형태로 구현해야 했을 것이다.

■ **연습문제 2.87**

다항식을 위한 `is_equal_to_zero`를 정의해서 일반적 산술 패키지에 설치하라. `adjoin_term`은 그 자체로 다항식인 계수들을 처리할 때 이 술어를 사용한다.

■ **연습문제 2.88**

다항식의 뺄셈도 지원하도록 다항식 시스템을 확장하라. (힌트: 일반적 부정(negation) 연산을 정의해 두면 도움이 될 것이다.)

■ **연습문제 2.89**

본문에서 설명한, 조밀 다항식에 적합한 항 목록 표현을 구현하는 함수들을 선언하라.

■ **연습문제 2.90**

하나의 다항식 시스템이 조밀 다항식과 희소 다항식 둘 다 효율적으로 처리하게 만든다고 하자. 한 가지 방법은 두 종류의 항 목록 표현을 시스템 안에서 공존하게 하는 것이다. 이는 §2.4에서 복소수의 직교좌표 표현과 극좌표 표현을 공존하게 만든 것과 비슷한 상황이다. 이를 위해서는 항 목록의 종류(형식)를 구분하는 수단을 마련해야 하고, 항 목록에 대한 연산들을 일반적 연산으로 만들어야 한다. 다항식 시스템을 다시 설계해서 이러한 일반화를 구현하라. 시스템의 일부만 고쳐서 될 게 아니고 전체적으로 뜯어고쳐야 할 것이다.

■ **연습문제 2.91**

단변량 다항식의 나눗셈을 정수 나눗셈처럼 처리할 수 있다. 즉, 한 다항식을 다른 다항식으로 나눈 결과는 몫(quotient)에 해당하는 다항식과 나머지(remainder)에 해당하는 다항식이다. 예를 들면 다음과 같다.

$$\frac{x^5 - 1}{x^2 - 1} \quad = \quad x^3 + x, \text{ 나머지 } x - 1$$

이러한 나눗셈은 흔히 쓰이는 나눗셈 방법인 장제법(long division)으로 수행하면 된다. 먼저 피제수(diviend: 나누어지는 수, 분자에 해당) 다항식의 최고차항을 제수(divisor) 다항식의 최고차항으로 나눈다. 그 결과는 몫 다항식의 첫 항이다. 그런 다음에는 몫에 제수를 곱하고 거기서 피제수를 뺀다. 그래서 나온 다항식을 피제수로 삼아 같은 과정을 재귀적으로 반복하면서 몫 다항식에 항들을 추가해 나간다. 그러다가 제수의 차수가 피제수의 차수보다 높아지면 멈추는데, 그러면 그때의 피제수가 나머지이다. 또한, 만일 피제수가 0이 되면 몫과 나머지를 둘 다 0으로 설정해서 돌려준다.

이 연습문제에서 여러분이 할 일은 이러한 연산을 수행하는 div_poly 함수를 add_poly와 mul_poly를 본떠서 만드는 것이다. 우선 div_poly 함수는 주어진 두 다항식 객체의 변수(부정원)가 같은지 점검해야 한다. 변수가 같다면, div_poly는 다항식 객체들에서 그 변수를 제거해서 얻은 항 목록들을 div_terms 함수에 넘겨준다. div_terms는 주어진 항 목록들로 나눗셈을 수행해서 얻은 몫과 나머지를 돌려준다. 그러면 div_poly는 그 항 목록들에 다시 변수를 추가해서 몫 다항식과 나머지 다항식을 만든다. 몫과 나머지를 개별적인 함수로 계산하는 것보다는 이처럼 div_terms가 함께 계산하게 하는 것이 더 편하다. 정리하자면, div_terms 함수는 항 목록 두 개를 받고 몫 항 목록과 나머지 항 목록으로 이루어진 하나의 목록을 돌려주어야 한다.

아래 코드의 빈 곳을 채워서 div_terms 함수의 정의를 완성하라. 그리고 이 함수를 이용해서 div_poly 함수를 구현하라. div_poly는 다항식 객체 두 개를 받고 몫 다항식 객체와 나머지 다항식 객체로 이루어진 목록을 돌려주어야 한다.

```
function div_terms(L1, L2) {
    if (is_empty_termlist(L1)) {
        return list(the_empty_termlist, the_empty_termlist);
    } else {
        const t1 = first_term(L1);
        const t2 = first_term(L2);
        if (order(t2) > order(t1)) {
            return list(the_empty_termlist, L1);
        } else {
            const new_c = div(coeff(t1), coeff(t2));
            const new_o = order(t1) - order(t2);
            const rest_of_result = ⟨ 결과의 남은 부분을 재귀적으로 계산한다 ⟩;
            ⟨ 결과를 완성해서 돌려준다 ⟩ }
```

```
        }
    }
```

기호 대수의 형식 위계구조

우리의 다항식 시스템은 한 형식의 객체(다항식 객체)가 실제로는 서로 다른 형식의 여러 객체로 구성된 복잡한 객체일 수 있다는 점을 잘 보여준다. 그런 객체에 대해서도 일반적 산술을 정의하는 데에는 별 어려움이 없다. 복합 형식의 구성요소들을 다루는 데 필요한 작업을 수행하는 적절한 일반적 연산들만 설치해 주면 된다. 실제로, 앞에서 보았듯이 다항식은 일종의 '재귀적 데이터 추상'을 형성한다. 다항식의 구성요소 자체가 다항식일 수 있다는 점에서 그렇다. 일반적 연산들과 데이터 지향적 프로그래밍 스타일을 이용하면 이런 복잡한 상황도 큰 어려움 없이 처리할 수 있다.

한편, 다항식 대수 시스템에 쓰이는 자료형들을 자연스럽게 탑 구조로 조직화할 수는 없다. 이 다항식 시스템은 예를 들어 계수들이 y의 다항식인 x의 다항식을 허용하며, 계수들이 x의 다항식인 y의 다항식도 허용한다. 그 두 형식 사이에는 상·하위 관계가 성립하지 않으므로 탑 형태의 위계구조를 만들기가 곤란하다. 그래도 그런 두 형식의 다항식들을 더하거나 곱해야 할 때가 종종 있다. 이를 해결하는 방법은 여러 가지이다. 하나는 한 다항식의 항들을 적절히 전개하고 재배치해서 다른 형식의 다항식으로 변환하는(즉, 두 다항식의 변수가 같아지게 만드는) 것이다. 변수들에 순서를 매긴다면 이런 다항식들에 대해 탑과 비슷한 구조를 만들 수 있다. 그리고 그런 탑 구조가 생긴다면, 임의의 다항식을 어떤 '표준형(canonical form)' 다항식, 그러니까 가장 우선순위가 높은 변수가 주가 되고 우선순위가 낮은 변수들은 계수들에 묻혀 있는 다항식으로 변환하는 것이 항상 가능하다. 이 전략은 상당히 잘 통한다. 단, 변환 과정에서 다항식이 불필요하게 전개되어서 읽기 어려워지고 다루기가 비효율적이 되는 경우가 있긴 하다. 이 탑 구조 전략은 지금 예제의 응용 영역을 비롯해 사용자가 기존 형식들을 다양한 방식으로 조합해서 동적으로 새 형식(이를테면 삼각함수나 멱급수, 적분을 포함한 다항식 등등)을 만들 수 있는 응용 영역들에는 그리 잘 맞지 않는다.

대규모 대수 조작 시스템의 설계에서 강제 형변환을 제어하는 것이 어려운 문제라는 것은 놀랄 일이 아니다. 그런 시스템의 복잡성은 상당 부분 다양한 형식들의 관계와 관련이 있다. 사실 우리 모두가 강제 형변환을 아직 완전하게 이해하지는 못한 상태라고 말해야 마땅할 것이다. 실제로 우리는 아직 자료형의 개념을 완전하게 이해하지 못하고 있다. 그러긴 하지만 지금까지 알아낸 것만으로도 대규모 시스템의 설계를 지지하는 강력한 조직화 및 모듈화 원리들을 얻을 수 있다.

■ **연습문제 2.92**

변수가 서로 다른 다항식들의 덧셈과 곱셈을 처리할 수 있도록 다항식 패키지를 확장하라. 앞에서 말한, 변수들에 순서를 매기고 탑과 비슷한 형식 위계구조를 형성하는 전략을 사용할 것. (쉬운 문제가 아니다!)

심화 연습문제: 유리함수

일반적 산술 시스템에 유리함수(rational function)를 추가하는 것도 가능하다. 유리함수는 분자와 분모가 다항식인 '분수(fraction)'이다. 다음이 유리함수의 예이다.

$$\frac{x+1}{x^3-1}$$

유리함수 산술 시스템은 유리함수들을 더하고 빼고 곱하고 나눌 수 있어야 한다. 예를 들어 다음과 같은 계산이 가능해야 한다.

$$\frac{x+1}{x^3-1} + \frac{x}{x^2-1} = \frac{x^3+2x^2+3x+1}{x^4+x^3-x-1}$$

(우변은 공통의 인수들을 제거해서 단순화한 것이다. 통상적인 '교차 곱하기(cross multiplication)◆'로 두 분수를 더하면 분모가 5차 다항식이고 분자가 4차 다항식인 유리함수가 나온다.)

유리수 산술 패키지를 일반적 산술들을 사용하도록 수정한다면 우리가 원하는 대로(단, 결과를 기약분수로 약분하는 것은 제외) 유리함수 산술이 즉시 가능해질 것이다.

◆ 옮긴이 두 분수를 더할 때 한 분수의 분모와 다른 분수의 분자를 곱해서 합한 것을 합의 분자로 두는 방식을 말한다.

유리수 산술 패키지를 일반적 산술들을 사용하도록 수정하라. 단, make_rat이 분수를 약분하지는 않도록 바꾸어야 한다. 다음과 같이 두 다항식으로 make_rational을 호출했을 때 유리함수 객체가 산출되는지 확인할 것.

```
const p1 = make_polynomial("x", list(make_term(2, 1), make_term(0, 1)));
const p2 = make_polynomial("x", list(make_term(3, 1), make_term(0, 1)));
const rf = make_rational(p2, p1);
```

그런 다음 rf를 add를 이용해서 자기 자신과 더해 보라. 이 덧셈 함수가 분수를 약분하지는 않음을 확인할 수 있을 것이다.

유리함수의 분자, 분모 다항식을 기약분수로 약분하는 문제는 정수 분자, 분모를 약분할 때와 같은 방식으로 풀 수 있다. 원래의 make_rat은 분자와 분모를 둘의 최대공약수로 나누어서 분수를 약분했다. 다항식들에도 '최대공약수'라는 개념을 적용할 수 있다. 사실 정수들의 최대공약수를 구할 때 사용한 유클리드 호제법을 거의 그대로 적용해서 두 다항식의 최대공약수를 구하는 것이 가능하다.[57] 다음은 유클리드 호제법의 정수 버전이다.

```
function gcd(a, b) {
    return b === 0
           ? a
           : gcd(b, a % b);
}
```

---

[57] 유클리드 호제법이 다항식에도 통한다는 사실을 대수학의 어법으로는 "다항식은 유클리드 환(Euclidean ring)이라고 부르는 하나의 대수 정의역을 형성한다"라고 말한다. 유클리드 환은 덧셈, 뺄셈, 가환적 곱셈을 허용하며 환의 각 원소 x에 양의 정수 '측도(measure)' $m(x)$를 배정하는 방법이 존재하는 하나의 정의역(domain)인데, 이때 이 측도는 0이 아닌 임의의 x와 y에 대해 $m(xy) \geq m(x)$라는 성질과 임의의 x와 y에 대해 $y = qx + r$이고 $r = 0$이거나 $m(r) < m(x)$인 q가 존재한다는 성질을 충족한다. 추상적인 관점에서 이는 유클리드 호제법이 적용됨을 증명하는 데 필요한 조건들이다. 정수 정의역의 경우 정수의 측도 m은 정수 자체의 절댓값이다. 다항식 정의역의 경우 다항식의 측도는 다항식의 차수이다.

다음은 항 목록들에 작동하도록 이 유클리드 호제법 함수를 자명한 방식으로 수정한 버전이다.

```
function gcd_terms(a, b) {
    return is_empty_termlist(b)
           ? a
           : gcd_terms(b, remainder_terms(a, b));
}
```

여기서 remainder_terms는 [연습문제 2.91]에서 구현한 항 목록 나눗셈 연산 div_terms가 돌려준 목록에서 나머지 부분을 추출하는 함수이다.

■ **연습문제 2.94**

div_terms를 이용해서 remainder_terms를 구현하라. 그 remainder_terms를 사용하는 앞의 gcd_terms가 잘 작동한다고 가정할 때, 두 다항식의 최대공약수 다항식을 계산하는 함수 gcd_poly를 작성하라. (만일 두 다항식의 변수가 같지 않으면 이 함수는 오류를 신호해야 한다.) 그리고 인수들이 다항식이면 gcd_poly를, 정수면 gcd를 이용해서 최대공약수를 구하는 일반적 연산 greatest_common_divisor를 시스템에 설치하라. 시험 삼아 다음 코드의 결과가 손으로 직접 계산한 결과와 일치하는지 확인해 볼 것.

```
const p1 = make_polynomial("x", list(make_term(4, 1), make_term(3, -1),
                                     make_term(2, -2), make_term(1, 2)));
const p2 = make_polynomial("x", list(make_term(3, 1), make_term(1, -1)));
greatest_common_divisor(p1, p2);
```

■ **연습문제 2.95**

P_1, P_2, P_3이 다음과 같은 다항식이라고 하자.

$$P_1 : \quad x^2 - 2x + 1$$
$$P_2 : \quad 11x^2 + 7$$
$$P_3 : \quad 13x + 5$$

그리고 Q_1이 P_1과 P_2의 곱이고 Q_2가 P_1과 P_3의 곱이라고 하자. Q_1과 Q_2의 최대공약수를 greatest_common_divisor(연습문제 2.94)로 구하라. 그 답이 P_1과 같지는 않음을 주목해야 한다. 이 예에서는 비정수 연산이 계산에 도입되기 때문에 최대공약수 알고리즘이 어려움을 겪는다.[58]

gcd_terms를 추적하거나 나눗셈을 손으로 직접 수행해서 최대공약수 계산 과정이 구체적으로 어떻게 진행되는지 파악해 보라.

[연습문제 2.95]가 제시한 문제는 최대공약수 알고리즘을 다음과 같이 수정해서 해결할 수 있다(이 해법은 계수가 정수인 다항식에 대해서만 잘 작동한다). 최대공약수 계산 과정에서 다항식 나눗셈을 수행하기 전에, 먼저 피제수 다항식을 고정된 정수 인수로 나눈다. 이 정수 인수는 나눗셈 과정에서 분수가 전혀 만들어지지 않도록 선택한 것이어야 한다. 그런 다음에는 유클리드 호제법으로 최대공약수를 구한다. 이렇게 구한 최대공약수는 실제 최대공약수가 아니라 실제 최대공약수를 앞의 정수 인수로 나눈 것이지만, 유리분수를 약분하는 데에는 문제가 되지 않는다. 어차피 최대공약수는 분자와 분모를 모두 나누는 데 쓰이므로, 그 과정에서 정수 인수의 효과가 소거되기 때문이다.

좀 더 엄밀하게 말하면, P와 Q가 두 다항식이고 O_1이 P의 차수, O_2가 Q의 차수라고 하자 (다항식의 차수는 최고차항의 차수이다). 그리고 c가 Q의 선행 계수(최고차항의 계수)라고 하자. 그러면, P에 정수화 인수(integerizing factor) $c^{1+O_1-O_2}$을 곱해서 얻은 다항식을 div_terms 알고리즘을 이용해서 Q로 나누면 계산 과정에서 분수가 전혀 만들어지지 않는다(이것은 증명 가능한 사실이다). 피제수에 이 상수를 곱한 후에 나눗셈을 수행하는 것을 가리켜 P에 대한 Q의 유사 나누기(pseudodivision)라고 부르고, 이 나눗셈의 나머지를 유사 나머지 (pseudoremainder)라고 부른다.

■ **연습문제 2.96**

a. pseudoremainder_terms 함수를 구현하라. 이 함수는 remainder_terms와 비슷하되, 본문에서 말한 정수화 인수를 피제수에 곱한 후에 div_terms를 호출해야 한다. 이

---

[58] 자바스크립트에서는 정수 나눗셈의 정밀도가 충분하지 않을 수 있다. 그러면 이 계산에서 유효한 제수를 얻지 못할 수 있다.

`pseudoremainder_terms`를 사용하도록 `gcd_terms`를 수정하고, `greatest_common_divisor`가 [연습문제 2.95]에 나온 정수 계수들을 가진 최대공약수를 산출하는지 확인하라.

b. 이제는 최대공약수의 계수들이 정수이다. 그런데 그 계수들은 P_1의 계수들보다 크다. 답(최대공약수 다항식)의 계수들에서 공약수들을 모두 제거하도록, 즉 모든 정수 계수를 해당 최대공약수(정수)로 나눈 결과를 답의 계수들로 사용하도록 `gcd_terms`를 수정하라.

정리하자면, 유리분수를 기약분수 형태로 약분하는 방법은 다음과 같다.

- 분자와 분모의 최대공약수를 [연습문제 2.96]의 `gcd_terms`로 구한다.

- 최대공약수를 구한 다음에는, 먼저 분자와 분모에 동일한 정수화 인수를 곱한 후에 최대공약수로 분자와 분모를 나눈다. 그러면 나눗셈 과정에서 정수가 아닌 계수가 만들어지지 않는다. 그런 정수화 인수로는 최대공약수의 선행 계수를 $1 + O_1 - O_2$만큼 거듭제곱한 값을 사용하면 되는데, 여기서 O_2는 최대공약수의 차수이고 O_1은 분자와 분모의 차수 중 더 큰 값이다. 이렇게 하면 분자와 분모를 최대공약수로 나누어도 분수 계수가 도입되는 일이 없다.

- 이제 분자 다항식과 분모 다항식의 계수들은 모두 정수이다. 정수화 인수 때문에 이 계수들은 아주 큰 값이 된다. 따라서, 약분의 마지막 단계는 분자와 분모의 모든 계수의 (정수) 최대공약수를 계산해서 그것으로 모든 계수를 나누는 것이다.

■ 연습문제 2.97

a. 앞에서 말한 알고리즘을 구현한 `reduce_terms` 함수를 작성하라. 이 함수는 항 목록 n과 d를 받고, 앞에서 말한 알고리즘으로 n과 d를 약분해서 나온 항 목록 nn과 dd를 돌려주어야 한다. 또한 `add_poly`와 비슷한 `reduce_poly` 함수를 작성하라. 이 함수는 먼저 두 다항식 객체의 변수가 같은지 점검하고, 같다면 그 변수를 제거해서 얻은 항 목록들을 `reduce_terms`에 넘겨서 약분을 수행한다. 그런 다음에는 `reduce_terms`가 돌려준 두 항목에 다시 변수를 부착한다.

b. `reduce_terms`와 비슷하게 정수 분자 분모를 약분하는(원래의 `make_rat`가 했던 것처럼) 다음과 같은 함수가 정의되어 있다고 하자.

```
function reduce_integers(n, d) {
    const g = gcd(n, d);
    return list(n / g, d / g);
}
```

주어진 인수들의 형식에 맞게 `reduce_poly`(인수가 `polynomial` 형식인 경우) 또
는 `reduce_integers`(인수가 `javascript_number` 형식인 경우)로 디스패치되도록
`apply_generic`을 적절히 호출하는 일반적 약분 연산 `reduce`를 정의하라. 그러면 유리수
산술 패키지의 `make_rat`가 주어진 분자와 분모로 유리수를 만들기 전에 `reduce`를 호출해
서 약분을 수행하게 만드는 것은 간단한 문제이다. `make_rat`를 그런 식으로 수정했다면,
이제 유리수 시스템은 정수들로 이루어진 유리수 표현식과 다항식들로 유리수(유리함수)
표현식을 모두 처리할 수 있다. 이 심화 연습문제의 도입부에 나온 다음 예를 실행해서 유리
수 시스템을 시험해 보라.

```
const p1 = make_polynomial("x", list(make_term(1, 1), make_term(0, 1)));
const p2 = make_polynomial("x", list(make_term(3, 1), make_term(0, -1)));
const p3 = make_polynomial("x", list(make_term(1, 1)));
const p4 = make_polynomial("x", list(make_term(2, 1), make_term(0, -1)));

const rf1 = make_rational(p1, p2);
const rf2 = make_rational(p3, p4);

add(rf1, rf2);
```

기약분수 형태로 약분된 정확한 답이 나오는지 확인할 것.

최대공약수 계산은 유리함수에 대한 연산을 수행하는 모든 시스템에서 핵심적인 요소이다.
앞에서 살펴본 알고리즘은 수학적으로는 간단하지만 극도로 느리다. 이 알고리즘이 느린 이유
중 하나는 나눗셈 연산이 아주 많다는 점이고, 다른 하나는 유사 나누기 과정에서 생기는 중간
계수들이 엄청나게 크다는 점이다. 다항식 최대공약수의 계산을 위한 더 나은 알고리즘의 설계
는 대수 조작 시스템 개발과 관련해서 활발하게 논의되는 주제이다.[59]

....

59 극히 효율적이고 우아한 다항식 최대공약수 계산 방법을 리처드 지펠Richard Zippel이 발견했다(Zippel 1979). 이 방법
은 제1장에서 논의한 빠른 소수 판정 방법처럼 확률적 알고리즘이다. 지펠이 저술한 [Zippel 1993]은 이 방법을 비롯해
여러 다항식 최대공약수 계산 방법을 설명한다.

제3장

모듈성, 객체, 상태

Μεταβα´λλον ἀναπαυ´εται

(사물은 변하면서도 그대로 있다)

— 헤라클레이토스

Plus ça change, plus c'est la même chose.

(바뀔수록 더 같아진다.)

— 알퐁스 카Alphonse Karr

이전 장들에서는 프로그램을 구성하는 기본적인 요소들을 소개했다. 원시 함수와 원시 데이터를 조합해서 복합적인 개체들을 만드는 방법을 설명했으며, 대규모 시스템의 복잡성을 다루려면 추상화가 꼭 필요하다는 점도 이야기했다. 그러나 프로그램을 설계하려면 그런 수단들만으로는 부족하다. 프로그램을 효과적으로 구성하려면, 프로그램의 전체적인 구조를 잡아 나갈 때 지침이 되는 조직화 원리들도 필요하다. 특히, 대규모 시스템이 **모듈성**(modularity)을 지니도록 시스템의 구조를 만드는 데 도움이 되는 전략들이 있어야 한다. 시스템에 모듈성이 있다는 것은, 시스템을 서로 연관된, 그러나 각자 따로 개발하고 관리할 수 있는 여러 부품으로 "자연스럽게" 분할할 수 있다는 뜻이다.

강력한, 특히 물리계(physical system)의 모형을 만드는 프로그램을 만들 때 아주 적합한 전략 하나는 모형화(modeling)할 물리계의 구조에 기초해서 프로그램의 구조를 짜는 것이다. 즉, 물리계를 구성하는 객체마다 그에 대응되는 계산적 객체(computational object)를 만들고, 물리계에서 벌어지는 작용(action)마다 계산 모형 안에 기호 연산을 정의하는 식이다. 이 전략을 사용할 때 우리가 바라는 바는, 새로운 객체나 새로운 작용을 도입해서 모형을 확장할 때 프로그램을 크게 뜯어고치는 일 없이 그냥 그 객체나 작용을 위한 계산적 객체나 기호 연산을 추가하기만 하면 되게 만드는 것이다. 시스템을 그런 식으로 조직화할 수만 있다면, 시스템에 새로운 기능을 추가하거나 기존 기능을 디버깅할 때 시스템의 특정한 부분만 격리해서 살펴보면 된다.

대체로, 대규모 프로그램을 조직화하는 방식에는 모형화할 시스템에 대한 우리 개발자의 인식이 큰 영향을 미친다. 이번 장에서는 시스템 구조에 대한 서로 상당히 다른 '세계관(world view)'들에서 유도되는 중요한 조직화 전략 두 가지를 살펴본다. 첫 조직화 전략은 객체(object)에 초점에 두고 대규모 시스템을 그 행동이 시간에 따라 변할 수도 있는 서로 다른 객체들의 컬렉션으로 간주한다. 둘째 조직화 전략은 정보의 **흐름** 또는 '스트림stream'에 초점을 둔다. 이 전략의 관점은 전기공학자가 신호 처리 시스템을 바라보는 관점과 아주 비슷하다.

객체 기반 접근 방식과 스트림 처리 접근 방식 모두, 프로그래밍 언어 측면에서 의미 있는 문제들을 제기한다. 객체 기반 전략에서는, 계산적 객체의 신원(정체성)을 유지하면서도 시간에 따라 그 행동이 변할 수 있게 만든다는 문제를 해결해야 한다. 이 문제를 풀려면 이제까지 잘 사용해 온 계산의 치환 모형(§1.1.5)을 폐기하고, 좀 더 기계적(mechanistic)이지만 이론적으로는 다루기가 약간 더 까다로운 **환경 모형**(environment model)을 사용해야 한다. 객체, 변화, 신원을 다루기가 어려운 것은, 우리의 계산 모형(computational model)에 시간이라는 요인을 도입해야 한다는 점에서 비롯한 근본적인 결과이다. 여기에 동시성이 끼어들면, 즉 다수의 프로그램이 동시에 실행될 수도 있게 하면 문제가 더 어려워진다. 스트림 처리 접근 방식을 최대한 활용하려면, 모형의 시뮬레이션 시간을 평가 과정에서 컴퓨터 안에서 벌어지는 사건들의 순서와 분리할 필요가 있다. 이러한 분리를 위해 이번 장에서는 **지연 평가**(delayed evaluation)라는 기법을 사용한다.

3.1 배정과 지역 상태

흔히 우리는 이 세상이 독립적인 객체들로 채워져 있다고 생각한다. 그러한 객체들은 시간이 흐름에 따라 상태(state)가 변한다. 어떤 객체의 행동이 그 객체의 역사에 영향을 받을 때, 그러한 객체를 가리켜 "상태가 있다" 또는 "상태를 가진다"라고 말한다. 예를 들어 은행 계좌는 상태가 있는 객체인데, 왜냐하면 "지금 100달러를 출금할 수 있는가?"라는 질문의 답이 계좌의 기존 입출금 내역(history)에 따라 달라지기 때문이다. 객체의 상태는 하나 이상의 **상태 변수**(state variable)들로 특징지을(특정할) 수 있다. 상태 변수들은 객체의 현재 행동을 결정하기에 충분한 역사 정보를 담는다. 단순한 은행 거래 시스템에서 한 계좌의 상태는, 굳이 계좌 거래 내역 전체를 저장할 필요 없이 그냥 현재 잔액(balance; 잔고) 정보 하나만으로 특징지을 수 있다.

다수의 객체로 구성된 시스템에서 객체들이 완전히 독립적인 경우는 드물다. 각각의 객체는 상호작용을 통해 다른 객체의 상태에 영향을 미칠 수 있다. 그런 상호작용들은 한 객체의 상태 변수들을 다른 객체의 상태 변수들과 결합(coupling)하는 역할을 한다. 사실 시스템이 개별적인 객체들로 구성되었다는 관점은, 시스템의 상태 변수 중 서로 연관된 상태 변수들을 단단히 결합해서 하위 시스템(subsystem)으로 묶되, 그런 하위 시스템들 자체는 서로 느슨하게 결합되게 만들 수 있을 때 가장 유용하다.

시스템에 대한 이러한 관점은 시스템의 계산 모형들을 조직화하는 강력한 틀로 작용할 수 있다. 그런 계산 모형이 모듈성을 지니려면, 계산 모형을 모형화 대상 시스템(물리계 등)의 실제 객체들을 모형화하는 계산적 객체들로 분해해야 한다. 각 계산적 객체는 실제 객체의 상태를 서술하는 자신만의 **지역 상태 변수**들을 가져야 한다. 대상 시스템의 객체들은 시간에 따라 상태가 변하므로, 그에 대응되는 계산적 객체의 상태 변수들도 그에 따라 변해야 한다. 대상 시스템 안에서 시간이 흐르는 것을 컴퓨터에서 경과 시간(elapsed time)을 이용해서 표현한다고 하면, 프로그램이 실행됨에 따라 그 행동이 변하는 계산적 객체를 생성하는 방법을 고안해야 한다. 특히, 만일 상태 변수들을 프로그래밍 언어의 통상적인 기호 이름들로 모형화하고자 한다면, 언어는 반드시 주어진 이름과 연관된 값을 변경할 수 있는 **배정 연산**(assignment operation)을 지원해야 한다.

3.1.1 지역 상태 변수

계산적 객체가 시변 상태(time-varying state; 시간이 지나면서 변하는 상태)를 가진다는 것이 무슨 의미인지 설명하기 위해, 은행 계좌에서 돈을 뽑는 상황을 모형화해보자. 이를 위해 **withdraw**라는 함수를 만든다고 가정한다. 이 함수는 출금할 금액에 해당하는 인수(**amount**라고 하자)를 받는다. 만일 그만큼의 돈이 계좌에 있다면 **withdraw** 함수는 출금 후의 잔액을 돌려주고, 돈이 부족하다면 *Insufficient funds*(잔액 부족)라는 메시지를 돌려주어야 한다. 예를 들어 계좌의 잔액이 100달러라고 할 때 **withdraw** 함수는 다음과 같이 작동해야 한다.

```
withdraw(25);
75

withdraw(25);
50

withdraw(60);
"Insufficient funds"

withdraw(15);
35
```

표현식 **withdraw(25)**를 두 번 평가했는데 결과가 각자 다르다는 점에 주목하자. 이것은 이전의 함수들에서는 보지 못한 행동이다. 이 책에 나온 이전의 자바스크립트 함수들은 수학 함수의 계산 과정을 자바스크립트라는 프로그래밍 언어로 서술한 것에 해당한다. 자바스크립트 함수를 호출하면 해당 수학 함수를 주어진 인수들에 적용할 때 나오는 값이 계산될 뿐이며, 따라서 같은 인수로 같은 함수를 호출하면 항상 같은 결과가 나왔다.[1]

이전 장들에서는 모든 이름이 **불변**(immutable) 요소였다. 함수를 적용할 때, 함수의 매개변수가 지칭하는 값들은 절대로 변하지 않았으며, 일단 선언문이 평가되고 나면 선언된 이름의 값은 절대로 변하지 않았다. **withdraw** 같은 함수를 구현하려면 **const** 키워드를 이용한 상수 선언뿐만 아니라 **let**이라는 키워드를 이용한 변수 선언(variable declaration)도 필요

---

[1] 사실 항상 그렇지는 않았다. 한 가지 예외는 §1.2.6의 난수 발생기이다. 그리고 §2.4.3에서 소개한 연산-형식 테이블과 관련해서도 예외가 있는데, 같은 인수들로 get을 두 번 호출할 때의 결과들은 그 사이에 어떤 put 호출들이 있었냐에 따라 달라진다. 그렇긴 하지만, 지금 예의 withdraw처럼 함수 자체가 그런 식으로 행동하게 하려면 이번 장에서 이야기하는 배정 연산이 꼭 필요하다.

하다. 지금 예에서 `withdraw` 함수를 구현하는 한 가지 방법은 계좌의 잔액을 지칭하는 변수 `balance`를 함수 외부에 선언해 두고 `withdraw` 함수가 그 `balance`에 접근하게 하는 것이다. 만일 `balance`의 값이 `amount`(요청된 출금액)보다 크거나 같으면 `withdraw`는 `balance`를 `amount`만큼 감소한 값을 `balance`의 새 값으로 배정하고 그 새 값을 돌려준다. 그렇지 않고 `balance`가 `amount`보다 작으면 `withdraw`는 *Insufficient funds* 메시지를 돌려준다. 다음은 `balance`와 `withdraw`의 선언이다.

```
let balance = 100;

function withdraw(amount) {
    if (balance >= amount) {
        balance = balance - amount;
        return balance;
    } else {
        return "Insufficient funds";
    }
}
```

`balance`의 감소는 다음과 같은 배정 표현식 문장(줄여서 배정문)으로 수행한다.

```
balance = balance - amount;
```

배정 표현식의 구문은 다음과 같다.

> *이름 = 새 값*

여기서 *이름*은 이전에 `let`으로 선언한 변수이거나 함수의 매개변수이고 *새 값*은 임의의 표현식이다. 배정 연산은 *이름*의 값을 *새 값*을 평가해서 얻은 값으로 바꾼다. 지금 예에서는 `balance`의 값을 `balance`의 기존 값에서 `amount`를 뺀 결과에 해당하는 새 값으로 변경한다.[2]

----

2 이름에 배정된 값은 배정 표현식 자체의 값이기도 하다. 배정문은 다음과 같은 형태의 상수 선언문이나 변수 선언문과 비슷하지만, 배정문과 선언문을 혼동해서는 안 된다.

> `const` *이름* = *값*;

> `let` *이름* = *값*;

withdraw 함수에서 주목할 만한 또 다른 부분은, **if** 판정이 참인 경우 두 개의 문장을 차례로 수행한다는 점이다. 이처럼 순서대로 실행되는 다수의 문장을 통칭해서 **문장렬**(sequence of statements; 문장들의 순차렬)이라고 부른다. 지금 경우, 문장렬의 첫 문장은 balance를 감소하고, 둘째 문장은 balance의 새 값을 돌려준다. 일반적으로 하나의 문장렬

문장t_1 *문장*t_2 ... *문장*t_n

을 실행하면 *문장*t_1에서 *문장*t_n 까지의 문장들이 차례로 평가된다.[3]

withdraw가 우리의 의도대로 작동하긴 하지만, balance라는 변수의 존재가 문제점 하나를 제시한다. 현재 balance는 특정 함수의 내부가 아닌 프로그램 환경 자체에 정의된 이름이라서 프로그램의 모든 함수에서 자유롭게 값을 읽거나 변경할 수 있다. 어떻게든 balance를 withdraw의 내부로 국한해서 오직 withdraw만 balance에 직접 접근할 수 있게 하고 다른 함수들은 간접적으로만(withdraw를 호출해서) 접근할 수 있게 한다면 더 좋을 것이다. 그러면 balance가 withdraw의 한 지역 상태 변수(withdraw가 자신의 은행 계좌의 상태를 관리하는 데 사용하는)라는 점을 계산 모형이 좀 더 정확하게 반영할 것이다.

withdraw를 다음과 같이 다시 작성하면 balance를 withdraw의 내부 변수로 만들 수 있다.

```
function make_withdraw_balance_100() {
    let balance = 100;
    return amount => {
            if (balance >= amount) {
                balance = balance - amount;
                return balance;
            } else {
                return "Insufficient funds";
            }
```

선언문은 이름을 새로 선언해서 그 이름에 *값*을 연관시킨다. 또한, 배정 표현식은 다음과 같은 형태의 상등 판정 표현식과도 비슷하지만, 역시 혼동하지 말기 바란다.

표현식$_1$ === *표현식*$_2$

이 표현식의 값은 만일 *표현식*$_1$이 *표현식*$_2$와 같은 값으로 평가되면 true이고 그렇지 않으면 false이다.

3 사실 이전 예제 프로그램들에서도 이미 문장렬이 쓰였다. §1.1.8에서 논의했듯이, 자바스크립트에서 함수의 본문이 반드시 하나의 반환문일 필요는 없고, 일련의 함수 선언문 다음에 반환문이 오는 형태도 가능하다. 그런 함수 본문이 곧 문장렬이다.

```
        };
    }
    const new_withdraw = make_withdraw_balance_100();
```

make_withdraw_balance_100 함수는 **let**을 이용해서 자신의 환경에 지역 변수 balance를 등록하고 100으로 초기화한다. 그런 다음에는 amount를 인수로 받아서 이전의 withdraw 함수처럼 작동하는 함수를 람다 표현식으로 생성해서[4] 돌려준다. make_withdraw_balance_100 함수가 돌려준 함수는 withdraw와 정확히 동일하게 작동하되, 다른 함수들은 지역 변수 balance에 접근할 수 없다는 중요한 차이점이 있다.[5]

배정과 변수 선언을 이런 식으로 조합하는 것은 책의 나머지 부분에서 지역 상태를 가진 계산적 객체를 생성하는 데 사용할 일반적인 프로그래밍 기법이다. 안타깝게도 이 기법은 우리의 논의에 심각한 영향을 미친다. 이 책에서 함수를 처음 소개할 때, 함수 적용의 의미를 해석하는 수단으로 평가의 치환 모형도 함께 소개했다(§1.1.5). 그때 이야기했듯이, 반환문(return 문) 하나로만 이루어진 함수를 어떤 인수들에 적용하는 것은 해당 반환 표현식의 매개변수들을 그 인수들로 치환해서 반환 표현식을 평가하는 것으로 해석할 수 있다. 본문이 좀 더 복잡한 함수의 경우에는 함수 본문 전체에서 매개변수들을 해당 인수 값들로 치환해야 한다. 문제는, 우리의 언어에 배정 연산을 도입하고 나면 그러한 치환 모형으로는 함수 적용을 온전하게 해석할 수 없다는 것이다. (왜 그런지는 §3.1.3에서 설명한다.) 이 때문에 지금으로서는 new_withdraw 함수가 왜 앞에서 말한 것처럼 행동하는지를 엄밀하게 파악할 수 없다. new_withdraw 같은 함수의 행동을 제대로 파악하려면 새로운 함수 적용 모형을 개발해야 한다. §3.2에서 배정과 변수 선언을 좀 더 자세히 설명할 때 그런 모형 하나를 제시하겠다. 일단 지금은 new_withdraw가 제기한 논제를 좀 더 다양한 측면에서 살펴보자.

함수의 매개변수와 함수 안에서 **let**으로 선언한 이름은 함수의 지역 변수가 된다. 다음 함수 make_withdraw는 하나의 '출금 처리기(withdrawal processor)'를 만든다. make_

---

4 람다 표현식의 본문을 이처럼 문장 블록으로 두는 구문은 §2.2.4에서 소개했다.

5 프로그래밍 언어의 어법으로는 이를 두고 변수 balance가 new_withdraw 함수 안에 **캡슐화**(encapsulation)되었다고 말한다. 캡슐화는 은닉 원칙(hiding principle)이라고 부르는 일반적인 시스템 설계 원칙을 반영한다. 은닉 원칙이란, 시스템의 구성요소들이 자신의 내부를 숨길수록, 다시 말해 시스템의 다른 구성요소들이 "알아야 하는" 정보만 제공할수록 시스템이 더 모듈화되고 견고해진다는 것이다.

withdraw의 매개변수 **balance**는 계좌에서 출금할 금액을 지정한다.[6]

```
function make_withdraw(balance) {
    return amount => {
                if (balance >= amount) {
                    balance = balance - amount;
                    return balance;
                } else {
                    return "Insufficient funds";
                }
            };
}
```

다음은 **make_withdraw**로 객체 **W1**과 **W2**를 만들어서 사용하는 예이다.

```
const W1 = make_withdraw(100);
const W2 = make_withdraw(100);
W1(50);
50

W2(70);
30

W2(40);
"Insufficient funds"

W1(40);
10
```

W1과 **W2**가 각자 자신의 지역 상태 변수 **balance**를 가진, 완전히 독립된 객체들임을 주목하자. 한 객체의 출금이 다른 객체의 상태에 영향을 미치지 않는다.

입금을 위한 객체도 이와 비슷한 방식으로 만들 수 있으며, 입금과 출금을 위한 수단들이 갖추어지면 간단한 은행 계좌를 표현할 수 있다. 다음은 주어진 초기 잔액을 가진 '은행 계좌 객체'를 돌려주는 함수이다.

----

6 앞의 make_withdraw_balance_100과는 달리 여기서는 **let**을 이용해서 balance를 지역 변수로 만들 필요가 없다. 함수의 매개변수는 자동으로 지역 변수가 되기 때문이다. 이 점은 §3.2에서 평가의 환경 모형을 논의하고 나면 좀 더 명확해질 것이다. (연습문제 3.10도 참고할 것.)

```
function make_account(balance) {
    function withdraw(amount) {
        if (balance >= amount) {
            balance = balance - amount;
            return balance;
        } else {
            return "Insufficient funds";
        }
    }
    function deposit(amount) {
        balance = balance + amount;
        return balance;
    }
    function dispatch(m) {
        return m === "withdraw"
               ? withdraw
               : m === "deposit"
               ? deposit
               : error(m, "unknown request -- make_account");
    }
    return dispatch;
}
```

make_account가 호출될 때마다 지역 상태 변수 balance가 있는 하나의 환경이 만들어진다. 이 환경 안에서 make_account는 balance에 접근하는 함수 deposit와 withdraw를 정의하고, '메시지'를 받고 두 지역 함수 중 하나를 돌려주는 함수 dispatch도 정의한다. make_account는 이 dispatch 함수 자체를 돌려주는데, 이것이 바로 은행 계좌 객체에 해당한다. 이런 방식은 곧 §2.4.3에서 본 메시지 전달 프로그래밍 스타일인데, 지역 변수를 수정하는 능력이 추가되었다는 점이 그때와 다르다.

다음은 make_account 함수의 사용 예이다.

```
const acc = make_account(100);

acc("withdraw")(50);
50

acc("withdraw")(60);
"Insufficient funds"
```

```
acc("deposit")(40);
90

acc("withdraw")(60);
30
```

각 acc 호출은 함수 안에 정의된 deposit나 withdraw 함수를 돌려준다. 그 함수들이 amount에 적용되어서 입금이나 출금이 수행된다. make_withdraw와 마찬가지로, make_account를 다시 호출해서 얻은 객체는 자신만의 지역 balance를 가진 완전히 개별적인 은행 계좌 객체이다.

```
const acc2 = make_account(100);
```

■ 연습문제 3.1

수치 인수 하나를 받고 그것을 현재까지의 합에 더하는 함수를 누산기(accumulator)라고 부른다. 누산기를 반복해서 호출함으로써 다수의 수치를 합산(누산)할 수 있다. 각 호출에서 누산기는 현재까지 누산된 합을 돌려준다. 그런 누산기를 생성하는 함수 make_accumulator를 작성하라. 이 함수가 돌려준 누산기들은 각자 자신만의 합을 가져야 한다. make_accumulator의 입력은 합의 초기 값이다. 예를 들어 이 함수를 다음처럼 사용할 수 있어야 한다.

```
const a = make_accumulator(5);

a(10);
15

a(10);
25
```

소프트웨어를 검사하고 시험하는 프로그램에는 계산이 진행되는 과정에서 주어진 함수가 몇 번이나 호출되는지 세는 기능이 유용하게 쓰인다. 이 연습문제에서 여러분이 할 일은 그런 용도로 사용할 make_monitored라는 함수를 작성하는 것이다. make_monitored 함수는 단항 함수 f를 받고 또 다른 함수 mf를 돌려준다. mf에는 내부 카운터를 이용해서 자신이 호출된 횟수를 세는 기능이 있다. "how many calls"라는 문자열로 호출하면 mf는 그 카운터의 값을 돌려준다. "reset count"라는 문자열로 호출하면 mf는 카운터를 0으로 초기화한다. 그 외의 값으로 호출하면 mf는 카운터를 1 증가하고, 주어진 값으로 f를 호출한 결과를 돌려준다. 다음은 make_monitored를 이용해서 sqrt의 호출 횟수를 조사하는 예이다.

```
const s = make_monitored(math_sqrt);

s(100);
10

s("how many calls");
1
```

■ 연습문제 3.3

은행 계좌를 패스워드로 보호하도록 make_account 함수를 수정하라. make_account는 다음처럼 초기 잔액과 함께 패스워드 문자열을 받아야 한다.

```
const acc = make_account(100, "비공개 패스워드");
```

반환된 계좌 객체를 사용할 때도 패스워드를 지정해야 한다. 다음 예처럼, 계좌 객체는 그 패스워드가 계좌 생성 시 지정된 패스워드와 동일할 때만 입금이나 출금을 수행해야 한다.

```
acc("비공개 패스워드", "withdraw")(40);
60

acc("나른 패스워드", "deposit")(40);
"Incorrect password"
```

■ **연습문제 3.4**

[연습문제 3.3]의 `make_account`를, 부정확한 패스워드를 일곱 번까지만 허용하고 여덟 번째부터는 `call_the_cops`라는 함수를 호출하도록 수정하라.

3.1.2 배정 도입의 이득

차차 보겠지만, 프로그래밍 언어에 배정 기능을 도입하면 어려운 개념적 문제들이 다수 발생한다. 그렇긴 해도 시스템을 지역 상태를 가진 객체들의 컬렉션으로 보는 관점은 모듈식 설계를 유지하는 데 큰 도움이 된다. 간단한 예로, 매번 무작위로 선택한 정수를 돌려주는 `rand` 함수를 설계한다고 하자.

"무작위로 선택한"이라는 문구의 의미는 사실 전혀 명확하지 않다. 이 논의의 목적에서는 그냥 `rand`를 반복해서 호출했을 때 통계적으로 고른 분포(uniform distribution)의 특징을 가진 일련의 수들이 나온다는 뜻이라고 하자. 그런 난수열을 생성하는 구체적인 방법을 여기서 이야기하지는 않겠다. 대신, `rand_update`라는 함수가 있는데 주어진 수 x_1로 시작해서 다음과 같은 방식으로 `rand_update`를 호출해서 얻은 $x_1, x_2, x_3, \ldots$이 고른 분포를 따른다고 가정하고 넘어가자.[7]

```
x₂ = rand_update(x₁);
x₃ = rand_update(x₂);
```

다음은 이러한 `rand`를 지역 상태 변수 `x`를 가진 함수로 구현한 예이다. `x`는 어떤 고정된 값 `random_init`으로 초기화되며, `rand`를 호출할 때마다 `x`의 현재 값으로 `rand_update`를 계

---

7 `rand_update` 같은 함수를 구현할 때 흔히 쓰이는 방법 하나는, 매번 x에 $ax+b$를 m으로 나눈 나머지를 배정하는 것이다. 여기서 a, b, m은 적절히 선택된 정수들이다. [Knuth 1997b]의 제3장은 이런 난수열을 만드는 기법들과 그런 난수열의 통계적 성질을 보장하는 기법들을 상세하게 논의한다. `rand_update` 함수가 수학 함수를 계산한다는 점에 주목하자. 즉, 같은 인수로 `rand_update`를 호출하면 매번 같은 결과가 반환된다. 따라서 `rand_update`가 산출하는 난수("무작위한 수")들은 전혀 무작위하지 않다. 미리 정의된 결정론적인 계산적 과정으로 산출한, 그러면서도 난수에 적합한 통계적 성질들을 갖춘 이런 난수들을 의사난수열(pseudo-random sequence)이라고 부르는데, '진짜 무작위성'과 의사난수열의 관계는 수학과 철학의 난제들이 관여하는 복잡한 주제이다. 이 주제의 연구에서 콜모고로프[Kolmogorov]와 솔로모노프[Solomonoff], 차이틴[Chaitin]이 큰 진척을 이루었다. 관련 논의를 [Chaitin 1975]에서 볼 수 있다.

산한 결과를 x의 새 값으로 설정한다.

```
function make_rand() {
    let x = random_init;
    return () => {
                x = rand_update(x);
                return x;
           };
}
const rand = make_rand();
```

물론, 배정을 사용하지 않고 그냥 rand_update를 직접 호출해도 동일한 난수열을 얻을 수 있다. 하지만 그러려면 프로그램에서 난수열을 사용하는 모든 구성요소는 rand_update의 인수로 사용할 x의 현재 값을 명시적으로 기억해야 한다. 이것이 얼마나 번거로운 일인지를 독자가 실감할 수 있도록, 난수를 이용해서 **몬테카를로 시뮬레이션**Monte Carlo Simutaion이라고 부르는 기법을 구현하는 문제를 생각해 보자.

몬테카를로 방법에서는 먼저 실험으로 얻은 수많은 측정치로 이루어진 데이터 집합에서 무작위로 측정치들을 추출(표집)하고, 그 측정치들로 추정한 확률에 기초해서 결론을 끌어낸다. 예를 들어 무작위로 선택한 두 정수에 공약수가 없을 확률, 즉 두 수의 최대공약수가 1일 확률이 $6\pi^2$이라는 사실을 이용해서 π의 근삿값을 몬테카를로 방법으로 구할 수 있다.[8] 먼저, 무작위로 정수 두 개를 추출해서 그 둘의 최대공약수가 1인지 판정하는 실험을 여러 번 수행한다. 전체 실험 횟수 중 실제로 최대공약수가 1인 횟수의 비율이 곧 $6\pi^2$의 추정치이며, 그 값으로부터 π의 근삿값을 구하면 된다.

이 원주율 근사 프로그램의 핵심은 monte_carlo라는 함수이다. 이 함수는 실험 횟수와 실험을 수행하는 함수를 받고 그 함수(아무 인수도 받지 않는다)를 실험 횟수만큼 반복해서 호출한다. 각 호출에서 실험 함수는 true(실험 성공) 또는 false(실험 실패)를 돌려준다. monte_carlo는 전체 실험 횟수 중 실험이 성공한 횟수의 비율을 돌려준다.

```
function estimate_pi(trials) {
    return math_sqrt(6 / monte_carlo(trials, dirichlet_test));
```

---

8 이 정리는 G. 르죈 디리클레Lejeune Dirichlet에 기인한다. [Knuth 1997b]의 §4.5.2에 이 정리에 관한 논의와 증명이 나온다.

```
    }
    function dirichlet_test() {
        return gcd(rand(), rand()) === 1;
    }
    function monte_carlo(trials, experiment) {
        function iter(trials_remaining, trials_passed) {
            return trials_remaining === 0
                    ? trials_passed / trials
                    : experiment()
                    ? iter(trials_remaining - 1, trials_passed + 1)
                    : iter(trials_remaining - 1, trials_passed);
        }
        return iter(trials, 0);
    }
```

이 함수는 rand를 사용하는데, 만일 rand_update를 직접 이용한다면 코드가 어떻게 변하는지 살펴보자. 이 경우에는 배정을 이용해서 지역 상태를 모형화하지 않기 때문에 난수 발생기의 상태를 일일이 관리해야 한다.

```
    function estimate_pi(trials) {
        return math_sqrt(6 / random_gcd_test(trials, random_init));
    }
    function random_gcd_test(trials, initial_x) {
        function iter(trials_remaining, trials_passed, x) {
            const x1 = rand_update(x);
            const x2 = rand_update(x1);
            return trials_remaining === 0
                    ? trials_passed / trials
                    : gcd(x1, x2) === 1
                    ? iter(trials_remaining - 1, trials_passed + 1, x2)
                    : iter(trials_remaining - 1, trials_passed, x2);
        }
        return iter(trials, 0, initial_x);
    }
```

프로그램이 여전히 간단하긴 하지만, 모듈성이 심각하게 훼손된 지점이 있다. rand를 사용하는 첫 버전에서는 몬테카를로 방법을 임의의 experiment 함수를 받는 일반적 함수 monte_carlo로 직접 표현했다. 그러나 난수 발생기를 위한 지역 상태가 없는 둘째 버전에서는 random_gcd_test가 난수 x1과 x2를 명시적으로 관리하고 rand_update에 새 입력이 주어질 때 반복 루프를 통해서 x2를 재활용해야 한다. 지금의 원주율 근사를 위한 실험에 두 개의 난수가 쓰이지만 다른 몬테카를로 실험은 난수를 하나만 사용할 수도 있고 세 개를 사용할 수도 있다는 사실을 고려하면서도 난수 발생기를 명시적으로 관리하려다 보니 실험 결과를 누산하는 코드가 복잡해졌다. 심지어 최상위 수준의 함수 `estimate_pi`조차도, 난수의 초기 값을 제공해야 한다는 점에서 난수 발생 문제와 엮인다. 난수 발생기의 내부가 프로그램의 다른 부분으로 새어 나오기 때문에, 몬테카를로 방법을 다른 문제에도 사용할 수 있도록 격리하기가 어렵다. 첫 버전에서는 배정 기법으로 난수 발생기의 상태를 `rand` 함수 안에 캡슐화했기 때문에 난수 발생의 세부사항이 프로그램의 나머지 부분과는 무관하다.

이 몬테카를로 시뮬레이션 예제가 보여주는 현상을, "어떤 복잡한 계산적 과정의 한 구성요소에서 볼 때, 다른 구성요소들은 시간에 따라 변하는 것처럼 보인다"라고 일반화할 수 있겠다. 다른 말로 하면, 시스템의 구성요소들에는 숨겨진 시변 지역 상태가 있다. 이러한 분해 방식이 반영된 구조를 가진 컴퓨터 프로그램을 작성하려면, 계산적 객체(은행 계좌나 난수 발생기 등)의 행동이 시간에 따라 변하게 만들어야 한다. 실제 객체의 상태는 계산적 객체의 지역 상태 변수로 모형화하고, 실제 객체의 상태 변화는 그 변수들에 대한 배정 연산으로 모형화하면 된다.

배정 연산과 상태를 지역 변수에 숨기는 기법을 도입하면, 모든 상태를 명시적으로 조작하는(추가적인 매개변수들을 전달하는 식으로) 접근 방식보다 시스템을 좀 더 모듈화된 방식으로 구축할 수 있다는 결론을 내릴 수 있으면 좋겠지만, 잠시 후에 보듯이 사정이 그렇게 단순하지는 않다.

■ **연습문제 3.5**

몬테카를로 적분(Monte Carlo integration)은 몬테카를로 시뮬레이션을 이용해서 정적분의 값을 추정하는 방법이다. 술어 $P(x, y)$가 참인 점 (x, y)들로 규정되는 영역의 면적을 계산한다고 하자. 예를 들어 반지름이 3이고 중심이 (5, 7)인 원이 차지하는 영역은 술어 $(x-5)^2 + (y-7)^2 \leq 3^2$이 참인 점들의 집합이다. 이런 술어가 서술하는 영역의 면적을 몬테카를로 방법으로 추정하는 과정은 이렇다. 먼저 그 영역을 포함하는 직사각형을 선택한다. 예를 들어 앞의 원은 대각선 방향 두 꼭짓점이 (2, 4)와 (8, 10)인 직사각형 안에 들어간다. 우리가 구하고자 하는 원의 면적은 곧 그 직사각형 중 원이 차지하는 면적과 같다. 그 직사각형 안에서 무작위로 점 (x, y)를 선택하고, 술어 $P(x, y)$를 이용해서 그 점이 원에 포함되는지 판정하는 실험을 충분히 반복했을 때, 원 영역에 포함되는 점들의 비율과 직사각형에 포함되는 점들의 비율을 이용하면 직사각형에서 원이 차지하는 비율을 알 수 있으며, 그 비율을 직사각형의 면적에 곱하면 원의 면적이 나온다. 이러한 몬테카를로 적분법을 `estimate_integral`이라는 함수로 구현하라. 이 함수는 술어 P와 직사각형의 두 꼭짓점 좌표 x1, x2 및 y1, y2, 실험 반복 횟수를 인수로 받고 앞에서 설명한 대로 몬테카를로 방법을 이용해서 정적분을 근사해야 한다. 몬테카를로 방법 자체는 앞에서 π를 근사할 때 사용한 `monte_carlo` 함수를 사용하면 된다. `estimate_integral`을 정의한 다음에는, 단위원(반지름이 1인 원)의 면적을 추정해서 π의 값을 근사하라. 이 문제를 풀려면 특정 구간에서 무작위로 난수를 선택하는 함수가 아주 유용할 것이다. 다음 `random_in_range` 함수가 그러한 함수이다. 이 함수가 사용하는 `math_random` 함수는 §1.2.6에 나온 것으로, 1보다 작은 음이 아닌 난수를 돌려준다.

```
function random_in_range(low, high) {
    const range = high - low;
    return low + math_random() * range;
}
```

■ **연습문제 3.6**

특정한 값으로 난수열을 다시 시작하도록 난수 발생기를 초기화할 수 있으면 편할 것이다. 문자열 "generate"나 "reset"을 받고 다음과 같이 행동하는 새로운 rand 함수를 설계하라.

- rand("generate")는 새 난수를 돌려준다.
- rand("reset")(새 값)은 내부 상태 변수를 새 값으로 설정한다.

둘째 용법을 이용하면 특정한 난수열을 재현할 수 있다. 이런 기능은 난수를 사용하는 프로그램을 테스트하거나 디버깅할 때 아주 유용하다.

3.1.3 배정 도입의 비용

앞에서 보았듯이, 배정 기능이 있으면 지역 상태를 가진 객체를 모형화할 수 있다. 그렇지만 이 장점에는 대가가 따른다. 무엇보다도, 우리의 프로그래밍 언어를 더 이상 함수 적용의 치환 모형(§1.1.5)으로 해석할 수 없다. 게다가 "깔끔한(nice)" 수학적 성질들을 가진 단순한 모형은 더 이상 프로그래밍 언어의 객체들과 배정을 다루는 데 적합한 틀이 아니다.

배정을 사용하지 않는다면, 같은 함수를 같은 인수들로 여러 번 호출해도 항상 같은 결과가 나온다. 따라서 함수의 적용을 그냥 수학 함수의 계산으로 간주할 수 있다. 그런 이유로, 이 책의 처음 두 장에서처럼 배정을 전혀 사용하지 않고 프로그램을 짜는 것을 가리켜 **함수형 프로그래밍**(functional programming)이라고 부른다.

배정이 왜 상황을 복잡하게 만드는지 이해하는 데 도움이 되는 예로, §3.1.1의 `make_withdraw` 함수를 좀 더 단순화한 버전을 살펴보자. 다음 함수는 `make_withdraw`처럼 은행 계좌에서 돈을 찾는 함수를 생성하는데, 잔액이 충분한지 점검하는 부분이 생략되었다.

```
function make_simplified_withdraw(balance) {
    return amount => {
            balance = balance - amount;
            return balance;
        };
}

const W = make_simplified_withdraw(25);

W(20);
5

W(10);
-5
```

이 함수를 다음과 같이 배정을 사용하지 않는 `make_decrementer` 함수와 비교해 보기 바란다.

```
function make_decrementer(balance) {
    return amount => balance - amount;
}
```

make_decrementer 함수가 돌려주는 함수는 주어진 잔액(balance)에서 자신의 인수를 뺀 값을 돌려준다. make_simplified_withdraw와의 차이점은, 다음 예에서 보듯이 출금 함수를 여러 번 호출해도 그 효과가 잔액에 누적되지는 않는다는 것이다.

```
const D = make_decrementer(25);

D(20);
5

D(10);
15
```

이 make_decrementer의 작동 방식은 기존의 치환(대입) 모형으로 설명할 수 있다. 예를 들어 다음 표현식의 평가 과정을 분석해 보자.

```
make_decrementer(25)(20)
```

먼저, make_decrementer의 인수 25를 make_decrementer의 본문의 balance에 대입해서 함수 적용 표현식을 단순화한다. 그러면 다음과 같은 표현식이 나온다.

```
(amount => 25 - amount)(20)
```

다음으로, 람다 표현식 본문의 amount에 20을 대입한다. 그러면 다음이 나온다.

```
25 - 20
```

최종 답은 5이다.

그런데 이와 비슷한 방식으로 치환 모형을 적용해서 make_simplified_withdraw를 분석하면 어떻게 될까?

```
make_simplified_withdraw(25)(20)
```

make_simplified_withdraw 본문의 balance에 25를 대입해서 함수 적용 표현식을 단순화하면 다음이 된다.[9]

```
(amount => {
    balance = 25 - amount;
    return 25;
})(20)
```

이제 람다 표현식 본문의 amount를 20으로 치환하면 다음이 나온다.

```
balance = 25 - 20;
return 25;
```

기존의 치환 모형에 따르면, 이 함수 적용의 의미는 먼저 balance를 5로 설정하고 그런 다음 25를 돌려주는 것이다. 이는 정답이 아니다. 정답을 얻으려면 처음 나온 balance(배정의 효과가 적용되기 전)와 두 번째로 나온 balance(배정의 효과가 적용된 후)를 구분할 수 있어야 하는데, 치환 모형으로는 그럴 수 없다.

 이 문제의 근원은, 치환 모형이 "우리의 언어에서 이름은 본질적으로 값을 지칭하는 기호이다"라는 가정을 두고 있다는 점이다. 상수의 경우에는 그 가정이 참이다. 그렇지만 배정 때문에 값이 변할 수 있는 변수는 어떤 하나의 값에 대한 이름일 수 없다. 변수는 값이 아니라 값을 담을 수 있는 어떤 저장소를 지칭하며, 그 저장소에 담긴 값은 프로그램이 실행되는 도중에 변할 수 있다. 우리의 계산 모형에서 환경이 어떻게 그런 '저장소'로 작용하는지를 §3.2에서 보게 될 것이다.

같음과 변화

앞에서 언급한 문제는 단순히 특정한 계산 모형을 깨뜨리는 것 이상으로 심오한 영향을 미친다. '변화'라는 개념을 계산 모형에 도입하면 이전에는 단순명료하던 여러 개념이 복잡해진다. 한 예로, 어떤 두 대상이 "같다"라는 개념을 생각해 보자.

 make_decrementer를 같은 인수로 두 번 호출해서 두 개의 함수를 만든다고 하자.

---

9 배정 표현식 좌변의 balance는 치환하지 않았음을 주목하자. 이는 배정 표현식을 평가할 때 좌변의 이름은 평가되지 않기 때문이다. 만일 그 balance까지 치환한다면 25 = 25 - amount;라는 말이 안 되는 문장이 나온다.

```
const D1 = make_decrementer(25);
const D2 = make_decrementer(25);
```

D1과 D2가 같을까? D1과 D2가 동일한 계산적 행동을 보이므로(둘 다 25에서 자신의 입력을 뺀다) 둘이 같다고 말해도 틀린 말은 아닐 것이다. 실제로, 어떤 계산에서든 D1을 D2로 대체해도 계산 결과는 변하지 않는다.

이번에는 make_simplified_withdraw로 두 개의 함수를 만들어 보자.

```
const W1 = make_simplified_withdraw(25);
const W2 = make_simplified_withdraw(25);
```

W1과 W2가 같을까? 전혀 아니다. 다음 예에서 보듯이, W1의 호출과 W2의 호출은 다른 효과를 내기 때문이다.

```
W1(20);
5

W1(20);
-15

W2(20);
5
```

W1과 W2 둘 다 make_simplified_withdraw(25)라는 동일한 표현식을 평가해서 만든 것이므로 둘이 같은 함수라고 주장하는 사람도 있겠지만, 임의의 계산에서 W1을 W2로 대체했을 때 같은 결과가 나온다는 보장이 없다는 점을 생각하면 이 둘을 다른 함수로 보아야 마땅하다.

"두 요소가 같으면, 임의의 표현식에서 하나를 다른 하나로 치환해도 그 표현식의 평가 결과가 달라지지 않아야 한다"라는 개념을 지원하는 언어를 가리켜서 **참조 투명성**(referential transparency)을 갖추었다고 말한다. 우리의 컴퓨터 언어에 배정을 들여오면 이러한 참조 투명성이 깨진다. 언어가 참조에 투명하지 않으면, 동등한(equivalent) 표현식들을 치환해서 표현식을 더 단순화해도 이전과 동일한 결과가 나올지 가늠하기가 어렵다. 결과적으로, 배정을 사용하는 프로그램을 분석하기가 극히 어려워진다.

참조 투명성을 포기하면, 두 계산적 객체가 "같다"라는 개념을 공식적으로 정의하기가 어려워진다. 사실, 우리의 프로그램이 모형화하는 현실 세계에서도 '같음'의 의미는 그리 명확하지 않다. 일반적으로, 겉으로 보기에 동일한 두 객체가 실제로도 "같은" 객체들인지는 두 객체 중 하나만 변경했을 때 다른 하나도 정확히 그런 식으로 바뀌었는지 확인해서 알아낼 수 있다. 그렇지만 객체가 "바뀌었는지" 알아내려면, "같은" 객체를 두 번 관찰해서 첫 관찰과 두 번째 관찰 사이에서 객체에 달라진 성질이 있는지 확인하는 수밖에 없다. 따라서, 애초에 "같음"이 무엇인지 명확하지 않으면 객체가 달라졌는지를 확인할 수 없다. 그러나 객체가 같은지 알려면 객체가 달라졌는지를 확인할 수 있어야 한다.

프로그래밍에서 이런 문제가 어떻게 발현되는지를 간단한 예를 통해서 살펴보자. 피터와 폴에게 잔액이 100달러인 은행 계좌가 각각 하나씩 있다. 이를 다음과 같이 모형화할 수도 있고,

```
const peter_acc = make_account(100);
const paul_acc = make_account(100);
```

다음과 같이 모형화할 수도 있다.

```
const peter_acc = make_account(100);
const paul_acc = peter_acc;
```

이 두 상황은 상당히 다르다. 첫 상황에서는 두 은행 계좌가 별개이다. 피터의 거래는 폴의 계좌에 영향을 미치지 않으며, 그 역도 마찬가지이다. 그러나 둘째 상황에서는 paul_acc를 peter_acc와 같은 것으로 정의했다. 결과적으로 피터와 폴은 하나의 공동 계좌를 가지고 있으며, 따라서 피터가 peter_acc에서 돈을 뽑으면 폴의 paul_acc에 있는 잔액도 줄어든다. 계산 모형을 구축할 때 이처럼 비슷하지만 서로 다른 상황이 존재하면 혼란이 생길 수 있다. 공동 계좌의 예처럼 같은 객체(은행 계좌)를 지칭하는 이름이 여러 개(peter_acc와 paul_acc)이면 혼란이 특히나 클 수 있다. 프로그램에서 paul_acc가 바뀔 수 있는 지점들을 모두 찾아야 할 일이 생겼을 때, peter_acc가 바뀔 수 있는 지점들도 모두 찾아보아야 한다.[10]

....

[10] 하나의 계산적 객체에 둘 이상의 이름으로 접근하는 현상을 가리켜 앨리어싱^{aliasing} 또는 별칭 현상이라고 부른다. 지금 예로 든 공동 은행 계좌는 별칭 현상의 아주 간단한 예이다. §3.3에는 동일한 구성요소들을 "서로 다른" 복합 자료 구조들이 참조하는 좀 더 복잡한 예가 나온다. "서로 다른" 두 객체가 실제로는 이름만 다른 하나의 객체인 경우, 한 객체를 수정하면 다른 객체도 바뀌는 "부수 효과(side effect; 부작용)"가 발생한다. 이 점을 프로그래머가 잊어버리면 프로그래

앞에서 말한 '같음'과 '변화'와 관련해서, 만일 피터와 폴이 은행 계좌를 조회할 수만 있고 잔액을 변경하는 연산은 수행할 수 없다면, 두 계좌가 같은지 다른지의 문제는 별로 중요하지 않다. 일반화하면, 데이터 객체를 수정하지 않는 한 하나의 복합 데이터 객체는 그냥 그 구성요소들의 총합으로 간주할 수 있다. 예를 들어 하나의 유리수는 분자와 분모로 규정된다. 그렇지만 변경이 허용되는 언어에서는 이런 관점이 유효하지 않다. 변경이 허용된다면, 복합 객체는 그 구성요소들의 총합과는 다른 어떤 '신원(identity)'을 가진다. 예를 들어 한 은행 계좌에서 돈을 뽑아서 계좌의 잔액이 변해도, 그 은행 계좌가 여전히 이전과 "같은" 은행 계좌이다. 반대로, 서로 다른 두 은행 계좌의 잔액이 같아진다고 해서 그 둘이 같은 계좌가 되는 것도 아니다. 상황이 이렇게 복잡해진 것은 프로그래밍 언어의 한계 때문이 아니라, 우리가 은행 계좌라는 것을 하나의 객체로 인식하려 들었기 때문이다. 예를 들어 보통의 경우 우리는 유리수를 변경 가능하고 신원을 가진 객체, 즉 분자가 바뀌어도 여전히 "같은" 유리수라고 말할 수 있는 어떤 객체로 보지는 않는다.

명령식 프로그래밍의 함정

함수형 프로그래밍과는 반대로 배정을 적극적으로 사용하는 프로그래밍 스타일을 가리켜 **명령식 프로그래밍**(imperative programming)이라고 부른다. 프로그램을 명령식으로 작성하면 앞에서 말한 계산 모형과 관련된 문제들이 발생할 뿐만 아니라, 함수형 프로그래밍에서는 볼 수 없는 버그들이 생기기 쉽다. 예를 들어 §1.2.1의 반복적 계승 프로그램을 다시 살펴보자(조건부 표현식 대신 조건문을 사용하도록 수정했다).

```
function factorial(n) {
    function iter(product, counter) {
        if (counter > n) {
            return product;
        } else {
            return iter(counter * product,
                        counter + 1);
        }
    }
    return iter(1, 1);
}
```

머에 버그가 생길 수 있다. 이런 소위 부수 효과 버그는 찾고 분석하기가 너무나 어렵기 때문에, 애초에 부수 효과나 별칭 현상을 허용하지 않도록 프로그래밍 언어를 설계하자고 제안한 사람들도 있었다(Lampson 외 1981; Morris, Schmidt, Wadler 1980).

다음은 이 함수를 명령식 스타일로 바꾼 것이다. 루프 반복 시 내부 함수에 인수들을 전달하는 대신, 변수 product와 counter의 값을 배정 연산을 이용해서 명시적으로 갱신한다.

```
function factorial(n) {
    let product = 1;
    let counter = 1;
    function iter() {
        if (counter > n) {
            return product;
        } else {
            product = counter * product;
            counter = counter + 1;
            return iter();
        }
    }
    return iter();
}
```

이렇게 바꾸어도 프로그램의 결과 자체는 변하지 않지만, 대신 미묘한 함정 하나가 프로그램에 도입되었다. 배정 연산들을 어떤 순서로 수행해야 올바를까? 다행히 앞의 프로그램은 배정들의 순서가 올바르다. 그렇지만 배정들의 순서를 다음과 같이 바꾸면 프로그램은 부정확한 결과를 산출한다.

```
counter = counter + 1;
product = counter * product;
```

일반적으로, 배정을 이용하는 프로그래밍에서는 배정문들의 순서에 조심해야 한다. 모든 배정문이 변경 중인 변수의 정확한 버전을 사용하지 않으면 잘못된 결과가 나오기 때문이다. 함수형 프로그래밍에서는 이런 문제가 아예 발생하지 않는다.[11]

---

11 이런 관점에서, 프로그래밍을 처음 배우는 사람에게 명령식 스타일이 강조된 언어를 가르치는 경우가 많다는 점은 다소 모순적이다. 이런 현상은 아마도 1960년대와 1990년대 전반에서 만연한, 함수를 호출하는 프로그램은 배정을 수행하는 프로그램보다 덜 효율적일 수밖에 없다는 믿음에서 비롯한 것일 수 있다. ([Steele 1977]은 그런 주장이 허위임을 밝힌다.) 또는, 초보자에게는 단계별로 배정을 수행하는 프로그램이 함수 호출보다 시각화하기 쉽다는 관점이 반영된 것일 수도 있다. 이유야 어쨌든, 초보 프로그래머들은 "이 변수를 이 변수보다 먼저 배정해야 하나, 아니면 나중에 배정해야 하나" 같은 고민을 하게 되며, 그러다 보면 프로그래밍이 복잡해지고 중요한 개념들이 덜 명확해진다.

여러 계산적 과정을 동시에 수행하는 프로그램에서는 명령식 프로그램의 복잡성이 더욱 심해진다. 이 문제는 §3.4에서 다시 살펴볼 것이다. 일단 지금은 배정이 관여하는 표현식을 위한 계산 모형을 확립하는 문제에 집중하자. 다음 절에서는 시뮬레이션을 설계할 때 지역 상태를 가진 객체들을 활용하는 방법을 살펴본다.

■ 연습문제 3.7 ───────────────────────────────────

[연습문제 3.3]에서처럼 패스워드를 요구하도록 수정한 make_account로 생성한 은행 계좌 객체들을 생각해 보자. 우리의 은행 시스템에 공동 계좌(joint account)를 만드는 기능을 추가해야 한다는 가정하에서, 그런 기능을 위한 함수 make_joint를 설계하라. make_joint 함수는 세 개의 인수를 받아야 한다. 첫 인수는 패스워드로 보호된 은행 객체이고 둘째 인수는 패스워드이다. make_joint는 그 패스워드가 첫 인수로 주어진 은행 객체의 패스워드와 동일해야만 작업을 진행해야 한다. 셋째 인수는 생성할 공동 계좌를 보호하는 데 사용할 새 패스워드이다. make_joint는 새 패스워드로 기존 은행 계좌에 접근할 수 있게 하는 은행 계좌 객체를 돌려주어야 한다. 예를 들어 peter_acc가 "open sesame"이라는 패스워드로 보호되는 은행 객체라고 할 때, 다음 문장을 수행하고 나면 paul_acc와 패스워드 "rosebud"로도 peter_acc에서 돈을 뽑거나 넣을 수 있어야 한다.

```
const paul_acc = make_joint(peter_acc, "open sesame", "rosebud");
```

이 연습문제가 요구하는 기능을 구현하기 위해 [연습문제 3.3]의 make_account 자체를 수정해도 된다.

───■

■ 연습문제 3.8 ───────────────────────────────────

§1.1.3에서 평가 모형을 정의할 때, 표현식을 평가하는 첫 단계는 표현식의 부분식(부분 표현식)들을 평가하는 것이라고 말했다. 그런데 부분식들을 평가하는 순서(이를테면 왼쪽에서 오른쪽 또는 오른쪽에서 왼쪽)는 이야기하지 않았다. 언어에 배정을 도입한 경우, 연산자 조합의 피연산자들을 어떤 순서로 평가하느냐에 따라 배정의 결과가 달라질 수 있다. f(0) + f(1)이라는 표현식을 평가한다고 하자. +의 피연산자들이 왼쪽에서 오른쪽으로(즉, 연산자 좌변이

우변보다 먼저) 평가된다면 표현식이 0으로 평가되고, 피연산자들이 오른쪽에서 왼쪽으로 평가되면 표현식이 1로 평가되도록 함수 f를 정의하라.

3.2 평가의 환경 모형

제1장에서 복합 함수(compound function)를 소개할 때, 함수를 인수들에 적용한다는 것이 어떤 의미인지 분석하기 위해 평가의 치환 모형(§1.1.5)을 사용했다. 치환 모형(또는 대입 모형)을 간단히 정리하면 다음과 같다.

- 복합 함수를 인수들에 적용할 때는 함수의 반환문(좀 더 일반적으로는 함수의 본문)에 있는 각 매개변수를 그에 대응되는 인수로 치환한다.

그러나 프로그래밍 언어에 배정 기능을 도입하면 이런 정의는 더 이상 적합하지 않다. 특히, §3.1.3에서 이야기했듯이 프로그램에 배정 연산 존재하면 '이름'이라는 것을 그냥 하나의 값을 나타내는 개체로 간주할 수 없다. 배정 연산이 존재하는 프로그램에서 이름은 값을 저장할 어떤 '저장소'를 지칭한다. 배정 연산이 있는 프로그램을 위한 새로운 평가 모형에서는 그런 저장소들을 **환경**(environment)이라는 구조로 관리한다.

이 모형에서 하나의 환경은 **프레임**frame들의 순차열이다. 각 프레임은 **바인딩**binding들의 테이블(빈 테이블일 수 있음)이고, 각 바인딩은 이름과 이름의 값을 묶은 것이다. (한 프레임에서 하나의 이름에 대한 바인딩은 많아야 하나이다.) 각 프레임에는 그 프레임을 감싼 (enclosing) 환경으로의 포인터가 있다. 그런 환경을 상위 환경이라고 부른다.◆ 단, 논의의 편의를 위해 **전역**(global) 프레임(전역 환경의 이름에 대한 바인딩들을 담은 프레임)에는 상위 환경으로의 포인터가 없는 것으로 하겠다. 주어진 환경에서 한 **이름**의 값은 그 이름과 묶인

◆ 옮긴이 '상위 환경'의 원서에는 없는 용어로, 프레임이 "있는" 환경과 프레임을 "감싼/포함한(enclosing)" 환경의 혼동을 피하기 위해 번역서에 도입했다. 환경과 프레임에 관한 이번 장의 논의에는 다소 까다로운데, 환경들과 프레임들이 일종의 트리 구조(블록 중첩에 의해 생기는 범위(§1.1.8)들의 위계구조와 대응되는)를 형성한다는 점을 염두에 두면 이해에 도움이 될 것이다. '상위'는 그러한 위계구조를 반영한 용어이다. 이와 관련한 추가 논의가 옮긴이 홈페이지(권두 옮긴이의 글 참고)에 있으니 참고하기 바란다.

(바인딩) 값이다. 그런 바인딩이 있는 프레임이 여러 개인 경우 첫 프레임의 것을 사용한다. 주어진 이름에 해당하는 바인딩을 가진 프레임이 프레임들의 순차열에 없으면, 그 이름을 가리켜 묶이지 않은(unbound) 이름 또는 **바인딩되지 않은** 이름이라고 칭한다.

[그림 3.1]은 세 프레임으로 구성된 간단한 환경 구조(environment structure)를 나타낸 것이다. I, II, III가 세 프레임이고, A, B, C, D는 개별 환경을 가리키는 포인터이다. C와 D는 같은 환경을 가리킨다. 이름 z와 x는 프레임 II에서 해당 값들에 묶였고 이름 y와 x는 프레임 I에서 묶였다. 환경 D(D가 가리키는 환경)에서 x의 값은 3이고, 환경 B에서 찾아도 역시 3이다. 환경 B에서 값 3이 결정되는 과정은 다음과 같다. 환경 B의 첫 프레임(프레임 III)에서 x에 대한 바인딩을 찾는다. 그 프레임에는 그런 바인딩이 없으므로, 첫 프레임의 상위 환경인 환경 D를 검색한다. 환경 D의 프레임 I에는 x에 대한 바인딩이 있으며, 값은 3이다. 한편 환경 A에서는 x의 값이 7이다. 환경 A의 첫 프레임에는 x를 7에 묶는 바인딩이 있기 때문이다. 환경 A를 기준으로, 프레임 II에 있는 x와 7의 바인딩이 프레임 I에 있는 x와 3의 바인딩을 가린다 (shadow)고 말한다.

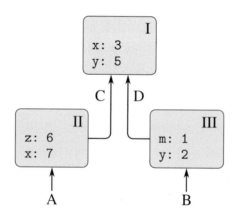

그림 3.1 간단한 환경 구조.

평가 과정에서 환경이 핵심적인 요소인 이유는, 주어진 표현식을 어떤 문맥 안에서 평가할 것인지를 결정하는 것이 바로 환경이기 때문이다. 프로그래밍 언어에서 표현식은 그 자체로는 별 의미가 없다고 말해도 무방할 정도이다. 표현식은 오직 그것이 평가되는 환경에 대해서만 의미를 가진다. display(1) 같은 단순한 표현식이라도, 그 표현식이 작동하는 환경에서

display라는 이름은 값을 화면에 출력하는 원시 함수를 가리킨다는 점을 알아야만 표현식의 의미를 이해할 수 있다. 그런 만큼 지금 이야기하는 평가의 환경 모형에서는 표현식의 평가를 이야기할 때 항상 그것이 평가되는 환경을 언급한다. 해석기와의 상호작용을 서술하기 위해서는 어떤 전역 환경(global environment)을 상정할 필요가 있다. 그 전역 환경은 하나의 프레임(상위 환경이 없는)으로 구성되며, 그 프레임에는 원시 함수에 해당하는 이름과 그 값(함수)의 바인딩들이 들어 있다. 예를 들어 display가 원시 출력 함수라는 개념을 이 환경 모형의 어법으로 말하면 "display라는 이름은 전역 환경 안에서 원시 출력 함수에 묶여 있다."가 된다.

프로그램을 평가할 때는 먼저 그 프로그램을 위한 새 프레임을 전역 환경에 추가한다. 그런 프레임을 **프로그램 프레임**program frame이라고 부르며, 프로그램 프레임이 추가된 환경을 **프로그램 환경**(program environment)이라고 부른다. 프로그램 환경을 구성한 다음에는 프로그램의 최상위 수준에서 선언된, 다시 말해 그 어떤 블록에도 속하지 않은 범위에서 선언된 이름들을 프로그램 프레임에 추가한다. 그런 다음에는 그렇게 만들어진 프로그램 환경을 기준으로 프로그램의 평가를 시작한다.

3.2.1 평가 규칙들

해석기가 함수 적용 표현식을 평가하는 전반적인 방식은 §1.1.4에서 처음 설명한 것과 다르지 않다.

- 함수 적용 표현식을 평가하려면 다음을 수행한다.
  1. 적용 표현식의 부분식들을 평가한다.[12]
  2. 함수 부분식의 값을 인수 부분식들의 값들에 적용한다.

단, 이번 장에서는 복합 함수를 인수들에 적용하는 것의 의미를 규정할 때 치환 모형 대신 환경 모형을 사용한다.

평가의 환경 모형에서 함수는 항상 코드와 포인터(환경을 가리키는)의 쌍이다. 환경 모형에서 함수가 만들어지는 방식은 단 하나이다. 함수는 항상 람다 표현식의 평가로 만들어진다. 그

---

12 배정 연산이 존재하면 평가 규칙의 단계 1이 조금 미묘해진다. [연습문제 3.8]에서 보았듯이, 배정이 허용되면 조합의 부분식들을 평가하는 순서에 따라 값이 달라지는 표현식을 작성할 수 있게 된다. 그런 중의성을 제거하기 위해, 자바스크립트는 조합의 부분식들이나 함수 적용의 인수 표현식들이 항상 왼쪽에서 오른쪽으로 평가된다는 규칙을 강제한다.

렇게 만들어진 함수의 코드는 람다 표현식의 텍스트(매개변수 명세와 본문)에서 얻은 것이고, 포인터는 람다 표현식이 평가된 환경을 가리킨다. 예를 들어 다음 함수 선언을 프로그램 환경에서 평가한다고 하자.

```
function square(x) {
    return x * x;
}
```

이런 형태의 함수 선언을 그와 동등한 효과를 내는 람다 표현식으로 바꿀 수 있다. 다음은 앞의 함수를 람다 표현식으로 표현한 것이다.[13]

```
const square = x => x * x;
```

이 문장은 프로그램 환경에서 x => x * x를 평가한 값을 square라는 이름에 묶는다.

[그림 3.2]는 이 선언문을 평가한 결과를 도식화한 것이다. 전역 환경은 프로그램 환경이 속한 환경이다. 전역 환경은 항상 같으므로, 간결함을 위해 이 그림 이후에는 환경 구조를 나타내는 그림에 전역 환경을 표시하지 않겠다. 그렇지만 전역 환경이 존재한다는 점을 잊지 않기 위해, 프로그래밍 환경에서 위를 가리키는 포인터는 생략하지 않는다. 함수 객체는 코드 요소와 환경 요소로 이루어진 하나의 쌍인데, 지금 예에서 코드 요소는 x라는 매개변수 하나와 return x * x;라는 함수 본문으로 명시된 함수이고 환경 요소는 프로그램 환경을 가리키는 포인터이다. 이는 앞에서 함수를 만들 때 해당 람다 표현식을 프로그램 환경에서 평가했기 때문이다. 그때 이 함수 객체를 square라는 이름과 묶는 새 바인딩이 프로그램 프레임에 추가되었다.

일반화하자면, 키워드 **const**, **function**, **let**은 프레임에 바인딩을 추가한다. 상수에 대한 배정은 금지되어 있으므로, 환경 모형에는 상수를 지칭하는 이름과 변수를 지칭하는 이름을 구분하는 수단이 필요하다. 상수에 해당하는 이름에는 이름 다음에 콜론과 등호(:=)를 붙여서 표기하겠다. 우리의 목적에서 함수 선언은 상수 선언이라고 정하고 넘어가자.[14] [그림 3.2]에서 함수 이름들 다음에 :=이 있음을 주목하기 바란다.

....

13 제1장의 각주 1.54에서 언급했듯이, 표준 자바스크립트에서는 두 버전에 미묘한 차이점이 존재한다. 이 책에서는 그런 차이점을 무시한다.

14 각주 1.54에서 언급했듯이, 표준 자바스크립트는 함수 선언문으로 선언된 이름에도 배정을 허용한다.

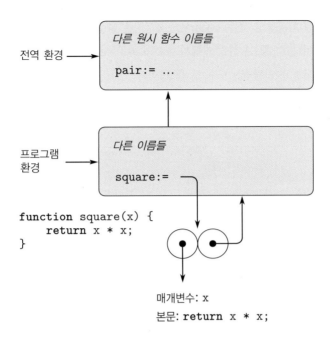

전역 환경 → 다른 원시 함수 이름들

pair:= ...

프로그램 환경 → 다른 이름들

square:=

```
function square(x) {
    return x * x;
}
```

매개변수: x
본문: return x * x;

그림 3.2 프로그램 환경에서 `function square(x) { return x * x; }`를 평가해서 만들어진 환경 구조.

함수가 어떻게 만들어지는지 이야기했으니, 함수가 어떻게 적용되는지로 넘어가자. 환경 모형에서는 함수를 인수들에 적용할 때 먼저 함수의 매개변수들을 인수 값들에 묶는 프레임 하나를 담은 환경을 새로 만든다. 이 프레임의 상위 환경은 함수가 정의된 환경이다. 새 환경을 만든 다음에는, 그 환경에서 함수의 본문을 평가한다.

이상의 규칙이 실제로 어떻게 적용되는지 이해하는 데 [그림 3.3]이 도움이 될 것이다. [그림 3.3]은 square(5)라는 표현식을 평가할 때 생기는 환경 구조인데, square는 [그림 3.2]에서 만든 함수이다. 함수를 적용하면 새 환경이 만들어진다. 그림의 E1이 그것이다. 이 환경에는 함수의 매개변수인 x를 인수 5에 바인딩하는 프레임이 있다. 환경 E1에서 x 다음에 콜론만 있고 등호는 없음에 주목하자. 이는 매개변수 x가 변수로 취급된다는 뜻이다.[15] 이 프레임에서 위를 향한 포인트(화살표)는 이 프레임의 상위 환경이 프로그램 환경임을 나타낸다. 이 프레임의

---

15 이 예에서는 매개변수 x가 변수라는(즉, 값을 바꿀 수 있다는) 사실이 쓰이지 않지만, §3.1.1의 make_withdraw처럼 매개변수가 변수이어야 제대로 작동하는 함수도 있음을 기억하기 바란다.

상위 환경이 프로그램 환경인 것은, square에 해당하는 함수 객체가 속한 환경이 바로 프로그램 환경이기 때문이다. 이제 E1 환경 안에서 함수의 본문 **return x * x;**를 평가한다. E1에서 x의 값은 5이므로, 평가 결과는 5 * 5, 즉 25이다.

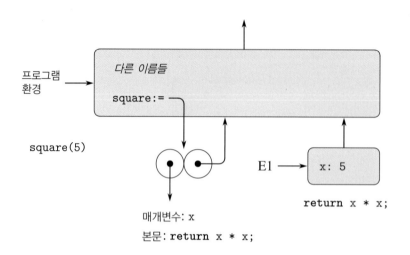

그림 3.3 프로그램 환경에서 square(5)를 평가할 때 만들어지는 환경.

지금까지 설명한 함수 적용의 환경 모형을 두 개의 규칙으로 요약하면 다음과 같다.

- 함수 객체를 일단의 인수들에 적용할 때는 먼저 함수의 매개변수들에 그 인수들을 묶는 바인딩들을 포함한 하나의 프레임을 만들어서 새 환경을 만들고, 그 환경의 문맥에서 함수의 본문을 평가한다. 새 프레임의 상위 환경은 적용할 함수 객체의 환경 요소가 가리키는 환경이다. 함수 적용의 결과는 함수 본문을 평가하는 과정에서 마주친 첫 번째 반환문에 있는 반환 표현식을 평가한 결과이다.

- 함수는 항상 주어진 환경에서 람다 표현식을 평가한 결과로 만들어진다. 그렇게 해서 만들어진 함수 객체는 람다 표현식의 텍스트와 함수가 생성된(즉, 람다 표현식이 평가된) 환경을 가리키는 포인터로 구성된다.

마지막으로, 애초에 환경 모형을 도입하게 만든 연산인 배정 연산의 작동 방식을 분석해 보자. 어떠한 환경에서 *이름 = 값* 형태의 표현식을 평가하면 해석기는 그 환경에서 그 이름의 바인딩을 찾는다. 좀 더 정확하게는, 그 이름에 대한 바인딩을 가진 첫 번째 프레임을 찾아서 해당 바인딩을 조사한다. 만일 그 바인딩이 변수 바인딩(그림에서는 이름 다음에 :만 표시된 바인딩)이면, 배정 표현식 우변의 값이 변수의 새 값이 되도록 바인딩을 수정한다. 그렇지 않고 프레임의 바인딩이 상수 바인딩(그림에서 이름 다음에 :=이 있는 바인딩)이면, 상수에 배정을 하려 했다는 뜻의 오류 메시지 "assignment to constant"로 오류를 발생한다. 만일 해당 이름을 가진 바인딩이 환경에 아예 없으면, 선언되지 않은 변수에 대한 배정이라는 뜻의 오류 메시지 "variable undeclared"로 오류를 발생한다.

이상의 평가 규칙들은 이전의 치환 모형보다는 훨씬 복잡하지만, 그래도 상당히 간단한 편이다. 게다가 이러한 평가 모형은 비록 추상적이긴 해도 해석기가 표현식을 평가하는 방식을 정확하게 서술한다. 제4장에서 보겠지만, 이 모형은 실제로 작동하는 해석기를 구현할 때 '청사진'으로 사용할 수 있을 정도이다. 그럼 다음 절부터는 몇 가지 예제 프로그램을 분석하면서 이 모형을 좀 더 자세히 살펴보겠다.

3.2.2 간단한 함수 적용의 예

§1.1.5에서 치환 모형을 소개할 때 함수 적용 표현식 f(5)가 136으로 평가되는 과정을 설명했었다. 그 예제에 쓰인 함수들은 다음과 같다.

```
function square(x) {
    return x * x;
}
function sum_of_squares(x, y) {
    return square(x) + square(y);
}
function f(a) {
    return sum_of_squares(a + 1, a * 2);
}
```

같은 예제를 환경 모형을 이용해서 분석해 보자. [그림 3.4]는 함수 f, square, sum_of_squares의 정의를 평가할 때 만들어지는 세 함수 객체와 프로그램 환경을 나타낸 것이다. 각 함수 객체는 코드와 프로그램 환경으로의 포인터로 구성된다.

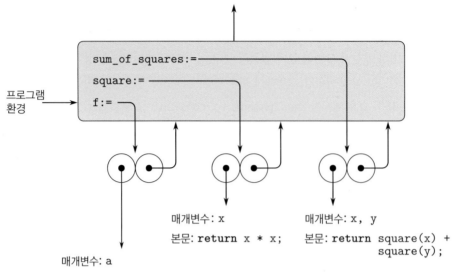

프로그램 환경

매개변수: x
본문: return x * x;

매개변수: x, y
본문: return square(x) +
square(y);

매개변수: a
본문: return sum_of_squares(a + 1, a + 2);

그림 3.4 프로그램 프레임 안의 함수 객체들.

[그림 3.5]는 표현식 f(5)를 평가할 때 만들어지는 환경 구조이다. f의 호출에 의해 새 환경 (E1)이 생성된다. E1 환경은 f의 매개변수 a와 인수 5의 바인딩을 담은 하나의 프레임으로 시작한다. 이제 E1에서 f의 본문(아래)을 평가한다.

```
return sum_of_squares(a + 1, a * 2);
```

이 본문의 반환문을 평가하는 과정은 이렇다. 먼저 반환 표현식의 부분식들을 평가한다. 첫 부분식 sum_of_squares의 값은 하나의 함수 객체이다. (그 값을 찾는 과정에도 주목하자. 먼저 E1의 첫 프레임에서 sum_of_squares에 대한 바인딩이 있는지 찾는다. 그 프레임에는 그런 바인딩이 없으므로 그 프레임의 상위 환경으로 간다. 그 환경은 프로그래밍 환경인데, [그림 3.4]에서 보듯이 거기에는 sum_of_squares에 대한 바인딩을 가진 프레임이 있다.) 나머지 두 부분식은 조합 표현식인 a + 1과 a * 2인데, 각각 원시 연산 +와 *를 적용해서 6과 10을 얻는다.

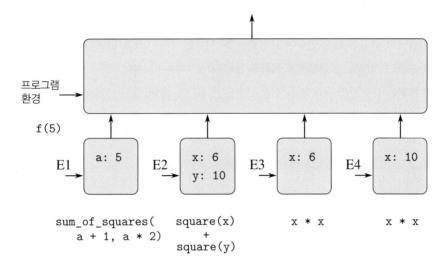

그림 3.5 f(5)의 평가로 생성된 환경들. 관련 함수들은 모두 [그림 3.4]에 나온 것들이다.

이제 함수 객체 **sum_of_squares**를 인수 6과 10에 적용한다. 그러면 새 환경(E2)이 만들어지는데, 여기에는 매개변수 x와 y를 해당 인수들에 묶는 바인딩들을 가진 프레임이 있다. E2 안에서 다음과 같은 함수 본문을 평가한다.

```
return square(x) + square(y);
```

이 반환문의 반환 표현식을 평가하려면 먼저 square(x)를 평가해야 한다. square는 프로그램 프레임에 있고, x는 6이다. 이 평가에서도 새 환경(E3)이 만들어지는데, 이 환경에서 x는 6과 묶인다. E3 환경 안에서 square의 본문인 **return x * x;**를 평가한다. 다음으로, sum_of_squares 본문의 또 다른 부분식인 square(y)를 평가한다(이때 y는 10). square의 이 두 번째 호출에서 또 다른 환경(E4)이 생성되는데, E4 환경에서 square의 매개변수 x는 10과 묶인다. 이제 E4 안에서 **return x * x;**를 평가한다.

이상의 과정에서 주목할 사항은, square의 각 호출에 의해 각자 다른 x 바인딩을 담은 새 환경이 만들어진다는 것이다. 이름은 모두 x이지만 실제로는 서로 다른 지역 변수들이 각자 다른 프레임에 담겨서 격리되는 방식을 잘 살펴보기 바란다. square이 평가로 생긴 프레임들이 모두 프로그램 환경을 가리킨다는 점도 주목하자. 이는 square 함수 객체가 가리키는 환경이 바로 그 환경이기 때문이다.

부분식들을 모두 평가한 후에는 최종 결과를 반환한다. sum_of_squares는 square의 두 호출이 돌려준 값들을 원시 연산 +를 이용해서 더한다. 그 값이 f로 반환된다. 지금 논의의 초점은 환경 구조이므로, 호출에서 호출로 반환값이 전달되는 방식은 여기서 더 이야기하지 않겠다. 단, 반환값의 전달도 평가 과정의 중요한 측면이므로, 제5장에서 자세히 살펴보기로 한다.

■ 연습문제 3.9

§1.2.1에서는 치환 모형을 이용해서 계승을 계산하는 두 함수를 분석했다. 다음은 두 계승 함수 중 재귀 비전이고,

```
function factorial(n) {
    return n === 1
          ? 1
          : n * factorial(n - 1);
}
```

다음은 반복 버전이다.

```
function factorial(n) {
    return fact_iter(1, 1, n);
}
function fact_iter(product, counter, max_count) {
    return counter > max_count
           ? product
           : fact_iter(counter * product,
                       counter + 1,
                       max_count);
}
```

함수 factorial의 두 버전 각각에 대해, factorial(6)의 평가로 만들어지는 환경 구조를 도식화하라.[16]

....

[16] 이 환경 모형만으로는, 해석기가 fact_iter 같은 함수를 꼬리 재귀를 이용해서 상수 공간으로 실행할 수 있다는 주장을 확인할 수 없다. 꼬리 재귀는 해석기의 제어 구조를 다루는 §5.4에서 다시 이야기한다.

3.2.3 지역 상태 저장소로서의 프레임

이제부터는 함수와 배정 연산으로 지역 상태를 가진 객체를 표현하는 기법을 환경 모형으로 분석해 보겠다. 한 예로, §3.1.1에 나온 다음 함수를 호출해서 생성하는 '출금 처리기'를 생각해 보자.

```
function make_withdraw(balance) {
    return amount => {
            if (balance >= amount) {
                balance = balance - amount;
                return balance;
            } else {
                return "insufficient funds";
            }
        };
}
```

다음은 이 함수로 출금 처리기 객체를 생성하고 사용하는 예이다.

```
const W1 = make_withdraw(100);

W1(50);
50
```

[그림 3.6]은 프로그램 환경에서 **make_withdraw**를 선언한 결과를 보여준다. 이 선언에 의해 함수 객체와 프로그램 환경으로의 포인터로 구성된 쌍이 만들어진다. 지금까지는 앞에서 본 예제들과 다르지 않다. 특기할 사항은 함수 본문의 반환 표현식이 (함수를 생성하는) 람다 표현식이라는 점뿐이다.

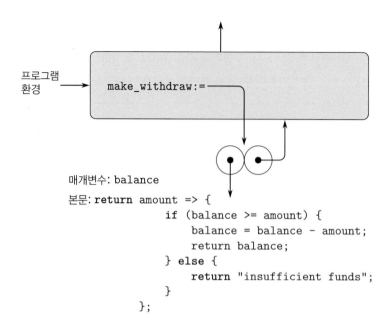

```
프로그램       make_withdraw:=
환경

매개변수: balance
본문: return amount => {
                if (balance >= amount) {
                    balance = balance - amount;
                    return balance;
                } else {
                    return "insufficient funds";
                }
            };
```

그림 3.6 프로그램 환경에서 make_withdraw를 정의한 결과.

그러나 함수 make_withdraw를 인수에 적용하면 흥미로운 일이 벌어진다.

```
const W1 = make_withdraw(100);
```

시작은 이전처럼 새 환경(E1)의 생성이다. 지금 경우 E1은 매개변수 balance와 인수 100을
묶은 바인딩이 있는 프레임 하나를 담는다. 이 환경에서 make_withdraw의 본문을 평가하는
데, 그 본문의 반환 표현식은 하나의 람다 표현식이다. 이 람다 표현식을 평가하면 람다 표현
식의 텍스트가 코드이고 상위 환경은 E1인 새 함수 객체가 만들어진다. 그 함수 객체가 make_
withdraw를 호출한 곳으로 반환된다. 호출 지점은 프로그램 최상위 범위에 있는 배정 표현식
의 우변이므로, 결과적으로 그 함수 객체는 프로그램 환경 안에서 상수 W1에 묶인다. 이상의
과정으로 만들어진 환경 구조가 [그림 3.7]에 나와 있다.

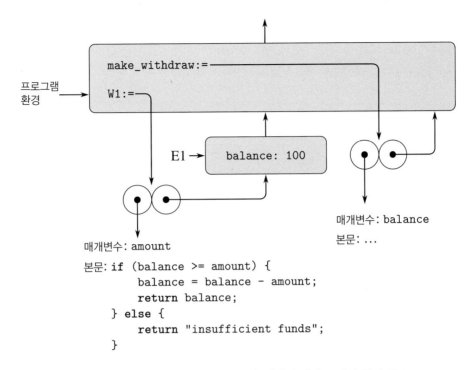

그림 3.7 const `W1 = make_withdraw(100);`을 평가한 결과로 생긴 환경 구조.

이제 이 **W1**을 인수에 적용하면 어떤 일이 벌어지는지 분석해 보자.

```
W1(50);
50
```

제일 먼저 **W1**의 매개변수인 **amount**와 인수 50의 바인딩을 가진 프레임을 담은 새 환경이 만들어진다. 여기서 중요한 점은 이 프레임의 상위 환경이 프로그램 환경이 아니라 E1이라는 점이다. 이는 **W1** 함수 객체의 상위 환경이 E1이기 때문이다. 이 프레임을 담은 새 환경에서 **W1**의 본문을 평가한다. 본문은 다음과 같다.

```
if (balance >= amount) {
    balance = balance - amount;
    return balance;
} else {
    return "insufficient funds";
}
```

여기까지의 평가 과정에서 만들어진 환경 구조가 [그림 3.8]에 나와 있다. 평가된 표현식은 amount와 balance를 둘 다 참조한다. 변수 amount에 대한 바인딩은 환경의 첫 프레임에 있고, balance에 대한 바인딩은 상위 환경 포인터를 거쳐 도달한 E1에 있다.

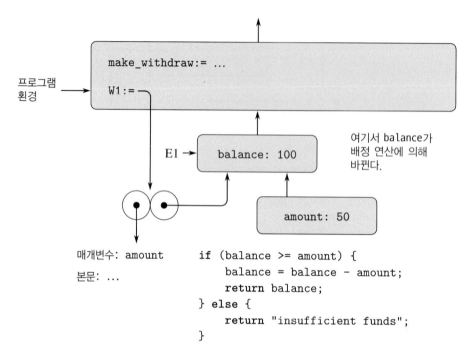

그림 3.8 함수 객체 W1의 적용으로 만들어진 환경들.

배정 연산이 수행되면 E1에 있는 **balance**의 바인딩이 변한다. W1 호출이 완료된 시점에서 **balance**는 50이고, 함수 객체 **W1**은 여전히 **balance** 바인딩이 있는 프레임을 가리킨다. amount 바인딩이 있는 프레임(balance를 변경하는 코드가 실행되는 프레임)은 더 이상 유효하지 않다. 이제는 그 프레임을 생성한 함수 객체가 사라졌고, 환경의 다른 부분에서 그 프레임을 가리키는 포인터가 하나도 없기 때문이다. 다음에 W1을 또 호출하면 amount 바인딩을 가진, 그리고 상위 환경이 E1인 새 프레임이 만들어진다. 이상의 설명에서 보듯이, E1은 함수 객체 W1의 지역 상태 변수를 담는 하나의 '저장소' 역할을 한다. [그림 3.9]는 W1 호출이 완료된 후의 상황을 나타낸 것이다.

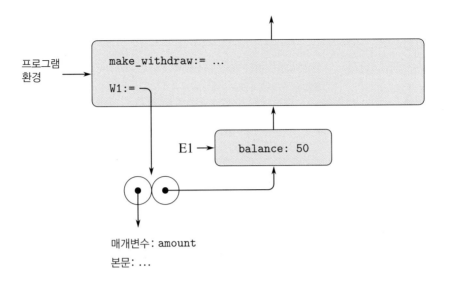

그림 3.9 W1 호출이 완료된 후의 환경들.

make_withdraw를 다시 호출해서 또 다른 '출금 처리기' 객체를 생성하면 어떤 일이 벌어지는지 살펴보자.

```
const W2 = make_withdraw(100);
```

이 호출로 만들어진 환경 구조가 [그림 3.10]에 나와 있다. 그림에서 보듯이 W2는 코드와 환경 포인터의 쌍으로 표현된 하나의 함수 객체이다. 이 W2 객체를 위한 E2 환경은 make_withdraw 호출 과정에서 생성된 것이다. 환경 E2에는 balance에 대한 바인딩을 가진 프레임이 있다. 한편, W1과 W2의 코드는 동일하다. 둘 다 make_withdraw 본문의 람다 표현식으로 명시된 코드이다.[17] 그렇지만 W1과 W2는 각자 독립적으로 행동하는데, 그 이유를 이해하기란 어렵지 않을 것이다. W1을 호출할 때는 E1에 저장된 상태 변수 balance를 참조하지만, W2를 호출할 때는 E2에 저장된 balance를 참조한다. 따라서 한 객체의 지역 상태가 변해도 다른 객체에는 영향이 없다.

---

17 W1과 W2가 컴퓨터 안에 저장된 공통의 물리적 코드를 공유하는지 아니면 각자 개별적인 코드 복사본을 가지는지는 구현 세부사항일 뿐이다. 제4장에서 구현하는 해석기에서는 실제로 코드를 공유한다.

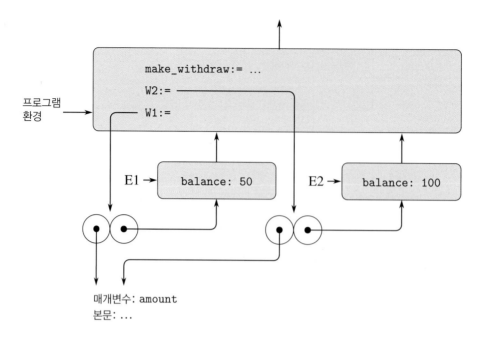

그림 3.10 `const W2 = make_withdraw(100);`으로 또 다른 출금 처리기 객체를 생성한 후의 환경 구조.

■ **연습문제 3.10**

`make_withdraw` 함수에서 지역 변수 `balance`는 `make_withdraw`의 한 매개변수이다. 이와는 달리 다음처럼 소위 즉시 호출되는 람다 표현식(immediately invoked lambda expression)을 사용해서 지역 상태 변수를 만들 수도 있다.

```
function make_withdraw(initial_amount) {
    return (balance =>
            amount => {
                if (balance >= amount) {
                    balance = balance - amount;
                    return balance;
                } else {
                    return "insufficient funds";
                }
            })(initial_amount);
}
```

바깥쪽 람다 표현식은 평가 후 즉시 호출된다. 이 바깥쪽 람다 표현식의 유일한 용도는 지역 변수 `balance`를 만들고 그것을 `initial_amount`로 초기화하는 것이다. 이 `make_withdraw`를 환경 모형으로 분석하라. 좀 더 구체적으로는, 다음과 같은 상호작용에서 만들어지는 환경 구조를 본문의 그림들과 비슷한 형태로 그려 보라.

```
const W1 = make_withdraw(100);

W1(50);

const W2 = make_withdraw(100);
```

그리고 본문에 나온 `make_withdraw`로 생성한 객체와 이 연습문제의 `make_withdraw`로 생성한 객체가 동일한 방식으로 행동함을 보여라. 두 버전의 환경 구조는 어떻게 다른가?

3.2.4 내부 선언

이번 절에서는 함수 본문이나 기타 블록(조건문의 분기 절 등)에 담긴 선언문들이 처리되는 방식을 논의한다. 블록이 시작되면 그 블록 안에 선언된 이름들을 위한 새로운 범위가 열린다. 주어진 환경에서 하나의 블록을 평가할 때 해석기는 그 블록의 본문에서 직접 선언된(즉, 그 블록 안에 중첩된 다른 블록이 아닌 그 블록 자체에서 선언된) 모든 이름을 담은 새 프레임을 환경에 추가해서 새 환경을 만들고, 새 환경에서 블록의 본문을 평가한다.

§1.1.8에서 함수 안에서 다른 함수를 선언할 수 있다는 점과 그럼으로써 블록 구조가 만들어진다는 점을 다음과 같은 제곱근 계산 함수를 이용해서 설명했다.

```
function sqrt(x) {
    function is_good_enough(guess) {
        return abs(square(guess) - x) < 0.001;
    }
    function improve(guess) {
        return average(guess, x / guess);
    }
    function sqrt_iter(guess){
        return is_good_enough(guess)
```

```
                  ? guess
                  : sqrt_iter(improve(guess));
        }
        return sqrt_iter(1);
    }
```

이러한 내부 선언들이 우리가 기대하는 방식으로 잘 작동하는 이유를 환경 모형을 이용해서 이 해할 수 있다. [그림 3.11]은 표현식 sqrt(2)를 평가하는 도중에 내부 함수 is_good_enough 가 첫 번째로 호출된 후의 상황을 나타낸 것이다. is_good_enough 호출 당시 guess는 1이다.

환경의 구조를 유심히 보기 바란다. 이름 sqrt는 프로그램 환경에서 한 함수 객체와 묶여 있다. 그 함수 객체와 연관된 환경(associated environment; 간단히 연관 환경)은 프로그램 환경이다. sqrt가 호출되면, 프로그램 환경에 속한 새 환경 E1이 만들어진다. 그 E1에서 매개 변수 x가 2에 묶인다. 이제 sqrt의 본문이 E1 안에서 평가된다. 그 본문은 지역 함수 선언들 이 있는 하나의 블록이므로, E1에 그 선언들을 위한 프레임을 추가한 새 환경 E2가 만들어진 다. 그 E2 안에서 블록의 본문을 평가한다. 블록의 첫 문장은 다음과 같다.

```
function is_good_enough(guess) {
    return abs(square(guess) - x) < 0.001;
}
```

이 내부 함수 선언을 평가하면 E2에 함수 is_good_enough가 만들어진다. 좀 더 정확하게 말 하면, E2의 첫 프레임에서 is_good_enough라는 이름이 함수 객체(연관 환경이 E2인)와 묶 인다. improve와 sqrt_iter에 대한 바인딩들도 마찬가지 방식으로 E2의 프레임에 추가된 다. 간결함을 위해 [그림 3.11]에는 is_good_enough의 함수 객체만 표시했다.

지역 함수들을 정의된 후에는 표현식 sqrt_iter(1)이 평가된다. 평가의 문맥은 여전히 E2이다. 따라서 E2에서 sqrt_iter에 묶인 함수 객체가 1을 인수로 해서 호출된다. 이에 의 해 새 환경 E3이 만들어지는데, 이 환경에서 sqrt_iter의 매개변수인 guess가 1과 묶인다. sqrt_iter 함수는 guess의 값(E3에 있는)으로 is_good_enough를 호출한다. 이에 의해 또 다른 환경 E4가 설정되는데, 여기서 guess(is_good_enough의 매개변수)가 1에 묶인 다. sqrt_iter와 is_good_enough 둘다 guess라는 매개변수가 있지만, 그 둘은 서로 다른 프레임에 있는 구별되는 지역 변수들이다. 또한, E3과 E4 둘 다 상위 환경이 E2이다. sqrt_ iter와 is_good_enough의 환경 요소가 둘 다 E2이기 때문이다. 그래서 is_good_enough의 본문에 있는 이름 x는 E1의 프레임에 있는 x 바인딩을 참조하는데, 그 값은 애초에 sqrt가 호출될 때 x에 설정된 값이다.

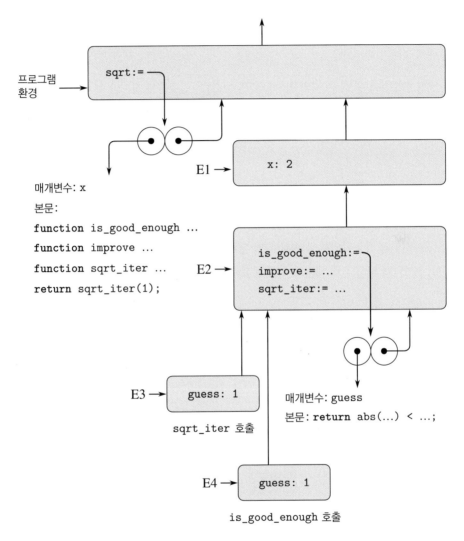

그림 3.11 내부 선언들이 있는 sqrt 함수.

이상의 분석에서 보듯이, 환경 모형은 지역 함수 선언이 프로그램 모듈화에 유용한 기법이 되게 하는 두 가지 속성을 잘 설명해준다.

- 지역 함수 이름들이 상위 함수 바깥에 있는 이름들과 충돌하지 않는다. 지역 함수 이름들은 프로그램 환경이 아니라 개별적인 프레임(해당 선언문이 평가될 때 블록이 생성하는)에서 묶이기 때문이다.

- 지역 함수는 상위 함수(지역 함수를 감싼 함수)의 인수들에 접근할 수 있다. 그냥 해당 매개변수 이름을 자유 이름으로 사용하면 된다. 이는 지역 함수의 본문이 평가되는 환경이 상위 함수가 평가되는 환경에 속하기 때문이다.

■ **연습문제 3.11** ─────────────────────────────

§3.2.3에서는 지역 상태를 가진 함수의 작동 방식을 환경 모형으로 설명했다. 그리고 이번 절에서 내부 선언의 작동 방식을 살펴보았다. 전형적인 메시지 전달 함수에는 그 두 개념이 모두 쓰인다. §3.1.1에 나온 은행 계좌 함수를 생각해 보자.

```javascript
function make_account(balance) {
    function withdraw(amount) {
        if (balance >= amount) {
            balance = balance - amount;
            return balance;
        } else {
            return "Insufficient funds";
        }
    }
    function deposit(amount) {
        balance = balance + amount;
        return balance;
    }
    function dispatch(m) {
        return m === "withdraw"
               ? withdraw
               : m === "deposit"
               ? deposit
               : "Unknown request: make_account";
    }
    return dispatch;
}
```

다음과 같은 상호작용에 의해 생성되는 환경 구조를 도식화하라.

```
const acc = make_account(50);

acc("deposit")(40);
90

acc("withdraw")(60);
30
```

acc의 지역 상태는 어디에 저장되는가? 더 나아가서, 또 다른 은행 계좌를 만든다고 하자.

```
const acc2 = make_account(100);
```

두 계좌의 지역 상태들은 어떻게 분리되는가? 환경 구조에서 **acc**와 **acc2**가 공유하는 요소들은 무엇인가?

블록 추가 논의

앞에서 보았듯이, **sqrt** 안에서 정의된 이름들의 범위는 **sqrt**의 본문 전체이다. 상호 재귀(mutual recursion)가 가능한 것도 이 때문이다. 다음은 주어진 음이 아닌 정수가 짝수인지를 상호 재귀를 이용해서 (상당히 비효율적인 방식으로) 점검하는 함수이다.

```
function f(x) {
    function is_even(n) {
        return n === 0
                ? true
                : is_odd(n - 1);
    }
    function is_odd(n) {
        return n === 0
                ? false
                : is_even(n - 1);
    }
    return is_even(x);
}
```

f의 호출이 진행되는 도중에 is_even이 호출되면, 환경 구조는 [그림 3.11]에서 함수 sqrt_iter가 호출될 때와 비슷한 모습이 된다. 이름 is_even과 is_odd 둘 다 E2 안에서 함수 객체들과 묶이며, 그 함수 객체들의 상위 환경은 E2이다(is_even과 is_odd의 호출이 평가되는 환경이 E2이므로). 따라서 is_even의 본문에서 is_odd는 정확한 함수를 지칭한다. is_odd는 is_even 이후에 정의되지만, sqrt_iter의 본문에서 이름 improve와 이름 sqrt_iter 자체가 정확한 함수들을 지칭하는 것과 마찬가지 방식으로 정확한 함수를 지칭하게 된다.

이제 블록 안의 선언들이 처리되는 방식은 충분히 이해되었을 것이다. 이를 바탕으로 최상위 수준에서 이름 선언이 처리되는 방식을 다시 고찰해 보자. §3.2.1에서 보았듯이 최상위 수준에서 선언된 이름들은 프로그램 프레임에 추가된다. 이를 두고 전체 프로그램이 하나의 암묵적 블록 안에 들어가며 그 블록은 전역 환경에서 평가된다고 설명하는 것이 더 나을 것이다. 그러면 앞에서 말한 블록 내부 선언 처리 방식을 최상위 수준의 선언들에도 그대로 적용할 수 있다. 전역 환경에 이 암묵적 블록 안에 선언된 모든 이름의 바인딩을 담은 프레임이 추가된다. 그 프레임이 바로 프로그램 프레임이며, 그 프레임이 추가되어서 만들어진 새 환경이 바로 프로그램 환경이다.

앞에서 블록의 본문은 그 블록의 본문에서 직접 선언한 모든 이름을 담은 환경 안에서 평가된다고 말했다. 블록 안에서 선언된 지역 이름은 해석기가 그 블록에 진입할 때 해당 환경에 추가되는데, 이때 이름에 값이 연관되지는 않는다. 값은 블록 본문을 평가하는 도중에 해당 선언이 평가될 때 비로소 이름에 묶인다. 좀 더 구체적으로, 그 시점에서 해당 선언문을 마치 배정문처럼 처리해서 = 우변에 있는 표현식을 평가한 결과를 이름과 묶는다. 이름 바인딩을 환경에 추가하는 것이 이름의 선언을 평가하는 것과 별개이므로, 그리고 이름의 범위는 블록 전체이므로, 프로그래머가 어떤 이름의 선언이 평가되기도 전에 그 이름의 값에 접근하려는 잘못된 프로그램을 작성하는 것도 얼마든지 가능하다. 아직 값이 배정되지 않은 이름을 평가하려 하는 표현식을 만나면 해석기는 오류를 발생한다.[18]

....

18 이는 제1장 각주 1.56의 프로그램이 오작동하는 이유를 설명해준다. 이름에 대한 바인딩을 생성하는 시점과 이름의 선언을 평가하는 시점 사이의 시간을 시간적 데드존(temporal dead zone, tdz)이라고 부른다.

3.3 변경 가능 데이터를 이용한 모형화

제2장에서는 구성요소가 여러 개인 계산적 객체를 복합 데이터를 이용해서 구축함으로써 여러 측면을 가진 실제 세계의 객체를 모형화하는 문제를 논의했다. 제2장에서 데이터 추상화의 원리를 소개했는데, 데이터 추상화의 원리를 따르는 프로그램은 자료 구조를 생성자와 선택자들을 이용해서 명시한다. 여기서 생성자는 데이터 객체를 만드는 데 쓰이고 선택자들은 복합 데이터 객체의 구성요소들에 접근하는 데 쓰인다. 그런데 이번 장에서 보았듯이 데이터에는 제2장에서 언급하지 않은 측면이 존재한다. 시간에 따라 변할 수 있는 상태를 가진 객체들로 구성된 대상 시스템을 모형화하려면 복합 데이터 객체를 생성하고 그 구성요소를 선택하는 것만으로는 부족하다. 복합 데이터 객체를 수정할 수도 있어야 한다. 상태가 변하는 복합 데이터 객체를 모형화하기 위해, 이번 장에서는 생성자와 선택자뿐만 아니라 **변경자**(mutator; 또는 변이자)라는 연산도 포함해서 데이터 추상을 설계한다. 이름에서 짐작하겠지만 변경자는 데이터 객체를 수정하는 역할을 한다. 예를 들어 은행 거래 시스템을 모형화하려면 계좌의 잔액을 변경할 수 있어야 한다. 따라서 은행 계좌를 나타내는 자료 구조에는 지정된 계좌의 잔액을 지정된 값으로 변경하는 다음과 같은 연산을 허용해야 할 것이다.

```
set_balance(계좌, 새 값)
```

변경자가 정의된 데이터 객체를 가리켜 **변경 가능 데이터 객체**(mutable data objects)라고 부른다.

제2장에서는 복합 데이터를 위한 범용 '접착제'로 쓰이는 쌍(pair) 객체를 소개했다. 쌍 객체를 변경 가능 데이터 객체의 기본 구축 요소로 사용할 수 있도록, 이번 장은 쌍 객체를 위한 기본적인 변경자들을 정의하는 것으로 시작한다. 그런 변경자들이 있으면 쌍 객체의 표현력이 크게 개선되기 때문에 §2.2에서 만든 순차열과 트리 말고도 다양한 자료 구조를 구축할 수 있다. 이번 장에서는 또한 복잡한 시스템을 지역 상태를 가진 객체들의 컬렉션으로 모형화하는 방법을 몇 가지 시뮬레이션 프로그램을 예로 들어서 설명한다.

3.3.1 변경 가능 목록 구조

쌍 객체에 대한 원시 연산들, 즉 pair와 head, tail을 이용하면 목록(list) 구조를 생성하고 목록에서 요소들을 선택할 수 있다. 그렇지만 이 연산들만으로는 목록 구조를 수정할 수 없다. 지금까지 사용해 온 append나 list 같은 목록 연산들도 마찬가지이다. 어차피 이들도 pair와 head, tail로 정의되었으므로 변경 능력이 없다. 목록 구조를 수정하려면 새로운 연산들이 필요하다.

쌍 객체를 위한 원시 변경자는 set_head와 set_tail이다. set_head 함수는 두 개의 인수를 받는데, 첫째 것은 반드시 쌍 객체이어야 한다. set_head 함수는 그 쌍 객체의 head 포인터를 둘째 인수로 주어진 포인터로 대체한다.[19]

한 예로, [그림 3.12]처럼 x가 list(list("a", "b"), "c", "d")에 묶여 있고 y가 list("e", "f")에 묶여 있다고 하자. 표현식 set_head(x, y)를 평가하면 x가 묶인 쌍 객체의 head가 y의 값으로 바뀐다. 이 연산의 결과가 [그림 3.13]에 나와 있다. x의 구조가 바뀌어서 이제는 list(list("e", "f"), "c", "d")와 같은 값이 되었다. 목록 list("a", "b")를 표현하는 쌍 객체(대체된 기존 head 포인터가 가리키던 객체)는 이제 원래의 자료 구조에서 분리되었다.[20]

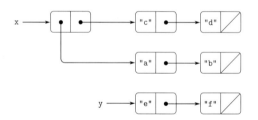

그림 3.12 목록 x: list(list("a", "b"), "c", "d")와 y: list("e", "f").

---

19 set_head 함수와 set_tail 함수는 undefined라는 값을 돌려준다. 따라서 이 함수들은 오직 해당 효과(부수 효과)를 위해서만 사용해야 한다(undefined는 자바스크립트 자체에 정의된 특별한 값으로, ===(순 상등) 이외의 연산은 지원하지 않는다. 따라서 이 함수들을 적용하는 표현식이나 반환값을 다른 어떤 표현식의 일부로 사용해서는 안 된다—옮긴이).

20 이 예에서 보듯이, 목록 변경 연산 때문에 그 어떤 접근 가능한 자료 구조의 일부도 아닌 '쓰레기(garbage)'가 생길 수 있다. §5.3.2에서 이야기하겠지만 자바스크립트의 메모리 관리 시스템에는 쓰레기 수거기(garbage collector)가 있다. 더 이상 필요 없는 쌍 객체가 사용하는 메모리 공간은 자바스크립트의 쓰레기 수거기가 찾아서 재활용한다.

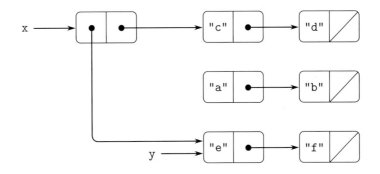

그림 3.13 [그림 3.12]의 목록들에 대한 set_head(x, y)의 효과.

[그림 3.14]는 다음 문장을 평가한 후의 모습이다. 이를 그림 [그림 3.13]과 비교해 보기 바란다.

```
const z = pair(y, tail(x));
```

이 문장에 의해 x와 y는 [그림 3.12]에 나온 원래의 목록들에 묶인다. 이름 z는 이제 pair 연산이 생성한 새 쌍 객체에 묶인 상태이다. x와 묶인 목록은 변하지 않았다.

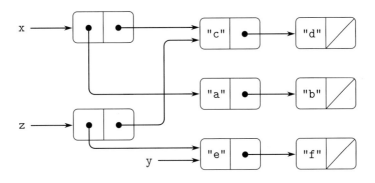

그림 3.14 [그림 3.12]의 목록들에 대한 const z = pair(y, tail(x));의 효과.

set_tail 연산은 set_head와 비슷하다. 쌍 객체의 head 포인터가 아니라 tail 포인터가 바뀐다는 점이 다를 뿐이다. [그림 3.12]의 목록들에 대한 set_tail(x, y)의 효과가 [그림 3.15]에 나와 있다. 그 표현식 때문에 x의 tail 포인터가 list("e", "f")를 가리키는 포인터로 대체되었고, x의 tail이던 list("c", "d")는 원래의 쌍 객체에서 분리되었다.[21]

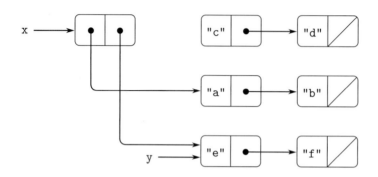

그림 3.15 [그림 3.12]의 목록들에 대한 set_tail(x, y)의 효과.

기존의 pair 함수는 새로운 쌍 객체를 생성해서 새 목록 구조를 만드는 반면에 set_head와 set_tail은 기존의 쌍 객체를 수정한다. 사실 pair를 이 두 변경자를 이용해서 구현할 수도 있다. 다음이 그러한 버전이다. 이 버전이 사용하는 get_new_pair 함수는 그 어떤 기존 목록 구조의 일부도 아닌 새 쌍 객체를 돌려준다. 이 버전은 그 새 쌍 객체의 head와 tail을 주어진 쌍 구성요소들(x와 y)로 대체한 결과를 pair 연산의 결과로 돌려준다.

```
function pair(x, y) {
    const fresh = get_new_pair();
    set_head(fresh, x);
    set_tail(fresh, y);
    return fresh;
}
```

---

21 자바스크립트의 메모리 관리 시스템으로 get_new_pair를 구현하는 방법이 §5.3.1에 나온다.

다음은 §2.2.1에서 소개한, 한 목록에 다른 목록의 요소들을 추가하는 함수이다.

```
function append(x, y) {
    return is_null(x)
           ? y
           : pair(head(x), append(tail(x), y));
}
```

이 append 함수는 목록 x의 요소들을 연달아 목록 y의 제일 앞자리에 삽입해서 새 목록을 만든다. 아래의 append_mutator 함수는 append와 비슷하지만, 이것은 생성자가 아니라 변경자이다. append_mutator 함수는 x의 마지막 쌍 객체를 그 tail이 y가 되도록 변경해서 두 목록을 합친다. (빈 x로 append_mutator를 호출하는 것은 오류이다.)

```
function append_mutator(x, y) {
    set_tail(last_pair(x), y);
    return x;
}
```

그리고 다음은 주어진 목록의 마지막 쌍 객체를 돌려주는 last_pair 함수이다.

```
function last_pair(x) {
    return is_null(tail(x))
           ? x
           : last_pair(tail(x));
}
```

다음과 같은 상호작용을 생각해 보자.

```
const x = list("a", "b");

const y = list("c", "d");

const z = append(x, y);

z;
["a", ["b", ["c", ["d, null]]]]
```

```
tail(x);
???

const w = append_mutator(x, y);

w;
["a", ["b", ["c", ["d", null]]]]

tail(x);
???
```

???로 표시한 부분들에 실제로 출력되는 값은 무엇인지 밝히고, 왜 그런 값이 나오는지를 상자–포인터 그림으로 설명하라.

■ **연습문제 3.13**

다음 make_cycle 함수를 생각해 보자. last_pair 함수는 [연습문제 3.12]에 나온 것이다.

```
function make_cycle(x) {
    set_tail(last_pair(x), x);
    return x;
}
```

이 함수를 다음과 같이 사용했을 때 생성되는 z의 구조를 상자–포인터 그림으로 표시하라.

```
const z = make_cycle(list("a", "b", "c"));
```

last_pair(z)를 평가하려 하면 어떤 일이 발생할까?

다음 함수는 상당히 유용하지만, 코드는 다소 난해하다.

```
function mystery(x) {
    function loop(x, y) {
        if (is_null(x)) {
            return y;
        } else {
            const temp = tail(x);
            set_tail(x, y);
            return loop(temp, x);
        }
    }
    return loop(x, null);
}
```

내부 함수 loop는 x의 tail의 기존 값을 '임시(temporary)' 이름 temp에 담는다. 이를 임시 이름에 담아 두는 이유는, 그다음 행의 set_tail에서 x의 tail이 바뀌기 때문이다. mystery가 하는 일을 개괄적으로 설명하라. 그리고 v가 다음과 같이 정의된다고 할 때, v가 묶인 목록을 상자–포인터 그림으로 도식화하라.

```
const v = list("a", "b", "c", "d");
```

더 나아가서, 다음 문장을 평가한 후의 v와 w의 구조를 상자–포인터 그림으로 도식화하라.

```
const w = mystery(v);
```

v와 w의 값을 출력하면 화면에 무엇이 표시될까?

공유와 신원

§3.1.3에서 배정을 언어에 도입하면 발생하는 '같음'과 '변화'의 문제점을 이론적인 차원에서 이야기했다. 그런데 여러 데이터 객체가 개별 쌍 객체를 공유(sharing)하면 그런 문제가 실제로 발생한다. 예를 들어 다음 문장들이 만들어내는 구조를 생각해 보자.

```
const x = list("a", "b");
const z1 = pair(x, x);
```

[그림 3.16]에서 보듯이 쌍 객체 z1의 head와 tail은 둘 다 동일한 쌍 객체 x를 가리킨다. 즉, z1의 head와 tail은 x를 공유한다. 이러한 공유는 pair의 단순한 구현 방식에서 비롯한 것이다. 일반적으로 pair 함수를 이용해서 목록을 생성하면 쌍 객체들이 상호 연결된, 그래서 서로 다른 여러 자료 구조가 다수의 개별 쌍 객체들을 공유하는 구조가 만들어진다.

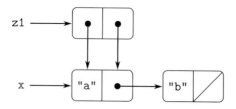

그림 3.16 pair(x, x)로 생성된 목록 z1의 구조.

[그림 3.17]은 다음 문장으로 만들어진 구조를 보여준다. [그림 3.16]과는 다른 모습의 구조가 만들어졌다.

```
const z2 = pair(list("a", "b"), list("a", "b"));
```

[그림 3.17]의 구조에서 두 list("a", "b") 목록의 쌍 객체들은 비록 동일한 문자열들을 담고 있긴 하지만 서로 구별되는 객체들이다.[22]

---

22 두 쌍 객체가 서로 구별되는 객체들인 것은 pair가 매번 새 쌍 객체를 돌려주기 때문이다. 수치들의 상등과 마찬가지로, 문자열들은 같은 문자들이 같은 순서로 나열된 원시 데이터라는 관점에서는 서로 "같다". 자바스크립트는 문자열을 변경하는 수단을 전혀 제공하지 않으므로, 자바스크립트 해석기의 설계자가 문자열을 어떤 식으로 구현하든 프로그램의 관점에서는 문자열이 공유되는지 아닌지를 알 수 없다. 이 책에서는 수치나 부울 값, 문자열 같은 기본 데이터의 경우 만일 두 데이터를 **구분할 수 없으면**(indistinguishable), 그리고 오직 그럴 때만, 두 데이터가 **동일하다**(identical)고 간주한다.

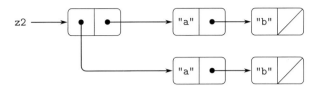

그림 3.17 pair(list("a", "b"), list("a", "b"))로 생성된 목록 z2의 구조.

목록의 관점에서는, z1과 z2는 둘 다 다음 목록을 나타낸다. 즉, 둘은 "같은" 목록을 나타낸다.

```
list(list("a", "b"), "a", "b")
```

일반적으로 목록을 pair, head, tail만으로 다룬다면 일부 객체가 공유된다는 사실이 전혀 드러나지 않는다. 그렇지만 목록 구조에 변경자를 허용하면 공유에 의한 문제점이 실제로 겉으로 드러난다. 공유 때문에 생기는 차이점의 예로, 주어진 목록의 head를 수정하는 다음 함수를 생각해 보자.

```
function set_to_wow(x) {
    set_head(head(x), "wow");
    return x;
}
```

z1과 z2가 "같은" 구조이긴 하지만, 이들에 set_to_wow를 적용하면 각자 다른 결과가 나온다. z1에서는 head를 변경하면 tail도 바뀐다. z1에서는 head와 tail이 같은 쌍 객체이기 때문이다. 그렇지만 z2에서는 head와 tail이 다르므로, set_to_wow는 head만 변경한다.

```
z1;
[["a", ["b", null]], ["a", ["b", null]]]

set_to_wow(z1);
[["wow", ["b", null]], ["wow", ["b", null]]]

z2;
[["a", ["b", null]], ["a", ["b", null]]]

set_to_wow(z2);
[["wow", ["b", null]], ["a", ["b", null]]]
```

목록 구조의 공유 여부를 검출하는 한 방법은 §1.1.6에서 소개한, 주어진 두 수치가 상등 (equal)인지 판정하는 기본 술어 ===를 이용하는 것이다. §2.3.1에서는 두 문자열의 상등을 판정하도록 이 술어를 확장했다. 기본 데이터가 아닌 두 값에 대해 x === y는 x와 y가 같은 객체인지(즉, x와 y를 포인터로 취급할 때 두 포인터가 상등인지) 판정한다. 따라서, [그림 3.16]과 [그림 3.17]에 정의된 z1과 z2에 대해 head(z1) === tail(z1)은 참이고 head(z2) === tail(z2)는 거짓이다.

다음 절들에서 보겠지만, 공유를 잘 활용하면 이전보다 훨씬 더 다양한 자료 구조를 쌍 객체로 표현할 수 있다. 그렇지만 공유가 위험할 수도 있다. 자료 구조를 수정하면 수정된 부분을 공유하는 다른 자료 구조에도 영향이 미치기 때문이다. 따라서 변경 연산 set_head와 set_tail은 조심해서 사용해야 한다. 데이터 객체들이 어떤 식으로 공유되는지를 확실히 파악하지 않은 상태에서 이 변경자들을 함부로 사용하면 예상하지 못한 결과가 빚어질 수 있다.[23]

■ **연습문제 3.15**

본문에 나온 z1과 z2의 구조들에 대한 set_to_wow의 효과를 상자-포인터 그림을 그려서 설명하라.

■ **연습문제 3.16**

벤 빗디들은 주어진 임의의 목록 구조에 있는 쌍 객체들의 개수를 세는 함수를 작성하려고 했다. "식은 죽 먹기지!"라고 생각한 벤은 "임의의 목록 구조의 쌍 객체 수는 head의 수에 tail의 수를 더하고 현재 쌍 객체를 고려해서 1을 더한 것이다."라는 추론에 근거해서 다음과 같은 함수를 작성했다.

---

23 변경 가능 데이터 객체의 공유를 다루기가 까다로운 데에는 §3.1.3에서 언급한 '같음'과 '변화'의 문제가 깔려 있다. §3.1.3에서 말했듯이, 데이터 객체를 변경할 수 있도록 우리의 언어를 바꾸려면 복합 객체가 그 구성요소들의 조합과는 다른 어떤 정보로 이루어진 '신원'을 가지게 해야 한다고 말했다. 자바스크립트에서 이 '신원'은 ===로 판정하는 어떤 성질, 즉 포인터의 상등으로 판정하는 성질이다. 대부분의 자바스크립트 구현에서 포인터의 값은 본질적으로 메모리 주소이므로, 객체의 신원을 정의하는 문제를 "풀기" 위해서는 데이터 객체 자체가 컴퓨터의 어떤 특정한 메모리 블록에 저장된 정보라는 전제를 두어야 한다. 간단한 자바스크립트 프로그램이라면 이 정도로도 충분하지만, 계산 모형의 '같음' 문제를 해결하는 일반적인 해법으로는 전혀 충분하지 않다.

```
function count_pairs(x) {
    return ! is_pair(x)
           ? 0
           : count_pairs(head(x)) +
             count_pairs(tail(x)) +
             1;
}
```

이 함수가 올바르지 않음을 보여라. 구체적으로, 정확히 세 개의 쌍 객체로 구성되며 벤의 함수가 각각 3을 돌려주거나, 4를 돌려주거나, 7을 돌려주거나, 무한 재귀 루프에 빠지는 목록 구조들을 상자-포인터 그림으로 도식화하라.

─────────────────────────

■ **연습문제 3.17**

[연습문제 3.16]의 **count_pairs**를, 임의의 구조에 있는 서로 다른 쌍 객체들의 개수를 정확하게 돌려주도록 수정하라. (힌트: 구조의 요소들을 순회하는 동안 보조 자료 구조를 이용해서 그때까지 만난 쌍 객체들을 관리하는 방식을 고민해 볼 것.)

─────────────────────────

■ **연습문제 3.18**

목록을 조사해서 순환마디(cycle)가 존재하는지 판정하는 함수를 작성하라. 목록에 순환마디가 존재하면, 연달아 **tail**을 따라가면서 목록의 끝을 찾는 프로그램은 무한 루프에 빠진다. [연습문제 3.13]에서 그런 순환마디가 있는 목록을 만들었었다.

─────────────────────────

■ **연습문제 3.19**

[연습문제 3.18]의 함수를 상수 크기의 공간만 사용하는 알고리즘을 이용해서 구현하라. (아주 교묘한 발상이 필요할 것이다.)

─────────────────────────

변경은 배정일 뿐이다

제2장에서 복합 데이터를 설명할 때, 쌍 객체를 순전히 함수만으로 표현할 수 있다고 말했다. 다음은 §2.1.3에 나온 해당 함수들을 조금 수정한 것이다.

```
function pair(x, y) {
    function dispatch(m) {
        return m === "head"
               ? x
               : m === "tail"
               ? y
               : error(m, "undefined operation -- pair");
    }
    return dispatch;
}
function head(z) { return z("head"); }
function tail(z) { return z("tail"); }
```

변경 가능 데이터 역시 함수만으로 표현할 수 있다. 배정과 지역 상태 변수를 활용하면 변경 가능 데이터 객체를 함수만으로 구현하는 것이 가능하다. 예를 들어 다음은 앞의 쌍 객체 구현을, §3.1.1에서 make_account를 이용해서 은행 계좌 객체를 구현할 때와 비슷한 방식으로 set_head와 set_tail을 처리하도록 확장한 것이다.

```
function pair(x, y) {
    function set_x(v) { x = v; }
    function set_y(v) { y = v; }
    return m => m === "head"
                ? x
                : m === "tail"
                ? y
                : m === "set_head"
                ? set_x
                : m === "set_tail"
                ? set_y
                : error(m, "undefined operation -- pair");
}
function head(z) { return z("head"); }
function tail(z) { return z("tail"); }
function set_head(z, new_value) {
    z("set_head")(new_value);
```

```
        return z;
    }
    function set_tail(z, new_value) {
        z("set_tail")(new_value);
        return z;
    }
```

이론적으로, 변경 가능 객체의 행동 방식을 구현하는 데 필요한 것은 배정 연산뿐이다. 이는, 우리의 언어에 배정 기능을 추가하면 배정뿐만 아니라 좀 더 일반적인 변경 가능 데이터와 관련해서도 온갖 문제점이 발생한다는 뜻이다.[24]

■ **연습문제 3.20**

다음과 같은 일련의 문장들을 평가할 때 만들어지는 환경 구조를 도식화하라.

```
const x = pair(1, 2);
const z = pair(x, x);
set_head(tail(z), 17);

head(x);
17
```

쌍 객체는 앞의 본문에서처럼 함수로 구현된다고 가정할 것. (연습문제 3.11과 비교해 보라.)

3.3.2 대기열의 표현

변경자 set_head와 set_tail을 이용하면 pair, head, tail만으로는 만들 수 없는 여러 자료 구조를 만들어 낼 수 있다. 이번 절에서는 쌍 객체를 이용해서 대기열이라고 하는 자료 구조를 표현하는 방법을 살펴본다.

....
24 한편, 구현의 관점에서 볼 때 배정 연산을 언어에 도입하려면 환경을 수정하는 수단이 필요하다. 그런데 환경 자체도 하나의 변경 가능 자료 구조이다. 따라서 배정과 변경은 등위 관계(equipotent)이다. 즉, 배정을 변경을 이용해서 구현할 수 있고, 반대로 변경을 배정을 이용해서 구현할 수도 있다.

대기열(queue)은 항목들이 항상 한쪽 끝에서 삽입되고 다른 한쪽 끝에서 삭제되는 순차열이다. 항목이 삽입되는 곳을 대기열의 뒷단(rear)이라고 부르고, 삭제되는 곳을 앞단(front)이라고 부른다. [그림 3.18]은 대기열에 여러 항목을 삽입하고 삭제하는 과정을 나타낸 것이다. 처음에는 빈 대기열을 생성하고, 거기에 항목 a와 b를 삽입하고, a를 삭제하고, c와 d를 삽입하고, 마지막으로 b를 삭제한다. 항목들은 항상 삽입된 순서로 삭제되므로, 대기열을 *FIFO*(first in, first out; 선입선출) 버퍼라고 부르기도 한다.

연산	결과 대기열
`const q = make_queue();`	
`insert_queue(q, "a");`	a
`insert_queue(q, "b");`	a b
`delete_queue(q);`	b
`insert_queue(q, "c");`	b c
`insert_queue(q, "d");`	b c d
`delete_queue(q);`	c d

그림 3.18 대기열 연산들.

데이터 추상화의 관점에서 대기열은 다음과 같은 일단의 연산들로 정의되는 추상 데이터이다.

- 생성자

  `make_queue()`

  빈 대기열(아무 항목도 없는 대기열)을 돌려준다.

- 술어

  `is_empty_queue(`*대기열*`)`

  주어진 대기열이 비어 있는지 판정한다.

- 선택자

  `front_queue(`*대기열*`)`

  대기열의 앞단에 있는 항목을 돌려준다. 만일 대기열이 비어 있으면 오류를 발생한다. 두 경우 모두 대기열은 수정되지 않는다.

- 두 변경자

insert_queue(*대기열*, *항목*)

대기열의 뒷단에 항목을 삽입하고, 수정된 대기열을 돌려준다.

delete_queue(*대기열*)

대기열 앞단의 항목을 제거하고 수정된 대기열을 돌려준다. 제거 전에 대기열이 비어 있었다면 오류를 발생한다.

대기열은 항목들의 순차열이므로 보통의 목록으로도 표현할 수 있다. 이 경우 대기열의 앞단은 목록의 head이고, 대기열에 항목을 삽입하는 것은 그 목록의 끝에 새 요소를 추가하는 것에 해당한다. 그리고 대기열에서 항목을 제거하는 것은 그냥 목록의 tail을 취하는 것이다. 그러나 이러한 표현은 비효율적이다. 항목을 하나 삽입하려면 목록의 끝에 도달할 때까지 목록의 모든 요소를 훑어야 한다. 그리고 목록을 훑으려면 tail 연산을 연달아 수행해야 한다. 따라서 목록의 항목이 n이라고 할 때 목록의 끝에 도달하는 데 필요한 단계 수는 $\Theta(n)$이다. 목록의 표현을 조금만 수정하면 이러한 비효율성을 없애고, 대기열 연산들의 단계 수를 $\Theta(1)$로 줄일 수 있다. 즉, 필요한 단계 수를 대기열의 길이와는 무관하게 상수로 고정할 수 있다.

목록 표현의 비효율성은 목록의 끝에 도달하려면 목록 전체를 훑어야 한다는 점에서 비롯한다. 그리고 목록 전체를 훑어야 하는 이유는, 표준적인 목록 표현 방식이 목록의 시작을 가리키는 포인터는 제공하지만 목록의 끝을 가리키는 포인터는 제공하지 않는다는 점 때문이다. 따라서 목록의 마지막 쌍 객체를 가리키는 포인터를 목록 표현에 추가하기만 하면 대기열을 목록으로 표현할 때 생기는 단점을 제거할 수 있다. 그런 포인터가 있다면 대기열에 항목을 삽입할 때 목록 전체를 훑는 대신 그냥 그 포인터를 직접 활용하면 된다.

정리하자면, 이 책에서는 대기열을 목록(보통의 목록)의 첫 쌍 객체를 가리키는 포인터 front_ptr와 마지막 쌍 객체를 가리키는 포인터 rear_ptr의 쌍으로 표현하기로 하겠다. 그리고 대기열을 식별 가능한 객체로 만들기 위해, pair를 이용해서 두 포인터를 조합한다. 즉, 대기열 자체는 두 포인터의 pair이다. [그림 3.19]에 이러한 표현의 구조가 나와 있다.

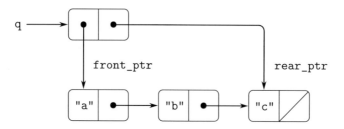

그림 3.19 앞단 포인터와 뒷단 포인터가 있는 목록으로 구현한 대기열.

다음은 대기열의 앞단 포인터와 뒷단 포인터를 선택하거나 수정하는 연산을 구현한 함수들이다.

```
function front_ptr(queue) { return head(queue); }
function rear_ptr(queue) { return tail(queue); }
function set_front_ptr(queue, item) { set_head(queue, item); }
function set_rear_ptr(queue, item) { set_tail(queue, item); }
```

이제 이들을 이용해서 실제 대기열 연산들을 구현해 보자. 먼저, 만일 대기열의 앞단 포인터가 빈 목록을 가리킨다면 그 대기열은 빈 대기열이다.

```
function is_empty_queue(queue) { return is_null(front_ptr(queue)); }
```

그리고 다음은 빈 대기열을 생성하는 생성자 make_queue이다. 빈 대기열은 곧 head와 tail이 둘 다 빈 목록인 하나의 쌍 객체이다.

```
function make_queue() { return pair(null, null); }
```

대기열 앞단 항목을 선택하는 선택자는 앞단 포인터가 가리키는 쌍 객체의 head를 돌려준다.

```
function front_queue(queue) {
    return is_empty_queue(queue)
           ? error(queue, "front_queue called with an empty queue")
           : head(front_ptr(queue));
}
```

[그림 3.20] 같은 대기열을 만들려면 빈 대기열에 항목들을 삽입할 수 있어야 한다. 삽입 연산은 먼저 **head**가 삽입할 항목이고 **tail**이 빈 목록인 새 쌍 객체를 생성한다. 대기열이 원래 비어있었다면, 대기열의 앞단 포인터와 뒷단 포인터를 둘 다 새 쌍 객체를 가리키게 하면 끝이다. 대기열이 비어있지 않았다면 대기열을 표현하는 목록의 끝에 새 쌍 객체를 추가하고(즉, 새 쌍 객체가 목록의 **tail**이 되게 하고), 대기열의 뒷단 포인터가 새 쌍 객체를 가리키게 한다.

```
function insert_queue(queue, item) {
    const new_pair = pair(item, null);
    if (is_empty_queue(queue)) {
        set_front_ptr(queue, new_pair);
        set_rear_ptr(queue, new_pair);
    } else {
        set_tail(rear_ptr(queue), new_pair);
        set_rear_ptr(queue, new_pair);
    }
    return queue;
}
```

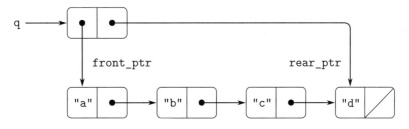

그림 3.20 [그림 3.19]의 대기열에 `insert_queue(q, "d")`를 적용한 결과.

대기열의 앞단에서 항목을 삭제할 때는 그냥 대기열의 앞단 포인터가 대기열의 둘째 항목을 가리키게 한다. 대기열의 둘째 항목은 첫 항목의 **tail** 포인터로 찾을 수 있다(그림 3.21). [25]

------

[25] 대기열의 첫 항목이 마지막 항목이면 항목 삭제 후 앞단 포인터는 빈 목록을 가리키며, 따라서 대기열은 빈 대기열이 된다. 뒷단 포인터는 여전히 삭제된 항목을 가리키지만, 군이 갱신할 필요가 없다. 어차피 `is_empty_queue`는 앞단 포인터만 점검하기 때문이다.

```
function delete_queue(queue) {
    if (is_empty_queue(queue)) {
        error(queue, "delete_queue called with an empty queue");
    } else {
        set_front_ptr(queue, tail(front_ptr(queue)));
        return queue;
    }
}
```

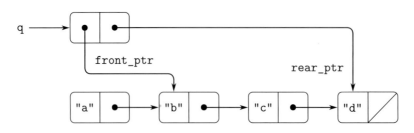

그림 3.21 [그림 3.20]의 대기열에 `delete_queue(q)`를 적용한 결과.

■ **연습문제 3.21**

벤 빗디들은 앞에 나온 대기열 구현을 시험해 보기로 했다. 다음은 벤이 자바스크립트 해석기로 시험해 본 문장들과 그 출력이다.

```
const q1 = make_queue();

insert_queue(q1, "a");
[["a", null], ["a", null]]

insert_queue(q1, "b");
[["a", ["b", null]], ["b", null]]

delete_queue(q1);
[["b", null], ["b", null]]

delete_queue(q1);
[null, ["b", null]]
```

"다 틀렸어!"라고 투덜거리면서 벤은 생각했다. "해석기의 출력을 보니 마지막 항목이 대기열에 두 번 삽입되었어. 그리고 그 두 항목을 삭제했는데도 두 번째 b는 여전히 남아 있어. 그러니 빈 대기열이야 하는데 빈 대기열이 아니잖아." 옆에 있던 에바 루 에이터가 벤에게 뭔가 잘못 이해하고 있다고 말했다. "그 항목이 대기열에 두 번 삽입된 게 아니야. 그냥 자바스크립트 해석기의 출력부가 대기열을 제대로 표현하지 못한 것일 뿐이라고. 대기열 출력용 함수를 직접 만들어서 출력하면 제대로 나올 거야." 에바 루가 무슨 이야기를 하는지 설명하라. 구체적으로, 벤의 예제 문장들에 대해 해석기가 왜 저런 응답을 출력했는지 설명하고, 대기열을 받고 대기열에 담긴 항목들의 순차열을 제대로 출력하는 print_queue라는 함수를 작성하라.

■ **연습문제 3.22**

대기열을 두 포인터의 쌍으로 표현하는 대신 지역 상태를 가진 하나의 함수로 구현하는 것도 가능하다. 이때 지역 상태는 목록(보통의 목록)의 첫 요소와 마지막 요소를 가리키는 포인터들로 구성된다. 다음은 그런 식으로 대기열을 표현하는 make_queue 함수이다.

```
function make_queue() {
    let front_ptr = ... ;
    let rear_ptr = ...;
    〈 내부 함수 선언들 〉
    function dispatch(m) {···}
    return dispatch;
}
```

빈 곳을 채워서 make_queue를 완성하고, 이 표현을 이용해서 대기열 연산들을 구현하라.

■ **연습문제 3.23**

앞단과 뒷단 모두에서 항목을 삽입하고 삭제할 수 있는 순차열 자료 구조를 가리켜 데크^{deque}라고 부른다.♦ deque는 'double ended queue(끝이 둘인 대기열)'를 줄인 이름이다. 데크에 대한 연산으로는 생성자 make_deque와 술어 is_empty_deque, 선택자 front_deque

---

♦ 옮긴이 queue^{큐}가 들어가는 문구를 줄인 용어지만, 발음은 데큐나 디큐가 아니라 [dek]임을 주의하자. 외래어 표기법으로는 '덱'이 더 올바른 표기이지만, 흔히 쓰이는 '데크'로 표기하기로 한다.

및 rear_deque, 변경자 front_insert_deque, front_delete_deque rear_insert_deque, rear_delete_deque가 있다. 데크를 쌍 객체들로 표현하는 방법을 제시하고, 이 연산들을 구현하라.[26] 모든 연산의 필요 단계 수는 $\Theta(1)$이어야 한다.

3.3.3 테이블의 표현

제2장의 §2.3.3에서 집합을 표현하는 여러 방식을 논의할 때, 다수의 레코드를 테이블에 담아 두고 키를 통해서 특정 레코드에 접근하는 기능을 언급했다. 그리고 §2.4.3에서 데이터 지향적 프로그래밍을 구현할 때는 두 개의 키로 정보를 저장하고 조회하는 2차원 테이블을 적극적으로 활용했다. 이번 절에서는 변경 가능한 목록 구조의 형태로 테이블을 표현하는 방법을 살펴본다.

먼저 하나의 값이 하나의 키에 대응되는 형태로 다수의 값을 저장하는 1차원 테이블을 고찰한다. 그러한 테이블을 레코드들의 목록으로 구현하는데, 이때 각 레코드는 키와 값(그 키와 연관된)으로 구성된 쌍 객체이다. 이러한 레코드들을 쌍 객체들을 이용해서 하나의 목록으로 연결하는데, 각 쌍 객체의 **head**는 목록의 그다음 레코드를 가리킨다. 이런 '접착용' 쌍 객체들을 통칭해서 테이블의 등뼈(backbone)라고 부른다. 테이블에 새 레코드를 추가할 때 레코드를 수정할 장소를 확보하기 위해, 테이블을 머리 달린 목록(headed list)으로 표현하기로 한다. 각 테이블의 머리에는 '가짜' 레코드(dummy record)를 담은 특별한 등뼈 쌍 객체가 있다. 지금 예에서는 임의로 정한 "*table*"라는 문자열을 그러한 가짜 레코드로 사용하기로 한다. [그림 3.22]는 다음과 같은 레코드들을 담은 테이블의 구조를 상자–포인터 그림으로 도식화한 것이다.

```
a: 1
b: 2
c: 3
```

---

26 해석기가 순환마디가 포함된 구조를 출력하려 들게 하지 않도록 하는 데 신경을 써야 한다. (연습문제 3.13을 참고할 것.)

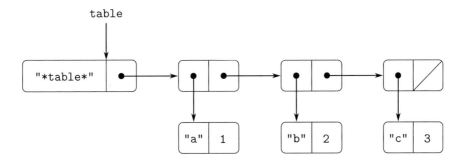

그림 3.22 머리 달린 목록으로 표현한 테이블.

테이블에서 정보를 뽑을 때는 lookup이라는 함수를 사용한다. 이 함수는 키를 인수로 받고 그 키와 연관된 값을 돌려준다(주어진 키와 연관된 값이 테이블에 없으면 undefined를 돌려준다). lookup 함수는 키와 레코드들의 목록을 받는 assoc이라는 연산을 사용한다. 아래 정의에서 보듯이, assoc은 가짜 레코드에는 접근하지 않는다. assoc 함수는 주어진 키가 head인 레코드를 돌려준다.[27] lookup 함수는 assoc이 돌려준 레코드가 undefined가 아니면 그 레코드의 값(tail)을 돌려준다.

```javascript
function lookup(key, table) {
    const record = assoc(key, tail(table));
    return is_undefined(record)
           ? undefined
           : tail(record);
}
function assoc(key, records) {
    return is_null(records)
           ? undefined
           : equal(key, head(head(records)))
           ? head(records)
           : assoc(key, tail(records));
}
```

특정한 키와 값을 테이블에 삽입할 때는 먼저 assoc을 이용해서 그 키에 해당하는 레코드가 테이블에 있는지 확인한다. 만일 그런 레코드가 없으면 pair를 키와 값에 적용해서 새 키-값

---

27 assoc은 equal을 사용하므로, 수치뿐만 아니라 문자열이나 목록 구조도 키로 사용할 수 있다.

쌍 객체를 생성하고, 그것을 테이블의 레코드 목록에서 가짜 레코드 바로 다음 위치에 삽입한다. 주어진 키에 해당하는 레코드가 이미 있으면 그 레코드의 **tail**을 새 값으로 대체한다. 이러한 과정에서 테이블의 머리에 있는 레코드는 새 레코드를 삽입할 때 레코드를 수정하기 위한 고정된 장소로 쓰인다.[28]

```
function insert(key, value, table) {
    const record = assoc(key, tail(table));
    if (is_undefined(record)) {
        set_tail(table,
                    pair(pair(key, value), tail(table)));
    } else {
        set_tail(record, value);
    }
    return "ok";
}
```

새 테이블을 만드는 것은 간단하다. 그냥 문자열 "*table*"을 담은 목록을 만들면 된다.

```
function make_table() {
    return list("*table*");
}
```

2차원 테이블

2차원 테이블에서는 두 개의 키를 색인으로 사용해서 하나의 값에 접근한다. 여기서는 각 키의 값이 또 다른 1차원 테이블(하위 테이블)인 1차원 테이블로 그런 2차원 테이블을 구현하기로 한다. 예를 들어 다음은 하위 테이블이 두 개인 2차원 테이블의 예이다.

```
"math":
    "+":   43
    "-":   45
    "*":   42
"letters":
```

....

[28] 따라서 첫 등뼈 쌍 객체는 테이블 '자신'을 표현하는 객체이다. 즉, 테이블을 가리키는 포인터는 바로 이 쌍 객체를 가리킨다. 테이블은 항상 바로 이 등뼈 쌍 객체로 시작한다. 테이블의 구조를 이렇게 잡지 않았다면, 새 레코드를 추가할 때 insert가 테이블의 시작을 나타내는 새로운 값을 돌려주게 만들어야 했을 것이다.

```
"a":  97
"b":  98
```

이 테이블의 구조를 표현한 상자-포인터 그림이 [그림 3.23]에 나와 있다. (하위 테이블에는
"*table*" 같은 특별한 머리 문자열이 필요하지 않음을 주목하자. 하위 테이블에 접근하는
키 자체가 그런 문자열과 같은 용도로 쓰인다.)

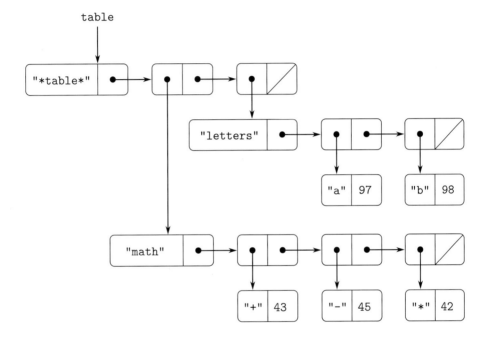

그림 3.23 2차원 테이블.

2차원 테이블의 한 항목을 조회할 때는 먼저 1차 키로 적절한 하위 테이블에 접근하고, 2차
키로 그 하위 테이블의 한 레코드에 접근한다.

```
function lookup(key_1, key_2, table) {
    const subtable = assoc(key_1, tail(table));
    if (is_undefined(subtable)) {
        return undefined;
    } else {
        const record = assoc(key_2, tail(subtable));
```

```
        return is_undefined(record)
                ? undefined
                : tail(record);
    }
}
```

새 항목을 삽입할 때는 먼저 첫 키에 해당하는 하위 테이블이 존재하는지를 assoc으로 확인한다. 만일 그런 하위 테이블이 없으면 레코드 하나(key_2, value)를 담은 새 하위 테이블을 만들고, 첫 키와 그 하위 테이블의 쌍을 테이블에 추가한다. 첫 키에 해당하는 하위 테이블이 이미 있으면 앞에서 말한 1차원 테이블 항목 삽입 방법을 이용해서 그 하위 테이블에 새 레코드를 삽입한다.

```
function insert(key_1, key_2, value, table) {
    const subtable = assoc(key_1, tail(table));
    if (is_undefined(subtable)) {
        set_tail(table,
                 pair(list(key_1, pair(key_2, value)), tail(table)));
    } else {
        const record = assoc(key_2, tail(table));
        if (is_undefined(record)) {
            set_tail(subtable,
                     pair(pair(key_2, value), tail(subtable)));
        } else {
            set_tail(record, value);
        }
    }
    return "ok";
}
```

지역 테이블 생성

앞에서 정의한 lookup 연산과 insert 연산은 테이블 객체를 인수로 받는다. 이 덕분에 하나의 프로그램에서 여러 개의 테이블을 사용할 수 있다. 프로그램이 여러 개의 테이블을 함께 사용할 수 있게 하는 또 다른 방법은 테이블마다 lookup 함수와 insert 함수를 따로 두는 것이다. 이전에 여러 자료 구조를 함수만으로 표현했던 것과 비슷하게, 내부 테이블을 지역 상태의 일부로 관리하는 함수로 테이블 객체를 표현하면 된다. 적절한 메시지를 보내면 이 '테이블 객체'는 내부 테이블에 해당 연산을 적용하는 함수를 돌려준다. 다음은 이런 식으로 2차원 테이블을 표현하는 함수를 만들어서 돌려주는 생성기(generator)이다.

```
function make_table() {
    const local_table = list("*table*");
    function lookup(key_1, key_2) {
        const subtable = assoc(key_1, tail(local_table));
        if (is_undefined(subtable)) {
            return undefined;
        } else {
            const record = assoc(key_2, tail(subtable));
            return is_undefined(record)
                    ? undefined
                    : tail(record);
        }
    }
    function insert(key_1, key_2, value) {
        const subtable = assoc(key_1, tail(local_table));
        if (is_undefined(subtable)) {
            set_tail(local_table,
                    pair(list(key_1, pair(key_2, value)),
                        tail(local_table)));
        } else {
            const record = assoc(key_2, tail(subtable));
            if (is_undefined(record)) {
                set_tail(subtable,
                        pair(pair(key_2, value), tail(subtable)));
            } else {
                set_tail(record, value);
            }
        }
    }
    function dispatch(m) {
        return m === "lookup"
                ? lookup
                : m === "insert"
                ? insert
                : error(m, "unknown operation -- table");
    }
    return dispatch;
}
```

이제 §2.4.3에서 데이터 지향적 프로그래밍에 사용한 get 연산과 put 연산을 실제로 구현할 수 있게 되었다. 다음처럼 make_table을 사용하면 된다.

```
const operation_table = make_table();
const get = operation_table("lookup");
const put = operation_table("insert");
```

함수 get은 키 두 개를 받고, put은 키 두 개와 값 하나를 받는다. 두 연산 모두 동일한 지역 테이블에 접근해서 레코드를 조회하거나 삽입한다. 그 지역 테이블은 make_table의 호출로 생성된 객체 안에 캡슐화되어 있다.

■ 연습문제 3.24

본문의 테이블 구현은 키의 상등 판정에 equal을 사용한다(assoc이 equal을 호출한다). 그런데 이런 상등 판정이 적합하지 않은 경우도 있다. 예를 들어 키들이 수치인 테이블에서 어떤 항목을 찾을 때 반드시 키의 값이 정확히 같아야 하는 것이 아니라 오차가 일정한 허용치 이내이기만 하면 같은 키로 간주한다고 하자. 키들의 '상등'을 판정하는 커스텀 함수를 same_key라는 인수로 받는 테이블 생성자 make_table을 설계하라. 본문에서처럼 이 make_table 함수는 테이블을 표현한 함수 dispatch를 돌려주어야 하며, 그 dispatch는 지역 테이블을 조회하고 삽입하기 위한 적절한 lookup 함수와 insert 함수를 제공해야 한다.

■ 연습문제 3.25

1차원 테이블과 2차원 테이블을 일반화해서, 하나의 값이 임의의 개수의 키들에 연관되는, 그리고 값마다 키들의 개수가 다를 수 있는 테이블을 구현하는 방법을 제시하라. 키 개수가 가변적이므로, lookup 함수와 insert 함수는 키들을 담은 목록을 받아야 한다.

■ 연습문제 3.26

본문의 테이블을 검색하려면 레코드들의 목록을 훑어야 한다. 기본적으로 이는 §2.3.3에 나온 순서 없는 목록 표현에 해당한다. 커다란 테이블들을 다루어야 한다면, 테이블의 구조를 이와는 다르게 잡는 것이 좀 더 효율적일 것이다. (키, 값) 레코드를 이진 트리 형태로 조직화하는 테이블 구현을 서술하라. 키들은 특정한 순서로(이를테면 수치순 또는 알파벳순) 정렬된다고 가정할 것. (이를 제2장의 연습문제 2.66과 비교해 보라.)

■ **연습문제 3.27**

테이블화(tabulation)라고도 부르는 메모화(Memoization)는 함수가 이미 계산한 값들을 함수의 지역 테이블에 기록하게 만드는 기법이다. 이 기법을 잘 활용하면 프로그램의 성능을 크게 개선할 수 있다. 메모화된 함수는 이전 호출에서 계산한 값들을 지역 테이블에 담아 둔다. 이때 키는 그 값을 계산할 때 사용한 인수(들)이다. 함수가 호출되면 주어진 인수를 키로 해서 테이블에 해당 값이 있는지 점검한다. 있으면 그냥 그 값을 돌려주고, 없으면 보통의 방식대로 계산을 수행해서 값을 구한 후 그 값을 테이블에 삽입한다. 메모화의 예로, § 1.2.2에 나온 피보나치 수 계산을 생각해 보자.

```
function fib(n) {
    return n === 0
           ? 0
           : n === 1
           ? 1
           : fib(n - 1) + fib(n - 2);
}
```

기억하겠지만 이 함수의 증가 차수는 지수적이다(단계 수가 2의 n제곱에 비례한다). 다음은 이 함수를 메모화한 버전이다.

```
const memo_fib = memoize(n => n === 0
                              ? 0
                              : n === 1
                              ? 1
                              : memo_fib(n - 1) +
                                memo_fib(n - 2)
                        );
```

주어진 함수를 메모화하는 `memoize` 함수는 다음과 같다.

```javascript
function memoize(f) {
    const table = make_table();
    return x => {
            const previously_computed_result =
                lookup(x, table);
            if (is_undefined(previously_computed_result)) {
                const result = f(x);
                insert(x, result, table);
                return result;
            } else {
                return previously_computed_result;
            }
        };
}
```

`memo_fib(3)`의 계산을 환경 구조를 그려서 분석하라. `memo_fib`가 n번째 피보나치 수를 계산하는 데 필요한 단계의 수가 n에 정비례하는 이유를 설명하라. `memo_fib`를 그냥 `memoize(fib)`로 정의해도 여전히 그렇게 작동할까?

3.3.4 디지털 회로 시뮬레이터

컴퓨터 같은 복잡한 시스템을 설계하는 것은 공학 분야의 주요 활동 중 하나이다. 디지털 시스템은 간단한 요소들을 연결해서 만드는데, 개별 요소의 행동 방식은 단순하지만 다수의 요소들을 연결한 시스템 전체의 행동 방식은 아주 복잡할 수 있다. 제안된 회로 설계의 행동을 컴퓨터로 미리 가늠할 수 있는 디지털 회로 시뮬레이터는 디지털 시스템 공학자들에게 아주 중요한 도구이다. 이번 절에서는 디지털 논리 회로를 시뮬레이션하는 시스템을 설계해 본다. 이 시스템은 소위 **사건 주도적 시뮬레이션** 또는 **이벤트 주도적 시뮬레이션**(event-driven simulation)이라고 부르는 종류의 프로그램의 좋은 예이다. 사건 주도적 시뮬레이션 프로그램은 시스템의 한 동작 또는 '사건'이 다른 사건들을 촉발하고, 그 사건들이 또 다시 다른 사건들을 촉발하는 식으로 작동한다.

이번 절에서 디지털 회로의 계산 모형은 회로를 만드는 데 쓰이는 기본 소자들에 대응되는 객체들로 구성된다. 회로에는 디지털 신호(digital signal)를 전달하는 전선(wire; 회선)들이 있다. 임의의 한 순간에서 한 디지털 신호의 값은 0 아니면 1이다. 또한 회로에는 다양한 종류의 디지털 기능 소자(function box)들이 있는데, 각각의 기능 소자에는 신호가 입력되는 선(들)과 출력되는 전선이 연결되어 있다. 이런 기능 소자는 입력된 신호들로부터 출력 신호를 계산한다. 기능 소자는 신호가 입력되고 일정 시간이 지난 후에 자신의 신호를 출력하는데, 이 지연 시간은 기능 소자의 종류에 따라 다르다. 예를 들어 기본적인 기능 소자의 하나인 인버터 inverter는 주어진 입력을 뒤집는다. 즉, 입력 신호가 0이면 인버터는 일정 시간이 지난 후에 1을 내보낸다. 인버터가 신호 하나를 받고 그것을 뒤집어서 내보낼 때까지의 지연 시간을 1 인버터–지연(inverter–delay)이라고 부르기로 하겠다. 입력 신호가 1이면 인버터는 1 인버터–지연 이후 0을 내보낸다. [그림 3.24]의 제일 왼쪽은 이러한 인버터를 회로도에 표시할 때 사용하는 기호이다. [그림 3.24]의 가운데 기호는 *AND* 게이트^AND–gate이다. AND 게이트는 입력 신호가 두 개이고 출력 신호가 하나인 원시(기본) 기능 소자인데, 출력은 두 입력의 논리곱(logical AND)이다. 즉, 만일 두 입력이 모두 1이면 AND 게이트는 1 *AND*–게이트–지연 후에 1을 내보내고, 그러지 않으면 0을 내보낸다. 비슷하게, *OR* 게이트는 두 입력의 논리합(logical OR)을 출력하는 원시 기능 소자이다. 즉, 두 입력 중 하나라도 1이면 OR 게이트는 1 OR–게이트–지연 후에 1을 내보내고, 둘 다 0이면 0을 내보낸다.

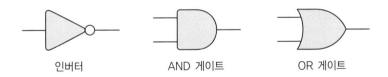

인버터   AND 게이트   OR 게이트

그림 3.24 디지털 논리회로 시뮬레이터의 원시 기능 소자들.

이 원시 기능 소자들을 연결해서 좀 더 복잡한 기능 소자를 만들 수 있다. 소자들을 연결할 때는 소자의 출력을 다른 소자의 입력에 연결한다. 예를 들어 [그림 3.25]는 OR 게이트 하나와 AND 게이트 두 개, 인버터 하나를 연결해서 만든 반가산기(half–adder) 회로이다. 회로 전체의 입력 신호는 두 개(A와 B)이고 출력 신호도 두 개(S와 C)이다. A와 B 중 하나만 1이면 S는 1이 된다. 그리고 A와 B가 둘 다 1이면 C는 1이 된다.◆ 기능 소자들의 연결 관계를 살펴

◆ 옮긴이 이 설명에서 짐작하겠지만 S는 sum(합), C는 carry(받아올림 또는 자리올림)를 뜻한다.

보면 짐작하겠지만, 기능 소자들의 지연 시간 때문에 두 출력이 생성되는 시간이 다를 수 있다. 디지털 회로 설계의 어려움 중 상당 부분은 바로 이 사실에서 비롯한다.

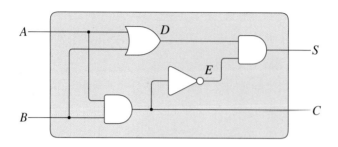

그림 3.25 반가산기 회로.

이번 절의 디지털 회로 시뮬레이션에서 기본적인 요소 하나는 make_wire라는 함수이다. 이 함수는 소자들을 연결하는 데 사용할 전선 객체를 생성한다. 다음은 여섯 개의 전선을 만드는 예이다.

```
const a = make_wire();
const b = make_wire();
const c = make_wire();
const d = make_wire();
const e = make_wire();
const s = make_wire();
```

이 전선 객체들은 그것을 연결할 기능 소자를 생성하는 함수를 호출할 때 인수로 쓰인다. 소자의 종류마다 생성자가 있으며, 그 생성자들은 그 소자와 연결할 선들을 인수로 받는다. AND 게이트와 OR 게이트, 인버터를 위한 생성자들이 이미 정의되어 있다고 할 때, 다음은 기능 소자들을 생성하고 연결해서 [그림 3.25]에 나온 반가산기를 구현하는 예이다.

```
or_gate(a, b, d);
"ok"

and_gate(a, b, c);
"ok"
```

```
inverter(c, e);
"ok"

and_gate(d, e, s);
"ok"
```

이 작업을 하나의 함수로 정의해 두면 편할 것이다. 다음은 반가산기에 연결한 네 개의 외부 선들을 받아서 반가산기 회로를 생성하는 half_adder 함수이다.

```
function half_adder(a, b, s, c) {
    const d = make_wire();
    const e = make_wire();
    or_gate(a, b, d);
    and_gate(a, b, c);
    inverter(c, e);
    and_gate(d, e, s);
    return "ok";
}
```

이렇게 half_adder를 따로 정의해 두면, 이 half_adder 자체를 좀 더 복잡한 회로를 생성할 때 하나의 구축 요소로 사용할 수 있다. 예를 들어 [그림 3.26]은 반가산기 두 개와 OR 게이트 하나로 구성된 전가산기(full–adder) 회로이다.[29] 이 전가산기를 만드는 과정을 함수로 정의한다면 다음과 같다.

```
function full_adder(a, b, c_in, sum, c_out) {
    const s = make_wire();
    const c1 = make_wire();
    const c2 = make_wire();
    half_adder(b, c_in, s, c1);
    half_adder(a, s, sum, c2);
    or_gate(c1, c2, c_out);
    return "ok";
}
```

----

29 전가산기는 두 이진수를 더하는 데 쓰이는 기본적인 회로 소자이다. 전가산기에서 A와 B는 더하려는 두 이진수의 같은 자리에 있는 비트들이고 C_{in}은 그 이전(오른쪽) 자리에서 넘어온 자리올림 값이다. 전가산기 회로는 같은 자리의 두 비트를 합한 비트에 해당하는 SUM과 그다음(왼쪽) 자리로 올릴 비트에 해당하는 C_{out}을 출력한다.

이러한 full_adder 역시 더욱더 복잡한 회로를 만들 때 하나의 구축 요소로 사용할 수 있다. (예를 들어 연습문제 3.30을 보라.)

본질적으로 이번 절의 시뮬레이터는 하나의 '회로 언어(language of circuits)'를 구축하는 데 사용할 도구들을 제공한다. §1.1에서 자바스크립트를 소개할 때 사용한 언어에 대한 일반적 관점을 여기에 적용한다면, 원시 기능 소자들은 언어의 원시 요소들에 해당하고 그 소자들을 전선으로 연결하는 것은 원시 요소들을 조합하는 수단에 해당한다. 그리고 그런 연결 패턴을 함수로 명시하는 것은 추상화의 수단에 해당한다.

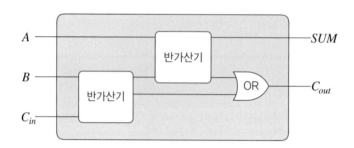

그림 3.26 전가산기 회로.

원시 기능 소자

원시 기능 소자들은 한 전선에 있는 신호의 변화가 다른 선의 신호에 영향을 미치게 하는 '힘 (force)'을 구현한 단위라고 할 수 있다. 기능 소자를 표현하는 객체는 전선 객체에 대한 다음과 같은 연산들을 이용해서 구축한다.

- get_signal(*선*)
  선에 있는 신호의 현재 값을 돌려준다.

- set_signal(*선, 새 값*)
  선에 있는 신호의 값을 새 값으로 변경한다.

- add_action(*선, 무항 함수*)
  선의 신호 값이 바뀌면 실행될 무항 함수(인수가 없는 함수)를 등록한다. 이 '작용 함수 (action fuction)'는 신호 값의 변화가 다른 선들에 영향을 미치게 하는 수단으로 쓰인다.

이외에, 이 시뮬레이터는 지정된 시간만큼 시간을 지연한 후 지정된 함수를 실행하는 **after_delay**라는 함수도 사용한다.

이상의 함수들을 이용해서 기본적인 디지털 논리 기능 소자를 표현하는 함수를 정의할 수 있다. 다음은 인버터를 만드는 함수이다. 이 함수는 **add_action**을 이용해서 입력 선의 신호 값이 변할 때 실행될 함수 **inverter_input**을 등록한다. **inverter_input** 자체는 **logical_not**을 이용해서 입력 신호를 뒤집은 값을 계산하고, 앞에서 이야기한 '1 인버터-지연' 시간에 해당하는 **inverter_delay**만큼 시간을 지연한 후 출력 신호를 새 값(입력 신호를 뒤집은 값)으로 설정한다.

```
function inverter(input, output) {
    function invert_input() {
        const new_value = logical_not(get_signal(input));
        after_delay(inverter_delay,
                    () => set_signal(output, new_value));
    }
    add_action(input, invert_input);
    return "ok";
}
function logical_not(s) {
    return s === 0
           ? 1
           : s === 1
           ? 0
           : error(s, "invalid signal");
}
```

AND 게이트는 이보다 좀 더 복잡하다. 이 게이트의 작용 함수는 게이트의 두 입력 중 하나라도 변하면 실행되어야 한다. 작용 함수는 **logical_and**(**logical_not**과 비슷한 형태의 논리곱 함수)를 이용해서 입력 전선 신호들의 논리곱을 계산하고, **and_gate_delay**('1 AND-게이트-지연'에 해당)만큼 지연한 후 계산된 새 값을 출력 전선에 설정한다.

```
function and_gate(a1, a2, output) {
    function and_action_function() {
        const new_value = logical_and(get_signal(a1),
                                      get_signal(a2));
        after_delay(and_gate_delay,
```

```
                        () => set_signal(output, new_value));
    }
    add_action(a1, and_action_function);
    add_action(a2, and_action_function);
    return "ok";
}
```

■ **연습문제 3.28**

OR 게이트를 하나의 원시 기능 소자로 생성하는 생성자 or_gate를 정의하라. or_gate는 and_gate와 비슷한 방식이어야 한다.

■ **연습문제 3.29**

OR 게이트를 원시 기능 소자가 아니라 기존의 원시 기능 소자들의 조합으로 구현할 수도 있다. AND 게이트와 인버터로 구성된 OR 게이트를 생성하는 or_gate 함수를 정의하라. 그리고 이 OR 게이트의 지연 시간을 and_gate_delay와 inverter_delay로 표현하라.

■ **연습문제 3.30**

[그림 3.27]은 전가산기 n개를 연결한 리플캐리 가산기(ripple-carry adder)◆이다. 이것은 두 개의 n비트 이진수를 더하는 병렬 가산기 중 가장 간단한 형태이다. 입력 A_1, A_2, A_3, ..., A_n과 B_1, B_2, B_3, B_n은 더할 두 이진수의 비트들이다(즉, 각 A_k와 B_k는 0 아니면 1이다). 출력은 합의 비트들(n)에 해당하는 S_1, S_2, S_3, $\cdots$, S_n과 자리올림 C이다. 이러한 회로를 생성하는 함수 ripple_carry_adder를 작성하라. 이 함수는 n개의 전선 객체를 담은 목록 세 개(각각 A_k들, B_k들, S_k들)와 또 다른 전선 객체 C를 받아야 한다. 리플캐리 가산기의 주된 단점은 자리올림 신호들이 끝까지 전파되길 기다려야 한다는 점이다. n비트 리플캐리 가산기의 최종 출력이 나오기까지의 지연 시간을 AND 게이트, OR 게이트, 인버터의 지연 시간들로 표현하라.

....
◆ 옮긴이 올림 값이 마치 잔물결(ripple)이 퍼지듯이 연달아 다음 자리로 전파되는 방식을 빗댄 이름이다.

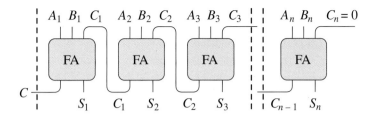

그림 3.27 두 n비트 이진수를 더하는 리플캐리 가산기. ◆

전선 객체의 표현

이 시뮬레이션에서 전선은 지역 상태 변수가 두 개인 계산 객체이다. 두 지역 상태 변수는 신호 값(처음에는 0)을 담는 `signal_value`와 신호 값이 변할 때 실행될 작용 함수들을 담는 `action_functions`이다. 또한 전선 객체에는 전선에 대한 연산들을 구현한 지역 함수들과 요청에 따라 적절한 지역 함수를 돌려주는 `dispatch` 함수가 있다. 이 함수는 §3.1.1에서 만든 간단한 은행 계좌 객체의 것과 같은 방식으로 작동한다.

```javascript
function make_wire() {
    let signal_value = 0;
    let action_functions = null;
    function set_my_signal(new_value) {
        if (signal_value !== new_value) {
            signal_value = new_value;
            return call_each(action_functions);
        } else {
            return "done";
        }
    }
    function accept_action_function(fun) {
        action_functions = pair(fun, action_functions);
        fun();
    }
    function dispatch(m) {
        return m === "get_signal"
               ? signal_value
               : m === "set_signal"
```

◆ 옮긴이 그림에서 FA는 fulladder, 즉 전가산기이다.

```
                ? set_my_signal
                : m === "add_action"
                ? accept_action_function
                : error(m, "unknown operation -- wire");
    }
    return dispatch;
}
```

지역 함수 set_my_signal은 주어진 새 값이 현재 신호 값과 다르면 신호 값을 새 값으로 갱신하고 작용 함수들을 call_each 함수를 이용해서 호출한다. 다음에서 보듯이 call_each 함수는 주어진 목록에 있는 무항 함수들을 차례로 호출한다.

```
function call_each(functions) {
    if (is_null(functions)) {
        return "done";
    } else {
        head(functions)();
        return call_each(tail(functions));
    }
}
```

지역 함수 accept_action_function은 주어진 함수를 작용 함수들의 목록에 추가하고 그 함수를 한 번 실행한다. (연습문제 3.31을 보라.)

다음은 지역 함수 dispatch에 적절한 메시지를 보내서 전선 객체의 지역 연산에 접근하는 함수들이다.[30]

```
function get_signal(wire) {
    return wire("get_signal");
}
function set_signal(wire, new_value) {
    return wire("set_signal")(new_value);
```

....

[30] 이 함수들은 보통의 함수 호출 구문으로 전선 객체의 지역 함수들에 접근하기 위한 문법적 설탕(편의 구문)일 뿐이다. '함수'와 '데이터'의 역할을 이처럼 간단하게 맞바꿀 수 있다는 점에 주목하기 바란다. 예를 들어 wire("get_signal")라는 표현식을 작성할 때 우리는 wire를 "get_signal"이라는 메시지로 호출하는 함수라고 생각한다. 그러나 get_signal(wire)라는 표현식의 wire는 get_signal 함수의 입력으로 쓰이는 객체처럼 보인다. 이 이야기의 핵심은, 함수를 객체처럼 다룰 수 있는 언어에서 '함수'와 '데이터'에 어떤 근본적인 차이가 있는 것은 아니며, 적당한 편의 구문을 이용해서 언제라도 두 스타일 중 하나를 골라서 쓰면 된다는 것이다.

```
}
function add_action(wire, action_function) {
    return wire("add_action")(action_function);
}
```

시변(time-varying) 신호를 가진, 그리고 장치에 점진적으로 부착할 수 있는 전선 객체는 변경 가능 객체의 전형적인 예이다. 지금까지 우리는 전선 객체를, 배정 연산으로 수정할 수 있는 지역 상태 변수들을 가진 함수로 모형화했다. 새 전선 객체를 생성하면 일단의 상태 변수들이 할당되고(make_wire의 **let** 선언문에 의해), 새 상태 변수들이 있는 환경을 갈무리한 새 dispatch 함수가 생성, 반환된다.

선 객체는 회로의 장치들을 연결하는 데 쓰이므로, 하나의 전선 객체를 둘 이상의 장치가 공유하게 된다. 따라서 한 장치의 작동으로 생긴 변화가 그 장치와 전선으로 연결된 다른 장치들에도 영향을 미친다. 전선 객체는 연결 시 등록된 작용 함수들을 호출해서 변화를 인접 장치들에게 전파한다.

예정표

이제 after_delay 함수만 구현하면 시뮬레이터가 완성된다. 이 함수는 예정표(agenda)라고 부르는 데이터 객체를 이용한다. 예정표 객체는 수행할 작업들의 일정(스케줄)을 담는다. 다음은 예정표에 대한 연산들이다.

- make_agenda()
  빈 예정표를 만들어서 돌려준다.

- is_empty_agenda(*예정표*)
  주어진 예정표가 비어 있으면 참이다.

- first_agenda_item(*예정표*)
  예정표의 첫 항목을 돌려준다.

- remove_first_agenda_item(*예정표*)
  첫 항목을 제거해서 예정표를 수정한다.

- add_to_agenda(*시간*, *작용*, *예정표*)
  주어진 함수를 주어진 시간에 실행하는 항목을 추가해서 예정표를 수정한다.

- current_time(*예정표*)

  현재 시뮬레이션 시간을 돌려준다.

앞으로 이 예제의 시뮬레이터가 사용하는 구체적인 예정표 객체를 the_agenda로 표기하겠다. after_delay 함수는 이 the_agenda에 새 항목을 추가한다.

```
function after_delay(delay, action) {
    add_to_agenda(delay + current_time(the_agenda),
                  action,
                  the_agenda);
}
```

시뮬레이션을 진행하는 함수는 propagate이다. 이 함수는 the_agenda에 등록된 각 함수를 차례로 실행한다. 일반적으로, 시뮬레이션이 진행되는 동안 새 항목이 예정표에 등록되며, propagate는 예정표에 항목이 있는 한 계속해서 시뮬레이션을 진행한다.

```
function propagate() {
    if (is_empty_agenda(the_agenda)) {
        return "done";
    } else {
        const first_item = first_agenda_item(the_agenda);
        first_item();
        remove_first_agenda_item(the_agenda);
        return propagate();
    }
}
```

예제 시뮬레이션

우선, 다음은 시뮬레이션의 현재 상황을 파악하기 위한 보조 함수이다. 이 함수는 주어진 전선에 '탐침(probe)'을 배치한다. 그 선의 신호 값이 변하면 탐침은 그 전선을 식별하는 이름과 현재 시간, 그리고 새 신호 값을 출력한다.

```
function probe(name, wire) {
    add_action(wire,
               () => display(name + " " +
```

```
                                   stringify(current_time(the_agenda)) +
                                   ", new value = " +
                                   stringify(get_signal(wire))));
}
```

이제 회로를 만들어서 시뮬레이션해보자. 먼저 예정표를 초기화하고 원시 기능 소자들의 지연 시간을 설정한다.

```
const the_agenda = make_agenda();
const inverter_delay = 2;
const and_gate_delay = 3;
const or_gate_delay = 5;
```

다음으로 전선을 네 개 만들고 그중 두 개에 탐침을 배치한다.

```
const input_1 = make_wire();
const input_2 = make_wire();
const sum = make_wire();
const carry = make_wire();

probe("sum", sum);
"sum 0, new value = 0"

probe("carry", carry);
"carry 0, new value = 0"
```

다음으로 이 선들로 반가산기 회로(그림 3.25)를 만들고, input_1의 신호를 1로 설정한 후 시뮬레이션을 실행한다.

```
half_adder(input_1, input_2, sum, carry);
"ok"

set_signal(input_1, 1);
"done"

propagate();
"sum 8, new value = 1"
"done"
```

sum 신호가 시간 8에서 1로 변했다. 현재 이 시뮬레이터는 시뮬레이션이 시작된 후 8 단위의 시간이 지난 시점에 있다. 이 시점에서 **input_2**를 1로 설정하고 그 변화를 전파해 보자.

```
set_signal(input_2, 1);
"done"

propagate();
"carry 11, new value = 1"
"sum 16, new value = 0"
"done"
```

carry가 시간 11에서 1로 변하고, sum은 시간 16에서 0으로 변했다.

■ **연습문제 3.31** ─────────────

make_wire의 내부 함수 accept_action_function은 새 작용 함수를 전선에 추가한 즉시 한 번 실행한다. 작용 함수를 추가한 후 즉시 실행해야 하는 이유를 설명하라. 구체적으로, 앞의 반가산기 시뮬레이션 예제에서 작용 함수들이 추가되고 실행되는 과정을 추적하고, 만일 accept_action_function을 다음처럼 정의했다면 시뮬레이터의 반응이 어떻게 달라지는지 말하라.

```
function accept_action_function(fun) {
    action_functions = pair(fun, action_functions);
}
```

예정표의 구현

마지막으로, 함수들의 향후 실행 일정을 담는 예정표 자료 구조를 세부적으로 살펴보자.

예정표 객체는 **시간 조각**(time segment)들로 이루어진다. 각 시간 조각은 수치(시간)와 대기열(연습문제 3.32)의 쌍인데, 대기열은 그 시간 조각에서 실행할 함수들을 담는다.

```
function make_time_segment(time, queue) {
    return pair(time, queue);
}
```

```
function segment_time(s) { return head(s); }
function segment_queue(s) { return tail(s); }
```

시간 조각 대기열에 대한 연산들은 §3.3.2에서 설명한 대기열 연산들을 이용한다.

예정표 자체는 시간 조각들의 1차원 테이블이다. §3.3.3에서 설명한 테이블 자료 구조와 다른 점은 시간 조각들이 시간의 오름차순으로 저장된다는 점이다. 또한, 예정표의 머리에는 현재 시간(current time)이 저장된다. 여기서 현재 시간은 예정표의 마지막 작용 함수가 실행된 시간이다. 새로 생성된 예정표에는 시간 조각이 하나도 없고 현재 시간은 0이다.[31]

```
function make_agenda() { return list(0); }
function current_time(agenda) { return head(agenda); }
function set_current_time(agenda, time) {
    set_head(agenda, time);
}
function segments(agenda) { return tail(agenda); }
function set_segments(agenda, segs) {
    set_tail(agenda, segs);
}
function first_segment(agenda) { return head(segments(agenda)); }
function rest_segments(agenda) { return tail(segments(agenda)); }
```

시간 조각이 하나도 없는 예정표는 빈 예정표이다.

```
function is_empty_agenda(agenda) {
    return is_null(segments(agenda));
}
```

예정표에 작용 함수를 등록할 때는 먼저 예정표가 비어있는지 점검한다. 만일 예정표가 비어있으면 작용 함수를 담은 시간 조각을 새로 만들어서 예정표에 추가한다. 예정표가 비어있지 않으면 시간 조각들을 훑으면서 각 구간의 시간을 점검한다. 만일 작용 함수의 예정 시간과 정확히 같은 시간 조각이 있으면 거기에 작용 함수를 추가한다. 그렇지 않고 작용 함수의 예정 시간보다 이후인 시간 조각을 발견하면 바로 앞에 새 시간 조각(작용 함수를 담은)을 삽입한다.

----

31 예정표는 §3.3.3의 테이블처럼 머리 있는 목록이지만, 머리가 시간이므로 추가적인 가짜 레코드(테이블의 "*table*" 문자열 같은)는 필요하지 않다.

그런 시간 조각이 발견되지 않은 채로 예정표의 끝에 도달했다면 새 시간 조각을 예정표의 끝에 삽입한다.

```javascript
function add_to_agenda(time, action, agenda) {
    function belongs_before(segs) {
        return is_null(segs) || time < segment_time(head(segs));
    }
    function make_new_time_segment(time, action) {
        const q = make_queue();
        insert_queue(q, action);
        return make_time_segment(time, q);
    }
    function add_to_segments(segs) {
        if (segment_time(head(segs)) === time) {
            insert_queue(segment_queue(head(segs)), action);
        } else {
            const rest = tail(segs);
            if (belongs_before(rest)) {
                set_tail(segs, pair(make_new_time_segment(time, action),
                                    tail(segs)));
            } else {
                add_to_segments(rest);
            }
        }
    }
    const segs = segments(agenda);
    if (belongs_before(segs)) {
        set_segments(agenda,
                    pair(make_new_time_segment(time, action), segs));
    } else {
        add_to_segments(segs);
    }
}
```

예정표에서 첫 항목을 제거하는 함수는 예정표의 첫 시간 조각에 있는 대기열의 앞단 항목을 삭제한다. 만일 이 때문에 대기열이 비게 되면 그 시간 조각 자체를 시간 조각 목록에서 삭제한다.[32]

----

[32] 이 함수의 조건문에서 대안 문장이 빈 블록임을 주목하자. 이런 '외팔이(one-armed) 조건문'은 한 가지 문장을 실행할 것인지 말 것인지를 결정하는 데(두 문장 중 하나를 선택하는 것이 아니라) 쓰인다.

```
function remove_first_agenda_item(agenda) {
    const q = segment_queue(first_segment(agenda));
    delete_queue(q);
    if (is_empty_queue(q)) {
        set_segments(agenda, rest_segments(agenda));
    } else {}
}
```

예정표의 첫 항목은 첫 시간 조각에 있는 대기열의 머리에 있다. 예정표에서 항목을 추출할 때마다 현재 시간도 갱신한다.[33]

```
function first_agenda_item(agenda) {
    if (is_empty_agenda(agenda)) {
        error("agenda is empty -- first_agenda_item");
    } else {
        const first_seg = first_segment(agenda);
        set_current_time(agenda, segment_time(first_seg));
        return front_queue(segment_queue(first_seg));
    }
}
```

■ 연습문제 3.32

예정표의 각 시간 조각에서 실행할 함수들은 대기열에 저장되므로, 그 함수들은 항상 등록된 순서로(즉, 선입선출 방식으로) 호출된다. 이 순서대로 함수들을 호출해야 하는 이유를 설명하라. 구체적으로, 한 시간 조각에서 입력이 0,1에서 1,0으로 바뀌는 AND 게이트의 행동을 추적하고, 만일 시간 조각의 함수들을 보통의 목록, 즉 삽입과 삭제 모두 앞단에서 일어나는 후입선출(last in, first out) 순차열에 저장한다면 그 행동이 어떻게 달라지는지 설명하라.

---

[33] 이에 의해 예정표의 현재 시간은 항상 가장 최근에 처리된 작용 함수의 시간이다. 이 시간을 예정표의 머리에 담아두는 덕분에 해당 시간 조각이 삭제되어도 현재 시간을 알 수 있다.

3.3.5 제약의 전파

전통적으로 컴퓨터 프로그램은 계산이 단방향으로 일어나도록 조직화된다. 즉, 프로그램은 주어진 인수들에 대해 연산을 적용해서 원하는 출력을 얻는 식으로 작동한다. 그러나 어떠한 대상 시스템을 수량들 사이의 관계를 기준으로 모형화할 때도 많다. 예를 들어 기계적 구조의 수학 모형에는 금속 막대의 굴절 d와 그 막대에 가해진 힘 F, 막대의 길이 L, 단면적 A, 탄성 계수 E 사이의 관계를 서술하는 다음과 같은 방정식이 포함될 수 있다.

$$dAE \;=\; FL,$$

이런 방정식은 단방향이 아니다. 다섯 가지 수량 중 임의의 네 개가 주어지면 이 방정식을 활용해서 나머지 한 수량을 계산할 수 있다. 그렇지만 이런 방정식을 전통적인 컴퓨터 언어로 표현할 때는 네 수량으로 구할 하나의 수량을 미리 선택해야 한다. 그러다 보니, 비록 단면적 A와 굴절도 d는 같은 방정식에서 나오는 수량들이지만, 단면적 A를 계산하기 위해 작성한 함수로 굴절도 d를 계산하지는 못한다.[34]

이번 절에서는 이런 관계들을 직접적으로 다룰 수 있는 언어의 설계를 개괄한다. 이 언어의 원시 요소는 원시 제약(primitive constraint)이다. 원시 제약은 수량들 사이의 특정한 관계를 서술한다. 예를 들어 adder(a, b, c)는 수량 a, b c 사이의 관계가 $a+b=c$라는 방정식으로 규정됨을 서술한다. multiplier(x, y, z)는 $xy=z$라는 제약을 서술하고, constant(3.14, x)는 x가 반드시 3.14이어야 한다는 제약을 서술한다.

우리의 언어는 좀 더 복잡한 관계를 서술하기 위해 원시 제약들을 조합하는 수단들을 제공한다. 그런 수단들로 제약들을 조합해서 **제약 네트워크**(constraint network)를 만든다. 이때 제약들은 **연결자**(connector)로 결합된다. 연결자는 하나 이상의 제약들에 관여하는 값을 "보유하는 (hold)" 객체이다. 예를 들어 화씨온도와 섭씨온도의 관계는 다음과 같은 방정식으로 제약된다.

$$9C \;=\; 5(F-32)$$

---

34 제약 전파(constraint propagation)는 이반 서덜랜드가 만든, 놀랄 만큼 시대를 앞서간 SKETCHPAD 시스템(Sutherland 1963)에서 처음 등장했다. 이후 제록스 팔로알토 연구소(PARC)의 앨런 보닝이 스몰토크 언어에 기초해서 멋진 제약 전파 시스템을 개발했다(Borning 1977). 서스먼과 스톨먼, 스틸은 제약 전파 시스템을 전기 회로 분석에 적용했다(Sussman, Stallman 1975; Sussman, Steele 1980). TK!Solver(Konopasek, Jayaraman 1984)는 제약에 기초한 확장성 있는 모형화 환경이다.

이런 제약을 세 가지 원시 제약들, 즉 가산기 제약과 승산기(multiplier) 제약, 상수 제약으로 구성된 하나의 네트워크로 생각할 수 있다. [그림 3.28]이 그러한 제약 네트워크를 나타낸 것이다. 이 그림에서 제일 왼쪽 승산기 제약 상자에는 세 개의 단자(terminal)가 있다. m_1, m_2, p가 바로 그것이다. 이들은 승산기 상자를 네트워크의 나머지 부분과 연결한다. 구체적으로, 단자 m_1은 섭씨온도를 보유한 연결자 C와 연결되고, 단자 m_2는 연결자 w와 연결된다. 그 연결자는 9를 보유한 상수 제약과도 연결된다. 이 승산기 상자가 m_1과 m_2의 곱이어야 한다는 제약을 나타내는 단자 p는 또 다른 승산기의 단자 p와 연결된다. 그 승산기 상자의 m_2는 상수 5와, m_1은 합의 항들 중 하나와 연결된다.

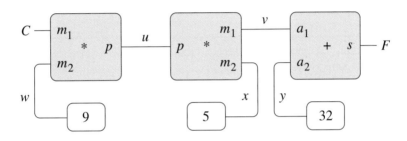

그림 3.28 관계식 $9C = 5(F - 32)$를 표현한 제약 네트워크.

이런 제약 네트워크에 기초해서 계산을 진행하는 과정은 이렇다. 어떤 연결자에 값이 주어지면(사용자가 지정하든, 그것이 연결된 제약 상자가 제공하든) 그 연결자는 자신과 연관된 모든 제약을 "깨워서"(단, 자신을 깨운 제약은 제외) 자신이 하나의 값을 보유하고 있음을 알린다. 깨어난 각 제약 상자는 자신과 연결된 연결자들을 점검한다. 각 연결자에 대해, 만일 그 연결자의 값을 결정하는 데 충분한 정보가 제약 상자에 있다면 그 값을 계산해서 연결자에 설정한다. 그러면 그 연결자와 연관된 모든 제약이 깨어나서 같은 식으로 제약이 전파된다. 예를 들어 화씨-섭씨 변환의 경우 9, 5, 32에 대한 제약 상자들이 각각 연결자 w, x y를 직접 설정한다. 이 연결자들은 승산기들과 가산기를 깨운다. 그 제약 상자들은 계산을 진행하는 데 충분한 정보가 아직 없다고 판단하고 처리를 멈춘다. 사용자가(또는 네트워크의 다른 어떤 요소가) C에 어떤 값(25라고 하자)을 설정하면 제일 왼쪽 승산기가 깨어나서 u를 $25 \cdot 9 = 225$로 설정한다. 그러면 u가 두 번째 승산기를 깨운다. 그 승산기는 v를 45로 설정하고, 그러면 v가 가산기를 깨운다. 가산기는 F를 77로 설정한다.

제약 시스템의 사용 예

그럼 앞에서 설명한 온도 변환 과정을 제약 시스템을 이용해서 수행하는 과정을 살펴보자. 먼저 생성자 make_connector를 호출해서 두 연결자 C와 F를 만들고, 그것들을 섭씨–화씨 변환을 위한 제약 네트워크에 연결한다.

```
const C = make_connector();
const F = make_connector();
celsius_fahrenheit_converter(C, F);
"ok"
```

네트워크를 만드는 함수는 다음과 같다.

```
function celsius_fahrenheit_converter(c, f) {
    const u = make_connector();
    const v = make_connector();
    const w = make_connector();
    const x = make_connector();
    const y = make_connector();
    multiplier(c, w, u);
    multiplier(v, x, u);
    adder(v, y, f);
    constant(9, w);
    constant(5, x);
    constant(32, y);
    return "ok";
}
```

이 함수는 내부 연결자 u, v, w, x, y를 생성하고 원시 제약 생성자 adder, multiplier, constant로 적절히 연결해서 [그림 3.28]과 같은 제약 네트워크를 만든다. §3.3.4의 디지털 회로 시뮬레이터에서처럼, 원시 요소들의 조합을 이처럼 함수로 표현하면 복합 객체를 구성하기 위한 추상화 수단이 우리의 언어에 저절로 생긴다.

네트워크의 내부 작동 현황을 파악하려면 연결자 C와 F에 탐침을 배치하면 된다. 이를 위해 사용하는 probe 함수는 §3.3.4에서 선의 값을 파악하는 데 사용한 것과 비슷하다. 연결자에 탐침을 배치해 두면, 연결자에 값이 주어질 때마다 메시지가 출력된다.

```
probe("Celsius temp", C);
probe("Fahrenheit temp", F);
```

다음으로, C의 값을 25로 설정한다. (아래 **set_value** 호출의 셋째 인수는 이 값을 사용자가 제공했음을 C에 알리는 역할을 한다.)

```
set_value(C, 25, "user");
"Probe: Celsius temp = 25"
"Probe: Fahrenheit temp = 77"
"done"
```

C의 탐침이 작동해서 C의 값이 출력되었다. C는 자신의 값을 앞에서 설명한 방식으로 네트워크에 전파한다. 결과적으로 F에 77이 설정되며, 그러면 F의 탐침이 그 값을 출력한다.

이번에는 F에 새 값을, 이를테면 212를 설정하면 어떤 일이 발생하는지 살펴보자.

```
set_value(F, 212, "user");
"Error! Contradiction: (77, 212)"
```

이 경우 연결자 F는 모순을 발견했음을 보고한다. F가 보유한 값은 77인데 누군가가 그와는 다른 값인 212를 설정하려 했기 때문이다. 새 값들로 네트워크를 다시 사용하려면 C에게 기존 값을 잊으라고 지시해야 한다.

```
forget_value(C, "user");
"Probe: Celsius temp = ?"
"Probe: Fahrenheit temp = ?"
"done"
```

이 예에서 C는 애초에 자신의 값을 설정했던 사용자("user")가 그 값을 철회하려(retract) 함을 알게 된다. 이에 동의한 C는 자신의 값을 버리고(탐침의 출력을 보면 현재 값이 ?이다), 그 사실을 네트워크의 나머지 부분에 알린다. 이 정보는 결국 F까지 전파되며, 그러면 F는 자신의 값이 77이어야 할 근거가 없어졌음을 알게 된다. 결과적으로 F는 그 값을 버린다. 이 사실이 탐침의 출력에 반영되어 있다.

이제 F는 값을 보유하지 않은 상태이므로 얼마든지 다른 값으로 설정할 수 있다. 다음은 F를 212로 설정하는 문장이다.

```
set_value(F, 212, "user");
"Probe: Fahrenheit temp = 212"
"Probe: Celsius temp = 100"
"done"
```

이 새 값이 네트워크로 전파되면 C의 값이 100으로 설정되며, 이를 C에 대한 탐침이 출력한다. 이상의 예에서 주목할 점은 하나의 네트워크로 양방향 변환을 수행할 수 있다는 것이다. C의 값을 설정하면 F의 값이 계산되고, F의 값을 설정하면 C의 값이 계산된다. 계산의 이러한 '무방향성'은 제약 기반 시스템의 두드러진 특징이다.

제약 시스템의 구현

이러한 제약 시스템을, §3.3.4의 디지털 회로 시뮬레이터와 아주 비슷한 방식으로 지역 상태를 가진 절차적 객체(함수)로 구현해 보자. 제약 시스템의 원시 객체들은 디지털 회로 시뮬레이터의 것들보다는 다소 복잡하지만, 예정표와 논리 소자 지연 시간을 처리할 필요가 없기 때문에 전체적인 시스템은 더 단순하다.

연결자에 대한 원시 연산들은 다음과 같다.

- has_value(연결자)

  연결자가 값을 보유하고 있는지의 여부를 알려준다.

- get_value(연결자)

  연결자의 현재 값을 돌려준다.

- set_value(연결자, 새-값, 정보-제공자)

  정보 제공자가 연결자에게 연결자의 값을 새 값으로 설정하라고 요청하는 것에 해당한다.

- forget_value(연결자, 철회자)

  철회자(retractor)가 연결자에게 연결자의 값을 잊으라고 요청하는 것에 해당한다.

- connect(연결자, 새-제약)

  연결자에게 새 제약에 관여하라고 지시한다.

연결자는 inform_about_value 함수와 inform_about_no_value 함수를 이용해서 제약들과 통신한다. 자신에게 값이 생겼음을 하나의 제약에게 통지할 때는 inform_about_value 함수를, 값이 사라졌음을 통지할 때는 inform_about_no_value 함수를 호출한다.

adder 함수는 피연산자들에 해당하는 연결자 a1, a2와 그것들의 합에 해당하는 연결자 sum에 대한 가산기 제약 객체를 생성한다. 가산기 제약 객체는 지역 상태를 가진 함수(아래의 me 함수)로 표현된다.

```
function adder(a1, a2, sum) {
    function process_new_value() {
        if (has_value(a1) && has_value(a2)) {
            set_value(sum, get_value(a1) + get_value(a2), me);
        } else if (has_value(a1) && has_value(sum)) {
            set_value(a2, get_value(sum) - get_value(a1), me);
        } else if (has_value(a2) && has_value(sum)) {
            set_value(a1, get_value(sum) - get_value(a2), me);
        } else {}
    }
    function process_forget_value() {
        forget_value(sum, me);
        forget_value(a1, me);
        forget_value(a2, me);
        process_new_value();
    }
    function me(request) {
        if (request === "I have a value.") {
            process_new_value();
        } else if (request === "I lost my value.") {
            process_forget_value();
        } else {
            error(request, "unknown request -- adder");
        }
    }
    connect(a1, me);
    connect(a2, me);
    connect(sum, me);
    return me;
}
```

함수 adder는 새 가산기를 지정된 연결자들과 연결해서 돌려준다. 가산기를 표현하는 함수 me는 지역 함수들에 대한 디스패치의 역할을 한다. 다음은 그 디스패치에 기초한 '편의 구문'(§ 3.3.4의 각주 3.30 참고) 인터페이스들이다.

```
function inform_about_value(constraint) {
    return constraint("I have a value.");
}
function inform_about_no_value(constraint) {
    return constraint("I lost my value.");
}
```

가산기의 지역 함수 process_new_value는 가산기에 연결된 연결자 중 하나가 값을 보유했다는 정보가 전해지면 호출된다. 그러면 가산기는 먼저 a1과 a2 둘 다 값을 보유했는지 점검해서, 만일 그렇다면 sum 연결자에게 그 둘의 합을 값으로 설정하라고 통지한다. 이때 set_value의 informant 인수는 me, 즉 가산기 객체 자신이다. a1과 a2 중 하나라도 값이 없으면 가산기는 a1과 sum 둘 다 값이 있는지 점검한다. 만일 그렇다면 sum에서 a1을 뺀 값으로 a2를 설정한다. 그렇지 않고 a2와 sum이 둘 다 값을 보유한다면, sum에서 a2를 뺀 값으로 a1을 설정한다. 연결자 중 하나의 값이 없어졌다는 정보가 전달되면 가산기는 모든 연결자에게 값을 잊으라고 요청한다. (informant 인수 때문에, 애초에 이 가산기가 설정한 값들만 폐기된다.) 그런 다음에는 process_new_value를 실행한다. 이 마지막 단계는 하나 이상의 연결자들이 여전히 값을 보유하고 있을 수 있기 때문에 필요하다(애초에 이 가산기가 값을 설정한 것이 아닌 연결자는 여전히 값을 가지고 있을 수 있다). 그런 경우 그 값들이 다시 가산기로 역전파되어야 한다.

승산기도 가산기와 아주 비슷하다. 승산기는 두 피연산자 중 하나라도 0이면 무조건(다른 피연산자에 아직 값이 없어도) product를 0으로 설정한다.

```
function multiplier(m1, m2, product) {
    function process_new_value() {
        if ((has_value(m1) && get_value(m1) === 0)
           || (has_value(m2) && get_value(m2) === 0)) {
            set_value(product, 0, me);
        } else if (has_value(m1) && has_value(m2)) {
            set_value(product, get_value(m1) * get_value(m2), me);
        } else if (has_value(product) && has_value(m1)) {
```

```
                    set_value(m2, get_value(product) / get_value(m1), me);
            } else if (has_value(product) && has_value(m2)) {
                    set_value(m1, get_value(product) / get_value(m2), me);
            } else {}
        }
        function process_forget_value() {
            forget_value(product, me);
            forget_value(m1, me);
            forget_value(m2, me);
            process_new_value();
        }
        function me(request) {
            if (request === "I have a value.") {
                process_new_value();
            } else if (request === "I lost my value.") {
                process_forget_value();
            } else {
                error(request, "unknown request -- multiplier");
            }
        }
        connect(m1, me);
        connect(m2, me);
        connect(product, me);
        return me;
    }
```

상수 제약 객체를 생성하는 constant 생성자는 주어진 연결자의 값을 주어진 값으로 설정한
다. 이것은 '상수' 제약이므로, 값이 생겼음을 뜻하는 "I have a value." 메시지나 값이 없
어졌음을 뜻하는 "I lost my value." 메시지를 받으면 상수 제약 객체는 오류를 발생한다.

```
    function constant(value, connector) {
        function me(request) {
            error(request, "unknown request -- constant");
        }
        connect(connector, me);
        set_value(connector, value, me);
        return me;
    }
```

마지막으로, 다음은 연결자의 값이 설정되거나 해제될 때 메시지를 출력하는 탐침을 만드는 함
수이다.

```
function probe(name, connector) {
    function print_probe(value) {
        display("Probe: " + name + " = " + stringify(value));
    }
    function process_new_value() {
        print_probe(get_value(connector));
    }
    function process_forget_value() {
        print_probe("?");
    }
    function me(request) {
        return request === "I have a value."
                ? process_new_value()
                : request === "I lost my value."
                ? process_forget_value()
                : error(request, "unknown request -- probe");
    }
    connect(connector, me);
    return me;
}
```

연결자의 표현

연결자는 지역 상태 변수 value와 informant, constraints를 가진 절차적 객체로 표현한
다. value는 연결자의 현재 값이고 informant는 그 값을 설정한 객체, constraints는 이
연결자가 관여하는 제약들의 목록이다.

```
function make_connector() {
    let value = false;
    let informant = false;
    let constraints = null;
    function set_my_value(newval, setter) {
        if (!has_value(me)) {
            value = newval;
            informant = setter;
            return for_each_except(setter,
                                   inform_about_value,
                                   constraints);
        } else if (value !== newval) {
            error(list(value, newval), "contradiction");
        } else {
```

```
            return "ignored";
        }
    }
    function forget_my_value(retractor) {
        if (retractor === informant) {
            informant = false;
            return for_each_except(retractor,
                                   inform_about_no_value,
                                   constraints);
        } else {
            return "ignored";
        }
    }
    function connect(new_constraint) {
        if (is_null(member(new_constraint, constraints))) {
            constraints = pair(new_constraint, constraints);
        } else {}
        if (has_value(me)) {
            inform_about_value(new_constraint);
        } else {}
        return "done";
    }
    function me(request) {
        if (request === "has_value") {
            return informant !== false;
        } else if (request === "value") {
            return value;
        } else if (request === "set_value") {
            return set_my_value;
        } else if (request === "forget") {
            return forget_my_value;
        } else if (request === "connect") {
            return connect;
        } else {
            error(request, "unknown operation -- connector");
        }
    }
    return me;
}
```

연결자의 값을 설정하라는 요청이 들어오면 지역 함수 set_my_value가 호출된다. 연결자에 값이 없는 상태라면, 연결자는 주어진 값을 자신의 값으로 설정하고 setter(설정을 요청한 객체)를 informant 변수에 설정한다.[35] 그런 다음에는 아래의 함수를 이용해서, 자신이 관여하는 제약 중 요청을 보낸 제약을 제외한 모든 제약에게 자신에게 값이 생겼음을 알린다.

```javascript
function for_each_except(exception, fun, list) {
    function loop(items) {
        if (is_null(items)) {
            return "done";
        } else if (head(items) === exception) {
            return loop(tail(items));
        } else {
            fun(head(items));
            return loop(tail(items));
        }
    }
    return loop(list);
}
```

값을 잊으라는 요청이 들어오면 연결자는 지역 함수 forget_my_value를 실행한다. 이 함수는 먼저 그 요청을 보낸 객체가 애초에 값을 설정한 객체와 같은지 확인한다. 같다면 값을 잃었음을 관련 제약들에게 통지한다.

지역 함수 connect는 주어진 새 제약을 제약 목록에 추가한다. 단, 그 제약이 이미 목록에 있으면 다시 추가하지 않는다.[36] 그런 다음, 만일 연결자에 값이 있으면 새 제약에게 그 사실을 통지한다.

연결자의 지역 함수 me는 다른 내부 함수들에 대한 디스패치에 해당하며, 연결자를 하나의 객체로 표현하는 역할도 한다. 다음 함수들은 그 디스패치를 위한 구문 인터페이스이다.

```javascript
function has_value(connector) {
    return connector("has_value");
}
function get_value(connector) {
    return connector("value");
```

---

35 setter가 제약 객체가 아닐 수도 있다. 앞의 온도 변환 예제에서는 "user"를 setter로 사용했다.

36 new_constraint가 이미 constraints에 들어 있는지 판정하는 데 쓰이는 member 함수는 §2.3.1의 member 함수와 비슷하다. 단, §2.3.1의 member는 문자열과 수치의 상등만 판정하지만, 이 member는 포인터 상등 판정을 위해 확장한 ===(§3.3.1 참고)를 사용하기 때문에 객체들의 상등도 제대로 판정한다.

```
    }
function set_value(connector, new_value, informant) {
    return connector("set_value")(new_value, informant);
}
function forget_value(connector, retractor) {
    return connector("forget")(retractor);
}
function connect(connector, new_constraint) {
    return connector("connect")(new_constraint);
}
```

■ **연습문제 3.33**

원시 승산기, 가산기, 상수 제약을 이용해서 평균에 대한 제약을 나타내는 함수 **averager**를 정의하라. 이 함수는 연결자 **a**, **b**, **c**를 받고 **c**의 값이 **a**의 값과 **b**의 값의 평균이라는 제약을 가해야 한다.

■ **연습문제 3.34**

루이스 리즈너는 단자가 두 개이고 둘째 단자에 연결된 연결자 **b**의 값이 항상 첫 단자에 연결된 연결자 **a**의 값의 제곱(2제곱)이라는 제약을 나타내는 '제곱기(square)'를 만들고자 한다. 다음은 루이스가 작성한, 승산기 하나로 된 다음과 같은 간단한 제곱기 제약이다.

```
function squarer(a, b) {
    return multiplier(a, a, b);
}
```

이 구현에는 심각한 문제가 있다. 무슨 문제인지 설명하라.

■ **연습문제 3.35**

벤 빗디들은 제곱기를 새로운 원시 제약으로 정의하면 연습문제 3.34의 문제를 피할 수 있다고 루이스에게 알려 주었다. 벤이 제시한 다음 틀의 빈 곳을 채워서 원시 제약으로서의 제곱기를 완성하라.

```
function squarer(a, b) {
    function process_new_value() {
        if (has_value(b)) {
            if (get_value(b) < 0) {
                error(get_value(b), "square less than 0 -- squarer");
            } else {
                〈 대안 절₁ 〉
            }
        } else {
                〈 대안 절₂ 〉
        }
    }
    function process_forget_value() {
        〈 본문₁ 〉
    }
    function me(request) {
        〈 본문₂ 〉
    }
    〈 문장들 〉
    return me;
}
```

■ **연습문제 3.36**

프로그램 환경에서 다음 문장들을 차례로 평가한다고 하자.

```
const a = make_connector();
const b = make_connector();
set_value(a, 10, "user");
```

set_value 적용 표현식이 평가되는 과정에서, 연결자의 지역 함수에 있는 다음과 같은 표현식이 평가된다.

```
for_each_except(setter, inform_about_value, constraints);
```

이 표현식이 평가되는 환경을 §3.2의 환경 모형 그림들과 같은 방식으로 도식화하라.

celsius_fahrenheit_converter 함수는 다음과 같은 좀 더 표현식 지향적인 스타일의 정의에 비하면 다소 장황하다.

```
function celsius_fahrenheit_converter(x) {
    return cplus(cmul(cdiv(cv(9), cv(5)), x), cv(32));
}

const C = make_connector();
const F = celsius_fahrenheit_converter(C);
```

이 예에서 cplus, cmul 등은 산술 연산들의 '제약' 버전이다. 예를 들어 cplus는 연결자 두 개를 받고 그 둘의 관계에 가산기 제약을 가하는 연결자를 돌려준다.

```
function cplus(x, y) {
    const z = make_connector();
    adder(x, y, z);
    return z;
}
```

celsius_fahrenheit_converter를 앞에 나온 표현식 지향적 스타일로 구현할 수 있도록, 뺄셈 제약을 위한 cminus와 곱셈 제약(승산기)을 위한 cmul, 나눗셈 제약을 위한 cdiv, 그리고 상수 제약을 위한 cv를 이 cplus를 참고해서 정의하라.[37]

---

[37] 표현식 지향적 스타일은 계산 도중에 쓰이는 표현식들에 일일이 이름을 붙일 필요가 없다는 점에서 편리하다. 본문의 제약 언어가 가지고 있던 장황함은 여러 프로그래밍 언어에서 복합 데이터에 대한 연산들을 다룰 때 볼 수 있는 장황함과 본질적으로 동일하다. 예를 들어 변수 a, b, c, d가 벡터들이라고 할 때 곱 $(a+b) \cdot (c+d)$를 "명령식(imperative style)" 함수들, 즉 주어진 벡터 인수들로 계산을 수행하되 그 결과를 벡터로서 돌려주지는 않는 함수들을 이용해서 계산한다면 다음과 같은 모습이 될 것이다.

```
v_sum("a", "b", temp1);
v_sum("c", "d", temp2);
v_prod(temp1, temp2, answer);
```

3.4 동시성: 시간은 필수요건이다◆

지금까지 우리는 지역 상태를 가진 계산 객체가 강력한 모형화 도구임을 살펴보았다. 그러나 §3.1.3에서 경고했듯이, 그러한 위력에는 대가가 따른다. 참조 투명성을 잃는 것, 같음과 변화에 관한 무수한 문제점이 발생하는 것, 그리고 평가의 치환 모형을 버리고 좀 더 까다로운 환경 모형을 사용해야 한다는 것이 바로 대가이다.

상태의 복잡성, 같음, 변환에 깔린 본질적인 문제는, 배정을 도입하면 계산 모형에 시간이라는 요소가 끼어든다는 점이다. 배정을 도입하기 전에는 모든 프로그램에 시간이라는 개념이 아예 없었다. 모든 표현식은 언제 평가하느냐와는 무관하게 항상 같은 값으로 평가되었다. 그렇지만 배정이 도입되면 상황이 바뀐다. §3.1.1 도입부에 나온, 은행 계좌에서 돈을 뽑고 잔액을 출력하는 예를 기억할 것이다.

```
withdraw(25);
75

withdraw(25);
50
```

같은 표현식을 두 번 평가했는데 각자 다른 값이 나왔음을 주목하자. 이런 행동은 배정 연산(구체적으로는 변수 balance에 새 값을 배정하는 것)에 의한 값의 변화들이 시간상의 여러 순간(moment in time)들 또는 '시점(time point)'들을 서술한다는 사실에서 나온다. 한 표현식의 평가 결과는 표현식 자체뿐만 아니라 그 평가가 이 시점들 이전에 수행되었는지 아니면

이렇게 하는 대신 벡터를 값으로 돌려주는 함수를 이용해서 계산을 표현한다면 temp1이나 temp2 같은 임시 변수가 필요하지 않다.

```
const answer = v_prod(v_sum("a", "b"), v_sum("c", "d"));
```

자바스크립트에서는 함수가 복합 객체를 돌려줄 수 있으므로, 본문의 명령식 제약 언어를 이 연습문제의 표현식 지향적 스타일로 변환하는 것이 얼마든지 가능하다. 그런데 표현식 지향적 스타일이 더 간결하다면 애초에 본문에서는 왜 제약 언어를 명령식으로 구현한 것일까? 한 가지 이유는, 표현식 지향적이 아닌 제약 언어는 연결자 객체뿐만 아니라 제약 객체(이를테면 adder 함수의 값)에 대한 접근 수단도 제공한다는 것이다. 제약들이 연결자를 통해서 연결되는 것이 아니라 제약과 제약이 직접 통신하는 형태의 새로운 기능을 시스템에 추가하려 한다면 이 점이 큰 장점이 된다. 명령식 구현을 이용해서 표현식 지향적 스타일을 구현하는 것은 쉽지만, 그 반대는 상당히 어렵다.

◆ 옮긴이 "시간은 필수요건이다"는 "Time Is of the Essence"를 옮긴 것이다. 이 문장은 법률 관련 문서에 흔히 나오는 관용구로, 계약서 등의 법률 문서에 있는 날짜나 시간이 단순한 제안이나 추천 사항이 아니라 계약 이행을 위해 반드시 지켜야 할 요건임을 명시하는 용도로 쓰인다.

이후에 수행되었는지에도 의존한다. 지역 상태를 가진 계산 객체들로 모형을 구축하려면 어쩔 수 없이 시간을 프로그래밍의 필수 개념으로 다루어야 한다.

더 나아가서, 계산 모형을 물리적 세계에 대한 우리의 인식과 부합하는 구조로 구축한다고 하자. 실세계의 물체들이 한 번에 하나씩 차례로 변하지는 않는다. 우리는 세상 사물이 **동시에** (concurrently), 한꺼번에 움직인다고 인식한다. 그래서 대상 시스템을 동시에 실행되는 일

단의 스레드thread(계산 단계들의 순차열)들로 모형화하는 것이 자연스러울 때가 많다.[38] 격리된 지역 상태를 가진 객체들로 모형을 조직화하는 것이 프로그램의 모듈성에 도움이 되는 것과 마찬가지로, 계산 모형을 개별적으로, 그리고 동시에 전개되는 여러 부분으로 분할하는 것이 모듈성에 도움이 될 수 있다. 실제로는 프로그램들이 컴퓨터에서 순차적으로 실행된다고 해도, 프로그래머가 프로그램들이 동시적으로 실행된다고 가정하고 프로그램을 작성하면 비본질적인 타이밍 제약들을 피할 수 있으며, 따라서 프로그램의 모듈성이 더 좋아진다.

프로그램의 모듈성을 높인다는 장점 외에, 동시적 계산에는 순차적 계산보다 실행 속도가 빠를 수 있다는 장점도 있다. 순차적 계산은 연산들을 한 번에 하나씩 수행하므로, 주어진 한 작업을 수행하는 데 걸리는 시간은 수행할 연산의 수에 비례한다.[39] 그렇지만 주어진 문제를 비교적 독립적인, 그리고 서로 통신할 필요가 거의 없는 부문제들로 분할할 수 있다면, 그 부문제들에 개별적인 프로세서들을 할당해서 계산 속도를 높일 수 있다. 이렇게 해서 얻는 속도상의 이득은 사용할 수 있는 프로세서의 개수에 비례한다.

안타깝게도, 배정을 도입해서 생긴 복잡성들이 동시성과 결합하면 더욱더 골치 아픈 문제가 발생한다. 실제로 병렬로 작동하는 현실 세계를 모형화하기 위해서이든 컴퓨터가 그런 식으로 작동해서이든, 프로그램(의 부분)들이 동시에 실행될 수 있다는 사실 때문에 시간을 이해하고 다루기가 더욱 복잡해진다.

....

38 그런 순차적인 계산 단계들의 모음을 이 책 전반에서는 '계산적 과정(줄여서 그냥 과정)'이라고 부르지만, 이번 절에서 만큼은 동시성과 관련해서(특히 계산 단계 순차열이 공유 메모리에 접근한다는 점을 강조하는 의미로) '스레드'라고 부르기로 하다

39 사실 대부분의 실제 프로세서들은 **파이프라인화**(pipelining)라는 전략을 이용해서 한 번에 여러 개의 연산을 수행한다. 그러나 그런 기법이 하드웨어의 유효 활용도를 크게 높이긴 하지만, 순차적인 명령 스트림의 실행이 빨라질 뿐 순차적 프로그램의 행동 방식 자체가 바뀌지는 않는다.

3.4.1 동시적 시스템에서 시간의 본질

언뜻 생각하면 시간은 사실 간단하다. 시간은 그냥 사건들에 순서를 부여하는 어떤 것이다.[40] 임의의 사건 A와 B에 대해, A가 B보다 먼저 발생하거나, A와 B가 동시에 발생하거나, A가 B 다음에 발생하거나이다. 다시 은행 계좌의 예를 들어서, 원래 100달러가 있던 공동 계좌에서 피터가 10달러를 뽑고 폴이 25달러를 뽑는다고 하자. 그러면 잔액은 65달러이다. 계좌 잔액들의 순차열은 두 출금의 순서에 따라 $\$100 \to \$90 \to \$65$이거나 $\$100 \to \$75 \to \$65$이다. 은행 시스템을 컴퓨터로 구현할 때는 이런 잔액 변경 순차열을 변수 balance에 대한 일련의 배정 연산으로 모형화할 수 있다.

그러나 더 복잡한 상황에서는 이런 관점이 문제가 될 수 있다. 전 세계의 ATM 기기를 이용해서 피터와 폴만이 아니라 수많은 사람이 같은 은행 계좌에 접근한다고 하자. 계좌의 실제 잔액 순차열은 사람들이 ATM 기기를 사용하는 세세한 시간과 기기들 사이의 세세한 상호작용에 따라 달라진다.

사건들의 순서를 미리 결정할 수 없다는 점은 동시적 시스템의 설계에서 심각한 문제를 유발한다. 예를 들어 피터와 폴의 출금 동작들을 balance라는 하나의 변수를 공유하는 두 개의 개별적인 스레드로 구현한다고 하자. 각 스레드는 다음 함수(§3.1.1에 나온 것이다)를 실행한다.

```
function withdraw(amount) {
    if (balance >= amount) {
        balance = balance - amount;
        return balance;
    } else {
        return "Insufficient funds";
    }
}
```

두 스레드가 독립적으로 실행될 때 이런 일이 발생할 수 있다. 피터가 계좌의 잔액을 확인하고 그 잔액보다 적은 금액을 인출하려 한다. 그런데 피터가 잔액을 확인한 시점과 출금을 완료하는 시점 사이에 폴이 먼저 계좌에서 일정한 금액을 뽑는다. 그러면 피터의 잔액 확인 결과는 무의미해진다.

---

[40] 케임브리지 대학교(매사추세츠)의 한 건물에 있는 낙서를 인용하자면, "시간은 모든 일이 한꺼번에 일어나지 않도록 하는 장치이다."

더 나쁜 상황도 벌어질 수 있다. 출금 과정에서 실행되는 다음 문장을 생각해 보자.

```
balance = balance - amount;
```

이 문장의 실행은 세 단계로 구성된다. (1) 잔액을 조회하기 위해 **balance** 변수의 값에 접근한다. (2) 새 잔액을 계산한다. (3) **balance**를 새 잔액으로 설정한다. 만일 피터의 출금과 폴의 출금이 이 문장을 동시에 실행한다면, 두 출금 과정에서 **balance**에 접근하고 새 값을 설정하는 순서가 교대될(interleaving) 수 있다.

[그림 3.29]의 시간 흐름도는 두 과정의 사건들이 뒤섞여서 문제가 발생하는 상황을 보여준다. 초기에 **balance**는 100인데, 피터가 10을 출금하고 폴이 25를 출금했지만 **balance**의 최종 값은 75이다(65가 아니라). 그림을 잘 보면 비정상적인 결과가 나온 이유를 알 수 있다. 폴은 **balance**의 값이 100이라는 정보에 근거해서 거기서 25를 뺀 75를 **balance**의 새 값으로 설정한다. 그렇지만 그 사이에 피터가 **balance**를 90으로 변경했기 때문에 그 정보는 무효화된다. 은행 시스템이 보유한 총액이 보전되지 않았다는 점에서 이것은 파멸적인 실패이다. 은행 거래들 이전에 총 보유 금액이 $100이었는데, 이후에는 피터가 $10, 폴이 $25, 은행이 $75를 보유하게 되었다.[41]

일반화하면, 다수의 스레드가 하나의 공통 상태 변수를 공유하는 경우 둘 이상의 스레드가 공유 상태에 동시에 접근하려 하면 앞에서 말한 현상이 발생하게 된다. 은행 계좌의 예에서, 출금 거래 도중에 각 고객은 다른 고객들이 존재하지 않는 것처럼 행동할 수 있어야 한다. 한 고객의 잔액 변경이 다른 고객의 잔액 변경에 영향을 미칠 수 있다면, 고객들은 변경 직전까지도 "내가 알고 있는 잔액이 정확한가?"를 의심해야 한다.

---

41 만일 잔액을 변경하는 두 배정 연산이 동시에 실행되면 더욱 더 심각한 문제가 발생할 수 있다. 그런 경우 두 스레드가 기록한 정보가 무작위로 뒤섞인 결과가 메모리에 있는 실제 데이터에 기록될 수 있기 때문이다. 대부분의 컴퓨터는 이런 기본적인 메모리 쓰기 연산들에 상호잠금 수단(interlock)을 적용해서 그런 동시 접근을 방지한다. 그러나, 이런 간단해 보이는 보호 장치도 다중 프로세스 컴퓨터의 설계와 구현을 어렵게 만드는 요인이 된다. 메모리 접근 속도를 높이기 위해 서로 다른 프로세서가 데이터를 복제(캐싱)할 수 있는 시스템에서 다수의 프로세서들이 메모리의 내용을 일관되게 볼 수 있게 만들려면 정교한 캐시 응집성(cache-coherence) 프로토콜이 필요하다.

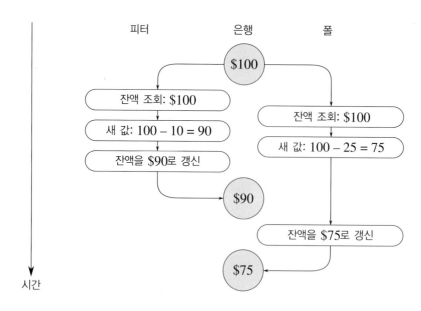

그림 3.29 두 은행 계좌 출금 사건들이 교대로 발생하면서 최종 잔액이 부정확해질 수 있음을 보여주는 시간 흐름도.

동시적 프로그램의 올바른 행동 방식

앞의 예제는 동시적 프로그램에 생길 수 있는 미묘한 버그의 전형적인 예에 해당한다. 이 복잡성의 근원은 서로 다른 스레드가 공유하는 변수에 대한 배정 연산이다. 계산의 결과가 배정 연산들의 순서에 따라 달라지므로[42] 배정을 사용하는 프로그램을 작성할 때는 조심해야 한다는 점은 앞에서 이미 배웠다. 그런데 여러 스레드가 동시에 실행되는 프로그램에서는 배정 연산들을 특히나 더 조심해서 사용해야 한다. 그런 프로그램에서는 서로 다른 스레드들이 수행하는 배정 연산들의 순서를 우리가 제어할 수 없을 수 있기 때문이다. 다수의 배정 연산이 동시에 진행될 수 있다면(두 고객이 공동 계좌에서 동시에 돈을 뽑을 때처럼), 그런 상황에서도 시스템이 올바르게 행동하게 만드는 수단을 마련해야 한다. 예를 들어 공동 계좌 출금의 경우 금액의 총량이 보존되는 것이 시스템의 올바른 행동이다. 동시적 프로그램이 올바르게 행동하게 만들려면, 동시적 실행에 약간의 제약을 가해야 할 수 있다.

---

42 §3.1.3의 계승 프로그램은 하나의 순차 스레드에서 이런 상황이 벌어지는 예이다.

동시성에 가할 수 있는 제약 하나는, 하나의 공유 변수에 대해 둘 이상의 연산이 동시에 적용될 수는 없게 만드는 것이다. 그러나 이것은 극도로 엄중한 제약이다. 분산 은행 거래 시스템이라면 시스템 설계자는 한 번에 하나의 거래(트랜잭션)만 진행될 수 있게 만들어야 한다. 이는 비효율적일 뿐만 아니라 과도하게 보수적인 방식이다. [그림 3.30]을 보자. 피터와 폴은 공동 계좌를 가지고 있고, 폴은 다른 은행에 개인 계좌도 가지고 있다. 그림에는 피터와 폴이 각자 공동 계좌에서 돈을 뽑는 연산과 폴이 자신의 개인 계좌에 돈을 넣는 연산이 나와 있다.[43] 앞에서 말한 제약을 가한다고 할 때 공동 계좌에 대한 두 출금 연산이 동시에 실행되어서는 안 되며(두 연산 모두 하나의 계좌에 접근해서 그 계좌를 갱신하므로), 폴의 출금과 입금이 동시에 실행되어서도 안 된다(두 연산 모두 폴의 지갑에 접근해서 지갑에 있는 돈의 금액을 갱신하므로). 그렇지만 폴의 개인 계좌 입금과 폴의 공동 계좌 출금은 동시에 실행되어도 아무 문제가 없다.

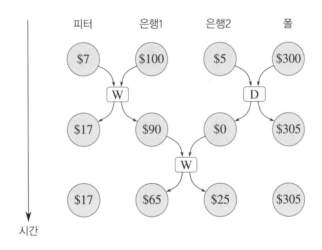

그림 3.30 은행 1의 공동 계좌와 은행 2의 개인 계좌에서 동시에 돈을 뽑고 넣는 과정.

동시성에 대한 덜 까다로운 제약은, 만일 동시적 시스템의 스레드들이 어떠한 순서에 따라 차례로 실행된다면 동시적 시스템이 같은 결과를 내게 하는 것이다. 이 요구조건에는 중요한 측면이 두 가지 있다. 첫째로, 이 제약은 스레드들이 실제로 차례로(순차적으로) 실행되어야 한다고 요구하지 않는다. 스레드들을 차례로 **실행한다면 나왔을** 결과와 동일한 결과가 나오기만

43 그림의 열(column)들은 왼쪽에서 오른쪽으로 피터의 지갑 내용, 공동 계좌(은행 1) 잔액, 폴의 지갑 내용, 폴의 개인 계좌(은행 2) 잔액의 시간에 따른 변화를 나타낸다. 그리고 W는 출금(withdrawal), D는 입금(deposit)을 뜻한다. 피터는 은행 1에서 10달러를 뽑는다. 폴은 은행 2에 5달러를 입금하고, 은행 1에서 25달러를 뽑는다.

하면 된다. 예를 들어 [그림 3.30]의 은행 계좌 시스템은 폴의 입금과 피터의 출금을 동시에 실행해도 된다. 동시에 실행한 결과가 둘을 차례로(어떤 순서이든) 실행할 때 나오는 결과와 같기 때문이다. 둘째로, 이 제약에 따르면 하나의 동시적 프로그램이 산출하는 '올바른' 결과가 여러 개일 수 있다. 왜냐하면 스레드들이 어떠한(some) 순서에 따라 차례로 실행될 때 같은 결과가 나오기만 하면 이 제약이 지켜지며, 그 순서가 구체적으로 무엇인지는 규정하지 않기 때문이다. 예를 들어 피터와 폴의 공동 계좌가 100달러로 시작한다고 하자. 그리고 공동 계좌에 피터가 40달러를 입금하는 연산과 폴이 현재 잔액의 절반에 해당하는 금액을 출금하는 연산이 동시에 실행된다고 하자. 그러면, 두 연산의 순서에 따라서는 최종 잔액이 70달러일 수도 있고 90달러일 수도 있다(연습문제 3.38).[44]

동시적 프로그램의 올바른 행동에 대한, 이보다 더 약한 요구조건들도 존재한다. 예를 들어 확산(diffusion; 이를테면 어떤 물체에 열이 흐르는 것) 현상을 시뮬레이션하는 프로그램을 만든다면, 많은 수의 스레드가 공간의 작은 영역을 각각 담당하게 해서 동시에 스레드의 값(해당 영역의 어떠한 물리량을 나타내는)을 갱신하게 하면 될 것이다. 좀 더 구체적으로, 각 스레드는 자신의 값과 주변 스레드 값들의 평균으로 자신의 값을 갱신하는 과정을 반복한다. 이 알고리즘은 연산들이 수행되는 순서와는 무관하게 올바른 해답으로 수렴한다. 이런 시스템에서는 공유되는 값들의 동시적 사용에 아무런 제약도 가할 필요가 없다.

■ 연습문제 3.38

피터, 폴, 메리가 공동 은행 계좌를 공유하고 있으며 그 계좌의 잔액이 100달러라고 하자. 다음은 피터가 10달러를 입금하고, 폴이 20달러를 출금하고, 메리가 현재 잔액의 절반에 해당하는 금액을 출금하는 명령들이다. 이 명령들이 동시에 실행된다고 하자.

```
피터:  balance = balance + 10
 폴:   balance = balance - 20
메리:  balance = balance - (balance / 2)
```

---

[44] 이러한 개념을 좀 더 전문적인 용어로 표현하자면, 동시적 프로그램은 본질적으로 **비결정론적**(nondeterministic)이다. 즉, 동시적 프로그램은 하나의 값을 돌려주는 함수들로 서술되는 것이 아니라, 가능한 값들의 집합을 돌려주는 함수로 서술된다. §4.3에서 비결정론적 계산을 표현하기 위한 언어를 살펴볼 것이다.

a. 은행 시스템이 세 스레드가 어떠한 순서에 따라 차례로 실행된다는 제약을 가한다고 할 때, 그 순서가 어떤 것이냐에 따라 나올 수 있는 모든 `balance` 값을 나열하라.

b. 만일 앞의 제약을 풀어서 세 스레드가 교대로 실행되게 한다면, 부문제 a의 값들 외에 또 어떤 값들이 나올 수 있을까? 그 값들이 어떻게 나오는지를 [그림 3.29]와 비슷한 시간 흐름도를 그려서 설명하라.

3.4.2 동시성 제어 메커니즘

동시적 스레드들을 다루기가 어려운 것은, 서로 다른 스레드들의 사건들이 교대로 실행되는 순서를 일일이 고려해야 하기 때문이다. 예를 들어 한 스레드에서는 세 사건 (a, b, c)가 차례로 발생하고 다른 한 스레드에는 세 사건 (x, y, z)가 차례로 발생한다고 하자. 스레드 실행 순서에 대해 아무런 제약도 가하지 않고 이 두 스레드를 동시에 실행한다면, 사건들이 어떻게 발생하느냐에 따라 총 20가지의 사건 순서가 나올 수 있다.

$$(a, b, c, x, y, z) \quad (a, x, b, y, c, z) \quad (x, a, b, c, y, z) \quad (x, a, y, z, b, c)$$
$$(a, b, x, c, y, z) \quad (a, x, b, y, z, c) \quad (x, a, b, y, c, z) \quad (x, y, a, b, c, z)$$
$$(a, b, x, y, c, z) \quad (a, x, y, b, c, z) \quad (x, a, b, y, z, c) \quad (x, y, a, b, z, c)$$
$$(a, b, x, y, z, c) \quad (a, x, y, b, z, c) \quad (x, a, y, b, c, z) \quad (x, y, a, z, b, c)$$
$$(a, x, b, c, y, z) \quad (a, x, y, z, b, c) \quad (x, a, y, b, z, c) \quad (x, y, z, a, b, c)$$

이런 시스템을 설계하는 프로그래머는 이 20가지 순서의 결과를 모두 고려해서 각각의 행동을 점검해야 한다. 스레드 수와 사건 수가 늘어나면 가능한 순서들이 걷잡을 수 없이 늘어나서 일일이 점검하는 것이 사실상 불가능해진다.

동시적 시스템을 설계하는 좀 더 현실적인 접근 방식은 동시적 스레드들의 교대 실행에 제약을 가해서 프로그램이 올바르게 행동하게 하는 어떤 일반적인 메커니즘들을 고안하는 것이다. 그런 목적으로 여러 가지 메커니즘이 개발되었다. 이번 절에서는 그런 메커니즘 중 하나인 **직렬화기**(serializer)를 설명한다.

공유 상태에 대한 접근의 직렬화

직렬화(serialization)는 "스레드들이 동시적으로 실행되긴 하지만, 여러 스레드가 동시에 실행할 수 없는 함수들의 집합이 존재한다"라는 개념을 실현하는 기법이다. 좀 더 정확히 말하면, 그런 함수들의 집합 각각에 대해, 직렬화는 한 집합에서 한 번에 하나의 함수만 실행할 수 있게 만든다. 한 직렬화 집합의 한 함수가 실행되는 도중에 어떤 스레드가 그 집합의 다른 함수를 실행하려 하는 경우, 그 스레드는 현재 실행 중인 함수가 종료될 때까지 기다려야 한다.

이러한 직렬화를 공유 변수에 대한 접근을 제어하는 용도로 사용할 수 있다. 예를 들어 어떤 공유 변수를 그 변수의 이전 값에 기초해서 갱신한다고 하자. 그러면 그 변수의 이전 값에 대한 접근과 그 변수를 새 값으로 갱신하는 배정을 같은 함수에 두는 것이 자연스럽다. 공유 변수에 대한 동시 접근의 문제를 피하려면 그 변수에 대한 배정을 수행하는 다른 함수들이 이 함수와 동시에 실행되지 못하게 해야 한다. 이를 위해, 그 함수들을 이 함수와 동일한 직렬화기에 속하게 만든다. 그렇게 하면 변수의 접근과 갱신 사이에 다른 스레드가 끼어들어 변수의 값을 수정하는 일이 애초에 방지된다.

직렬화기

앞의 메커니즘을 좀 더 구체적으로 설명하기 위해, 우리의 자바스크립트 언어에 다음과 같은 concurrent_execute 함수를 추가했다고 가정하자.

```
concurrent_execute(f_1, f_2, ..., f_k)
```

각 f는 무항 함수이다. 이 concurrent_execute 함수는 각 f에 대해 개별적인 스레드를 만들고 그 스레드에서 f를 적용한다(인수 없이). 이 스레드들은 모두 동시에 실행된다.[45]

다음은 이 함수의 사용 예이다.

```
let x = 10;
concurrent_execute(() => { x = x * x; },
                   () => { x = x + 1; });
```

---

[45] concurrent_execute 함수는 자바스크립트 표준의 일부가 아니다. 그러나 이번 절의 예제들은 ECMAScript 2020으로 구현할 수 있다.

이 문장은 두 개의 스레드를 생성해서 실행한다. 한 스레드(T_1이라고 하자)는 x를 x 곱하기 x 로 설정하고, 다른 한 스레드(T_2라고 하자)는 x를 1 증가한다. 두 스레드의 실행이 끝났을 때, T_1과 T_2의 사건들이 어떻게 교대되었냐에 따라 x가 가질 수 있는 값은 다음 다섯 가지이다.

101: T_1이 x를 100으로 설정한 다음 T_2가 x를 101로 증가한다.

121: T_2가 x을 11로 증가한 다음 T_1이 x를 x 곱하기 x로 설정한다.

110: T_1이 x * x를 평가하기 위해 x에 처음 접근한 후에, 그러나 두 번째로 접근하기 전에, T_2가 x를 10에서 11로 증가한다.

11: T_2가 x에 접근하고, T_1이 x를 100으로 설정하고, T_2가 x를 설정한다.

100: T_1이 x에 (두 번) 접근하고, T_2가 x를 11로 접근하고, T_1이 x를 설정한다.

직렬화된 함수(serialized function)들을 이용하면 동시성을 적절히 제약할 수 있다. 직렬화된 함수는 직렬화기로 생성한다. 그리고 직렬화기 자체는 `make_serializer`라는 함수(정의는 나중에 제시하겠다)로 생성한다. 직렬화기는 하나의 함수를 받고 그 함수와 동일하게 행동하되 접근이 직렬화된 함수를 돌려준다. 한 직렬화기로 생성한 모든 직렬화된 함수는 같은 직렬화 집합에 속한다.

그럼 직렬화기를 이용해서 앞의 예제를 다시 수행해 보자.

```
let x = 10;
const s = make_serializer();
concurrent_execute(s(() => { x = x * x; }),
                   s(() => { x = x + 1; }));
```

이제는 x가 가질 수 있는 값이 두 가지로, 101 또는 121이다. T_1과 T_2의 실행이 교대되지 않으므로 다른 가능성들은 제거되었다.

다음은 §3.1.1의 `make_account` 함수를 다시 작성한 것이다. 이 버전은 입금들과 출금들을 직렬화한다.

```
function make_account(balance) {
    function withdraw(amount) {
        if (balance > amount) {
            balance = balance - amount;
            return balance;
        } else {
```

```
                    return "Insufficient funds";
                }
            }
            function deposit(amount) {
                balance = balance + amount;
                return balance;
            }
            const protect = make_serializer();
            function dispatch(m) {
                return m === "withdraw"
                        ? protect(withdraw)
                        : m === "deposit"
                        ? protect(deposit)
                        : m === "balance"
                        ? balance
                        : error(m, "unknown request -- make_account");
            }
            return dispatch;
    }
```

이 구현에서는 두 스레드가 같은 계좌에 동시에 돈을 넣거나 뽑지 못한다. 따라서 [그림 3.29]
에 나온, 폴이 계좌의 잔액에 접근하는 시점과 그 잔액으로 계산한 금액으로 잔액을 갱신하는
시점 사이에 피터가 잔액을 변경해서 생기는 오류가 발생할 여지가 아예 사라진다. 한편 각 계
좌는 각자 다른 직렬화기를 사용하므로, 서로 다른 계좌들에 대한 입·출금이 동시에 진행될
수 있다.

■ **연습문제 3.39** ─────────────────────────────

실행을 다음과 같이 직렬화한다면, 본문에 나온 다섯 가지 가능성 중 어떤 것들이 사라지고 어
떤 것들이 남을까?

```
let x = 10;
const s = make_serializer();
concurrent_execute(  () => { x = s(() => x * x)(); },
                     s(() => { x = x + 1;            }));
```

다음을 실행했을 때 x가 가질 수 있는 모든 값을 나열하라.

```
let x = 10;
concurrent_execute(() => { x = x * x; },
                   () => { x = x * x * x; });
```

같은 계산을 다음처럼 직렬화된 함수들로 수행한다면 어떤 값들이 나올 수 있을까?

```
let x = 10;
const s = make_serializer();
concurrent_execute(s(() => { x = x * x;     }),
                   s(() => { x = x * x * x; }));
```

■ 연습문제 3.41

벤 빗디들은 은행 계좌 모형을 다음과 같이 구현하는 게 더 낫다고 생각했다(주석이 붙은 부분이 바뀐 코드이다).

```
function make_account(balance) {
    function withdraw(amount) {
        if (balance > amount) {
            balance = balance - amount;
            return balance;
        } else {
            return "Insufficient funds";
        }
    }
    function deposit(amount) {
        balance = balance + amount;
        return balance;
    }
    const protect = make_serializer();
    function dispatch(m) {
        return m === "withdraw"
               ? protect(withdraw)
               : m === "deposit"
```

```
            ? protect(deposit)
            : m === "balance"
            ? protect(() => balance)(undefined) // 직렬화
            : error(m, "unknown request -- make_account");
    }
    return dispatch;
}
```

이렇게 고친 것은 은행 잔액의 접근을 직렬화하지 않으면 이상한 결과가 나올 수 있다고 걱정했기 때문이다. 여러분은 어떻게 생각하는가? 벤이 걱정한 문제가 실제로 발생하는 시나리오가 있을까?

■ **연습문제 3.42**

벤 빗디들은 모든 `withdraw` 메시지와 `deposit` 메시지에 대해 직렬화된 함수를 새로 생성하는 것이 시간 낭비라고 생각하고, `make_account`를 다음과 같이 수정해서 `protect` 호출이 `dispatch` 함수 바깥에서 완료되게 만들면 어떻겠냐고 제안했다. 즉, 출금 함수가 요청될 때마다 은행 계좌 객체가 같은 직렬화된 함수를 돌려주게 하자는 것이다.

```
function make_account(balance) {
    function withdraw(amount) {
        if (balance > amount) {
            balance = balance - amount;
            return balance;
        } else {
            return "Insufficient funds";
        }
    }
    function deposit(amount) {
        balance = balance + amount;
        return balance;
    }
    const protect = make_serializer();
    const protect_withdraw = protect(withdraw);
    const protect_deposit = protect(deposit);
    function dispatch(m) {
        return m === "withdraw"
                ? protect_withdraw
```

```
                : m === "deposit"
                ? protect_deposit
                : m === "balance"
                ? balance
                : error(m, "unknown request -- make_account");
    }
    return dispatch;
}
```

이렇게 고치는 것이 안전할까?3 특히, `make_account`의 두 버전이 허용하는 동시성에 차이가 있을까?

공유 자원을 여러 개 사용할 때의 복잡성

직렬화기는 동시적 프로그램의 복잡성들을 격리하는 데 도움이 되는, 그럼으로써 우리가 동시적 프로그램을 세심하고도 (바라건대) 정확하게 다루는 데 도움이 되는 강력한 추상을 제공한다. 그러나 공유 자원이 하나 뿐일 때(이를테면 은행 계좌 하나만 다룰 때)는 직렬화기를 사용하기가 그리 까다롭지 않지만, 공유 자원이 여러 개일 때는 동시적 프로그래밍이 믿을 수 없을 정도로 어려워진다.

다중 공유 자원 사용에서 발생하는 어려움 중 하나를, 두 은행 계좌의 잔액을 교환(exchange)하는 예제를 통해서 살펴보자. 잔액 교환 과정은 이렇다. 각 계좌에 접근해서 잔액을 조회하고, 두 잔액의 차이를 계산하고, 한 계좌에서 그 차이만큼의 금액을 뽑고, 다른 계좌에는 그 차이만큼의 금액을 넣는다. 이러한 과정을 함수로 구현하면 다음과 같은 모습일 것이다.[46]

```
function exchange(account1, account2) {
    const difference = account1("balance") - account2("balance");
    account1("withdraw")(difference);
    account2("deposit")(difference);
}
```

---

46 `deposit` 메시지가(그리고 `withdraw`도―옮긴이) 음의 금액도 허용한다는 사실(이는 은행 거래 시스템의 심각한 버그이다)을 이용해서 `exchange`의 코드를 단순화했다.

이 함수는 하나의 스레드가 두 잔액을 교환하는 경우에만 잘 작동한다. 그러나 둘 이상의 스레드가 관여하면 문제가 발생한다. 예를 들어 피터와 폴이 은행 계좌 a_1, a_2 a_3을 공유하는데, 피터가 a_1과 a_2의 잔액을 교환하려 하고 그와 동시에 폴이 a_1과 a_3의 잔액을 교환하려 한다고 하자. 개별 계좌의 출금와 입금을 직렬화한다고(이번 절 앞 부분의 make_account에서처럼) 해도, exchange는 여전히 잘못된 결과를 낼 수 있다. 피터가 a_1과 a_2의 잔액 차이를 계산한 시점과 그 차이로 잔액들을 갱신하는 시점 사이에 피터가 a_1의 잔액을 변경한다면 어떻게 될지 상상해 보기 바란다.[47] 이런 문제를 피하려면 exchange 함수가 잔액 교환 과정 전체에서 두 계좌를 잠가서 다른 스레드들이 접근하지 못하게 해야 한다.

이를 구현하는 한 가지 방법은 두 계좌의 직렬화기들을 이용해서 exchange 함수 전체를 직렬화하는 것이다. 그러려면 exchange가 각 계좌의 직렬화기에 접근할 수 있어야 한다. 그런데 은행 계좌 객체의 직렬화기를 노출한다는 것은 은행 계좌 객체의 모듈성을 의도적으로 깨는 것임을 주의하자. 다음은 §3.1.1의 make_account를 수정한 은행 계좌 객체 생성자로, balance 변수를 보호하기 위한 직렬화기를 생성한다는 점과 그 직렬화기를 메시지 전달 기법으로 노출한다는 점만 다르다.

```
function make_account_and_serializer(balance) {
    function withdraw(amount) {
        if (balance > amount) {
            balance = balance - amount;
            return balance;
        } else {
            return "Insufficient funds";
        }
    }
    function deposit(amount) {
        balance = balance + amount;
        return balance;
    }
    const balance_serializer = make_serializer();
    return m => m === "withdraw"
                ? withdraw
                : m === "deposit"
                ? deposit
                : m === "balance"
```

---

47 계좌 잔액들이 오름차순으로 $10, $20, $30이었다면, 동시적인 교환을 몇 번 수행하든 잔액들은 여전히 오름차순으로 $10, $20, $30이어야 한다. 개별 계좌의 입금을 직렬화하는 것만으로는 이 점을 보장할 수 없다. [연습문제 3.43]을 보라.

```
        ? balance
        : m === "serializer"
        ? balance_serializer
        : error(m, "unknown request -- make_account");
}
```

이 함수를 이용해서 입금과 출금을 직렬화할 수 있다. 그런데 이전의 직렬화된 계좌와는 달리 이제는 은행 계좌 객체의 사용자가 직렬화를 직접 관리해야 한다. 다음이 그러한 예이다.[48]

```
function deposit(account, amount) {
    const s = account("serializer");
    const d = account("deposit");
    s(d(amount));
}
```

직렬화기를 이런 식으로 외부로 내보내면 직렬화된 잔액 교환 프로그램을 구현하기에 충분한 유연성이 생긴다. 그냥 원래의 exchange 함수를 두 계좌의 직렬화기들로 직렬화하면 끝이다.

```
function serialized_exchange(account1, account2) {
    const serializer1 = account1("serializer");
    const serializer2 = account2("serializer");
    serializer1(serializer2(exchange))(account1, account2);
}
```

■ 연습문제 3.43

잔액이 오름차순으로 $10, $20, $30인 세 계좌에 대해 여러 스레드가 잔액 교환을 수행했다고 하자. 만일 그 스레드들이 임의의 횟수의 잔액 교환을 차례로(직렬로) 수행한다면 계좌 잔액들은 여전히 오름차순으로 $10, $20, $30임을 증명하라. 그리고 잔액 교환들을 이번 절 잔액 교환 프로그램(exchange)의 첫 버전으로 수행한다면 이 조건이 깨질 수 있음을 보여주는 시간 흐름도(그림 3.29 형태)를 그려라. 또한, 그 exchange의 첫 버전에서도 잔액들의 합은 보존됨을 증명하라. 그리고 만일 개별 계좌의 거래를 직렬화하지 않는다면 이 조건조차도 깨진다는 점을 보여는 시간 흐름도를 그려라.

---

48 [연습문제 3.45]에서는 더 이상 계정이 입금과 출금을 자동으로 직렬화하지 않는 이유를 살펴본다.

한 계좌에서 일정 금액을 다른 계좌로 송금하는 문제를 생각해 보자. 벤 빗디들은 그냥 다음 함수로 충분하며, 해당 은행 계좌 객체가 입금과 출금을 직렬화하기만 한다면 (이를테면 앞에 나온 make_account의 직렬화 버전처럼) 여러 고객이 여러 계좌에 동시에 송금한다고 해도 안전하다고 주장한다.

```
function transfer(from_account, to_account, amount) {
    from_account("withdraw")(amount);
    to_account("deposit")(amount);
}
```

루이스 리즈너는 여전히 문제가 존재하며, 잔액 교환 문제에 사용한 것 같은 좀 더 정교한 방법이 필요하다고 주장한다. 루이스가 옳을까? 아니라면, 송금 문제와 교환 문제의 본질적인 차이점은 무엇인가? (from_account의 잔액이 amount보다 작지 않다고 가정할 것.)

루이스 리즈너는 우리의 은행 계좌 시스템이 필요 이상으로 복잡하고, 입금과 출금이 자동으로 직렬화되지 않으므로 프로그래머가 실수할 여지가 많다고 생각한다. 그래서 루이스는 직렬화된 은행 계좌 객체 생성자 make_account_and_serializer가 make_account처럼 직렬화기를 이용해서 잔액 조회들과 출금들을 직접 직렬화해야 하며, 그렇다고 직렬화기를 숨기지는 말고 여전히 바깥으로 제공해야 한다고 주장한다. 다음은 그런 식으로 수정한 버전이다.

```
function make_account_and_serializer(balance) {
    function withdraw(amount) {
        if (balance > amount) {
            balance = balance - amount;
            return balance;
        } else {
            return "Insufficient funds";
        }
    }
    function deposit(amount) {
        balance = balance + amount;
        return balance;
```

```
        }
        const balance_serializer = make_serializer();
        return m => m === "withdraw"
                        ? balance_serializer(withdraw)
                        : m === "deposit"
                        ? balance_serializer(deposit)
                        : m === "balance"
                        ? balance
                        : m === "serializer"
                        ? balance_serializer
                        : error(m, "unknown request -- make_account");
}
```

이렇게 바꾸면 입금을 원래의 make_account처럼 처리할 수 있다.

```
function deposit(account, amount) {
    account("deposit")(amount);
}
```

루이스의 추론에서 무엇이 틀렸는지 설명하라. 특히, 이런 은행 계좌 객체들로 serialized_exchange를 호출하면 어떤 일이 벌어지는지 고찰할 것.

직렬화기 구현

여기서는 뮤텍스mutex라고 부르는 좀 더 기본적인(원시적인) 동기화 메커니즘을 이용해서 직렬화기를 구현하기로 한다. 뮤텍스는 두 가지 연산을 지원하는 객체인데, 하나는 획득(acquisition)이고 다른 하나는 해제(release)이다. 한 스레드가 한 뮤텍스를 획득하면, 다른 스레드들은 그 스레드가 그 뮤텍스를 해제할 때까지 그 뮤텍스를 획득하지 못한다.[49] 이번 절

---

49 'mutex'는 *mutual exclusion*(상호 배제)를 줄여서 만든 용어이다. 다수의 스레드가 공유 자원에 동시에 접근해도 안전하게 만드는 메커니즘을 마련하는 일반적인 문제를 '상호 배제 문제'라고 부른다. 뮤텍스는 세마포semaphore 메커니즘 (연습문제 3.47)을 단순화한 메커니즘에 해당한다. 세마포는 에인트호번 공과대학에서 개발한 'THE'라는 다중 프로그래밍 시스템에 처음 쓰였다(Dijkstra 1968a). 참고로 THE는 해당 학교의 네덜란드어 이름 머릿글자들을 모은 것이다. 획득 언산과 해제 연산은 원래 P와 V라고 불렀는데 P는 네덜란드어 단어 *passeren*(영어의 pass에 해당)에서 온 것이고 V는 *vrijgeven*(영어의 release)에서 온 것이다. 이 단어들 자체는 철도 시스템에서 교통 정리에 쓰이는 수기(semaphore; 손에 쥐는 작은 깃발)들을 참조한 것이라고 한다. 데이크스트라의 고전적 논문 [Dijkstra 1968b]는 동시성 제어 문제를 명확하게 제시한 최초의 논문 중 하나로, 세마포를 이용해서 다양한 동시성 문제를 처리하는 방법을 보여준다.

의 직렬화 구현에서 각 직렬화기에 하나의 뮤텍스가 연관된다. 주어진 함수 f에 대해 직렬화기는 뮤텍스를 획득하고, f를 실행하고, 뮤텍스를 해제하는 함수를 돌려준다. 이 덕분에 직렬화기가 돌려 준 함수는 한 번에 한 스레드만 실행할 수 있다. 이 점은 우리가 보장해야 하는 직렬화 성질과 정확히 일치한다. 직렬화기를 임의의 개수의 인수를 받는 함수에 적용하기 위해 자바스크립트의 나머지(rest) 매개변수 구문과 펼치기(spread) 구문(또는 전개 구문)을 사용한다. 함수 선언에서 매개변수 args 앞의 ...은 함수 호출 시 주어진 나머지 인수들(지금 예에서는 모든 인수)를 모아서 하나의 벡터 자료 구조를 만드는 역할을 한다.◆ 그리고 f(...args) 형태의 함수 적용에서 args 앞의 ...는 args의 요소들을 "펼쳐서(전개)" f의 개별 인수가 되게 한다.

```javascript
function make_serializer() {
    const mutex = make_mutex();
    return f => {
                function serialized_f(...args) {
                    mutex("acquire");
                    const val = f(...args);
                    mutex("release");
                    return val;
                }
                return serialized_f;
        };
}
```

뮤텍스는 참 또는 거짓의 값을 보유하는 변경 가능한 객체이다. 여기서는 요소 하나 짜리 목록을 사용해서 뮤텍스를 표현한다. 그러한 목록을 셀^{cell}이라고 부르기로 하겠다. 셀의 값이 false이면 뮤텍스는 해제 상태, 즉 획득이 가능한 상태이다. 셀의 값이 true이면 뮤텍스는 획득할 수 없는 상태이며, 뮤텍스를 획득하려 하는 스레드는 뮤텍스가 해제될 때까지 기다려야 한다.

다음은 뮤텍스 생성자 make_mutex이다. 이 함수는 셀(의 내용)을 false로 초기화한 후 뮤텍스 객체를 표현하는 함수를 돌려준다. 뮤텍스 획득 요청을 받으면 이 함수는 셀을 점검한다. 만일 뮤텍스가 해제 상태이면 그냥 셀을 true로 설정한다. 해제 상태가 아니면 루프를 돌

◆ 옮긴이 구체적으로는 나머지 인수들을 담은 표준 자바스크립트 배열 객체가 매개변수 args에 배정된다.

려서 반복해서 획득을 시도하는데, 이 루프는 뮤텍스가 해제되어서 획득이 성공하면 끝난다.[50]
해제 요청을 받으면 이 함수는 셀을 false로 설정한다.

```
function make_mutex() {
    const cell = list(false);
    function the_mutex(m) {
        return m === "acquire"
                ? test_and_set(cell)
                  ? the_mutex("acquire") // 재시도
                  : true
                : m === "release"
                ? clear(cell)
                : error(m, "unknown request -- mutex");
    }
    return the_mutex;
}
function clear(cell) {
    set_head(cell, false);
}
```

test_and_set 함수는 셀을 판정해서(test) 그 값을 돌려주되, 만일 셀이 false이면 먼저 true로 설정한(set) 후에 false를 돌려준다. 다음은 그런 작동 방식을 소박하게 구현한 test_and_set 함수이다.

```
function test_and_set(cell) {
    if (head(cell)) {
        return true;
    } else {
        set_head(cell, true);
        return false;
    }
}
```

그런데 test_and_set을 이렇게 구현하는 것으로는 충분하지 않다. 이 구현에는 미묘한 지점이 있는데, 그 지점은 동시성 제어가 시스템에 도입되는 필수적인 장소이기도 하다. 핵심은, 이

50 이 구현에서 뮤텍스에 차단된 스레드는 계속해서 뮤텍스 획득을 시도하는 소위 '바쁜 대기(busy-waiting)' **모드**로 늘어가지만, 대부분의 시분할(time-shared) 운영체제는 그렇게 하는 대신 차단된 스레드의 실행을 일시정지한 후 다른 스레드들에게 실행 기회를 준다. 나중에 뮤텍스가 사용 가능해지면 비로소 차단된 스레드를 활성화한다.

test_and_set 연산이 반드시 원자적으로(atomically) 수행되어야 한다는 것이다. 다른 말로 하면, 한 스레드가 셀이 false라고 판정했다면, 다른 스레드들이 셀을 판정하기 전에 그 스레드가 셀을 실제로 true로 설정한다는 점이 보장되어야 한다. 이 점이 보장되지 않으면 뮤텍스는 [그림 3.29]의 은행 계좌 예제와 비슷한 방식으로 오작동하게 된다. (연습문제 3.46을 보라.)

제대로 된 test_and_set을 실제로 어떻게 구현하면 되는지는 운영체제의 동시적 스레드 구현 세부사항에 의존한다. 예를 들어 한 스레드를 짧은 시간 동안 실행한 후 그다음 스레드에게 실행 기회를 주는 식으로 하나의 프로세서로 여러 스레드를 조금씩 실행하는 시분할 메커니즘을 채용한 운영체제라면, test_and_set 실행 도중에는 시분할이 일어나지 않도록 함으로써 원자성을 보장할 수 있다. 또는, 다중 프로세싱(multiprocessing) 시스템의 경우 운영체제가 제공하는, 원자적 연산을 하드웨어에서 직접 지원하는 명령들을 사용할 수도 있다.[51]

■ **연습문제 3.46** ─────────────────────

test_and_set을 원자적 연산으로 만드는 대신, 본문에 나온 것처럼 그냥 보통의 함수를 이용해서 구현했다고 하자. 두 스레드가 한 뮤텍스를 동시에 획득하려는 시도를 방지하지 못해서 이 구현이 오작동하는 상황을 [그림 3.29]와 비슷한 시간 흐름도로 그려서 설명하라.

■ **연습문제 3.47** ─────────────────────

세마포는 뮤텍스의 일반화이다. 뮤텍스처럼 세마포도 획득 연산과 릴리스 연산을 지원한다. 그러나 세마포는 셀이 하나가 아니라 여러 개일 수 있으며, 셀이 n이라고 할 때 최대 n개의 스레드가 동시에 하나의 세마포를 획득할 수 있다는 점에서 뮤텍스보타 일반적이다. 이후의 스레드

···························

[51] 그런 명령들의 종류는 판정 후 설정(test-and-set), 판정 후 해제(test-and-clear), 교환(swap), 비교 후 교환(compare-and-exchange), 예비 적재(load-reserve), 조건부 저장(strore-conditional) 등으로 다양하다. 이런 명령들은 컴퓨터의 프로세서-메모리 인터페이스와 잘 부합하도록 세심하게 설계되어야 한다. 여기서 발생하는 한 가지 문제점은 두 스레드가 공유 자원을 그런 명령을 이용해서 정확히 같은 시간에 획득하려 하는 경우를 어떻게 처리할 것인가이다. 이런 상황을 제대로 처리하려면 스레드들의 우선순위를 결정하는 어떤 메커니즘이 필요하다. 그런 메커니즘을 **중재자**(arbiter) 메커니즘이라고 부른다. 대체로 중재자의 결정은 결국 어떤 하드웨어 장치에 근거한다. 안타깝지만, 중재자가 결정을 내릴 때까지 얼마든지 시간을 쓸 수 있다고 허용하지 않는 한, 항상 잘 작동하는 공정한 중재자를 물리적으로 구축하는 것은 불가능한 일임을 증명할 수 있다. 여기에 깔린 근본적인 현상은 원래 14세기 프랑스 철학자 장 뷔리당이 아리스토텔레스의 **천체론**(De caelo)에 대한 자신의 주석서에서 언급했다. 뷔리당은 똑같이 맛있어 보이는 두 음식 사이에 있는 완벽하게 합리적인 개는 어느 쪽을 먼저 먹을지 결정하지 못해서 굶어 죽을 수밖에 없다고 주장했다.

들은 해제 연산을 기다려야 한다. 세마포를 다음 두 방식으로 구현하라.

a. 뮤텍스를 이용해서 구현한다.

b. 원자적 `test_and_set` 연산을 이용해서 구현한다.

교착

직렬화기를 구현하는 방법을 배우긴 했지만, 앞에 나온 `serialized_exchange` 함수로는 여전히 계좌 잔액 교환을 안전하게 수행할 수 없다. 피터가 계좌 a_1과 a_2의 잔액을 교환하려는 것과 동시에 폴이 a_2와 a_1의 잔액을 교환하려 하는 상황을 생각해 보면 무엇이 문제인지 알 수 있다. 피터의 스레드가 a_1을 보호하는 직렬화된 함수에 진입한 직후에 폴의 스레드가 a_2를 보호하는 직렬화된 함수에 진입한다고 하자. 그러면 피터(의 스레드)는 폴이 a_2를 보호하는 직렬화된 함수에서 나갈 때까지 차단된다. 그런데 폴 역시, 피터가 a_1을 보호하는 직렬화된 함수에서 나가야만 작업을 진행할 수 있다. 결국 두 스레드는 서로가 종료되길 영원히 기다리게 된다. 이런 상황을 **교착**(deadlock)이라고 부른다. 스레드들이 둘 이상의 공유 자원에 접근할 수 있는 시스템에서는 항상 교착이 발생할 위험이 있다.

이 시나리오에서 교착을 피하는 한 가지 방법은 각 계좌에 고유한 식별 번호를 부여하고, 스레드가 항상 가장 낮은 번호의 계좌를 보호하는 함수에 진입을 시도하도록 `serialized_exchange`를 고치는 것이다. 잔액 교환 문제라면 이 방법이 잘 작동한다. 그러나 이보다 더 정교한 교착 방지 기법이 필요한 상황도 있다. (연습문제 3.48과 연습문제 3.49를 보라.)[52]

■ **연습문제 3.48**

앞에서 언급한 교착 방지 방법(즉, 계좌들에 번호를 붙이고, 각 스레드가 가장 낮은 번호의 계좌부터 획득을 시도하게 하는 것)이 교환 문제에서 실제로 교착을 방지하는 이유를 자세히 설명하라. 이 방법을 사용하도록 `serialized_exchange`를 다시 작성하라. (`make_account`

---

[52] 공유 자원에 번호를 부여하고 순서대로 획득을 시도해서 교착을 피하는 일반적인 기법은 [Havender 1968]에 기인한다. 교착을 피할 수 없는 상황에서는 **교착 복구**(deadlock-recovery) 방법이 필요하다. 교착 복구를 위해서는 스레드들을 교착 상태에서 "후퇴(back out)"시킨 후 다시 시도하게 만들어야 한다. 교착 복구 메커니즘은 데이터베이스 관리 시스템(DBMS)에서 널리 쓰인다. 이 주제를 상세히 다룬 문헌으로는 [Gray 및 Reuter 1993]이 있다.

도 수정해야 한다. 계좌 생성 시 일련번호를 부여하는 기능과 적절한 메시지를 이용해서 계좌 객체에서 번호를 조회하는 수단이 필요하다.)

■ **연습문제 3.49**

앞에서 언급한 교착 방지 메커니즘이 통하지 않는 시나리오를 제시하라. (힌트: 잔액 교환 문제에서 각 스레드는 자신이 접근해야 할 계정을 미리 알고 있다. 스레드가 어떤 공유 자원에 접근한 후에야 자신이 획득해야 히는 또 다른 공유 자원들을 알게 되는 상황을 고찰해 볼 것.)

동시성, 시간, 의사소통

지금까지 우리는 동시적 시스템을 프로그래밍하려면 서로 다른 스레드들이 공유 상태에 접근할 때 발생하는 사건들의 순서를 제어할 수 있어야 한다는 점과 직렬화기를 적절히 사용하면 그런 제어가 가능하다는 점을 배웠다. 그런데 동시성 문제는 이보다 더 깊다. 근본적인 관점에서 볼 때 문제의 핵심은 '공유 상태(shared state)'라는 것의 의미가 항상 명확하지는 않다는 점이다.

test_and_set 같은 메커니즘이 작동하려면 스레드가 임의의 시점(time)에 어떤 전역 공유 플래그를 조사해야 한다. 요즘의 고속 프로세서들에서 그런 방식은 문제의 여지가 많고 구현이 비효율적이다. 프로세서들이 사용하는 파이프라인화나 캐시 메모리 같은 최적화 기법들 때문에 메모리의 내용이 모든 순간에서 일관된 상태인 것은 아니라는 점이 그 이유이다. 그래서 다중 프로세싱 시스템 중에는 직렬화기 패러다임 대신 다른 종류의 동시성 제어 접근 방식을 사용하는 것들이 있다.[53]

공유 상태에 깔린 문제점은 대형 분산 시스템에서도 발현된다. 예를 들어 어떤 분산 은행 거래 시스템이 계좌 잔액을 은행 지점마다 따로 저장하되, 주기적으로 다른 지점들의 잔액과 비교해서 동기화한다고 하자. 그런 시스템에서 '계좌 잔액'의 값은 동기화 직후를 제외하고는 미

---

[53] 직렬화 대신 사용할 수 있는 접근 방식으로 **장벽 동기화**(barrier synchronization)라는 것이 있다. 이 접근 방식에서는 동시적인 스레드들이 자유로이 실행되게 하되, 모든 스레드가 도달할 때까지는 그 어떤 스레드도 넘어가지 못하는 동기화 지점('장벽')을 설정함으로써 스레드들의 실행을 동기화한다. 예를 들어 PowerPC™는 그런 용도로 SYNC와 EIEIO(Enforced In-order Execution of Input/Output)라는 두 명령을 제공한다.

결정 상태(undetermined)라고 할 수 있다. 피터와 폴의 공동 계좌에 피터가 돈을 넣는다고 할 때, 그 계좌의 잔액은 언제 갱신된다고 말해야 할까? 지점의 지역 잔액이 변했을 때일까, 아니면 동기화 이후일까? 그리고 폴이 다른 지점에서 그 계좌의 잔액을 조회한다고 할 때, 그 조회가 "올바르게" 수행되게 하려면 은행 거래 시스템에 어떤 (합리적인) 제약을 가해야 할까? 시스템의 올바른 작동에 중요한 것은 피터와 폴이 개별적으로 관찰하는 시스템의 행동과 동기화 직후의 계좌의 '상태'이다. '진짜' 계좌 잔액이나 동기화들 사이에서 벌어진 사건들의 순서는 중요하지 않거나 무의미하다.[54]

여기에 깔린 근본 현상은, 여러 스레드를 동기화하거나, 공유 상태를 확립하거나, 사건들에 순서를 가하려면 스레드들 사이에 통신(communication; 의사소통)이 필요하다는 것이다. 본질적으로, 동시성 제어에 쓰이는 시간 개념은 그 어떤 것이든 반드시 통신과 밀접하게 묶인 것이어야 한다.[55] 흥미롭게도 상대성 이론에서도 시간과 통신이 이와 비슷하게 엮여 있다. 상대성 이론에서 빛(사건들을 동기화하는 데 사용할 수 있는 가장 빠른 신호)의 속도는 시간과 공간을 연관짓는 기본 상수이다. 계산적 모형에서 시간과 상태를 다룰 때 우리가 만나게 되는 복잡성은 어쩌면 물리적 우주의 근본적인 복잡성을 반영한 것일지도 모른다.

3.5 스트림

지금까지의 논의로 여러분은 모형화의 한 도구로서의 배정 연산을 잘 이해했을 것이고, 배정 때문에 생기는 복잡한 문제점들도 숙지했을 것이다. 그런데 그런 문제점들 중 일부를 피할 수 있는 또 다른 접근 방식은 없는지도 생각해 볼 때가 되었다. 이번 절에서는 **스트림**streams이라는 자료 구조에 기초한, 또 다른 상태 모형화 접근 방식을 살펴본다.

한 걸음 물러나서, 문제가 되는 복잡성이 어디에서 오는지를 다시 짚어 보자. 앞에서 우리는 현실 세계의 현상을 모형화하기 위해 겉보기에 합리적인 몇 가지 결정을 내렸다. 우리는 국소

---

54 이것이 이상한 관점이라고 생각하는 독자도 있겠지만, 실제로 이런 식으로 작동하는 시스템들이 존재한다. 예를 들어 신용카드 해외 결제의 경우 일반적으로 대금 청구가 국가별로 처리되며, 여러 나라에서 청구된 금액들이 주기적으로 조정된다. 따라서 계좌 잔액이 나라마다 다를 수 있다.

55 분산 시스템에서 이러한 관점을 연구한 논문으로는 [Lamport 1978]이 있다. 그 논문은 분산 시스템에서 벌어지는 사건들의 순서를 결정하는 데 사용할 수 있는 '전역 클록'을 통신을 이용해서 만드는 방법을 제시했다.

적(지역) 상태를 가진 현실 세계의 사물을 지역 변수를 가진 계산적 객체로 모형화했고, 현실 세계의 시간 변동(time variation)을 컴퓨터 안의 시간 변동으로 식별했고, 컴퓨터 안에 있는 모형 객체의 상태의 시간 변동을 모형 객체의 지역 변수에 대한 배정 연산으로 구현했다.

이와는 다른 접근 방식이 있을까? 컴퓨터의 시간과 모형화할 세상의 시간을 반드시 일대일로 대응시켜야 할까? 계속해서 변하는 현실 세계의 현상들을 모형화하려면 컴퓨터 모형을 시간의 흐름에 따라 변경하는 수밖에 없을까? 이 문제를 수학 함수의 관점에서 생각해 보자. 어떤 수량 x의 시변 행동을 시간의 함수 $x(t)$로 서술할 수 있다. 각각의 순간에서 x의 값에 초점을 두면, x는 계속해서 변하는 수량처럼 보인다. 그렇지만 시간에 따른 값들의 전체 내역(history)에 초점을 둔다면 그런 변화가 두드러지지 않는다. 함수 자체는 변하지 않는다.[56]

시간을 이산적인(discrete) 단계들로 측정한다면, 시간 함수를 (무한할 수도 있는) 하나의 순차열로 모형화할 수 있다. 이번 절에서는 모형화 대상 시스템의 시간 내역을 표현하는 순차열을 이용해서 변화를 모형화하는 방법을 살펴본다. 이를 위해 **스트림**stream이라는 새로운 자료 구조를 도입한다. 추상의 관점에서 스트림은 그냥 하나의 순차열이다. 그렇지만, 차차 보겠지만 스트림을 그냥 목록으로 구현하면(§2.2.1에서처럼) 스트림 처리의 위력이 온전하게 드러나지 않는다. 그래서 이번 절에서는 **지연(된) 평가**(delayed evaluation)라는 기법을 대안으로 제시한다. 지연 평가 기법을 이용하면 아주 큰(심지어는 무한한) 순차열을 스트림으로 표현할 수 있다.

스트림 처리 기법을 이용하면 상태를 가진 시스템을 배정 연산이나 변경 가능 데이터를 전혀 사용하지 않고도 모형화할 수 있다. 이 점은 이론적으로나 실용적으로나 중요하다. 배정을 도입하면 생길 수밖에 없는 여러 단점을 피할 수 있기 때문이다. 그렇지만 스트림 프레임워크 자체에도 나름의 문제점이 있으며, 두 모형화 기법 중 어느 쪽이 시스템의 모듈성과 유지보수 편의성에 도움이 되는지는 결론이 나지 않은 문제이다.

....

[56] 물리학자들은 종종 운동을 고찰하는 수단으로 입자의 '세계선(world lines)'이라는 것을 도입함으로써 이러한 관점을 채용한다. 사실 이 책에서도, 신호 처리 시스템을 고찰할 때 이것이 자연스러운 관점임을 이미 언급했다. 스트림을 신호 처리에 적용하는 문제는 §3.5.3에서 이야기한다.

3.5.1 지연 평가를 이용한 스트림 표현

§2.2.3에서 보았듯이 순차열은 프로그램 모듈들을 조합하는 표준 인터페이스 역할을 할 수 있다. 지금까지 우리는 map, filter, accumulate 같은 강력한 순차열 조작 추상들을 정의했다. 이들은 광범위한 연산들을 간결하고도 우아한 방식으로 반영한다.

그렇지만 순차열을 목록으로 표현하는 것은 우아하긴 해도 계산에 필요한 시간과 공간 모두에서 대단히 비효율적이다. 순차열 조작 연산들을 목록의 변환으로 표현한다면, 계산적 과정의 모든 단계에서 자료 구조(덩치가 엄청나게 클 수도 있는)들을 생성하고 복사해야 한다.

왜 그런지 이해하기 위해, 주어진 구간에 있는 모든 소수를 합하는 두 프로그램을 비교해보자. 첫 프로그램은 통상적인 반복적 스타일로 작성된 것이다.[57]

```
function sum_primes(a, b) {
    function iter(count, accum) {
        return count > b
               ? accum
               : is_prime(count)
               ? iter(count + 1, count + accum)
               : iter(count + 1, accum);
    }
    return iter(a, 0);
}
```

둘째 프로그램은 §2.2.3의 순차열 연산들을 이용해서 동일한 계산을 수행한다.

```
function sum_primes(a, b) {
    return accumulate((x, y) => x + y,
                      0,
                      filter(is_prime,
                             enumerate_interval(a, b)));
}
```

첫 프로그램은 누산 중인 합을 담을 공간만 있으면 된다. 그렇지만 둘째 프로그램은 주어진 구간의 모든 수를 담은 목록을 enumerate_interval로 생성한 후에야 소수 판정 필터를 적용할 수 있다. 그 필터 자체는 소수들을 담은 또 다른 목록을 생성해서 accumulate에

....

57 주어진 수가 소수인지 판정하는 술어 is_prime이 이미 정의되어 있다고(이를테면 §1.2.6에 나온 형태로) 가정한다.

넘겨주며, 그러면 비로소 accumulate가 그 소수들의 합을 계산한다. 첫 프로그램에는 이런 커다란 중간 자료 구조들이 필요하지 않다. 첫 프로그램은 그냥 구간의 수들을 "점진적 (incremental)"으로 훑으면서 발견된 소수를 그때까지의 합에 더할 뿐이다.

목록 사용의 비효율성을 극명하게 보여주는 또 다른 예로, 다음은 10,000에서 1,000,000 구간에 있는 두 번째 소수를 순차열 패러다임을 이용해서 찾는 문장이다.

```
head(tail(filter(is_prime,
                 enumerate_interval(10000, 1000000))));
```

이 문장의 표현식을 평가하면 두 번째 소수가 나오긴 하지만, 계산상의 추가부담(overhead)이 터무니없을 정도로 크다. 이 표현식을 평가하면 거의 100만 개의 정수들을 담은 목록이 만들어지며, 필터는 그 목록의 모든 정수에 대해 소수 판정을 수행한다. 그리고 판정 결과의 거의 대부분은 그냥 버려진다. 좀 더 전통적인 프로그래밍 스타일을 사용한다면 정수 나열과 필터 적용을 번갈아 수행하면서 두 번째 소수를 발견한 즉시 계산을 멈추었을 것이다.

스트림은 순차열을 목록으로 다룰 때의 이러한 비효율성을 피하면서도 여전히 순차열 조작 연산들을 사용할 수 있게 하는 현명한 발상이다. 스트림을 이용하면 두 접근 방식의 장점만 가질 수 있다. 즉, 프로그램을 순차열 조작들로 우아하게 정식화하면서도 점진적 계산의 효율성을 유지할 수 있다. 핵심은 스트림을 부분적으로만 생성해서, 생성된 부분만 프로그램에 보내 소비하게 하는 것이다. 스트림 소비자가 스트림에서 아직 생성되지 않은 부분에 접근하려 하면 스트림은 요구된 부분만큼만 생성해서 제공한다. 이렇게 하면 소비자에게는 마치 스트림 전체가 이미 존재하는 것처럼 보인다. 다른 말로 하면, 순차열 요소들의 '생산'과 '소비'가 자동으로, 투명하게 교대되도록 스트림 구현을 설계해 두면, 프로그램을 만들 때는 그냥 예전처럼 순차열 전체를 다루는 식으로 코드를 작성하면 된다.

그럼 그런 방식으로 작동하는 스트림을 설계해 보자. 스트림은 쌍 객체로 표현하기로 한다. 쌍 객체의 첫 요소는 스트림의 첫 요소(머리)이다. 그러나 둘째 요소는 스트림의 나머지 요소들(꼬리)이 아니고, 요구 시 나머지 요소들을 만들어 주겠다는 '약속(promise)'에 해당하는 요소이다. 구체적으로, 데이터 항목 h를 첫 요소로 하는 스트림을 쌍 객체 pair(h, () => t)로 표현한다. 이 쌍 객체의 꼬리(tail로 선택하는)는 스트림의 꼬리 t를 돌려주는 무항 함수이다. 이 함수는 소비자의 요청이 있을 때 비로소 평가된다. 이를 지연(된)(delayed) 평가라고 부른다. 빈 스트림은 빈 목록과 마찬가지로 그냥 null로 표현한다.

비지 않은 스트림의 첫 데이터 항목에 접근할 때는 목록에서처럼 쌍 객체의 머리(head)를 선택하면 된다. 스트림의 꼬리에 접근할 때는 평가가 지연된 표현식(이하 간단히 '지연 표현식')을 실제로 평가해야 한다. 편의를 위해 다음과 같은 함수를 정의해 두자.

```javascript
function stream_tail(stream) {
    return tail(stream)();
}
```

이 함수는 주어진 스트림 쌍 객체의 꼬리를 선택해서 무항 함수를 얻고, 그 함수를 적용해서 스트림의 다음 쌍 객체(스트림의 꼬리가 빈 스트림이면 null)를 얻는다. 비유하자면, 이 연산은 쌍 객체의 꼬리에게 '약속'을 지키라고 강제하는 것에 해당한다.

순차열 형태로 배치한 집합체(aggregate) 데이터를 이런 스트림으로 표현하는 방법은 목록으로 그런 데이터를 표현할 때와 정확히 같다. 다음은 제2장에 나온 list_ref, map, for_each 같은 목록 연산들의 스트림 버전들이다.[58]

```javascript
function stream_ref(s, n) {
    return n === 0
           ? head(s)
           : stream_ref(stream_tail(s), n - 1);
}
function stream_map(f, s) {
    return is_null(s)
           ? null
           : pair(f(head(s)),
                  () => stream_map(f, stream_tail(s)));
}
function stream_for_each(fun, s) {
    if (is_null(s)) {
        return true;
    } else {
        fun(head(s));
        return stream_for_each(fun, stream_tail(s));
```

----

[58] 이 점이 신경이 쓰일 것이다. 목록에 대한 함수들과 비슷한 함수들을 스트림에 대해 따로 정의한다는 것은 그 둘에 깔린 어떤 추상을 우리가 놓치고 있음을 암시한다. 안타깝게도 그 추상을 활용하려면 평가 과정을 이 책에서 지금까지 설명한 것보다 더 세밀하게 제어할 수 있어야 한다. 이 문제는 §3.5.4의 끝부분에서 좀 더 논의하겠다. 그리고 §4.2에서는 목록과 스트림을 통합하는 틀을 개발한다.

```
        }
    }
```

그리고 다음은 스트림의 내용을 출력하는 데 유용한 stream_for_each 함수이다.

```
function display_stream(s) {
    return stream_for_each(display, s);
}
```

스트림 구현이 스트림의 생성과 사용을 자동으로 투명하게 교대하게 만들기 위해, 우리는 스트림의 꼬리를 pair로 스트림을 생성할 때 미리 만드는 대신 나중에 stream_tail 함수를 통해 생성되게 배치했다. 이러한 구현상의 결정은 §2.1.2의 유리수 구현에 관한 논의를 떠올리게 한다. 유리수를 규정하는 분자와 분모를, 유리수를 생성할 때 약분할 수도 있고 분자나 분모가 선택될 때 약분할 수도 있다. 두 구현 모두 동일한 데이터 추상으로 이어지지만, 효율성에 차이가 있다. 스트림과 보통의 목록의 관계도 이와 비슷하다. 데이터 추상으로서의 스트림은 목록과 다를 바가 없다. 차이는 요소들을 평가하는 시점(time)이다. 보통의 목록에서는 head와 tail 둘 다 생성 시점에서 평가된다. 그러나 스트림에서는 tail이 선택 시점에서 평가된다.

스트림 사용 예

스트림 자료 구조가 어떤 식으로 작동하는지 살펴보기 위해, 앞에서 본 "터무니 없는" 두 번째 소수 찾기 프로그램을 스트림을 이용해서 다시 작성해 보자.

```
head(stream_tail(stream_filter(
                    is_prime,
                    stream_enumerate_interval(10000, 1000000))));
```

아래의 분석에서 보겠지만, 이 버전은 실제로 효율적으로 작동한다.

이 버전은 먼저 인수 10,000과 1,000,000으로 stream_enumerate_interval을 호출한다. stream_enumerate_interval 함수는 enumerate_interval(§2.2.3)의 스트림 버전에 해당한다.

```
function stream_enumerate_interval(low, high) {
    return low > high
```

```
                      ? null
                      : pair(low,
                             () => stream_enumerate_interval(low + 1, high));
    }
```

이 stream_enumerate_interval 함수의 pair가 돌려준 쌍 객체는 다음과 같다.[59]

```
    pair(10000, () => stream_enumerate_interval(10001, 1000000));
```

즉, stream_enumerate_interval은 head가 10,000이고 tail이 요청 시 구간의 요소들을 더 나열하겠다는 약속에 해당하는 함수인 하나의 쌍 객체로 표현된 스트림이다. 이제 스트림에 filter 함수(§2.2.3)의 스트림 버전인 stream_filter를 적용해서 소수들을 골라낸다.

```
    function stream_filter(pred, stream) {
        return is_null(stream)
               ? null
               : pred(head(stream))
               ? pair(head(stream),
                      () => stream_filter(pred, stream_tail(stream)))
               : stream_filter(pred, stream_tail(stream));
    }
```

이 stream_filter 함수는 스트림의 head를 pred로 판정한다. 지금 예에서는 먼저 10,000이 소수인지 판정하는데, 10,000은 소수가 아니므로 stream_filter은 입력 스트림의 꼬리를 조사하기로 한다. stream_tail을 호출하면 지연 표현식 stream_enumerate_interval의 평가가 강제되어서 다음이 반환된다.

```
    pair(10001, () => stream_enumerate_interval(10002, 1000000));
```

이제 stream_filter 함수는 이 스트림의 head인 10,001을 판정한다. 10,001 역시 소수가 아니므로 또 다시 stream_tail을 적용한다. 이런 과정이 반복되다 보면 stream_

---

[59] 여기에 나온 수치들이 지연 표현식에 실제로 나타나 있는 것은 아님을 주의하자. 지연 표현식이 실제로 가진 것은 변수들이 적절한 수치들에 묶인 환경에 있는 원래의 표현식이다. 예를 들어 여기에 표시된 10001은 사실 10,000과 묶인 low를 포함한 표현식 low + 1에 해당한다.

enumerate_interval이 실제로 소수인 10,007을 담은 스트림을 돌려준다. 주어진 값이 소수일 stream_filter는 다음과 같은 쌍 객체를 돌려주는데,

```
pair(head(stream),
     stream_filter(pred, stream_tail(stream)));
```

지금 경우는 구체적으로

```
pair(10007,
     () => stream_filter(
            is_prime,
            pair(10008,
                 () => stream_enumerate_interval(10009, 1000000))));
```

이다. 이 쌍 객체가 원래 표현식의 stream_tail로 전달된다. 그러면 지연된 stream_filter는 다시 지연된 stream_enumerate_interval을 평가해서 약속을 실현한다. 앞에서와 같은 과정에 의해 결국 두 번째 소수인 10,009가 발견되며, 그 수를 담은 스트림에 원래 표현식의 head가 적용된다.

```
pair(10009,
     () => stream_filter(
            is_prime,
            pair(10010,
                 () => stream_enumerate_interval(10011, 1000000))));
```

head는 10,009를 돌려주며, 이것으로 계산이 끝난다. 이 과정 전체에서, 두 번째 소수를 찾는 데 필요한 정수들에만 소수 판정이 적용되었으며, 소수 판정 필터에 꼭 전달해야 할 구간의 정수들만 생성되었음을 주목하기 바란다.

일반화하자면, 지연 평가라는 것은 '요구 주도적(demand-driven; 또는 수요 주도적)' 프로그래밍이라고 할 수 있다. 즉, 스트림 처리의 각 단계는 그다음 단계에 필요한 만큼만 활성화된다. '시간' 문제로 돌아가서, 이러한 방식은 계산적 과정에서 벌어지는 사건들의 실제 순서와 함수들의 겉보기 구조를 분리한다. 프로그래머는 스트림이 "미리 한꺼번에 전부" 만들어져 있다고 생각하고 함수를 작성하지만, 실제로는 전통적인 프로그래밍 스타일에서처럼 계산이 점진적으로 수행된다.

최적화

앞에서 만든 스트림 쌍 객체는 스트림의 꼬리를 위한 표현식을 함수로 감싸서 그 표현식의 평가를 뒤로 미룬다. 꼬리가 필요한 때가 되면 그 함수를 적용함으로써 표현식의 평가를 강제한다.

스트림이 이전에 이야기한 방식으로 작동하는 데에는 이 구현으로 충분하지만, 필요하다면 성능을 더욱더 개선할 수 있는 중요한 최적화 방법이 하나 있다. 대부분의 응용 프로그램에서는 같은 지연 객체를 여러 번 평가하게 된다. 스트림과 연관된 재귀적인 프로그램에서는 이 때문에 효율성이 크게 떨어질 수 있다. (연습문제 3.57을 보라.) 해결책은 지연 객체가 처음 평가될 때 평가 결과를 저장해 두고, 이후의 평가들에서는 계산을 다시 수행하는 대신 그냥 저장된 값을 돌려주는 것이다. 다른 말로 하면, 스트림 쌍의 생성을 [연습문제 3.27]에서 설명한 것과 비슷한 메모화된 함수로 구현한다. 다음은 그런 구현을 돕는 함수로, 무항 함수를 하나 받고 그 함수를 메모화한 버전을 돌려준다. 메모화된 함수는 첫 호출(평가)에서만 계산을 실제로 수행해서 계산 결과를 저장해 두고, 이후의 호출에서는 그냥 저장된 결과를 돌려준다.[60]

```
function memo(fun) {
    let already_run = false;
    let result = undefined;
    return () => {
            if (!already_run) {
                result = fun();
                already_run = true;
                return result;
            } else {
                return result;
            }
        };
}
```

<hr>

[60] 스트림을 구현하는 방법은 이번 절에 나온 것 말고도 많다. 알골 60의 이름에 의한 호출(call-by-name) 매개변수 전달 방식에서는 이러한 지연 평가 메커니즘(스트림을 실용적인 자료 구조로 만드는 데 핵심인)이 자동으로 지원된다. 이 메커니즘으로 스트림을 구현하는 방법은 [Landin 1965]에서 처음으로 소개되었다. 리스프에 지연 평가가 도입된 것은 1976년이다(Friedman & Wise 1976). 프리드먼과 와이즈의 해당 구현에서 cons(우리의 pair 함수에 해당하는 리스프의 함수)는 항상 인수들의 평가를 지연하므로, 리스프의 목록은 자동으로 스트림처럼 행동한다. 메모화를 이용한 최적화를 필요에 따른 호출(call-by-need)이라고 부르기도 한다. 알골 공동체는 앞에 나온 원래의 지연 객체를 이름에 의한 호출 성크(call-by-name thunks)라고 부르고, 최적화한 버전을 필요에 의한 호출 성크(call-by-need thunk)라고 부른다.

스트림 쌍 객체를 생성할 때 이 memo를 적용하면 스트림 연산이 최적화된다. 예를 들어 다음은 메모화를 적용하지 않은 맵 연산이고,

```
function stream_map(f, s) {
    return is_null(s)
           ? null
           : pair(f(head(s)),
                  () => stream_map(f, stream_tail(s)));
}
```

다음은 이 stream_map을 메모화를 이용해서 최적화한 것이다.

```
function stream_map_optimized(f, s) {
    return is_null(s)
           ? null
           : pair(f(head(s)),
                  memo(() =>
                          stream_map_optimized(f, stream_tail(s))));
}
```

■ **연습문제 3.50**

이항 함수(인수가 두 개인 함수)와 스트림 두 개를 받고, 그 두 스트림의 두 요소(색인이 같은)로 그 이항 함수를 호출해서 얻은 요소들을 나열하는 스트림을 돌려주는 함수 stream_map_2를 선언하라.

```
function stream_map_2(f, s1, s2) {
    ...
}
```

그리고 이 stream_map_2를 수정해서, 결과 스트림에 대해 메모화를 적용하는 함수 stream_map_2_optimized를 작성하라.

■ **연습문제 3.51**

우리의 원시 함수 display는 주어진 인수를 출력한 후 그대로 돌려준다. 다음 문장들을 차례로 수행할 때 해석기는 무엇을 출력할까?[61]

```
let x = stream_map(display, stream_enumerate_interval(0, 10));
stream_ref(x, 5);
stream_ref(x, 7);
```

만일 다음처럼 stream_map 대신 stream_map_optimized를 사용하면 해석기는 무엇을 출력할까?

```
let x = stream_map_optimized(display, stream_enumerate_interval(0, 10));
stream_ref(x, 5);
stream_ref(x, 7);
```

■ **연습문제 3.52**

다음과 같은 문장렬을 생각해 보자.

```
let sum = 0;
function accum(x) {
    sum = x + sum;
    return sum;
}
const seq = stream_map(accum, stream_enumerate_interval(1, 20));
const y = stream_filter(is_even, seq);
const z = stream_filter(x => x % 5 === 0, seq);
stream_ref(y, 7);
display_stream(z);
```

----

61 [연습문제 3.51~3.52] 같은 연습문제들은 여러분이 지연 평가의 작동 방식을 제대로 이해했는지 파악하는 데 유용하다. 그렇지만 지연 평가와 출력을 섞으면 아주 헷갈린다(배정까지 끼어들면 더욱 그렇다). 사실 컴퓨터 언어 강의의 강사들은 예전부터 이번 절의 연습문제들 같은 시험 문제로 수강생들을 괴롭혀왔다. 이런 미묘한 사항들에 의존하는 프로그램을 작성하는 것이 바람직하지 않은 프로그래밍 스타일인 것은 말할 필요가 없겠다. 그러나 배정이 존재하면 시간과 변화를 신경 쓸 수밖에 없고, 그러다 보면 이런 프로그래밍 스타일을 피할 수 없다는 점이 안타깝다.

각 문장의 평가 직후 sum의 값은 무엇인가? stream_ref 표현식과 display_stream 표현식이 평가될 때 해석기는 무엇을 출력하는가? 만일 스트림 객체를 생성할 때 항상 꼬리에 본문에 나온 방식으로 memo를 적용한다면 해석기의 출력이 달라질까? 여러분의 답을 설명하라.

3.5.2 무한 스트림

지금까지 우리는 프로그램의 관점에서는 스트림이 이미 완성된 것처럼 보이지만 실제로는 요청이 있을 때 비로소 요소들을 생성하는 기법을 살펴보았다. 이 기법을 이용하면 아주 긴 순차열을 스트림으로 표현할 때도 효율성이 떨어지지 않는다. 더욱 중요하게는, 무한히 긴 순차열을 스트림으로 표현하는 것도 가능하다. 예를 들어 다음은 양의 정수 전체에 해당하는 스트림의 정의이다.

```
function integers_starting_from(n) {
    return pair(n, () => integers_starting_from(n + 1));
}

const integers = integers_starting_from(1);
```

integers는 head가 1이고 tail이 2로 시작하는 정수 스트림을 산출하는 약속인 하나의 쌍 객체라는 점을 생각하면 이것이 양의 전수 전체를 나타내는 스트림이라는 점이 이해가 될 것이다. 이것은 무한히 긴 스트림이지만, 주어진 한 시점에서 우리는 단지 그 스트림의 유한한 일부에만 접근할 뿐이다. 그렇지만 요청만 하면 항상 양의 정수가 공급되므로, 프로그램은 무한한 스트림이 실제로는 존재하지 않는다는 점을 알지 못한다.

integers를 이용해서 또 다른 무한 스트림을 정의할 수 있다. 예를 들어 다음은 7로 나누어떨어지지 않는 정수들의 스트림이다.

```
function is_divisible(x, y) { return x % y === 0; }
const no_sevens = stream_filter(x => ! is_divisible(x, 7),
                                integers);
```

이제 그냥 이 스트림의 요소들에 접근하기만 하면 7로 나뉘지(나누어떨어지지) 않는 정수들을 구할 수 있다.

```
stream_ref(no_sevens, 100);
117
```

다음은 integers와 비슷한 방식으로 정의한 무한 피보나치 수열 스트림이다.

```
function fibgen(a, b) {
    return pair(a, () => fibgen(b, a + b));
}

const fibs = fibgen(0, 1);
```

상수 fibs는 head가 0이고 tail은 fibgen(1, 1)을 평가할 약속에 해당하는 지연 표현식인 하나의 쌍 객체이다. 지연 표현식 fibgen(1, 1)을 평가하면 head가 1이고 tail은 fibgen(1, 2) 평가에 대한 약속인 쌍 객체가 만들어진다. 이런 방식으로 이 스트림은 끝없이 피보나치 수를 산출한다.

좀 더 흥미로운 무한 스트림의 예로, no_sevens를 일반화해서 무한 소수 스트림을 만들어 보자. 소수들은 에라토스테네스의 체(sieve of Eratosthenes)라는 방법으로 구할 수 있다.[62] 우선 정수 2에서 시작한다. 이것이 첫 소수이다. 이제 나머지 정수들에서 2의 배수들을 모두 제거한다. 그러면 3으로 시작하는 스트림이 남는데, 3이 바로 둘째 소수이다. 다음으로, 남은 정수들에서 3의 배수들을 모두 제거한다. 그러면 5로 시작하는 스트림이 남는데, 그 5가 바로 셋째 소수이다. 이런 식으로 배수들을 제거해 나가서 소수들을 "체로 걸러내는" 과정을 일반화해서 서술하면 다음과 같다. 스트림 S가 주어졌을 때, 첫 요소가 S의 첫 요소이고 나머지 요소들은 S에서 S의 첫 요소의 모든 배수를 제거해서 얻는 스트림을 만든다. 그 스트림에 대해 같은 과정을 반복한다. 다음은 이러한 소수 생성 과정을 스트림 연산을 이용해서 표현한 것이다.

----

[62] 기원전 3세기 그리스 알렉산드리아의 철학자인 에라토스테네스는 지구 둘레를 처음으로 정확하게 추정한 사람으로 유명하다. 에라토스테네스는 하지 정오에 드리워진 막대기의 그림자 길이를 이용해서 지구 둘레를 계산했다. 에라토스테네스의 체 방법은 고대의 알고리즘이긴 하지만, 1970년대까지 큰 소수들을 찾는데 가장 강력한 도구였던 소수 생성 전용 하드웨어 '체'의 기반이 되었다. 그러나 이런 기법들은 그 후 확률적 기법들(§1.2.6에서 논의한)에 대체되었다.

```
function sieve(stream) {
    return pair(head(stream),
                () => sieve(stream_filter(
                                x => ! is_divisible(x, head(stream)),
                                stream_tail(stream))));
}
const primes = sieve(integers_starting_from(2));
```

이제 n번째 소수를 알고 싶으면 그냥 스트림에 요청하기만 하면 된다.

```
stream_ref(primes, 50);
233
```

sieve를 하나의 신호 처리 시스템으로 간주해 살펴보면 재미있다. [그림 3.31]은 그 시스템을 '헨더슨 도표(Henderson diagram)'[63]로 그린 것이다. 입력 시스템은 제일 먼저 '쌍 분리(unpairing)' 상자로 들어간다. 이 상자는 스트림의 첫 요소와 스트림의 나머지 부분을 분리한다. 첫 요소는 나누어짐 판정 필터로 들어간다. 그 필터에는 스트림의 나머지 부분도 입력된다. 그 필터의 출력은 또 다른 체 상자로 들어간다. 원래의 첫 요소와 그 체 상자의 출력을 결합해서 출력 스트림을 만든다. 체 상자 안에 (그와 동일한 구조의) 체 상자가 들어 있으므로, 스트림이 무한대일 뿐만 아니라 신호 처리 시스템 자체도 무한이다.

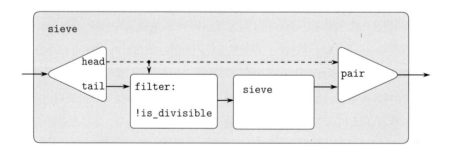

그림 3.31 소수 체를 신호 처리 시스템으로 본 모습. 각 실선 화살표는 요소에서 요소로 전송되는 값들의 스트림을 나타낸다. head에서 pair와 filter로 가는 점선 화살표들은 스트림이 아니라 하나의 값을 나타낸다.

....

63 스트림 처리를 고찰하는 한 방법으로 이런 종류의 그림을 그려서 우리에게 처음으로 제시한 피터 헨더슨의 이름을 딴 것이다.

암묵적인 스트림 정의

앞의 integers 스트림과 fibs 스트림은 스트림 요소들을 하나씩 명시적으로 계산하는 '생성' 함수를 명시해서 정의한 것이다. 이와는 다르게, 지연 평가의 장점을 이용해서 스트림을 암묵적으로 정의할 수도 있다. 예를 들어 다음 문장은 1들이 무한히 나열되는 ones 스트림을 정의한다.

```
const ones = pair(1, () => ones);
```

이 스트림은 재귀 함수와 상당히 비슷한 방식으로 작동한다. ones는 head가 1이고 tail은 ones의 평가를 약속하는 지연 표현식인 하나의 쌍 객체이다. tail을 평가하면 또다시 1과 ones 평가 약속으로 이루어진 쌍 객체가 나오며, 따라서 1들이 재귀적으로 무한히 생성된다.

스트림을 이런저런 방식으로 조작하는 연산들을 도입하면 좀 더 흥미로운 일들을 수행할 수 있다. 한 예로 다음은 주어진 두 스트림을 요소별로 합한 스트림을 산출하는 add_streams 연산이다.[64]

```
function add_streams(s1, s2) {
    return stream_map_2((x1, x2) => x1 + x2, s1, s2);
}
```

1들의 스트림에 이 연산을 적용하면 정수들의 스트림을 만들 수 있다.

```
const integers = pair(1, () => add_streams(ones, integers));
```

이 문장이 정의하는 integers는 첫 요소가 1이고 나머지는 ones와 integers의 합인 스트림이다. 따라서 integers의 둘째 요소는 1에 integers의 첫 요소를 더한 2이고, 셋째 요소는 1에 integers의 둘째 요소를 더한 3이고, 등등이다. 이 정의가 잘 작동하는 이유는, n번째 정수가 요청된 시점에서 integers에 이미 $n-1$번째 정수가 만들어져 있기 때문이다.

피보나치 수열도 비슷한 방식으로 정의할 수 있다.

```
const fibs = pair(0,
                  () => pair(1,
```

---

64 여기에 쓰인 stream_map_2는 [연습문제 3.50]에 나온 것이다.

```
                    () => add_streams(stream_tail(fibs),
                                      fibs)));
```

이 정의에서 **fibs**는 0과 1로 시작하는 스트림인데, 스트림의 나머지 요소들은 **fibs** 자신을 스트림의 그 이전 요소에 더한 것이다.

$$
\begin{array}{ccccccccccl}
1 & 1 & 2 & 3 & 5 & 8 & 13 & 21 & & \dots & = & \text{stream\_tail(fibs)} \\
  & 0 & 1 & 1 & 2 & 3 & 5 & 8 & 13 & \dots & = & \text{fibs} \\
\hline
0 & 1 & 1 & 2 & 3 & 5 & 8 & 13 & 21 & 34 & \dots & = \text{fibs}
\end{array}
$$

이런 식으로 스트림을 정의할 때는 다음 **scale_stream** 함수도 유용할 것이다. 이 함수는 스트림의 각 요소에 주어진 상수를 곱한다.

```
function scale_stream(stream, factor) {
    return stream_map(x => x * factor,
                      stream);
}
```

예를 들어 다음은 2의 거듭제곱들($1, 2, 4, 8, 16, 32,$ $\dots$)로 이루어진 스트림을 정의한다.

```
const double = pair(1, () => scale_stream(double, 2));
```

소수 스트림 역시 이렇게 암묵적으로 정의할 수 있다. 첫 소수인 2에서 출발해서, 나머지 정수들에 대해 소수 판정 필터를 적용하면 된다.

```
const primes = pair(2,
                    () => stream_filter(is_prime,
                                        integers_starting_from(3)));
```

여기에 쓰이는 소수 판정 술어 **is_prime**은 생각보다 복잡하다. 이 술어는 주어진 정수 n이 소수인지를, n이 $\sqrt{n}$보다 작거나 같은 소수로(아무 정수가 아니라) 나뉘는지로 판정한다.

```
function is_prime(n) {
    function iter(ps) {
        return square(head(ps)) > n
               ? true
```

```
                : is_divisible(n, head(ps))
                ? false
                : iter(stream_tail(ps));
        }
        return iter(primes);
    }
```

primes가 호출하는 is_prime이 다시 primes를 호출한다는 점에서 이 스트림의 정의는 재귀적이다. 이 함수가 잘 작동하는 이유는, 언제라도 그다음 정수의 소수성을 판정하는 데 필요한 만큼의 소수들이 스트림에 이미 생성되어 있기 때문이다. 즉, 소수성을 판정할 모든 n에 대해, n은 소수가 아니거나(n과 나누어떨어지는 소수가 이미 존재하는 경우) 소수이다(n보다 작고 $\sqrt{n}$보다 큰 소수가 이미 생성된 경우).[65]

■ **연습문제 3.53**

다음으로 정의되는 스트림의 요소들을 프로그램을 실행하지 말고 설명하라.

```
const s = pair(1, () => add_streams(s, s));
```

■ **연습문제 3.54**

add_streams와 비슷하되 두 입력 스트림의 요소별 곱 스트림을 생성하는 mul_streams 함수를 정의하라. 그리고 이 함수와 integers 스트림을 이용해서, n번째 요소(첫 요소는 0번)가 $n + 1$의 계승(factorial)인 스트림을 정의하는 다음 문장을 완성하라.

```
const factorials = pair(1, () => mul_streams(⟨??⟩, ⟨??⟩));
```

---

[65] 후자는 이해하기가 쉽지 않을 텐데, 여기에는 $p_{n+1} \leq p_n^2$이라는 사실이 깔려 있다. (여기서 p_k는 k번째 소수를 나타낸다.) 이런 상계를 증명하기란 대단히 어렵다. 소수가 무한히 많음을 아주 오래전에 오일러가 증명했는데, 그 증명에 따르면 $p_{n+1} \leq p_1 p_2 \cdots p_n + 1$이다. 오랫동안 이 상한(최소상계)이 크게 개선되지 않다가, 1851년에 러시아 수학자 P. L. 체비쇼프Chebyshev가 모든 n에 대해 $p_{n+1} \leq 2p_n$임을 입증했다. 이 결과는 1845년에 베르트랑이 추측했으며, 그래서 이를 베르트랑 공준 또는 베르트랑 가설(Bertrand's hypothesis)이라고 부른다. [Hardy and Wright 1960]의 §22.3에 이 공준의 증명이 있으니 참고하기 바란다.

스트림 S를 받고 요소들이 S_0, $S_0 + S_1$, $S_0 + S_1 + S_2$, ...인 스트림을 돌려주는 함수 partial_sums를 정의하라. 예를 들어 partial_sums(integers)는 스트림 1, 3, 6, 10, 15, ...이어야 한다.

R. 해밍Hamming이 처음 제기한 유명한 문제가 하나 있다. 2, 3, 5 이외의 소인수는 없는 모든 양의 정수를 중복 없이 오름차순으로 나열하는 것이다. 간단한 해법은 모든 정수에 대해 2, 3, 5 이외의 소인수가 있는지 판정하는 것이지만, 정수가 커질수록 그 조건을 충족하는 정수가 점점 더 적어지기 때문에 이 해법은 대단히 비효율적이다. 다른 대안을 찾아보자. 그런 스트림이 S라고 할 때, S에 대해 다음이 성립한다.

- S는 1로 시작한다.

- scale_stream(S, 2)의 요소들은 S의 요소들이기도 하다.

- scale_stream(S, 3)과 scale_stream(S, 5)의 요소들 역시 S의 요소들이다.

- 이상의 요소들만 S의 요소들이다.

따라서 1과 세 가지 배수 스트림의 요소들을 한데 모으면 S가 된다. 이 해법을 구현하려면 두 순서 있는 스트림을 병합해서 하나의 순서 있는 결과 스트림을 얻을 수 있어야 한다. 이를 위해 다음과 같은 merge라는 함수를 정의하자.

```
function merge(s1, s2) {
    if (is_null(s1)) {
        return s2;
    } else if (is_null(s2)) {
        return s1;
    } else {
        const s1head = head(s1);
        const s2head = head(s2);
        return s1head < s2head
                ? pair(s1head, () => merge(stream_tail(s1), s2))
```

```
                    : s1head > s2head
                    ? pair(s2head, () => merge(s1, stream_tail(s2)))
                    : pair(s1head, () => merge(stream_tail(s1), stream_tail(s2)));
        }
    }
```

이제 이 merge를 이용해서 스트림들을 병합하면 답이 나온다. 다음 문장의 〈??〉에 적절한 표
현식을 채워서 S를 정의하라.

```
const S = pair(1, () => merge(⟨ ?? ⟩, ⟨ ?? ⟩));
```

■ 연습문제 3.57

본문에 나온, add_streams 함수에 기반한 fibs 스트림을 이용해서 n번째 피보나치 수를 계
산할 때 수행되는 덧셈은 총 몇 회인가? 그 덧셈 횟수가 만일 add_streams에서 stream_
map_2_optimized(연습문제 3.50)를 사용했다면 수행될 덧셈 횟수보다 지수적으로 많음을
보여라.[66]

■ 연습문제 3.58

다음 함수가 생성하는 어떤 스트림을 생성하는지 설명하라.

```
function expand(num, den, radix) {
    return pair(math_trunc((num * radix) / den),
            () => expand((num * radix) % den, den, radix));
}
```

---

[66] 이 연습문제는 요구에 의한 호출과 [연습문제 3.27]에서 설명한 통상적인 메모화의 밀접한 관계를 보여준다. 그 연습
문제에서는 결과 값들을 담는 지역 테이블을 배정을 이용해서 명시적으로 구축했다. 그러나 이번 절의 요구에 의한 호출
스트림 최적화는 그런 테이블을 사실상 자동으로 구축한다(이전에 평가가 강제된 스트림 부분에 값들을 저장함으로써).

여기서 `math_trunc`는 주어진 인수의 소수부(소수점 이하 부분)를 폐기한 결과를 돌려준다. 따라서 해당 표현식은 정수 나눗셈에서 나머지를 버리고 몫만 취하는 것에 해당한다. `expand(1, 7, 10)`이 생성하는 스트림의 요소들은 무엇인가? `expand(3, 8, 10)`이 생성하는 스트림은 어떤가?

■ 연습문제 3.59

§2.5.3에서 구현한 다항식 산술 시스템은 다항식을 항들의 목록으로 표현했다. 그와 비슷하게, **멱급수**(power series)를 무한 스트림으로 표현할 수 있다. 다음은 몇 가지 주요 멱급수이다.

$$
\begin{aligned}
e^x &= 1 + x + \frac{x^2}{2} + \frac{x^3}{3 \cdot 2} + \frac{x^4}{4 \cdot 3 \cdot 2} + \cdots, \\
\cos x &= 1 - \frac{x^2}{2} + \frac{x^4}{4 \cdot 3 \cdot 2} - \cdots, \\
\sin x &= x - \frac{x^3}{3 \cdot 2} + \frac{x^5}{5 \cdot 4 \cdot 3 \cdot 2} - \cdots,
\end{aligned}
$$

이 연습문제에서는 급수 $a_0 + a_1 x + a_2 x^2 + a_3 x^3 + \cdots$을 요소들이 $a_0, a_1, a_2, a_3, \cdots$인 스트림으로 표현한다.

a. 급수 $a_0 + a_1 x + a_2 x^2 + a_3 x^3 + \cdots$의 적분은 다음과 같은 급수이다.

$$
c + a_0 x + \tfrac{1}{2} a_1 x^2 + \tfrac{1}{3} a_2 x^3 + \tfrac{1}{4} a_3 x^4 + \cdots
$$

여기서 c는 임의의 상수이다. 멱급수를 나타내는 스트림 $a_0, a_1, a_2, \cdots$를 받고 그 급수의 적분을 표현하는 스트림을 돌려주는 함수 `integrate_series`를 정의하라. 결과 스트림은 적분 급수에서 상수항 이외의 항들의 계수 $a_0, \tfrac{1}{2} a_1, \tfrac{1}{3} a_2, \cdots$을 산출해야 한다. (결과 스트림에 상수항이 없으므로, 결과 스트림 자체는 급수를 표현하지 않는다. 따라서 결과 스트림을 다시 `integrate_series`로 적분하려면 `pair`를 이용해서 적절한 상수를 스트림 제일 앞에 삽입해야 한다.)

b. 함수 $x \mapsto e^x$의 도함수는 함수 자신이다. 따라서 e^x의 급수와 e^x의 적분의 급수는 상수항만 다를 뿐(적분의 경우 $e^0 = 1$) 같은 급수이다. 이 점에 착안해서 e^x의 급수를 다음과 같이 정의할 수 있다.

```
    const exp_series = pair(1, () => integrate_series(exp_series));
```

사인과 코사인의 멱급수들도 비슷한 방식으로 정의할 수 있다. 사인의 도함수는 코사인이고 코사인의 도함수는 사인이라는 사실에 근거해서 두 멱급수를 정의하는 다음 문장들을 완성하라.

```
    const cosine_series = pair(1, ⟨ ?? ⟩);
    const sine_series = pair(0, ⟨ ?? ⟩);
```

■ 연습문제 3.60

[연습문제 3.59]에서처럼 멱급수를 계수들의 스트림으로 표현하면, 기존의 **add-streams**를 이용해서 급수들을 더할 수 있다는 장점이 생긴다. 두 멱급수를 곱하는 다음 함수의 선언을 완성하라.

```
    function mul_series(s1, s2) {
        pair(⟨ ?? ⟩, () => add_streams(⟨ ?? ⟩, ⟨ ?? ⟩));
    }
```

[연습문제 3.59]에서 구한 사인, 코사인 멱급수들에 이 함수를 적용해서 실제로 $\sin^2 x + \cos^2 x = 1$이 되는지 확인해 볼 것.

■ 연습문제 3.61

S가 상수항이 1인 멱급수(연습문제 3.59)를 표현하는 스트림이라고 할 때, $1/S$에 해당하는 멱급수, 즉 $S \cdot X = 1$인 멱급수 X를 구하고자 한다. S_R이 S에서 상수항 이후의 부분이라고 하자. 즉, $S = 1 + S_R$이다. 그러면 X를 다음과 같이 구할 수 있다. ◆

....

◆ 옮긴이 이 문제에서 1은 스칼라 1이 아니라 상수항이 1이고 나머지 계수는 모두 0인 멱급수로 간주할 수 있다. 이 점은 1 이외의 스칼라로도 일반화할 수 있다.

$$
\begin{aligned}
S \cdot X &= 1 \\
(1 + S_R) \cdot X &= 1 \\
X + S_R \cdot X &= 1 \\
X &= 1 - S_R \cdot X
\end{aligned}
$$

다른 말로 하면 X는 상수항이 1이고 그 이후의 항들은 S_R 곱하기 X의 음수인 멱급수이다. 이에 착안해서, 상수항이 1인 멱급수 S를 받고 $1/S$를 계산하는 `invert_unit_series` 함수를 작성하라. [연습문제 3.60]의 `mul_series` 함수가 필요할 것이다.

■ **연습문제 3.62**

[연습문제 3.60]과 [연습문제 3.61]의 결과를 이용해서 한 멱급수를 다른 멱급수로 나누는 함수 `div_series`를 정의하라. `div_series` 함수는 분모(제수) 멱급수의 상수항이 0이 아니라는 조건만 충족한다면 그 어떤 두 멱급수에 대해서도 작동해야 한다. (분모의 상수항이 0이면 `div_series`는 오류를 보고해야 한다.) 그러한 `div_series`와 [연습문제 3.59]의 사인, 코사인 멱급수를 이용해서 탄젠트에 대한 멱급수를 생성하는 방법을 설명하라.

3.5.3 스트림 패러다임의 활용

스트림과 지연 평가의 조합은 지역 상태와 배정의 여러 장점을 제공하는 강력한 모형화 도구가 될 수 있다. 게다가 이 조합에는 배정 연산을 프로그래밍 언어에 도입할 때 생기는 몇 가지 이론적 문제점이 없다.

스트림 접근 방식이 프로그래밍 공부에 도움이 되는 이유 하나는, 상태 변수에 대한 배정에 기반해서 조직화된 시스템과는 다른 방식으로 모듈들을 분리해서 시스템을 구축할 수 있다는 점이다. 예를 들어 시간에 따른 변화를 반영할 때, 개별 순간들에서 상태 변수가 어떤 값을 가지느냐에 초점을 두는 것이 아니라 하나의 시계열(time series) 또는 신호 전체에 초점을 두어서 문제를 고찰할 수 있다. 그러면 서로 다른 순간에서 상태의 구성요소들을 조합하거나 비교하기가 편하다.

스트림 처리로 표현된 반복적 과정

§1.2.1에서 소개한 반복적 과정은 상태 변수들을 갱신하는 식으로 진행된다. 그러나 이제 우리는 상태라는 것을 계속 갱신되는 일단의 변수들이 아니라 "시간을 초월한(timeless)" 값들의 스트림으로 표현할 수 있음을 알고 있다. 이러한 관점을 채용해서 §1.1.7의 제곱근 함수를 다시 생각해 보자. 이 제곱근 함수의 핵심은 제곱근의 측정값(guess)을 갱신하는 함수를 거듭 적용함으로써 더 나은 제곱근 추정치들의 순차열을 생성한다는 것이다.

```
function sqrt_improve(guess, x) {
    return average(guess, x / guess);
}
```

§1.2.1에 나온 원래의 **sqrt** 함수에서는 상태 변수를 계속 갱신함으로써 추측값을 개선했다. 이번에는 초기 추측값 1로 시작하는 무한한 추측값 스트림을 생성해서 제곱근을 추정해 보자.

```
function sqrt_stream(x) {
    return pair(1, () => stream_map(guess => sqrt_improve(guess, x),
                                    sqrt_stream(x)));
}

display_stream(sqrt_stream(2));
1
1.5
1.4166666666666665
1.4142156862745097
1.4142135623746899
...
```

스트림의 요소들을 생성하면 할수록 점점 더 나은 추측값이 나온다. 원한다면 충분히 좋은 답이 나올 때까지 계속해서 요소들을 생성하는 함수를 작성할 수도 있다. (연습문제 3.64를 보라.)

π의 근삿값을 구하는 반복적 과정에도 비슷한 방식으로 무한 스트림을 활용할 수 있다. 다음은 §1.3.1에 나온 π 근사를 위한 교대급수(alternating series)를 지금 논의에 맞게 변형한 것이다.

$$\frac{\pi}{4} \;=\; 1 - \frac{1}{3} + \frac{1}{5} - \frac{1}{7} + \cdots$$

이 급수는 홀수 정수의 역수들을, 부호를 교대로 바꾸어서 합한다. 다음은 그러한 급수의 항(피가산수)들을 산출하는 스트림을 정의하고, 그 스트림의 항들을 (연습문제 3.55의 partial_sums를 이용해서) 점점 더 많이 합한 결과에 4를 곱해서 점점 더 나은 π의 근삿값을 산출하는 프로그램이다.

```
function pi_summands(n) {
    return pair(1 / n, () => stream_map(x => - x, pi_summands(n + 2)));
}
const pi_stream = scale_stream(partial_sums(pi_summands(1)), 4);

display_stream(pi_stream);
4
2.666666666666667
3.466666666666667
2.8952380952380956
3.3396825396825403
2.9760461760461765
3.2837384837384844
3.017071817071818
...
```

이 스트림이 점점 더 나은 π 근삿값을 산출하긴 하지만, 수렴이 상당히 느리다. 순차열의 여덟 번째 값에 따르면 π의 값은 3.017과 3.284 사이이다.

지금까지는 상태를 스트림으로 표현하는 것이 상태를 지역 변수의 갱신으로 표현하는 것보다 특별히 나을 것이 없다. 그러나 스트림을 이용하면 몇 가지 흥미로운 묘기가 가능해진다. 예를 들어 어떤 참값의 근삿값들로 이루어진 순차열을 그 참값에 더욱 빠르게 수렴하는 새로운 순차열로 변환하는 순차열 가속기(sequence accelerator)를 이용해서 스트림을 변환할 수 있다.

18세기 스위스 수학자 레온하르트 오일러Leonhard Euler가 교대급수(항들의 부호가 번갈아 바뀌는 급수)의 부분합들로 이루어진 순차열에 잘 작동하는 순차열 가속기를 소개한 바 있다. 원래의 부분합 순차열의 n번째 항이 S_n이라 할 때, 오일러의 기법으로 가속한 순차열의 항은 다음과 같이 정의된다.

$$S_{n+1} - \frac{(S_{n+1} - S_n)^2}{S_{n-1} - 2S_n + S_{n+1}}$$

원래의 순차열을 값들의 스트림으로 표현한다고 할 때, 오일러의 가속기로 변환한 순차열은 다음과 같이 주어진다.

```
function euler_transform(s) {
    const s0 = stream_ref(s, 0);        // S_{n-1}
    const s1 = stream_ref(s, 1);        // S_n
    const s2 = stream_ref(s, 2);        // S_{n+1}
    return pair(s2 - square(s2 - s1) / (s0 + (-2) * s1 + s2),
                memo(() => euler_transform(stream_tail(s))));
}
```

§3.5.1에 나온 메모화 최적화를 사용했음을 주목하자. 결과 스트림을 거듭 평가할 것이기 때문에 효율성을 위해 메모화를 적용했다.

다음은 오일러 가속기를 이용해서 얻은 π 근삿값 순차열이다.

```
display_stream(euler_transform(pi_stream));
3.166666666666667
3.1333333333333337
3.1452380952380956
3.13968253968254
3.1427128427128435
3.1408813408813416
3.142071817071818
3.1412548236077655
...
```

더 나아가서, 가속된 순차열을 또다시 가속하고 그 결과를 다시 가속하는 식으로 재귀적으로 가속을 적용하는 것도 가능하다. 구체적으로 말하면, 각 스트림이 이전 스트림을 가속한 결과인 스트림들로 이루어진 스트림을 만드는 것이다. 이런 자료 구조를 타블로tableau라고 부른다.

```
function make_tableau(transform, s) {
    return pair(s, () => make_tableau(transform, transform(s)));
}
```

다음은 이런 타블로의 구조를 2차원으로 표시한 것이다.

$$s_{00} \quad s_{01} \quad s_{02} \quad s_{03} \quad s_{04} \quad \cdots$$
$$s_{10} \quad s_{11} \quad s_{12} \quad s_{13} \quad \cdots$$
$$s_{20} \quad s_{21} \quad s_{22} \quad \cdots$$
$$\cdots$$

이제 타블로의 각 행의 첫 항만 추출해서 하나의 순차열을 만들면 최종적인 순차열이 나온다.

```
function accelerated_sequence(transform, s) {
    return stream_map(head, make_tableau(transform, s));
}
```

다음은 이를 이용해서 얻은 π 근삿값 순차열의 "초가속(super-acceleration)" 버전이다.

```
display_stream(accelerated_sequence(euler_transform, pi_stream));
4
3.166666666666667
3.142105263157895
3.141599357319005
3.1415927140337785
3.1415926539752927
3.1415926535911765
3.141592653589778
...
```

결과는 인상적이다. 순차열의 여덟 번째 항목은 π의 참값과 소수점 이하 14자리까지 정확하다. 원래의 π 순차열로 이 정도로 정확한 근삿값을 얻으려면 엄청나게 많은 수의 항을 계산해야 한다. 좀 더 구체적으로, 계산해야 할 항의 개수는 14자리 수(10^{13}차)이다. 즉, 개별 항의 값이 10^{-13}보다 작아질 때까지 급수를 전개해야 한다.

스트림이 없어도 이런 가속 기법을 구현할 수 있겠지만, 스트림 패러다임에서는 상태들의 순차열 전체가 일관된 연산들로 조작할 수 있는 하나의 자료 구조로 주어지므로 가속 기법을 좀 더 우아하고 간편하게 구현할 수 있다.

sqrt_stream 함수가 돌려주는 스트림의 성능이 불만인 루이스 리즈너는 메모화를 이용해서
그 함수를 다음과 같이 최적화했다.

```
function sqrt_stream_optimized(x) {
    return pair(1,
                memo(() => stream_map(guess =>
                                sqrt_improve(guess, x),
                            sqrt_stream_optimized(x))));
}
```

한편 알리사 P. 해커는 다음 버전을 제시했다.

```
function sqrt_stream_optimized_2(x) {
    const guesses = pair(1,
                        memo(() => stream_map(guess =>
                                            sqrt_improve(guess, x),
                                        guesses)));
    return guesses;
}
```

알리사는 루이스의 함수가 계산의 중복이 많아서 자신의 것보다 훨씬 비효율적이라고 주장한
다. 알리사의 주장을 설명하라. 알리사의 함수에서 메모화를 제거해도 원래의 sqrt_stream
보다 효율적일까?

다음과 같이 작동하는 함수 stream_limit를 작성하라. 이 함수는 스트림 하나와 수치 하나
를 받는다. 수치는 허용한계(tolerance)로 쓰인다. 함수는 주어진 스트림의 요소들을 조사하
면서, 만일 인접한 두 요소의 차이 절댓값이 허용한계보다 작으면 두 요소의 둘째 것을 돌려준
다. 다음은 이 stream_limit 함수를 이용해서 제곱근을 특정한 허용한계까지 근사하는 함수
이다.

```
function sqrt(x, tolerance) {
```

```
    return stream_limit(sqrt_stream(x), tolerance);
}
```

■ **연습문제 3.65**

다음은 2의 자연로그에 대한 급수이다.

$$\ln 2 \;=\; 1 - \frac{1}{2} + \frac{1}{3} - \frac{1}{4} + \cdots$$

이를 이용해서, 본문에서 π에 대해 했던 것처럼 자연로그 2의 세 가지 근삿값 순차열을 계산하라. 이 순차열들이 얼마나 빠르게 수렴하는가?

쌍들의 무한 스트림

§2.2.3에서 보았듯이, 순차열 패러다임에서는 전통적인 중첩 루프를 쌍 객체들의 순차열에 대해 정의되는 계산적 과정으로 처리한다. 이 기법을 무한 스트림으로 일반화한다면, 무한히 큰 집합을 훑어야 하기 때문에 보통의 루프로는 쉽사리 표현하기 어려운 프로그램도 수월하게 작성할 수 있다.

예를 들어 §2.2.3의 `prime_sum_pairs` 함수를 $i \le j$이고 $i+j$가 소수인 모든 정수 쌍 (i, j)의 스트림을 산출하도록 일반화한다고 하자. `int_pairs`가 $i \le j$인 모든 정수 쌍 (i, j)의 순차열이라고 할 때, 그런 스트림을 다음과 같이 간단히 정의할 수 있다.[67]

```
stream_filter(pair => is_prime(head(pair) + head(tail(pair))),
              int_pairs);
```

문제는 이 정의에 필요한 `int_pairs` 스트림을 만드는 것이다. 좀 더 일반화하면, 두 스트림 $S = (S_i)$와 $T = (T_j)$로 다음과 같은 무한 직사각 배열을 구성한다고 할 때,

....

[67] §2.2.3에서처럼 여기서도 정수 쌍을 쌍 객체가 아니라 목록으로 표현하기로 한다.

$$(S_0, T_0) \quad (S_0, T_1) \quad (S_0, T_2) \quad \ldots$$
$$(S_1, T_0) \quad (S_1, T_1) \quad (S_1, T_2) \quad \ldots$$
$$(S_2, T_0) \quad (S_2, T_1) \quad (S_2, T_2) \quad \ldots$$
$$\ldots$$

우리에게 필요한 것은 이 배열에서 대각선에 놓인 쌍들과 대각선 위의 모든 쌍을 제공하는, 즉 다음 쌍들을 제공하는 스트림이다.

$$(S_0, T_0) \quad (S_0, T_1) \quad (S_0, T_2) \quad \ldots$$
$$\qquad\qquad (S_1, T_1) \quad (S_1, T_2) \quad \ldots$$
$$\qquad\qquad\qquad\qquad (S_2, T_2) \quad \ldots$$
$$\ldots$$

(S와 T가 둘 다 정수 스트림이면 원래의 문제가 요구하는 int_pairs 스트림이 나온다.)

이러한 쌍 스트림을 pairs(S, T)로 표기하기로 하자. 그리고 이 쌍 스트림이 쌍 (S_0, T_0)과 첫 행의 나머지 쌍들, 그리고 그 아래 행들의 모든 쌍으로 구성된다고 하자.[68]

$$(S_0, T_0) \,\bigg|\, \begin{array}{lll} (S_0, T_1) & (S_0, T_2) & \ldots \\ (S_1, T_1) & (S_1, T_2) & \ldots \\ & (S_2, T_2) & \ldots \\ & & \ldots \end{array}$$

여기서 주목할 점은, 이러한 구성의 셋째 조각(첫 행 아래의 모든 쌍)이 stream_tail(S)와 stream_tail(T)로부터 (재귀적으로) 만들어지는 쌍들이라는 것이다. 또한, 둘째 조각(첫 행의 나머지 쌍들)이 다음과 같이 주어진다는 점도 주목하자.

```
stream_map(x => list(head(s), x),
           stream_tail(t));
```

따라서 전체 쌍 스트림을 다음과 같이 만들 수 있다.

```
function pairs(s, t) {
    return pair(list(head(s), head(t)),
                () =>어떤-조합-함수 (
```

----

68 쌍 스트림을 이런 식으로 구성하는 이유에 관한 몇 가지 통찰을 [연습문제 3.68]에서 얻을 수 있다.

```
                    stream_map(x => list(head(s), x),
                               stream_tail(t)),
               pairs(stream_tail(s), stream_tail(t))));
}
```

이 함수를 완성하려면 두 내부 스트림을 조합하는 구체적인 방법을 선택해야 한다. 한 가지 방법은 §2.2.1의 **append** 함수와 비슷한 방식으로 스트림들을 연결하는 것이다.

```
function stream_append(s1, s2) {
    return is_null(s1)
           ? s2
           : pair(head(s1),
                  () => stream_append(stream_tail(s1), s2));
}
```

그러나 무한 스트림에는 이 방법이 적합하지 않다. 이 함수는 먼저 첫 스트림의 모든 요소를 나열한 후에야 그것을 둘째 스트림에 붙이기 때문이다. 구체적인 예로, 모든 양의 정수 쌍을 다음과 같이 생성한다고 하자.

```
pairs(integers, integers);
```

이 쌍 스트림은 먼저 첫 정수가 1인 모든 쌍을 나열하는데, 그런 쌍은 무한히 많으므로 첫 정수가 1이 아닌 쌍들은 나오지 않는다.

무한 스트림들을 제대로 처리하려면, 프로그램이 충분히 오래 실행된다면 모든 요소가 결국에는 나열되게 하는 어떤 조합 순서(order of combination)를 고안해야 한다. 이를 달성하는 한 가지 우아한 방법은 다음과 같은 **interleave** 함수를 사용하는 것이다.[69]

```
function interleave(s1, s2) {
    return is_null(s1)
           ? s2
```

---

[69] 그러한 조합 순서가 갖추어야 할 성질을 엄밀하게 서술하면 다음과 같다: 첫 스트림의 요소 i와 둘째 스트림의 요소 j로 이루어진 쌍이 출력 스트림의 $f(i, j)$번째 요소가 되게 하는 어떠한 이항 함수 f가 존재해야 한다. **interleave**를 이용해서 이를 보장하는 기법은 데이비드 터너가 우리에게 제시했다. 터너는 KRC라는 언어에 이 기법을 사용했다(Turner 1981).

```
                  : pair(head(s1),
                        () => interleave(s2, stream_tail(s1)));
    }
```

interleave는 두 스트림의 요소들을 교대로 취하므로, 첫 스트림이 무한 스트림이라고 해도 둘째 스트림의 모든 요소가 결국에는 교대된(interleaved) 스트림에 등장한다.

이제 원래의 문제가 요구하는 정수 쌍 스트림을 만들어 낼 수 있다. 다음이 그러한 스트림을 생성하는 함수이다.

```
function pairs(s, t) {
    return pair(list(head(s), head(t)),
                () => interleave(stream_map(x => list(head(s), x),
                                            stream_tail(t)),
                      pairs(stream_tail(s),
                            stream_tail(t))));
}
```

■ 연습문제 3.66

스트림 pairs(integers, integers)를 살펴보자. 쌍들이 이 스트림에 배치되는 순서를 일반화해서 설명할 수 있는가? 예를 들어, 정수 쌍 $(1, 100)$ 이전에는 대략 몇 개의 쌍이 있을까? 정수 쌍 $(99, 100)$ 이전에는? 정수 쌍 $(100, 100)$ 이전에는? (이를 수학 공식으로 엄밀하게 서술할 수 있다면 아주 좋지만, 그것이 힘들다면 그냥 전체적인 법칙을 편하게 서술해도 된다.)

■ 연습문제 3.67

pairs(integers, integers)가 모든($i \leq j$라는 조건이 없는) 정수 쌍 (i, j)의 스트림을 산출하도록 pairs 함수를 수정하라. 힌트: 또 다른 스트림을 섞어야 할 것이다.)

루이스 리즈너는 쌍 스트림을 세 조각으로 구성하는 것이 필요 이상으로 복잡하다고 생각했다. 그래서 루이스는 (S_0, T_0)과 첫 행의 나머지 쌍들을 분리하는 대신 첫행 전체를 처리하도록 pairs 함수를 수정했다.

```
function pairs(s, t) {
    return interleave(stream_map(x => list(head(s), x),
                                 t),
                      pair(stream_tail(s), stream_tail(t)));
}
```

이 버전이 잘 작동할까? 루이스의 pairs를 이용해서 pairs(integers, integers)를 평가하면 어떤 일이 생기는지 설명하라.

세 개의 무한 스트림 S, T, U를 받고 $i \le j \le k$인 세값쌍 (S_i, T_j, U_k)들의 스트림을 산출하는 triples 함수를 작성하라. 그리고 양의 정수들의 모든 피타고라스 삼조(Pythagorean triple)를 제공하는 스트림을 triples를 이용해서 정의하라. 피타고라스 삼조란 $i \le j$이고 $i^2 + j^2 = k^2$인 (i, j, k)를 말한다.

쌍들이 그냥 해당 교대 생성 과정이 결정하는 순서로 나열되게 하는 대신 어떤 유용한 순서를 따르게 할 수 있으면 좋을 것이다. 한 정수 쌍이 다른 정수 쌍보다 "작다"고 판정하는 방법을 정의할 수만 있다면, [연습문제 3.56]의 merge 함수와 비슷한 기법을 이용해서 특정한 순서를 강제할 수 있다. 쌍들의 대소 관계를 정의하는 한 가지 방법은, 적당한 '가중 함수(weighting function)' $W(i, j)$를 정의해 두고 만일 $W(i_1, j_1) < W(i_2, j_2)$이면 (i_1, j_1)이 (i_2, j_2)보다 작다고 말하는 것이다. merge와 비슷한 방식으로 두 스트림을 병합하는 merge_weighted 함수를 작성하라. 이 함수는 두 스트림 외에 weight라는 매개변수도 받아야 하며, 병합된 스트림에 요소들이 놓일 위치를 결정할 때 그 weight를 이용해서 계산한 쌍 가중치들을 이용해

야 한다.[70] merge_weighted를 작성한 다음에는 그것으로 pairs를 일반화해서 weighted_pairs 함수를 작성하라. weighted_pairs 함수는 스트림 두 개와 가중 함수를 받고 가중치 순으로 쌍들이 나열되는 스트림을 생성해야 한다. 그리고 그 함수를 이용해서 다음과 같은 스트림들을 생성하라.

a. $i \leq j$인 모든 정수 쌍을 합 $i + j$의 순서로 나열하는 스트림.

b. $i \leq j$이고 i와 j 둘 다 2나 3, 5로 나뉘지 않는 모든 정수 쌍을 $2i + 3j + 5ij$의 순서로 나열하는 스트림.

■ 연습문제 3.71

두 세제곱의 합으로 표현하는 방법이 둘 이상인 수를, 수학자 스리니바사 라마누잔[Srinivasa Ramanujan]을 기리는 의미에서 라마누잔 수(Ramanujan number)라고 부르기도 한다.[71] 순서 있는 쌍 스트림을 이용하면 그런 수들을 계산하는 문제를 우아하게 풀 수 있다. 두 세제곱의 합으로 표현하는 방법이 두 가지인 수를 찾는 것은 곧 정수 쌍 (i, j)들을 합 $i^3 + j^3$의 순서로 나열한 후 가중치가 같은 쌍들이 연달아 나오는 경우를 찾는 것과 같다. 라마누잔 수들을 생성하는 함수를 작성하라. 첫 번째 라마누잔 수는 1,729이다. 그다음 다섯 수는 무엇인가?

■ 연습문제 3.72

[연습문제 3.71]과 비슷한 방식으로, 두 제곱(2제곱)의 합으로 표현하는 방법이 세 가지인 모든 수의 스트림을 생성하라.

---

70 이를 위해서는, 쌍들의 배열에서 행을 따라 오른쪽으로 갈수록, 그리고 열을 따라 아래로 갈수록 쌍의 가중치가 커진다는 성질을 가중 함수가 충족해야 한다.

71 G. H. 하디[Hardy]의 라마누잔 부고(Hardy 1921)를 인용하자면: "(내가 기억하기로) '모든 양의 정수는 그의 친구였다'라고 말한 이는 리틀우드 씨(동시대 영국 수학자 John Edensor Littlewood를 말한다─옮긴이)이다. 라마누잔이 아파서 런던의 퍼트니에 누워 있을 때 병문안을 간 적이 있다. 그때 나는 번호가 1729인 택시를 타고 갔는데, 라마누잔에게 그 번호가 다소 따분하다고, 나쁜 징조는 아니었으면 좋겠다고 말했다. 그러자 그는 '아니요, 아주 흥미로운 수입니다. 두 세제곱의 합으로 표현하는 방법이 두 가지인 가장 작은 수인걸요.'라고 말했다." 가중 쌍을 이용해서 라마누잔 수를 생성하는 요령은 찰스 라이서슨[Charles Leiserson]이 알려주었다.

신호로서의 스트림

이번 절에서 스트림을 소개할 때, 자료 구조로서의 스트림을 신호 처리 시스템의 '신호'에 비유했다. 그런데 스트림을 이용하면 실제로 신호 처리 시스템을 아주 직접적으로 모형화할 수 있다. 그러한 모형에서, 일련의 시간 구간들에서의 신호 값들은 스트림이 나열하는 일련의 요소들에 대응된다. 예를 들어 **적분기**(integrator) 회로나 합산기(summer) 회로를 스트림으로 구현할 수 있다. 입력 스트림이 $x = (x_i)$이고 초기 값이 C, 작은 증분이 dt라고 할 때 스트림 적분기는 다음과 같은 합들의 스트림 $S = (S_i)$를 돌려준다.

$$S_i \quad = \quad C + \sum_{j=1}^{i} x_j \, dt$$

다음은 이러한 적분기를 구현하는 함수 **integral**인데, 정수 스트림의 '암묵적' 정의(§3.5.2)와 비슷한 스타일이다.

```
function integral(integrand, initial_value, dt) {
    const integ = pair(initial_value,
                        () => add_streams(scale_stream(integrand, dt),
                                          integ));
    return integ;
}
```

[그림 3.32]는 이 **integral**에 대응되는 신호 처리 시스템 도식이다. 이 시스템은 입력 스트림을 dt로 비례시킨 후 가산기(adder)에 넣는다. 최종 출력은 다시 그 가산기로 들어간다. 출력을 가산기의 한 입력으로 연결하는 이러한 되먹임(피드백) 루프는 내부 함수 **integ**의 정의가 **integ** 자신을 참조하는 부분을 반영한 것이다.

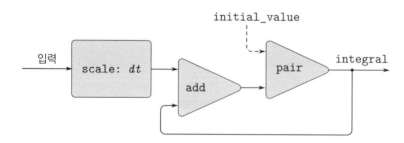

그림 3.32 신호 처리 시스템으로 묘사한 **integral** 함수.

일련의 시간들에서 전압이나 전류 값들을 스트림으로 표현함으로써 전기 회로를 모형화할 수 있다. 예를 들어 저항 값이 R인 저항과 용량이 C인 축전기(capacitor; 콘덴서)가 직렬로 연결된 RC 회로(RC circuit)를 생각해 보자. 투입된 전류 i에 대한 이 RC 회로의 전압 응답 (voltage response) v는 [그림 3.33]에 나온 공식으로 결정된다. [그림 3.33]에는 이 RC 회로의 회로도와 함께 신호 흐름도 나와 있다.

이 회로를 모형화하는 함수 **RC**를 작성하라. RC 함수는 R, C, dt 값들을 받고 회로 출력 전압 v들의 스트림을 출력하는 함수를 돌려주어야 한다. RC 함수가 돌려주는 스트림 생성 함수는 현재 전류 i를 나타내는 스트림과 축전기의 초기 전압 v_0을 받는다. 예를 들어 `const RC1 = RC(5, 1, 0.5)`를 평가했을 때 $R = 5$옴, $C = 1$패럿, 평가 시간 간격이 0.5초인 RC 회로 모형이 만들어져야 한다. 이 **RC1**은 시간에 따른 전류들의 스트림과 축전기 초기 전압을 받고 전압들의 스트림을 산출하는 함수이다.

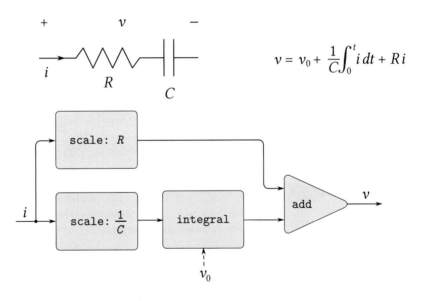

$$v = v_0 + \frac{1}{C}\int_0^t i\,dt + R\,i$$

그림 3.33 RC 회로와 신호 흐름도.

알리사 P. 해커는 어떤 물리량을 측정하는 감지기(센서)가 보내는 신호들을 처리하는 시스템을 설계하는 중이다. 알리사가 구현하고자 하는 주요 기능 중 하나는 **영 횡단**(zero crossing), 즉 입력 신호가 0 값을 가로질러서(횡단) 변하는 사건을 감지해서 신호를 생성하는 것이다. 구체적으로, 입력 신호가 음수에서 양수로 바뀔 때마다 시스템은 +1이라는 신호를 생성해야 하고, 입력 신호가 양수에서 음수로 바뀔 때마다 −1이라는 신호를 생성하고, 그 밖의 경우에는 0을 생성해야 한다. (입력 신호 0은 양수로 간주하기로 하자.) 예를 들어 다음은 전형적인 입력 신호와 그에 해당하는 영 횡단 신호이다.

```
···  1  2  1.5  1  0.5  -0.1  -2  -3  -2  -0.5  0.2  3  4 ···
···  0  0   0   0   0   -1    0   0   0    0    1   0  0 ···
```

알리사의 시스템은 감지기의 입력 신호를 `sense_data`라는 스트림으로 표현하고 해당 영 횡단 신호들은 `zero_crossings`라는 스트림으로 표현한다. 알리사는 먼저 두 개의 값을 받고 그 부호들을 조사해서 0이나 1, −1을 적절히 돌려주는 함수 `sign_change_detector`를 작성했다. 그런 다음 영 횡단 스트림을 다음과 같이 정의했다.

```
function make_zero_crossings(input_stream, last_value) {
    return pair(sign_change_detector(head(input_stream), last_value),
                () => make_zero_crossings(stream_tail(input_stream),
                                          head(input_stream)));
}

const zero_crossings = make_zero_crossings(sense_data, 0);
```

알리사의 상사인 에바 루 에이터가 알리사의 프로그램을 보고는, 알리사의 프로그램이 연습문제 3.50의 `stream_map_2` 함수를 사용하는 다음 프로그램과 근사적으로 동등하다는 (approximatley equivalent) 의견을 제시했다.

```
const zero_crossings = stream_map_2(sign_change_detector,
                                    sense_data, 표현식);
```

표현식 부분에 적절한 표현식을 채워 넣어서 프로그램을 완성하라.

■ **연습문제 3.75** ─────────

안타깝게도 [연습문제 3.74]에 나온 알리사의 영 횡단 검출 시스템은 완전하지 못한 것으로 판명되었다. 감지기가 보낸 신호들에 잡음이 섞여 있어서 영 횡단 검출에 오류가 있었던 것이다. 하드웨어 전문가 렘 E. 트위킷은 알리사에게 영 횡단을 검출하기 전에 먼저 신호를 평활화(smoothing)해서 잡음을 걸러내라고 조언했다. 조언을 받아들인 알리사는 감지기 데이터의 각 값을 그 이전 값과 평균한 값을 사용해서 영 횡단을 검출하기로 했다. 알리사는 이 문제를 자신을 돕는 루이스 리즈너에게 설명해 주었다. 제안된 착안을 구현하기 위해 루이스는 알리사의 프로그램을 다음과 같이 수정했다.

```
function make_zero_crossings(input_stream, last_value) {
    const avpt = (head(input_stream) + last_value) / 2;
    return pair(sign_change_detector(avpt, last_value),
                () => make_zero_crossings(stream_tail(input_stream),
                                          avpt));
}
```

그러나 이 함수는 알리사의 계획을 정확하게 구현하지 않은 것이다. 루이스가 도입한 버그를 찾고, 그 버그를 프로그램의 전체 구조를 바꾸지 말고 교정하라. (힌트: make_zero_crossings의 인수 개수를 더 늘려야 할 것이다.)

──────────

■ **연습문제 3.76** ─────────

에바 루 에이터는 [연습문제 3.75]에 나온 루이스의 접근 방식을 비판했다. 루이스가 작성한 프로그램은 평활화 작업과 영 횡단 검출 작업이 뒤섞여 있어서 모듈성이 떨어진다. 모듈성이 좋은 시스템이라면, 예를 들어 입력 신호의 전처리 방식을 바꾸어도 영 횡단 검출 부분은 바꿀 필요가 없어야 한다. 여러분이 할 일은 루이스를 도와서 모듈성을 높이는 것이다. 구체적으로, 스트림을 받고 각 요소가 두 입력 스트림의 인접한 요소의 평균인 스트림을 산출하는 함수 smooth를 작성하라. 그리고 그 smooth를 이용해서 영 횡단 검출기의 모듈성을 개선하라.

──────────

3.5.4 스트림과 지연 평가

앞 절(§3.5.3) 끝부분에 나온 integral 함수는 되먹임 루프가 있는 신호 처리 시스템을 스트림을 이용해서 모형화하는 방법을 보여준다. [그림 3.32]에 나온 가산기에 존재하는 피드백 루프는 integral의 내부 스트림 integ를 정의할 때 integ 자신을 사용한다는 점으로 모형화했다.

```
const integ = pair(initial_value,
                   () => add_streams(scale_stream(integrand, dt),
                                     integ));
```

이런 암묵적 정의를 해석기가 제대로 처리할 수 있는 이유는 add_streams 호출을 람다 표현식으로 감싸서 그 평가를 지연했기 때문이다. 이런 지연 평가 능력이 없다면 해석기는 integ를 생성하기 전에 add_streams의 호출을 평가해야 하는데, 그 평가가 가능하려면 integ가 이미 정의되어 있어야 한다. 이 예뿐만 아니라, 루프가 있는 임의의 신호 처리 시스템을 스트림으로 모형화하려면 이런 지연 능력이 꼭 필요하다. 지연 능력이 없으면 임의의 신호 처리 요소에 대한 입력을 완전히 평가한 후에야 출력을 산출하는 형태로 모형을 만들어야 하는데, 그런 모형으로는 루프를 표현할 수 없다.

안타깝게도, 루프가 있는 시스템을 스트림으로 모형화하려면 지금까지 살펴본 스트림 프로그래밍 패턴을 벗어난 형태의 지연이 필요할 수 있다. 예를 들어 [그림 3.34]를 보자. 이 그림은 주어진 함수 f에 대한 미분방정식 $dy/dt = f(y)$를 푸는 신호 처리 시스템을 묘사한 것이다. 그림의 시스템에는 함수 f를 입력 신호에 적용하는 '사상(mapping매핑)' 구성요소가 있는데, 이 구성요소의 입력은 그다음에 있는 적분기의 출력과 되먹임 루프로 연결된다. 이 루프는 실제로 이런 방정식을 푸는 아날로그 컴퓨터 회로에 있는 되먹임 루프와 아주 비슷하다.

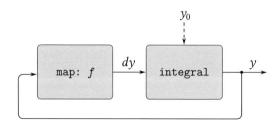

그림 3.34 방정식 $dy/dt = f(y)$를 푸는 '아날로그 컴퓨터 회로'.

y의 초기 값 y_0이 주어졌다고 할 때, 이 시스템을 다음과 같은 함수로 모형화할 수 있다.

```
function solve(f, y0, dt) {
    const y = integral(dy, y0, dt);
    const dy = stream_map(f, y);
    return y;
}
```

그러나 이 함수는 작동하지 않는다. solve의 첫 행에서 integral을 호출하려면 입력 dy가 정의되어 있어야 하는데, dy는 solve의 둘째 줄에 가서야 정의되기 때문이다.

그렇긴 하지만 이 함수의 의도 자체는 말이 된다. 왜냐하면, dy가 정의되지 않은 상태에서도 y 스트림의 생성을 시작하는 것이 이론적으로는 가능하기 때문이다. 실제로, integral이나 다른 여러 스트림 연산들은 인수들에 대한 정보의 일부만 주어진 상태에서 해답의 일부를 생성할 수 있다. integral의 경우 출력 스트림 y의 첫 요소는 initial_value로 주어진다. 따라서 y의 첫 요소는 피적분 값 dy를 평가하기 전에 생성할 수 있다. 그리고 y의 첫 요소가 있으면 solve의 둘째 행에 있는 stream_map으로 dy의 첫 요소를 생성할 수 있으며, 그러면 y의 다음 요소를 생성할 수 있다. 결과적으로 나머지 모든 요소도 차례로 생성할 수 있게 된다.

이런 착안을 활용하기 위해, 피적분 스트림을 지연된 인수(delayed argument)로서 받도록 integral을 다시 정의하기로 하자. 새 integral 함수는 피적분 값의 평가를, 출력 스트림의 첫 요소 이후의 요소들을 생성해야 할 필요가 있을 때까지 미룬다.

```
function integral(delayed_integrand, initial_value, dt) {
    const integ =
        pair(initial_value,
            () => {
                const integrand = delayed_integrand();
                return add_streams(scale_stream(integrand, dt),
                                   integ);
            });
    return integ;
}
```

이제 y를 선언할 때 dy의 평가를 지연하도록 solve를 구현할 수 있다.

```
function solve(f, y0, dt) {
    const y = integral(() => dy, y0, dt);
    const dy = stream_map(f, y);
    return y;
}
```

정리하자면, 이제는 integral의 모든 호출에서 피적분 인수의 평가를 지연해야 한다. 그럼 solve 함수가 잘 작동하는지 확인해 보자. 다음은 $e \approx 2.718$의 근삿값을 구하기 위해 $y(0) = 1$을 초기 조건으로 하여 미분방정식 $dy/dt = y$의 해를 $y = 1$에서 평가하는 예이다.[72]

```
stream_ref(solve(y => y, 1, 0.001), 1000);
2.716923932235896
```

■ 연습문제 3.77

본문의 integral 함수는 §3.5.2에 나온 무한 정수 스트림의 '암묵적' 정의와 비슷하다. 그와는 다른 방식으로, integral을 (역시 §3.5.2에 나온) integers-starting-from과 더 비슷하게 정의하는 것도 가능하다.

```
function integral(integrand, initial_value, dt) {
    return pair(initial_value,
                is_null(integrand)
                ? null
                : integral(stream_tail(integrand),
                           dt * head(integrand) + initial_value,
                           dt));
}
```

그런데 루프가 있는 시스템을 모형화하는 데 이 함수를 사용하면 원래의 integral 버전과 동일한 문제가 발생한다. integrand를 지연된 인수로 취급하도록, 그래서 본문에서처럼 solve 함수에 이 함수를 사용할 수 있도록 이 함수를 수정하라.

---

[72] 계산이 비현실적으로 오래 걸리지 않게 하려면 integral 함수와 integral이 호출하는 add_streams 함수를 §3.5.1의 메모화 기법으로 최적화할 필요가 있다(연습문제 3.57에서 제안한 stream_map_2_optimized 함수를 활용하면 된다).

다음과 같은 형태의 동차 2계 선형 미분방정식(homogeneous second-order linear differential equation)을 연구하기 위해 신호 처리 시스템을 설계하는 문제를 생각해 보자.

$$\frac{d^2y}{dt^2} - a\frac{dy}{dt} - by = 0$$

방정식의 y에 해당하는 출력 스트림을 산출하는 신호 처리 네트워크에는 루프가 있을 수밖에 없다. 왜냐하면 d^2y/dt^2의 값은 y 값과 dy/dt 값에 의존하는데, 그 두 값은 모두 d^2y/dt^2의 적분으로 결정되기 때문이다. 이 연습문제에서 구현하고자 하는 신호 처리 시스템이 [그림 3.35]에 나와 있다. 상수 a, b, dt, y의 초기 값 y_0, dy/dt의 초기 값 dy_0을 받고 y의 값들을 나열하는 스트림을 생성하는 함수 solve_2nd를 작성하라.

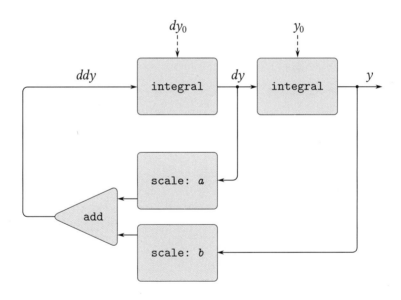

그림 3.35 2계 선형 미분방정식의 해를 구하는 신호 흐름도.

■ 연습문제 3.79

[연습문제 3.78]의 solve_2nd 함수를, 일반적인 2계미분방정식 $d^2y/dt^2 = f(dy/dt, y)$를 풀도록 일반화하라.

■ 연습문제 3.80

직렬 RLC 회로(series RLC circuit)는 저항, 축전기, 유도자(inductor인덕터)를 직렬로 연결한 전기 회로이다(그림 3.36). 저항 값이 R이고 유도자의 유도계수(inductance인덕턴스)가 l, 축전기의 용량이 C라고 할 때, 세 소자의 전압 v와 전류 i의 관계는 다음 방정식들로 주어진다.

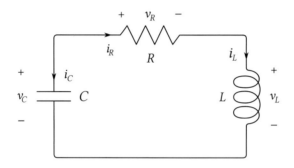

그림 3.36 직렬 RLC 회로.

$$v_R = i_R R$$

$$v_L = L\frac{di_L}{dt}$$

$$i_C = C\frac{dv_C}{dt}$$

그리고 회로의 연결 방식에 의해 다음과 같은 관계식들이 성립한다.

$$i_R = i_L = -i_C$$

$$v_C = v_L + v_R$$

이 방정식들을 적절히 연결하고 정리하면 회로의 현재 상태(축전기의 전압차 v_C와 유도자의 전류 i_L로 요약되는)를 서술하는 다음과 같은 두 미분방정식을 얻을 수 있다.

$$\frac{dv_C}{dt} = -\frac{i_L}{C}$$

$$\frac{di_L}{dt} = \frac{1}{L}v_C - \frac{R}{L}i_L$$

[그림 3.37]은 이 연립 미분방정식을 신호 흐름도로 표현한 것이다.

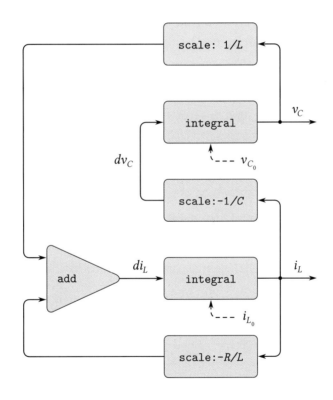

그림 3.37 직렬 RLC 회로의 해를 구하는 신호 흐름도.

회로의 매개변수 R, L, C와 시간 증분 dt를 받고 RLC 회로를 모형화한 함수를 돌려주는 RLC 함수를 작성하라. [연습문제 3.73]의 RC 함수와 비슷하게, RLC가 돌려주는 함수는 두 상태 변수의 초기 값 v_{C_0}과 i_{L_0}을 받고 상태 v_C들의 스트림과 상태 i_L들의 스트림으로 이루어진 하나의 쌍 객체(pair로 만든)를 돌려주어야 한다. 그러한 RLC 함수로, 회로 매개변수들이 $R = 1$ 옴, $C = 0.2$패럿, $L = 1$헨리[henry], $dt = 0.1$초이고 초기 값들은 $i_{L_0} = 0$암페어와 $v_{C_0} = 10$볼트인 직렬 RLC 회로의 행동 방식을 모형화하는 스트림 쌍을 생성하라.

정상 순서 평가

이번 절의 예제들은 지연 평가가 프로그래밍의 유연성을 높이는 데 얼마나 큰 도움이 되는지를 보여줌과 동시에, 지연 평가 때문에 프로그램이 얼마나 더 복잡해지는지도 보여준다. 예를 들어 개선된(지연 평가를 사용하는) integral 함수를 이용하면 루프가 있는 시스템도 문제없이 모형화할 수 있지만, 대신 반드시 지연된 피적분 인수로 integral 함수를 호출해야 한다는 조건이 추가된다. integral을 사용하는 모든 함수는 반드시 이 요구조건을 지켜야 한다. 사실상 우리는 두 부류의 함수를 만든 셈이다. 하나는 보통의 함수이고 다른 하나는 지연된 인수를 받는 함수이다. 일반적으로, 만일 함수들을 여러 부류로 분리하면 그 함수들을 다루는 고차 함수들 역시 여러 부류로 분리해야 한다.[73]

함수들을 두 가지 부류로 나누지 않아도 되게 하는 방법 하나는 모든 함수가 지연된 인수를 받게 하는 것이다. 이를 위해, 함수의 모든 인수가 자동으로 지연되게 하는, 즉 모든 인수가 실제로 쓰일 때가 되어서야(이를테면 원시 연산에 인수가 필요한 시점이 되어서야) 평가되게 하는 평가 모형을 채용할 수도 있다. 그러면 우리의 언어는 §1.1.5에서 평가의 치환 모형을 소개할 때 처음 설명한 정상 순서 평가(normal-order evalution) 방식의 언어가 된다. 정상 순

---

73 자바스크립트의 경우 이 점은 파스칼 같은 초기 정적 형식 언어(statically typed language)들에서 고차 함수를 다룰 때 겪었던 어려움을 어느 정도 반영한다. 그런 언어들에서 프로그래머는 함수의 결과와 인수들의 자료형(수치, 부울 값, 순차열 등등)을 일일이 지정해야 한다. 그러다 보니 "주어진 함수 fun을 순차열의 모든 요소에 사상(매핑)한다" 같은 추상을 stream_map 같은 단일한 고차 함수로 표현할 수 없었다. 그 대신 fun에 지정할 수 있는 인수 형식들과 함수 결과 형식들의 서로 다른 모든 조합에 대해 개별적인 사상 함수를 만들어야 한다. 고차 함수들이 존재하는 상황에서 '자료형'이라는 실용적인 개념을 유지하려면 여러모로 어려운 점들이 생긴다. 이 문제를 처리하는 한 가지 방법을 프로그래밍 언어 ML(Gordon, Milner, Wadsworth 1979)에서 배울 수 있다. ML의 '매개변수적 다형적 자료형(parametrically polymorphic data type)'들에는 여러 자료형들 사이의 고차 변환을 위한 템플릿들이 포함되어 있다. 또한, ML의 함수들 대부분은 프로그래머가 결과나 인수의 자료형을 명시적으로 지정할 필요가 없다. 대신 ML은 새로 정의된 함수의 자료형들을 환경에 있는 정보를 이용해서 연역하는 형식 추론(type-inferencing) 메커니즘을 제공한다. 요즘의 정적 형식 언어들은 매개변수적 다형성뿐만 아니라 형식 추론도(어떤 형태이든) 지원하도록 발전했다. 형식 추론 능력이 강한 언어도 있고 그리 강하지 않은 언어도 있는데, 예를 들어 하스켈은 표현력 있는 형식 시스템과 강력한 형식 추론의 조합을 제공한다.

서 평가로 전환하면 지연 평가의 사용을 일관되고도 우아한 방식으로 단순화할 수 있다. 스트림 처리만 고려하는 경우에는 이것이 자연스러운 전략이다. 제4장에서 평가기(evaluator)를 공부한 후 §4.2에서 실제로 우리의 언어를 이런 식으로 바꾸는 방법을 살펴볼 것이다. 그러나 이런 식으로 함수 호출에 지연을 기본으로 포함시키면, 사건들의 순서에 의존하는 프로그램(배정을 사용하는 프로그램 등)을 설계할 수 없게 된다. [연습문제 3.51]과 [연습문제 3.52]에서 보겠지만, 쌍 객체의 꼬리에 지연 평가가 하나만 있어도 프로그램의 흐름을 추적하기가 아주 어려워진다. 지금까지 밝혀진 바로는, 한 프로그래밍 언어 안에서 변경 가능성(mutability)과 지연 평가는 잘 섞이지 않는다.

3.5.5 함수형 프로그램의 모듈성과 객체의 모듈성

§3.1.2에서 보았듯이, 언어에 배정을 도입하면 생기는 주된 장점 하나는 모듈성이다. 큰 시스템의 상태의 일부를 지역 변수들로 캡슐화해서 "숨기면(hide)" 시스템의 모듈성이 개선된다. 그런데 스트림을 이용하면 배정을 사용하지 않고도 모듈성을 배정의 경우만큼이나 개선할 수 있다. 한 예로, §3.1.2에서 살펴본 몬테카를로 방법을 이용한 π 값 근사 문제를 스트림 처리의 관점에서 다시 살펴보자.

이 예에서 모듈성의 관건은 난수 발생기의 내부 상태를 난수 발생기를 사용하는 프로그램으로부터 숨기는 것이다. §3.1.2에서는 호출 시 새 난수를 제공하는 rand_update라는 함수가 있다고 가정하고 그 함수를 이용한 난수 발생기를 만들어서 돌려주는 make_rand 함수를 만들었다.

```
function make_rand() {
    let x = random_init;
    return () => {
                x = rand_update(x);
                return x;
            };
}
const rand = make_rand();
```

이를 스트림으로 정식화한 시스템에는 개별적인 난수 발생기가 없다. 그냥 rand_update를 연달아 호출해서 난수들을 나열하는 스트림이 있을 뿐이다.

```
const random_numbers =
    pair(random_init,
         () => stream_map(rand_update, random_numbers));
```

이제 이 `random_numbers` 스트림에서 뽑은 연속된 두 쌍으로 체사로 실험(Cesàro experiment)을 수행한 결과들의 스트림을 생성한다.

```
function map_successive_pairs(f, s) {
    return pair(f(head(s), head(stream_tail(s))),
                () => map_successive_pairs(
                          f,
                          stream_tail(stream_tail(s))));
}
const dirichlet_stream =
    map_successive_pairs((r1, r2) => gcd(r1, r2) === 1,
                         random_numbers);
```

그런 다음 이 `dirichlet_stream`으로 `monte_carlo` 함수를 호출해서 추정 확률들의 스트림을 만든다. 마지막으로, 그 스트림의 값들을 적절히 변환해서 π 추정치들의 스트림을 만든다. pi 스트림의 값들을 뽑으면 뽑을수록 더 정확한(더 많은 실험으로 얻은) π 근삿값이 나온다.

```
function monte_carlo(experiment_stream, passed, failed) {
    function next(passed, failed) {
        return pair(passed / (passed + failed),
                    () => monte_carlo(stream_tail(experiment_stream),
                                      passed, failed));
    }
    return head(experiment_stream)
           ? next(passed + 1, failed)
           : next(passed, failed + 1);
}
const pi = stream_map(p => math_sqrt(6 / p),
                      monte_carlo(dirichlet_stream, 0, 0));
```

체사로 실험뿐만 아니라 임의의 실험을 지원하는 일반적인 `monte_carlo` 함수를 만들 수 있다는 점에서 이 접근 방식은 모듈성이 상당히 좋다. 배정과 지역 변수를 전혀 사용하지 않고 모듈성을 개선했음을 주목하자.

난수열을 초기화해서 같은 난수열을 다시 생성할 수 있도록 난수 발생기를 일반화하는 문제를 [연습문제 3.6]에서 논의했다. 그러한 난수 발생기의 스트림 버전을 정의하라. 이 난수 발생기는 요청을 뜻하는 문자열 "generate"와 "reset" 및 수치로 이루어진 입력 스트림을 받아서, 만일 입력 스트림의 요소가 "generate"이면 새 난수를 생성하고, "reset"이면 그다음 수치로 난수열을 초기화해야 한다. 배정은 사용하지 말 것.

[연습문제 3.5]의 몬테카를로 적분을 스트림을 이용해서 구현하라. estimate_integral의 스트림 버전은 실험 반복 횟수를 지정하는 인수를 받지 말아야 한다. 대신, 점점 더 많은 실험으로 얻은 추정치들의 스트림을 산출해야 한다.

함수형 프로그램의 관점에서 본 시간

이번 장 도입부에서 제기한 객체와 상태의 문제로 돌아가서, 이번 장에서 지금까지 배운 것들에 기초해서 그 문제를 다시 고찰해보자. 앞에서 우리는 상태 있는 시스템을 모형화하는 프로그램을 모듈식으로 구축하는 데 필요한 메커니즘을 마련하기 위해 배정과 변경 가능 객체를 우리의 언어에 도입했다. 지역 상태 변수를 가진 계산적 객체를 만들고 배정을 이용해서 그 상태 변수를 변경했다. 그리고 현실 세계에서 시간에 따라 변하는 객체의 행동을 해당 계산적 객체의 상태 변경으로 모형화했다.

이제는 지역 상태를 가진 객체를 모형화하는 또 다른 방법을 스트림이 제공한다는 점을 알고 있다. 객체의 지역 상태 같은 가변적인 속성을, 시간에 따른 일련의 상태 값들을 나열하는 스트림을 이용해서 모형화할 수 있다. 본질적으로 이는 스트림을 이용해서 명시적으로 표현하는 것에 해당하며, 그럼으로써 시뮬레이션 대상 세계의 시간을 평가 과정에서 벌어지는 일련의 사건들과 분리할 수 있다. 실제로, 지연 평가 능력 덕분에 모형이 시뮬레이션하는 시간과 평가 도중 발생하는 사건들의 순서는 거의 무관하다.

두 가지 모형화 접근 방식을 비교하기 위해, 은행 계좌의 잔액을 관리하는 '출금 처리기'를 다시 살펴보자. 다음은 §3.1.3에서 구현한, 그런 처리기의 단순화된 버전이다.

```
function make_simplified_withdraw(balance) {
    return amount => {
              balance = balance - amount;
              return balance;
          };
}
```

make_simplified_withdraw를 호출하면 계산적 객체가 만들어진다. 이 함수가 산출하는 각 객체에는 balance라는 지역 상태 변수가 있으며, 객체를 호출할 때마다 이 변수의 값이 감소한다. 객체는 출금할 액수에 해당하는 amount라는 인수를 받고 새 잔액을 돌려준다. 은행 계좌의 사용자가 이 객체에 여러 개의 출금액을 키보드로 입력하고 화면에 표시된 각각의 반환 값을 확인하는 모습을 상상해 볼 수 있을 것이다.

이와는 다르게, 출금 처리기를 잔액과 출금액 스트림을 받고 변경된 일련의 잔액들을 나열하는 스트림을 돌려주는 함수로 모형화할 수도 있다.

```
function stream_withdraw(balance, amount_stream) {
    return pair(balance,
               () => stream_withdraw(balance - head(amount_stream),
                                     stream_tail(amount_stream)));
}
```

stream_withdraw 함수는 출력은 전적으로 입력으로만 결정되는, 잘 정의된 수학 함수를 구현한다. 그런데 입력 amount_stream이 사용자가 키보드로 입력한 값들의 스트림이라고 하자. 그리고 함수가 돌려준 잔액 스트림이 화면에 표시된다고 하자. 그러면, 출금액들을 키보드로 입력하는 사용자의 관점에서 그 스트림 입출력 과정은 make_simplified_withdraw가 만든 객체의 행동과 다를 바가 없다. 그렇지만 스트림 버전은 배정과 지역 변수를 전혀 사용하지 않으며, 따라서 §3.1.3에서 말한 관련 문제점이 전혀 없다. 그런데도 이 시스템은 상태를 가진 것처럼 보인다!

이것은 아주 주목할 만한 성과이다. stream_withdraw가 잘 정의된, 행동이 변하지 않는 수학 함수를 구현하긴 하지만, 사용자는 그냥 변하는 상태를 가진 시스템과 상호작용한다고만

느낄 뿐이다. 이것이 모순으로 느껴질 수 있겠지만, 사실 애초에 시스템에 상태라는 것이 필요한 이유는 사용자가 시간 속에서 행동한다는 사실 때문임을 생각하면 이해가 될 것이다. 사용자가 시스템과의 상호작용에서 한 걸음 물러나서 그 상호작용을 개별 거래(트랜잭션)들을 위주로 생각하는 대신 잔액들의 스트림을 중심으로 생각해 본다면, 실제로는 시스템에 상태가 없음을 깨닫게 될 것이다.[74]

어떤 복잡한 과정의 한 부분에서 다른 부분들을 살펴보면, 그 부분들이 시간에 따라 변하는 것처럼 보인다. 즉, 그 부분들에는 시변 지역 상태가 숨겨져 있다. 현실 세계의 이러한 자연스러운 분해 방식을 컴퓨터 안의 구조들로 모형화한 프로그램을 작성하고자 한다면, 함수형이 아닌 계산적 객체, 즉 시간에 따라 변하는 객체를 만들어야 한다. 현실의 상태를 지역 상태 변수로 모형화하고, 그 상태의 변화는 그 상태 변수들에 대한 배정으로 모형화한다. 이렇게 하면 계산 모형 실행의 시간이 우리가 살고 있는 현실 세계의 시간과 대응되며, 따라서 컴퓨터 안의 객체들이 현실 세계의 '사물'들과 대응된다.

객체를 이용한 모형화는 강력하고도 직관적인데, 주된 이유는 그러한 모형화가 우리가 인식하는 현실 세계와의 상호작용 방식과 잘 부합하기 때문이다. 그렇지만 이번 장에서 여러 번 언급했듯이 그런 모형에는 사건들의 순서를 제약하고 여러 과정의 동기화를 요구하는 등의 까다로운 문제점이 있다. 이 때문에 배정이나 변경 가능 데이터를 위한 기능이 아예 없는, 따라서 이런 문제점들을 피할 가능성이 있는 **함수형 프로그래밍 언어**(functional programming languages)의 개발이 촉진되었다. 그런 언어에서 모든 함수는 결과가 오직 인수들로만 결정되는, 그리고 그 행동이 변하지 않는 잘 정의된 수학 함수를 구현한다. 이런 함수적 접근 방식은 동시적 시스템을 다룰 때 특히나 매력적이다.[75]

그러나 좀 더 자세히 살펴보면, 함수적 모형에도 시간 관련 문제점들이 개입함을 알 수 있다. 특별히 골치 아픈 문제 하나가 대화식 시스템(interactive system)을 설계할 때 발생하는데, 서로 독립적인 개체들 사이의 상호작용을 모형화하는 시스템에서 더욱 심하다. 예를 들어 공동 계좌를 지원하는 은행 시스템의 구현을 한 번 더 생각해 보자. 배정과 변경 가능 객체

---

74 물리학에도 이와 비슷한 이야기가 성립한다. 움직이는 입자를 관찰할 때 그 입자의 위치(상태)가 변한다고 말할 수 있다. 그렇지만 시공간에서 입자의 세계선을 위주로 생각하면, 입자의 운동에는 아무런 변화도 관여하지 않는다.

75 함수형 프로그래밍은 포트란Fortran을 만든 존 배커스John Backus의 1978년 ACM 튜링상 수상 강연 덕분에 크게 주목받았다. 그 강연(Backus 1978)에서 배커스는 함수적 접근 방식을 강력하게 주창했다. 함수형 프로그래밍을 잘 개괄한 문헌으로는 [Henderson 1980]과 [Darlington, Henderson, Turner 1982]가 있다.

를 이용한 통상적인 시스템에서는 피터와 폴이 하나의 계좌를 공유한다는 사실을 피터와 폴 둘 다 자신의 거래 요청을 동일한 은행 계좌 객체에 보내게 함으로써 모형화한다. §3.1.3에 실제로 그런 구현이 나왔다. 통상적인 의미의 '객체'라는 것이 아예 없는 스트림 패러다임에서는, 앞에서도 언급했듯이 은행 객체를 거래 요청들의 스트림에 작용해서 응답들의 스트림을 산출하는 과정으로 모형화할 수 있다. 따라서 피터와 폴이 하나의 은행 계좌를 공유한다는 사실은 피터의 거래 요청 스트림을 폴의 거래 요청 스트림과 병합한 결과를 은행 계좌 처리 과정에 공급하는 것으로 모형화할 수 있다. [그림 3.38]이 이를 나타낸 것이다.

그림 3.38 공동 은행 계좌를 두 거래 스트림의 병합으로 모형화한 시스템.

그러나 이런 정식화에서는 **병합**이라는 개념이 걸림돌이 된다. 그냥 피터의 스트림에서 요청 하나를 취하고 폴의 스트림에서 요청 하나를 취하는 과정을 반복해서 두 스트림을 병합하는 것으로는 충분하지 않다. 폴이 공동 계좌에 아주 가끔만 접근한다고 가정하자. 현실에서는 피터가 거래를 요청한 후 폴이 거래를 요청할 때까지 (아마도 한참을) 기다렸다가 피터가 두 번째 거래를 요청해야 한다는 제약을 둘 수는 없다. 따라서, 이런 정식화를 위한 병합 과정은 피터와 폴이 인식하는 '실시간(real time)'에 어떤 형태로든 제약을 받는 방식으로—마치 만일 피터와 폴이 특정 시간에 만나기로 하고, 그 만남 이전에는 어떤 거래들을 진행하고, 만남 이후에 또 다른 거래들을 진행하기로 합의한 듯이—두 거래 스트림의 요청들을 교대로(interleaving) 취해야 한다.[76] 이것은 §3.4.1에서 우리가 해결해야 했던 것과 정확히 동일한 제약이다. §3.4.1에서 우리는 상태 있는 객체들이 동시에 처리되는 과정에서 사건들이 "올바른" 순서로 일어나게 하기 위해 명시적으로 동기화를 도입해야 했다. 정리하자면, 함수형 프로그래밍 스타일을 지원하려면 서로 다른 개체들의 입력들을 병합해야 하는데, 그러면 애초에 함수형 프로그래밍을 이용해서 피하려고 했던 문제점들이 다시 도입된다.

-----

76 임의의 두 스트림에 대해, 그 스트림들의 요소들을 교대로 취하는 적절한 방법은 일반적으로 두 가지 이상이다. 따라서, 엄밀히 말해서 '병합'은 함수가 아니라 관계(relation)이다. 즉, 병합은 입력과 출력이 일대일로 대응되는 결정론적인 함수가 아니다. 동시성을 다룰 때 비결정론이 필수임은 이미(각주 3.44에서) 언급했다. 병합 관계는 바로 그러한 본질적 비결정론을 함수적 관점에서 보여준다. §4.3에서는 비결정론을 또 다른 관점에서 살펴볼 것이다.

이번 장은 모형화할 현실 세계에 대한 우리의 인식과 부합하는 구조를 가진 계산적 모형을 구축하는 것을 목표로 시작했다. 우리는 현실 세계를 개별적이고 시간에 묶인, 상호작용하는 상태 있는 객체들의 모음으로 모형화할 수도 있고, 하나의, 시간에 구애되지 않고 상태 없는 단일한 개체로 모형화할 수도 있다. 대통일(grand unification) 이론은 아직 발견되지 않았다.[77]

....

77 객체 모형은 세계를 개별적인 조각들로 분할해서 세계를 근사한다. 함수 모형은 객체들 사이의 경계에 따라 모듈화되지 않는다. 객체 모형은 '객체'들의 비공유 상태가 객체들이 공유하는 상태보다 훨씬 클 때 유용하다. 객체 관점은, 사물을 개별 입자들로 분해서 고찰하면 모순과 혼동이 생기는 분야에는 잘 통하지 않는다. 객체 관점과 함수 관점의 통합은 프로그래밍과는 별로 관련이 없고, 근본적인 인식론상의 논점들과 관련이 깊다.

제**4**장

메타언어적 추상화

마법은 단어들이야. 수리수리마수리나 열려라 참깨 같은 거. 그렇지만 한 이야기에 나오는 마법 단어들이 다른 이야기에서도 마법인 것은 아니야. 진짜 마법은 어떤 단어가 언제, 어떻게 마법을 일으키는지 이해하는 데 있어. 묘기를 배우는 것 자체가 묘기인 것처럼. 그리고 그런 단어들은 알파벳의 글자들로 되어 있어서 펜으로 수십 번 끄적이면 그릴 수 있지. 그게 열쇠야. 보물이기도 하고—우리 손에 넣을 수만 있다면 말이야. 보물을 여는 열쇠가 **바로** 보물인 셈이지!

— 존 바스^{John Barth}, 『*Chimera*^{키메라}』

지금까지 이 책으로 프로그램의 설계를 공부하면서 보았듯이, 전문 프로그래머들이 프로그램 설계의 복잡성을 통제하는 데 사용하는 기법들은 다른 모든 복잡한 시스템의 설계자들이 사용하는 일반적인 기법들과 다르지 않다. 설계자들은 원시 요소(primitive element)들을 조합해서 복합 객체를 만들고, 복합 객체들을 추상화해서 고수준의 프로그램 구축 요소(building block)들을 만든다. 그리고 시스템의 구조에 적합한 거시규모 관점들을 채용해서 모듈성을 유지한다. 이런 기법들을 설명하는 과정에서 우리는 계산적 과정을 서술하고 실세계의 복잡한 형상을 모형화하는 계산적 데이터 객체들과 과정들을 구축하기 위한 언어로 자바스크립트를 사용했다. 그런데 여러분이 다루는 문제가 점점 복잡해짐에 따라, 자바스크립트는 문제를 해결하기에 충분하지 않음을 알게 될 것이다. 사실, 꼭 자바스크립트가 아니라도 어떤 고정된 하나의 프로그래밍 언어로는 충분하지 않은 문제들이 많다. 그러다 보니 프로그래머들은 자신의 생각을 좀 더 효과적으로 표현하기 위해 새로운 언어로 자주 갈아탄다. 새로운 언어를 만드는 것은 공학 설계의 복잡성을 다스리는 데 강력한 전략이다. 어렵고 복잡한 문제와 마주했을 때, 그 문제에 특별히 적합한 원시 연산들과 조합 수단들, 추상화 수단들을 제공하는 새로운 언어를 도입해서 문제를 이전과는 다른 방식으로 서술해 보면(그럼으로써 문제를 다른 방식으로 고찰하면) 문제를 좀 더 효과적으로 풀 수 있는 경우가 많다.[1]

프로그래밍에는 여러 개의 언어가 필요하다. 우선, 구체적인 컴퓨터의 기계어(machine language) 같은 물리적인 언어들이 있다. 그리고 데이터와 제어 구조를 메모리의 개별 비트들과 기본적인 기계어 명령들을 이용해서 표현하는 언어들이 있다. 기계어 프로그래머의 주된 관심사는 주어진 하드웨어를 이용해서 자원 제한적인 계산을 효율적으로 구현하기 위한 체계와 편의 수단들을 구축하는 것이다. 기계어 구현 위에 놓인 고수준 언어에서는 데이터를 비트들의 모음으로 표현하는 문제나 프로그램을 일련의 원시 명령들로 표현하는 문제가 숨겨진다. 고수준 언어는 시스템의 대규모 조직화에 적합한 조합 및 추상화 수단들(함수 선언 등)을 제공한다.

언어로 언어를 만드는 **메타언어적 추상화**(metalinguistic abstraction)는 모든 공학 분야의 설계에서 중요한 역할을 한다. 컴퓨터 프로그래밍에서는 특히나 중요한데, 왜냐하면 프로그래밍에서는 새로운 언어를 정의할 뿐만 아니라 그 언어를 실제로 구현하기까지 하기 때문이다. 어떤 프로그래밍 언어의 **평가기**(evaluator) 또는 **해석기**(interpreter)는 그 언어로 된 문장이나 표현식을 받고 그 문장이나 표현식을 평가하는 데 필요한 동작들을 수행하는 함수이다. 다음 문장을 프로그래밍에서 가장 근본적인 개념으로 간주하는 것은 과장이 아니다.

프로그래밍 언어로 작성된 문장과 표현식의 의미를 결정하는 평가기 역시 하나의 프로그램일 뿐이다.

이 점을 받아들인다는 것은 우리가 프로그래머로서의 자신을 생각하는 관점 자체를 바꾸는 것

---

1 이런 생각은 모든 공학 분야에 퍼져 있다. 예를 들어 전기공학자들이 회로를 서술하는 데 사용하는 언어는 다양하다. 대표적인 언어 두 가지는 전기 **회로망**(network) 언어와 전기 **계통**(system) 언어이다. 전기 회로망 언어는 이산적인 회로 소자들의 관점에서 장치의 물리적 모형화를 강조한다. 전기 회로망 언어의 원시 객체는 저항, 축전기, 유도자, 트랜지스터 같은 기본 소자들이다. 이런 요소들은 전압과 전류라는 물리적 변수들로 특징지어진다. 전기 회로망 언어로 회로를 서술할 때 전기공학자의 주된 관심사는 설계의 물리적 특성들이다. 그와는 달리 전기 계통 언어의 원시 객체는 필터나 증폭기 같은 신호 처리 모듈들이다. 전기 계통 언어의 관점에서 중요한 것은 그런 모듈들의 기능적 행동이다. 신호를 다룰 때 전압이나 전류 같은 물리적 실체는 신경 쓰지 않는다. 신호 처리 시스템의 요소들이 전기 회로망으로부터 만들어진다는 점에서, 전기 계통 언어는 전기 회로망 언어를 기반으로 만들어진다고 할 수 있다. 그렇지만 전기 계통 언어에서 주된 관심사는 다수의 전기 장치를 대규모로 조직화해서 특정한 응용문제를 푸는 것이며, 개별 부품들은 이미 갖추어져 있고 잘 작동한다고 가정한다. 이처럼 언어들을 여러 계층으로 쌓는 방식은 §2.2.4에서 그림 언어의 예로 설명한 계층화된 설계 기법의 또 다른 예이다.

에 해당한다. 이 관점에서 우리는 다른 누군가가 설계한 언어의 사용자가 아니라, 우리 스스로가 언어의 설계자이다.

사실 거의 모든 프로그램을 어떤 언어의 평가기로 간주할 수 있다. 예를 들어 §2.5.3의 다항식 조작 시스템에는 다항식 산술 법칙들이 내장되어 있다. 그 시스템은 목록 구조의 데이터에 대한 연산들을 이용해서 그 법칙들을 구현한다. 그 시스템에 다항식을 읽고 출력하는 함수들을 추가한다면, 기호로 된 수학 문제를 다루는 데 특화된 전용 언어의 핵심부가 만들어진다. §3.3.4의 디지털 논리회로 시뮬레이터와 §3.3.5의 제약 전파기 역시 그 자체로 적법한 언어들이다. 두 시스템 모두 고유한 원시 객체들과 조합 수단들, 추상화 수단들을 갖추고 있다는 점에서 그렇다. 이런 관점에서는 대규모 컴퓨터 시스템을 다루는 기술은 새로운 언어를 구축하는 기술과 통합되며, 컴퓨터 과학 자체는 적절한 서술 언어(descriptive language)를 구축하는 분야 이상도, 이하도 아니다.

이번 장에서는 다른 언어들을 이용해서 새 언어를 확립하는 기술을 살펴본다. 이번 장에서는 자바스크립트를 기반 또는 바탕(underlying)으로 삼아서 여러 가지 평가기를 자바스크립트 함수의 형태로 구현한다. 언어를 구현하는 방법을 이해하는 첫걸음으로, 이번 장에서는 자바스크립트 자체에 대한 평가기를 구축해 본다. 이 평가기가 구현하는 언어는 자바스크립트의 한 부분집합이다. 이번 장에서 설명하는 평가기는 자바스크립트의 특정한 부분집합만을 위한 것이지만, 그래도 순차 기계(sequential machine; 일련의 명령들을 차례로 실행하는 형태의 컴퓨터)를 위한 프로그램을 작성하기 위해 설계된 모든 언어의 평가기가 요구하는 필수적인 구조를 갖추고 있다. (사실 대부분의 언어 처리기의 깊숙한 곳에는 작은 평가기가 있다.) 이 평가기는 원활한 설명과 논의를 위해 단순화된 것으로, 실무용으로 사용할 품질의 자바스크립트 시스템이라면 중요하게 여길 몇 가지 기능이 빠져 있다. 단순화되긴 했지만, 이 평가기는 이 책의 프로그램들 대부분을 실행할 정도의 기능을 갖추고 있다.[2]

평가기를 우리가 직접 고칠 수 있는 자바스크립트 프로그램의 형태로 구현하면 생기는 중요한 장점 하나는, 평가기 프로그램을 직접 수정해 가면서 여러 가지 평가 규칙들을 시험해 볼 수 있다는 것이다. 이러한 능력은 시간 개념을 내장한 계산 모형을 좀 더 자유자재로 제어하는 데

---

[2] 이 평가기에 빠져 있는 가장 중요한 기능은 오류 처리 기능과 디버깅 지원 기능이다. 평가기에 관한 좀 더 자세한 논의를 원한다면, 리스프의 한 방언인 스킴으로 작성된 일련의 평가기들을 통해서 프로그래밍 언어들을 설명하는 [Friedman, Wand, Haynes 1992]를 보기 바란다.

특히나 유용하다. 이 문제는 제3장 논의의 중심 주제였다. 제3장에서 우리는 상태와 배정에서 비롯한 복잡한 문제점들을, 현실 세계의 시간과 컴퓨터 안의 시간 표현을 스트림을 이용해 분리함으로써 완화했다. 그런데 그런 형태의 스트림 프로그램을 작성하기가 번거로울 때가 종종 있다. 그런 프로그램은 자바스크립트의 인수 우선 평가(적용적 순서 평가; §1.1.5)에 제약을 받기 때문이다. 이번 장의 §4.2에서는 좀 더 우아한 접근 방식을 위해 바탕 언어를 변경한다. 좀 더 구체적으로는, 정상 순서 평가(normal-order evaluation)를 지원하도록 평가기를 수정한다.

§4.3에서는 우리의 언어를 더욱더 본격적으로 변경해서, 문장들과 표현식들이 하나의 값이 아니라 여러 개의 값을 가질 수 있게 만든다. 이런 비결정론적 컴퓨팅(nondeterministic computing)의 언어로는 문장과 표현식의 모든 가능한 값을 생성하고 그 값들 중 특정 조건을 충족하는 것들을 찾는 계산적 과정을 자연스럽게 표현할 수 있다. 계산과 시간의 모형이라는 관점에서 볼 때 이런 접근 방식은 마치 시간의 흐름이 다수의 '가능한 미래'들로 갈라져서 생긴 시간선(time line) 중에서 우리의 목적에 맞는 것을 찾는 것과 비슷하다. 비결정론적인 평가기에서는 다수의 값을 만들고 검색하는 작업을 언어의 바탕 메커니즘이 자동으로 처리한다.

§4.4에서는 지식을 입력과 출력이 있는 계산이 아니라 요소들 사이의 관계로 표현하는 논리 프로그래밍(logic programming) 언어를 구현한다. 이런 언어는 자바스크립트와(사실 다른 대부분의 통상적인 언어와) 상당히 다르지만, 그래도 본질적인 구조에서는 논리 프로그래밍 언어의 평가기가 자바스크립트 평가기와 크게 다르지 않음을 알게 될 것이다.

4.1 메타순환적 평가기

이번 장의 자바스크립트 평가기는 하나의 자바스크립트 프로그램으로 구현된다. 자바스크립트 프로그램을 평가하는 평가기 자체를 자바스크립트로 구현한다는 것이 일종의 동어반복처럼 느껴질 수도 있겠다. 그렇지만 평가(evaluation)는 하나의 과정(process)이므로, 지금까지 이 책에서 계산적 과정을 서술하는 데 사용한 자바스크립트를 이용해서 평가 과정을 서술하는 것은 자연스러운 일이다.[3] 평가 대상 언어와 같은 언어로 작성된 평가기를 가리켜 메타순환

---

[3] 그렇긴 하지만, 평가 과정에는 우리의 평가기가 명확히 서술하지 못하는 중요한 측면들이 있다. 가장 중요한 측면은 함수가 다른 함수를 호출하고 그 반환값이 호출자에게 돌아오는 상세한 메커니즘이다. 이 문제는 평가기를 단순 레지스터 기계로 구현해서 평가 과정을 고찰하는 제5장에서 해결한다.

적(metacircular) 평가기라고 부른다.

본질적으로, 이 메타순환적 평가기는 §3.2에서 설명한 평가의 환경 모형을 자바스크립트로 정식화한 것이다. 기억하겠지만, 그 모형에서 함수 적용 표현식의 평가는 다음과 같은 두 기본 규칙을 따른다.

1. 함수 적용을 평가할 때는 함수 적용 표현식을 구성하는 부분 표현식(부분식)들을 평가하고, 그런 다음 함수 부분식의 값을 인수 부분식들의 값들에 적용한다.

2. 복합 함수(compound function)를 일단의 인수들에 적용할 때는 함수의 본문을 새로운 환경에서 평가한다. 이 환경은 함수 객체의 환경 부분에 함수의 매개변수들과 함수를 적용할 인수들을 묶는 바인딩들이 있는 프레임을 추가해서 만든다.

이 두 규칙은 평가 과정의 핵심을 서술한다. 평가 과정의 핵심은, 환경 안에서 평가되는 문장들과 표현식들이 인수들에 적용할 함수들로 축약되고, 그 함수들이 다시 새로운 환경에서 평가되는 순환 주기(cycle)가 반복된다는 것이다(그림 4.1).[4] 이 주기는 환경에서 이름으로 조회한 값들에 연산자와 원시 함수들을 직접 적용할 수 있는 지점에 도달할 때까지 반복된다. 이 평가 주기는 평가기의 두 핵심 함수인 **evaluate**와 **apply**의 연동으로 구체화된다(그림 4.1). 이 두 함수는 §4.1.1에서 설명한다.

---

4 그런데 평가기에서 언어의 원시 요소들을 사용할 수 있다면 평가기로 구현할 것이 별로 없지 않냐고 생각할 수도 있겠다. 하지만 평가기가 할 일은 언어의 원시 요소들을 명시하는 것이 아니라, 원시 요소들을 연결해서 하나의 언어를 형성하기 위한 '결합 조직(connective tissue)'을 제공하는 것이다. 좀 더 구체적으로 말하면:

- 평가기 덕분에 중첩된 표현식들의 처리가 가능하다. 예를 들어 2 * 6 같은 표현식은 그냥 원시 요소들을 적용해서 평가할 수 있지만, 2 * (1 + 5)를 평가하려면 원시 요소들로는 부족하다. * 연산자만 놓고 볼 때, 이 연산자의 인수들은 반드시 수치 형식이어야 하며, 만일 표현식 1 + 5를 피연산자로 제공하면 연산자는 곱셈을 처리하지 못한다. 평가기의 중요한 역할 하나는 1 + 5가 먼저 6으로 축약(환원)된 후에 *의 인수로 전달되게 만드는 것이다.
- 평가기 덕분에 이름을 사용할 수 있다. 예를 들어 덧셈 연산자 자체는 x + 1 같은 표현식을 처리하지 못한다. 평가기가 이름들을 관리하고, 표현식에 있는 이름을 값으로 바꾸어서 연산자를 호출하게 만들어야 한다.
- 평가기 덕분에 복합 함수를 정의할 수 있다. 복합 함수의 정의가 가능하려면 평가기는 표현식의 평가에서 그 함수들이 어떻게 쓰이는지에 대한 정보를 유지해야 하며, 함수가 인수들을 받는 메커니즘을 제공해야 한다.
- 평가기는 조건문이나 블록 같은 언어의 (원시 요소 이외의) 구문형들을 제공한다.

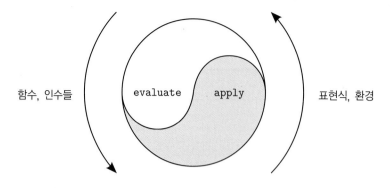

함수, 인수들   evaluate   apply   표현식, 환경

그림 4.1 컴퓨터 언어의 핵심을 보여주는 `evaluate`‒`apply` 주기.

   평가기의 구체적인 구현 방식은 평가할 문장과 표현식의 **구문**(syntax)을 정의하는 함수들을 어떻게 구현하느냐에 따라 달라진다. 이번 장에서는 데이터 추상화를 이용해서 평가기를 언어의 표현과는 독립적으로 만든다. 예를 들어 배정을 이름 다음에 =이 오는 문자열로 표현한다고 못 박는 대신, 주어진 표현식이 배정 연산인지 판정하는 추상 술어 `is_assignment`와 주어진 배정 표현식의 구성요소들에 접근하는 추상 선택자 `assignment_symbol` 및 `assignment_value_expression`을 정의하는 식이다. §4.1.2에서 설명할 데이터 추상층 덕분에 평가기는 해석할 언어의 키워드들 같은 구체적인 구문상의 문제나 프로그램 구성요소들을 표현하는 구체적인 자료 구조의 선택 문제와는 독립적이다. 그밖에 함수와 환경을 표현하는 연산들(§4.1.3)도 있다. 예를 들어 `make_function`은 복합 함수를 만들고 `lookup_symbol_value`는 주어진 이름의 값을 조회한다. 그리고 `apply_primitive_function`은 원시 함수를 주어진 인수 목록에 적용한다.

4.1.1 평가기의 핵심부

평가 과정을 두 함수 `evaluate`와 `apply`의 연동으로 서술할 수 있다.

evaluate 함수

`evaluate` 함수는 프로그램의 한 **구성요소**(component)와 환경을 받는다. 여기서 프로그램

의 구성요소는 문장 아니면 표현식이다.[5] 함수는 주어진 구성요소의 종류를 파악해서 적절한 평가 방법을 선택한다. evaluate 함수의 구조는 평가할 구성요소의 구문 종류에 대한 사례 분석(case analysis; §1.1.6)의 형태이다. 함수의 일반성을 유지하기 위해, 구성요소의 종류를 파악하는 부분을 추상화한다. 구성요소 종류마다 해당 종류의 판정을 위한 **구문 술어**(syntax predicate)와 구성요소의 부분들을 선택하는 추상적인 수단들이 있다. 이러한 **추상 구문**(abstract syntax) 덕분에, 언어의 구문을 바꾸고 싶을 때 평가기 자체는 그대로 두고 구문 함수들만 바꾸면 된다. 구성요소 종류별 evaluate 함수의 작동 방식은 다음과 같다.

원시 표현식

- 수치 같은 리터럴 표현식에 대해 evaluate는 표현식의 값을 돌려준다.

- evaluate 함수는 반드시 환경에서 이름을 조회해서 해당 값을 찾아야 한다.

조합

- 함수 적용 표현식에 대해 evaluate는 반드시 함수 표현식과 인수 표현식들을 재귀적으로 평가해야 한다. 재귀적인 평가로 얻은 함수와 인수들을 apply에 넘겨주면 apply가 함수 적용을 실제로 처리한다.

- 연산자 조합은 함수 적용 표현식으로 변환해서 평가한다.

구문형

- 조건부 표현식이나 조건문을 평가하려면 개별 구성요소들을 특별하게 처리해야 한다. 구체적으로, evaluate는 술어가 참이면 귀결(consequent) 절을 평가하고, 참이 아니면 대안(alternative) 절을 평가해야 한다.

- 람다 표현식에 대해 evaluate는 매개변수들과 람다 표현식으로 정의된 본문을 평가의 환경과 묶어서 적용 가능한 함수 객체를 만들어서 평가한다.

- 문장렬(문장들의 순차열)에 대해 evaluate는 그 문장들을 순서대로 평가한다.

---

5 이 평가기에서는 문장과 표현식을 굳이 구분할 필요가 없다. 예를 들어 이 평가기는 표현식과 표현식 문장을 구분하지 않고 동일하게 표현하며, evaluate는 그 둘을 같은 방식으로 처리한다. 같은 맥락에서, 이 평가기는 람다 표현식을 제외한 표현식 안에 문장을 둘 수 없다는 자바스크립트의 구문적 제약을 강제하지 않는다.

- 블록에 대해 evaluate는 블록 안에서 선언된 모든 이름이 반영된 새 환경에서 블록의 본문을 평가한다.

- 반환문에 대해 evaluate는 그 반환문이 속한 함수(즉, 그 반환문이 평가되게 만든 함수)의 호출 결과가 될 값을 산출한다.

- 함수 선언은 상수 선언으로 변환한 후 평가한다.

- 상수 선언이나 변수 선언, 배정에 대해서는, 반드시 선언 또는 배정되는 이름과 관련된 새 값이 계산될 때까지 evaluate를 재귀적으로 호출해야 한다. 그 과정에서, 이름의 새 값을 반영해서 환경을 수정해야 한다.

다음은 evaluate의 선언이다.

```
function evaluate(component, env) {
    return is_literal(component)
           ? literal_value(component)
           : is_name(component)
           ? lookup_symbol_value(symbol_of_name(component), env)
           : is_application(component)
           ? apply(evaluate(function_expression(component), env),
                   list_of_values(arg_expressions(component), env))
           : is_operator_combination(component)
           ? evaluate(operator_combination_to_application(component),
                      env)
           : is_conditional(component)
           ? eval_conditional(component, env)
           : is_lambda_expression(component)
           ? make_function(lambda_parameter_symbols(component),
                           lambda_body(component), env)
           : is_sequence(component)
           ? eval_sequence(sequence_statements(component), env)
           : is_block(component)
           ? eval_block(component, env)
           : is_return_statement(component)
           ? eval_return_statement(component, env)
           : is_function_declaration(component)
           ? evaluate(function_decl_to_constant_decl(component), env)
           : is_declaration(component)
           ? eval_declaration(component, env)
```

```
                : is_assignment(component)
            ? eval_assignment(component, env)
            : error(component, "unknown syntax -- evaluate");
    }
```

명확함을 위해 evaluate를 조건부 표현식을 이용한 사례 분석의 형태로 구현했음을 주목하자. 이런 접근 방식의 한 가지 단점은 evaluate가 처리하는 문장 및 표현식 종류가 그리 많지 않으며, 새로운 종류를 추가하려면 evaluate의 선언을 직접 수정해야 한다는 점이다. 실제 해석기 구현들은 대부분 구성요소의 형식에 따른 디스패치를 데이터 지향적 스타일로 처리한다. 그런 방식에서는 프로그래머가 evaluate를 수정하지 않고도 새로운 종류의 구성요소를 evaluate가 처리하게 만들 수 있다. (연습문제 4.3을 보라.)

이름의 표현은 구문 추상으로 처리한다. 내부적으로 평가기는 이름을 문자열로 표현하는데, 그런 문자열을 기호(symbol)라고 부르기로 하겠다. evaluate가 사용하는 symbol_of_name 함수는 주어진 기호(문자열)에 해당하는 이름을 돌려준다.

apply 함수

apply 함수는 두 개의 인수를 받는다. 하나는 함수이고 다른 하나는 그 함수를 적용할 인수들의 목록이다. apply 함수는 주어진 함수를 두 종류로 분류한다. 주어진 함수가 원시 함수(primitive function)이면 apply는 apply_primitive_function을 호출해서 원시 함수를 적용한다. 주어진 함수가 복합 함수이면 복합 함수의 본문 블록을 평가하되, 현재 환경에 함수의 매개변수들을 함수 적용의 인수들과 묶는 프레임을 추가해서 만든 새 환경에서 평가한다.

```
function apply(fun, args) {
    if (is_primitive_function(fun)) {
        return apply_primitive_function(fun, args);
    } else if (is_compound_function(fun)) {
        const result = evaluate(function_body(fun),
                                extend_environment(
                                    function_parameters(fun),
                                    args,
                                    function_environment(fun)));
        return is_return_value(result)
               ? return_value_content(result)
               : undefined;
    } else {
```

```
            error(fun, "unknown function type -- apply");
    }
}
```

자바스크립트 함수가 어떠한 값을 돌려주려면 반환문이 평가되어야 한다. 반환문을 평가하지 않은 채로 함수의 실행이 끝난 경우 함수의 반환값은 **undefined**이다. 반환문이 평가된 경우와 그렇지 않은 경우를 구분하기 위해, **apply**는 반환문의 반환 표현식을 평가한 결과를 하나의 반환값 객체로 감싼다. 만일 함수 본문의 평가에서 그런 반환값 객체가 만들어지면 **apply**는 그 반환값 객체의 내용을 돌려주고, 그렇지 않으면 **undefined**를 돌려준다.[6]

함수 인수

함수 적용을 처리할 때 **evaluate**는 **list_of_values**를 이용해서 함수를 적용할 인수들의 목록을 얻는다. **list_of_values** 함수는 함수 적용의 인수 표현식들을 받고 각 인수 표현식을 평가해서 얻은 값들의 목록을 돌려준다.[7]

```
function list_of_values(exps, env) {
    return map(arg => evaluate(arg, env), exps);
}
```

조건부 구성요소

eval_conditional 함수는 조건부 구성요소(조건문 또는 조건부 표현식)의 술어 부분을 주어진 환경에서 평가해서, 만일 술어가 참이면 귀결 부분을 평가하고 참이 아니면 대안 부분을

---

6 이 판정은 지연된 연산이므로, §1.2.1에서 설명한 방식으로 반복적 과정을 수행하는 프로그램을 해석하는 경우에도 평가 자체는 재귀적 과정을 수행하는 셈이 된다. 다른 말로 하면 우리의 메타순환적 자바스크립트 평가기 구현은 꼬리 재귀적인 평가기가 아니다. §5.4.2와 §5.5.3에 레지스터 기계를 이용해서 꼬리 재귀를 실현하는 방법이 나온다.

7 이 책에서는 **list_of_values**를 고차 함수 **map**을 이용해서 구현한다. **map**은 이 함수 외에도 여러 곳에 쓰인다. 그렇지만 고차 함수를 지원하는 언어의 평가기를 고차 함수를 전혀 사용하지 않고 구현하는 것도 가능하다(따라서 고차 함수를 지원하지 않는 언어로도 평가기를 만들 수 있다). 예를 들어 다음은 **map** 없이 구현한 **list_of_values**이다.

```
function list_of_values(exps, env) {
 return is_null(exps)
 ? null
 : pair(evaluate(head(exps), env),
 list_of_values(tail(exps), env));
}
```

평가한다.

```
function eval_conditional(component, env) {
    return is_truthy(evaluate(conditional_predicate(component), env))
           ? evaluate(conditional_consequent(component), env)
           : evaluate(conditional_alternative(component), env);
}
```

이 평가기에서는 조건부 표현식과 조건문을 구분할 필요가 없음을 주목하기 바란다.

eval_conditional에서 is_truthy를 호출하는 부분은 구현 대상 언어(평가기가 구현하는 언어)와 구현 언어(평가기를 구현하는 데 쓰인 언어)의 연결 문제를 잘 보여준다. conditional_predicate는 구현 대상 언어에서 평가되므로 그 언어의 값을 산출한다. 평가기의 술어 is_truthy는 그 값을 구현 언어에서 판정할 수 있는 값으로 해석한다. 메타순환적 평가기의 '참값' 표현이 반드시 바탕 자바스크립트의 표현과 같아야 하는 것은 아니다.[8]

문장렬

evaluate가 호출하는 eval_sequence 함수는 주어진 문장렬을 최상위 수준 또는 하나의 블록에서 평가한다. 이 함수는 문장들의 순차열과 하나의 환경을 받고 그 문장들을 차례로 평가한다. 이 함수는 마지막 문장의 값을 돌려준다. 단, 만일 문장들을 차례로 평가하다가 반환값을 산출하는 문장이 나오면 그 반환값을 돌려주고, 나머지 문장들은 평가하지 않는다.[9]

```
function eval_sequence(stmts, env) {
    if (is_empty_sequence(stmts)) {
        return undefined;
    } else if (is_last_statement(stmts)) {
        return evaluate(first_statement(stmts), env);
    } else {
        const first_stmt_value =
            evaluate(first_statement(stmts), env);
```

---

8 지금 예에서는 구현 대상 언어와 구현 언어가 같다. is_truthy가 뜻하는 바를 잘 생각해 보면, 약물에 의존하지 않고도 의식이 확장되는 결과를 얻을 수 있을 것이다.

9 eval_sequence의 이러한 반환문 처리 방식은 자바스크립트의 적절한 함수 적용 평가 방식을 반영한 것이다. 단, 이 평가기는 모든 함수 본문의 바깥에 있는 문장렬들로 구성된 프로그램의 값과 관련해서 ECMAScript 표준을 준수하지 않는다. 이 문제는 [연습문제 4.8]에서 해결한다.

```
        if (is_return_value(first_stmt_value)) {
            return first_stmt_value;
        } else {
            return eval_sequence(rest_statements(stmts), env);
        }
    }
}
```

블록

블록을 처리하는 함수는 eval_block이다. 한 블록 안에서 선언된 변수들과 상수들(함수도 포함해서)의 범위는 그 블록 전체이므로, 블록의 본문을 평가하기 전에 먼저 블록을 "전체적으로 훑어서(scan out)" 선언들을 처리해야 한다. 블록의 본문은 현재 환경에 각 지역 이름을 "*unassigned*"라는 특별한 값과 묶는 프레임을 추가해서 만든 새 환경에서 평가한다. "*unassigned*"는 이름에 값을 배정하는 선언을 평가하기 전에 임시로 값이 저장될 자리를 마련하기 위한 자리표(placeholder)일 뿐이다. 제1장의 각주 1.56에서 언급했듯이, 선언 전에 이름의 값을 평가하려 하면 실행 시점 오류가 발생한다(연습문제 4.12 참고).

```
function eval_block(component, env) {
    const body = block_body(component);
    const locals = scan_out_declarations(body);
    const unassigneds = list_of_unassigned(locals);
    return evaluate(body, extend_environment(locals,
                                             unassigneds,
                                             env));
}
function list_of_unassigned(symbols) {
    return map(symbol => "*unassigned*", symbols);
}
```

scan_out_declarations 함수는 본문에 선언된, 이름을 표현하는 기호들을 모두 모아서 만든 목록을 돌려준다. 이 함수는 declaration_symbol 함수를 이용해서 선언문에 있는 이름을 표현하는 기호를 찾는다.

```
function scan_out_declarations(component) {
    return is_sequence(component)
           ? accumulate(append,
```

```
                    null,
                    map(scan_out_declarations,
                        sequence_statements(component)))
        : is_declaration(component)
        ? list(declaration_symbol(component))
        : null;
}
```

중첩된 블록, 즉 현재 블록 안에 있는 블록의 선언들은 무시한다. 그런 선언들은 해당 블록이 평가될 때 처리될 것이기 때문이다. scan_out_declarations 함수는 오직 문장렬에 있는 선언들만 처리한다. 조건문이나 함수 선언, 람다 표현식의 선언들은 항상 중첩된 블록 안에 있기 때문이다.

반환문

반환문은 eval_return_statement 함수가 평가한다. apply 함수와 문장렬 평가에서 이야기했듯이, 함수 본문의 평가가 도중에 일찍(즉, 반환문 다음에 다른 문장들이 있어도) 끝날 수 있으려면 반환문의 평가 결과를 식별할 필요가 있다. 이를 위해 eval_return_statement 함수는 반환 표현식의 평가 결과를 하나의 반환값 객체로 감싼다.[10]

```
function eval_return_statement(component, env) {
    return make_return_value(evaluate(return_expression(component),
                                      env));
}
```

배정과 선언

eval_assignment 함수는 이름에 대한 배정을 처리한다. (간단한 구현을 위해 이 평가기는 변수에 대한 배정뿐만 아니라 상수에 대한 배정도 허용한다. 물론 이는 오류이다. 상수와 변수를 구분하고 상수에 대한 배정을 금지하는 문제는 연습문제 4.11에서 살펴본다.) eval_assignment 함수는 값 표현식에 대해 evaluate를 호출해서 배정할 값을 구하고, assignment_symbol을 호출해서 배정 대상 이름에 해당하는 기호를 찾는다. 그런 다음 그

---

[10] make_return_value 함수를 반환 표현식 평가 결과에 적용하면 또 다른(apply가 생성한 지연 연산 외에) 지연된 연산이 만들어진다. 자세한 사항은 각주 4.6을 보라.

기호와 값으로 `assign_symbol_value`를 호출해서 그 둘을 묶는 바인딩을 주어진 환경에 설치한다. 마지막으로, 배정된 값을 배정 평가의 결과로서 돌려준다.

```javascript
function eval_assignment(component, env) {
    const value = evaluate(assignment_value_expression(component),
                           env);
    assign_symbol_value(assignment_symbol(component), value, env);
    return value;
}
```

상수 선언과 변수 선언은 둘 다 구문 술어 `is_declaration`으로 식별한다. 두 선언은 배정과 비슷한 방식으로 처리되는데, 이는 해당 기호와 `"*unassigned*"`의 바인딩을 `eval_block`이 현재 환경에 추가해 두었기 때문이다. 상수 선언이든 변수 선언이든, `eval_declaration` 함수는 그냥 `"*unassigned*"`를 해당 값 표현식의 평가 결과로 대체한다.

```javascript
function eval_declaration(component, env) {
    assign_symbol_value(
        declaration_symbol(component),
        evaluate(declaration_value_expression(component), env),
        env);
    return undefined;
}
```

함수 본문을 평가한 결과는 반환문으로 결정되므로, `eval_declaration`의 반환값 `undefined`는 선언이 모든 함수 본문의 바깥인 최상위 수준에 있는 경우에만 의미가 있다. 이 함수의 반환값을 `undefined`로 한 것은 그냥 표현을 단순화하기 위한 것일 뿐이다. [연습문제 4.8]에서는 자바스크립트에서 최상위 구성요소를 평가할 때 나오는 실제 결과를 설명한다.

■ 연습문제 4.1

본문의 설명만으로는 메타순환적 평가기가 인수 표현식들을 왼쪽에서 오른쪽으로 평가하는지 아니면 오른쪽에서 왼쪽으로 평가하는지 알 수 없다. 인수들의 평가 순서는 이 평가기를 바탕 자바스크립트 자체가 결정한다. 만일 `map`에서 `pair`의 인수들이 왼쪽에서 오른쪽으로 평가된다면 `list_of_values`는 인수 표현식들을 왼쪽에서 오른쪽으로 평가한다. 반대로, `pair`의 인수들이 오른쪽에서 왼쪽으로 평가되면 `list_of_values`는 인수 표현식들을 오른쪽에서 왼쪽으로 평가한다.

바탕 자바스크립트의 평가 순서와는 무관하게 항상 인수 표현식들을 왼쪽에서 오른쪽으로 평가하는 `list_of_values`의 버전을 작성하라. 또한, 항상 오른쪽에서 왼쪽으로 평가하는 버전도 작성하라.

4.1.2 구성요소의 표현

프로그래머가 작성하는 프로그램은 그냥 텍스트이다. 즉, 프로그래머는 통합 개발 환경이나 텍스트 편집기에서 일련의 문자들을 키보드로 입력해서 프로그램을 만든다. 평가기를 실행하려면 먼저 그러한 프로그램 텍스트를 자바스크립트의 값으로 표현해야 한다. 예를 들어 §1.1.2에 나온 `"const size = 2; 5 * size;"` 같은 프로그램을 평가한다고 하자. 이런 프로그램 텍스트 자체는 평가기의 실행에 필요한 구조를 제공하지 않는다. 지금 예에서 프로그램의 일부인 `"size = 2"`와 `"5 * size"`는 서로 비슷해 보이지만 그 의미는 아주 다르다. `declaration_value_expression` 같은 추상 구문 함수들을 이런 프로그래밍 텍스트를 직접 분석해서 처리하게 만드는 것은 바람직하지 않다. 그러면 구현이 어렵고 오류의 여지가 많다. 그래서 이번 절에서는 프로그램 텍스트를 (§2.4.2에 나온 태그된 데이터를 떠올리게 하는) 태그된 목록 표현(tagged-list representation)으로 번역하는 `parse`라는 함수가 있다고 가정한다.◆ 예를 들어 `parse`를 앞에서 언급한 프로그램 텍스트에 적용하면 그 프로그램의 구조를 반영한 자료 구조가 나온다. 구체적으로, `parse`는 `size`라는 이름을 2라는 값에 연관시키는 하나의 상수 선언문과 곱셈을 수행하는 문장으로 된 하나의 문장열을 표현하는 태그된 목록을 돌려준다.

```
parse("const size = 2; 5 * size;");
list("sequence",
     list(list("constant_declaration",
```

◆ 옮긴이 이 parse 함수의 정의는 이 책에 나오지 않는다. 이 함수를 구현하려면 이 책의 주제에서 벗어난 저수준 문자열 처리 기법이 필요하다. 파서는 그 자체로 책 한 권을 쓸 수 있을 정도의 큰 주제이다. 이번 장의 예제들을 실제로 실행해 보고 싶다면 저자들이 제공하는 대화식 SICP JS(https://sourceacademy.org/sicpjs)나 구현 패키지 js-lang(https://github.com/source-academy/js-slang)를 활용하기 바란다. 그밖에 Node.js용 sicp 패키지 (https://www.npmjs.com/package/sicp)도 있다.

```
            list("name", "size"), list("literal", 2)),
    list("binary_operator_combination", "*",
        list("literal", 5), list("name", "size")))))
```

평가기가 사용하는 구문 함수들은 **parse**가 산출한 태그된 목록 표현에 접근해서 앞에서 설명한 방식으로 작동한다.

이상의 평가기는 §2.3.2에서 논의한 기호 미분 프로그램과 비슷하다. 두 프로그램 모두 기호 데이터를 다룬다. 그리고 두 프로그램 모두 한 객체에 대한 연산의 결과는 객체를 구성하는 부분들에 대해 그 연산을 재귀적으로 수행하고 부분 결과들을 적절히 합친(구체적인 방법은 객체의 형식에 따라 다르다) 결과이다. 데이터 추상을 이용해서 일반적인 연산 규칙들을 구체적인 객체 표현 방법과 분리한다는 점도 두 프로그램이 같다. 기호 미분 프로그램에서는 그런 분리 덕분에 각각 전위, 중위, 후위 표기법으로 표현한 대수식들을 모두 같은 미분 함수로 처리할수 있었다. 평가기의 경우 이러한 분리는 언어의 구문이 전적으로 **parse** 함수와 **parse**가 산출한 태그된 목록의 요소들을 분류하고 추출하는 함수들로만 결정됨을 뜻한다.

[그림 4.2]는 구문 술어들과 선택자들이 형성하는 추상화 장벽들을 나타낸 것이다. 이 장벽들은 평가기와 프로그램의 태그된 목록 표현을 분리하며, 태그된 목록 표현 자체는 **parse**에 의해 프로그램 텍스트와 분리된다. 그럼 프로그램의 각 구성요소가 어떻게 파싱되며 해당 구문 술어와 선택자들은 무엇인지 살펴보자. 필요한 경우 해당 구성요소의 생성자도 소개한다.

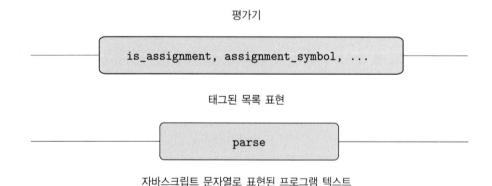

그림 4.2 평가기의 구문 추상.

리터럴 표현식

parse는 프로그램 텍스트에 있는 리터럴 표현식을 파싱해서 "literal" 태그와 실제 값으로 이루어진 태그된 목록을 만든다.

《*리터럴-표현식*》 = list("literal", *값*)

여기서 *값*은 *리터럴-표현식*이 나타내는 자바스크립트 값이다. 《 *리터럴-표현식* 》은 문자열 (프로그램 텍스트) *리터럴-표현식*을 파싱한 결과를 나타낸다.

```
parse("1;");
list("literal", 1)

parse("'hello world';");
list("literal", "hello world")

parse("null;");
list("literal", null)
```

리터럴 표현식의 구문 술어는 is_literal이다.

```
function is_literal(component) {
    return is_tagged_list(component, "literal");
}
```

이 술어는 is_tagged_list라는 함수를 사용한다. 이 함수는 첫 인수가 둘째 인수로 지정된 문자열(태그)로 시작하는 목록인지 판정한다.

```
function is_tagged_list(component, the_tag) {
    return is_pair(component) && head(component) === the_tag;
}
```

리터럴 표현식을 파싱해서 나온 목록의 둘째 요소는 실제 자바스크립트 값이다. 그 값을 추출하는 선택자는 literal_value이다.

```
function literal_value(component) {
    return head(tail(component));
}

literal_value(parse("null;"));
null
```

이번 절의 나머지 부분에서, 그냥 목록의 해당 요소◆에 접근하기만 하는 구문 술어와 선택자는 선언은 생략하고 함수 이름만 제시하겠다.

리터럴 표현식에 대해서는 생성자를 제공한다. 이 생성자가 유용할 때가 있다.

```
function make_literal(value) {
    return list("literal", value);
}
```

이름

이름에 대한 태그된 목록 표현은 첫 요소가 태그 **"name"**이고 둘째 요소는 그 이름을 나타내는 문자열인 목록이다.

```
《 이름 》 = list("name", 기호)
```

여기서 *기호*는 프로그램 텍스트에 나온 *이름*을 구성하는 문자들로 이루어진 문자열이다. 이름의 구문 술어는 `is_name`이고, 기호에 접근하는 선택자는 `symbol_of_name`이다. 이름을 위한 생성자도 있는데, 이 생성자는 `operator_combination_to_application`에 쓰인다.

```
function make_name(symbol) {
    return list("name", symbol);
}
```

◆ 옮긴이 예를 들어 이름과 값으로 된 목록에서 값을 추출하는 선택자에게는 목록의 값 요소가 해당 요소이고, 이름을 추출하는 선택자에게는 이름 요소가 해당 요소이다.

표현식 문장

이 평가기는 표현식과 문장을 구분하지 않는다. 따라서 **parse**에서도 그 두 구성요소 종류의 차이를 무시할 수 있다.

> 《 표현식; 》 = 《 표현식 》

함수 적용

함수 적용은 다음과 같이 파싱된다.

> 《 함수-표현식 (인수-표현식$_1$, ..., 인수-표현식$_n$) 》 =
>   list("application",
>   《 함수-표현식 》,
>   list(《 인수-표현식$_1$ 》, ..., 《 인수-표현식$_n$ 》))

함수 적용의 구문 술어는 `is_application`이고 함수 표현식과 인수 표현식을 추출하는 선택자는 `function_expression`과 `arg_expressions`이다. 그리고 `operator_combination_to_application`이 사용하는 함수 적용 생성자가 있다.

```
function make_application(function_expression, argument_expressions) {
    return list("application",
                function_expression, argument_expressions);
}
```

조건부 구성요소

조건부 표현식은 다음과 같이 파싱된다.

> 《 술어 ? 귀결-표현식 : 대안-표현식 》 =
>   list("conditional_expression",
>   《 술어 》,
>   《 귀결-표현식 》,
>   《 대안-표현식 》)

조건문도 이와 비슷하게 파싱된다.

```
« if (술어) 귀결-블록 else 대안-블록 » =
       list("conditional_statement",
             « 술어 »,
             « 귀결-블록 »,
             « 대안-블록 »)
```

구문 술어 `is_conditional`은 조건부 표현식과 조건문 모두에 대해 `true`를 돌려준다. 두 구성요소 모두 선택자 `conditional_predicate`, `conditional_consequent`, `conditional_alternative`로 해당 요소들을 추출할 수 있다.

람다 표현식

주어진 람다 표현식의 본문이 표현식 하나뿐인 경우 `parse`는 그 람다 표현식을, 해당 표현식이 반환 표현식인 반환문 하나가 본문 블록인 람다 표현식으로 간주해서 파싱한다.

```
« (이름₁, ..., 이름ₙ) => 표현식 » =
    « (이름₁, ..., 이름ₙ)) => { return 표현식; } »
```

본문이 블록인 람다 표현식은 다음과 같이 파싱된다.

```
« (이름₁, ..., 이름ₙ) => 블록 » =
     list("lambda_expression",
          list(« 이름₁ », ..., « 이름ₙ »),
          « 블록 »)
```

람다 표현식의 구문 술어는 `is_lambda_expression`이고 본문 선택자는 `lambda_body`이다. 선택자 `lambda_parameter_symbols`는 단순히 매개변수들을 선택하는 것에서 그치지 않고 이름으로부터 기호들을 추출해준다.

```
function lambda_parameter_symbols(component) {
    return map(symbol_of_name, head(tail(component)));
}
```

람다 표현식의 생성자는 `function_decl_to_constant_decl` 함수에 쓰인다.

```
function make_lambda_expression(parameters, body) {
    return list("lambda_expression", parameters, body);
}
```

문장렬

문장렬(문장들의 순차열)은 일련의 문장들을 하나의 문장으로 묶는다. 문장렬은 다음과 같이 파싱된다.

$$\ll 문장_1, \ldots, 문장_n \gg = \\
\text{list("sequence", list}(\ll 문장_1, \ldots, 문장_n \gg))$$

구문 술어는 `is_sequence`이고 선택자는 `sequence_statements`이다. `first_statement`는 문장렬의 첫 문장을 돌려주고 `rest_statements`는 나머지 문장들을 돌려준다. `is_empty_sequence`는 주어진 문장렬이 빈 순차열인지 판정한다. `is_last_statement`는 문장렬에 문장이 하나만 남아 있는지 판정한다.[11]

```
function first_statement(stmts) { return head(stmts); }
function rest_statements(stmts) { return tail(stmts); }
function is_empty_sequence(stmts) { return is_null(stmts); }
function is_last_statement(stmts) { return is_null(tail(stmts)); }
```

블록

블록은 다음과 같이 파싱된다.[12]

$$\ll \{ \text{문장들} \} \gg = \text{list("block", } \ll \text{문장들} \gg)$$

....

11 문장들의 목록에 대한 이 선택자들은 데이터 추상화를 위한 것이 아니다. 이들은 단지 §5.4에서 명시적 제어 평가기를 설명하기 쉽도록 기본적인 목록 연산들에 기억하기 쉬운 이름을 붙인 것일 뿐이나.

12 파서의 구현에 따라서는, 블록의 문장렬에 선언문이 하나도 없는 경우 블록을 그냥 그 문장렬 자체로 표현할 수도 있다. 또한, 문장렬에 문장이 하나뿐이면 블록을 문장렬 대신 그 문장 자체로 표현할 수도 있다. 이번 장과 제5장의 언어 처리기들은 파서가 그런 블록을 어떤 식으로 표현하든 상관없이 작동한다.

여기서 문장들은 앞에서 본 문장렬을 지칭한다. 구문 술어는 is_block이고 선택자는 block_body이다.

반환문

반환문은 다음과 같이 파싱된다.

《 **return** *표현식* 》 = list("return_statement", 《 *표현식* 》)

구문 술어는 is_return_statement, 선택자는 return_expression이다.

배정

배정은 다음과 같이 파싱된다.

《 *이름* = *표현식* 》 = list("assignment",《 *이름* 》, 《 *표현식* 》)

구문 술어는 is_assignment이고 선택자는 assignment_symbol과 assignment_value_expression이다. 내부적으로 기호는 이름을 표현하는 태그된 목록이므로, assignment_symbol은 symbol_of_name을 이용해서 실제 기호(문자열)를 추출한다.

```
function assignment_symbol(component) {
    return symbol_of_name(head(tail(component))));
}
```

상수, 변수, 함수 선언

상수 선언과 변수 선언은 다음과 같이 파싱된다.

《 **const** *이름* = *표현식* 》 =
    list("constant_declaration", 《 *이름* 》, 《 *표현식* 》)
《 **let** *이름* = *표현식* 》 =
    list("variable_declaration", 《 *이름* 》, 《 *표현식* 》)

선택자 declaration_symbol과 declaration_value_expression은 상수 선언과 변수 선언 모두에 적용된다.

```
function declaration_symbol(component) {
    return symbol_of_name(head(tail(component)));
}
function declaration_value_expression(component) {
    return head(tail(tail(component)));
}
```

그리고 다음은 function_decl_to_constant_decl 함수에 필요한 상수 선언 생성자이다.

```
function make_constant_declaration(name, value_expression) {
    return list("constant_declaration", name, value_expression);
}
```

함수 선언은 다음과 같이 파싱된다.

```
« function 이름(이름₁, ..., 이름ₙ) 블록 » =
    list("function_declaration",
         « 이름 »,
         list(« 이름₁ », ..., « 이름ₙ »),
         « 블록 »)
```

함수 선언을 식별하는 구문 술어는 is_function_declaration이다. 선택자는 function_declaration_name function_declaration_parameters, function_declaration_body이다.

구문 술어 is_declaration은 세 종류의 선언 모두에 대해 **true**를 돌려준다.

```
function is_declaration(component) {
    return is_tagged_list(component, "constant_declaration") ||
           is_tagged_list(component, "variable_declaration") ||
           is_tagged_list(component, "function_declaration");
}
```

파생된 구성요소

우리 언어의 구문형 중에는 직접 정의하는 대신 다른 구문형들이 관여하는 구성요소들을 조합해서 정의할 수 있는 것들도 있다. 함수 선언이 그러한 예이다. **evaluate**는 함수 선언을 값 표현식이 람다 표현식인 하나의 상수 선언으로 변환한다.[13]

```
function function_decl_to_constant_decl(component) {
    return make_constant_declaration(
                function_declaration_name(component),
                make_lambda_expression(
                    function_declaration_parameters(component),
                    function_declaration_body(component)));
}
```

함수 선언의 평가를 이런 식으로 구현하면 평가기가 간단해진다. 평가 과정에서 명시적으로 처리해야 할 구문형의 개수가 줄어들기 때문이다.

연산자 조합들을 이와 비슷하게 함수 적용들로 정의할 수 있다. 연산자 조합은 단항(unary) 아니면 이항(binary)이다. 두 경우 모두 연산자 기호는 태그된 목록 표현의 둘째 요소에 저장된다. 먼저, 단항 연산자 조합은 다음과 같이 파싱된다.

```
《 단항-연산자 표현식 》 =
    list("unary_operator_combination",
        "단항-연산자",
        list(《 표현식 》))
```

여기서 단항-연산자는 !(논리부정) 또는 -unary(수치 부정)이다. 그리고 이항 연산자 조합은 다음과 같이 파싱된다.

```
《 표현식₁ 이항-연산자 표현식₂ 》 =
    list("binary_operator_combination",
        "binary-operator ",
        list(《 표현식₁ 》, 《 표현식₂ 》))
```

---

13 제1장의 각주 1.54에서 언급했듯이, 실제 자바스크립트에서는 이 두 형태 사이에 미묘한 차이가 있다. 이런 차이점은 [연습문제 4.17]에서 처리한다.

여기서 이항-연산자는 +, -, *, /, %, ===, !==, >, <, >=, <=이다. 구문 술어는 is_operator_combination, is_unary_operator_combination, is_binary_operator_combination이고 선택자는 operator_symbol, first_operand, second_operand이다.

평가기는 operator_combination_to_application을 이용해서 연산자 조합을 함수 적용으로 변환한다. 이때 함수 적용의 함수 표현식은 해당 연산자의 이름이다.

```
function operator_combination_to_application(component) {
    const operator = operator_symbol(component);
    return is_unary_operator_combination(component)
           ? make_application(make_name(operator),
                                 list(first_operand(component)))
           : make_application(make_name(operator),
                                 list(first_operand(component),
                                      second_operand(component)));
}
```

함수 선언이나 연산자 조합처럼 구문 변환으로 정의한(즉, 다른 구성요소들을 이용해서 간접적으로 정의한) 구성요소를 **파생된 구성요소**(derived component)라고 부른다. 논리 조합 연산들도 파생된 구성요소들이다(연습문제 4.4).

■ 연습문제 4.2

이번 연습문제에서는 '역파싱(unparsing)'을 수행하는 함수, 즉 parse가 산출한 태그된 목록을 받고 자바스크립트 문법에 맞는 문자열을 돌려주는 함수를 작성한다.

a. evaluate의 구조를 따르되(단, 환경 매개변수는 받지 않는다) 주어진 구성요소를 평가하는 대신 그 구성요소의 문자열 표현을 돌려주는 함수 unparse를 작성하라. §3.3.4에서 언급했듯이 자바스크립트에서는 두 문자열을 연산자 +로 연결할 수 있다. 또한 원시 함수 stringify는 1.5나 true, null, undefined 같은 값들을 문자열로 변환해서 돌려준다. 연산자 조합을 언파싱할 때는 연산자 우선순위가 지켜지도록 결과 문자열들에 소괄호 문자들을 적절히 추가해야 한다(항상 추가해도 되고 필요한 경우에만 추가해도 된다).

b. 이 unparse 함수는 이번 절의 다른 연습문제들을 풀 때 도움이 된다. 이 책의 자바스크립트 예제 코드 늘여쓰기 스타일에 맞게 " "(빈칸)과 "\n"(줄 바꿈)을 결과 문자열에 적절히 추

가하도록 unparse를 개선하라. 코드의 가독성을 높이기 위해 프로그램 텍스트에 그런 공백 문자들을 추가하는 것을 가리켜 **프리티–프린팅**pretty-printing이라고 부른다.

■ **연습문제 4.3** ────────────

디스패치를 데이터 지향적 스타일로 수행하도록 **evaluate**를 재작성하라. [연습문제 2.73]의 데이터 지향적 미분 함수를 참고할 것. (태그된 목록 표현의 태그를 구성요소의 종류를 식별하는 용도로 사용해도 될 것이다.)

■ **연습문제 4.4** ────────────

§1.1.6에서 논리 조합 연산자 **&&**와 **||**가 조건부 표현식에 대한 일종의 편의 구문(문법적 설탕)이라고 말했다. 구체적으로, 논리곱 표현식$_1$ **&&** 표현식$_2$는 조건부 표현식 표현식$_1$? 표현식$_2$: **false**의 편의 구문이고 논리합 표현식$_1$ **||** 표현식$_2$는 표현식$_1$? **true** : 표현식$_2$의 편의 구문이다. 이들은 다음과 같이 파싱된다.

```
≪ 표현식₁ 논리-연산 표현식₂ ≫ =
    list("logical_composition",
        "논리-연산",
        list(≪ 표현식₁ ≫, ≪ 표현식₂ ≫))
```

여기서 *논리-연산*은 **&&** 또는 **||**이다. 여러분이 할 일은 이 두 논리 연산을 평가기의 새로운 구문형으로 추가하는 것이다. 이를 위해 적절한 구문 함수들(술어와 선택자들)과 평가 함수 **eval_and**, **eval_or**를 작성하고 설치하라. 또는, **&&**와 **||**를 파생된 구성요소로 구현하는 방법을 제시하라.

---

a. 자바스크립트에서 람다 표현식에 이름이 같은 매개변수들이 있어서는 안 된다. §4.1.1의 평가기는 이를 점검하지 않는다.

- 매개변수가 중복된(즉, 같은 이름의 매개변수가 여러 개인) 함수를 적용하려 하면 오류를 보고하도록 평가기를 수정하라.

- 주어진 프로그램에 매개변수가 중복된 람다 표현식이 있는지 점검하는 verify 함수를 작성하라. 이런 함수가 있으면 프로그램을 evaluate로 평가하기 전에 프로그램 텍스트 전체를 점검할 수 있다.

자바스크립트 평가기에서 매개변수 중복을 점검하는 데에는 위의 두 접근 방식 중 어느 쪽이 더 나은가? 왜 그런가?

b. 자바스크립트에서 람다 표현식의 매개변수들은 람다 표현식 본문 블록 안에서 **직접** 선언한 이름들과 달라야 한다(본문 블록의 내부 블록에서는 이런 제약이 없다). 앞의 두 접근 방식 중 원하는 방식으로 이런 점검을 수행하라.

■ 연습문제 4.6

스킴 언어에는 **let**의 변형인 **let***가 있다. 자바스크립트의 어법으로 설명하면, **let*** 선언은 암묵적으로 새로운 블록을 도입해서 해당 이름을 선언하며, 이후의 모든 문장은 그 블록 안에서 평가된다. 예를 들어 다음 프로그램을 생각해 보자.

```
let* x = 3;
let* y = x + 2;
let* z = x + y + 5;
display(x * z);
```

39를 출력하는 이 프로그램에서 **let*** 선언들이 암묵적으로 도입된 블록들을 명시적으로 표시하면 다음과 같다.

```
{
  let x = 3;
  {
    let y = x + 2;
    {
      let z = x + y + 5;
      display(x * z);
    }
  }
}
```

a. 이런 **let***를 지원하도록 자바스크립트를 확장했다고 할 때, 일부 **let**들을 **let***로 바꾸면 행동 방식이 달라지는 프로그램을 작성하라.

b. **let***을 새 구문형으로 평가기에 도입하기 위해 적절한 태그된 표현 목록을 설계하고 적절한 파싱 규칙을 작성하라. 그 태그된 목록 표현을 위한 구문 술어와 선택자들을 적절히 정의하라.

c. parse가 **let***를 위한 새 규칙을 구현한다고 할 때, 주어진 프로그램에 나온 모든 **let*** 선언문을 앞에서 설명한 방식으로 변환하는 let_star_to_nested_let 함수를 작성하라. 임의의 프로그램 p를 evaluate(let_star_to_nested_let(p))를 호출해서 확장된 언어로 평가할 수 있어야 한다.

d. 아니면, evaluate에 새 구문형을 인식하고 eval_let_star_declaration을 호출하는 식으로 **let***을 구현하는 방식도 고민해 보라. 이 접근 방식이 통하지 않는 이유는 무엇인가?

■ **연습문제 4.7**

자바스크립트는 주어진 문장을 되풀이해서 실행하는 while 루프를 지원한다.

```
while (술어) { 본문 }
```

while 루프는 술어를 평가한 결과가 참이면 본문을 평가한 후 다시 술어를 평가하는 작업을 반복한다. 만일 술어가 거짓이면 루프가 끝난다.

예를 들어 §3.1.3의 반복적 계승 함수를 생각해 보자. 기억하겠지만 이 함수는 명령식

(imperative)이다.

```
function factorial(n) {
    let product = 1;
    let counter = 1;
    function iter() {
        if (counter > n) {
            return product;
        } else {
            product = counter * product;
            counter = counter + 1;
            return iter();
        }
    }
    return iter();
}
```

while 루프를 이용하면 이 함수의 알고리즘을 다음과 같이 정식화할 수 있다.

```
function factorial(n) {
    let product = 1;
    let counter = 1;
    while (counter <= n) {
        product = counter * product;
        counter = counter + 1;
    }
    return product;
}
```

while 루프는 다음과 같이 파싱된다.

```
《 while (술어) 블록 》 =
        list("while_loop", 《 술어 》, 《 블록 》)
```

a. while 루프 구성요소를 위한 구문 술어와 선택자들을 선언하라.

b. 술어와 본문 블록을 받고 while 루프처럼 본문 블록을 적절히 반복 평가하는 함수 `while_loop`를 작성하라. 두 인수 모두 무항 함수이어야 한다. 예를 들어 앞의 `factorial` 함수를 다음과 같은 형태로 표현할 수 있어야 한다.

```
function factorial(n) {
    let product = 1;
    let counter = 1;
    while_loop(() => counter <= n,
               () => {
                       product = counter * product;
                       counter = counter + 1;
               });
    return product;
}
```

이 while_loop 함수는 하나의 반복적 과정(§1.2.1)을 생성해야 한다.

c. while 루프를 하나의 파생된 구성요소로 평가기에 추가하기 위해, 적절한 변환 함수 while_to_application을 while_loop를 이용해서 정의하라.

d. 루프 본문에 해당하는 함수에서 반환문을 이용해서 루프를 벗어날 수 있는 기능을 추가한다고 하자. 지금처럼 파생된 구성요소로 while_loop를 지원하는 경우 이런 기능을 추가하려면 어떤 어려움이 생기는가?

e. 그 문제를 해결할 수 있도록 접근 방식 자체를 변경하라. eval_while 같은 함수를 작성해서 평가기가 while 루프를 직접 지원하게 하는 것은 어떨까?

f. 이 직접적인 접근 방식을 이용해서, 평가 시 루프가 즉시 종료되는 break; 문장 하나를 구현하라.

g. 루프의 현재 반복만 끝내고 다음 반복으로 넘어가서 다시 while 루프의 술어를 평가하게 만드는 continue; 문장 하나를 구현하라.

■ **연습문제 4.8**

함수의 본문을 평가한 결과는 본문에 있는 반환문들로 결정된다. 이 연습문제에서는 §4.1.1의 각주 9에서 언급한 문제, 즉 문장들(선언문, 블록, 표현식 문장, 조건문)의 순차열이 모든 함수 본문의 바깥에 있는 자바스크립트 프로그램을 평가하는 문제를 고찰한다.

자바스크립트는 그런 프로그램의 문장들을 정적으로 **값을 산출하는**(value-producing)

문장과 **값을 산출하지 않는**(non-value-producing) 문장으로 구분한다. (여기서 "정적으로(statically)" 구분한다는 것은 프로그램을 실제로 실행하지 않고 프로그램 텍스트를 조사(inspection)만 해서 구분한다는 뜻이다). 모든 선언문은 값을 산출하지 않는 문장(간단히 '값 비산출' 문장)이고 모든 표현식 문장과 조건문은 값을 산출하는 문장(간단히 '값 산출 문장')이다. 표현식 문장의 값은 해당 표현식의 값이다. 조건문의 값은 선택된 분기문(귀결 또는 대안)의 값인데, 만일 그 분기문이 값 비산출 문장이면 값은 undefined이다. 블록은 만일 그 본문(문장렬)이 값 산출이면 값 산출 문장이고, 그런 경우 블록의 값은 본문의 값이다. 문장렬은 값 산출 문장이 하나라도 있으면 값 산출 문장으로 분류되며, 그런 경우 문장렬의 값은 마지막 값 산출 문장의 값이다. 마지막으로, 프로그램에 값 산출 문장이 하나도 없으면 프로그램의 값은 undefined이다.

a. 이러한 명세를 적용한다고 할 때, 다음 네 프로그램의 값은 각각 무엇인가?

```
1; 2; 3;

1; { if (true) {} else { 2; } }

1; const x = 2;

1; { let x = 2; { x = x + 3; } }
```

b. 이 명세를 따르도록 평가기를 수정하라.

4.1.3 평가기의 자료 구조들

평가기를 만들려면 구성요소들의 표현 방식을 정의하는 것 외에, 프로그램을 실행하는 과정에서 평가기가 내부적으로 사용할 자료 구조들도 정의해야 한다. 예를 들어 함수를 표현하는 자료 구조와 환경을 표현하는 자료 구조, 그리고 참과 거짓을 표현하는 자료 구조 같은 것들이 필요하다.

술어의 판정

조건부 구성요소의 술어 표현식을 이 책 전반에서 사용하는 적절한 술어(부울 값으로 평가되는 표현식)로 한정하기 위해, 여기서는 is_truthy가 오직 부울 값에만 적용된다는 규칙과 오직 부울 값 true만 '참 같은 값(truthy)'으로 간주한다는 규칙을 강제하기로 한다. is_truthy의 반대에 해당하는 술어는 is_falsy이다.[14]

```
function is_truthy(x) {
    return is_boolean(x)
           ? x
           : error(x, "boolean expected, received");
}
function is_falsy(x) { return ! is_truthy(x); }
```

함수의 표현

원시 함수들을 다루려면 다음과 같은 함수들이 필요하다.

- apply_primitive_function(함수, 인수들)

  주어진 원시 함수를 인수들 목록에 있는 인수 값들에 적용하고 그 결과를 돌려준다.

----

14 표준 자바스크립트에서 조건문이나 조건부 표현식은 부울 값뿐만 아니라 임의의 값을 '술어' 표현식의 평가 결과로 받아들인다. 만일 is_truthy와 is_falsy를 실제 자바스크립트의 참과 거짓 개념을 온전히 반영해서 구현한다면 다음과 같은 모습이 된다.

```
function is_truthy(x) { return ! is_falsy(x); }
function is_falsy(x) {
    return (is_boolean(x) && !x ) ||
           (is_number(x) && (x === 0 || x !== x )) ||
           (is_string(x) && x === "") ||
           is_null(x) ||
           is_undefined(x);
}
```

x !== x라는 판정은 오타가 아니다. 자바스크립트에서, NaN("Not a Number")에 대해서만큼은 x !== x가 실제로 참이다. 그리고 NaN 자체는 0과 함께 '거짓 같은 값(falsy)'으로 간주된다. 수치 값 NaN은 0 / 0처럼 수학적으로 정의되지 않는 경계 사례(border case)의 결과이다.

용어 'truthy(참 같은 값)'와 'falsy(거짓 같은 값)'는 자바스크립트의 대중화에 큰 역할을 한 책(Crockford 2008)을 쓴 더글러스 크록포드Douglas Crockford가 고안했다.

- `is_primitive_function(`함수`)`

  함수가 원시 함수인지 판정한다.

원시 함수들을 다루는 이 함수들은 §4.1.4에서 좀 더 자세히 이야기한다.

복합 함수는 매개변수들과 함수 본문들, 그리고 환경들로 생성한다. 다음은 복합 함수를 만드는 생성자 `make_function`과 관련 술어 및 선택자들이다.

```
function make_function(parameters, body, env) {
    return list("compound_function", parameters, body, env);
}
function is_compound_function(f) {
    return is_tagged_list(f, "compound_function");
}
function function_parameters(f) { return list_ref(f, 1); }
function function_body(f) { return list_ref(f, 2); }
function function_environment(f) { return list_ref(f, 3); }
```

반환값의 표현

§4.1.1에서 이야기했듯이, 한 문장렬의 평가는 반환문을 만나면 끝난다. 그리고 값을 돌려주어야 하는 함수 적용을 평가할 때 만일 함수 본문에서 반환문이 평가되지 않으면 그 함수 적용의 평가 결과는 undefined이다. 함수 적용을 평가할 때 반환문에 의해 값이 반환되었는지를 식별하기 위해, 반환값을 개별 값이 아니라 평가기를 위한 하나의 자료 구조로 취급하기로 한다. 다음은 반환값 객체를 규정하는 함수들이다.

```
function make_return_value(content) {
    return list("return_value", content);
}
function is_return_value(value) {
    return is_tagged_list(value, "return_value");
}
function return_value_content(value) {
    return head(tail(value));
}
```

환경에 대한 연산들

평가기에는 환경을 다루는 연산들이 필요하다. §3.2에서 설명했듯이 하나의 환경은 프레임들의 순차열이고, 각 프레임은 기호와 값을 묶는 바인딩들로 이루어진 테이블이다. 평가기가 환경을 다루는 데 사용하는 연산들은 다음과 같다.

- lookup_symbol_value(*기호*, *환경*)
  환경 안에서 *기호*에 묶인 값을 돌려준다. 그런 바인딩이 없으면 오류를 발생한다.

- extend_environment(*기호들*, *값들*, *기반-환경*)
  기호들 목록의 각 기호를 *값들* 목록의 각 값과 묶은, 그리고 *기반-환경*이 상위 환경(enclosing environment)인 새 프레임으로 구성된 새 환경을 돌려준다.

- assign_symbol_value(*기호*, *값*, *환경*)
  환경에서 *기호*에 대한 바인딩이 있는 가장 안쪽 프레임을 찾아서 그 바인딩의 값을 *값* 인수로 주어진 값으로 변경한다. 그런 바인딩이 없으면 오류를 발생한다.

이 연산들을 구현하기 위해, 환경을 프레임들의 목록으로 표현하기로 한다. 환경의 상위 환경은 그 목록의 tail이다. 빈 환경은 그냥 빈 목록이다.

```
function enclosing_environment(env) { return tail(env); }
function first_frame(env) { return head(env); }
const the_empty_environment = null;
```

환경의 각 프레임은 두 목록의 쌍으로 표현한다. 머리는 그 프레임 안에서 묶인 이름들의 목록이고 꼬리는 해당 값들의 목록이다.[15]

```
function make_frame(symbols, values) { return pair(symbols, values); }
function frame_symbols(frame) { return head(frame); }
function frame_values(frame) { return tail(frame); }
```

기호들과 값들을 연관시키는 새 프레임을 추가해서 환경을 확장할 때는 기호들의 목록과 값

---

[15] 프레임이 데이터 추상은 아니다. 아래의 assign_symbol_value 함수는 set_head를 이용해서 프레임의 값들을 직접 수정한다. 이 프레임 함수들은 그냥 환경을 다루는 함수들을 읽기 쉽게 만들기 위한 것일 뿐이다.

들의 목록으로 구성된 프레임을 만들고 그것을 환경의 프레임 목록에 추가한다. 만일 기호 개수와 값 개수가 같지 않으면 오류를 발생한다.

```
function extend_environment(symbols, vals, base_env) {
    return length(symbols) === length(vals)
           ? pair(make_frame(symbols, vals), base_env)
           : error(pair(symbols, vals),
                   length(symbols) < length(vals)
                   ? "too many arguments supplied"
                   : "too few arguments supplied");
}
```

§4.1.1의 apply가 함수의 매개변수들을 해당 인수들과 묶을 때 이 함수를 사용한다.

환경에서 기호를 조회할 때는 먼저 첫 프레임에 있는 기호 목록을 조사한다. 거기서 원하는 기호를 찾았다면, 환경의 값 목록에서 그 기호에 해당하는 값을 찾아서 돌려준다. 만일 현재 프레임에 그 기호가 없으면 프레임의 상위 환경으로 가서 같은 식으로 기호를 찾는다. 기호를 찾지 못한 채로 빈 환경에 도달하면 lookup_symbol_value는 "unbound name" 오류를 발생한다.

```
function lookup_symbol_value(symbol, env) {
    function env_loop(env) {
        function scan(symbols, vals) {
            return is_null(symbols)
                   ? env_loop(enclosing_environment(env))
                   : symbol === head(symbols)
                   ? head(vals)
                   : scan(tail(symbols), tail(vals));
        }
        if (env === the_empty_environment) {
            error(symbol, "unbound name");
        } else {
            const frame = first_frame(env);
            return scan(frame_symbols(frame), frame_values(frame));
        }
    }
    return env_loop(env);
}
```

지정된 환경의 한 기호에 새 값을 배정할 때는 `lookup_symbol_value`에서처럼 기호를 찾아서 해당 값을 변경한다.

```javascript
function assign_symbol_value(symbol, val, env) {
    function env_loop(env) {
        function scan(symbols, vals) {
            return is_null(symbols)
                    ? env_loop(enclosing_environment(env))
                    : symbol === head(symbols)
                    ? set_head(vals, val)
                    : scan(tail(symbols), tail(vals));
        }
        if (env === the_empty_environment) {
            error(symbol, "unbound name -- assignment");
        } else {
            const frame = first_frame(env);
            return scan(frame_symbols(frame), frame_values(frame));
        }
    }
    return env_loop(env);
}
```

지금까지 설명한 방법은 환경을 표현하는 여러 방법의 하나일 뿐이다. 여기서는 데이터 추상을 이용해서 구체적인 환경 표현을 평가기의 나머지 부분과 분리했기 때문에, 원한다면 언제라도 환경 표현을 다른 것으로 바꿀 수 있다. (연습문제 4.9를 보라.) 실무 품질의 자바스크립트 시스템에서 평가기의 환경 연산 속도(특히 기호 조회 속도)는 시스템 전체의 성능에 큰 영향을 미친다. 지금 설명하는 표현 방식은 개념적으로 간단하긴 하지만 효율적이지 못하므로 실무 시스템에서 일상적으로 사용하기에는 부적합하다.[16]

---

[16] 이 표현의(그리고 연습문제 4.9에 나온 변형된 표현의) 단점은 주어진 변수의 바인딩을 찾기 위해 평가기가 수많은 프레임을 거쳐야 할 수 있다는 점이다. (이런 접근 방식을 깊은 바인딩(deep binding)이라고 부른다.) 이러한 비효율성을 피하는 한 가지 방법은 어휘순 주소 접근(lexical addressing)이라고 부르는 전략을 사용하는 것인데, 이에 관해서는 §5.5.6에서 논의한다.

프레임을 두 목록의 쌍으로 표현하는 대신 바인딩들의 목록으로 직접 표현할 수도 있다. 이때 각 바인딩은 기호–값 쌍이다. 이러한 대안 표현을 사용하도록 환경 조작 연산들을 다시 작성하라.

■ 연습문제 4.10

함수 lookup_symbol_value와 assign_symbol_value를, 환경 구조를 순회(traversing) 하는 좀 더 추상적인 하나의 함수를 이용해서 표현할 수도 있다. 두 함수에 존재하는 공통의 패턴을 포착하는 하나의 추상을 정의하고, 그 추상을 이용해서 두 함수를 다시 정의하라.

■ 연습문제 4.11

우리의 언어는 상수와 변수 선언을 키워드로 구분하고(상수는 **const**로, 변수는 **let**으로), 상수에 대한 배정을 금지한다. 그러나 해석기(평가기) 자체는 상수와 변수를 구분하지 않는다. assign_symbol_value 함수는 주어진 기호가 변수로 선언된 것이 아니라 상수로 선언된 것이어도 불평 없이 새 값을 배정한다. 이 결함을 수정하라. 구체적으로, 배정의 좌변에 있는 것이 상수이면 평가기가 **error** 함수를 호출해서 오류를 보고하게 만들어야 한다. 다음과 같이 진행하면 될 것이다.

- 상수와 변수를 구분하기 위한 is_constant_declaration 술어와 is_variable_declaration 술어를 도입한다. §4.1.2에서 보았듯이 parse는 "constant_declaration"이라는 태그와 "variable_declaration"이라는 태그를 이용해서 둘을 구분함을 참고할 것.

- 본문의 선언들을 훑을 때 상수를 해당 프레임에 바인딩된 변수와 구분하도록 scan_out_declarations를 — 그리고 필요하다면 extend_environment도 — 변경한다.

- 주어진 기호가 상수로 선언되었는지 변수로 선언되었는지 파악해서 상수로 선언된 것이면 상수에는 배정이 허용되지 않는다는 뜻의 오류를 발생하도록 assign_symbol_value를 변경한다.

- 상수 선언을 만나면 `assign_constant_value`라는 새 함수를 호출하도록 `eval_declaration`을 수정하라. `assign_symbol_value`와는 달리 `assign_constant_value`는 상수에 대한 배정을 점검하지 않아야 한다.

- 필요하다면, 함수 매개변수들에 대한 배정에서는 상수 배정 오류가 나지 않도록 `apply`를 적절히 변경하라.

■ 연습문제 4.12

a. 표준 자바스크립트의 명세서에 따르면, 어떤 이름의 선언이 아직 평가되지 않은 상태에서 그 이름에 접근하려는 프로그램에 대해 자바스크립트 구현(해석기 등)은 반드시 실행 시점 오류를 발생해야 한다(§3.2.4 끝부분을 보라). 우리의 평가기도 그런 식으로 작동하게 만들어 보자. 만일 주어진 기호의 값이 "*unassigned*"이면 오류를 발생하도록 `lookup_symbol_value`를 수정하라.

b. 이와 비슷하게, 해당 **let** 선언이 아직 평가되지 않은 변수에 새 값을 배정하는 경우도 오류로 처리해야 할 것이다. 우리의 평가기도 그런 변수 배정에 대해 오류를 발생하도록 배정 평가 코드를 수정하라.

■ 연습문제 4.13

이 책의 자바스크립트 예제는 모두 ECMAScript 2015의 엄격 모드(strict mode)를 사용한다. 엄격 모드가 등장하기 전의 자바스크립트 변수는 스킴 변수와 상당히 달랐기 때문에, 이 책의 스킴 버전을 당시 자바스크립트 표준에 따라 각색했다면 지금보다 훨씬 덜 매력적인 책이 되었을 것이다.

a. ECMAScript 2015 이전에는 **let** 키워드가 없었고, 지역 변수를 선언하려면 **var**라는 키워드를 사용해야 했다. **var**로 선언된 변수의 범위는 그 선언을 감싼 가장 가까운 블록이 아니라 그 선언을 감싼 가장 가까운 함수 선언 전체 또는 람다 표현식 본문 전체이다. **const**나 **let**으로 선언된 함수가 **var**의 범위 규칙을 따르도록 `scan_out_declarations` 함수와 `eval_block` 함수를 수정하라.

b. 엄격 모드가 아닌 자바스크립트에서는 선언되지 않은 변수도 배정 표현식의 = 좌변에 둘 수 있다. 그런 배정은 전역 환경에 새 바인딩을 추가한다. 배정이 그런 식으로 작동하도록 `assign_symbol_value` 함수를 수정하라. 그런 배정을 금지하는 엄격 모드가 자바스크립트에 추가된 주된 이유는 프로그램의 안전성을 높이기 위한 것이었다. 배정이 전역 환경에 바인딩을 추가하지 못하게 함으로써 해결할 수 있는 보안 문제는 무엇인가?

4.1.4 평가기의 실행

지금까지 만든 평가기는 자바스크립트의 문장들과 표현식들을 평가하는 과정을 자바스크립트 자체로 표현한 것이라고 할 수 있다. 평가기를 이처럼 하나의 프로그램으로 표현하는 것의 장점 하나는 평가기를 실제로 실행해 볼 수 있다는 것이다. 즉, 우리는 자바스크립트 자체가 표현식을 평가하는 방식에 대한 하나의 잘 작동하는 모형을 자바스크립트 안에서 실행할 수 있다. 이러한 평가기를 평가 규칙들을 실험하는 하나의 틀로 사용할 수 있는데, 실제로 다음 장에서 여러 평가 규칙을 실험해 볼 것이다.

우리의 평가기 프로그램은 주어진 프로그램 텍스트에 있는 표현식들을 여러 변환을 거쳐서 원시 함수들의 적용으로 환원한다. 따라서 평가기를 실제로 실행하려면, 바탕 자바스크립트의 기능을 실제로 수행해서 호출함으로써 원시 함수들의 적용을 모형화하는 메커니즘을 만들어야 한다.

그러한 메커니즘에는 각각의 원시 함수 및 연산자 이름에 대한 바인딩이 있어야 한다. 그런 바인딩들이 있어야 `evaluate`가 원시 함수의 적용에 대한 함수 표현식을 평가할 때 `apply`에 넘겨줄 객체를 찾을 수 있다. 이를 위해, 전역 환경을 하나 만들어서 평가기로 평가할 표현식에 쓰이는 원시 함수와 연산자 이름을 고유한 객체들에 연관시킨다. 이 전역 환경은 `undefined`를 비롯한 여러 이름에 대한 바인딩도 포함한다. 이들은 평가할 표현식에 등장할 수 있는 상수들을 처리하는 데 쓰인다.

```javascript
function setup_environment() {
    return extend_environment(append(primitive_function_symbols,
                                     primitive_constant_symbols),
                              append(primitive_function_objects,
```

```
                          primitive_constant_values),
                    the_empty_environment);
    }

    const the_global_environment = setup_environment();
```

원시 함수 객체들의 구체적인 표현 방식은 중요하지 않다. apply가 is_primitive_function으로 원시 함수를 식별해서 apply_primitive_function으로 적용할 수만 있으면 된다. 여기서는 원시 함수를 "primitive"라는 문자열로 시작하며 그 원시 함수를 구현하는 바탕 자바스크립트 함수를 담은 하나의 목록으로 표현하기로 한다.

```
    function is_primitive_function(fun) {
        return is_tagged_list(fun, "primitive");
    }
    function primitive_implementation(fun) { return head(tail(fun)); }
```

setup_environment 함수는 다음과 같은 목록에서 원시 함수 이름과 해당 구현을 조회한다.[17]

```
    const primitive_functions = list(list("head",      head          ),
                                      list("tail",      tail          ),
                                      list("pair",      pair          ),
                                      list("is_null",   is_null       ),
                                      list("+",         (x, y) => x + y ),
                                      〈그밖의 여러 원시 함수 바인딩〉
                                      );

    const primitive_function_symbols =
        map(f => head(f), primitive_functions);
    const primitive_function_objects =
        map(f => list("primitive", head(tail(f))),
            primitive_functions);
```

----

17 바탕 자바스크립트로 정의된 그 어떤 함수도 메타순환적 평가기의 기존 함수로 사용할 수 있다. 평가기에 설치된 원시 함수의 이름이 바탕 자바스크립트로 구현된 해당 함수의 이름과 같을 필요는 없다. 지금 예에서 두 이름이 같은 것은 이 자바스크립트 평가기가 자바스크립트 자체로 구현된 메타순환적 평가기이기 때문일 뿐이다. 예를 들어 primitive_functions 목록에 list("first", head)나 list("square", x => x * x)를 두었다고 해도 평가기는 잘 작동한다.

setup_environment는 원시 상수들도 원시 함수들과 비슷한 방식으로 전역 환경에 설치한다. 다음은 원시 상수들을 정의하는 목록이다.

```
const primitive_constants = list(list("undefined", undefined),
                                 list("math_PI",   math_PI)
                                 〈그 밖의 여러 원시 상수 바인딩〉
                                 );

const primitive_constant_symbols =
    map(c => head(c), primitive_constants);
const primitive_constant_values =
    map(c => head(tail(c)), primitive_constants);
```

평가기가 원시 함수를 적용할 때는 앞의 목록에서 조회한 구현 함수를 바탕 자바스크립트 시스템을 이용해서 인수들에 적용한다.[18]

```
function apply_primitive_function(fun, arglist) {
    return apply_in_underlying_javascript(
            primitive_implementation(fun), arglist);
}
```

사용자가 메타순환적 평가기를 편하게 실행할 수 있도록, 바탕 자바스크립트 시스템의 읽기-평가-출력 루프(read-evaluate-print loop, REPL)를 본뜬 하나의 **구동기 루프**(driver

---

18 자바스크립트의 apply 메서드는 함수의 인수들이 하나의 **벡터**^{vector} 객체에 담겨 있다고 가정한다. (자바스크립트에서는 벡터를 '배열(array)'이라고 부른다.) 그래서 apply_in_underlying_javascript 함수는 먼저 arglist 목록을 while 루프를 이용해서 벡터로 변환한다(연습문제 4.7 참고).

```
function apply_in_underlying_javascript(prim, arglist) {
    const arg_vector = []; // 빈 벡터
    let i = 0;
    while (!is_null(arglist)) {
        arg_vector[i] = head(arglist); // i번째 요소를 설정한다.
        i = i + 1;
        arglist = tail(arglist);
    }
    return prim.apply(prim, arg_vector); // prim 객체를 통해서
                    // 바탕 자바스크립트의 apply에 접근한다.
}
```

이 apply_in_underlying_javascript 함수는 §2.4.3에서 apply_generic 함수를 선언할 때도 쓰였다.

loop)를 제공하기로 하자. 이 루프는 **프롬프트**prompt를 출력하고 사용자가 프로그램을 문자열로 입력하길 기다린다. 프로그램이 입력되면 구동기 루프는 프로그램 문자열을 §4.1.2에서 설명한 것처럼 문장의 태그된 목록 표현으로 변환한다. 이러한 과정을 파싱이라고 부르는데, 원시 함수 **parse**가 이를 담당한다. 프로그램의 값을 다른 출력(프로그램이 부수 효과로 출력할 수도 있는)과 구분하기 위해, 각 결과 앞에 **출력 프롬프트**(output prompt)를 붙인다. 구동기 루프는 이전 프로그램의 환경을 인수로 받는다. §3.2.4의 끝에서 설명했듯이 구동기 루프는 프로그램 전체가 하나의 블록 안에 들어 있는 것처럼 프로그램의 문장들을 처리한다. 즉, 구동기는 프로그램에서 선언문들을 찾아서, 선언된 각 이름을 "***unassigned***"에 묶는 바인딩들로 이루어진 프레임으로 최상위 환경을 확장하고, 확장된 환경 안에서 프로그램을 평가한다. 그 환경은 구동기 루프의 다음번 반복에서 구동기의 인수로 쓰인다.

```
const input_prompt = "M-evaluate input: ";
const output_prompt = "M-evaluate value: ";

function driver_loop(env) {
    const input = user_read(input_prompt);
    if (is_null(input)) {
        display("evaluator terminated");
    } else {
        const program = parse(input);
        const locals = scan_out_declarations(program);
        const unassigneds = list_of_unassigned(locals);
        const program_env = extend_environment(locals, unassigneds, env);
        const output = evaluate(program, program_env);
        user_print(output_prompt, output);
        return driver_loop(program_env);
    }
}
```

다음은 사용자에게 프롬프트를 제시하고 문자열을 입력받는 함수이다. 내부적으로 바탕 자바스크립트의 **prompt** 함수를 사용한다.

```
function user_read(prompt_string) {
    return prompt(prompt_string);
}
```

사용자가 입력을 취소하면 **prompt** 함수는 null을 돌려준다. 그런 경우 구동기 루프는 적절한 메시지를 출력하고 다음 반복으로 넘어간다.

다음은 프로그램의 평가로 얻은 객체를 출력하는 함수이다. 함수를 표현하는 자료 구조를 그대로 출력하면 출력이 지저분해질 수 있으므로(특히 함수의 환경 부분이 아주 길 수 있다), 주어진 객체가 복합 함수나 원시 함수이면 적절한 문자열 하나만 출력한다.

```
function user_print(string, object) {
    function prepare(object) {
        return is_compound_function(object)
                ? "< compound-function >"
                : is_primitive_function(object)
                ? "< primitive-function >"
                : is_pair(object)
                ? pair(prepare(head(object)),
                        prepare(tail(object)))
                : object;
    }
    display(string + " " + stringify(prepare(object)));
}
```

이제 평가기를 실행할 준비가 끝났다. 전역 환경을 초기화하고 구동기 루프를 시작하면 된다. 다음은 간단한 실행 예이다.

```
const the_global_environment = setup_environment();
driver_loop(the_global_environment);
```

```
M-evaluate input:
function append(xs, ys) {
    return is_null(xs)
            ? ys
            : pair(head(xs), append(tail(xs), ys));
}

M-evaluate value:
undefined

M-evaluate input:
append(list("a", "b", "c"), list("d", "e", "f"));
```

```
M-evaluate value:
["a", ["b", ["c", ["d", ["e", ["f", null]]]]]]
```

■ **연습문제 4.14**

에바 루 에이터와 루이스 리즈너가 메타순환적 평가기를 각자 시험해 보는 중이다. 에바는 **map**의 정의를 직접 추가하고 그것을 사용하는 테스트 프로그램을 몇 개 돌려보았다. 프로그램들은 다 잘 작동했다. 반면에 루이스는 바탕 자바스크립트의 **map**을 메타순환적 평가기의 한 원시 요소로 설치했다. 하지만 테스트 프로그램을 실행하니 제대로 돌아가지 않았다. 에바의 **map**은 잘 작동하지만 루이스의 것은 실패하는 이유를 설명하라.

4.1.5 프로그램으로서의 데이터

자바스크립트의 문장과 표현식을 평가하는 자바스크립트 프로그램이라는 것을 고찰할 때 다음과 같은 비유가 도움이 된다. 실행의 관점에서 프로그램의 의미를 생각할 때, 프로그램이라는 것은 어떠한 추상적인(어쩌면 무한히 큰) 기계(machine)를 서술한 것이라고 할 수 있다. 예를 들어 자주 보았던 계승 계산 프로그램을 생각해 보자.

```
function factorial(n) {
    return n === 1
           ? 1
           : factorial(n - 1) * n;
}
```

이 프로그램을 빼기, 곱하기, 상등 평가를 위한 부품들과 2단 토글 스위치 하나, 그리고 또 다른 계승 계산 기계로 구성된 하나의 기계에 관한 서술로 간주할 수 있다. (또 다른 계승 기계를 포함한다는 점에서 이 계승 기계는 무한히 크다.) [그림 4.3]은 이 계승 기계의 흐름도로, 부품들의 연결 관계를 보여준다.

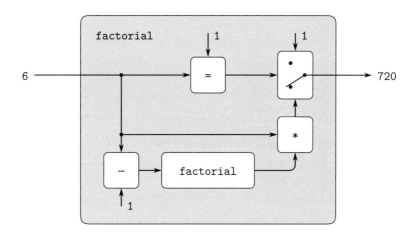

그림 4.3 하나의 추상 기계로 표현한 계승 계산 프로그램.

이와 비슷하게, 우리의 자바스크립트 평가기는 어떠한 기계의 서술을 입력받는 아주 특별한 기계라고 할 수 있다. 평가기는 주어진 입력에 서술된 기계를 흉내(에뮬레이션) 내도록 스스로를 구성한다. 예를 들어 [그림 4.4]에 나온 `factorial`의 정의를 입력하면 평가기는 계승을 계산할 수 있는 기계가 된다.

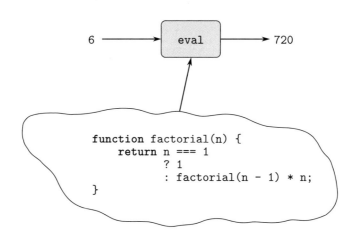

그림 4.4 계승 기계를 흉내 내는 평가기.

이런 관점에서 우리의 평가기는 일종의 **보편 만능 기계**(universal machine)라고 할 수 있다. 이 기계는 자바스크립트 프로그램의 형태로 서술된 다른 기계를 흉내 낸다.[19] 이 점은 대단히 인상적이다. 이와 비슷하게 전기 회로를 흉내 내는 평가기를 상상해 보기 바란다. 그런 평가기는 필터 같은 다른 어떤 회로의 설계도를 부호화(encoding)한 신호를 입력받는 하나의 회로일 것이다. 필터를 부호화한 신호를 입력받은 회로 평가기는 그 필터처럼 작동한다. 이런 범용 전기 회로는 필시 엄청나게 복잡할 것이다. 그러나 프로그램 평가기는 비교적 간단한 프로그램이다.[20]

평가기의 또 다른 인상적인 측면은, 평가기가 프로그래밍 언어로 조작하는 데이터 객체와 프로그래밍 언어 자체를 잇는 다리로 작용한다는 것이다. 사용자가 평가기 프로그램(자바스크립트로 구현된)을 실행해서 프로그램을 입력하고 평가기의 결과를 관찰한다고 하자. 사용자의 입력에서 x * x; 같은 입력은 평가 대상 프로그래밍 언어로 작성된, 그리고 평가기가 실행해야 할 하나의 프로그램이다. 그러나 평가기의 관점에서 입력 프로그램은 그냥 잘 정의된 일단의 규칙에 따라 조작해야 할 하나의 데이터(처음에는 문자열, 파싱 이후에는 태그된 목록 표현)일 뿐이다.

사용자에게는 프로그램인 것이 평가기에는 데이터라는 점 때문에 헷갈릴 필요는 없을 것이다. 사실 이런 구분을 무시하고, 하나의 문자열을 명시적으로 자바스크립트 문장으로 평가하는 수단을 사용자에게 제공하는 것이 편리할 때가 종종 있다. 자바스크립트의 원시 함수 eval이 바로 그

---

19 흉내 낼 기계가 자바스크립트 언어로 서술된다는 점이 아주 중요하다. 만일 다른 어떤 언어, 이를테면 C를 위한 평가기로 작용하는 자바스크립트 프로그램을 우리의 자바스크립트 평가기에 입력하면 평가기는 C 평가기를 흉내 내며, 따라서 C 프로그램으로 서술된 임의의 기계를 흉내 낼 수 있다. 마찬가지로, 자바스크립트 평가기를 C로 작성하면 임의의 자바스크립트 프로그램을 실행할 수 있는 C 프로그램이 나온다. 여기에 깔린 심오한 개념은, 모든 평가기는 다른 모든 평가기를 흉내 낼 수 있냐는 것이다. 따라서 "이론적으로(필요한 시간과 메모리 같은 현실적인 요소들은 무시하고), 기계로 계산할 수 있는 것은 무엇인가?"라는 문제는 언어나 컴퓨터와는 무관하다. 이 문제는 **계산 가능성**(computability)이라고 하는 좀 더 근본적인 개념을 반영한다. 계산 가능성은 앨런 M. 튜링(1912 – 1954)이 처음으로 명확하게 논증했다. 튜링이 1936년에 발표한 논문은 이론 컴퓨터 과학의 토대를 마련했다. 그 논문에서 튜링은 하나의 계산 모형(지금은 **튜링 기계**(Turing machine)라고 부르는)을 제시하고, 모든 '실효적 과정(effective process)'을 그런 계산 모형을 위한 프로그램으로 정식화할 수 있음을 밝혔다. (이 논증을 **처치–튜링 논제**(Church – Turing thesis)라고 부른다.) 그런 다음 튜링은 하나의 보편 만능 기계, 즉 모든 튜링 기계 프로그램을 위한 평가기로 작용하는 하나의 튜링 기계를 구현하고, 그것을 틀로 삼아서 잘 정의되지만 튜링 기계로는 계산할 수 없는, 따라서 '실효적인 과정'으로 정식화할 수 없는 문제가 존재함을 보였다(연습문제 4.15). 이후 튜링은 실용적인 컴퓨터 과학에도 근본적인 기여를 했다. 튜링의 전기로는 [Hodges 1983]이 있다.

20 비교적 간단한 함수로 구현된 평가기가 평가기 자체보다 훨씬 복잡한 프로그램을 흉내 낼 수 있다는 점이 잘 와닿지 않는 사람들도 있다. 범용 평가 기계의 존재는 계산의 심오하고도 멋진 속성 중 하나이다. 계산의 논리적 한계와 관련해서 수리논리학에는 **재귀 이론**(Recursion theory)이라는 분야가 있다. 더글러스 호프스태터의 아름다운 책 *Gödel, Escher, Bach*(1979)는 이런 개념 몇 가지를 살펴본다.

것이다. 이 함수는 문자열을 하나 받고, 문자열이 자바스크립트의 문법에 맞는 프로그램에 해당한다고 할 때 현재 환경(eval이 호출된 환경)에서 그 프로그램을 평가한다. 예를 들어 다음 문장과

```
eval("5 * 5;");
```

다음 문장은 둘 다 25를 돌려준다.[21]

```
evaluate(parse("5 * 5;"), the_global_environment);
```

■ 연습문제 4.15

f가 어떤 단항 함수이고 a가 어떤 객체라고 하자. 만일 표현식 f(a)가 무사히 하나의 값을 돌려준다면(오류 메시지와 함께 종료되거나 무한 루프에 빠져서 끝나지 않는 것이 아니라), 이를 두고 f가 a에 대해 "정지한다(halt)"라고 말한다. 임의의 함수 f와 임의의 객체 a에 대해, f가 a에 대해 정지하는지를 정확하게 판정하는 함수 halts를 작성하는 것이 불가능함을 증명하라. 다음과 같은 틀로 추론하면 될 것이다: 만일 halts 함수를 실제로 작성할 수 있다면, 다음 프로그램을 구현할 수 있다.

```
function run_forever() { return run_forever(); }
function strange(f) {
    return halts(f, f)
            ? run_forever()
            : "halted";
}
```

strange(strange)라는 표현식을 평가한다고 하자. 이 평가의 모든 결과(정지 또는 무한 실행)가 앞에서 말한 halts의 의도된 작동 방식을 위반함을 보이면 된다.[22]

---

[21] 자바스크립트 실행 환경에 따라서는 eval이 아예 없거나 사용이 제한될 수도 있다(이를테면 보안 문제 때문에).

[22] 여기서는 halts가 하나의 함수 객체를 받지만, halts가 함수의 텍스트와 환경에 접근할 수 있다고 해도 이 추론은 여전히 유효하다. 이것은 튜링의 유명한 정지 정리(Halting Theorem)이다. 정지 정리는 **계산 불가능**(noncomputable) 문제, 즉 잘 정의되지만 계산 가능한 함수로는 수행할 수 없는 작업의 명백한 사례를 처음으로 제시했다.

4.1.6 내부 선언들

자바스크립트에서 한 선언의 범위는 그 선언을 감싸는 가장 가까운 블록 전체이다. 그 블록에서 선언이 있는 지점부터 블록의 끝까지가 아님을 주의해야 한다. 이번 절에서는 자바스크립트의 이러한 범위 규칙을 자세히 살펴본다.

§3.2.4에 나온 함수 f의 본문 안에 선언된, 두 상호 재귀 함수 is_even과 is_odd를 다시 생각해 보자.

```javascript
function f(x) {
    function is_even(n) {
        return n === 0
               ? true
               : is_odd(n - 1);
    }
    function is_odd(n) {
        return n === 0
               ? false
               : is_even(n - 1);
    }
    return is_even(x);
}
```

여기서 핵심은 is_even 함수의 본문에 있는 is_odd라는 이름이 반드시 is_even 다음에 선언된 is_odd 함수를 지칭해야 한다는 것이다. 이름 is_odd의 범위는 f의 본문 블록에서 is_odd가 선언된 지점부터가 아니라 f의 본문 블록 전체이다. 사실 is_odd의 선언에 is_even이 있고 is_even의 선언에는 is_odd가 있다는 점(그래서 둘은 상호 재귀 함수이다)을 생각하면, 두 함수의 선언을 합리적으로 해석하는 유일한 방법은 이름 is_even과 is_odd가 "동시에" 환경에 추가된다고 보는 것뿐이다. 정리하자면, 블록 구조에서 지역 이름의 범위는 그 이름이 선언된 블록 전체이다.

§4.1.1의 메타순환적 평가기는 블록의 모든 선언을 조사하고 현재 환경에 그 이름들에 대한 바인딩을 담은 프레임을 추가한 후에야 그 선언들을 평가함으로써 이러한 동시적 지역 이름 범위 규칙을 실현한다. 지금 예의 경우 블록의 본문은 is_even과 is_odd에 대한 바인딩이 추가된 새 환경에서 평가된다. 두 이름의 선언이 평가되면 두 이름은 각자 해당 함수 객체와 묶이는데, 각 함수 객체의 환경 부분은 두 이름에 대한 바인딩이 추가된 새 환경을 가리킨다. 따라서,

f의 본문에서 예를 들어 is_even이 적용될 때 해당 환경에는 이미 이름 is_odd에 대한 정확한 바인딩이 들어 있으며, is_even의 본문에서 이름 is_odd를 평가하면 정확한 값(해당 함수 객체)이 조회된다.

■ **연습문제 4.16**

§1.3.2의 함수 f_3을 생각해 보자.

```
function f_3(x, y) {
    const a = 1 + x * y;
    const b = 1 - y;
    return x * square(a) + y * b + a * b;
}
```

a. f_3의 반환 표현식이 평가되는 도중의 실효 환경을 제3장의 환경 그림들처럼 도식화하라.

b. 함수 적용을 평가할 때 평가기는 프레임 두 개를 생성한다. 하나는 매개변수들을 위한 것이고 다른 하나는 함수의 본문 블록에서 **직접** 선언된(본문 블록의 어떤 내부 블록에서 선언된 것이 아니라) 이름들을 위한 것이다. 그런데 두 종류의 이름들은 모두 범위가 같아야 한다(함수 본문 블록 전체). 따라서 두 프레임을 하나로 결합해서 처리할 수도 있다. 본문 블록을 평가할 때 새 프레임을 생성하지 않도록 평가기를 수정하라. 이때 프레임에서 이름들이 중복되는 문제는 신경 쓰지 않아도 된다(이름 중복은 연습문제 4.5에서 처리하므로).

■ **연습문제 4.17**

에바 루 에이터는 함수 선언문과 그밖의 문장들이 뒤섞인 프로그램을 작성하는 중이다. 에바가 원하는 것은 원래의 순서야 어떻든, 함수 선언들이 모두 평가된 후에야 함수 적용들이 평가되는 것이다. 그래서 이런 생각을 하게 되었다: "이런 잡무는 평가기가 처리해주면 좋잖아? 그러니까, 평가기가 모든 함수 선언을 블록의 제일 위로 끌어올려(hoist) 주면 안 될까? 그리고 블록 바깥에 있는 함수 선언들은 모두 프로그램의 시작 부분으로 끌어올리고."

a. 에바의 제안대로 선언들을 처리하도록 평가기를 수정하라.

b. 실제로 자바스크립트의 설계자들은 그런 방식으로 함수 선언을 처리하기로 했다. 이 결정을 논하라.

c. 더 나아가서, 자바스크립트의 설계자들은 함수 선언으로 선언한 이름에 다른 값을 배정하는 것도 허용한다고 결정했다. 평가기를 그런 식으로 수정하고, 이 결정을 논하라.

■ 연습문제 4.18

우리의 평가기는 재귀 함수를 우회적으로 처리한다. 평가기는 먼저 재귀 함수를 지칭하는 데 사용할 이름을 하나 선언하고, 그 이름에 `"*unassigned*"`라는 특별한 값을 배정한다. 그런 다음 재귀 함수를 그 이름의 범위 안에서 정의하고, 마지막으로 그 함수를 그 이름에 배정한다. 재귀 함수가 실제로 적용되는 시점에서 함수 본문에 나오는 그 이름은 모두 해당 재귀 함수를 제대로 가리킨다. 그런데 놀랍게도, 추가적인 선언과 배정 없이도 재귀 함수를 명시하는 것이 가능하다. 한 예로, 다음은 재귀적 계승 함수를 적용해서 10의 계승을 계산하는 프로그램이다.[23]

```
(n => (fact => fact(fact, n))
      ((ft, k) => k === 1
                  ? 1
                  : k * ft(ft, k - 1)))
(10);
```

a. 이 프로그램이 실제로 계승을 계산함을 확인하라(표현식을 평가기로 평가해서). 이와 비슷한 방식으로 피보나치 수들을 계산하는 표현식을 고안하라.

b. 본문에 나온 함수 **f**를 다시 생각해 보자.

```
function f(x) {
    function is_even(n) {
        return n === 0
               ? true
               : is_odd(n - 1);
    }
    function is_odd(n) {
```

----

[23] 이 예는 배정 없이 재귀 함수를 정식화하는 프로그래밍 요령을 보여준다. 이런 종류의 가장 일반적인 요령은 Y 연산자 (Y operator)이다. Y 연산자를 이용하면 '순수 람다 계산법'으로 재귀를 구현할 수 있다. (람다 계산법에 대한 자세한 사항은 [Stoy 1977]을, 스킴 언어의 Y 연산자에 관한 논의로는 [Gabriel 1988]을 보라.)

```
        return n === 0
              ? false
              : is_even(n - 1);
    }
    return is_even(x);
}
```

다음은 이 f을 내부 함수 없이 선언한 예이다. 빠진 부분을 채워서 이 선언을 완성하라.

```
function f(x) {
    return ((is_even, is_odd) => is_even(is_even, is_odd, x))
           ((is_ev, is_od, n) => n === 0 ? true : is_od(⟨ ?? ⟩, ⟨ ?? ⟩, ⟨ ?? ⟩),
            (is_ev, is_od, n) => n === 0 ? false : is_ev(⟨ ?? ⟩, ⟨ ?? ⟩, ⟨ ?? ⟩));
}
```

순차적인 선언 처리

§4.1.1에서 설명한 설계대로 구현한 평가기는 먼저 블록의 본문 전체를 훑어서 지역 이름 선언들을 찾고, 그 이름들에 대한 바인딩을 담은 새 프레임으로 현재 환경을 확장한 다음에야 확장된 환경에서 블록의 본문을 평가한다. 이러면 실행 시점에서 블록을 평가할 때 부담이 크다. 이렇게 하는 대신 현재 환경에 빈 프레임 하나만 추가하고, 블록을 평가하는 과정에서 선언문을 만나면 그때 해당 바인딩을 그 프레임에 추가하는 식으로 진행하는 것도 가능하다. 그럼 이런 설계를 실제로 구현해 보자. 먼저 **eval_block**을 다음과 같이 단순화한다.

```
function eval_block(component, env) {
    const body = block_body(component);
    return evaluate(body, extend_environment(null, null, env);
}
```

이렇게 바꾸면 eval_declaration은 주어진 이름에 대한 바인딩이 환경에 이미 있다고 가정일 수 없다. 이제 eval_declaration은 assign_symbol_value를 이용해서 기존 바인딩을 변경하는 대신, 이름과 값(선언의 값 표현식을 평가한 결과)을 묶은 바인딩을 환경의 첫 프레임에 추가해야 한다. 다음은 수정된 **eval_declaration** 함수와 바인딩을 추가하는 새 함수 **add_binding_to_frame**이다.

```
function eval_declaration(component, env) {
    add_binding_to_frame(
        declaration_symbol(component),
        evaluate(declaration_value_expression(component), env),
        first_frame(env));
    return undefined;
}
function add_binding_to_frame(symbol, value, frame) {
    set_head(frame, pair(symbol, head(frame)));
    set_tail(frame, pair(value, tail(frame)));
}
```

이런 순차적인 선언 처리에서 한 선언의 범위는 더 이상 그 선언을 감싼 가장 가까운 블록 전체가 아니다. 이제는 선언의 범위가 그 블록 안에서 선언 지점부터 그 블록의 끝까지이다. 따라서 이제는 동시적 이름 범위가 적용되지 않는다. 그래도 이번 절 앞 초반에 나온 함수 f의 호출이 잘 처리되지만, 이는 단지 우연일 뿐이다. 그 함수의 내부 함수들은 모두 함수 본문의 제일 처음에 선언되어 있으며, 내부 함수 호출들은 해당 선언들이 모두 처리된 후에야 평가된다. 즉, is_even이 호출되는 시점에서는 is_odd의 선언이 이미 평가된 후이다. 함수 f뿐만 아니라, 함수의 내부 선언들이 본문의 제일 처음에 나오고 선언된 이름의 값 표현식을 평가할 때는 선언된 이름들이 전혀 쓰이지 않는 한 그 어떤 함수에 대해서도 이 순차적 선언 처리 방식은 §4.1.1의 "이름부터 훑는" 평가기와 같은 결과를 낸다. [연습문제 4.19]에는 그런 조건을 충족하지 않는, 그래서 순차 처리 평가기가 먼저 이름부터 훑는 조사 평가기와는 다른 결과를 내는 함수의 예가 나온다.

순차적인 선언 처리는 이름부터 훑는 방식보다 효율적이고 구현하기도 쉽다. 그렇지만 순차 처리 방식에서는 이름이 실제로 어떤 값으로 선언되는지가 블록 안에서 문장들이 평가되는 순서에 따라 달라질 수 있다. [연습문제 4.19]에서 보겠지만, 이런 특성이 반드시 바람직하지 않은 것은 아니다.

■ **연습문제 4.19**

벤 빗디들과 알리사 P. 해커, 에바 루 에이터는 다음 프로그램을 평가할 때 어떤 결과가 나오는 것이 바람직한지를 두고 논쟁하는 중이다.

```
const a = 1;
function f(x) {
    const b = a + x;
    const a = 5;
    return a + b;
}
f(10);
```

벤은 선언들을 차례대로 처리해서 결과를 얻어야 한다고 단언한다. 즉, b는 11로 선언되어야 하며, a는 5로 선언되어야 하며, 따라서 결과는 16이어야 한다는 것이다. 알리사는 상호 재귀를 위해서는 내부 함수 선언들에 대해 동시적 범위 규칙이 적용되어야 하며, 함수 이름들을 그 밖의 이름들과 다른 방식으로 처리하는 것은 비합리적이라고 반박한다. 간단히 말해서 알리사의 주장은 §4.1.1에 나온 방식으로 선언 처리 메커니즘을 구현해야 한다는 것이다. 그러면 b의 값을 계산하는 시점에서 a는 아직 값이 배정되지 않은 상태이므로, 알리사가 볼 때 이 함수는 오류를 발생해야 한다. 에바는 또 다른 의견을 가지고 있다. 에바는 만일 a와 b가 정말로 동시에 선언된다면 b를 평가할 때 a의 값은 당연히 5이어야 한다고 주장한다. 따라서 에바의 관점에서 a는 5이고 b는 15이며 결과는 20이어야 한다. 세 가지 관점 중 여러분이 지지하는 것이 있다면 무엇인가? 내부 선언들을 에바가 원하는 방식으로 구현하는 방법을 고안할 수 있는가?[24]

4.1.7 구문 분석과 실행의 분리

지금까지 구현한 평가기는 간단한 대신 대단히 비효율적인데, 주된 이유는 구성요소들의 구문 분석(syntactic analysis) 작업이 구성요소들의 실행과 뒤섞여 있기 때문이다. 같은 프로그램을 여러 번 실행하는 경우 구문 분석도 여러 번 수행해야 한다. 한 예로, 계승을 계산하는 factorial 함수가 다음과 같이 선언되어 있으며, 4의 계승을 구하기 위해 factorial(4)를 평가한다고 하자.

---

[24] 자바스크립트의 설계자들은 알리사의 관점을 지지하는데, 근거는 다음과 같다. 원칙적으로는 에바가 옳다. 선언들은 동시적이라고 간주해야 한다. 그렇지만 에바가 요구하는 메커니즘을 일반적이고 효율적으로 구현하기가 어려워 보인다. 그런 메커니즘을 만들 수 없다면, 동시적인 선언이 어려운 사례에 대해 잘못된 답을 산출하는(벤의 경우) 것보다는 오류를 발생하는(알리사의 경우) 것이 낫다.

```
function factorial(n) {
    return n === 1
           ? 1
           : factorial(n - 1) * n;
}
```

factorial이 호출될 때마다 평가기는 매번 함수 본문을 분석해서 조건 표현식을 식별하고 술어를 추출해야 한다. 그런 다음에야 술어를 평가하고 그 값에 따라 귀결 절과 대안 절 중 하나를 선택할 수 있다. 표현식 factorial(n - 1) * n이나 부분식 factorial(n - 1)과 n - 1을 평가할 때마다 평가기는 반드시 evaluate에서 사례 분석을 수행해서 그 표현식이 하나의 함수 적용이라는 점을 판정해야 하며, 그에 따라 함수 표현식과 인수 표현식을 추출해야 한다. 이러한 분석은 비싸다. 이런 분석을 거듭 수행하는 것은 낭비이다.

구문 분석을 한 번만 수행하도록 평가기를 수정하면 효율성이 크게 개선된다.[25] 이를 위해 evaluate의 처리를 두 부분으로 나누기로 한다. 새 evaluate는 평가할 구성요소와 환경을 받고 구성요소만 analyze라는 함수에 넘겨준다. 새로운 함수 analyze는 그 구성요소에 대한 구문 분석을 수행하고, 분석된 구성요소의 실행에 필요한 작업을 캡슐화한 하나의 **실행 함수**(execution function)를 돌려준다. 그 실행 함수는 환경을 받고 그 환경 안에서 해당 구성요소의 평가를 실제로 실행한다. 이렇게 하면 analyze를 구성요소마다 한 번만 호출하고 해당 실행 함수를 여러 번 호출할 수 있으므로 전체적인 작업량이 줄어든다.

분석과 실행을 분리하는 evaluate는 이런 모습이다.

```
function evaluate(component, env) {
    return analyze(component)(env);
}
```

이제 evaluate는 analyze를 호출해서 얻은 실행 함수를 환경에 적용한다. analyze 함수의 사례 분석 자체는 §4.1.1에 나온 원래의 evaluate의 것과 동일하다. 단, 각 사례에 대해 해당 구성요소를 실제로 평가(실행)하는 대신 구문 분석만 수행한다는 점이 다르다.

....

25 이 기법은 제5장에서 논의할 컴파일 과정의 필수 요소이다. 조너선 리스는 1982년경에 T 프로젝트를 위해 이런 방식의 스킴 해석기를 작성한 바 있다(Rees, Adams 1982). 이와는 개별적으로 마크 필리도 석사 학위 논문(Feeley 1986)에서 이 기법을 고안했다([Feeley, Lapalme 1987]도 보라.)

```
function analyze(component) {
    return is_literal(component)
            ? analyze_literal(component)
            : is_name(component)
            ? analyze_name(component)
            : is_application(component)
            ? analyze_application(component)
            : is_operator_combination(component)
            ? analyze(operator_combination_to_application(component))
            : is_conditional(component)
            ? analyze_conditional(component)
            : is_lambda_expression(component)
            ? analyze_lambda_expression(component)
            : is_sequence(component)
            ? analyze_sequence(sequence_statements(component))
            : is_block(component)
            ? analyze_block(component)
            : is_return_statement(component)
            ? analyze_return_statement(component)
            : is_function_declaration(component)
            ? analyze(function_decl_to_constant_decl(component))
            : is_declaration(component)
            ? analyze_declaration(component)
            : is_assignment(component)
            ? analyze_assignment(component)
            : error(component, "unknown syntax -- analyze");
}
```

다음은 구문 분석 함수 중 가장 간단한 것으로, 리터럴 표현식을 처리한다. 이 함수는 주어진 환경 인수는 무시하고 그냥 리터럴의 값만 돌려주는 실행 함수를 돌려준다.

```
function analyze_literal(component) {
    return env => literal_value(component);
}
```

이름의 값을 조회하는 작업은 반드시 실행 단계에서 해야 한다. 이름의 값을 조회하려면 환경이 필요하기 때문이다.[26]

----

[26] 그렇지만 이름 조회의 중요한 한 부분은 구문 분석 단계에서도 할 수 있다. §5.5.6에서 보겠지만, 주어진 변수의 값이 환경 구조의 어느 부분에 있는지를 구문 분석 단계에서 미리 파악하는 것이 가능하다. 그런 정보가 있으면 주어진 변수에 해당하는 항목을 찾기 위해 환경 전체를 일일이 살펴볼 필요가 없다.

```
function analyze_name(component) {
    return env => lookup_symbol_value(symbol_of_name(component), env);
}
```

함수 적용을 분석하는 함수는 함수 적용의 함수 표현식과 인수 표현식을 각각 분석해서 함수 표현식 실행 함수와 인수 표현식 실행 함수들을 얻고, 그것들로 execute_application을 적절히 호출하는 실행 함수를 돌려준다. 이 실행 함수는 함수 표현식 실행 함수를 환경에 적용해서 실제로 적용할 함수 객체를 얻고, 인수 표현식 실행 함수들로는 그 함수 객체를 적용할 인수들을 얻는다. 이 실행 함수가 호출하는 execute_application 함수는 함수 적용을 실제로 평가한다는 점에서 §4.1.1의 apply와 비슷하나, 복합 함수의 경우 함수 본문이 이미 분석되어 있기 때문에 다시 분석을 수행할 필요가 없다는 점이 다르다. execute_application은 함수 본문에 대한 실행 함수를 확장된 환경으로 호출하기만 한다.

```
function analyze_application(component) {
    const ffun = analyze(function_expression(component));
    const afuns = map(analyze, arg_expressions(component));
    return env => execute_application(ffun(env),
                                      map(afun => afun(env), afuns));
}
function execute_application(fun, args) {
    if (is_primitive_function(fun)) {
        return apply_primitive_function(fun, args);
    } else if (is_compound_function(fun)) {
        const result = function_body(fun)
                       (extend_environment(function_parameters(fun),
                                           args,
                                           function_environment(fun)));
        return is_return_value(result)
               ? return_value_content(result)
               : undefined;
    } else {
        error(fun, "unknown function type -- execute_application");
    }
}
```

조건부 구성요소를 분석하는 함수는 술어, 귀결, 대안 부분을 추출해서 분석한다.

```
function analyze_conditional(component) {
    const pfun = analyze(conditional_predicate(component));
    const cfun = analyze(conditional_consequent(component));
    const afun = analyze(conditional_alternative(component));
    return env => is_truthy(pfun(env)) ? cfun(env) : afun(env);
}
```

다음으로, 람다 표현식을 분석하는 함수를 보자. 이 함수 역시 효율성 개선에 크게 기여한다. 람다 표현식을 평가해서 얻은 함수가 여러 번 호출된다고 해도, 람다 표현식의 본문은 한 번만 분석된다.

```
function analyze_lambda_expression(component) {
    const params = lambda_parameter_symbols(component);
    const bfun = analyze(lambda_body(component));
    return env => make_function(params, bfun, env);
}
```

문장렬의 분석은 좀 더 복잡하다.[27] 문장렬 분석 함수는 문장렬의 각 문장을 분석해서 각각의 실행 함수를 얻는다. 그런 다음, 환경을 받고 그 환경으로 이 실행 함수들을 차례로 호출하는 하나의 실행 함수를 만들어서 돌려준다.

```
function analyze_sequence(stmts) {
    function sequentially(fun1, fun2) {
        return env => {
                const fun1_val = fun1(env);
                return is_return_value(fun1_val)
                    ? fun1_val
                    : fun2(env);
            };
    }
    function loop(first_fun, rest_funs) {
        return is_null(rest_funs)
            ? first_fun
            : loop(sequentially(first_fun, head(rest_funs)),
                tail(rest_funs));
    }
```

----

27 [연습문제 4.21]은 문장렬의 처리에 관한 약간의 통찰을 제공한다.

```
        const funs = map(analyze, stmts);
        return is_null(funs)
                ? env => undefined
                : loop(head(funs), tail(funs));
    }
```

다음은 블록을 분석하는 함수이다. 구문 분석을 실행과 분리한 덕분에 블록에서 지역 선언들을 찾는 작업은 한 번만 수행된다. 이 함수가 돌려주는 블록의 실행 함수는 선언 바인딩들을 추가한 환경을 인수로 해서 블록 본문의 실행 함수를 호출한다.

```
function analyze_block(component) {
    const body = block_body(component);
    const bfun = analyze(body);
    const locals = scan_out_declarations(body);
    const unassigneds = list_of_unassigned(locals);
    return env => bfun(extend_environment(locals, unassigneds, env));
}
```

반환문 분석 함수는 반환문의 반환 표현식을 분석하고, 반환 표현식의 실행 함수를 호출한 결과로 반환값 객체를 만들어서 돌려주는 실행 함수를 돌려준다.

```
function analyze_return_statement(component) {
    const rfun = analyze(return_expression(component));
    return env => make_return_value(rfun(env));
}
```

다음은 배정과 선언 구성요소들을 분석하는 함수들이다. 배정 연산에는 구체적인 환경이 필요하므로, analyze_assignment 함수에서 배정을 실제로 실행할 수 없다. 그렇지만 이제는 배정 표현식을 이용해서 구문 분석 시점에서 미리 한 번만 (재귀적으로) 분석하면 되므로 평가기의 효율성이 크게 개선된다. 상수 및 변수 선언도 마찬가지이다.

```
function analyze_assignment(component) {
    const symbol = assignment_symbol(component);
    const vfun = analyze(assignment_value_expression(component));
    return env => {
            const value = vfun(env);
            assign_symbol_value(symbol, value, env);
```

```
                return value;
            };
    }
    function analyze_declaration(component) {
        const symbol = declaration_symbol(component);
        const vfun = analyze(declaration_value_expression(component));
        return env => {
                assign_symbol_value(symbol, vfun(env), env);
                return undefined;
            };
    }
```

이렇게 해서 구문 분석과 실행을 분리하도록 평가기를 수정했다. 자료 구조들과 구문 함수
들, 실행 시점 지원 함수들은 §4.1.2와 §4.1.3, §4.1.4에 나온 것들을 그대로 사용한다.

■ **연습문제 4.20**

이번 절의 평가기를 while 루프(연습문제 4.7 참고)를 지원하도록 확장하라.

■ **연습문제 4.21**

알리사 P. 해커는 analyze_sequence가 그렇게나 복잡한 것을 의아하게 여긴다. 다른 모든
분석 함수는 그냥 해당 §4.1.1에 나온 평가 함수(또는 evaluate의 해당 사례 분석 절)를 거의
그대로 옮긴 것인데도 말이다. 알리사는 analyze_sequence는 다음과 같은 형태이면 충분하
다고 생각한다.

```
function analyze_sequence(stmts) {
    function execute_sequence(funs, env) {
        if (is_null(funs)) {
            return undefined;
        } else if (is_null(tail(funs))) {
            return head(funs)(env);
        } else {
            const head_val = head(funs)(env);
            return is_return_value(head_val)
                   ? head_val
                   : execute_sequence(tail(funs), env);
    }
```

```
    }
    const funs = map(analyze, stmts);
    return env => execute_sequence(funs, env);
}
```

에바 루 에이터는 본문의 버전이 분석 시점에서 문장렬을 평가하는 것보다 더 많은 일을 한다고 알리사에게 설명해 주었다. 알리사의 **analyze_sequence**가 돌려주는 문장렬 실행 함수는 개별 문장 실행 함수들의 호출을 내장하는(built in) 대신, 그 함수들을 차례로 호출한다. 결과적으로 문장렬의 개별 문장들은 분석되지만, 그 문장들로 이루어진 문장렬 자체는 분석되지 않는다.

　analyze_sequence의 두 버전을 비교하라. 예를 들어 문장렬에 문장이 단 하나인 흔한 경우(함수 본문이 이런 문장렬일 때가 많다)를 생각해 보자. 그런 문장렬에 대해 알리사의 프로그램이 산출한 실행 함수는 어떤 일을 수행하고, 본문의 프로그램이 산출한 실행 함수는 어떤 일을 수행할까? 문장이 두 개인 문장렬에 대해서는 두 버전이 어떻게 작동하는가?

■ **연습문제 4.22** ─────────────────────

원래의 메타순환적 평가기와 이번 절에서 개선한 평가기의 속도를 비교하기 위한 실험 몇 가지를 설계하고 수행하라. 그리고 실험 결과를 이용해서, 다양한 함수를 평가하는 데 필요한 구문 분석 시간과 실행 시간의 비를 추정하라.

4.2 느긋한 평가

자바스크립트로 구현한 자바스크립트 평가기가 우리 손에 있으니, 이제 평가기를 간단히 수정해 가면서 언어 설계상의 사항들을 다른 식으로 바꾸어서 실험해 볼 수 있다. 사실 사람들은 새로운 언어를 만들 때 흔히 기존의 고수준 언어에 새 언어를 내장하는 평가기를 작성하는 것으로 시작한다. 예를 들어 자바스크립트를 이러저러하게 수정하자는 어떤 제안의 몇 가지 측면을 자바스크립트 공동체의 다른 사람들과 논의할 때, 그런 변경을 내장한 평가기를 제시한다면 논의가 원활해질 것이다. 다른 사람들은 그 평가기로 수정 사항을 실험해 본 후 의견을 제시하고, 제안자는 그 의견에 기초해서 수정 제안을 좀 더 다듬는 식으로 나아간다. 새 언어의 평가기를 기존의 고수준 언어로 구현하면 평가기를 시험하고 디버깅하기가 쉽다. 또한, 그런 평가기가 있으면 언어의 설계자는 바탕 언어의 기능들을 꿀꺽할(snarf[28]) 수 있다. 우리의 자바스크립트 평가기가 바탕 자바스크립트의 원시 요소들과 제어 구조들을 그대로 사용했듯이 말이다. 새 언어를 저수준 언어나 하드웨어로 완전하게 구현하는 것은 나중에 필요해지면 해도 된다. 이번 절과 다음 절에서는 자바스크립트를 몇 가지 방식으로 수정함으로써 표현력을 크게 개선하는 방법을 살펴본다.

4.2.1 정상 순서와 적용적 순서

§1.1에서 여러 평가 모형을 논의하면서 자바스크립트가 **적용적 순서**(applicative-order; 인수 우선 순서)를 따르는 언어라고 말했다. 이는 자바스크립트 함수의 모든 인수가 함수 적용(호출) 시점에서 평가된다는 뜻이다. 이와는 달리 **정상 순서**(normal-order) 언어의 함수 인수들은 인수들이 실제로 필요한 시점에서 비로소 평가된다. 함수 인수들의 평가를 가능한 한 나중으로 미루는 것을 가리켜 **느긋한 평가**(lazy evaluation; 또는 지연 평가)라고 부른다.[29] 다음 함수를 생각해 보자.

```
function try_me(a, b) {
    return a === 0 ? 1 : b;
}
```

표준 자바스크립트에서 `try_me(0, head(null));`을 평가하면 오류가 발생한다. 그러나 만일 자바스크립트가 느긋한 평가 방식을 사용한다면 오류는 발생하지 않는다. 이 경우 인수 `head(null)`은 평가되지 않으므로 `try_me`는 그냥 1을 돌려준다.

----

28 snarf: "뭔가를—특히 커다란 파일이나 문서를—자신이 사용하기 위해 소유자의 허락하에 또는 허락 없이 가져오다", snarf down: "뭔가를 낚아채다—종종 흡수, 처리, 이해를 의미함." (이 정의들은 [Steele 외]에서 꿀꺽한 것이다. [Raymond 1996]도 보라.) (의성어로도 볼 수 있는 영어 단어 snarf에는 원래 "음식이나 음료를 욕심스럽게 삼키다"라는 뜻이 있다. 이 각주에 나온 정의는 그런 뜻에서 파생된 것으로 보인다. 이 점에 착안해서, "뇌물을 꿀꺽 받아 먹었다" 등으로도 쓰이는 의성어 "꿀꺽"에 "~하다"를 붙인 "꿀꺽하다"로 옮겼다—옮긴이)

29 '느긋한'이라는 용어와 '정상 순서'라는 용어의 차이는 다소 애매하다. 일반적으로 '느긋한'은 특정 평가기의 메커니즘을 서술하는 데 쓰이는 반면에 '정상 순서'는 특정 평가 전략과는 무관하게 언어의 의미론을 서술하는 데 쓰인다. 그렇지만 이것이 확실한 구분은 아니며, 두 용어를 같은 뜻으로 사용하는 경우도 많다.

다음의 **unless** 함수는 느긋한 평가의 특성을 잘 활용하는 예이다.

```
function unless(condition, usual_value, exceptional_value) {
    return condition ? exceptional_value : usual_value;
}
```

이 함수를 다음과 같이 사용할 수 있다.

```
unless(is_null(xs), head(xs), display("error: xs should not be null"));
```

적용적 순서 언어에서는 이 문장이 제대로 작동하지 않는다. '보통의 경우'에 해당하는 둘째 인수와 '예외적인 경우'에 해당하는 셋째 인수 둘 다 **unless** 호출 이전에 평가되기 때문이다(연습문제 1.6에서 이 문제를 이미 보았다). 이 예에서 보듯이, **unless**처럼 인수 중에 평가 시 오류가 나거나 평가가 끝나지 않은 인수가 있는 함수로도 유용한 계산을 수행할 수 있다는 것이 느긋한 평가의 한 가지 장점이다.

실행의 흐름이 함수의 본문으로 진입한 후에 인수가 평가되는 것을 가리켜 함수가 인수에 대해 엄격하지 않다(non-strict; 줄여서 '비엄격')고 말한다. 반대로, 본문으로 진입하기 전에 인수가 평가되는 것을 가리켜 함수가 인수에 대해 엄격하다(strict)고 말한다.[30] 순수한 적용적 순서 언어에서 모든 함수는 각 인수에 대해 엄격하다. 순수한 정상 순서 언어에서 모든 복합 함수는 각 인수에 대해 엄격하지 않지만 원시 함수들은 엄격할 수도 있고 아닐 수도 있다. 또한, 함수를 정의할 때 함수의 엄격성을 프로그래머가 결정할 수 있게 하는 언어들도 있다(연습문제 4.29 참고).

한 예로, **pair** 함수 같은 자료 구조의 생성자들은 비엄격 함수로 만들면 더 유용할 수 있다. 그런 생성자들이 있으면, 요소들의 구체적인 값이 아직 결정되지 않은 상태에서도 자료 구조의 요소들에 대해 유용한 계산을 수행할 수 있다. 예를 들어 목록의 길이(요소 개수)를 계산할 때 요소들의 구체적인 값은 필요하지 않다. 제3장의 스트림을 §4.2.3에서 비엄격 쌍 객체들의 목록으로 구현할 때 이 착안을 실제로 적용해 볼 것이다.

---

30 용어 '엄격' 대 '비엄격'의 의미는 '적용적 순서' 대 '정상 순서'의 의미와 사실상 같다. 차이라면, 엄격과 비엄격은 언어 전체가 아니라 개별 함수와 인수에 관한 것이라는 점이다. 예를 들어 프로그래밍 언어 관련 콘퍼런스에서 "정상 순서 언어인 Hassle의 일부 원시 함수는 엄격 함수입니다. 다른 함수들은 인수들을 느긋하게 평가하고요." 같은 말을 하는 사람을 만날 수도 있을 것이다.

unless 함수를 (보통의 적용적 순서 자바스크립트로) 앞에서처럼 정의했다고 하자. 그리고 factorial 함수를 그 unless를 이용해서 다음과 같이 정의한다고 하자.

```
function factorial(n) {
    return unless(n === 1,
                  n * factorial(n - 1),
                  1);
}
```

만일 factorial(5)를 평가하려 하면 어떤 일이 발생할까? 정상 순서 언어에서는 이 언어들이 잘 작동할까?

벤 빗디들과 알리사 P. 해커는 unless 같은 함수의 구현에서 느긋한 평가가 얼마나 중요한지를 두고 논쟁 중이다. 벤은 적용적 순서 언어에서 unless를 하나의 구문형으로 구현하는 것이 가능하다는 점을 강조한다. 알리사는 만일 그렇게 하면 unless는 고차 함수들로 다룰 수 있는 함수가 아니라 단순한 하나의 구문이 된다고 받아친다. 두 주장을 각각 좀 더 자세히 서술하라. unless를 하나의 파생된 구성요소로 구현하는(연산자 조합처럼) 방법을 제시하라 (evaluate의 사례 분석 구조에 함수 표현식의 이름이 unless일 때의 분기 절을 추가할 것). unless가 구문형이 아니라 함수이면 유용한 상황의 예를 제시하라.

4.2.2 느긋한 평가를 이용하는 해석기

이번 절에서는 다른 측면은 모두 자바스크립트와 같되 복합 함수만큼은 각 인수를 엄격하지 않게 취급하는 정상 순서 언어를 구현한다. 원시 함수들은 여전히 엄격 함수이다. 언어를 이런 식으로 해석하도록 §4.1.1의 평가기를 수정하기란 어렵지 않다. 거의 대부분의 수정은 함수 적용과 관련된 것이다.

기본 착안은 다음과 같다. 함수를 적용할 때 해석기는 즉시 평가할 인수들과 나중에 평가할 인수들을 구분한다. 나중에 평가할 인수들은 성크thunk라고[31] 부르는 객체로 만들어서 보관한다. 성크 객체는 필요시 인수의 값(만일 함수 적용 시점에서 인수를 평가했다면 나왔을 값)을 산출하는 데 필요한 정보를 제공한다. 구체적으로, 성크 객체는 인수 표현식과 함수 적용이 평가될 때의 환경으로 구성된다.

성크에 담긴 표현식을 평가하는 것을 가리켜 성크(의 평가)를 강제(forcing)한다고 말한다.[32] 일반적으로 성크는 그 값이 필요한 시점이 되어서만 강제된다. 성크의 값이 필요한 시점은 성크가 성크의 값을 사용하는 원시 함수로 전달될 때와 성크가 조건부 표현식이나 조건문에 있는 술어의 값일 때, 성크가 함수로서 적용할 함수 표현식의 값일 때이다. 성크 처리 방식에 관한 설계상의 선택사항 하나는 성크에 메모화(memoization)를 적용할 것인가이다. 성크의 메모화는 §3.5.1에서 스트림을 최적화하는 데 사용한 메모화와 비슷하다. 즉, 성크가 처음 강제될 때 성크의 값을 계산해서 어딘가에 저장해 두고, 이후에 성크가 다시 강제되면 계산을 다시 수행하는 대신 그냥 저장된 값을 돌려주는 것이다. 여기서는 메모화를 적용하기로 한다. 메모화를 적용하면 효율성이 좋아지는 응용 프로그램이 많을 것이기 때문이다. 그런데 메모화의 구현과 관련해서 몇 가지 까다로운 고려사항이 있다.[33]

평가기의 수정

느긋한 평가 방식을 사용하는 평가기, 줄여서 느긋한 평가기(lazy evaluator)와 §4.1에서 설명한 평가기가 크게 다른 점은 **evaluate**와 **apply**에서 함수 적용을 처리하는 방식이다.

....

31 성크는 알골 60의 비공식 실무진이 '이름에 의한 호출'의 구현을 논의하다 만들어낸 용어이다. 그들은 표현식을 분석하는, 즉 표현식의 구문을 "생각해 보는(think about)" 작업의 대부분을 컴파일 시점에서 미리 해 둘 수 있으며, 그러면 실행 시점에서는 표현식에 관한 생각이 이미 끝난("thunk") 상태임을 주목했다(Ingerman 외, 1960). (thunk는 일부 영어 사용자들이 think의 과거형 또는 과거분사로 thought 대신 사용하는 단어이다―옮긴이).

32 이는 제3장에서 스트림 표현과 관련해서 도입한 지연 객체의 강제와 비슷하다. 그러나 중요한 차이점이 하나 있다. 제3장과는 달리 지금 우리는 지연과 강제를 평가기 안에 집어넣으려 하는 중이므로, 지연과 강제가 대상 언어 전체에서 균일한 방식으로, 자동으로 일어나게 만들어야 한다.

33 느긋한 평가와 메모화의 조합을 요구에 의한 호출(call-by-need) 인수 전달이라고 부르기도 한다. 이런 인수 전달 방식은 **이름에 의한 호출**(call-by-name) 인수 전달과 대조된다. (알골 60이 도입한 이름에 의한 호출은 메모화 없는 느긋한 평가와 비슷하다.) 언어의 설계자로서 우리는 평가기에 메모화를 적용할 수도 있고, 안 할 수도 있고, 결정을 프로그래머에 맡길 수도 있다(연습문제 4.29 참고). 제3장의 내용에서 짐작하겠지만 언어가 배정을 허용하면 이런 결정들과 관련해서 미묘하고도 헷갈리는 문제점들이 발생한다. (연습문제 4.25와 연습문제 4.27을 보라.) [Clinger 1982]는 그러한 혼동을 여러 차원에서 명확히 밝히고자 한 훌륭한 논문이다.

느긋한 평가기에서는 evaluate의 is_application 절이 다음과 같은 모습이다.

```
: is_application(component)
? apply(actual_value(function_expression(component), env),
        arg_expressions(component), env)
```

언뜻 보면 §4.1.1의 evaluate에 있는 is_application 절과 별로 다를 것이 없다. 그렇지만 자세히 보면 느긋한 평가에서는 인수 표현식들을 평가해서 얻은 값들의 목록이 아니라 인수 표현식들 자체로 apply를 호출한다는 점을 알 수 있을 것이다. 인수들의 평가를 지연하려면 성크 객체들을 만들어야 하고 성크 객체를 만들려면 환경이 필요하므로, 인수 표현식들과 함께 환경도 apply에 넘겨준다. 함수 표현식은 이전처럼 지금 평가한다. 함수의 종류(원시 함수 또는 복합 함수)에 따라 평가 과정을 디스패치하려면 실제 함수 객체가 필요하기 때문이다.

표현식의 값이 실제로 필요할 때는 evaluate를 직접 호출하는 대신 다음 함수를 사용한다.

```
function actual_value(exp, env) {
  return force_it(evaluate(exp, env));
}
```

만일 주어진 표현식을 평가한 값이 성크이면 이 함수는 그 성크를 강제한다.

다음은 느긋한 평가기의 apply인데, §4.1.1의 것과 거의 같다. 주된 차이점은 evaluate에 평가되지 않은 인수 표현식들을 넘겨준다는 것이다. 원시 함수(엄격 함수로 취급한다)이면 인수들을 먼저 평가한 후에 함수를 적용하고, 복합 함수(비엄격 함수로 취급한다)이면 함수를 적용할 때까지 인수들의 평가를 미룬다.

```
function apply(fun, args, env) {
  if (is_primitive_function(fun)) {
    return apply_primitive_function(
            fun,
            list_of_arg_values(args, env));        // 바뀌었음
  } else if (is_compound_function(fun)) {
    const result = evaluate(
                    function_body(fun),
                    extend_environment(
                        function_parameters(fun),
                        list_of_delayed_args(args, env), // 바뀌었음
```

```
                    function_environment(fun)));
    return is_return_value(result)
           ? return_value_content(result)
           : undefined;
  } else {
      error(fun, "unknown function type -- apply");
  }
}
```

다음은 인수들을 처리하는 **list_of_delayed_args** 함수이다. 이 함수는 **list_of_values** 와 비슷하되, 인수들의 평가를 미룬다는 점과 **evaluate** 대신 **actual_value**를 사용한다는 점이 다르다.

```
function list_of_arg_values(exps, env) {
  return map(exp => actual_value(exp, env), exps);
}
function list_of_delayed_args(exps, env) {
  return map(exp => delay_it(exp, env), exps);
}
```

평가기가 조건부 구성요소를 평가할 때 사용하는 함수도 변경해야 한다. 이 함수는 **evaluate** 대신 **actual_value**로 술어 표현식의 값을 얻어서 참/거짓을 판정한다.

```
function eval_conditional(component, env) {
  return is_truthy(actual_value(conditional_predicate(component), env))
         ? evaluate(conditional_consequent(component), env)
         : evaluate(conditional_alternative(component), env);
}
```

마지막으로, **driver_loop** 함수(§4.1.4) 역시 **evaluate** 대신 **actual_value**를 사용하도록 수정해야 한다. 다음에서 보듯이, 수정된 함수는 지연된 값이 읽기—평가—출력 루프에 도달하면 평가를 강제해서 값을 출력한다. 또한, 이것이 느긋한 평가기임을 사용자가 알 수 있도록 프롬프트 문구도 적당히 바꾸었다.

```
const input_prompt = "L-evaluate input: ";
const output_prompt = "L-evaluate value: ";
```

```
function driver_loop(env) {
  const input = user_read(input_prompt);
  if (is_null(input)) {
      display("evaluator terminated");
  } else {
      const program = parse(input);
      const locals = scan_out_declarations(program);
      const unassigneds = list_of_unassigned(locals);
      const program_env = extend_environment(locals, unassigneds, env);
      const output = actual_value(program, program_env);
      user_print(output_prompt, output);
      return driver_loop(program_env);
  }
}
```

그럼 수정한 평가기를 시험해 보자. 다음은 §4.2.1에서 논의한 **try_me**의 예를 실행한 것인데, 느긋한 평가 덕분에 이번에는 평가기가 올바른 결과를 낸다.

```
const the_global_environment = setup_environment();
driver_loop(the_global_environment);
```

L-evaluate input:
```
function try_me(a, b) {
  return a === 0 ? 1 : b;
}
```

L-evaluate value:
undefined

L-evaluate input:
```
try_me(0, head(null));
```

L-evaluate value:
1

성크의 표현

이 평가기는 함수가 인수들에 적용될 때 성크 객체들을 생성하고, 그 성크들을 나중에 강제한다. 성크 객체에는 함수 표현식과 함께 그것을 평가할 환경도 담아야 한다. 그래야 나중에 인수들을 제대로 평가할 수 있다. 성크를 강제할 때는 그냥 성크 객체에서 표현식과 환경을 추출하고 표현식을 환경에서 평가하면 된다. 이때 `evaluate` 대신 `actual_value`를 사용한다. 그러면 표현식의 값 자체가 성크인 경우 그 성크가 다시 강제된다. 이런 강제 과정을 성크가 아닌 객체가 나올 때까지 재귀적으로 반복한다.

```
function force_it(obj) {
    return is_thunk(obj)
           ? actual_value(thunk_exp(obj), thunk_env(obj))
           : obj;
}
```

표현식과 그 환경을 하나의 객체로 묶는 손쉬운 방법 하나는 그 둘을 하나의 목록에 담는 것이다. 여기서도 그 방법을 사용하기로 한다. 다음은 목록 형태로 성크 객체를 만드는 생성자와 술어, 선택자들이다.

```
function delay_it(exp, env) {
    return list("thunk", exp, env);
}
function is_thunk(obj) {
    return is_tagged_list(obj, "thunk");
}
function thunk_exp(thunk) { return head(tail(thunk)); }
function thunk_env(thunk) { return head(tail(tail(thunk))); }
```

그런데 평가기가 다루어야 할 것은 이런 성크가 아니라 메모화된 성크이다. 이를 위해, 성크를 강제할 때 목록에 저장된 해당 표현식을 그 표현식을 평가한 값으로 대체하고, 이 성크가 이미 평가(강제)된 성크임을 알 수 있도록 목록의 태그 `"thunk"`를 `"evaluated_thunk"`로 바꾼다.[34]

----

34 또한, 목록의 환경 요소(env)도 삭제한다. 성크 표현식의 값을 평가했으므로 환경은 더 이상 필요하지 않기 때문이다. 이렇게 해도 해석기가 돌려주는 값은 변하지 않지만, 메모리를 절약하는 데는 도움이 된다. 성크 객체에서 환경 요소에 대한 참조를 제거하면, 해당 자료 구조가 차지한 메모리를 이후 자바스크립트의 쓰레기 수거기가 적절히 해제하기 때문이다. 쓰레기 수거에 관해서는 §5.3에서 논의한다.

　§3.5.1의 메모화된 지역 객체에 있는 환경들도 이런 식으로 쓰레기 수거의 대상이 되게 만들 수 있다. `memo` 함수에서 현재 호출의 값을 저장하는 부분 다음에 `fun = null;` 같은 문장을 추가해서 함수 `fun`(여기에는 스트림의 꼬리를 구성하는 람다 표현식이 평가된 환경이 포함되어 있다)을 폐기하면 된다.

```
function is_evaluated_thunk(obj) {
    return is_tagged_list(obj, "evaluated_thunk");
}
function thunk_value(evaluated_thunk) {
    return head(tail(evaluated_thunk));
}
function force_it(obj) {
    if (is_thunk(obj)) {
        const result = actual_value(thunk_exp(obj), thunk_env(obj));
        set_head(obj, "evaluated_thunk");
        set_head(tail(obj), result);   // 표현식을 해당 값으로 대체
        set_tail(tail(obj), null);     // 더 이상 필요 없는 환경을 폐기
        return result;
    } else if (is_evaluated_thunk(obj)) {
        return thunk_value(obj);
    } else {
        return obj;
    }
}
```

메모화를 적용하든 하지 않든 `delay_it` 함수는 바뀌지 않음을 주목하자.

■ 연습문제 4.25

느긋한 평가기에 다음 두 선언을 입력했다고 하자.

```
let count = 0;
function id(x) {
    count = count + 1;
    return x;
}
```

다음과 같은 대화식 세션에서 〈평가기 응답〉 부분에 나타날 실제 출력을 제시하고, 왜 그런 출력이 나오는지 설명하라.[35]

```
const w = id(id(10));
```

----

35 이 연습문제는 느긋한 평가와 부수 효과의 상호작용이 상당히 헷갈릴 수 있음을 보여준다. 제3장의 관련 논의에서 암시한 문제점이 바로 이것이다.

```
const w = id(id(10));

L-evaluate input:
count;

L-evaluate value:
〈 평가기 응답 〉

L-evaluate input:
w;

L-evaluate value:
〈 평가기 응답 〉

L-evaluate input:
count;

L-evaluate value:
〈 평가기 응답 〉
```

■ **연습문제 4.26**

evaluate 함수는 apply로 넘겨주기 위해 함수 표현식을 평가할 때 evaluate 대신
actual_value를 사용한다. 이는 함수 표현식의 값을 강제하기 위해서이다. 이러한 강제가
필요한 이유를 잘 보여주는 예를 제시하라.

■ **연습문제 4.27**

메모화가 없다면 훨씬 느리게 실행될 만한 프로그램을 하나 제시하라. 그리고 다음과 같은 대
화식 세션에서 〈평가기 응답〉의 실제 출력을, 메모화가 적용할 때와 적용하지 않을 때로 나누
어서 제시하라. 여기서 id 함수는 [연습문제 4.25]에 나온 것이고, count는 0에서 시작한다.

```
function square(x) {
    return x * x;
}
```

```
L-evaluate input:
square(id(10));

L-evaluate value:
〈 평가기 응답 〉

L-evaluate input:
count;

L-evaluate value:
〈 평가기 응답 〉
```

■ **연습문제 4.28**

사이 D. 펙트Cy D. Fect는 C에서 자바스크립트로 갈아탄 프로그래머이다. 사이는 느긋한 평가기가 문장렬의 문장들을 강제하지 않아서 부수 효과가 발생하지 않을 수도 있지 않을까를 걱정한다. 문장렬에 있는 어떤 문장의 값이 실제로 사용되지 않을 수도 있는데(변수에 값을 배정하는 문장이나 뭔가를 출력하는 문장 등등 오직 부수 효과만을 위한 문장인 경우), 값이 쓰이지 않는다는 것은 그 값이 필요한 시점이 오지 않는다는 것이며, 따라서 그 문장은 아예 강제되지 않을 것이 아닌가? 그래서 사이는 문장렬을 평가할 때 반드시 문장렬의 모든 문장을 강제해야 한다고 생각하고, evaluate 대신 actual_value를 사용하도록 §4.1.1의 evaluate_sequence를 다음과 같이 고치자고 제안했다.

```
function eval_sequence(stmts, env) {
    if (is_empty_sequence(stmts)) {
        return undefined;
    } else if (is_last_statement(stmts)) {
        return actual_value(first_statement(stmts), env);
    } else {
        const first_stmt_value =
            actual_value(first_statement(stmts), env);
        if (is_return_value(first_stmt_value)) {
            return first_stmt_value;
        } else {
            return eval_sequence(rest_statements(stmts), env);
        }
    }
}
```

```
    }
```

a. 벤 빗디들은 사이가 틀렸다고 생각한다. 벤은 부수 효과를 가진 문장렬의 중요한 예로 연습 문제 2.23에서 설명한 for_each 함수를 사이에게 제시한다.

```
function for_each(fun, items) {
    if (is_null(items)){
        return "done";
    } else {
        fun(head(items));
        for_each(fun, tail(items));
    }
}
```

벤은 본문에 나온 평가기(원래의 eval_sequence를 사용하는)가 이를 제대로 처리한다고 주장한다.

```
L-evaluate input:
for_each(display, list(57, 321, 88));

57
321
88
L-evaluate value:
"done"
```

for_each의 작동 방식에 관한 벤의 생각이 옳은 이유를 설명하라.

b. 사이는 for_each의 예에 관해서는 벤이 옳지만, for_each의 예가 eval_sequence를 앞에서 말한 대로 고치자고 제안했을 때 생각했던 종류의 프로그램은 아니라고 말하고, 느긋한 평가기로 다음 두 함수 선언을 평가하는 문제를 생각해 보자고 제시한다.

```
function f1(x) {
    x = pair(x, list(2));
    return x;
}

function f2(x) {
```

```
    function f(e) {
        e;
        return x;
    }
    return f(x = pair(x, list(2)));
}
```

원래의 eval_sequence를 이용해서 f1(1)과 f2(1)을 평가하면 어떤 값들이 나오는가?
eval_sequence를 사이의 제안대로 고쳐서 평가하면 어떤 값들이 나올까?

c. 사이는 또한 eval_sequence를 앞의 제안대로 수정해도 부문제 a에 나온 예제의 행동은
달라지지 않는다고 주장한다. 이 주장이 사실인 이유를 설명하라.

d. 느긋한 평가기가 문장렬을 어떤 방식으로 처리해야 할까? 사이의 접근 방식과 본문의 접근
방식 중 어느 것이 더 마음에 드는가? 아니면 더 나은 제3의 접근 방식이 있을까?

■ 연습문제 4.29

이번 절의 접근 방식에서 한 가지 마음에 들지 않는 점은 우리의 언어를 표준 자바스크립트
와는 호환되지 않는 방식으로 수정한다는 것이다. 느긋한 평가를 **상위 호환 확장**(upward-
compatible extension)으로 구현한다면, 그러니까 보통의 자바스크립트 프로그램들이 여전
히 잘 작동하는 형태로 구현한다면 더 좋을 것이다. 한 가지 방법은 인수의 평가 지연 여부를
사용자(프로그래머)가 직접 결정할 수 있는 생략 가능한 매개변수 선언을 일종의 구문형으로
서 함수 선언에 도입하는 것이다. 하는 김에 평가 지연 여부뿐만 아니라 메모화 적용 여부도 사
용자가 선택할 수 있게 하자. 다음은 그런 매개변수 선언 구문형을 적용한 예이다.

```
function f(a, b, c, d) {
    parameters("strict", "lazy", "strict", "lazy_memo");
    ...
}
```

함수 f의 네 인수 중 첫째와 셋째는 함수 호출 시 평가되지만, 둘째는 평가가 지연되고 넷째는
평가 지연과 함께 메모화도 적용된다. 이러한 매개변수 선언은 반드시 함수 선언 본문의 첫 문
장이어야 하고, 매개변수 선언이 없으면 모든 인수가 엄격하게(즉, 함수 호출 시에) 평가된다

고 가정하자. 그러면 보통의 함수는 보통의 자바스크립트에서와 동일하게 행동하는 반면에 모든 매개변수를 명시적으로 `"lazy_memo"`로 선언한 복합 함수는 이번 절에서 정의한 느긋한 평가기에서와 같은 행동을 보인다. 이런 상위 호환 자바스크립트 확장을 위해 평가기를 수정하는 방안을 설계하고 구현하라. 매개변수 선언은 함수 본문 안의 함수 적용 표현식과 같은 형태이므로 느긋한 평가기는 매개변수 선언을 함수 적용으로 취급한다. 따라서 매개변수 선언을 일반적인 함수 적용이 아니라 새 구문형으로 처리하도록 `apply`를 적절히 고쳐야 할 것이다. 또한, 매개변수 선언의 인수들을 파악해서 각 인수의 평가 지연 여부와 메모화 적용 여부를 결정하고 적용하도록 `evaluate`나 `apply`를 적절히 고쳐야 할 것이다.

4.2.3 느긋한 목록으로서의 스트림

§3.5.1에서 스트림을 지연 목록의 형태로 구현하는 방법을 살펴보았다. 거기서 우리는 스트림의 꼬리를 계산할 것임을 '약속하는"(지금 당장 계산하는 것이 아니라) 객체를 람다 표현식을 이용해서 구축하고, 나중에 그 객체를 실행해서 약속을 지키는 방식을 사용했다. 그러다 보니 우리는 목록과 비슷하지만 아주 같지는 않은 새로운 종류의 자료 구조로 스트림을 표현해야 했으며, 그래서 통상적인 여러 목록 연산(map, append 등등)을 스트림을 위해 다시 구현해야 했다.

느긋한 평가에서는 스트림과 목록이 실제로 동일할 수 있으므로 스트림을 위한 연산들을 따로 구현할 필요가 없다. 필요한 것은 `pair` 객체가 엄격하지 않게 처리되게 하는 것뿐이다. 한 가지 방법은 원시 함수들도 비엄격이 될 수 있도록 느긋한 평가기를 수정하고, `pair`를 비엄격 요소로 구현하는 것이다. 그런데 `pair`를 반드시 하나의 원시 요소로서 구현해야 하는 것은 아니라는(§2.1.3에서 이야기했듯이) 점을 생각하면 더 쉬운 방법이 있다. 쌍 객체를 다음처럼 함수들로 표현하면 된다.[36]

```javascript
function pair(x, y) {
    return m => m(x, y);
```

----

[36] 이것은 [연습문제 2.4]에서 설명한 함수적 표현이다. 본질적으로 모든 함수적 표현(이를테면 메시지 전달 구현)을 이런 용도로 사용할 수 있다. 그냥 구동기 루프에서 이 정의들을 키보드로 입력하기만 하면 이 함수들이 설치됨을 주목하자. 만일 애초에 pair, head, tail을 원시 함수로서 전역 환경에 포함했다면, 느긋한 평가를 위해 그 원시 함수들을 다시 정의해야 했을 것이다. (연습문제 4.31과 연습문제 4.32도 보라.)

```
    }
function head(z) {
    return z((p, q) => p);
}
function tail(z) {
    return z((p, q) => q);
}
```

이 기본 연산들을 이용해서 구현한 표준적인 목록 연산들은 유한한 목록뿐만 아니라 무한한 목록(스트림)에 대해서도 잘 작동하며, 스트림 연산들을 목록 연산들로 구현할 수 있다. 다음은 몇 가지 예이다.

```
function list_ref(items, n) {
    return n === 0
            ? head(items)
            : list_ref(tail(items), n - 1);
}
function map(fun, items) {
    return is_null(items)
            ? null
            : pair(fun(head(items)),
                    map(fun, tail(items)));
}
function scale_list(items, factor) {
    return map(x => x * factor, items);
}
function add_lists(list1, list2) {
    return is_null(list1)
            ? list2
            : is_null(list2)
            ? list1
            : pair(head(list1) + head(list2),
                    add_lists(tail(list1), tail(list2)));
}
const ones = pair(1, ones);
const integers = pair(1, add_lists(ones, integers));

L-evaluate input:
list_ref(integers, 17);

L-evaluate value:
18
```

이 느긋한 목록들이 제3장의 스트림보다 더 느긋하게 작동함을 주목하자. 이제는 목록의 꼬리뿐만 아니라 머리도 평가가 지연된다.[37] 실제로, 느긋한 쌍 객체의 **head**나 **tail**에 접근해도 반드시 목록 요소의 값이 강제되지는 않는다. 그 값은 실제로 필요해질 때—이를테면 원시 함수의 인수로 쓰이거나 해석기의 응답으로서 출력될 때—비로소 강제된다.

느긋한 쌍 객체는 §3.5.4에서 이야기한 스트림의 문제점을 해결하는 데에도 도움이 된다. §3.5.4에서 보았듯이, 루프가 있는 시스템을 스트림으로 모형화하려면 스트림 쌍 객체를 구축하는 데 꼭 필요한 것 이외의 지연 평가 람다 표현식들을 프로그램 여기저기에 끼워 넣어야 한다. 느긋한 평가에서는 함수의 모든 인수가 예외 없이 지연 평가된다. 예를 들어 §3.5.4에서 만들고자 했던, 목록을 적분하고 미분방정식을 푸는 함수들을 다음과 같이 구현할 수 있다.

```
function integral(integrand, initial_value, dt) {
    const int = pair(initial_value,
                     add_lists(scale_list(integrand, dt),
                               int));
    return int;
}
function solve(f, y0, dt) {
    const y = integral(dy, y0, dt);
    const dy = map(f, y);
    return y;
}

L-evaluate input:
list_ref(solve(x => x, 1, 0.001), 1000);

L-evaluate value:
2.716924
```

■ **연습문제 4.30**

제3장의 스트림과 이번 절에서 설명한 "더 느긋한" 느긋한 목록의 차이를 보여주는 예 몇 가지를 제시하라. 이번 절에서 설명한 느긋한 목록의 추가적인 지연 특성을 어떻게 활용할 수 있을까?

----

37 따라서 순차열뿐만 아니라 좀 더 일반적인 종류의 목록 구조들에도 지연 평가를 적용할 수 있다. [Hughes 1990]에 '느긋한 트리'의 몇 가지 응용 방법이 나오니 참고하기 바란다.

■ 연습문제 4.31

벤 빗디들은 본문에 나온 느긋한 목록 구현을 시험하기 위해 다음 표현식을 평가해 보았다.

```
head(list("a", "b", "c"));
```

놀랍게도 평가기는 이 표현식에 대해 오류를 발생했다. 잠시 생각해 본 벤은 원시 `list` 함수로 얻은 '목록'이 새로 구현한 `pair`와 `head`, `tail` 함수로 표현한 목록과는 다르다는 점을 깨달았다. 구동기 루프에서 원시 `list` 함수를 호출하는 표현식을 입력했을 때 실제로 느긋한 목록이 나오도록 평가기를 수정하라.

■ 연습문제 4.32

느긋한 쌍과 느긋한 목록을 적절한 방식으로 출력하도록 평가기의 구동기 루프를 수정하라. (무한 목록은 어떤 식으로 출력해야 할까?) 주어진 객체가 느긋한 쌍 객체임을 평가기가 인식할 수 있도록 느긋한 쌍의 표현을 수정해야 할 수도 있다.

4.3 비결정론적 컴퓨팅

이번 절에서는 우리의 언어가 **비결정론적 컴퓨팅**(nondeterministic computing)이라고 하는 프로그래밍 패러다임을♦ 지원하도록 평가기에 자동 검색 기능을 추가한다. 이것은 §4.2에서 느긋한 평가를 언어에 도입한 것보다도 더 심오한 변화이다.

스트림 처리 같은 비결정론적 컴퓨팅은 '생성 후 판정(generate and test)' 방식의 응용에 유용하다. 예를 들어 양의 정수 목록 두 개에서 합이 소수인 두 정수(각 목록에서 하나씩 뽑은)의 쌍을 찾는다고 하자. 유한 순차열 연산들을 처리하는 방법은 §2.2.3에서, 무한 스트림 연산

♦ 옮긴이 분야에 따라서는 '비결정론적' 방법이 난수나 무작위한 사건에 기초한, 따라서 입력이 같아도 출력은 매번 다를 수 있는 어떤 '확률적' 방법을 뜻하기도 한다. 그러나 이번 절에서 말하는 비결정론적 방법은 무작위나 확률과는 무관하다.

들은 §3.5.3에서 이야기했다. 그때 사용한 접근 방식은 먼저 모든 가능한 쌍의 순차열을 생성하고 거기에 필터를 적용해서 합이 소수인 쌍만 선택하는 것이었다. 제2장에서는 실제로 모든 쌍의 순차열 전체를 생성했고 제3장에서는 생성과 필터링을 번갈아 수행하는 방식을 사용했지만, 두 경우 모두 계산을 조직화하는 전반적인 방법에 대한 '상(image)' 자체는 다를 바가 없었다.

비결정론적 접근 방식에서는 그와는 다른 상을 떠올리게 된다. 비결정론적 소수 쌍 생성에서는 그냥 첫 목록에서 (어떤 방법으로든) 수를 하나 선택하고, 그런 다음 그 수와 합이 소수라는 요구조건(requirement)을 충족하는 어떤 수를 둘째 목록에서 선택한다. 다음은 이를 함수로 표현한 것이다.

```
function prime_sum_pair(list1, list2) {
    const a = an_element_of(list1);
    const b = an_element_of(list2);
    require(is_prime(a + b));
    return list(a, b);
}
```

이 함수는 문제의 해법을 표현한 것이 아니라 문제 자체를 다시 서술한 것처럼 보인다. 그렇긴 해도 이것은 번듯한 하나의 비결정론적 프로그램이다.[38]

여기서 핵심은, 비결정론적 언어의 구성요소가 가질 수 있는 값이 둘 이상이라는 것이다. 예를 들어 `an_element_of`는 주어진 목록의 요소 중 어떤 것이라도 돌려줄 수 있다. 이번 절에서 설명하는 비결정적 프로그램 평가기는 가능한 값 중 하나를 자동으로 선택하고 그 선택을 기억해 둔다. 만일 그 값이 이후의 요구조건을 충족하지 않으면 평가기는 다른 값을 선택한다. 이런 과정을 요구조건이 충족되거나 더 이상 선택할 값이 없을 때까지 반복한다. 느긋한 평가기에서 값들의 평가를 지연하고 강제하는 세부사항을 프로그래머가 신경 쓸 필요가 없는 것처럼, 비결정론적 프로그램 평가기에서는 가능한 값들을 선택하고 기억하는 세부사항을 프로그

---

38 여기서 우리는 주어진 수가 소수인지 판정하는 `is_prime` 함수가 이미 정의되어 있다고 가정한다. `is_prime`이 정의되어 있다고 해도, 이 `prime_sum_pair`는 §1.1.7 앞부분에서 우리가 제곱근 함수를 정의할 때 작성해 본, 그러나 별 도움이 되지 않은 '의사코드 자바스크립트 함수'와 비슷해 보인다. 말이 난 김에 말하자면, 사실 제곱근 함수도 하나의 비결정론적 프로'amb' 자체는 ambiguous(또는 ambiguity)에서 비롯한 것인데, 지금 맥락에서는 "중의적인"이라고 옮길 수 있겠다.

래머가 신경 쓸 필요가 없다.

비결정론적 평가와 스트림 처리에서 시간에 대한 상들을 비교해 보는 것도 비결정론적 프로그램을 이해하는 데 큰 도움이 될 것이다. 스트림 처리는 가능한 값들의 스트림을 형성하는 시점과 실제 스트림 요소들이 산출되는 시점을 평가 지연 기법을 이용해서 분리한다. 이 경우 평가기는 시간을 초월한(timeless) 스트림 안에 모든 가능한 답이 펼쳐져 있다는 환상을 우리에게 제공한다. 한편 비결정론적 평가에서 하나의 구성요소는 모든 가능한 세계(각자 특정한 선택들의 집합으로 결정되는)의 집합에 대한 탐색을 표현한다. 가능한 세계 중에는 막다른 골목으로 이어지는 것도 있고 유용한 값을 가진 것도 있다. 비결정론적 프로그램 평가기는 시간이 여러 갈래로 갈라지며 그에 따라 우리의 프로그램이 서로 다른 가능한 실행 역사들을 가진다는 환상을 제공한다. 막다른 골목에 도달하면 이전 선택 지점으로 돌아가서 다른 갈래(분기)로 나아가면 된다.

이번 절에서 논의할 비결정론적 프로그램 평가기는 amb 평가기라고 부르는데, amb라는 새로운 구문형에 기반하기 때문에 그런 이름을 붙였다.♦ amb 평가기의 구동기 루프에 앞의 `prime_sum_pair` 선언을 입력했다고 할 때, 다음은 그 함수를 평가기로 실행한 예이다.

```
amb-evaluate input:
prime_sum_pair(list(1, 3, 5, 8), list(20, 35, 110));

Starting a new problem
amb-evaluate value:
[3, [20, null]]
```

평가기가 출력한 값은 요구조건이 충족될 때까지 계속해서 목록들에서 요소들을 뽑고 판정하는 과정을 반복한 결과이다.

§4.3.1에서는 amb를 소개하고 amb가 평가기의 자동 검색 메커니즘을 통해서 비결정론을 지원하는 방식을 설명한다. §4.3.2에서는 비결정론적 프로그램의 예 몇 가지를 제시하고, §4.3.3에서는 기존 자바스크립트 평가기를 수정해서 amb를 구현하는 방법을 자세히 살펴본다.

♦ 옮긴이 '효율적(efficient)'이 아님을 주의하자. 여기서 '효과적'은 예상한 대로의 효과나 결과를 산출한다는 뜻으로, "실효성이 있다"라고 이해해도 될 것이다.

4.3.1 검색과 amb

비결정론(nondeterminism)을 지원하도록 자바스크립트를 확장하기 위해 **amb**라는 새로운 구문형을 도입하기로 하자.[39] $amb(e_1, e_2, \cdots, e_n)$이라는 표현식은 n개의 표현식 e_i들 중 하나의 값을 "중의적으로(ambiguously)" 돌려준다. 예를 들어 다음 표현식은

```
list(amb(1, 2, 3), amb("a", "b"));
```

다음과 같은 여섯 가지 값을 가질 수 있다.

```
list(1, "a") list(1, "b") list(2, "a")
list(2, "b") list(3, "a") list(3, "b")
```

가능한 값이 하나인 **amb** 표현식은 통상적인 (하나의) 값으로 평가된다.

amb()는 가능한 값이 하나도 없는, 따라서 선택할 것이 없는 **amb** 표현식이다. 연산의 관점에서 **amb()**는 평가 시 계산이 "실패하게(fail)" 만드는 표현식이라고 할 수 있다. 여기서 계산의 실패란 계산이 중지되고 아무런 값도 산출되지 않는 것을 말한다. 이런 개념을 이용해서, 주어진 술어 표현식 p가 반드시 참이어야 한다는 요구조건을 다음과 같이 표현할 수 있다.

```
function require(p) {
    if (! p) {
        amb();
    } else {}
}
```

이제 amb와 `require`로 앞의 `an_element_of` 함수를 다음과 같이 구현할 수 있다.

```
function an_element_of(items) {
    require(! is_null(items));
    return amb(head(items), an_element_of(tail(items)));
}
```

----

39 amb를 비결정론적 프로그래밍에 사용한다는 착안은 존 매카시가 1961년에 처음으로 서술했다([McCarthy 1967]을 보라).

목록이 비어 있으면 an_element_of의 적용이 실패한다. 그 밖의 경우 이 함수는 목록의 첫 요소 또는 목록의 나머지 부분에서 선택한 한 요소를 돌려준다.

선택 사항이 무한히 많은 구간을 표현하는 것도 가능하다. 다음 함수는 주어진 n보다 크거나 같은 임의의 정수를 돌려준다.

```
function an_integer_starting_from(n) {
    return amb(n, an_integer_starting_from(n + 1));
}
```

이것은 §3.5.2에서 설명한 스트림 함수 integers_starting_from과 비슷하되, 중요한 차이점이 있다. 스트림 함수는 n에서 시작하는 모든 정수의 순차열을 표현한 객체를 돌려주지만 amb 함수는 그냥 하나의 정수를 돌려준다.[40]

추상적으로, 하나의 amb 표현식을 평가한다는 것은 시간을 여러 갈래로 나누는 것이라고 상상할 수 있다. 각 시간 갈래에서 계산은 그 표현식의 가능한 값 중 하나를 이용해서 진행된다. 이를 두고 amb가 비결정론적 선택 지점(nondeterministic choice point)을 표현한다고 말한다. 동적으로 할당할 수 있는 프로세서가 충분히 많은 컴퓨터가 있다면 각 갈래의 결과를 검색하는 메커니즘을 아주 간단하게 구현할 수 있다. 처음에는 그냥 직렬 컴퓨터에서처럼 프로그램을 실행하다가, amb 표현식을 만나면 다수의 프로세서를 할당하고 초기화해서 선택에 의한 갈래들을 병렬로 실행한다. 각 프로세서는 마치 자신의 것이 유일한 선택인 것처럼 계산을 수행한다. 각 프로세서의 실행은 계산이 실패하거나, 계산이 다시 병렬로 분할되거나, 계산이 끝날 때까지 지속된다.[41]

한편, 한 번에 프로세스 하나만 실행할 수 있는 컴퓨터나 동시에 실행할 수 있는 프로세스가

---

[40] 사실 비결정론적으로 하나의 선택 사항을 돌려주는 것과 모든 선택 사항을 돌려주는 것의 구분은 관점에 따라 다를 수 있다. 값을 사용하는 코드의 관점에서 비결정론적 선택은 하나의 값을 돌려주지만, 코드를 설계하는 프로그래머의 관점에서는 잠재적으로 모든 가능한 값과 그 값들을 각각 조사하는 계산 갈래들을 돌려준다고 할 수 있다.

[41] 이것이 끔찍하게도 비효율적인 메커니즘이라는 반론을 제기하는 독자도 있을 것이다. 사실 간단히 서술할 수 있는 문제를 이런 식으로 풀려면 수백만 개의 프로세서가 필요할 수 있으며, 게다가 그 프로세서들은 대부분의 시간을 할 일 없이 빈둥거릴 것이다. 그러나 이 반론은 역사의 맥락에서 고려해야 한다. 예전에는 메모리(기억 장치)가 아주 비싼 부품이었다. 1965년에 RAM 1메가바이트는 약 40만 달러였지만, 요즘은 개인용 컴퓨터에 흔히 수 기가바이트(메가바이트의 1,000배)의 RAM이 있으며, 대부분의 시간에 그 RAM의 대부분은 쓰이지 않는다. 대량 생산되는 전자기기의 가격은 예상보다 훨씬 낮아지기 마련이다.

그리 많지 않은 컴퓨터에서는 대안들을 순차적으로 처리하는 방안을 고민해야 한다. 한 가지 방법은 평가기가 선택 지점에 도달할 때마다 무작위로 하나의 갈래를 선택하는 것이다. 그러나 이런 무작위 선택은 실패하는 값으로 이어지기 쉽다. 갈래들을 무작위로 선택해서 실패를 거듭하다 보면 언젠가는 올바른 값에 도달하겠지만, 그보다는 모든 가능한 실행 경로를 체계적으로 검색하는 것이 더 낫다. 이번 절에서 설명하는 amb 평가기의 체계적 검색 방식은 이렇다. amb 표현식을 적용하는 지점에 도달한 평가기는 먼저 첫 번째 대안(갈래)을 선택한다. 그 대안 역시 또 다른 선택 지점으로 이어질 수 있다. 평가기는 각 선택 지점에서 항상 첫 대안을 선택한다. 그 대안이 실패로 이어지면 평가기는 '마법처럼 자동으로(automagically[42])' 가장 최근 선택 지점으로 되돌아가서(이를 역추적(backtracking)이라고 부른다) 그다음 대안을 시도한다. 그 선택 지점의 모든 대안이 실패로 이어지면 평가기는 그 이전 선택 지점으로 돌아가서 그 지점의 대안들을 시도한다. 이런 검색 전략을 깊이 우선 검색(depth-first search) 또는 연대순 역추적(chronological backtracking)이라고 부른다.[43]

---

[42] automagically: "자동으로, 그러나 어떤 이유로 화자가 굳이 설명하고 싶지 않은(너무 복잡하거나, 너무 추하거나, 어쩌면 너무나 자명해서) 방식으로."(Steele 1983; Raymond 1996)

[43] 자동 검색 전략을 프로그래밍 언어에 통합하는 작업의 역사는 길고도 굴곡지다. 비결정론적 알고리즘을 검색과 자동 역추적을 이용해서 프로그래밍 언어로 우아하게 부호화할 수 있음을 처음으로 제시한 사람은 로버트 플로이드이다 (Floyd 1967). 칼 휴잇은 자동 연대순 역추적을 명시적으로 지원하며 깊이 우선 검색 전략을 내장한 Planner(Hewitt 1969)라는 프로그래밍 언어를 만들었다. 서스먼과 위노그라드, 차니악은 이 언어의 부분집합인 MicroPlanner(Sussman, Winograd, Charniak 1971)라는 언어를 만들었는데, 그 언어는 문제 해결과 로봇 계획 수립에 관한 작업을 돕는 데 쓰였다. 논리학과 정리 증명 분야에서도 이와 비슷한 착안들이 나왔으며, 에든버러 대학교와 마르세유 대학교에서 그런 착안들에 기초해서 프롤로그Prolog라는 우아한 언어를 만들어 냈다(프롤로그는 §4.4에서 논의한다.) 자동 검색에서 수많은 실패를 맛본 후 멕더못과 서스먼은 프로그래머가 검색 전략을 제어할 수 있는 메커니즘을 갖춘 Conniver라는 언어(McDermott 및 Sussman 1972)를 만들었다. 그러나 이 언어는 다루기가 어렵다고 판명되었다. 이후 서스먼과 스톨먼은 전기 회로의 기호적 분석 방법을 조사하면서 좀 더 다루기 쉬운 접근 방식을 발견했다. 그들은 사실들을 연결하는 논리적 의존 관계들의 추적에 기초한 비 연대순 역추적 방안을 개발했는데, 그 기법을 요즘은 의존성 지향적 역추적(dependency-directed backtracking)이라고 부른다. 그들의 방법이 복잡하긴 했지만, 검색의 중복이 적었기 때문에 상당히 효율적인 프로그램이 만들어졌다. 도일과 매캘리스터는 스톨먼과 서스먼의 방법들을 일반화하고 정리해서, 요즘은 그것을 진리 유지(truth maintenance)라고 부르는 새로운 검색 조직화 패러다임을 개발했다(Doyle 1979; McAllester 1978, 1980). 문제 해결(problem-solving) 시스템 중에는 어떤 형태이든 진리 유지 시스템에 기반한 것이 많다. 진리 유지 시스템을 구축하는 우아한 방법들과 진리 유지를 활용하는 방법에 관해서는 [Forbus 및 de Kleer 1993]을 보라. [Zabih, McAllester, Chapman 1987]은 amb에 기초해서 스킴을 비결정론적으로 확장하는 방법을 서술한다. 그들의 방법은 이번 절에서 설명하는 방법과 비슷하지만, 연대순 역추적 대신 의존성 지향적 역추적을 사용한다는 점에서 좀 더 정교하다.

구동기 루프

amb 평가기의 구동기 루프에는 독특한 성질이 있다. 앞의 `prime_sum_pair` 예제처럼, 구동기 루프는 프로그램을 입력받아서 그 프로그램의 첫 번째 비실패(non-failing) 갈래의 결과를 출력한다. 그다음 성공적 실행 결과를 보려면 평가기에게 역추적 후 두 번째 비 실패 갈래를 생성하라고 명시적으로 요청해야 한다. 이를 위한 명령어는 **retry**이다. **retry** 이외의 문자열이 입력되면 평가기는 이전 문제(프로그램)에서 아직 탐색하지 않은 대안들을 폐기하고 새 문제를 시작한다. 다음은 대화식 세션의 예이다.

```
amb-evaluate input:
prime_sum_pair(list(1, 3, 5, 8), list(20, 35, 110));

Starting a new problem
amb-evaluate value:
[3, [20, null]]

amb-evaluate input:
retry

amb-evaluate value:
[3, [110, null]]

amb-evaluate input:
retry

amb-evaluate value:
[8, [35, null]]

amb-evaluate input:
retry

There are no more values of
prime_sum_pair([1, [3, [5, [8, null]]]], [20, [35, [110, null]]])

amb-evaluate input:
prime_sum_pair(list(19, 27, 30), list(11, 36, 58));

Starting a new problem
amb-evaluate value:
[30, [11, null]]
```

■ **연습문제 4.33**

상계와 하계로 주어진 구간 안에 있는 정수들을 돌려주는 `an_integer_between` 함수를 작성하라. `an_integer_between`이 있으면 주어진 정수 구간에서 피타고라스 삼조(Pythagorean triple)들, 즉 $i \leq j$이고 $i^2 + j^2 = k^2$인 세 정수 (i, j, k)들을 찾는 문제를 풀 수 있다. 다음이 그런 함수이다.

```
function a_pythogorean_triple_between(low, high) {
    const i = an_integer_between(low, high);
    const j = an_integer_between(i, high);
    const k = an_integer_between(j, high);
    require(i * i + j * j === k * k);
    return list(i, j, k);
}
```

■ **연습문제 4.34**

[연습문제 3.69]에서는 검색할 정수들의 크기에 제한을 두지 않고 모든 피타고라스 삼조의 스트림을 생성하는 방법을 논의했다. [연습문제 4.33]의 함수에서 그냥 `an_integer_between`을 `an_integer_starting_from`으로 바꾸는 것만으로는 모든 피타고라스 삼조를 생성할 수 없는 이유를 설명하라. 그리고 비결정론적 평가기에서 실제로 모든 피타고라스 삼조를 생성하는 함수를 작성하라. (즉, 구동기 루프에서 몇 번이고 `retry`를 입력해도 그다음 피타고라스 삼조가 나오게 되는 함수를 작성해야 한다.)

■ **연습문제 4.35**

벤 빗디들은 다음 함수가 피타고라스 삼조들을 [연습문제 4.33]의 것보다 더 효율적으로 생성한다고 주장한다. 그것이 사실인가? (힌트: 함수가 검색할 만한 가능한 갈래들의 수를 고찰할 것.)

```
function a_pythorean_triple_between(low, high) {
    const i = an_integer_between(low, high);
    const hsq = high * high;
    const j = an_integer_between(i, high);
    const ksq = i * i + j * j;
    require(hsq >= ksq);
```

```
    const k = math_sqrt(ksq);
    require(is_integer(k));
    return list(i, j, k);
}
```

4.3.2 비결정론적 프로그램의 예 몇 가지

amb 평가기의 구현은 다음 절인 §4.3.3에서 이야기하기로 하고, 먼저 amb 평가기의 사용 예 몇 가지를 살펴보자. 비결정론적 프로그래밍의 장점은 검색이 구체적으로 어떻게 진행되는지를 프로그래머가 신경 쓰지 않고 더 높은 수준의 추상으로 프로그램을 표현할 수 있다는 것이다.

논리 퍼즐

다음은 흔히 볼 수 있는 간단한 논리 퍼즐의 전형적인 예이다([Dinesman 1968]에 나온 것을 각색했다).

> 소프트웨어 회사 가글이 사세를 확장했다. 가글에서 일하는 알리사와 벤, 사이, 렘, 루이스는 새 사옥의 한 층에 일렬로 있는 다섯 개의 개인 사무실로 옮기게 되었다. 알리사가 입주한 사무실은 마지막 사무실이 아니다. 벤이 입주한 사무실은 첫 번째 사무실이 아니다. 사이의 사무실은 첫 번째도 아니고 마지막도 아니다. 렘의 사무실은 벤의 사무실보다 뒤에 있다. 루이스의 사무실은 사이의 사무실 바로 옆(next)이 아니다. 사이의 사무실은 벤의 사무실 바로 옆이 아니다. 누가 어떤 사무실로 입주했을까?
>
> 모든 가능성을 나열하고 문제에 언급된 제약들을 적용하면 누가 어떤 사무실로 갔는지를 그리 어렵지 않게 파악할 수 있다.[44]

....

[44] 다음은 목록의 요소들이 모두 서로 다른지(즉, 중복이 있지는 않은지)를 점검하기 위해 이 프로그램이 사용하는 distinct 함수이다.

```
function distinct(items) {
 return is_null(items)
 ? true
 : is_null(tail(items))
 ? true
 : is_null(member(head(items), tail(items)))
```

```
function office_move() {
    const alyssa = amb(1, 2, 3, 4, 5);
    const ben = amb(1, 2, 3, 4, 5);
    const cy = amb(1, 2, 3, 4, 5);
    const lem = amb(1, 2, 3, 4, 5);
    const louis = amb(1, 2, 3, 4, 5);
    require(distinct(list(alyssa, ben, cy, lem, louis)));
    require(alyssa !== 5);
    require(ben !== 1);
    require(cy !== 5);
    require(cy !== 1);
    require(lem > ben);
    require(math_abs(louis - cy) !== 1);
    require(math_abs(cy - ben) !== 1);
    return list(list("alyssa", alyssa),
                list("ben", ben),
                list("cy", cy),
                list("lem", lem),
                list("louis", louis));
}
```

표현식 office_move()를 평가하면 다음과 같은 결과가 출력된다.

```
list(list("alyssa", 3), list("ben", 2), list("cy", 4),
     list("lem", 5), list("louis", 1))
```

이 간단한 함수가 정답을 내놓긴 하지만, 속도가 아주 느리다. [연습문제 4.37]과 [연습문제 4.38]에서는 몇 가지 개선안을 논의한다.

■ 연습문제 4.36

루이스의 사무실이 사이의 사무실 바로 옆이 아니라는 제약을 제거하고 사무실 입주 퍼즐을 푼다고 하자. 가능한 정답은 몇 개인가?

```
    ? distinct(tail(items))
    : false;
}
```

■ **연습문제 4.37**

사무실 입주 퍼즐에서, 가능성들에 제약들을 적용하는 순서가 해답에 영향을 미칠까? 제약 순서가 해답을 찾는 데 걸리는 시간에 영향을 미칠까? 영향을 미친다고 생각한다면, 제약들의 순서를 바꾸어서 해답을 더 빠르게 찾는 프로그램을 제시하라. 미치지 않는다고 생각한다면, 왜 그런지 설명하라.

■ **연습문제 4.38**

사무실 입주 퍼즐에서, 사람들을 사무실들에 배정하는 방법은 몇 개나 될까? 중복 배정을 허용할 때와 아닐 때에 대해 각각 그 개수를 계산해 보기 바란다. 모든 가능한 배정을 생성한 후에 불가능한(제약을 위반하는) 배정들을 역추적으로 제거하는 것은 대단히 비효율적이다. 예를 들어 대부분의 제약은 그저 한두 개의 사람–사무실 쌍에 의존하므로, 모든 사람에 대해 사무실을 선택하기 전에도 적용할 수 있다. 이전 제약으로 배제되지 않은 가능성들만 생성함으로써 이 문제를 훨씬 더 효율적으로 푸는 비결정론적 함수를 작성하고 실제로 실행해 보라.

■ **연습문제 4.39**

사무실 입주 퍼즐을 푸는 프로그램을 보통의 자바스크립트로 작성하라.

■ **연습문제 4.40**

다음의 '거짓말쟁이' 퍼즐([Phillips 1934]의 것을 각색했다)을 푸는 프로그램을 작성하라.

> SoSoService 사에 다니는 알리사, 사이, 에바, 렘, 루이스가 함께 점심을 먹게 되었다. 식당은 주문을 받고 한참 후에야 식사를 내놓았다. 회의를 위해 사무실에서 기다리는 벤을 놀리려고 그들은 식사가 나온 순서에 관해 진실 한 가지와 거짓 한 가지를 말하기로 했다.
>
> - 알리사: "렘의 식사가 두 번째로 나왔고, 내 것은 세 번째로 나왔어."
> - 사이: "내 식사가 제일 먼저 나왔고 에바의 것이 두 번째야."

- 에바: "내 건 세 번째이고 불쌍한 사이의 식사가 마지막에 나왔지."

- 렘: "내 식사가 두 번째로 나왔고 루이스는 네 번째임."

- 루이스: "내 식사가 네 번째이고 알리사의 음식이 제일 먼저 나왔어."

다섯 사람이 식사를 받은 실제 순서는 무엇인가?

■ 연습문제 4.41

amb 평가기를 이용해서 다음 퍼즐을 풀어 보라([Phillips 1961]의 것을 각색했다)

알리사, 벤, 사이, 에바, 루이스는 본서(SICP JS)에서 서로 다른 장(chapter)을 선택해서 모든 연습문제를 풀기로 했다. 루이스는 '함수' 장의 연습문제를 풀고 알리사는 '데이터' 장의 연습문제를, 사이는 '상태' 장의 연습문제를 풀었다. 그런 다음 그들은 서로의 답을 채점하기로 했다. 알리사는 '메타' 장 연습문제들의 답을 채점했다. '레지스터 기계' 장의 연습문제들은 벤이 풀었고 루이스가 채점했다. '함수' 장의 연습문제 답들을 채점한 사람은 에바가 채점한 연습문제들을 풀었다. '데이터' 장 연습문제들의 답을 채점한 사람은 누구인가?

되도록 효율적으로 실행되는 프로그램을 작성해 보기 바란다(연습문제 4.38 참고). 또한, 알리사가 '메타' 장의 연습문제 답을 채점했다는 사실을 제외한다면 답이 몇 개나 되는지 계산해 보라.

■ 연습문제 4.42

[연습문제 2.42]에서 체스판에 퀸들을 서로 공격하지 않는 방식으로 배치하는 '8-퀸 문제'를 설명했었다. 그 퍼즐을 푸는 비결정론적 프로그램을 작성하라.

자연어의 파싱

자연어(natural language) 텍스트를 입력받도록 설계된 프로그램이 일반적으로 제일 먼저 하는 일은 그 입력을 파싱parsing(구문 분석)하는 것, 즉 입력을 어떤 문법적 구조에 대응시키는 것이다. 예를 들어 "The cat eats"처럼 관사(article) 다음에 명사(noun) 하나와 동사(verb) 하나가 오는 간단한 영어 문장을 프로그램으로 인식해야 한다고 하자. 문장을 그런 식으로 분석하려면 개별 단어의 품사를 식별해야 한다. 이를 위해 몇 가지 단어를 품사별로 나열한 목록들을 만들어 두자.[45]

```
const nouns = list("noun", "student", "professor", "cat", "class");

const verbs = list("verb", "studies", "lectures", "eats", "sleeps");

const articles = list("article", "the", "a");
```

파싱을 위해서는 문법(grammar)도 필요하다. 지금 맥락에서 문법은 단순한 요소들을 조합해서 복합적인 구문적 요소들을 만드는 방법에 관한 규칙들의 집합이다. 여기서는 영어 문장의 파싱을 위한 아주 단순한 문법을 가정한다. 이 문법에서 모든 문장은 항상 명사구(noun phrase) 하나 다음에 동사 하나가 오는 형태이고, 명사구는 관사 하나 다음에 명사 하나가 오는 형태이다. 이러한 문법에서 문장 "The cat eats"는 다음과 같이 파싱된다.

```
list("sentence",
     list("noun-phrase", list("article", "the"), list("noun", "cat"),
     list("verb", "eats"))
```

그럼 문장을 입력받고 이런 '파스parse'◆를 산출하는 간단한 프로그램을 만들어보자. 이 프로그램은 각각의 문법 규칙을 개별적인 함수로 표현한다. 다음은 문장(sentence) 자체의 파싱을 위한 문법 규칙을 표현하는 함수이다. 이 함수는 주어진 문장에서 두 주요 구성요소(명사구와 동사)를 식별하고 그 구성요소들을 **sentence**가 태그인 목록에 담아서 돌려준다.

---

45 이 품사별 단어 목록들은 첫 요소(태그)가 품사를 나타내는 문자열이고 나머지 요소들은 그 품사에 해당하는 단어들이라는 관례를 따른다.

◆ 옮긴이 명사 'parse'는 문장을 파싱해서 얻은 결과를 말한다.

```
function parse_sentence() {
    return list("sentence",
                parse_noun_phrase(),
                parse_word(verbs));
}
```

이와 비슷하게, 명사구를 파싱하는 함수는 관사와 명사를 식별해서 돌려준다.

```
function parse_noun_phrase() {
    return list("noun-phrase",
                parse_word(articles),
                parse_word(nouns));
}
```

가장 낮은 수준에서 파싱은, 아직 파싱하지 않은 다음 단어가 요구된 품사의 단어 목록에 있는 단어인지 점검하는 식으로 진행된다. 이를 구현하기 위해 not_yet_parsed라는 하나의 전역 변수에 아직 파싱하지 않은 단어들을 담아 둔다. 단어를 점검할 때마다 not_yet_parsed 목록이 비어 있지는 않은지, 그리고 그 목록의 첫 단어가 현재 요구된 품사 단어 목록에 속하는지를 점검한다. 그 두 요구조건이 모두 성립하면 not_yet_parsed에서 해당 단어를 제거하고, 해당 품사(품사 단어 목록의 머리)와 그 단어를 담은 목록을 돌려준다.[46]

```
function parse_word(word_list) {
    require(! is_null(not_yet_parsed));
    require(! is_null(member(head(not_yet_parsed), tail(word_list))));
    const found_word = head(not_yet_parsed);
    not_yet_parsed = tail(not_yet_parsed);
    return list(head(word_list), found_word);
}
```

이제 파싱을 시작해 보자. 입력 전체를 not_yet_parsed에 설정한 후 문장의 파싱을 시도하고, 더 이상 남은 단어가 없다는 요구조건을 적용하면 된다.

----

46 parse_word 함수가 배정 연산을 이용해서 not_yet_parsed 목록을 수정함을 주목하기 바란다. 이것이 제대로 작동하려면 amb 평가기가 역추적 과정에서 배정의 효과를 취소해야(undo) 한다.

```
let not_yet_parsed = null;

function parse_input(input) {
    not_yet_parsed = input;
    const sent = parse_sentence();
    require(is_null(not_yet_parsed));
    return sent;
}
```

다음은 이 파서가 정말로 잘 작동하는지를 앞에서 언급한 간단한 문장으로 시험해 본 예이다.

```
amb-evaluate input:
parse_input(list("the", "cat", "eats"));

Starting a new problem
amb-evaluate value:
list("sentence",
    list("noun-phrase", list("article", "the"), list("noun", "cat")),
    list("verb", "eats"))
```

amb 평가기는 파싱의 제약들을 require를 이용해서 표현할 수 있어서 편리하다. 그러나 amb 평가기가 가진 자동적인 검색과 역추적의 위력은 문장 요소들을 파싱하는 방식이 하나가 아닌, 다시 말해 중의성이 존재하는 좀 더 복잡한 문법에서 비로소 발휘된다.

그럼 전치사가 있는 문장도 인식하도록 문법을 확장해 보자. 먼저 전치사들의 목록을 추가한다.

```
const prepositions = list("prep", "for", "to", "in", "by", "with");
```

그리고 "for the cat"처럼 전치사와 명사구로 이루어진 전치사구(prepositional phrase)를 위한 함수를 추가한다.

```
function parse_prepositional_phrase() {
    return list("prep-phrase",
                parse_word(prepositions),
                parse_noun_phrase());
}
```

더 나아가서, 이제는 하나의 문장이 명사구와 동사구로 이루어진다고 하겠다. 동사구(verb phrase)는 동사 하나이거나 동사구 다음에 전치사구가 오는 형태이다.[47]

```
function parse_sentence() {
    return list("sentence",
                parse_noun_phrase(),
                parse_verb_phrase());
}
function parse_verb_phrase() {
    function maybe_extend(verb_phrase) {
        return amb(verb_phrase,
                   maybe_extend(list("verb-phrase",
                                     verb_phrase,
                                     parse_prepositional_phrase())));
    }
    return maybe_extend(parse_word(verbs));
}
```

문법을 확장하는 김에, "a cat in the class" 같은 문구가 가능하도록 명사구의 정의도 확장하기로 하자. 이전 문법의 명사구(관사와 명사)는 이제 단순(simple) 명사구라고 부르기로 한다. 이제 하나의 명사구는 단순 명사구이거나 단순 명사구 다음에 전치사구가 오는 형태이다.

```
function parse_simple_noun_phrase() {
    return list("simple-noun-phrase",
                parse_word(articles),
                parse_word(nouns));
}
function parse_noun_phrase() {
    function maybe_extend(noun_phrase) {
        return amb(noun_phrase,
                   maybe_extend(list("noun-phrase",
                                     noun_phrase,
                                     parse_prepositional_phrase())));
    }
    return maybe_extend(parse_simple_noun_phrase());
}
```

----

47 이 정의가 재귀적임을 주목하자. 하나의 동사 다음에 임의의 개수의 전치사구가 올 수 있다.

새 문법으로는 좀 더 복잡한 문장을 파싱할 수 있다. 예를 들어 다음 문장을 파싱하면

```
parse_input(list("the", "student", "with", "the", "cat",
                 "sleeps", "in", "the", "class"));
```

다음이 나온다.

```
list("sentence",
     list("noun-phrase",
          list("simple-noun-phrase",
               list("article", "the"), list("noun", "student")),
          list("prep-phrase", list("prep", "with"),
               list("simple-noun-phrase",
                    list("article", "the"),
                    list("noun", "cat")))),
     list("verb-phrase",
          list("verb", "sleeps"),
          list("prep-phrase", list("prep", "in"),
               list("simple-noun-phrase",
                    list("article", "the"),
                    list("noun", "class")))))
```

주어진 하나의 입력에 대해 적법한 파스가 여러 개임을 주목하기 바란다. 예를 들어 "The professor lectures to the student with the cat"에서 "with the cat"은 "the professor"를 수식할 수도 있고 "the student"를 수식할 수도 있다(즉, 고양이는 교수가 데리고 있는 것일 수도 있고 학생이 데리고 있는 것일 수도 있다). 우리의 비결정론적 프로그램은 두 가능성 모두를 인식한다. 예를 들어 다음 파싱을 처음 실행하면

```
parse_input(list("the", "professor", "lectures",
                 "to", "the", "student", "with", "the", "cat"));
```

다음 파스가 산출된다.

```
list("sentence",
     list("simple-noun-phrase",
          list("article", "the"), list("noun", "professor")),
     list("verb-phrase",
```

```
        list("verb-phrase",
            list("verb", "lectures"),
            list("prep-phrase", list("prep", "to"),
                list("simple-noun-phrase",
                list("article", "the"),
              list("noun", "student")))),
        list("prep-phrase", list("prep", "with"),
            list("simple-noun-phrase",
                list("article", "the"),
                list("noun", "cat")))))
```

평가기에게 재시도를 요청하면 다음 파스가 나온다.

```
list("sentence",
    list("simple-noun-phrase",
        list("article", "the"), list("noun", "professor")),
    list("verb-phrase",
        list("verb", "lectures"),
        list("prep-phrase", list("prep", "to"),
            list("noun-phrase",
                list("simple-noun-phrase",
                    list("article", "the"),
                    list("noun", "student")),
                list("prep-phrase", list("prep", "with"),
                    list("simple-noun-phrase",
                        list("article", "the"),
                        list("noun", "cat")))))))
```

■ **연습문제 4.43**

본문의 문법에서 "The professor lectures to the student in the class with the cat."이라는 문장은 다섯 가지 방식으로 파싱될 수 있다. 다섯 가지 파스를 제시하고 미묘한 의미 차이를 설명하라.

■ **연습문제 4.44**

§4.1과 §4.2의 평가기들은 인수 표현식들의 평가 순서를 결정하지 않는다. 반면에 이번 절의

amb 평가기는 인수 표현식들을 왼쪽에서 오른쪽으로 평가한다. 만일 amb 평가기가 인수 표현식들을 그와는 다른 순서로 평가한다면 자연어 파싱 프로그램이 제대로 작동하지 않는다. 그 이유를 설명하라.

■ **연습문제 4.45**

루이스 리스너는 동사구가 동사 하나이거나 동사구 다음에 전치사구가 오는 형태이므로 parse_verb_phrase를 다음과 같이 선언하는 게 훨씬 더 간단하다고(그리고 명사구 파싱 함수도 그와 비슷하게 선언할 수 있다고) 제안한다.

```
function parse_verb_phrase() {
    return amb(parse_word(verbs),
               list("verb-phrase",
                    parse_verb_phrase(),
                    parse_prepositional_phrase()));
}
```

이렇게 해도 파서가 잘 작동할까? 만일 amb 평가기가 표현식들을 평가하는 순서를 지금과 반대로 한다면 프로그램의 행동이 바뀔까?

■ **연습문제 4.46**

좀 더 복잡한 문장들을 처리하도록 본문의 문법을 확장하라. 예를 들어 명사구와 동사구에 형용사(adjective)와 부사(adverb)를 포함시킬 수도 있고, 복문(compound sentence)을 처리할 수 있도록 문법과 어휘를 확장할 수도 있을 것이다.[48]

---

48 이런 종류의 문법을 얼마든지 복잡하게 만들 수 있지만, 실질적인 언어 이해(language understanding)의 관점에서는 그냥 장난감 수준일 뿐이다. 진정한 자연어 이해 시스템을 만들려면 구문 분석과 의미 해석을 공들여서 조합해야 한다. 한편, 장난감 수준이라도 이런 파서는 정보 검색 시스템 같은 프로그램에서 유연한 명령 언어(command language) 기능을 지원하는 데 유용할 수 있다. [Winston 1992]는 컴퓨터를 이용한 실제 자연어 이해에 관한 접근 방식들뿐만 아니라 단순한 문법을 명령 언어에 적용하는 방법들도 논의한다(이 각주는 1996년 출간된 원서(스킴 버전)에 있던 것임을 주의하기 바란다. 2010년대 중반 심층학습이 도입되면서 자연어 처리 분야의 지형이 크게 바뀌었다—옮긴이).

■ **연습문제 4.47**

알리사 P. 해커는 주어진 문장을 파싱하는 것보다 흥미로운 문장을 생성하는 데 관심이 많다. 알리사가 생각하기에, '입력 문장'은 무시하고 항상 적절한(문법에 맞는) 단어를 생성하도록 parse_word를 수정한다면, 본문의 프로그램을 문장을 파싱하는 것이 아니라 문장을 생성하는 데 사용할 수 있을 것이다. 알리사의 착안을 실제로 구현하고, 그것으로 생성한 문장 중 처음 여섯 개를 제시하라.[49]

4.3.3 amb 평가기의 구현

보통의 자바스크립트 프로그램을 평가하면 하나의 값이 반환될 수도 있고, 프로그램이 영원히 종료되지 않을 수도 있고, 오류가 발생할 수도 있다. 거기에 더해서, 비결정론적 자바스크립트에서는 프로그램의 평가가 막다른 골목에 도달할 수도 있다. 그런 경우 평가는 반드시 이전 선택 지점으로 되돌아와야 한다(역추적). 이러한 추가적인 경우 때문에 비결정론적 자바스크립트 프로그램의 해석이 복잡해진다.

이번 절에서는 §4.1.7의 구문 분석 평가기를 수정해서[50] 비결정론적 자바스크립트를 위한 amb 평가기를 구축해 본다. 구문 분석 평가기처럼 이번 절의 평가기도 구성요소를 분석해서 얻은 실행 함수(execution function)를 호출함으로써 구성요소를 평가한다. 보통의 자바스크립트를 해석하는 것과 비결정론적 자바스크립트를 해석하는 것의 차이는 전적으로 이 실행 함수들에 있다.

---

49 알리사의 착안이 잘 작동하지만(그리고 놀랄 만큼 간단하지만), 생성된 문장들은 다소 따분하다. 이 문장 생성기가 해당 언어에서 가능한 문장들을 생성하는 방식이 아주 흥미롭지는 않기 때문이다. 사실 문법은 여러 부분에서 고도로 재귀적이며, 알리사의 기법은 그런 재귀 중 하나로 빠져들어서 벗어나지 못할 때가 많다. 이 문제는 [연습문제 4.48]에서 처리한다.

50 §4.2에서 느긋한 평가기를 구현할 때는 §4.1.1에 나온 보통의 메타순환적 평가기를 수정했다. 그러나 이번 절의 amb 평가기는 §4.1.7에 나온 구문 분석 평가기(구문 분석과 실행이 분리된 평가기)를 기반으로 사용하는데, 그 이유는 그 평가기의 실행 함수가 역추적을 구현하는 데 편리한 틀을 제공하기 때문이다.

실행 함수와 후속 함수

기존 구문 분석 평가기의 실행 함수는 인수를 하나만 받는다. 그 인수는 실행의 환경이다. 반면에 amb 평가기의 실행 함수는 세 개의 인수를 받는데, 하나는 환경이고 다른 둘은 **후속 함수**(continuation function; 줄여서 그냥 '후속')들이다. 한 구성요소의 평가는 두 후속 함수 중 하나의 호출로 끝난다. 만일 구성요소의 평가가 하나의 값을 산출하면 성공 시 후속 함수, 줄여서 **성공 후속**(success continuation)을 그 값을 인수로 해서 호출하고, 평가가 막다른 골목에 다다르면 **실패 후속**(failure continuation)을 호출한다. 비결정론적 평가기는 후속 함수들을 적절히 만들고 호출함으로써 역추적(backtracking)을 구현한다.

성공 후속의 임무는 평가된 값을 받고 계산을 계속 진행하는 것이다. 성공 후속은 그 값과 함께 또 다른 실패 후속을 받는다. 만일 주어진 값으로 계산을 진행하다가 막다른 골목에 도달하면 성공 후속은 그 실패 후속을 호출한다.

실패 후속의 임무는 비결정론적 과정의 다른 갈래를 시도하는 것이다. 비결정론적 언어의 핵심은 언어의 구성요소들이 여러 대안에 대한 선택을 표현할 수 있다는 점, 그리고 그 대안 중 하나를 선택했을 때 과연 받아들일 수 있는 결과가 나오게 될지를 현재 시점에서는 알 수 없을 수도 있다는 점이다. 이를 처리하기 위해 평가기는 대안 중 하나를 선택하고 그 값을 성공 후속에 넘겨주되, 다른 대안의 선택을 위한 실패 후속도 함께 넘겨준다.

사용자 프로그램이 현재의 공략선(line of attack)을 명시적으로 기각하면(예를 들어 `require` 호출에 의해 `amb()`가 호출될 수 있는데, §4.3.1에서 말했듯이 `amb()`는 항상 실패하는 표현식이다) 실패 조건이 발동되어서 실패 후속이 호출된다. 그 시점에서 해당 실패 후속이 호출되면 평가기는 가장 최근의 선택 지점으로 돌아가서 다른 대안을 선택한다. 만일 그 선택 지점에 더 이상 다른 대안이 남아있지 않으면 그보다 더 전의 선택 지점에서 실패 조건이 발생해서 다른 대안들을 탐색하게 된다. 실패 후속은 프로그램의 다른 결과를 얻기 위해 사용자가 명시적으로 `retry`를 요구했을 때 드라이버 루프가 호출할 수도 있다.

더 나아가서, 과정의 한 갈래에서 대안 선택에 의해 부수 효과가 있는 연산(변수 배정 등)이 발생한 경우, 그 선택이 결국 막다른 골목에 도달한다면 이전 선택 지점으로 돌아가서 다른 대안을 선택하기 전에 그 부수 효과를 취소해야 할 수도 있다. 이를 위해 평가기는 부수 효과 연산에 대해 그 효과를 취소하고 실패를 전파하는 실패 후속을 만든다.

정리하자면, 실패 후속을 만들어 내는 요소들은 다음과 같다.

- amb 표현식. 이 경우 실패 후속은 지금 amb 표현식이 내린 결정이 막다른 골목으로 이어질 때 다른 대안을 선택하기 위한 메커니즘으로 쓰인다.

- 최상위 구동기(driver). 이 경우 실패 후속은 모든 대안이 소진되었을 때 실패를 보고하는 메커니즘으로 쓰인다.

- 배정 연산. 이 경우 실패 후속은 역추적 도중에 실패를 감지하고 배정의 효과를 취소하는 데 쓰인다.

실패는 실행이 막다른 골목에 도달하는 경우에만 발생한다. 그런 경우는 다음 두 가지이다.

- 사용자 프로그램이 amb()를 실행할 때.

- 최상위 구동기에서 사용자가 retry를 요청할 때.

실패를 처리하는 도중에도 실패 후속이 호출될 수 있다. 구체적으로는 다음과 같다.

- 배정이 만들어 낸 실패 후속은 해당 부수 효과의 취소를 완료한 후, 이 배정 연산으로 이어진 선택 지점 또는 최상위 수준으로 실패를 다시 전파하기 위해 자신이 가로챈 실패 후속을 호출한다.

- amb에 대한 실패 후속이 모든 대안을 시도했지만 모두 실패한 경우, 그 실패 후속은 이전 선택 지점 또는 최상위 수준으로 실패를 다시 전파하기 위해 원래의 amb에 주어진 실패 후속을 호출한다.

평가기의 구조

amb 평가기의 구문 함수들과 데이터 표현 함수들, 그리고 기본 analyze 함수는 §4.1.7에 나온 평가기의 것들과 사실상 동일하다. 단, amb 구문형을 인식하기 위해서는 다음과 같은 구문 함수들을 추가할 필요가 있다.

```
function is_amb(component) {
    return is_tagged_list(component, "application") &&
           is_name(function_expression(component)) &&
```

```
            symbol_of_name(function_expression(component)) === "amb";
}
function amb_choices(component) {
    return arg_expressions(component);
}
```

파싱 함수들 역시 기존 것들(§4.1.2)을 그대로 사용한다. 따라서 파싱 함수들은 **amb**를 하나의 구문형으로 인식하지는 않는다. 그냥 **amb(...)**을 함수 적용으로 취급해서 처리할 뿐이다. 그러나 **is_amb** 함수 덕분에, 함수 적용의 함수 표현식 부분에 **amb**라는 이름이 나올 때마다 평가기는 그 '적용'을 하나의 비결정론적 선택 지점으로 취급하게 된다.[51]

또한, **analyze** 함수의 사례 분석 구조에 **amb** 표현식을 인식하고 적절한 실행 함수를 생성하는 디스패치 절을 추가해야 한다.

```
...
: is_amb(component)
? analyze_amb(component)
: is_application(component)
...
```

최상위 함수 **ambeval**(§4.1.7의 평가기를 위한 **evaluate** 함수에 대응된다)은 주어진 구성요소를 분석해서 얻은 실행 함수를 주어진 두 후속과 함께 주어진 환경에 적용한다.

```
function ambeval(component, env, succeed, fail) {
    return analyze(component)(env, succeed, fail);
}
```

성공 후속은 인수가 두 개인 함수로, 첫 인수는 방금 얻은 값이고 둘째 인수는 그 값이 실패로 이어질 경우 사용할 실패 후속이다. 실패 후속은 인수가 없는 함수이다. 정리하자면, 실행 함수의 일반적인 구문은 다음과 같다.

```
(env, succeed, fail) => {
    // 성공 후속 succeed는 (value, fail) => ...
```

---

[51] 이런 접근 방식에서 amb는 더 이상 적절한 범위가 적용되는 이름이 아니다. 따라서, 불필요한 혼란을 피하려면 (파싱할) 비결정론적 프로그램 자체에서는 amb라는 이름을 선언하지 말아야 한다.

```
    // 실패 후속 fail은 () => ...
    ...
}
```

예를 들어 다음과 같은 ambeval 호출을 생각해 보자.

```
ambeval(구성요소,
        the_global_environment,
        (value, fail) => value,
        () => "failed");
```

이 호출에서 **ambeval**은 주어진 구성요소를 평가한다. 만일 평가에 성공하면 그 값을 돌려주고, 실패하면 **"failed"**라는 문자열을 돌려준다. 그러나 이 **ambeval** 호출이 잠시 후 살펴볼 구동기 루프에서 발생할 때는 처리가 이렇게 단순하지 않다. 구동기 루프는 루프를 계속 돌리고 **retry** 요청을 처리하기 위해 훨씬 더 복잡한 후속 함수들을 사용한다.

　amb 평가기가 가진 복잡성의 대부분은 실행 함수들이 후속 함수들을 넘겨주면서 서로를 호출하는 방식에서 발생한다. 이번 절의 나머지 부분에 나오는 코드를 살펴볼 때, 각각의 실행 함수를 §4.1.7의 기존 평가기에 쓰이는 해당 함수와 비교해 보길 권한다.

단순 표현식

가장 단순한 종류의 표현식을 위한 실행 함수는 기존 평가기의 것과 본질적으로 같다. 이번에는 후속들을 관리해야 한다는 점이 다를 뿐이다. 실행 함수는 그냥 주어진 표현식의 값과 실패 후속으로 성공 후속을 호출할 뿐이다.

```
function analyze_literal(component) {
    return (env, succeed, fail) =>
            succeed(literal_value(component), fail);
}

function analyze_name(component) {
    return (env, succeed, fail) =>
            succeed(lookup_symbol_value(symbol_of_name(component),
                                       env),
                    fail);
}
```

```
function analyze_lambda_expression(component) {
    const params = lambda_parameter_symbols(component);
    const bfun = analyze(lambda_body(component));
    return (env, succeed, fail) =>
            succeed(make_function(params, bfun, env),
                    fail);
}
```

이름 조회는 항상 '성공'으로 끝남을 주목하자. 주어진 이름을 찾지 못하면 `lookup_symbol_value`는 예전처럼 오류를 발생한다. 이러한 '실패'는 프로그램의 버그(구체적으로는, 바인딩되지 않은 이름의 참조)에 해당할 뿐이다. 현재 시도 중인 선택 대신 다른 비결정론적 선택을 시도해야 함을 나타내지는 않는다.

조건부 구성요소와 문장렬

조건부 구성요소 역시 기존 평가와 비슷한 방식으로 처리한다. `analyze_conditional`이 생성한 실행 함수는 술어 표현식을 분석해서 얻은 실행 함수 `pfun`을 호출하는데, 이때 성공 후속으로는 술어의 값이 참이냐에 따라 귀결 절 또는 대안 절의 실행 함수를 호출하는 이항 함수를 지정하고 실패 후속으로는 조건부 구성요소에 대한 원래의 실패 후속을 지정한다.

```
function analyze_conditional(component) {
    const pfun = analyze(conditional_predicate(component));
    const cfun = analyze(conditional_consequent(component));
    const afun = analyze(conditional_alternative(component));
    return (env, succeed, fail) =>
            pfun(env,
                 // 술어 평가(pred_value를 얻기 위한)에
                 // 대한 성공 후속
                 (pred_value, fail2) =>
                   is_truthy(pred_value)
                   ? cfun(env, succeed, fail2)
                   : afun(env, succeed, fail2),
                 // 술어 평가에 대한 실패 후속
                 fail);
}
```

문장렬 역시 기존 평가기와 같은 방식으로 평가하되, 내부 함수 `sequentially`에 후속들을 전달하기 위한 장치가 추가되었다는 점이 다르다. 구체적으로 말하면, 문장 a와 b를 차례로 실행하는 문장렬에 대해 평가기는 b를 호출하는 성공 후속을 인수로 해서 a를 호출하는 실행 함수를 생성한다.

```
function analyze_sequence(stmts) {
    function sequentially(a, b) {
        return (env, succeed, fail) =>
                a(env,
                    // a의 호출에 대한 성공 후속
                    (a_value, fail2) =>
                      is_return_value(a_value)
                      ? succeed(a_value, fail2)
                      : b(env, succeed, fail2),
                    // a의 호출에 대한 실패 후속
                    fail);
    }
    function loop(first_fun, rest_funs) {
        return is_null(rest_funs)
               ? first_fun
               : loop(sequentially(first_fun, head(rest_funs)),
                      tail(rest_funs));
    }
    const funs = map(analyze, stmts);
    return is_null(funs)
           ? env => undefined
           : loop(head(funs), tail(funs));
}
```

선언과 배정

선언 역시 후속을 세심하게 관리해야 하는 구성요소이다. 새 이름을 실제로 선언하기 전에 선언-값 표현식(선언할 이름과 묶을 값을 정의하는 표현식)을 먼저 평가해야 하기 때문이다. 이를 위해 선언-값 실행 함수 vfun을 환경과 성공 후속, 실패 후속으로 호출한다. 만일 vfun이 선언할 이름의 값 val을 얻는 데 성공하면 그 이름이 실제로 선언되고 성공이 전파된다.

```
function analyze_declaration(component) {
    const symbol = declaration_symbol(component);
    const vfun = analyze(declaration_value_expression(component));
    return (env, succeed, fail) =>
            vfun(env,
```

```
            (val, fail2) => {
                assign_symbol_value(symbol, val, env);
                return succeed(undefined, fail2);
            },
            fail);
    }
```

배정은 더욱더 흥미롭다. 배정에서는 후속들을 그냥 넘겨주는 대신 실제로 사용한다. 배정을 위한 실행 함수의 처음 부분은 선언의 실행 함수와 비슷하다. 배정 실행 함수는 이름에 배정할 새 값을 얻기 위해 **vfun**을 호출한다. 만일 이 호출이 실패하면 배정 자체를 실패로 돌린다.

그렇지 않고 **vfun**이 성공하면 배정을 진행해야 하는데, 이때 계산의 이 갈래가 나중에 실패할 수도 있음을 반드시 고려할 필요가 있다. 이 갈래가 나중에 실패한다면 다시 이 지점으로 돌아와서 배정의 효과를 취소해야 하므로, 배정 효과 취소를 역추적 과정의 일부로 배치해야 한다.[52]

배정 취소 메커니즘은 **vfun**에 넘겨주는 성공 후속에 담겨 있다. 성공 후속(아래 코드의 주석 "*1*" 부분)은 먼저 변수에 새 값을 배정하기 전에 변수의 기존 값을 저장해 둔다. 그런 다음 배정 구성요소 자체의 성공 후속(succeed)을 호출에서 배정을 진행하는데, 이때 새 값과 함께 실패 시 변수의 값을 원래대로 되돌리는 실패 후속(주석 "*2*")을 넘겨준다. 간단히 말해서 배정에 대한 성공 후속은 이후의 실패를 가로챌 실패 후속을 제공한다. 이후 실패가 발생하면 원래의 실패 후속 **fail2**가 즉시 호출되는 대신 먼저 이 실패 후속이 호출되어서 배정의 효과가 취소되고, 그 후에야 **fail2**가 호출된다.

```
function analyze_assignment(component) {
    const symbol = assignment_symbol(component);
    const vfun = analyze(assignment_value_expression(component));
    return (env, succeed, fail) =>
            vfun(env,
                (val, fail2) => {                    // *1*
                    const old_value = lookup_symbol_value(symbol,
                                                          env);
                    assign_symbol_value(symbol, val, env);
                    return succeed(val,
```

---

52 앞에서 선언의 취소는 신경 쓰지 않았다. 어차피 이름은 해당 선언이 평가되기 전에는 쓰일 수 없다고 가정하므로, 이름의 이전 값은 문제가 되지 않는다.

```
                                        () => {      // *2*
                                            assign_symbol_value(symbol,
                                                                old_value,
                                                                env);
                                            return fail2();
                                        });
                            },
                            fail);
    }
```

반환문과 블록

반환문의 분석은 간단하다. 반환문 분석 함수가 생성하는 실행 함수는 반환 표현식의 실행 함수를 호출하는데, 이때 지정하는 성공 후속은 반환값을 하나의 반환값 객체로 감싸서 원래의 성공 후속에 넘겨준다.

```
function analyze_return_statement(component) {
    const rfun = analyze(return_expression(component));
    return (env, succeed, fail) =>
            rfun(env,
                (val, fail2) =>
                  succeed(make_return_value(val), fail2),
                fail);
}
```

블록의 실행 함수는 블록 본문의 실행 함수를 확장된 환경으로 호출한다. 성공 함수와 실패 함수는 원래의 것들을 그대로 사용한다.

```
function analyze_block(component) {
    const body = block_body(component);
    const locals = scan_out_declarations(body);
    const unassigneds = list_of_unassigned(locals);
    const bfun = analyze(body);
    return (env, succeed, fail) =>
            bfun(extend_environment(locals, unassigneds, env),
                succeed,
                fail);
}
```

함수 적용

함수 적용 구성요소의 실행 함수 역시, 후속 전달과 관련된 기술적인 복잡성 빼고는 기존 평가기의 것과 별로 다르지 않다. analyze_application 함수가 인수 표현식들을 평가하는 과정에서 성공 후속들과 실패 후속들을 관리하다 보니 처리가 복잡해졌다. 기존 평가기에서는 그냥 map으로 인수 표현식들을 평가했지만, 이 평가기의 analyze_application은 map으로 얻은 인수 표현식 실행 함수 목록에 get_args라는 함수를 적용해서 인수 표현식들을 평가한다.

```
function analyze_application(component) {
    const ffun = analyze(function_expression(component));
    const afuns = map(analyze, arg_expressions(component));
    return (env, succeed, fail) =>
            ffun(env,
                (fun, fail2) =>
                  get_args(afuns,
                            env,
                            (args, fail3) =>
                              execute_application(fun,
                                                  args,
                                                  succeed,
                                                  fail3),
                            fail2),
                fail);
}
```

get_args는 주어진 afuns에 있는 실행 함수들을 호출하는데, 각 호출에 지정된 성공 후속은 재귀적으로 get_args를 호출한다. 그리고 재귀적인 get_args 호출에 지정된 성공 후속은 새로 얻은 인수를 pair를 이용해 기존 인수 목록에 추가한 새 목록을 돌려준다.

```
function get_args(afuns, env, succeed, fail) {
    return is_null(afuns)
            ? succeed(null, fail)
            : head(afuns)(env,
                // 이 인수 표현식 실행 함수를 위한 성공 후속
                (arg, fail2) =>
                  get_args(tail(afuns),
                            env,
                            // 재귀적 get_args 호출을
                            // 위한 성공 후속
```

```
                          (args, fail3) =>
                            succeed(pair(arg, args),
                                    fail3),
                          fail2),
                  fail);
    }
```

함수 적용을 실제로 수행하는 함수는 `execute_application`이다. 이 함수는 후속들을 관리하는 부분만 빼면 보통의 평가기와 같은 방식으로 작동한다.

```
function execute_application(fun, args, succeed, fail) {
    return is_primitive_function(fun)
           ? succeed(apply_primitive_function(fun, args),
                     fail)
           : is_compound_function(fun)
           ? function_body(fun)(
                 extend_environment(function_parameters(fun),
                                    args,
                                    function_environment(fun)),
                 (body_result, fail2) =>
                   succeed(is_return_value(body_result)
                           ? return_value_content(body_result)
                           : undefined,
                           fail2),
                 fail)
           : error(fun, "unknown function type - execute_application");
}
```

amb 표현식의 평가

amb 구문형은 비결정론적 언어의 핵심 요소이다. 다음에서 보듯이, amb 표현식을 분석하는 함수는 amb 평가기의 핵심부에 해당한다. 앞의 함수들에서 공들여 후속들을 관리한 것은 모두 이 함수 때문이다. 이 함수가 돌려주는 amb 표현식 실행 함수는 내부 함수 `try_next`를 이용해서 amb 표현식의 모든 가능한 값에 대한 실행 함수들을 차례로 시도한다. 각 실행 함수를 호출할 때 그다음 실행 함수의 시도를 위한 실패 후속을 넘겨준다는 점을 주목하기 바란다. 더 시도할 대안이 남아 있지 않으면 amb 표현식 전체가 실패로 끝난다.

```
function analyze_amb(component) {
    const cfuns = map(analyze, amb_choices(component));
```

```
        return (env, succeed, fail) => {
                function try_next(choices) {
                    return is_null(choices)
                            ? fail()
                            : head(choices)(env,
                                            succeed,
                                            () =>
                                              try_next(tail(choices)));
                }
                return try_next(cfuns);
        };
    }
```

구동기 루프

amb 평가기의 구동기 루프는 복잡하다. 이유는 사용자가 프로그램 평가를 재시도(retry)할 수 있게 하는 메커니즘 때문이다. 구동기는 internal_loop라는 함수를 사용하는데, 이 함수는 재시도용 함수를 인수로 받는다. retry 함수(매개변수 retry로 주어진 재시도용 함수)를 호출하면 비결정론적 평가에서 아직 시도하지 않은 다음 대안으로 가게 된다는 것이 이 매개변수의 의도이다. 사용자의 입력을 처리하는 것은 internal_loop 함수이다. 사용자가 입력한 문자열이 "retry"이면 retry 함수를 호출하고, 그 밖의 것이면 ambeval을 호출해서 새 평가 과정을 시작한다.

ambeval 호출의 실패 후속은 사용자에게 더 이상 시도할 값이 없음을 알리고 구동기 루프를 다시 시동하는 역할을 한다.

ambeval 호출의 성공 후속은 좀 더 미묘하다. 성공 후속은 평가된 값을 출력한 후, 다음 대안을 시도하는 기능을 가진 next_alternative 함수를 인수로 지정해서 internal_loop를 호출한다. 이 next_alternative 함수는 성공 후속의 둘째 인수로 주어진 것이다. 보통의 경우 이 둘째 인수는 평가의 현재 갈래가 이후에 실패할 때 사용할 실패 후속이다. 그러나 지금은 한 입력의 평가를 성공적으로 마친 후이므로, '실패' 후속으로서의 이 둘째 인수는 그냥 또 다른 평가 과정을 시작하기 위한 것일 뿐이다.

```
const input_prompt = "amb-evaluate input:";
const output_prompt =  "amb-evaluate value:";
```

```
function driver_loop(env) {
    function internal_loop(retry) {
        const input = user_read(input_prompt);
        if (is_null(input)) {
            display("evaluator terminated");
        } else if (input === "retry") {
            return retry();
        } else {
            display("Starting a new problem");
            const program = parse(input);
            const locals = scan_out_declarations(program);
            const unassigneds = list_of_unassigned(locals);
            const program_env = extend_environment(
                                    locals, unassigneds, env);
            return ambeval(
                        program,
                        program_env,
                        // ambeval 성공
                        (val, next_alternative) => {
                            user_print(output_prompt, val);
                            return internal_loop(next_alternative);
                        },
                        // ambeval 실패
                        () => {
                            display("There are no more values of");
                            display(input);
                            return driver_loop(program_env);
                        });
        }
    }
    return internal_loop(() => {
                    display("There is no current problem");
                    return driver_loop(env);
                });
}
```

internal_loop의 첫 호출에서 retry 인수는 현재 문제가 없음을 출력하고 구동기 루프를
다시 시작하는 함수이다. 진행 중인 평가가 없는 상황에서 사용자가 retry를 입력한 경우 구
동기가 그런 반응을 보인다.

구동기 루프를 시작하는 방식은 이전과 같다. 즉, 전역 환경을 설정하고 그것을 표현식 평가
를 위한 상위 환경으로 지정해서 driver_loop 함수를 호출하면 된다.

```
const the_global_environment = setup_environment();
driver_loop(the_global_environment);
```

■ 연습문제 4.48

amb와 비슷하되 대안들을 왼쪽에서 오른쪽으로 검색하는 대신 무작위 순으로 검색하는 새로운 구문형 ramb를 구현하라. 이것이 [연습문제 4.47]에 나온 알리사의 문제에 어떻게 도움이 되는지 설명하라.

■ 연습문제 4.49

실패 시 배정의 효과를 취소하지 않도록 배정의 구현을 수정하라. 평가기가 그런 '영구 배정 (permanent assignment)'을 사용한다면, 다음처럼 하나의 목록에서 서로 다른 두 요소를 선택하되 그런 두 요소를 제대로 선택하기까지의 시도 횟수를 세는 것이 가능하다.

```
let count = 0;

let x = an_element_of("a", "b", "c");
let y = an_element_of("a", "b", "c");
count = count + 1;
require(x !== y);
list(x, y, count);
Starting a new problem
amb-evaluate value:
["a", ["b", [2, null]]]

amb-evaluate input:
retry

amb-evaluate value:
["a", ["c", [3, null]]]
```

만일 본문의 평가기처럼 실패 시 배정의 효과가 취소된다면 이 예제에서 어떤 값들이 표시될까?

조건문을 다음처럼 끔찍한 방식으로 남용할 수도 있다.

```
if (evaluation_succeeds_take) { 문장 } else { 대안 }
```

이 구문의 의도는 문장으로 지정된 문장의 평가가 실패하는 경우를 잡아내는 것이다.◆ 이 구문은 주어진 문장을 평소대로 평가해서, 만일 평가가 성공하면 해당 값을 돌려준다. 그러나 평가가 실패하면 *대안*으로 주어진 대안 문장을 평가한다. 다음은 이 구문의 사용 예이다.

```
amb-evaluate input:
if (evaluation_succeeds_take) {
    const x = an_element_of(list(1, 3, 5));
    require(is_even(x));
    x;
} else {
    "all odd";
}

Starting a new problem
amb-evaluate value:
"all odd"
amb-evaluate input:
if (evaluation_succeeds_take) {
    const x = an_element_of(list(1, 3, 5, 8));
    require(is_even(x));
    x;
} else {
    "all odd";
}

Starting a new problem
amb-evaluate value:
8
```

이런 구문을 지원하도록 amb 평가기를 확장하라. 힌트: 새 구문형을 구현하기 위해 표준 자바스크립트의 문법을 남용한 사례가 함수 is_amb에 있으니 참고할 것.

....

◆ 옮긴이 표준 자바스크립트의 try-catch 구문을 연상하면 될 것이다.

[연습문제 4.49]에 나온 새로운 종류의 배정과 [연습문제 4.50]에서 소개한 다음 구문을 지원하도록 amb 평가기를 수정했다고 하자.

```
if (evaluation_succeeds_take) { ... } else { ... }
```

수정된 평가기로 다음을 평가한 결과는 무엇인가?

```
let pairs = null;
if (evaluation_succeeds_take) {
    const p = prime_sum_pair(list(1, 3, 5, 8), list(20, 35, 110));
    pairs = pair(p, pairs); // 영구적 배정을 사용
    amb();
} else {
    pairs;
}
```

만일 require를 amb를 사용하는 보통의 함수로, 그러니까 사용자가 비결정론적 프로그램의 일부로 정의할 수 있는 함수와 다를 바 없는 함수로 구현할 수 있음을 우리가 깨닫지 못했다면, require를 하나의 구문형으로 구현해야 했을 것이다. 그러려면 다음과 같은 구문 함수들을 추가하고,

```
function is_require(component) {
    return is_tagged_list(component, "require");
}
function require_predicate(component) { return head(tail(component)); }
```

analyze의 사례 분석 구조에 다음과 같은 디스패치 절을 추가해야 한다.

```
: is_require(component)
? analyze_require(component)
```

물론 require 표현식을 처리하는 analyze_require 함수도 추가해야 한다. 다음 analyze_require 함수의 정의를 완성하라.

```
function analyze_require(component) {
    const pfun = analyze(require_predicate(component));
    return (env, succeed, fail) =>
              pfun(env,
                   (pred_value, fail2) =>
                    ⟨ ?? ⟩
                    ? ⟨ ?? ⟩
                    : succeed("ok", fail2),
                   fail);
}
```

4.4 논리 프로그래밍

제1장에서 강조했듯이, 컴퓨터 과학은 명령적 지식("어떻게 하는가?")을 다루지만 수학은 선언적 지식("이것은 무엇인가?")을 다룬다. 실제로, 프로그래밍 언어로 프로그램을 작성할 때 프로그래머는 특정한 문제를 푸는 방법의 단계들을 일일이 명시하는 형태로 지식을 표현한다. 한편으로, 고수준 언어들은 계산의 구체적인 진행 방식을 프로그래머가 일일이 신경 쓰지 않아도 프로그램을 짤 수 있게 만드는 방법론적 지식(methodological knowledge)를 언어 구현의 일부로서 상당히 많이 제공한다.

자바스크립트를 비롯해 대부분의 프로그래밍 언어는 수학 함수의 값을 계산하는 기능을 중심으로 조직화되어 있다. 표현식 지향적 언어들(리스프, C, 파이썬, 자바스크립트 등)은 함수의 값을 서술하는 표현식을 그 값을 계산하기 위한 수단으로도 해석할 수 있다는 일종의 '말장난(pun)'을 활용한다. 이 때문에 대부분의 프로그래밍 언어는 단방향 계산(입력과 출력이 잘 정의되는 계산) 쪽으로 크게 치우친다. 그렇지만 이러한 편향이 완화된, 통상적인 언어들과는 급진적으로 다른 언어들도 존재한다. §3.3.5에서 그런 언어의 예를 보았다. 거기서 계산의 대상은 산술 제약들이었다. 제약 시스템에서 계산의 방향과 순서는 명확히 정의되지 않는다. 따라서, 어떤 계산을 수행할 때 제약 시스템은 통상적인 산술 계산에서보다 훨씬 더 구체적인 명령적 지식을 제공해야 한다. 그렇다고 시스템의 사용자가 명령적 지식을 제공하는 책임에서 완전히 벗어나는 것은 아니다. 동일한 제약 집합을 구현하는 제약 네트워크가 여러 개일 수 있기 때문에, 사용자는 수학적으로 동등한 다수의 네트워크 중에 특정한 계산을 명시하기에 적합한 하나의 네트워크를 선택해야 한다.

§4.3의 비결정론적 프로그램 평가기도 "프로그래밍이란 단방향 함수의 계산을 위한 알고리즘을 구축하는 것"이라는 관점에서 벗어난 예이다. 비결정론적 언어에서는 하나의 표현식이 여러 개의 값을 가질 수 있다. 그러다 보니 '계산'은 값이 하나인 함수를 다루는 것이 아니라 관계들을 다루는 것이 된다. 논리 프로그래밍(logic programming)은 관계 중심의 프로그래밍 접근 방식에 통합(unification; 또는 단일화)이라고 하는 일종의 강력한 기호 패턴 부합 기능을 추가한 것이라고 할 수 있다.[53]

풀고자 하는 문제에 따라서는 이런 접근 방식이 대단히 강력한 프로그램 작성 방법이 될 수 있다. 그러한 위력의 일부는, 명령적("어떻게 하는가") 구성요소가 서로 다른 다수의 문제를 하나의 선언적("그것이 무엇인가") 지식 조각으로 풀 수 있다는 점에서 나온다. 한 예로, 목록 두 개를 받고 그 목록들의 요소들을 조합해서 하나의 목록을 만드는 append 연산을 생각해 보자. 자바스크립트 같은 절차식 언어에서는 append를 기본목록 생성자 pair를 이용해서(§2.2.1에서처럼) 다음과 같이 정의할 수 있다.

---

[53] 논리 프로그래밍은 유서 깊은 자동 정리 증명(automatic theorem proving) 연구에서 태어났다. 초기의 정리 증명 프로그램들은 가능한 증명들을 모두 검색하는 방식이기 때문에 별 성과를 내지 못했다. 그런 검색을 어느 정도 실현 가능하게 만든 주된 돌파구는 1960년대 초에 발견된 **통합 알고리즘**(unification algorithm)과 **분해 원리**(resolution principle; Robinson 1965)였다. 분해 원리는 예를 들어 그린과 라파엘의 연역적 질의응답 시스템(Green 및 Rapahel 1968)의 기반으로 쓰였다([Green 1969]도 보라). 이 시기의 대부분에서 연구자들은 증명이 존재하기만 한다면 그것을 반드시 찾아내는 알고리즘에 집중했다. 하지만 그런 알고리즘은 증명을 향해 직접적으로 나아가도록 제어하기가 힘들었다. 휴잇은 프로그래밍 언어의 제어 구조를 논리 조작 시스템의 연산들과 병합할 수 있음을 깨달았다(Hewitt 1969). 이 착안은 §4.3.1의 각주 4.43에서 언급한 자동 검색에 관한 연구로 이어졌다. 같은 시기에 마르세유 대학교의 콜메로에는 자연어 처리를 위한 규칙 기반 시스템을 개발하고 있었다(Colmerauer 외 1973). 그는 그런 규칙들을 나타내는 프롤로그[Prolog]라는 프로그래밍 언어를 만들었다. 에든버러 대학교의 코왈스키는 프롤로그 프로그램의 실행을 (선형 혼 절 분해(linear Horn-clause resolution)라는 증명 기법을 이용해서) 정리의 증명으로 해석할 수 있음을 깨달았다(Kowalski 1973; 1979). 이 두 흐름이 합쳐지면서 논리 프로그래밍의 연구가 시작되었다. 이런 역사 때문에, 논리 프로그래밍의 발전을 두고 프랑스 연구자들은 마르세유 내의 프롤로그가 만들어진 사건을 언급하는 반면에 영국 연구자들은 에든버러 대학교의 성과를 강조한다. 한편 MIT 사람들은 휴잇의 재기 넘치지만 이해하기 어려운 박사학위 논문이 말하는 것이 무엇인지 파악하려는 노력에서 논리 프로그래밍이 태어났다고 생각한다. 논리 프로그래밍의 역사를 다룬 문헌으로는 [Robinson 1983]이 있다.

```
function append(x, y) {
    return is_null(x)
            ? y
            : pair(head(x), append(tail(x), y));
}
```

이 함수는 다음 두 규칙을 자바스크립트라는 언어로 '번역'한 것에 해당한다. 첫 규칙은 첫 목록이 빈 목록인 경우를 다루고, 둘째 규칙은 빈 목록이 아닌 경우를 다룬다. 빈 목록이 아닌 목록은 머리(첫 요소)와 꼬리(나머지 요소들)의 pair이다.

- 임의의 목록 y에 대해, 빈 목록과 y의 append 결과는 y이다.

- 임의의 u, v, y, z에 대해, v와 y의 append 결과가 z라고 할 때 pair(u, v)와 y의 append 결과는 pair(u, z)이다.[54]

이러한 append 함수로 다음과 같은 질문의 답을 구할 수 있다.

list("a", "b")와 list("c", "d")의 append 결과를 구하라.

그런데 앞의 두 규칙으로는 다음과 같은 종류의 질문들도 답을 구할 수 있다. 자바스크립트 append 함수로는 이런 질문들의 답을 구할 수 없지만 말이다.

list("a", "b")와의 append 결과가 list("a", "b", "c", "d")인 목록을 구하라.

append 결과가 list("a", "b", "c", "d")인 모든 x와 y를 구하라.

논리 프로그래밍 언어에서 프로그래머는 앞에 나온 append에 관한 두 규칙(선언적 지식)을 직접적으로 표현해서 append '함수'를 작성한다. "어떻게" 지식(명령적 지식)은 언어의 해석기가 자동으로 제공한다. 그 덕분에 이 두 규칙만으로도 append에 관한 세 종류의 질문들에 모두 답할 수 있다.[55]

....

54 이 규칙들이 앞의 자바스크립트 함수와 어떻게 대응되는지가 잘 이해가 되지 않는다면, 함수의 x를(이때 x는 비지 않은 목록) 규칙의 pair(u, v)와 대응시켜 보기 바란다. 그러면 규칙의 z는 tail(x)과 y의 append에 대응된다.

55 그렇다고 답을 계산하는 방법을 고안하는 문제에서 프로그래머가 완전히 벗어나는 것은 아니다. append 관계를 정식화하는 수학적으로 동등한 규칙들은 여러 가지이며, 그중 어떤 방향이든 계산에 효과적인 것은 몇 가지뿐이다. 더 나아가서, 선언적 지식만으로는 해석기가 답의 계산을 위한 명령 지식을 전혀 연역할 수 없는 경우도 있다. 예를 들어 $y^2 = x$인 y를 계산하는 문제를 생각해 보라.

현재의 논리 프로그래밍 언어들(이번 절에서 구현하는 것을 포함해서)은 그 구현이 산출하는 일반적인 "어떻게" 방법들이 불필요한 무한 루프나 기타 바람직하지 않은 행동으로 이어질 수 있다는 점에서 상당히 비효율적이다. 그렇긴 하지만, 논리 프로그래밍은 활발하게 연구되는 컴퓨터 과학의 한 분야이다.[56]

이번 장 앞부분에서 해석기 구현 기술을 살펴보고 자바스크립트 같은 언어를 위한 해석기 (사실상 거의 모든 통상적인 언어를 위한 해석기)에 꼭 필요한 요소들을 설명했다. 이제부터는 그런 개념들을 논리 프로그래밍 언어를 위한 해석기의 논의에 적용한다. 이제부터 논의할 논리 프로그래밍 언어는 **질의 언어**(query language)라고 부를 만한 것인데, 왜냐하면 자연어로 된 질의 또는 질문을 프로그래밍 언어로 정식화해서 데이터베이스에서 정보를 검색(조회)하는 데 아주 유용하기 때문이다. 이 질의 언어가 자바스크립트와는 아주 다르지만, 그래도 지금까지 사용해 온 일반적인 틀로 설명하는 것이 편할 것이다. 즉, 이 질의 언어도 원시 요소들과 조합 수단들(단순한 요소들로부터 복합적인 요소들을 만들어 내기 위한), 그리고 추상화 수단들(복합적인 요소를 하나의 개념적인 단위로 다룰 수 있게 하는)로 구성된다. 논리 프로그래밍 언어를 위한 해석기는 자바스크립트 같은 언어를 위한 해석기보다 훨씬 더 복잡하다. 그렇긴 해도 이 질의 언어 해석기의 구성요소들이 §4.1에 나온 해석기의 것들과 많이 겹친다는 점을 알게 될 것이다. 특히, 이 해석기 역시 주어진 표현식의 종류를 식별하는 '평가' 부분(`evaluate`)과 언어의 추상화 메커니즘(자바스크립트의 경우에는 함수, 논리 프로그래밍 언어의 경우에는 규칙)을 구현하는 '적용' 부분(`apply`)으로 구성된다. 또한, 기호와 그 값의 대응 관계를 결정하는 프레임 자료 구조가 구현에서 중요한 역할을 한다는 점도 동일하다. 질의 언어 구현만의 흥미로운 측면 하나는 제3장에서 소개한 스트림을 상당히 많이 사용한다는 점이다.

---

56 논리 프로그래밍에 관한 관심은 일본 정부가 논리 프로그래밍 언어에 최적화된 엄청나게 빠른 컴퓨터를 구축하려는 야심 찬 프로젝트를 시작했을 때 최고조에 달했다. 그런 컴퓨터의 속도는 흔히 쓰이는 FLOPS(FLoating-point Operations Per Second; 초당 부동소수점 연산 횟수) 대신 LIPS(Logical Inferences Per Second; 초당 논리 추론 횟수)로 측정한다. 원래 계획했던 하드웨어와 소프트웨어를 개발했다는 점에서 그 프로젝트는 성공이었지만, 전 세계의 컴퓨터 업계는 그와는 다른 방향으로 이동했다. 그 일본 정부 프로젝트의 전반적인 평가로는 [Feigenbaum 및 Shrobe 1993]을 보라. 논리 프로그래밍 공동체는 또한 단순한 패턴 부합 이외의 기법들(이를테면 §3.3.5의 제약 전파 시스템에서 본 수치 제약을 다루는)에 기초한 관계형 프로그래밍에도 관심을 기울였다.

4.4.1 연역적 정보 검색

논리 프로그래밍은 데이터베이스에서 정보를 검색하기 위한 인터페이스를 제공하는 부분에서 그 위력이 발휘된다. 이번 절에서 구현할 질의 언어도 바로 그런 용도로 고안된 것이다.

질의 시스템이 어떤 일을 하는지 설명하기 위해, 보스턴 지역에서 급성장 중인 하이테크 기업 가글^{Gargle}에서 인사 레코드(personnel record)들을 담은 데이터베이스를 관리하고 활용하는 문제를 예로 들겠다. 질의 언어는 패턴에 기반해서 인사 정보에 접근하는 수단을 제공한다. 또한, 일반적인 규칙들을 이용해서 논리 연역 추론을 수행하는 기능도 제공한다.

예제 데이터베이스

가글의 인사 데이터베이스에는 가글에 속한 사람(직원 또는 임원)에 관한 단언(assertion)들이 들어 있다. 다음은 정규직(resident) 컴퓨터 '마법사(wizard)'인 벤 빗디들에 관한 정보이다.

```
address(list("Bitdiddle", "Ben"),
        list("Slumerville", list("Ridge", "Road"), 10))
job(list("Bitdiddle", "Ben"), list("computer", "wizard"))
salary(list("Bitdiddle", "Ben"), 122000)
```

단언들이 자바스크립트의 함수 적용 표현식처럼 보이겠지만, 실제로는 데이터베이스에 있는 정보를 표현한다. 단언의 첫 기호(지금 예에서 **address**나 **job**, **salary**)는 그 단언에 담긴 정보의 종류를 나타낸다. 그리고 단언의 '인수'들은 **list**라는 기호로 표현되는 목록이거나, 아니면 문자열이나 수치 같은 원시 값(primitive value)이다. 자바스크립트의 상수나 변수와는 달리 단언의 첫 기호들은 선언할 필요가 없다. 이들의 범위는 전역이다.

정규직 컴퓨터 마법사인 벤은 회사 컴퓨터 부서의 책임자이다. 벤은 프로그래머 두 명과 기술자(technician) 한 명을 관리한다(supervise). 다음은 그 세 부하직원에 관한 정보이다.

```
address(list("Hacker", "Alyssa", "P"),
        list("Cambridge", list("Mass", "Ave"), 78))
job(list("Hacker", "Alyssa", "P"), list("computer", "programmer"))
salary(list("Hacker", "Alyssa", "P"), 81000)
supervisor(list("Hacker", "Alyssa", "P"), list("Bitdiddle", "Ben"))

address(list("Fect", "Cy", "D"),
        list("Cambridge", list("Ames", "Street"), 3))
```

```
job(list("Fect", "Cy", "D"), list("computer", "programmer"))
salary(list("Fect", "Cy", "D"), 70000)
supervisor(list("Fect", "Cy", "D"), list("Bitdiddle", "Ben"))

address(list("Tweakit", "Lem", "E"),
        list("Boston", list("Bay", "State", "Road"), 22))
job(list("Tweakit", "Lem", "E"), list("computer", "technician"))
salary(list("Tweakit", "Lem", "E"), 51000)
supervisor(list("Tweakit", "Lem", "E"), list("Bitdiddle", "Ben"))
```

컴퓨터 부서에는 수습(trainee) 프로그래머도 한 명 있다. 이 수습 직원은 알리사가 관리한다.

```
address(list("Reasoner", "Louis"),
        list("Slumerville", list("Pine", "Tree", "Road"), 80))
job(list("Reasoner", "Louis"),
         list("computer", "programmer", "trainee"))
salary(list("Reasoner", "Louis"), 62000)
supervisor(list("Reasoner", "Louis"), list("Hacker", "Alyssa", "P"))
```

이상의 모든 사람은 컴퓨터 부서에 속한다. 이 점은 **job** 기호로 표현된 직무 서술(job description)에 나오는 **"computer"**라는 단어가 말해준다.

벤은 고위 임원이다. 벤은 '큰 운전대(big wheel)'로 회사의 진로를 결정하는 가글 사장 올리버 워벅스가 직접 관리한다.

```
supervisor(list("Bitdiddle", "Ben"), list("Warbucks", "Oliver"))

address(list("Warbucks", "Oliver"),
        list("Swellesley", list("Top", "Heap", "Road")))
job(list("Warbucks", "Oliver"), list("administration", "big", "wheel"))
salary(list("Warbucks", "Oliver"), 314159)
```

벤이 관리하는 컴퓨터 부서 외에 가글에는 선임 회계사와 보조 회계사로 구성된 회계 부서도 있다.

```
address(list("Scrooge", "Eben"),
        list("Weston", list("Shady", "Lane"), 10))
job(list("Scrooge", "Eben"), list("accounting", "chief", "accountant"))
```

```
salary(list("Scrooge", "Eben"), 141421)
supervisor(list("Scrooge", "Eben"), list("Warbucks", "Oliver"))

address(list("Cratchit", "Robert"),
        list("Allston", list("N", "Harvard", "Street"), 16))
job(list("Cratchit", "Robert"), list("accounting", "scrivener"))
salary(list("Cratchit", "Robert"), 26100)
supervisor(list("Cratchit", "Robert"), list("Scrooge", "Eben"))
```

또한 사장을 보좌하는 임원비서(administrative assistant)도 한 명 있다.

```
address(list("Aull", "DeWitt"),
        list("Slumerville", list("Onion", "Square"), 5))
job(list("Aull", "DeWitt"), list("administration", "assistant"))
salary(list("Aull", "DeWitt"), 42195)
supervisor(list("Aull", "DeWitt"), list("Warbucks", "Oliver"))
```

데이터베이스에는 한 직무를 가진 사람이 수행할 수 있는 다른 직무들에 관한 단언들도 있다. 예를 들어 컴퓨터 마법사는 컴퓨터 프로그래머로도, 컴퓨터 기술자로도 일할 수 있다.

```
can_do_job(list("computer", "wizard"),
           list("computer", "programmer"))
can_do_job(list("computer", "wizard"),
           list("computer", "technician"))
```

그리고 컴퓨터 프로그래머는 수습 프로그래머의 역할을 할 수 있다.

```
can_do_job(list("computer", "programmer"),
           list("computer", "programmer", "trainee"))
```

그리고 다들 알다시피 사장이 하는 일은 비서도 할 수 있다.

```
can_do_job(list("administration", "assistant"),
           list("administration", "big", "wheel"))
```

단순 질의

질의 언어(query language)는 시스템이 제시한 프롬프트(아래의 예에서는 "`Query input:`")에 사용자가 질의문을 입력해서 정보를 검색할 수 있게 하는 수단이다. 예를 들어 다음은 가글의 모든 컴퓨터 프로그램을 찾기 위한 질의이다.

```
Query input:
job($x, list("computer", "programmer"))
```

이에 대해 시스템은 다음과 같은 항목들로 응답한다.

```
Query results:
job(list("Hacker", "Alyssa", "P"), list("computer", "programmer"))
job(list("Fect", "Cy", "D"), list("computer", "programmer"))
```

사용자가 입력한 질의는 사용자가 찾고자 하는 항목들을 명시하는 패턴을 담고 있다. 시스템은 데이터베이스에서 그 패턴과 부합하는 레코드(단언)들을 찾는다. 지금 예에서 패턴이 뜻하는 것은, 사용자가 찾고자 정보의 종류가 `job`이고, 첫 항목은 아무거나 상관없고, 둘째 항목은 정확히 `list("computer", "programmer")`라는 목록이어야 한다는 것이다. 첫 항목이 "아무거나"임을 나타내기 위해 `$x`라는 패턴 변수(pattern variable)를 사용했음을 주목하자. 이번 절의 질의 언어에서 패턴 변수는 자바스크립트에서 유효한 이름으로 간주되는 이름 앞에 달러 기호를 붙인 것이다. '아무거나'를 나타내고자 할 때 패턴 변수에 일일이 이름을 지정하는 대신 그냥 $ 같은 기호 하나만 사용하는 것이 유용한 이유는 차차 알게 될 것이다. 이런 단순 질의(simple query)에 대해 시스템은 지정된 패턴과 부합하는 모든 항목을 데이터베이스에서 찾아서 응답으로 제공한다.

패턴에 변수가 둘 이상일 수도 있다. 예를 들어 다음은 모든 사람의 주소를 요구하는 질의이다.

```
address($x, $y)
```

패턴에 변수가 하나도 없을 수도 있다. 그런 경우 시스템은 그냥 그 패턴과 정확히 같은 항목을 찾는다. 있으면 그 항목이 부합 결과이고, 없으면 질의가 실패한 것이다.

하나의 질의에 같은 패턴 변수가 여러 번 출현할 수도 있다. 같은 변수가 여러 번 나오는 경우, 그 자리에 있는 '아무거나'들은 서로 같아야 한다. 이것이 변수에 이름을 붙이는 이유이다. 예를 들어 다음 질의는 관리자가 자기 자신인 모든 사람을 찾는다(현재의 예제 데이터베이스에는 그런 사람이 없다).

```
supervisor($x, $x)
```

다음 질의는 어떤 의미일까?

```
job($x, list("computer", $type))
```

이 질의는 둘째 항목이 2요소 목록이되 그 첫 항목이 **"computer"**인 모든 직무 레코드를 찾는다.

```
job(list("Bitdiddle", "Ben"), list("computer", "wizard"))
job(list("Hacker", "Alyssa", "P"), list("computer", "programmer"))
job(list("Fect", "Cy", "D"), list("computer", "programmer"))
job(list("Tweakit", "Lem", "E"), list("computer", "technician"))
```

그런데 이 질의의 패턴이 다음 단언과는 부합하지 않음을 주목하자.

```
job(list("Reasoner", "Louis"),
    list("computer", "programmer", "trainee"))
```

이 단언의 둘째 항목은 요소가 세 개인 목록이지만, 패턴의 둘째 항목은 요소가 두 개인 목록이기 때문이다. 둘째 항목이 **"computer"**로 시작하는 임의의 목록이 되도록 패턴을 수정한다면 다음과 같다.

```
job($x, pair("computer", $type))
```

예를 들어

```
pair("computer", $type)
```

는 다음 레코드와 부합한다.

```
list("computer", "programmer", "trainee")
```

이때 $type은 list("programmer", "trainee")이다. 이 패턴은 또한 다음 레코드와도 부합한다.

```
list("computer", "programmer")
```

이 경우 $type은 list("programmer")이다. 그리고 다음 레코드와도 부합하는데,

```
list("computer")
```

이 경우에는 $type이 null, 즉 빈 목록이다.

질의 언어가 단순 질의를 처리하는 방식을 정리하면 다음과 같다.

- 시스템은 질의 패턴에 있는 변수들에 대한, 그 패턴을 **충족하는**(satisfy) 배정들을 모두 찾는다. 즉, 패턴 변수들을 구체적인 값들로 대체해서(이를 **인스턴스화**(instantiation)라고 부른다) 나온 레코드와 정확히 같은 레코드가 존재한다는 조건이 성립하는 값들의 집합을 모두 찾는다.

- 시스템은 그 값들로 패턴 변수들을 인스턴스화해서 나온 모든 레코드를 응답으로 돌려준다.

패턴에 변수가 하나도 없으면 질의는 그냥 그 패턴 자체와 동일한 레코드가 존재하는지 묻는 것이 된다. 데이터베이스에 실제로 그런 레코드가 있는 경우, 패턴을 충족하는 배정은 '빈(empty)' 배정, 즉 아무 변수에 아무 값도 배정하지 않는 것이다.

■ **연습문제 4.53**

데이터베이스에서 다음 정보를 조회하는 단순 질의를 작성하라.

a. 벤 빗디들이 관리하는 모든 사람

b. 회계 부서에 속한 모든 사람 이름과 식부.

c. Slumerville에 사는 모든 사람의 이름과 주소.

복합 질의

단순 질의는 질의 언어의 원시 연산에 해당한다. 복합 연산을 만들 수 있으려면 질의 언어는 질의들을 조합하는 수단을 제공해야 한다. 이번 절의 질의 언어를 논리 프로그래밍 언어의 일종으로 간주할 수 있는 이유 한 가지는, 복합적인 논리 표현식(논리식)을 만드는 데 쓰이는 조합수단인 논리곱(AND), 논리합(OR), 부정(NOT)과 직접적으로 대응되는 조합 수단들을 이질의 언어가 제공한다는 점이다. and, or, not이 바로 그것이다.

다음은 and를 이용해서 모든 컴퓨터 프로그래머의 주소를 찾는 예이다.

```
and(job($person, list("computer", "programmer")),
    address($person, $where))
```

시스템의 응답은 다음과 같다.

```
and(job(list("Hacker", "Alyssa", "P"), list("computer", "programmer")),
    address(list("Hacker", "Alyssa", "P"),
            list("Cambridge", list("Mass", "Ave"), 78)))

and(job(list("Fect", "Cy", "D"), list("computer", "programmer")),
    address(list("Fect", "Cy", "D"),
            list("Cambridge", list("Ames", "Street"), 3)))
```

다음은 and의 일반적인 구문이다.

```
and(질의₁, 질의₂, ..., 질의ₙ)
```

이런 복합 질의는 패턴 변수 배정(모든 패턴 변수에 배정된 값들의 집합)이 질의₁, 질의₂, ..., 질의ₙ을 동시에 전부 충족하면 충족된다.

단순 질의에서처럼 시스템은 질의를 충족하는 모든 패턴 변수 배정을 찾고 그 값들로 질의의 패턴 변수들을 인스턴스화한 결과를 돌려준다.

복합 질의를 만드는 또 다른 수단은 or이다. 예를 들어 다음은 관리자가 벤 빗디들이거나 알리사 P. 해커인 모든 사람을 찾는다.

```
    or(supervisor($x, list("Bitdiddle", "Ben")),
       supervisor($x, list("Hacker", "Alyssa", "P")))
```

시스템의 응답은 다음과 같다.

```
or(supervisor(list("Hacker", "Alyssa", "P"),
              list("Bitdiddle", "Ben")),
   supervisor(list("Hacker", "Alyssa", "P"),
              list("Hacker", "Alyssa", "P")))
or(supervisor(list("Fect", "Cy", "D"),
              list("Bitdiddle", "Ben")),
   supervisor(list("Fect", "Cy", "D"),
              list("Hacker", "Alyssa", "P")))

or(supervisor(list("Tweakit", "Lem", "E"),
              list("Bitdiddle", "Ben")),
   supervisor(list("Tweakit", "Lem", "E"),
              list("Hacker", "Alyssa", "P")))

or(supervisor(list("Reasoner", "Louis"),
              list("Bitdiddle", "Ben")),
   supervisor(list("Reasoner", "Louis"),
              list("Hacker", "Alyssa", "P")))
```

다음은 or의 일반적인 구문이다.

```
    or(질의_1, 질의_2, ..., 질의_n)
```

이 복합 질의는 패턴 변수 배정이 질의$_1$, 질의$_2$, ..., 질의$_n$ 중 하나라도 충족하면 충족된다.

not 역시 복합 질의를 만드는 수단이다. 예를 들어 다음은 벤 빗디들이 관리하는 사람 중 컴퓨터 프로그래머가 아닌 사람을 모두 찾는 질의이다.

```
    and(supervisor($x, list("Bitdiddle", "Ben")),
        not(job($x, list("computer", "programmer"))))
```

일반적인 구문은 다음과 같다.

```
not(질의₁)
```

이 질의는 모든 패턴 변수 배정이 $질의_1$을 충족하지 않으면 충족된다.[57]

마지막으로, **javascript_predicate**라는 조합 수단도 있다. 일반적인 구문은 다음과 같다.

```
javascript_predicate(술어)
```

여기서 술어는 자바스크립트의 문법을 따르는, 그러나 패턴 변수가 있는 술어 표현식이다. 이 질의는 술어가 참이 되게 하는 패턴 변수 배정으로 충족된다. 예를 들어 다음은 연봉이 $50,000을 넘는 모든 사람을 찾는 질의이다.[58]

```
and(salary($person, $amount), javascript_predicate($amount > 50000))
```

■ **연습문제 4.54**

다음 정보를 검색하는 복합 질의를 작성하라.

a. 벤 빗디들이 관리하는 모든 사람의 이름과 주소.

b. 벤 빗디들보다 연봉이 적은 모든 사람의 이름과 연봉, 그리고 벤 빗디들의 연봉.

c. 컴퓨터 부서에 속하지 않은 사람이 관리하는 모든 사람의 이름과 해당 관리자의 이름 및 직무.

규칙

단순 질의(원시 질의)와 복합 질의를 위한 수단들 외에, 질의 언어는 그런 질의들을 추상화하는 수단들도 제공한다. 이 질의 언어에서는 기호 **rule**로 시작하는 **규칙**(rule)이 그러한 추상

---

57 사실 not의 이 설명은 단순한 경우들에만 유효하다. not의 실제 행동 방식은 이보다 복잡한데, not의 특이한 성질은 §4.4.2와 §4.4.3에서 좀 더 살펴볼 것이다.

58 javascript_predicate는 질의 언어로는 불가능한 연산을 수행할 때만 사용해야 한다. 특히, 상등 판정이나 부등 판정을 javascript_predicate로 하지는 말아야 한다(상등 판정은 애초에 질의 언어가 잘하는 일이고, 부등 판정은 잠시 후에 나오는 same 규칙으로 할 수 있다).

화 수단으로 쓰인다. 예를 들어 다음은 같은 동네(town)에 사는 두 사람은 반드시 가까운 곳에 산다(lives near)는 규칙을 정의한 것이다.

```
rule(lives_near($person_1, $person_2),
     and(address($person_1, pair($town, $rest_1)),
         address($person_2, pair($town, $rest_2)),
         not(same($person_1, $person_2))))
```

마지막 not 절은 이 규칙이 모든 사람이 자기 자신과 가까이 산다는 당연한 사실을 요구하지 않기 위한 것이다. same 관계는 다음과 같은 아주 간단한 규칙으로 정의된다.[59]

```
rule(same($x, $x))
```

다음 규칙은 관리자를 관리하는 사람은 한 조직의 '책임자(wheel)'임을 선언하는 규칙이다.

```
rule(wheel($person),
     and(supervisor($middle_manager, $person),
         supervisor($x, $middle_manager)))
```

규칙 선언의 일반적인 형태는 다음과 같다.

```
rule(결론, 본문)
```

여기서 결론(conclusion)은 하나의 패턴이고 본문은 임의의 질의이다.[60] 규칙이라는 것을, 규칙의 본문을 충족하는 변수 배정들로 규칙의 결론을 인스턴스화해서 생성된 수많은(어쩌면 무한히 많은) 단언들의 집합이라고 생각해도 될 것이다. 앞에서 단순 질의와 패턴을 설명할 때

---

59 사실 same이 없어도 두 대상이 같음을 나타내는 것이 가능하다. 그냥 같은 패턴 변수를 사용하면 된다. 애초에, 두 대상이 같다는 것은 대상이 두 개가 아니라 하나뿐이라는 뜻이다. lives_near 규칙의 $town과 잠시 후 나오는 wheel 규칙의 $middle_manager가 그런 예이다. same 관계는 lives_near의 $person_1과 $person_2처럼 두 대상이 "달라야" 함을 나타낼 때 유용하다. 한 질의의 두 장소에서 같은 패턴 변수를 사용하면 그 두 장소에 반드시 값이 들어가지만, 두 장소에 서로 다른 패턴 변수를 사용한다고 해서 반드시 그 장소들에 서로 다른 값이 들어가는 것은 아니다. (서로 다른 패턴 변수들에 배정되는 값들은 같을 수도 있고 다를 수도 있다.)

60 same처럼 본문이 없는 규칙도 가능하다. 그런 규칙은 변수에 어떤 값을 배정하든 규칙의 결론이 충족되는 것으로 해석하기로 한다.

이야기했듯이, 변수들에 대한 배정이 패턴을 충족한다는 것은 그 값들로 패턴을 인스턴스화해서 만들어진 레코드가 데이터베이스에 실제로 존재한다는 뜻이다. 그런데 그러한 패턴이 반드시 하나의 단언으로서 명시적으로 데이터베이스에 들어 있을 필요는 없다. 규칙에 의해 만들어지는 암묵적인 단언 역시 패턴 변수 배정을 충족시킬 수 있다. 예를 들어 다음 질의에 대해

```
lives_near($x, list("Bitdiddle", "Ben"))
```

시스템은 다음과 같이 응답한다.

```
lives_near(list("Reasoner", "Louis"), list("Bitdiddle", "Ben"))
lives_near(list("Aull", "DeWitt"), list("Bitdiddle", "Ben"))
```

또 다른 예로, 다음은 벤 빗디들과 가까운 곳에 사는 모든 컴퓨터 프로그래머를 찾는 질의이다.

```
and(job($x, list("computer", "programmer")),
    lives_near($x, list("Bitdiddle", "Ben")))
```

복합 함수처럼 규칙 역시 다른 규칙의 일부로 쓰일 수 있다. 앞의 **lives_near** 규칙에서 실제로 그런 예를 보았다. 더 나아가서, 재귀적인 규칙도 가능하다. 다음 예를 보자.

```
rule(outranked_by($staff_person, $boss),
    or(supervisor($staff_person, $boss),
        and(supervisor($staff_person, $middle_manager),
            outranked_by($middle_manager, $boss))))
```

이 규칙은 만일 상사(boss)가 직원(staff person)의 관리자이면, 또는 그 직원의 관리자가 (재귀적으로) 상사보다 직위(rank)가 낮으면, 직원은 상사보다 직위가 낮음을 나타낸다.

■ 연습문제 4.55

만일 사람 1이 사람 2와 같은 직무를 수행한다면, 또는 사람 1의 직무를 수행하는 어떤 사람이 사람 2의 직무도 수행할 수 있다면, 그리고 사람 1과 사람 2가 같은 사람이 아니라면, 사람 1을 사람 2로 대체할 수 있음을 말하는 규칙을 정의하라. 그리고 그 규칙을 이용해서, 다음과 같은 정보를 찾는 질의를 작성하라.

a. 사이 D. 펙트를 대체할 수 있는 모든 사람.

b. 자신보다 연봉이 더 많은 사람을 대체할 수 있는 모든 사람과 해당 두 연봉.

■ **연습문제 4.56**

자신이 속한 부서(division)에 자신의 관리자가 없는 사람은 그 부서의 '실력자(big shot)'임을 말해주는 규칙을 정의하라.

■ **연습문제 4.57**

벤 빗디들은 한 회의에 너무 많이 빠졌다. 회의를 까먹는 습관 때문에 해고당하지는 않을까 걱정한 벤은 뭔가 조처를 하기로 했다. 그래서 벤은 모든 주간 회의에 관한 다음과 같은 단언들을 가글 데이터베이스에 입력했다.

```
meeting("accounting", list("Monday", "9am"))
meeting("administration", list("Monday", "10am"))
meeting("computer", list("Wednesday", "3pm"))
meeting("administration", list("Friday", "1pm"))
```

이 단언들은 개별 부서 단위의 회의에 관한 것이다. 이와 함께 벤은 모든 부서가 관여하는 회사 전체 회의에 관한 단언도 추가했다. 이 회의에는 가글의 모든 직원이 참석해야 한다.

```
meeting("whole-company", list("Wednesday", "4pm"))
```

a. 금요일 오전에 벤은 그날 있는 모든 회의를 데이터베이스에서 조회하려고 한다. 질의를 어떻게 작성해야 할까?

b. 알리사 P. 해커는 벤의 해법이 못마땅하다. 알리사는 자신의 이름을 지정해서 회의를 조회할 수 있으면 훨씬 더 유용하리라 생각한다. 그래서 알리사는 한 사람이 참석해야 하는 회의들에 모든 `"whole-company"` 회의와 그 사람이 속한 부서의 모든 회의가 포함된다는 규칙을 고안했다. 다음이 알리사의 규칙인데, 본문을 채워서 규칙을 완성하라.

```
  rule(meeting_time($person, $day_and_time),
     〈 규칙 본문 〉)
```

c. 수요일 아침에 출근한 알리사는 그날 무슨 회의가 있는지 알고자 한다. 부문제 b의 규칙이 정의되어 있다고 할 때, 수요일 알리사가 참석해야 하는 회의를 조회하기 위한 질의를 작성하라.

■ 연습문제 4.58

알리사가 출근길 카풀을 위해 자신과 가까운 곳에 사는 모든 사람을 찾는다고 하자. 그런 사람들은 다음 질의로 찾을 수 있다.

```
lives_near($person, list("Hacker", "Alyssa", "P"))
```

더 나아가서, 누구든 가까이 사는 모든 쌍을 찾고 싶다면 다음과 같은 질의를 수행하면 될 것이다.

```
lives_near($person_1, $person_2)
```

그런데 이 질의를 수행하면 가까이 사는 사람들의 쌍이 두 번씩 나열된다. 이를테면 다음과 같다.

```
lives_near(list("Hacker", "Alyssa", "P"), list("Fect", "Cy", "D"))
lives_near(list("Fect", "Cy", "D"), list("Hacker", "Alyssa", "P"))
```

왜 이런 일이 생길까? 가까이 사는 사람들의 쌍들을 한 번씩만 찾은 방법은 없을까? 여러분이 답을 설명하라.

프로그램으로 표현한 논리

앞에서 살펴본 규칙을 일종의 논리적 함의(logical implication)로◆ 간주할 수 있다. 즉, 만일 어떤 패턴 변수 배정이 규칙의 본문을 충족한다면 그 배정은 규칙의 결론을 충족한다. 따라

....

◆ 옮긴이 논리학에서 말하는 함의 관계란 "만일 P가 참이면 Q도 참이다"를 말하며, 흔히 P → Q로 표기한다. 여기서 P와 Q는 참, 거짓을 판정할 수 있는 명제이다.

서 질의 언어에는 규칙들에 근거해서 연역(deduction) 추론을 수행하는 능력이 있다고 말할 수 있다. 한 예로, §4.4의 도입부에서 서명한 append 연산을 생각해 보자. 그때 이야기했듯이 append는 다음 두 규칙으로 특징지을 수 있다.

- 임의의 목록 y에 대해, 빈 목록과 y의 append 결과는 y이다.

- 임의의 u, v, y, z에 대해, v와 y의 append 결과가 z라고 할 때 pair(u, v)와 y의 append 결과는 pair(u, z)이다.

이것을 우리의 질의 언어로 표현하기 위해, "x와 y의 append 결과는 z이다"라고 해석할 수 있는 다음과 같은 관계에 대한 두 가지 규칙을 정의한다.

```
append_to_form(x, y, z)
```

다음이 그러한 두 규칙이다.

```
rule(append_to_form(null, $y, $y))

rule(append_to_form(pair($u, $v), $y, pair($u, $z)),
     append_to_form($v, $y, $z))
```

첫 규칙에는 본문이 없다. 이는 $y가 어떤 값이든 결론이 성립함을 뜻한다. 둘째 규칙은 목록의 머리와 꼬리에 pair를 이용해서 이름을 붙였음을 주목하자.

이 두 규칙이 있으면 다음과 같은 질의를 이용해서 두 목록의 append 결과를 얻을 수 있다.

```
Query input:
append_to_form(list("a", "b"), list("c", "d"), $z)

Query results:
append_to_form(list("a", "b"), list("c", "d"), list("a", "b", "c", "d"))
```

더욱 놀라운 것은, 이 규칙들로 "list("a", "b")와의 append 결과가 list("a", "b", "c", "d")인 목록은 무엇인가?" 같은 질문의 답도 구할 수 있다는 것이다. 다음이 그러한 예이다.

```
Query input:
append_to_form(list("a", "b"), $y, list("a", "b", "c", "d"))

Query results:
append_to_form(list("a", "b"), list("c", "d"), list("a", "b", "c", "d"))
```

더 나아가서, append 결과가 list("a", "b", "c", "d")인 두 목록의 쌍들을 모두 구하는 것도 가능하다.

```
Query input:
append_to_form($x, $y, list("a", "b", "c", "d"))

Query results:
append_to_form(null, list("a", "b", "c", "d"), list("a", "b", "c", "d"))
append_to_form(list("a"), list("b", "c", "d"), list("a", "b", "c", "d"))
append_to_form(list("a", "b"), list("c", "d"), list("a", "b", "c", "d"))
append_to_form(list("a", "b", "c"), list("d"), list("a", "b", "c", "d"))
append_to_form(list("a", "b", "c", "d"), null, list("a", "b", "c", "d"))
```

　규칙들을 이용해서 위와 같은 질의들에 대한 답을 연역하는 질의 시스템을 보면 상당한 지능을 가지고 있는 게 아닌가 싶어질 정도이다. 그러나 다음 절에서 보겠지만 이 시스템은 기계적인 알고리즘에 따라 규칙들을 풀어나갈 뿐이다. 안타깝게도 append의 경우에는 이 시스템이 인상적인 성과를 보이지만, 이런 부류의 접근 방식은 좀 더 복잡한 문제에서 실망스러운 성과를 보일 수 있다. 이 점은 §4.4.3에서 좀 더 이야기할 것이다.

■ 연습문제 4.59

다음 규칙들은 목록에서 인접한 요소들을 찾는 next_to_in 관계를 구현한다.

```
rule(next_to_in($x, $y, pair($x, pair($y, $u))))

rule(next_to_in($x, $y, pair($v, $z)),
     next_to_in($x, $y, $z))
```

다음 질의들에 대해 시스템은 어떻게 응답할까?

```
next_to_in($x, $y, list(1, list(2, 3), 4))

next_to_in($x, 1, list(2, 1, 3, 1))
```

■ **연습문제 4.60**

[연습문제 2.17]의 last_pair 연산은 비지 않은 목록의 마지막 요소를 담은 목록을 돌려준다. 이 연산을 구현하는 규칙들을 정의하고, 다음 질의를 수행해서 그 규칙들이 잘 작동하는지 확인하라.

- last_pair(list(3), $x)

- last_pair(list(1, 2, 3), $x)

- last_pair(list(2, $x), list(3))

last_pair($x, list(3)) 같은 질의에 대해서도 규칙들이 잘 작동하는가?

■ **연습문제 4.61**

다음은 시조 아담에서 출발해서 카인을 거쳐서 아다의 후손들까지 이어지는 족보(기독교 구약 성경의 창세기 4장 참고)를 담은 데이터베이스이다.

```
son("Adam", "Cain")
son("Cain", "Enoch")
son("Enoch", "Irad")
son("Irad", "Mehujael")
son("Mehujael", "Methushael")
son("Methushael", "Lamech")
wife("Lamech", "Ada")
son("Ada", "Jabal")
son("Ada", "Jubal")
```

질의 시스템으로 카인의 손자나 라멕Lamech의 아들들, 므드사엘Methushael의 손자들을 찾을 수 있도록, "만일 S가 F의 아들이고 F가 G의 아들이면 S는 G의 손자(grandson)이다" 같은 규칙과 "만일 W가 M의 아내이고 S가 W의 아들이면 S는 M의 아들이다" 같은 규칙(지금보다는 성경이 만들어진 시대에서 더 철칙으로 간주되었을 것이다)을 정식화하라. 이 질의 시스템으로 카인의 손자, 라멕의 아들들, 므드사엘의 손자들을 찾을 수 있어야 한다. (연습문제 4.67에는 이보다 더 복잡한 관계를 연역할 수 있는 몇 가지 규칙이 나온다.)

4.4.2 질의 시스템의 작동 방식

§4.4.4에서 일단의 함수들을 이용해서 질의 해석기(query interpreter)를 구현하는 방법을 살펴볼 것이다. 이번 절에서는 저수준 구현 세부사항과는 무관한, 질의 시스템의 전반적인 구조를 개괄한다. 다음 절인 §4.4.3에서는 질의 해석기의 전반적인 구현 방식에 대한 이번 절의 논의에 기초해서, 이 질의 시스템의 몇 가지 한계와 질의 언어의 논리 연산들과 수리논리학의 연산들의 미묘한 차이점을 이야기할 것이다.

당연한 이야기겠지만, 질의 해석기 또는 질의 평가기(query evaluator)가 주어진 질의를 데이터베이스에 있는 레코드들이나 규칙들과 부합시키려면 어떤 형태로든 검색을 수행해야 한다. 질의의 처리에 필요한 검색을 수행하는 한 가지 방법은 질의 시스템을 §4.3의 **amb**를 이용하는 하나의 비결정론적 프로그램으로 구현하는 것이다(연습문제 4.75 참고). 또는, 스트림을 활용해서 검색을 수행하는 것도 가능할 것이다. 이번 절에서는 스트림을 활용하는 접근 방식을 따르기로 한다.

질의 시스템은 **패턴 부합**(pattern matching)과 **통합**(unification)이라는 두 가지 연산을 중심으로 조직화된다. 이번 절에서는 먼저 패턴 부합이 무엇인지 살펴보고, 프레임들의 스트림에 기반한 정보 조직화와 패턴 부합을 조합해서 단순 질의와 복합 질의를 모두 구현할 수 있다는 점을 이야기한다. 그런 다음에는 규칙을 구현할 수 있도록 패턴 부합을 일반화한 것에 해당하는 통합을 논의한다. 마지막으로는 질의 해석기 전체가 어떻게 구성되는지를, §4.1에서 설명한 해석기의 **evaluate**가 표현식들을 분류하는 것과 비슷한 방식으로 질의를 분류하는 하나의 함수를 중심으로 논의한다.

패턴 부합

패턴 부합기(pattern matcher)는 주어진 데이터가 특정한 패턴에 들어맞는지 판정하는 프로그램이다. 예를 들어 list(list("a", "b"), "c", list("a", "b"))라는 데이터는 list($x, "c", $x)라는 패턴과 부합하는데, 이때 패턴 변수 $x는 list("a", "b")와 묶인다. 이 데이터는 또한 list($x, $y, $z)라는 패턴과도 부합한다, 이때 $x와 $z는 둘 다 list("a", "b")와 묶이고 $y는 "c"와 묶인다. 더 나아가서, 이 데이터는 패턴 list(list($x, $y), "c", list($x, $y))와도 부합하는데, 이때 $x는 "a"에, $y는 "b"에 묶인다. 그렇지만 패턴 list($x, "a", $y)와는 부합하지 않는다. 이 패턴은 둘째 요소가 문자열 "a"인 목록을 요구하기 때문이다.

질의 시스템이 사용하는 패턴 부합기는 패턴 하나와 데이터 하나, 그리고 여러 패턴 변수들의 바인딩을 명시하는 프레임frame 하나를 받는다. 패턴 부합기는 주어진 데이터가 프레임에 있는 바인딩들을 충족하는 방식으로 패턴과 부합하는지 점검한다. 만일 부합한다면 패턴 부합기는 주어진 프레임에 부합에 의해 결정된 바인딩들을 추가한(그런 바인딩들이 있다고 할 때) 프레임을 돌려준다. 부합하지 않는다면 부합이 실패했음을 뜻하는 값을 돌려준다.

예를 들어 패턴 list($x, $y, $x)와 데이터 list("a", "b", "a"), 그리고 빈 프레임으로 패턴 부합기를 실행하면 $x와 "a"를 묶는 바인딩과 $y와 "b"를 묶는 바인딩이 추가된 프레임이 반환된다. 한편, 패턴과 데이터는 앞과 같되 $y와 "b"의 바인딩이 있는(그러나 $x에 대한 바인딩은 없는) 프레임으로 부합을 시도하면 패턴 부합기는 $x와 "a"의 바인딩이 추가된 프레임을 돌려준다.

규칙이 관여하지 않은 단순 질의는 이러한 패턴 부합기만으로 처리할 수 있다. 예를 들어 다음 질의를 처리한다고 하자.

```
job($x, list("computer", "programmer"))
```

이 경우 시스템은 데이터베이스의 모든 단언을 훑으면서 빈 프레임을 지정해서 패턴과 부합시켜 본다. 부합이 성공할 때마다, 패턴 부합기가 돌려준 프레임에 담긴 $x의 값을 이용해서 패턴을 인스턴스해서 얻은 데이터를 질의 응답 집합에 추가한다.

프레임 스트림

프레임을 이용한 패턴 부합 판정에는 제3장에서 논의한 스트림이 쓰인다. 주어진 하나의 프레임에 대해 부합기는 데이터베이스의 항목들을 하나씩 검사한다. 각각의 데이터베이스 항목에 대해 부합기는 부합이 실패했음을 뜻하는 특별한 기호를 생성하거나, 부합 결과를 이용해서 프레임을 확장한다. 모든 데이터베이스 항목에 대한 결과들을 하나의 스트림으로 조직화한 후 그 스트림에 필터를 적용해서 실패 사례들을 걸러낸다. 그러면 데이터베이스의 어떤 단언과 부합한 결과로 확장된 프레임들을 모두 나열하는 스트림이 나온다.[61]

우리의 질의 시스템에서 하나의 질의 연산은 프레임들의 스트림(간단히 프레임 스트림)을 입력받고 그 스트림의 모든 프레임에 대해 앞에서 말한 패턴 부합 연산을 수행한다(그림 4.5). 즉, 입력 스트림의 각 프레임에 대해 질의 연산은 데이터베이스에 있는 단언들과의 부합에 의한 모든 프레임 확장으로 구성된 새 스트림을 생성한다. 그런 스트림들이 모두 합쳐져서, 입력 스트림에 있는 모든 프레임에 대한 모든 가능한 확장을 담은 하나의 거대한 스트림이 만들어진다. 이 스트림이 바로 질의의 출력이다.

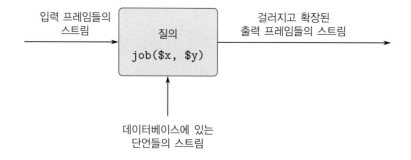

그림 4.5 질의 연산은 프레임들의 스트림을 처리한다.

---

61 일반적으로 부합 과정은 비용이 상당히 높기 때문에, 데이터베이스의 모든 항목에 대해 부합 과정 전체를 적용하는 것은 바람직하지 않다. 흔히 쓰이는 최적화 기법은 부합 과정을 빠르고 성긴(coarse; 치밀하지 않은) 부합과 최종 부합으로 분할해서 적용하는 것이다. 성긴 부합에서는 데이터베이스의 항목들 중 부합이 성공할 가망이 없는 항목들을 빠르게 걸러내고, 최종 부합에서는 성긴 부합을 통과한 후보 항목들만 점검한다. 부합을 실행할 때 성긴 부합으로 후보들을 선택하는 것이 아니라 애초에 데이터베이스를 만들 때 성긴 부합의 효과가 생기게 만드는 것도 가능하다. 데이터베이스의 색인화(indexing)가 그러한 기법이다. 데이터베이스 색인화 방안과 관련해서 방대한 규모의 기술이 구축되어 있다. §4.4.4에서 설명하는 질의 해석기는 이런 종류의 최적화를 크게 단순화한 형태로 구현한다.

단순 질의에 응답할 때는 빈 프레임 하나로 된 스트림을 질의 연산에 입력한다. 그러면 그 빈 프레임에 대한 모든 확장을 담은(즉, 질의의 모든 응답을 담은) 스트림이 출력된다. 이 프레임 스트림을 이용해서, 원래의 질의 패턴에 있는 패턴 변수들을 각 프레임의 값들로 인스턴스화한 레코드들로 이루어진 스트림을 생성하고, 마지막으로 그 스트림의 요소들을 화면에 출력한다.

복합 질의

프레임 스트림을 이용한 구현의 우아함은 복합 질의를 다룰 때 명백하게 드러난다. 복합 질의를 처리할 때는 하나의 부합이 주어진 프레임과 일치해야(consistent; 모순되지 않아야) 함을 요구하는 부합기의 기능을 활용한다. 예를 들어 다음처럼 두 가지 질의를 and로 조합한 복합 질의(말로 표현하자면 "수습 컴퓨터 프로그래머의 직무를 수행할 수 있는 모든 사람을 찾아라")를 처리한다고 하자.

```
and(can_do_job($x, list("computer", "programmer", "trainee")),
    job($person, $x))
```

질의 연산은 먼저 다음 패턴과 부합하는 모든 항목을 찾는다.

```
can_do_job($x, list("computer", "programmer", "trainee"))
```

이렇게 하면 $x에 대한 바인딩을 담은 프레임들의 스트림이 나온다. 이제 스트림의 각 프레임에 대해, 해당 $x 바인딩과 일치하는 방식으로 다음 패턴과 부합하는 모든 항목을 찾는다.

```
job($person, $x)
```

이때 각각의 부합에서 해당 프레임에 $person에 대한 바인딩이 추가된다. [그림 4.6]에서 보듯이, 두 질의의 and 조합은 두 질의를 직렬로 결합한 것으로 생각할 수 있다. 즉, 첫 질의의 필터를 통과하는 프레임들에 둘째 질의의 필터를 적용해서 바인딩을 추가하는 방식이다.

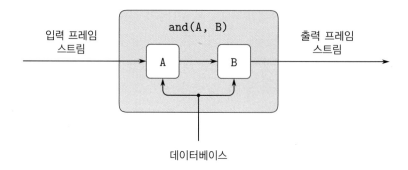

데이터베이스

그림 4.6 두 질의의 and 조합은 프레임 스트림들을 직렬로 처리해서 산출한다.

이와 비슷하게, [그림 4.7]은 두 질의의 **or** 조합을 두 질의의 병렬 결합으로 나타낸 것이다. 이 경우에는 입력 스트림의 프레임들을 두 질의가 각각 확장하고(해당 바인딩을 추가해서), 그 결과로 생긴 두 스트림을 하나로 합쳐서 최종적인 출력 프레임 스트림을 만든다.

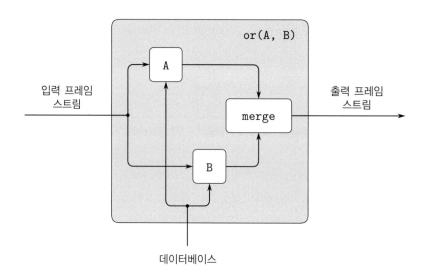

데이터베이스

그림 4.7 두 질의의 **or** 조합은 프레임 스트림들을 병렬로 처리한 결과들을 병합해서 산출한다.

이처럼 개괄적으로만 살펴보아도, 이 복합 질의 처리가 상당히 느릴 수 있음이 명확하다. 예를 들어 질의 하나의 처리 과정에서 입력 프레임들 각각에 대해 둘 이상의 출력 프레임이 만들어질 수 있으며, **and** 조합을 구성하는 질의들은 각각 이전 질의의 입력 프레임들을 입력받으므로, 최악의 경우 하나의 **and** 질의에서 수행하는 패턴 부합의 수가 질의 개수의 거듭제곱에 비례할 수 있다(연습문제 4.73 참고).[62] 단순 질의만 처리하는 시스템은 상당히 실용적이지만, 복합 질의를 효율적으로 처리하는 것은 극히 어렵다.[63]

프레임들의 스트림이라는 관점에서 볼 때, 어떠한 질의에 대해 not을 적용하는 것은 그 질의를 충족하는 모든 프레임을 제거하는 필터를 적용하는 것에 해당한다. 한 예로, 다음 질의를 생각해 보자.

```
not(job($x, list("computer", "programmer")))
```

질의 시스템은 입력 스트림의 각 프레임에 대해 job($x, list("computer", "programmer"))를 충족하는 확장 프레임을 산출하고, 입력 스트림에서 그런 확장 프레임이 있는 모든 프레임을 제거한다. 그 결과는 $x에 대한 바인딩이 job($x, list("computer", "programmer"))를 충족하지 않는 프레임들로만 이루어진 스트림이다. 예를 들어 다음 질의를 처리한다고 하자.

```
and(supervisor($x, $y),
    not(job($x, list("computer", "programmer"))))
```

and의 첫 절에 의해 $x와 $y에 대한 바인딩들을 가진 프레임들이 생성된다. 그런 다음 not 절이 필터로 작용해서, $x가 컴퓨터 프로그래머이어야 한다는 제약을 충족하는 $x 바인딩을 가진 모든 프레임이 제거된다.[64]

javascript_predicate 구문형도 이와 비슷하게 프레임 스트림에 대한 하나의 필터로 구현된다. 이 경우 질의 시스템은 스트림의 각 프레임에 대해, 패턴에 있는 모든 변수를 그 프레임의 바인딩들로 인스턴스화해서 자바스크립트 술어를 적용한다. 그런 다음, 해당 술어 적용 결과가 참이 아닌 모든 프레임을 입력 스트림에서 제거한다.

....

62 그러나 and 질의에서 이런 종류의 지수적 폭발이 흔한 것은 아니다. 추가된 조건들이, 처리 과정 도중에 만들어지는 프레임 개수를 늘리기보다는 줄이는 경향이 있기 때문이다.

63 데이터베이스 관리 시스템 분야에는 복합 질의를 효율적으로 다루는 방법에 관한 문헌이 많이 있다.

64 이러한 필터로서의 not 구현과 수리논리학에서 말하는 '부정'으로서의 not 사이에는 미묘한 차이점이 존재한다. § 4.4.3을 보라.

통합

질의 언어의 규칙들을 처리하려면 결론이 주어진 질의 패턴과 부합하는 규칙들을 찾을 수 있어야 한다. 규칙의 결론은 단언과 비슷하다. 단, 단언과는 달리 결론은 변수를 포함할 수 있다. 이를 위해, '패턴'과 '데이터(레코드)' 둘 다 변수를 허용하도록 패턴 부합을 일반화하기로 하자. 패턴 부합을 그런 식으로 일반화한 것이 바로 **통합**(unification)이다.

통합기(unifier; 또는 통합자)는 두 개의 패턴을 받는다. 두 패턴 모두 상수와 변수를 담을 수 있다. 통합기는 두 패턴이 같아지도록 변수에 값들을 배정하는 것이 가능한지 판정한다. 만일 가능하다면 그런 바인딩들을 담은 프레임을 돌려준다. 예를 들어 list($x, "a", $y)와 list($y, $z, "a")를 통합하면 $x, $y, $z 모두 "a"와 바인딩된 프레임이 나온다. 반면에 list($x, $y, "a")와 list($x, "b", $y)는 통합이 불가능하다. $y에 어떤 값을 배정하든 두 패턴이 같아지지 않기 때문이다. (두 패턴의 둘째 요소들이 서로 같아지려면 $y는 "b"이어야 하지만, 셋째 패턴들이 같아지려면 $y는 "a"이어야 한다.) 패턴 부합기와 마찬가지로 질의 시스템에 쓰이는 통합기는 하나의 프레임을 입력받고, 그 프레임과 일치하는 방식으로 통합을 수행한다.

질의 시스템에서 기술적으로 가장 어려운 부분이 바로 통합 알고리즘이다. 복잡한 패턴들을 통합하려면 연역 추론이 필요할 것이다. 예를 들어 다음 두 패턴을 통합한다고 하자.

```
list($x, $x)

list(list("a", $y, "c"), list("a", "b", $z))
```

그러면 알고리즘은 $x가 list("a", "b", "c")이고 $y가 "b"이며 $z는 "c"임을 추론할 수 있어야 한다. 이러한 추론 과정을, 패턴 구성요소들에 대한 방정식들의 집합을 푸는 것으로 생각할 수 있다. 일반적으로 그런 방정식들은 하나의 연립방정식(simultaneous equations)을 형성하는데, 이 연립방정식을 풀려면 대수적 조작이 상당히 많이 필요할 수 있다.[65] 예를 들어 list($x, $x)와 list(list("a", $y, "c"), list("a", "b", $z))의 통합을 다음과 같은 연립방정식을 푸는 문제로 간주할 수 있다.

....

[65] 패턴에만 변수가 허용되는 단변(one-sided) 패턴 부합에서, 패턴 변수가 있는 모든 방정식은 명시적인(explicit; 양함수), 그리고 미지수의 값이 이미 결정된 방정식이다.

```
$x = list("a", $y, "c")
$x = list("a", "b", $z)
```

이 방정식들은 다음을 함의하며,

```
list("a", $y, "c") = list("a", "b", $z)
```

이는 곧 다음을 함의한다.

```
"a" = "a",   $y = "b", "c" = $z
```

따라서 다음이 성립한다.

```
$x = list("a", "b", "c")
```

　패턴 부합이 성공하면 모든 패턴 변수가 구체적인 값과 바인딩되며, 그 값들에는 상수만 있고 변수는 없다. 지금까지 본 모든 통합 예제에서도 실제로 그랬다. 그러나 일반적으로는, 통합이 성공한다고 해도 변수 값들이 완전하게 결정되지는 않을 수 있다. 경우에 따라서는 바인딩되지 않은 변수들이 남아 있거나, 변수에 바인딩된 값들에 여전히 다른 변수가 포함되어 있을 수 있다.

　list($x, "a")와 list(list("b", $y), $z)를 통합한다고 하자. 두 패턴으로부터 $x = list("b", $y)이고 "a" = $z임을 연역할 수는 있지만, $x나 $y의 값을 더 구체적으로 결정할 수는 없다. 그래도 통합이 실패한 것은 아니다. $x와 $y에 적절한 값을 배정함으로써 두 패턴이 똑같아지게 만드는 것은 가능하기 때문이다. 이 부합에서는 $y가 가질 수 있는 값들을 구체적으로 제한할 방법이 없기 때문에, $y에 대한 바인딩이 결과 프레임에 추가된다. 그래도 이 부합이 $x의 값을 제한하기는 한다. $y의 값이 무엇이든 $x는 반드시 list("b", $y)이어야 한다. 따라서 결과 프레임에는 $x와 패턴 list("b", $y)의 바인딩이 추가된다. 나중에 $y의 값이 구체적으로 결정되어서 프레임에 추가된다면(패턴 부합에 의해 또는 이 프레임과 일치하는 통합에 의해), 이전에 $x에 묶였던 패턴이 인스턴스화되어서 $x의 값이 된다.[66]

....
66 통합을 두 입력 패턴의 한 특수화(specialization)에 해당하는 가장 일반적인 패턴을 생성하는 것으로 생각해도 될 것

```
```

규칙의 적용

통합은 규칙에 근거해서 추론을 수행하는 질의 시스템의 핵심 구성요소이다. 다음처럼 규칙의 적용이 관여하는 질의를 처리하는 문제를 통해서 통합이 어떻게 수행되는지를 살펴보자.

```
lives_near($x, list("Hacker", "Alyssa", "P"))
```

질의 처리 과정의 첫 단계는 앞에서 이야기한 보통의 패턴 부합기를 이용해서 이 패턴과 부합하는 단언을 찾는 것이다. 지금 예에서 데이터베이스에는 가까이 사는 사람들에 관한 단언이 전혀 없으므로 이 단계는 실패한다. 그다음 단계는 질의 패턴을 각 규칙의 결론과 통합해 보는 것이다. 지금 예에서, 이 패턴과 통합이 되는 결론을 가진 규칙은 다음과 같다.

```
rule(lives_near($person_1, $person_2),
    and(address($person_1, pair($town, $rest_1)),
        address($person_2, list($town, $rest_2)),
        not(same($person_1, $person_2))))
```

이 통합에 의해, $x와 $person_1을 묶고(이는 그 둘이 같은 값을 가져야 함을 뜻한다) $person_2와 list("Hacker", "Alyssa", "P")를 묶는 프레임이 만들어진다. 이제 질의 시스템은 이 프레임을 틀로 삼아서 규칙의 본문에 있는 복합 질의를 평가한다. 패턴 부합 성공에 의해 이 프레임에는 $person_1을 구체적인 값과 묶는 바인딩이 추가되며, 기존의 $x와의 바인딩에 의해 $x의 값도 동일하게 결정된다. 그러면 모든 패턴 변수의 값이 결정된 것이므로, 원래의 질의 패턴을 인스턴스화해서 최종적인 응답을 만들어 낸다.

일반화하자면, 질의 패턴을 평가할 때 질의 평가기가 일부 패턴 변수에 대한 바인딩을 담은 프레임을 기준으로 규칙을 적용하는 방법은 다음과 같다.

- 질의와 규칙의 결론을 통합한다. 그것이 성공하면 새로운 바인딩들을 추가해서 원래의 프레임을 확장한다.

- 확장된 프레임을 기준으로 규칙의 본문에 명시된 질의를 평가한다.

이다. 이러한 관점에서 list($x, "a")와 list(list("b", $y), $z)의 통합 결과는 list(list("b", $y), "a")라는 패턴이고, 앞에서 언급한 list($x, "a", $y)와 list($y, $z, "a")의 통합 결과는 패턴 list("a", "a", "a")이다. 그러나 이번 절의 통합 구현에서는 통합을 이처럼 하나의 패턴으로 보는 것보다는 프레임으로 보는 것이 더 편리하다.

이것이 자바스크립트 evaluate/apply 평가기에서 함수를 적용하는 방법과 아주 비슷하다는 점에 주목하자.

- 함수의 매개변수들과 해당 인수들을 묶는 프레임을 만들고, 그 프레임으로 함수의 원래 환경을 확장한다.
- 확장된 환경을 기준으로 함수의 본문에 명시된 표현식을 평가한다.

두 평가기가 이렇게 비슷한 것은 사실 당연한 일이다. 함수 정의가 자바스크립트의 추상화 수단이듯이, 규칙 정의는 질의 언어의 추상화 수단이다. 두 경우 모두, 적절한 바인딩들을 생성하고 그것들을 기준으로 규칙 또는 함수의 본문을 평가함으로써 추상을 구체화한다.

단순 질의

이번 장 앞에서 이야기한 단순 질의 처리 방법은 규칙이 전혀 관여하지 않는 단순 질의의 처리에 관한 것이었다. 이제는 규칙이 어떻게 적용되는지 알았으니, 단언과 규칙을 모두 사용해서 단순 질의를 평가하는 방법을 이야기할 수 있다.

질의 패턴과 프레임들의 스트림이 주어졌을 때, 질의 시스템은 입력 스트림의 각 프레임에 대해 다음 두 스트림을 생성한다.

- (패턴 부합기로) 질의 패턴을 데이터베이스의 모든 단언과 부합해서 얻은 확장된 프레임들의 스트림.
- (통합기로) 모든 가능한 규칙을 적용해서 얻은 확장된 프레임들의 스트림.[67]

이 두 스트림을 연결하면(append) 주어진 패턴을 원래의 프레임과 모순 없이 충족할 수 있는 모든 방법을 나열하는 하나의 스트림이 만들어진다. 이 스트림들(입력 스트림의 프레임당 하나씩)을 결합해서 하나의 커다란 스트림을 만든다. 그 스트림은 원래의 입력 스트림에 있는 임의의 프레임들을 주어진 패턴과의 부합이 성공하도록 확장하는 모든 방법을 담고 있다.

....

[67] 통합은 부합의 일반화이므로, 두 스트림 모두 통합기를 이용해서 생성한다면 시스템이 더 간단해질 것이다. 그렇지만 패턴 부합(완전한 통합이 아닌)이 그 자체로 유용할 수 있음을 보여주기 위해, 쉬운 경우들은 그냥 단순한 패턴 부합기로 처리하기로 한다.

질의 평가기와 구동기 루프

바탕에 깔린 부합 연산은 상당히 복잡하지만, 질의 시스템의 전체적인 구조는 다른 모든 언어의 평가기와 그리 다르지 않다. 이 질의 시스템에서 부합 연산들을 총괄하는 함수는 `evaluate_query`이다. 이 함수는 자바스크립트의 `evaluate` 함수와 같은 역할을 한다. `evaluate_query` 함수는 질의 하나와 프레임 스트림 하나를 입력받는다. 출력은 그 질의 패턴의 성공적인 부합들에 대응되는 프레임들의 스트림인데, 그 프레임들은 입력 스트림의 프레임들을 적절히 확장한 것이다. 전체적인 개요가 [그림 4.5]에 나와 있으니 참고하기 바란다. `evaluate`처럼 `evaluate_query`는 주어진 표현식(질의)을 그 종류에 따라 적절한 함수로 디스패치한다. 이밖에 구문형들(`and`, `or`, `not`, `javascript_predicate`)을 처리하는 함수들과 단순 질의를 위한 함수가 있다.

질의 시스템의 구동기 루프는 이번 장의 다른 평가기들에 쓰이는 `driver_loop` 함수와 비슷하다. 구동기 루프는 사용자가 키보드로 입력한 질의를 읽어서 그 질의를 표현한 객체를 만들고, 그것과 빈 프레임 하나로 구성된 스트림을 지정해서 `evaluate_query` 함수를 호출한다. 그러면 모든 가능한 부합(즉, 빈 프레임에 대한 모든 가능한 확장)을 나열하는 스트림이 나온다. 결과 스트림의 각 프레임에 대해 구동기 루프는 그 프레임에 있는 변수 값들을 이용해서 원래의 질의를 인스턴스화한다. 이렇게 인스턴스화한 질의들의 스트림을 사용자에게 출력한다.[68]

구동기는 또한 `assert`라는 특별한 명령도 인식한다. 이 명령은 뭔가를 찾기 위한 것이 아니라 데이터베이스에 단언이나 규칙을 추가하기 위한 것이다. 다음은 `assert`를 이용해서 단언 하나와 규칙 하나를 추가하는 예이다.

```
assert(job(list("Bitdiddle", "Ben"), list("computer", "wizard")))

assert(rule(wheel($person),
            and(supervisor($middle_manager, $person),
                supervisor($x, $middle_manager))))
```

---

[68] 프레임들을 목록이 아니라 스트림으로 표현하는 이유는, 규칙들의 재귀적인 적용 때문에 하나의 질의를 충족하는 값들이 무한히 많을 수 있기 때문이다. 따라서 스트림에 내장된 지연 평가 능력이 꼭 필요하다. 응답의 개수가 유한하든 무한하든 상관없이 응답이 만들어질 때마다 하나씩 출력할 수 있는 것은 그런 지연 평가 능력 덕분이다.

4.4.3 논리 프로그래밍과 수리논리학의 관계

질의 언어에서 사용하는 조합 수단들을 언뜻 보면 수리논리학(mathematical logic)의 연산자 and, or, not과 같아 보인다. 사실, 질의 언어에서 규칙을 적용할 때 수리논리에 쓰이는 적법한(legitimate)[69] 추론 방법이 적용된다. 그렇지만 질의 언어와 수리논리가 동일한 것은 아니다. 질의 언어는 논리 명제를 절차적으로 해석하는 하나의 제어 구조를 제공한다. 질의 시스템에는 이러한 제어 구조를 활용할 여지가 많다. 예를 들어 프로그래머를 관리하는 사람을 모두 찾을 때 다음 질의를 사용할 수도 있고,

```
and(job($x, list("computer", "programmer")),
    supervisor($x, $y))
```

다음 질의를 사용할 수도 있다.

```
and(supervisor($x, $y),
    job($x, list("computer", "programmer")))
```

수리논리의 관점에서는 두 질의가 동등하다. 그렇지만 실제 응용에서 둘은 차이가 있다. 관리자가 프로그래머보다 훨씬 많은 회사에서는 첫 질의를 사용하는 것이 낫다. and 복합 질의에서는 and의 첫 절이 산출한 중간 결과 프레임을 일일이 훑어야 하므로, 첫 절이 더 적은 프레임을 산출하는 질의가 유리하다.

논리 프로그래밍의 목적은, 주어진 하나의 계산 문제를 "무엇을 계산할 것인가?"라는 문제와 그것을 "어떻게 계산할 것인가?"라는 문제로 분해하는 기법들을 프로그래머에게 제공하는 것이다. 이러한 분해는 계산하고자 하는 것을 서술하기에 충분히 강력하지만 제어 가능한 절차적 해석이 생길 만큼 강력하지는 않은 수리논리 명제들의 부분집합을 선택함으로써 이루어진다. 여기에는 논리 프로그래밍 언어로 명시된 프로그램이 컴퓨터로 실행할 수 있을 정도로 효과적인(§1.1.7) 프로그램이어야 한다는 의도도 깔려 있다. 제어 측면("어떻게" 계산할 것인가)은 언어의 평가 순서를 이용해서 조작할 수 있다. 논리 프로그래밍 언어는 계산이 효과적이고

---

[69] 주어진 특정한 추론 방법이 적법한지 아닌지를 밝히는 것이 간단한 문제는 아님을 주의하자. 추론 방법의 적법성을 밝히려면, 참인 전제로 출발해서 그 방법을 적용했을 때 오직 참인 결론만 유도되는지를 증명해야 한다. 질의 시스템의 규칙 적용에 쓰이는 추론 방법은 소위 **전건 긍정**(modus ponens)이다. 유명한 추론 방법인 전건 긍정은 "만일 *A*가 참이고 *A*가 *B*를 *함의한다*가 참이면, *B*가 참이라고 결론지을 수 있다"라는 것이다.

효율적으로 일어나도록 절들의 순서와 각 절 안의 부분목표(subgoal)들의 순서를 프로그래머가 적절히 배치할 수 있게 해야 한다. 또한, 논리 프로그래밍 언어는 계산의 결과("무엇을" 계산할 것인가)가 논리 법칙들의 자명한 귀결로 보이게 만들어야 한다.

이런 관점에서, 이번 절의 질의 언어는 절차적으로 해석 가능한 수리논리의 한 부분집합이라고 간주할 수 있다. 단언은 하나의 단순 사실(simple fact), 즉 원자적인 명제(atomic proposition)를 나타낸다. 규칙은 "규칙의 본문이 성립하는 사례들에 대해서는 규칙의 결론도 성립한다"라는 함의 관계를 나타낸다. 규칙은 자연스럽게 하나의 절차로 해석할 수 있다. 규칙의 결론이 성립함을 보이려면, 규칙의 본문이 성립함을 보이기만 하면 된다. 따라서 규칙은 하나의 계산(적 과정)을 명시한다. 그런데 규칙은 수리논리의 한 명제로도 간주할 수 있으므로, 논리 프로그램이 수행하는 임의의 '추론'이 옳음을 증명하려면, 수리논리학만으로도 프로그램과 같은 결론을 얻을 수 있음을 보이면 된다.[70]

무한 루프

논리 프로그램의 절차적 해석에서 빚어지는 결과 중 하나는, 특정 문제의 경우 끔찍하게 비효율적인 프로그램이 만들어질 수 있다는 것이다. 그러한 비효율성의 극단적인 예는 연역 과정에서 시스템이 무한 루프에 빠지는 것이다. 간단한 예로, 유명인사들의 혼인 관계를 담은 데이터베이스가 있다고 하자. 다음이 그런 단언의 예이다.

```
assert(married("Minnie", "Mickey"))
```

그런데 다음 질의를 수행하면

```
married("Mickey", $who)
```

---

70 단, 이 주장에는 논리 프로그래밍이 '추론'을 위해 수행하는 계산이 언젠가는 반드시 종료된다는 가정이 깔려 있음을 주의하자. 그러나 안타깝게도 이번 절의 질의 언어 구현에서는 이 가정이 참이라고 해도 이 주장은 성립하지 않는다 (사실 프롤로그를 비롯해 현존하는 다른 대부분의 언어도 마찬가지이다). 이는 not과 javascript_predicate 때문이다. 잠시 후에 보겠지만, 이 질의 언어에 구현된 not이 수리논리의 not과 항상 일치하지는 않는다. 그리고 javascript_predicate 역시 복잡한 문제를 추가한다. 그냥 not과 javascript_predicate를 언어에서 제거하고, 항상 단순 질의나 and 복합 질의, or 복합 질의만 이용해서 프로그램을 작성하기로 한다면 수리논리와 일치하는 논리 프로그래밍 언어를 만들 수 있다. 하지만 그렇게 하면 언어의 표현력이 너무 떨어진다. 표현력을 과도하게 희생하지 않고도 수리논리와 좀 더 일치하는 언어를 만드는 것은 논리 프로그래밍 연구에서 주된 관심사 중 하나이다.

질의 시스템은 아무 응답도 내놓지 않는다. 이는 *a*가 *b*와 결혼했다는 것은 *b*가 *a*와 결혼한 것이기도 하다는 점을 질의 시스템이 알지 못하기 때문이다. 이 점을 보완하기 위해 다음 규칙을 추가하자.

```
assert(rule(married($x, $y),
            married($y, $x)))
```

이제 다음 질의를 수행하면 어떻게 될까?

```
married("Mickey", $who)
```

안타깝게도 이 질의를 처리하다가 시스템은 무한 루프에 빠진다. 그 과정은 다음과 같다.

- 시스템은 이 질의에 대해 **married** 규칙을 적용할 수 있음을, 다시 말해 규칙의 결론인 **married($x, $y)**를 질의 패턴 **married("Mickey", $who)**와 통합할 수 있음을 알게 된다. 이 통합에 의해 **$x**와 **"Mickey"**가 묶이고 **$y**와 **$who**가 묶인 프레임이 만들어진다. 이제 평가기는 그 프레임을 이용해서 규칙의 본문 **married($y, $x)**를 평가한다. 사실상 이 평가는 **married($who, "Mickey")**라는 질의를 처리하는 것에 해당한다.

- 데이터베이스에는 그 질의 패턴과 직접적으로 부합하는 **married("Minnie", "Mickey")**라는 단언이 있다.

- 이 단언에 대해서도 **married** 규칙을 적용할 수 있으므로 평가기는 또다시 규칙의 본문을 평가한다. 이 경우 본문은 **married("Mickey", $who)**에 해당하는데, 이는 애초에 입력된 질의와 동일하다.

결과적으로 시스템은 무한 루프에 빠진다. 사실, 시스템이 데이터베이스에 있는 항목들을 점검하는 순서와 관련된 구현 세부사항에 따라서는, 무한 루프에 빠지기 전에 간단한 답인 **married("Minnie", "Mickey")**를 발견하게 될 수도 있다. 이상은 이런 성격의 질의 시스템에서 발생할 수 있는 루프의 아주 간단한 사례일 뿐이다. 서로 맞물린 규칙들 때문에 이보다 훨씬 더 까다로운 성격의 루프에 빠질 수도 있으며(연습문제 4.62 참고), 루프 발생 여부가 **and**

복합 질의에 있는 절의 순서나 시스템이 질의들을 처리하는 순서에 의존할 수도 있다.[71]

not의 문제점

이 질의 시스템은 not과 관련한 문제점도 가지고 있다. §4.4.1의 데이터베이스에 대해 다음 두 질의를 수행한다고 하자.

```
and(supervisor($x, $y),
    not(job($x, list("computer", "programmer"))))

and(not(job($x, list("computer", "programmer"))),
    supervisor($x, $y))
```

예상과는 달리 이 두 질의의 결과는 서로 다르다. 첫 질의는 먼저 데이터베이스에서 supervisor($x, $y)와 부합하는 모든 항목을 찾은 후, 결과 프레임들에서 $x의 값이 job($x,@list("computer", "programmer"))를 충족하는 프레임들을 모두 제거한다. 둘째 질의는 그 프레임들에서 job($x, list("computer", "programmer"))를 충족하는 프레임들을 제거한다. 그러면 빈 프레임 하나만 남는다. 이제 질의 시스템은 그 프레임에 기초해서 job($x, list("computer", "programmer"))를 충족하는 항목을 데이터베이스에서 찾는다. 이 패턴은 직무가 컴퓨터 프로그래머인 모든 항목과 부합하는데, 해당 프레임들은 모두 마지막 not에 의해 제거된다. 결과적으로 시스템은 빈 프레임을 전체 복합 질의의 응답으로서 돌려준다.

이런 문제의 근본 원인은, 사실 이 질의 시스템의 not이 변수 값들에 대한 필터로 작동하도록 구현된 것이 아니라는 점이다. not 절이 앞의 예에 나온 $x처럼 아직 바인딩되지 않은 변수들이 있는 프레임을 기준으로 처리되면 시스템은 예기치 않은 결과를 산출한다.

---

71 이것은 논리 프로그래밍 언어 자체의 문제라기보다는 이 해석기가 수행하는 절차적인 논리 해석 방식의 문제이다. 이런 종류의 질의에 대해 루프에 빠지지 않도록 해석기를 작성하는 것도 가능하다. 예를 들어 단언들과 규칙들에서 유도할 수 있는 모든 증명을 깊이 우선이 아니라 너비 우선으로 나열하면 상황이 달라질 수 있다. 그렇지만 너비 우선을 사용하면 프로그램에서 연역들이 일어나는 순서를 활용하기가 좀 더 어렵다. [de Kleer 외]는 그런 프로그램에 정교한 제어 구조를 구축하려는 시도 하나를 서술한다. 그런 심각한 제어 문제로 이어지지 않는 또 다른 기법은 특정 종류의 루프를 검출하는 기능 같은 어떤 특화된 지식을 시스템에 주입하는 것이다(연습문제 4.65). 그렇지만 임의의 시스템이 연역을 수행하는 도중에 무한 루프로 빠지지 않게 하는 일반적인 방안은 아직 없다. 한 예로, 적절히 선택된 어떤 함수 f에 대해 "$P(x)$가 참인지 증명하기 위해 $P(f(x))$가 참인지 증명하라" 같은 형태의 사악한 규칙을 생각해 보기 바란다.

javascript_predicate의 적용과 관련해서도 비슷한 문제가 발생한다. 자바스크립트 술어 역시, 만일 바인딩되지 않은 변수가 존재하면 제대로 작동하지 않는다. [연습문제 4.74]에서 이 문제를 다룬다.

이보다 훨씬 더욱 심각한 문제는 질의 언어의 **not**이 수리논리의 **not**(부정)과는 다르다는 점이다. 논리학에서 "**not** P"는 P가 참이 아니라는 뜻이다. 그러나 질의 시스템에서 "**not** P"는 데이터베이스에 있는 지식으로는 P를 연역할 수 없음을 뜻한다. 예를 들어 §4.4.1에 나온 인사관리 데이터베이스에 대해 질의 시스템은 모든 종류의 **not** '명제'들(이를테면 "벤 빗디들은 야구팬이 아니다", "밖에 비가 오지 않는다", "2 + 2가 4가 아니다" 등)을 아무 불평 없이 연역한다.[72] 다른 말로 하면, 논리 프로그래밍 언어의 **not**은 소위 닫힌 세계 가정(closed world assumption), 즉 모든 유관(relevant) 정보가 데이터베이스에 포함되어 있다는 가정을 반영한다.[73]

■ **연습문제 4.62**

루이스 리즈너가 실수로 데이터베이스에서 outranked_by 규칙(§4.4.1)을 삭제했다. 그 사실을 깨닫고 루이스는 즉시 규칙을 다시 추가했지만, 안타깝게도 규칙을 원래대로 입력하지 않고 다음과 같이 살짝 다르게 입력했다.

```
rule(outranked_by($staff_person, $boss),
    or(supervisor($staff_person, $boss),
        and(outranked_by($middle_manager, $boss),
            supervisor($staff_person, $middle_manager))))
```

루이스가 이 규칙을 다시 추가한 직후 임원비서 더윗 올이 질의 시스템에 접속해서 벤 빗디들보다 직급이 높은 사람들을 조회하기 위해 다음 질의를 수행했다.

```
outanked_by(list("Bitdiddle", "Ben"), $who)
```

---

[72] 예를 들어 not(baseball_fan(list("Bitdiddle", "Ben")))라는 질의를 생각해 보자. 데이터베이스에 baseball_fan(list("Bitdiddle", "Ben")) 같은 단언이 없으므로 시스템은 빈 프레임을 산출하며, 따라서 not은 원래의 프레임 스트림을 그대로 통과시킨다. 결과적으로 질의의 결과는 하나의 빈 프레임이며, 시스템은 그 빈 프레임으로 입력 질의를 인스턴스화해서 not(baseball_fan(list("Bitdiddle", "Ben")))를 산출한다.

[73] 클라크의 논문 "Negation as Failure"(Clark 1978)는 not의 이러한 구현 방식을 논의하고 정당화한다.

이 질의에 대해 시스템은 무한 루프에 빠졌다. 그 이유를 설명하라.

■ **연습문제 4.63**

승진할 날을 목 놓아 기다리는 사이 D. 펙트는 모든 책임자(wheel)를 조회하기 위해 다음 질의를 수행했다(wheel은 §4.4.1에 나온 규칙이다).

```
wheel($who)
```

놀랍게도 시스템은 다음과 같은 응답들을 출력했다.

```
Query results:
wheel(list("Warbucks", "Oliver"))
wheel(list("Bitdiddle", "Ben"))
wheel(list("Warbucks", "Oliver"))
wheel(list("Warbucks", "Oliver"))
wheel(list("Warbucks", "Oliver"))
```

올리버 워벅스가 네 번이나 나열된 이유는 무엇일까?

■ **연습문제 4.64**

벤은 회사에 관한 통계량까지 산출하도록 질의 시스템을 일반화하고자 한다. 예를 들어 모든 컴퓨터 프로그래머의 연봉 총합을 다음과 같은 질의로 구할 수 있어야 한다.

```
sum($amount,
    and(job($x, list("computer", "programmer")),
        salary($x, $amount)))
```

일반화하자면, 벤의 새 시스템은 다음과 같은 형태의 표현식을 지원해야 한다.

```
누산함수(변수,
        질의-패턴)
```

여기서 누산함수는 sum이나 average, maximum 같은 함수이다. 벤은 이를 다음과 같은 방식으로 어렵지 않게 구현할 수 있으리라고 생각했다. 그냥 질의 패턴을 evaluate_query에 넘겨주면 evaluate_query는 프레임들의 스트림을 산출한다. 그 스트림을 하나의 매핑 함수에 넘겨주면, 매핑 함수는 질의 패턴에 지정된 각 변수의 값을 스트림의 각 프레임에서 추출한다. 그렇게 얻은 값들의 스트림을 지정된 누산 함수에 넘겨주면, 그 누산 함수가 요구된 통계량을 계산해서 출력한다. 벤이 이러한 구상을 실제로 구현한 직후에, [연습문제 4.63]의 wheel 질의 결과를 두고 고민하던 사이가 벤에게 왔다. 그 질의 결과를 벤은 "어라, 이러면 내 간단한 누산 구현도 오작동하겠는데!"라고 투덜댔다.

벤이 깨달은 것이 무엇일까? 벤이 이 상황을 해결하는 데 사용할 만한 방법 하나를 개괄적으로 설명하라.

■ 연습문제 4.65

본문과 [연습문제 4.62]에서 이야기한 단순한 종류의 무한 루프를 피하기 위한 루프 검출기를 질의 시스템에 설치하는 방법을 고안하라. 대략적인 힌트는, 현재까지의 연역 과정 내역(history)을 기록해서, 지금 처리 중인 질의의 처리를 다시 시작하지는 않게 해야 한다는 것이다. 그런 내역에 어떤 종류의 정보(패턴과 프레임)를 포함해야 하는지, 그리고 루프를 피하려면 무엇을 어떻게 판정하면 되는지 설명하라. (§4.4.4에서 질의 시스템의 구현 세부사항을 공부한 후, 그 시스템에 실제로 루프 검출기를 추가해 보아도 좋을 것이다.)

■ 연습문제 4.66

[연습문제 2.18]의 reverse 연산은 주어진 목록의 요소들을 역순으로 나열한 목록을 돌려준다. 질의 시스템에서 이 연산을 구현하기 위한 규칙들을 정의하라. (힌트: append_to_form을 사용할 것.) 여러분이 정의한 규칙들이 reverse(list(1, 2, 3), $x)라는 질의와 reverse($x, list(1, 2, 3))이라는 질의 모두에 대해 올바른 응답을 산출하는가?

■ **연습문제 4.67**

손자(grandson)에 '증(great)'을 붙여서 더 먼 족보 관계를 나타낼 수 있도록 [연습문제 4.61]의 데이터베이스와 규칙들을 수정해 보자. 질의 시스템이 이 증손 관계를 지원한다면, 예를 들어 이라드가 아담의 증손자라는 사실이나 자발과 주발이 아담의 증-증-증-증-증-손자라는 사실을 연역할 수 있다.

a. 데이터베이스에 있는 친족 관계 단언들을 한 종류의 친족 관계 단언, 구체적으로 말하면 related 단언으로 수정하라. related의 첫 항목은 그다음 두 항목의 관계를 나타낸다. 예를 들어 son("Adam", "Cain")은 related("son", "Adam", "Cain")으로 수정해야 한다. 이라드가 아담의 증손자임은 다음과 같이 단언할 수 있다.

```
related(list("great", "grandson"), "Adam", "Irad")
```

b. 주어진 목록이 "grandson"이라는 단어로 끝나는지 판정하는 규칙을 작성하라.

c. 그 규칙을 이용해서 다음과 같은 관계를 유도하는 데 사용할 수 있는 규칙을 표현하라.

```
list(pair("great", $rel), $x, $y)
```

여기서 $rel은 "grandson"으로 끝나는 목록이다.

d. 규칙들이 제대로 작성되었는지 확인하기 위해, 질의 related(list("great", "grandson"), $g, $ggs)와 related($relationship, "Adam", "Irad")에 대해 각각 올바른 응답이 나오는지 점검하라.

4.4.4 질의 시스템의 구현

§4.4.2에서 질의 시스템의 전반적인 작동 방식을 설명했다. 이번 절에서는 그때 생략한 세부사항을 모두 채운, 이 질의 시스템의 완전한 구현을 제시한다.

4.4.4.1 구동기 루프

질의 시스템의 구동기 루프는 사용자로부터 질의 표현식을 입력받아서 처리하는 과정을 반복한다. 입력된 표현식이 데이터베이스에 추가할 규칙이나 단언이면 구동기는 해당 정보를 데이터베이스에 추가한다. 규칙이나 단언이 아닌 표현식은 질의로 간주해서 evaluate_query에 넘겨주는데, 이때 빈 프레임 하나를 담은 초기 프레임 스트림도 함께 전달한다. evaluate_query는 질의를 충족하는 변수 값들을 데이터베이스에서 찾고, 그 값들로 질의 표현식을 인스턴스화해서 얻은 프레임들의 스트림을 돌려준다. 구동기는 그 프레임들에 담긴 값들로 원래의 질의 표현식을 인스턴스화한 결과들을 담은 스트림을 만든다. 그 스트림이 사용자에게 표시되는 최종적인 스트림이다.

```js
const input_prompt = "Query input:";
const output_prompt = "Query results:";

function query_driver_loop() {
    const input = user_read(input_prompt) + ";";
    if (is_null(input)) {
        display("evaluator terminated");
    } else {
      const expression = parse(input);
        const query = convert_to_query_syntax(expression);
        if (is_assertion(query)) {
            add_rule_or_assertion(assertion_body(query));
            display("Assertion added to data base.");
        } else {
            display(output_prompt);
            display_stream(
              stream_map(
                 frame =>
                   unparse(instantiate_expression(expression, frame)),
                 evaluate_query(query, singleton_stream(null))));
        }
        return query_driver_loop();
    }
}
```

이번 장의 다른 평가기들에서처럼 여기서도, 문자열로 주어진 질의 언어의 구성요소를 parse 함수를 이용해서 자바스크립트 구문 표현으로 변환한다. (parse 함수는 문장을 기대하므로, query_driver_loop는 입력 표현식 문자열에 세미콜론을 덧붙인다.) 그런 다음에는 convert_to_query_syntax를 호출해서 그 구문 표현을 질의 시스템에 적합한 개념적 수준으로 변환한다. 이 convert_to_query_syntax 함수와 술어 is_assertion, 선택자 assertion_body의 선언은 §4.4.4.7에 나온다. 그리고 add_rule_or_assertion 함수의 선언은 §4.4.4.5에 나온다. 질의를 평가해서 프레임들을 얻은 다음에는 그 프레임들을 이용해서 구문 표현을 인스턴스화하고, 그 인스턴스들을 역파싱해서 문자열을 만들고, 그 문자열을 화면에 출력한다. 이 instantiate_expression 함수와 unparse 함수는 §4.4.4.7에 나온다.

4.4.4.2 평가기

query_driver_loop가 호출하는 evaluate_query 함수는 이 질의 시스템의 기본 평가기이다. 이 함수는 질의와 프레임 스트림을 받고 확장된 프레임들의 스트림을 돌려준다. 이 함수는 get과 put을 이용한 데이터 지향적 디스패치를 통해서 구문형들을 식별한다. 이 부분은 제2장에서 일반적 연산들을 구현할 때와 기본적으로 같은 방식이다. 구문형으로 식별되지 않은 입력은 단순 질의로 간주해서 simple_query 함수에 넘겨준다.

```
function evaluate_query(query, frame_stream) {
    const qfun = get(type(query), "evaluate_query");
    return is_undefined(qfun)
           ? simple_query(query, frame_stream)
           : qfun(contents(query), frame_stream);
}
```

§4.4.4.7에서 정의하는 type 함수와 contents 함수는 구문형들의 추상적 구문을 구현한다.

단순 질의

단순 질의는 simple_query 함수로 처리한다. 이 함수는 단순 질의(하나의 패턴)와 프레임 스트림을 받고 그 질의와 부합하는 모든 데이터베이스 항목으로 확장한 프레임들로 이루어진 스트림을 돌려준다.

```
function simple_query(query_pattern, frame_stream) {
    return stream_flatmap(
               frame =>
                 stream_append_delayed(
```

```
                    find_assertions(query_pattern, frame),
                    () => apply_rules(query_pattern, frame)),
               frame_stream);
}
```

입력 스트림의 각 프레임에 대해 이 함수는 `find_assertions`(§4.4.4.3)를 이용해서 패턴을 데이터베이스의 모든 단언과 부합해 본다. 그 결과로 확장된 프레임들의 스트림으로 `apply_rules`(§4.4.4.4)를 호출해서 데이터베이스의 모든 가능한 규칙을 적용한다. 이에 의해 또 다른 확장 프레임 스트림이 만들어진다. 이 두 스트림을 조합해서(§4.4.4.6의 `stream_append_delayed`를 이용한다) 주어진 패턴을 원래의 프레임과 모순되지 않게 충족할 수 있는 모든 방법의 스트림을 만든다(연습문제 4.68 참고). 개별 입력 프레임들에 대한 스트림들을 `stream_flatmap`(§4.4.4.6)을 이용해 조합해서 하나의 커다란 스트림을 만든다. 그 스트림은 원래의 입력 스트림에 있는 임의의 프레임을 주어진 패턴과 부합하도록 확장할 수 있는 모든 방법을 담고 있다.

복합 질의

and 질의는 [그림 4.6]에 표시된 방식으로 처리한다. 구체적인 처리 함수는 `conjoin`이다. 이 함수는 곱인자(conjunct)◆들의 목록과 프레임 스트림을 받고 확장된 프레임들의 스트림을 돌려준다. `conjoin`은 먼저 주어진 스트림의 프레임들을 훑으면서 첫 연언지(and 질의의 첫 질의)를 충족하는 모든 가능한 프레임 확장들의 스트림을 만든다. 그런 다음에는 그 스트림을 입력으로 사용해서 나머지 질의들에 대해 `conjoin`을 재귀적으로 적용한다.

```
function conjoin(conjuncts, frame_stream) {
    return is_empty_conjunction(conjuncts)
           ? frame_stream
           : conjoin(rest_conjuncts(conjuncts),
                     evaluate_query(first_conjunct(conjuncts),
                                    frame_stream));
}
```

◆ 옮긴이 '연언지'라고도 부르는 곱인자는 논리곱(conjunction) 연산의 피연산자이다. 지금 예에서는 and로 조합된 개별 질의를 가리킨다. 관련해서 잠시 후 나오는 '합인자'는 논리합(disjunction) 연산의 피연산자로, '선언지'라고도 부른다.

다음은 and 질의가 주어졌을 때 evaluate_query가 conjoin을 호출하도록 설정하는 코드이다.

```
put("and", "evaluate_query", conjoin);
```

or 질의는 [그림 4.7]에 나온 방식으로 처리한다. 해당 함수는 disjoin이다. 이 함수는 주어진 합인자(disjunct)들을 개별적으로 평가하고 그 결과들을 §4.4.4.6의 interleave_delayed 함수를 이용해서 병합한다. (연습문제 4.68과 4.69를 보라.)

```
function disjoin(disjuncts, frame_stream) {
    return is_empty_disjunction(disjuncts)
            ? null
            : interleave_delayed(
                evaluate_query(first_disjunct(disjuncts), frame_stream),
                () => disjoin(rest_disjuncts(disjuncts), frame_stream));
}
put("or", "evaluate_query", disjoin);
```

곱인자와 합인자에 대한 술어들과 선택자들은 §4.4.4.7에 나온다.

필터

다음은 not 구문형을 §4.4.2에서 설명한 방식대로 처리하는 negate 함수의 선언이다. 이 함수는 입력 스트림의 각 프레임으로 부정(negation) 대상 질의를 충족할 수 있는지 점검해서, 충족되지 않는 프레임들로만 이루어진 스트림을 돌려준다.

```
function negate(exps, frame_stream) {
    return stream_flatmap(
            frame =>
              is_null(evaluate_query(negated_query(exps),
                                     singleton_stream(frame)))
              ? singleton_stream(frame)
              : null,
            frame_stream);
}
put("not", "evaluate_query", negate);
```

구문형 `javascript_predicate` 역시 not과 비슷하게 필터로 처리한다. 이를 구현한 함수 `javascript_predicate`는 먼저 스트림의 각 프레임을 이용해서 주어진 술어에 있는 변수들의 값을 결정하고, 그 값들로 술어를 인스턴스화하고, §4.1의 **evaluate**를 이용해서 술어(인스턴스화된)를 평가한다. 이때 환경으로 **the_global_environment**(§4.1.4)를 지정하기 때문에, 평가 이전에 인스턴스화된 모든 패턴 변수뿐만 아니라 임의의 자바스크립트 표현식도 잘 처리된다.

```
function javascript_predicate(exps, frame_stream) {
    return stream_flatmap(
              frame =>
                evaluate(instantiate_expression(
                             javascript_predicate_expression(exps),
                             frame),
                         the_global_environment)
                ? singleton_stream(frame)
                : null,
              frame_stream);
}
put("javascript_predicate", "evaluate_query", javascript_predicate);
```

구문형 `always_true`는 항상 충족되는 질의를 위한 것이다. 같은 이름의 구현 함수는 주어진 질의의 내용(보통은 비어 있다)을 무시하고, 그냥 주어진 프레임 스트림을 아무 조작 없이 그대로 돌려준다. 선택자 `rule_body`는 본문 없이 정의된 규칙(즉, 본문이 항상 충족되는 규칙)에 본문을 제공하는 용도로 이 `always_true`를 사용한다.

```
function always_true(ignore, frame_stream) {
    return frame_stream;
}
put("always_true", "evaluate_query", always_true);
```

구문형 not과 `javascript_predicate`를 위한 선택자들은 §4.4.4.7에 나온다.

4.4.4.3 패턴 부합을 이용한 단언 찾기

`simple_query`(§4.4.2)가 호출하는 `find_assertions` 함수는 패턴과 프레임 하나(스트림이 아니라)를 받고, 주어진 패턴과 부합하는 데이터베이스 항목들 각각으로 입력 프레임을 확

장해서 만든 프레임들로 구성된 스트림을 돌려준다. 이 함수는 주어진 패턴과 부합해 볼 가치가 있는 단언들을 fetch_assertions 함수(§4.4.4.5)를 이용해서 데이터베이스에서 가져온다. 여기서 fetch_assertions를 사용하는 이유는, 데이터베이스에 있는 항목 중 굳이 부합해 볼 필요가 없는 것들을 간단한 판정으로 제거하기 위한 것이다. fetch_assertions를 생략하고 그냥 데이터베이스의 모든 단언에 대해 패턴 부합을 시도해도 질의 시스템이 여전히 작동하긴 하겠지만, fetch_assertions를 사용할 때보다 부합기를 훨씬 많이 호출해야 하므로 비효율적이다.

```
function find_assertions(pattern, frame) {
    return stream_flatmap(
               datum => check_an_assertion(datum, pattern, frame),
               fetch_assertions(pattern, frame));
}
```

check_an_assertion 함수는 데이터 객체(단어)와 패턴, 프레임 하나를 받고 부합을 시도해서 성공하면 확장된 프레임 하나를 담은 스트림을, 실패하면 null을 돌려준다.

```
function check_an_assertion(assertion, query_pat, query_frame) {
    const match_result = pattern_match(query_pat, assertion,
                                       query_frame);
    return match_result === "failed"
           ? null
           : singleton_stream(match_result);
}
```

기본 부합기인 pattern_match 함수는 부합에 성공하면 확장된 프레임을 돌려주고 실패하면 "failed"라는 문자열을 돌려준다. 이 부합기는 주어진 패턴과 주어진 데이터의 부합을 요소별로 시도해서 패턴 변수들에 대한 바인딩들을 누적한다. 만일 패턴과 데이터 객체가 같으면(equal 함수로 판정) 부합이 성공한 것이므로 그때까지 누적한 바인딩들을 담은 프레임을 돌려준다. 같지 않으면, 만일 패턴이 하나의 변수이면(§4.4.4.7의 is_variable 함수로 판정) 그 변수와 데이터를 묶는 바인딩으로 현재 프레임을 확장한다. 단, 그 바인딩이 프레임에 이미 있는 바인딩들과 일치하는 경우에만 그렇게 한다. 패턴과 데이터가 둘 다 쌍 객체이면 패턴의 머리와 데이터의 머리를 부합해서 하나의 프레임을 산출하고, 그 프레임을 입력으로 해서 패턴의 꼬리와 데이터의 꼬리를 부합한다. 머리들이나 꼬리들이 쌍 객체인 경우에는 이를 재귀적으로 반복한다. 지금까지 말한 것 이외의 경우이면 부합을 실패로 돌리고 문자열 **"failed"**를 돌려준다.

```
function pattern_match(pattern, data, frame) {
    return frame === "failed"
           ? "failed"
           : equal(pattern, data)
           ? frame
           : is_variable(pattern)
           ? extend_if_consistent(pattern, data, frame)
           : is_pair(pattern) && is_pair(data)
           ? pattern_match(tail(pattern),
                           tail(data),
                           pattern_match(head(pattern),
                                         head(data),
                                         frame))
           : "failed";
}
```

다음은 주어진 변수와 데이터의 바인딩이 주어진 프레임에 이미 있는 바인딩들과 일치한다면 그 바인딩으로 프레임을 확장하는 함수이다.

```
function extend_if_consistent(variable, data, frame) {
    const binding = binding_in_frame(variable, frame);
    return is_undefined(binding)
           ? extend(variable, data, frame)
           : pattern_match(binding_value(binding), data, frame);
}
```

주어진 변수에 대한 바인딩이 프레임에 없으면 그냥 변수와 데이터의 바인딩을 프레임에 추가한다. 기존 바인딩이 있는 경우에는 데이터를 프레임의 기본 바인딩에 담긴 변수의 값과 부합시킨다. 만일 기존 바인딩의 값이 상수들로만 이루어져 있다면(extend_if_consistent로 패턴 부합을 처리하는 도중에는 반드시 그래야 한다), 그냥 저장된 값과 새 값이 같은지만 점검하면 된다. 저장된 값과 새 값이 같으면 바인딩을 추가할 필요가 없으므로 주어진 프레임을 그대로 돌려준다. 그러나 저장된 값에 패턴 변수들이 있을 수도 있다. 특히, 통합 과정(§4.4.4.4)에서 저장된 값이라면 패턴 변수들이 아직 남아 있을 가능성이 있다. 이 경우는 저장된 패턴과 새 데이터의 재귀적 부합을 통해서 그 패턴 변수들에 대한 바인딩들을 추가하거나 점검한다. 예를 들어 $x와 list("f", $y)를 묶는 바인딩이 있고 $y에 대한 바인딩은 없는 프레임을 $x와 list("f", "b")의 바인딩으로 확장한다고 하자. 이 경우 extend_if_consistent 함수는 프레임에서 $x에 대한 바인딩이 있다는 점과 바인딩된 값이 list("f", $y)임을 알게 된다. 함수는 현재 프레임에서 그 list("f", $y)와 새 값 list("f", "b")의 부합을 시도한다. 이 부합이 성공하면서 프레임에 $y와 "b"를 묶는 바인딩이 추가된다. $x는 여전히 list("f", $y)에 묶여 있다. 이 함수가 저장된 바인딩을 수정하는 일은 없으며, 주어진 변수에 대한 바인딩이 둘 이상이 되는 일도 없다.

extend_if_consistent가 바인딩들을 다루는 데 사용하는 함수들은 §4.4.4.8에 나온다.

4.4.4.4 규칙과 통합

apply_rules 함수는 find_assertions 함수(§4.4.4.3)가 단언들을 처리하는 것과 비슷한 방식으로 규칙을 처리한다. 이 함수는 패턴과 프레임을 받고, 데이터베이스에 있는 규칙들을 적용해서 확장한 프레임들의 스트림을 돌려준다. stream_flatmap 함수는 적용 가능한 규칙들(§4.4.4.5의 fetch_rules로 선택한) 각각에 apply_a_rule을 적용하고, 그 결과로 생긴 프레임 스트림들을 하나로 합친다.

```
function apply_rules(pattern, frame) {
    return stream_flatmap(rule => apply_a_rule(rule, pattern, frame),
                          fetch_rules(pattern, frame));
}
```

apply_a_rule 함수는 주어진 규칙을 §4.4.2에서 설명한 방식대로 적용한다. 이 함수는 규칙의 결론과 패턴을 주어진 프레임 안에서 통합한다. 만일 통합이 성공하면, 통합에 의해 확장된 프레임 안에서 규칙의 본문을 평가한다.

그런데 이 모든 일이 일어나기 전에 프로그램은 규칙에 있는 모든 변수를 각자 고유한 새 이름으로 바꾼다. 이렇게 이름을 바꾸는 이유는 같은 이름이 담긴 서로 다른 규칙들을 적용할 때 혼란을 피하려는 것이다. 예를 들어 두 규칙이 $x라는 변수를 사용하는 경우, 규칙들을 적용하는 과정에서 두 규칙 모두 $x에 대한 바인딩을 프레임에 추가하게 된다. 그 두 $x는 아무런 관계도 없으므로, 규칙 적용 과정에서 두 바인딩이 일치해야 한다는 제약이 가해지면 안 된다. 변수의 이름을 바꾸는 대신 좀 더 정교한 환경 구조를 고안해서 이런 문제를 피하는 것도 가능하겠지만(연습문제 4.76 참고), 그냥 이름을 바꾸는 접근 방식이 가장 간단하다(가장 효율적이지는 않다고 해도).

```
function apply_a_rule(rule, query_pattern, query_frame) {
    const clean_rule = rename_variables_in(rule);
    const unify_result = unify_match(query_pattern,
                                     conclusion(clean_rule),
                                     query_frame);
    return unify_result === "failed"
           ? null
           : evaluate_query(rule_body(clean_rule),
                            singleton_stream(unify_result));
}
```

규칙에서 본문과 결론을 뽑아내는 선택자 **rule_body**와 **conclusion**의 정의는 §4.4.4.7에 나온다.

각 변수를 중복 없이 고유한 이름으로 바꾸기 위해, 규칙 적용마다 고유한 식별자(일련번호 등)를 만들고 그것을 원래의 변수 이름과 연결한다. 예를 들어 규칙 적용 식별자가 7이라면 규칙의 $x는 $x_7로, $y는 $y_7로 바꾸는 식이다. (이를 위한 **make_new_variable** 함수와 **new_rule_application_id**의 정의는 §4.4.4.7에서 다른 구문 함수들과 함께 나온다.)

```
function rename_variables_in(rule) {
    const rule_application_id = new_rule_application_id();
    function tree_walk(exp) {
        return is_variable(exp)
               ? make_new_variable(exp, rule_application_id)
               : is_pair(exp)
               ? pair(tree_walk(head(exp)),
                      tree_walk(tail(exp)))
               : exp;
    }
    return tree_walk(rule);
}
```

다음은 통합 알고리즘을 구현하는 **unify_match** 함수이다. 이 함수는 통합할 두 패턴과 프레임 하나를 받고 통합 성공 여부에 따라 확장된 프레임을 돌려주거나 문자열 **"failed"**를 돌려준다. 통합기는 패턴 부합기와 비슷하되, '대칭적'이라는 점이 다르다. 즉, 통합의 경우에는 부합의 양변 모두에서 변수가 허용된다. 이 `unify_match` 함수는 기본적으로 `pattern_match` 함수와 같다. 차이점은 부합의 우변에 있는 객체가 변수인 경우를 처리하기 위한 절("*******"로 표시해 두었다)이 추가되었다는 것이다.

```
function unify_match(p1, p2, frame) {
    return frame === "failed"
           ? "failed"
           : equal(p1, p2)
           ? frame
           : is_variable(p1)
           ? extend_if_possible(p1, p2, frame)
           : is_variable(p2)                      // ***
           ? extend_if_possible(p2, p1, frame)    // ***
           : is_pair(p1) && is_pair(p2)
           ? unify_match(tail(p1),
                         tail(p2),
                         unify_match(head(p1),
                                     head(p2),
                                     frame))
           : "failed";
}
```

단변 패턴 부합처럼 통합에서도, 새 바인딩이 기존 바인딩들과 모순이 없을 때만 새 바인딩으로 프레임을 확장해야 한다. 이 통합기가 사용하는 `extend_if_possible` 함수는 기본적으로 패턴 부합기가 사용하는 `extend_if_consistent` 함수와 같되, 두 가지 특별한 점검(해당 정의에 "*******"로 표시된)을 추가로 수행한다는 점이 다르다. 첫 추가 점검은 부합할 변수에 값이 바인딩되어 있는가와 관련된 것이다. 변수가 아직 바인딩되지 않았지만 부합할 값 자체가 (또 다른) 변수이면, 그 변수에 값이 바인딩되어 있는지 점검해야 한다. 만일 그 변수에 값이 바인딩되어 있다면, 원래의 변수를 그 값과 부합해 보아야 한다. 만일 두 변수 모두 바인딩되지 않았다면, 그 둘을 바인딩할 수도 있다.

둘째 추가 점검은 변수를 그 변수에 포함된 패턴과 바인딩하는 시도와 관련된 것이다. 하나의 변수가 통합할 두 패턴 모두에 있는 경우 그런 상황이 발생할 수 있다. 예를 들어 `list($x, $x)` 라는 패턴과 `list($y, ⟨$y가 포함된 표현식⟩)`이라는 패턴을 $x와 $y 둘 다 묶이지 않은 프레임 안에서 통합한다고 하자. 첫 $x는 $y와 부합하며, 이에 의해 $x와 $y의 바인딩이 만들어진다. 그런 다음 그 $x가 또다시 $y가 있는 표현식과 부합한다. 그런데 $x는 이미 $y와 묶여 있으므로, 결과적으로 $y가 그 표현식과 묶인다. 통합기라는 것을 두 패턴이 같아지게 하는 패턴 변수 값들을 찾는 장치라고 생각할 때, 이 패턴들의 통합은 $y가 $y를 포함한 표현식과 같아지게 하는 $y의 값을 구하는 문제와 같다. 따라서 이런 경우는 배제해야 한다. 이런 경우는 술어 depends_on으로 식별한다.[74] 그런데 변수를 변수 자신에게 묶는 시도까지 배제해서는 안 된다. 예를 들어 list($x, $x)와 list($y, $y)를 통합한다고 하면, $x를 $y와 묶는 두 번째 시도에 의해 $y($x와 묶인 값)가 $y($x의 새 값)에 부합된다. 이 부분은 unify_match의 equal 절이 처리한다.

---

74 일반적으로, $y와 $y가 포함된 표현식을 통합하려면 방정식 $y = ⟨$y가 포함된 표현식⟩의 한 고정점(fixed point)를 구할 수 있어야 한다. 그러한 해처럼 보이는 표현식을 구문적 조작으로 구할 수 있는 경우도 있다. 예를 들어 $y=$list("f", $y)의 한 고정점은 list("f", list("f", list("f", ...)))인데, 이 고정점은 표현식 list("f", $y)로 출발해서 $y에 list("f", $y)로 대입하는 조작을 반복하면 나온다. 안타깝게도 이런 종류의 모든 방정식에 의미 있는 고정점이 존재하지는 않는다. 이 문제는 수학에서 무한급수를 다룰 때 발생하는 문제와 비슷하다. 예를 들어 방정식 $y = 1 + y/2$의 해가 2임은 자명하다. 수식 $1 + y/2$에서 출발해서 y에 $1 + y/2$를 대입하는 대수적 조작을 반복하면 다음이 나온다.

$$2 = y = 1 + y/2 = 1 + (1 + y/2)/2 = 1 + 1/2 + y/4 = \cdots,$$

이를 정리하면

$$2 = 1 + 1/2 + 1/4 + 1/8 + \cdots.$$

이다. 그렇지만 방정식 $y = 1 + 2y$의 해가 −1이라는 점에 근거해서 같은 조작을 반복하면 다음이 나온다.

$$-1 = y = 1 + 2y = 1 + 2(1 + 2y) = 1 + 2 + 4y = \cdots,$$

이를 정리하면 다음과 같이 엉뚱한 결과가 나온다.

$$-1 = 1 + 2 + 4 + 8 + \cdots.$$

같은 조작 방법으로 두 방정식을 조작해도, 첫 경우에는 무한급수에 관한 유효한 단언이 나오지만 둘째 사례에서는 그렇지 않다. 통합의 경우에도 마찬가지로, 임의의 구문 조작으로 만들어 낸 표현식을 이용한 추론은 잘못된 결론으로 이어질 수 있다.

그렇긴 하지만 오늘날 대부분의 논리 프로그래밍 시스템은 순환적인 자료 구조를 부합의 결과로 받아들임으로써 순환 참조를 허용한다. 이러한 결정은 합리적 트리(rational trees)를 이용해서 이론적으로 정당화할 수 있다(Jaffar 및 Stuckey 1986). 순환 자료 구조를 받아들이면 자기 참조 데이터(self-referential data)도 허용하게 된다. 고용자 자료 구조가 고용인 자료 구조를 참조하고, 고용인 자료 구조는 다시 고용자 자료 구조를 참조하는 경우를 생각하면 될 것이다.

```
function extend_if_possible(variable, value, frame) {
    const binding = binding_in_frame(variable, frame);
    if (! is_undefined(binding)) {
        return unify_match(binding_value(binding),
                           value, frame);
    } else if (is_variable(value)) {                   // ***
        const binding = binding_in_frame(value, frame);
        return ! is_undefined(binding)
               ? unify_match(variable,
                             binding_value(binding),
                             frame)
               : extend(variable, value, frame);
    } else if (depends_on(value, variable, frame)) { // ***
        return "failed";
    } else {
        return extend(variable, value, frame);
    }
}
```

depends_on 함수는 한 패턴 변수의 값으로서 주어진 표현식이 그 변수 자체에 의존하는지를 판정하는 술어이다. 이 판정은 반드시 현재 프레임을 기준으로 이루어져야 한다. 왜냐하면 표현식에 이미 값을 가진 어떤 변수가 있는데, 그 변수의 값 자체가 다시 점검 대상 변수에 의존하는 것일 수도 있기 때문이다. depends_on은 필요할 때마다 변수를 해당 값으로 대체하는 단순한 재귀적 트리 순회 구조를 따른다.

```
function depends_on(expression, variable, frame) {
    function tree_walk(e) {
        if (is_variable(e)) {
            if (equal(variable, e)) {
                return true;
            } else {
                const b = binding_in_frame(e, frame);
                return is_undefined(b)
                       ? false
                       : tree_walk(binding_value(b));
            }
        } else {
            return is_pair(e)
                   ? tree_walk(head(e)) || tree_walk(tail(e))
                   : false;
```

```
        }
    }
    return tree_walk(expression);
}
```

4.4.4.5 데이터베이스의 관리

논리 프로그래밍 언어를 설계할 때 해결해야 할 중요한 문제 하나는, 주어진 패턴을 점검할 때
그 패턴과는 무관한 데이터베이스 항목들을 최소한으로만 점검하게 만드는 것이다. 이를 위해
이 예제 시스템에서는 하나의 단언을, 머리가 단언에 담긴 정보의 종류를 나타내는 문자열인
목록으로 표현한다. 그런 단언들을 정보의 종류별로 서로 다른 스트림에 저장하고, 그 스트림
들을 정보 종류 문자열이 키인 테이블에 담아 둔다. 패턴과 부합할 가능성이 있는 선언을 찾을
때는 그 패턴과 머리가 같은(즉, 정보의 종류가 같은) 모든 정렬된 단언을 담은 스트림을 테이
블에서 조회한다. 프레임에 있는 정보를 적절히 활용하는 좀 더 교묘한 방법을 이용하면 후보
단언들을 더욱더 줄일 수 있을 것이다. 색인 접근을 위한 기준(criterion)들을 프로그램 자체
에 집어넣는 것은 바람직하지 않으므로, 그런 기준을 내장한 술어와 선택자를 적절히 호출하는
접근 방식을 사용하기로 한다.

```
function fetch_assertions(pattern, frame) {
    return get_indexed_assertions(pattern);
}
function get_indexed_assertions(pattern) {
    return get_stream(index_key_of(pattern), "assertion-stream");
}
```

get_stream 함수는 주어진 키들을 이용해서 테이블에서 특정 스트림을 조회한다. 만일 키들
에 해당하는 스트림이 없으면 아무것도 돌려주지 않는다.

```
function get_stream(key1, key2) {
    const s = get(key1, key2);
    return is_undefined(s) ? null : s;
}
```

    규칙들도 단언들과 비슷한 방식으로 저장한다. 단, 정보의 종류가 아니라 규칙의 결론을 키
로 사용한다. 주어진 한 패턴에 적용할 수 있는 규칙은 결론의 머리가 그 패턴의 머리와 같은

규칙이다. 따라서, 패턴과 부합할 가능성이 있는 규칙들을 조회할 때는 머리가 패턴의 머리와 같은 규칙들만 가져온다.

```
function fetch_rules(pattern, frame) {
    return get_indexed_rules(pattern);
}
function get_indexed_rules(pattern) {
    return get_stream(index_key_of(pattern), "rule-stream");
}
```

다음은 `query_driver_loop`가 단언이나 규칙을 데이터베이스에 추가할 때 사용하는 `add_rule_or_assertion` 함수이다. 각 항목은 색인(키별 스트림)에 저장된다.

```
function add_rule_or_assertion(assertion) {
    return is_rule(assertion)
           ? add_rule(assertion)
           : add_assertion(assertion);
}
function add_assertion(assertion) {
    store_assertion_in_index(assertion);
    return "ok";
}
function add_rule(rule) {
    store_rule_in_index(rule);
    return "ok";
}
```

다음은 하나의 단언이나 규칙을 해당 스트림에 실제로 저장하는 함수이다.

```
function store_assertion_in_index(assertion) {
    const key = index_key_of(assertion);
    const current_assertion_stream =
                get_stream(key, "assertion-stream");
    put(key, "assertion-stream",
        pair(assertion, () => current_assertion_stream));
}
function store_rule_in_index(rule) {
    const pattern = conclusion(rule);
    const key = index_key_of(pattern);
    const current_rule_stream =
```

```
            get_stream(key, "rule-stream");
    put(key, "rule-stream",
        pair(rule, () => current_rule_stream));
}
```

패턴(단언이나 규칙의 결론)을 테이블에 저장할 때 사용하는 키는 패턴의 머리(종류 문자
열)이다.

```
function index_key_of(pattern) { return head(pattern); }
```

4.4.4.6 스트림 연산들

질의 시스템은 제3장에서 소개하지 않은 몇 가지 스트림 연산을 사용한다.

`stream_append_delayed` 함수와 `interleave_delayed` 함수는 §3.5.3의 `stream_append` 함수 및 `interleave` 함수와 비슷하나, 지연된 인수를 받는다는(§3.5.4의 `integral` 함수처럼) 점이 다르다. 이 덕분에 몇몇 경우에서 루프가 지연된다(연습문제 4.68 참고).

```
function stream_append_delayed(s1, delayed_s2) {
    return is_null(s1)
           ? delayed_s2()
           : pair(head(s1),
                  () => stream_append_delayed(stream_tail(s1),
                                              delayed_s2));
}
function interleave_delayed(s1, delayed_s2) {
    return is_null(s1)
           ? delayed_s2()
           : pair(head(s1),
                  () => interleave_delayed(delayed_s2(),
                                           () => stream_tail(s1)));
}
```

다음은 질의 평가기의 여러 곳에서 함수를 프레임 스트림에 매핑하고 그 결과로 생긴 스트
림들을 결합하는 데 쓰이는 `stream_flatmap` 함수이다. 이 함수는 §2.2.3에 나온, 보통의 목
록에 대한 매핑 연산을 위한 `flatmap` 함수와 비슷하다. 단, `flatmap`은 모든 요소의 매핑 연
산을 마친 후 그 결과들을 누적하지만, 이 함수는 스트림에서 요소들을 뽑으면서 매핑 연산과

누적을 교대로 수행한다(연습문제 4.69와 연습문제 4.70 참고).

```
function stream_flatmap(fun, s) {
    return flatten_stream(stream_map(fun, s));
}
function flatten_stream(stream) {
    return is_null(stream)
            ? null
            : interleave_delayed(
                head(stream),
                () => flatten_stream(stream_tail(stream)));
}
```

평가기는 또한 요소 하나로 된 스트림을 생성하는 다음과 같은 간단한 함수도 사용한다.

```
function singleton_stream(x) {
    return pair(x, () => null);
}
```

4.4.4.7 질의 구문 함수들과 인스턴스화

§4.4.4.1에서 이야기했듯이 구동기 루프는 제일 먼저 입력 문자열을 자바스크립트 구문 표현으로 변환한다. 입력 질의 문자열의 구조를 자바스크립트 표현식과 비슷한 형태로 설계한 덕분에 §4.1.2의 parse 함수를 그대로 사용할 수 있다. javascript_predicate에서 자바스크립트 표기법을 지원하는 것도 이 덕분이다. 예를 들어 다음과 같은 입력 질의를

```
parse('job($x, list("computer", "wizard"));');
```

구동기 루프는 다음과 같은 자바스크립트 구문 표현으로 변환한다.

```
list("application",
    list("name", "job"),
    list(list("name", "$x"),
        list("application",
            list("name", "list"),
            list(list("literal", "computer"),
                list("literal", "wizard")))))
```

"application"이라는 태그는 이 질의의 구문을 마치 자바스크립트의 함수 적용 (application)처럼 처리하라는 뜻이다. unparse 함수는 이 구문을 원래의 문자열로 변환한다.

```
unparse(parse('job($x, list("computer", "wizard"));'));
'job($x, list("computer", "wizard"))'
```

질의 처리기 내부에서 단언이나 규칙, 질의는 질의 언어에 특화된 형태로 표현된다. convert_ to_query_syntax 함수는 자바스크립트 구문 표현을 그러한 질의 언어 특화 표현으로 변환 한다. 앞의 예를 다시 사용하자면, 다음 호출은

```
convert_to_query_syntax(parse('job($x, list("computer", "wizard"));'));
```

다음을 돌려준다.

```
list("job", list("name", "$x"), list("computer", "wizard"))
```

§4.4.4.5의 add_rule_or_assertion이나 §4.4.4.2의 evaluate_query 같은 질의 시스 템 함수들은 잠시 후에 나오는 type이나 contents, is_rule, first_conjunct 같은 선 택자들과 술어들을 이용해서 질의 언어 특화 표현을 처리한다. [그림 4.8]은 질의 시스템이 사 용하는 세 가지 추상화 장벽이 어떻게 배치되어 있는지, 그리고 변환 함수 parse, unparse, convert_to_query_syntax가 그 장벽들을 어떻게 연결하는지를 나타낸 것이다.

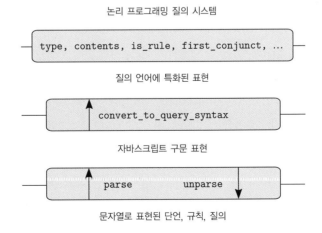

그림 4.8 질의 시스템의 구문 추상.

패턴 변수의 처리

다음은 질의 처리 도중에 질의 언어 특화 표현에 있는 변수를 식별하거나 인스턴스화 과정에서 자바스크립트 구문 표현에 있는 달러 기호($)로 시작하는 이름을 식별하는 데 쓰이는 술어 `is_variable`이다. 이 정의는 주어진 문자열에서 주어진 위치에 있는 문자 하나만 담은 문자열을 돌려주는 `char_at`이라는 함수가 있다고 가정한다.[75]

```
function is_variable(exp) {
    return is_name(exp) && char_at(symbol_of_name(exp), 0) === "$";
}
```

다음은 규칙 적용(§4.4.4.4) 도중에 고유한 변수 이름을 만드는 데 쓰이는 함수들이다. 규칙이 적용될 때마다 1씩 증가하는 일련번호를 규칙 적용의 고유 식별자로 사용한다.[76]

```
let rule_counter = 0;

function new_rule_application_id() {
    rule_counter = rule_counter + 1;
    return rule_counter;
}
function make_new_variable(variable, rule_application_id) {
    return make_name(symbol_of_name(variable) + "_" +
                     stringify(rule_application_id));
}
```

convert_to_query_syntax 함수

`convert_to_query_syntax` 함수는 단언과 규칙, 질의를 점차 단순화하면서 자바스크립트 구문 표현을 재귀적으로 질의 언어 특화 표현으로 변환한다. 단순화 과정에서는 함수 적용의 함수 표현식에 있는 이름을 하나의 태그로 바꾼다. 단, 이름이 "pair"나 "list"이면 태그 없는 자바스크립트 쌍 객체나 목록을 생성한다. 이는 `convert_to_query_syntax`가 변환 과

---

[75] 자바스크립트에서 실제로 문자열 s의 첫 문자를 담은 문자열을 얻을 때는 `s.charAt(0)`을 사용한다.

[76] 질의 처리 도중에 문자열 연결로 새 변수를 만들고 그 첫 글자를 이용해서 변수들을 식별하는 것은 다소 낭비이다. 문자열 연결로 새 변수를 만드는 것보다는 질의 언어 특화 표현에서 패턴 변수에 개별적인 태그를 부여하고 쌍 객체 생성자를 활용하는 것이 더 효율적일 것이다. 그렇지만 간결한 설명을 위해 여기서는 그냥 덜 효율적인 방법을 사용했다.

정에서 생성자 pair와 list의 적용을 해석하며, §4.4.4.3의 pattern_match나 §4.4.4.4의 unify_match 같은 처리 함수들을 파서가 생성한 구문 표현이 아니라 해당 쌍 객체나 목록에 직접 적용할 수 있다는 뜻이다. 잠시 후에 설명하겠지만, javascript_predicate의 (요소 하나짜리) '인수' 목록은 이 함수가 손대지 않는다. 마지막으로, 리터럴에 해당하는 표현식은 그 리터럴이 나타내는 원시 값으로 단순화한다.

```javascript
function convert_to_query_syntax(exp) {
    if (is_application(exp)) {
        const function_symbol = symbol_of_name(function_expression(exp));
        if (function_symbol === "javascript_predicate") {
            return pair(function_symbol, arg_expressions(exp));
        } else {
            const processed_args = map(convert_to_query_syntax,
                                       arg_expressions(exp));
            return function_symbol === "pair"
                   ? pair(head(processed_args), head(tail(processed_args)))
                   : function_symbol === "list"
                   ? processed_args
                   : pair(function_symbol, processed_args);
        }
    } else if (is_variable(exp)) {
        return exp;
    } else { // 여기까지 왔다면 exp는 리터럴임
        return literal_value(exp);
    }
}
```

javascript_predicate는 특별하게 처리한다. javascript_predicate의 경우에는 해당 자바스크립트 구문 표현을 인스턴스화해서 §4.1.1의 evaluate로 평가해야 하므로, parse로 얻은 원래의 구문 표현을 질의 언어 특화 표현 안에 그대로 유지해야 한다. §4.4.1에 나온 다음 예에 대해,

```
and(salary($person, $amount), javascript_predicate($amount > 50000))
```

convert_to_query_syntax는 술어의 자바스크립트 구문 표현이 질의 언어 특화 표현 안에 그대로 내장된 다음과 같은 자료 구조를 산출한다.

```
list("and",
    list("salary", list("name", "$person"), list("name", "$amount")),
    list("javascript_predicate",
        list("binary_operator_combination",
            ">",
            list("name", "$amount"),
            list("literal", 50000))))
```

주어진 질의에 있는 `javascript_predicate` 부분 표현식을 평가하기 위해 §4.4.4.2의 `javascript_predicate` 함수는 질의 언어 특화 표현에 내장된 자바스크립트 구문 표현을 인수로 해서 `instantiate_expression` 함수(잠시 후에 나온다)를 호출한다. 지금 예에서는 `$amount > 50000`의 자바스크립트 구문 표현이 인수가 된다. 이에 의해 변수 `list("name", "$amount")`가 이를테면 `list("literal", 70000)` 같은 하나의 리터럴로 대체되며, 이 리터럴의 값 7000이 `$amount`와 바인딩된다. `$amount`의 구체적인 값이 결정되었으므로, 이제 술어는 `70000 > 50000`에 해당한다. 이것을 자바스크립트 평가기가 평가해서 참/거짓을 결정한다.

표현식의 인스턴스화

§4.4.4.2의 `javascript_predicate` 함수와 §4.4.4.1의 구동기 루프는 표현식이 발견되면 `instantiate_expression`을 호출해서 그것을 인스턴스화한다. 여기서 표현식의 인스턴스화라는 것은 표현식에 있는 변수들을 구체적인 값으로 대체한 복사본(인스턴스)을 만드는 것을 말한다. 입력 표현식과 결과 표현식 모두 자바스크립트 구문 표현을 사용하므로, 변수의 인스턴스화로 나온 모든 값을 바인딩 안에 저장된 원래 형태에서 자바스크립트 구문 표현으로 변환해야 한다.

```
function instantiate_expression(expression, frame) {
    return is_variable(expression)
           ? convert(instantiate_term(expression, frame))
           : is_pair(expression)
           ? pair(instantiate_expression(head(expression), frame),
                  instantiate_expression(tail(expression), frame))
           : expression;
}
```

instantiate_term 함수의 첫 인수는 변수나 쌍 객체, 또는 원시 값이고 둘째 인수는 프레임이다. instantiate_term은 첫 인수의 변수들을 프레임에 있는 해당 값들로 대체하는 작업을, 하나의 원시 값이나 바인딩되지 않은 변수가 나올 때까지 재귀적으로 반복한다. 쌍 객체를 만나면 쌍 객체의 두 요소를 인스턴스화한 요소들로 새로운 쌍 객체를 만든다. 예를 들어 통합의 결과로 프레임 f에서 \$x가 쌍 $[y, 5]$와 묶이고 \$y는 3과 묶였다고 할 때, list("name", "\$x")와 f에 instantiate_term을 적용한 결과는 쌍 $[3, 5]$이다.

```
function instantiate_term(term, frame) {
    if (is_variable(term)) {
        const binding = binding_in_frame(term, frame);
        return is_undefined(binding)
                ? term   // 묶이지 않은 변수를 그대로 둔다
                : instantiate_term(binding_value(binding), frame);
    } else if (is_pair(term)) {
        return pair(instantiate_term(head(term), frame),
                    instantiate_term(tail(term), frame));
    } else { // 여기까지 왔다면 term은 원시 값이다.
        return term;
    }
}
```

함수 convert는 주어진 변수나 쌍, 원시 값(instantiate_term이 돌려준)에 대한 자바스크립트 구문 표현을 생성한다. 원래 표현에 있던 쌍은 자바스크립트의 쌍 객체 생성자를 적용하는 표현식으로 바뀌고, 원시 값은 리터럴로 바뀐다.

```
function convert(term) {
    return is_variable(term)
            ? term
            : is_pair(term)
            ? make_application(make_name("pair"),
                            list(convert(head(term)),
                                 convert(tail(term))))
            : // 여기까지 왔다면 term은 원시 값이다.
              make_literal(term);
}
```

다음 질의를 예로 들어서 이 세 함수의 작동 방식을 살펴보자.

```
job($x, list("computer", "wizard"))
```

구동기 루프는 이 질의를 자바스크립트 구문 표현으로 변환한다. 그러면 §4.4.4.7의 첫 부분에 나온 자바스크립트 구문 표현이 만들어진다. 결과 스트림의 한 프레임 *g*에 $x와 쌍 ["Bitdiddle", $y]의 바인딩과 $y와 쌍 ["Ben", null]의 바인딩이 있다고 하자. 그러면 다음 호출은

```
instantiate_term(list("name", "$x"), g)
```

다음과 같은 목록을 돌려준다.

```
list("Bitdiddle", "Ben")
```

이것을 **convert**가 다음으로 변환한다.

```
list("application",
     list("name", "pair"),
     list(list("literal", "Bitdiddle"),
          list("application",
               list("name", "pair"),
               list(list("literal", "Ben"),
                    list("literal", null)))))
```

이 자바스크립트 구문 표현과 프레임 *g*에 **instantiate_expression**을 적용하면 다음이 나온다.

```
list("application",
     list("name", "job"),
     list(list("application",
               list("name", "pair"),
               list(list("literal", "Bitdiddle"),
                    list("application",
                         list("name", "pair"),
                         list(list("literal", "Ben"),
```

```
                              list("literal", null))))),
        list("application",
            list("name", "list"),
            list(list("literal", "computer"),
                list("literal", "wizard")))))
```

마지막으로, 구동기 루프는 이 표현을 역파싱해서 다음을 출력한다.

```
'job(list("Bitdiddle", "Ben"), list("computer", "wizard"))'
```

unparse 함수

'역파싱(unparsing)'을 수행하는 unparse 함수는 §4.1.2에 나온 구문 규칙들을 적용해서 자바
스크립트 구문 형태로 표현된 구성요소를 하나의 문자열로 변환한다. 여기서는 §4.4.1의 예들에
나온 종류의 표현식들을 변환하는 부분만 설명하겠다. 문장이나 다른 표현식 종류들의 변환은
[연습문제 4.2]를 풀었다면 이미 이해하고 있을 것이다. 리터럴은 해당 값에 **stringify**를 적용
해서 문자열로 변환한다. 함수 적용은 함수 표현식(여기서는 하나의 이름으로 간주할 수 있다)
을 역파싱한 문자열 다음에 인수 표현식들을 역파싱해서 쉼표로 나열하고 소괄호로 감싼 문자열
을 붙인 형태로 변환한다. 이항 연산자 조합은 중위(infix) 표기법의 형태로 표현한다.

```
function unparse(exp) {
    return is_literal(exp)
            ? stringify(literal_value(exp))
            : is_name(exp)
            ? symbol_of_name(exp)
            : is_list_construction(exp)
            ? unparse(make_application(make_name("list"),
                                    element_expressions(exp)))
            : is_application(exp) && is_name(function_expression(exp))
            ? symbol_of_name(function_expression(exp)) +
                "(" +
                comma_separated(map(unparse, arg_expressions(exp))) +
                ")"
            : is_binary_operator_combination(exp)
            ? "(" + unparse(first_operand(exp)) +
              " " + operator_symbol(exp) +
              " " + unparse(second_operand(exp)) +
              ")"
```

```
          〈나머지 종류의 자바스크립트 구성요소들을 역파싱한다〉
              : error(exp, "unknown syntax -- unparse");
    }
    function comma_separated(strings) {
        return accumulate((s, acc) => s + (acc === "" ? "" : ", " + acc),
                          "",
                          strings);
    }
```

그런데 unparse 함수에서 아래의 절을 생략해도 unparse 함수는 작동한다.

```
  : is_list_construction(exp)
  ? unparse(make_application(make_name("list"),
                             element_expressions(exp)))
```

그렇지만 목록들에 의해 패턴들이 인스턴스화되는 경우에는 출력이 필요 이상으로 장황해진다. 앞에서 본 다음 질의를 처리한다고 하자.

```
  job($x, list("computer", "wizard"))
```

이 질의에 의해 $x와 ["Bitdiddle", ["Ben", null]]을 묶는 프레임이 만들어진다. 이에 대해 unparse는 다음을 출력한다.

```
  'job(list("Bitdiddle", "Ben"), list("computer", "wizard"))'
```

그렇지만 언급한 절을 생략한다면 unparse는 다음을 출력한다.

```
  'job(pair("Bitdiddle", pair("Ben", null)), list("computer", "wizard"))'
```

여기에는 첫 목록을 구성하는 두 쌍 객체의 생성이 명시적으로 표현되어 있다. 언급한 절은 만일 주어진 표현식 요소가 목록 생성 표현식이면 그 표현식에서 추출한 개별 요소 표현식들을 하나의 list 적용 구문으로 묶는다. 이렇게 하면 §4.4.1 전반에 나온 좀 더 간결한 형태의 결과가 나온다. 주어진 표현식이 목록 생성인지 판정하는 데 쓰이는 is_list_construction 함수는 다음과 같다. 이 함수는 표현식이 리터럴 null이거나 둘째 인수가 그 자체로 목록 생성 표현식인 pair 적용이면 목록 생성 표현식으로 간주한다.

```
function is_list_construction(exp) {
    return (is_literal(exp) && is_null(literal_value(exp))) ||
           (is_application(exp) && is_name(function_expression(exp)) &&
            symbol_of_name(function_expression(exp)) === "pair" &&
            is_list_construction(head(tail(arg_expressions(exp)))));
}
```

다음은 주어진 목록 생성 표현식에서 요소 표현식들을 추출하는 함수이다. 이 함수는 리터럴 null이 나올 때까지 pair 적용의 첫 인수들을 재귀적으로 수집한다.

```
function element_expressions(list_constr) {
    return is_literal(list_constr)
           ? null // list_constr가 리터럴 null인 경우
           :       // list_constr가 pair의 적용인 경우
             pair(head(arg_expressions(list_constr)),
                  element_expressions(
                      head(tail(arg_expressions(list_constr)))));
}
```

질의 언어 특화 표현을 위한 술어들과 선택자들

다음은 evaluate_query(§4.4.4.2)가 사용하는 type 함수와 contents 함수이다. 이 함수들은 질의 언어에서 하나의 구문형(syntactic form)이 해당 표현의 머리에 있는 문자열로 식별됨을 말해준다. 이 함수들은 §2.4.2에 나온 type_tag 및 contents와 같다. 오류 메시지만 다를 뿐이다.

```
function type(exp) {
    return is_pair(exp)
           ? head(exp)
           : error(exp, "unknown expression type");
}
function contents(exp) {
    return is_pair(exp)
           ? tail(exp)
           : error(exp, "unknown expression contents");
}
```

그리고 다음은 query_driver_loop(§4.4.4.1)가 assert 명령으로 데이터베이스에 추가된 규칙이나 단언을 식별하고 그 내용을 조회하는 데 사용하는 함수들이다. 이 함수들은 주어진 규칙 또는 단언을 convert_to_query_syntax 함수가 ["assert", *규칙 또는 단언*] 형태의 쌍으로 변환한다는 점을 반영한다.

```javascript
function is_assertion(exp) {
    return type(exp) === "assert";
}
function assertion_body(exp) { return head(contents(exp)); }
```

구문형 and, or, not, javascript_predicate(§4.4.4.2)를 위한 술어들과 선택자들은 다음과 같다.

```javascript
function is_empty_conjunction(exps) { return is_null(exps); }
function first_conjunct(exps) { return head(exps); }
function rest_conjuncts(exps) { return tail(exps); }

function is_empty_disjunction(exps) { return is_null(exps); }
function first_disjunct(exps) { return head(exps); }
function rest_disjuncts(exps) { return tail(exps); }

function negated_query(exps) { return head(exps); }

function javascript_predicate_expression(exps) { return head(exps); }
```

규칙의 질의 언어 특화 표현은 다음 세 함수로 규정된다.

```javascript
function is_rule(assertion) {
    return is_tagged_list(assertion, "rule");
}
function conclusion(rule) { return head(tail(rule)); }
function rule_body(rule) {
    return is_null(tail(tail(rule)))
           ? list("always_true")
           : head(tail(tail(rule)));
}
```

4.4.4.8 프레임과 바인딩

프레임은 바인딩들의 목록으로 표현되며, 각 바인딩은 변수와 값의 쌍이다.

```
function make_binding(variable, value) {
    return pair(variable, value);
}
function binding_variable(binding) {
    return head(binding);
}
function binding_value(binding) {
    return tail(binding);
}
function binding_in_frame(variable, frame) {
    return assoc(variable, frame);
}
function extend(variable, value, frame) {
    return pair(make_binding(variable, value), frame);
}
```

■ **연습문제 4.68**

루이스 리즈너는 `simple_query`와 `disjoin` 함수(§4.4.4.2)를 굳이 지연 표현식으로 구현할
필요 없이 그냥 다음처럼 간단하게 구현해도 되지 않을까 생각한다.

```
function simple_query(query_pattern, frame_stream) {
    return stream_flatmap(
            frame =>
              stream_append(find_assertions(query_pattern, frame),
                            apply_rules(query_pattern, frame)),
            frame_stream);
}
function disjoin(disjuncts, frame_stream) {
    return is_empty_disjunction(disjuncts)
          ? null
          : interleave(
                evaluate_query(first_disjunct(disjuncts), frame_stream),
                disjoin(rest_disjuncts(disjuncts), frame_stream));
}
```

이 단순한 정의가 바람직하지 않은 행동을 보이게 만드는 질의의 예를 몇 가지 찾아보라.

■ 연습문제 4.69

`disjoin`과 `stream_flatmap`이 스트림들을 단순히 연결하는 대신 교대로 삽입하는 (interleave) 이유는 무엇인가? 그러한 교대 삽입이 더 잘 작동하는 예를 몇 가지 제시하라. (힌트: §3.5.3에서 `interleave`를 사용한 이유를 떠올려 볼 것.)

■ 연습문제 4.70

`flatten_stream`의 본문에서 지연 표현식을 사용하는 이유는 무엇인가? `flatten_stream`을 다음과 같이 정의하면 어떤 문제가 생길까?

```
function flatten_stream(stream) {
    return is_null(stream)
           ? null
           : interleave(head(stream),
                        flatten_stream(stream_tail(stream)));
}
```

■ 연습문제 4.71

알리사 P. 해커는 `negate`와 `javascript_predicate`, `find_assertions`에서 좀 더 단순한 `stream_flatmap`을 사용할 것을 제안한다. 이 경우들에서 프레임 스트림에 매핑하는 함수들이 항상 빈 스트림 아니면 단원소 스트림(singleton stream; 항목이 하나뿐인 스트림)을 산출하므로, 그런 스트림들을 결합할 때는 교대 삽입이 필요하지 않다는 것이 알리사의 주장이다.

a. 빠진 표현식들을 채워서 알리사의 프로그램을 완성하라.

```
function simple_stream_flatmap(fun, s) {
    return simple_flatten(stream_map(fun, s));
}
```

```
function simple_flatten(stream) {
    return stream_map(⟨ ?? ⟩,
                      stream_filter(⟨ ?? ⟩, stream));
}
```

b. 이렇게 변경하면 질의 시스템의 행동이 달라지는가?

■ **연습문제 4.72**

질의 언어에 unique라는 구문형을 추가하라. unique 질의는 주어진 질의를 충족하는 항목이 데이터베이스에 딱 하나일 때만 성공해야 한다. 예를 들어 현재 데이터베이스에서 컴퓨터 마법사는 벤 빗디들뿐이므로, 다음 질의에 대해

```
unique(job($x, list("computer", "wizard")))
```

질의 시스템은 다음과 같은 단원소 스트림을 출력해야 한다.

```
unique(job(list("Bitdiddle", "Ben"), list("computer", "wizard")))
```

한편, 컴퓨터 프로그래머는 여러 명이므로 다음 질의에 대해서는 빈 스트림을 출력해야 한다.

```
unique(job($x, list("computer", "programmer")))
```

또 다른 예로, 다음은 담당자가 딱 한 명인 직무와 그 담당자를 모두 출력하는 질의이다.

```
and(job($x, $j), unique(job($anyone, $j)))
```

unique의 구현은 두 부분으로 나뉜다. 첫 부분은 이 구문형을 처리하는 함수를 작성하는 것이고, 둘째 부분은 그 함수가 호출되게 하는 디스패치 절을 evaluate_query에 추가하는 것이다. evaluate_query는 데이터 지향적인 방식으로 디스패치를 처리하므로 둘째 부분은 간단하다. 첫 부분의 함수가 uniquely_asserted라고 할 때, 그냥 다음을 호출하기만 하면 된다.

```
put("unique", "evaluate_query", uniquely_asserted);
```

그러면 evaluate_query는 type(머리)이 문자열 "unique"인 질의에 대해 항상 uniquely_asserted를 호출한다.

여러분이 해야 할 일은 uniquely_asserted 함수를 작성하는 것이다. 이 함수는 unique 질의의 contents 부분(꼬리)과 프레임 스트림을 받아야 한다. 함수는 입력 스트림의 각 프레임에 대해 evaluate_query를 이용해서 질의를 충족하는 모든 확장 프레임 스트림들을 구하고, 그중 항목이 정확히 하나인 스트림들만 남겨야 한다. 마지막으로, 그런 스트림들을 합쳐서 만든 하나의 큰 스트림을 unique 질의의 결과로서 돌려주어야 한다. 이는 구문형 not의 구현과 비슷한 방식이다.

관리자가 정확히 한 명인 모든 사람을 나열하는 질의를 만들어서 여러분의 구현을 시험해 볼 것.

■ 연습문제 4.73

본문에서는 and를 질의들을 직렬로 조합하는 방식으로(그림 4.6) 구현했다. 그 구현이 우아하긴 하지만, and 질의의 둘째 질의를 처리할 때 첫 질의에서 산출된 모든 프레임에 대해 데이터베이스를 훑어야 하므로 비효율적이다. 데이터베이스에 N개의 요소가 들어 있다고 하자. 그리고 전형적인 질의에서 출력 프레임의 개수가 N에 비례한다고 하자. 출력 프레임이 N/k라고 할 때, 첫 질의가 산출한 각 프레임에 대해 데이터베이스를 훑으려면 패턴 부합기를 총 N^2/k번 호출해야 한다. 이런 방법 말고 and의 두 절을 따로 처리한 후 해당 출력 프레임들의 쌍들에서 서로 호환되는(즉, 두 출력 프레임이 모순되지 않는) 쌍들을 찾는 방법도 있다. 각 질의의 출력 프레임이 N/k개라고 할 때, 필요한 호환성 점검 횟수는 N^2/k^2이다. 이는 현재 방법에 필요한 부합 횟수보다 k배 적은 횟수이다.

이상의 전략을 사용하는 and를 구현하라. 두 프레임을 받고 그 프레임들의 바인딩들이 호환되는지 점검한 후 만일 호환된다면 그 바인딩들을 모두 담은 프레임을 산출하는 함수를 작성해야 할 것이다. 이 연산은 통합과 비슷하다.

---

§4.4.3에서 보았듯이, 묶이지 않은 변수들이 있는 프레임들에 not이나 javascript_
predicate 필터를 적용하면 "틀린" 답이 나올 수 있다. 이 단점을 바로잡는 방법을 고안하라.
한 가지 방법은 필터링을 "지연된" 방식으로 수행하는 것이다. 즉, 프레임에 필터를 즉시 적용
하는 대신, 주어진 필터 연산이 가능할 정도로 변수들이 충분히 바인딩된 후에야 비로소 충족
되는 필터링 '약속'을 프레임에 추가하는 것이다. 그렇다고 필터링을 아예 다른 "모든" 연산이
수행된 후로 미루는 것은 바람직하지 않다. 효율성을 생각하면 필터링을 가능한 한 일찍 적용
해서, 처리 도중 생성되는 프레임의 수를 줄이는 것이 좋다.

이번 절의 질의 언어는 하나의 스트림 과정으로서 실행된다. 그렇게 하는 대신, §4.3의 평가기
를 이용해서 실행할 수 있는 하나의 비결정론적 프로그램이 되도록 질의 언어를 설계하라. 이
접근 방식에서 질의 시스템은 주어진 질의에 대해 하나의 답만(모든 답의 스트림이 아니라) 출
력하고, 사용자가 retry 명령을 입력하면 다른 답을 출력한다. 이 문제를 풀다 보면, 이번 절
에서 구축한 메커니즘 중에 비결정론적 검색과 역추적을 적용할 수 있는 것이 아주 많음을 알
게 될 것이다. 그러나 이런 식으로 새로 구현한 질의 언어의 행동 방식이 본문에 나온 것과는
미묘하게 다르다는 점도 알게 될 것이다. 그러한 차이점을 드러내는 질의의 예를 찾아 보라.

§4.1에서 자바스크립트 평가기를 구현할 때, 함수의 매개변수들 사이의 이름 충돌을 지역 환경
을 이용해서 방지하는 방법을 이야기했다. 예를 들어 다음과 같은 자바스크립트 프로그램을 평
가한다고 하자.

```javascript
function square(x) {
    return x * x;
}
function sum_of_squares(x, y) {
    return square(x) + square(y);
```

```
    }
sum_of_squares(3, 4);
```

평가기는 square의 x와 sum_of_squares의 x를 혼동하지 않는다. 각 함수는 해당 지역 이름들에 대한 바인딩들을 담도록 특별히 생성된 환경에서 각자 평가되기 때문이다. 그러나 질의 시스템은 이와는 다른 전략으로 이름 충돌을 방지한다. 규칙을 적용할 때 질의 시스템은 각 변수를 각자 고유한 이름으로 바꾸어서 충돌의 여지를 없앤다. 자바스크립트 평가기에 이런 전략을 적용한다면, 지역 환경은 사용하지 않고 그냥 함수를 적용할 때마다 함수 본문의 변수들을 새로운 이름으로 바꾸는 형태가 될 것이다.

질의 언어의 규칙 적용 부분을, 이름 바꾸기 대신 환경을 사용해서 이름들을 관리하도록 구현하라. 그리고 블록 구조 함수에 해당하는 복합 규칙 같은, 대규모 질의 시스템을 위한 질의 언어의 구성요소를 그 환경 구조에 기반해서 만드는 것도 시도해 볼 것. 이 문제와 문맥 기반 연역(이를테면 "만일 P가 참이라고 가정했다면, 그로부터 A와 B를 유도할 수 있었을 것이다" 같은)을 해법으로 사용하는 문제 사이에는 어떤 연관성이 있을까? (이것은 아직 정답이 나오지 않은 열린 문제이다.)

레지스터 기계를 이용한 계산

내 목표는 천상의 기계(heavenly machine)가 신성하고 살아 있는 어
떤 존재가 아니라 일종의 시계 장치(clockwork)임을 보이는 것입니
다(시계에 영혼이 있다고 믿는 사람은 그런 장치를 창조주의 영광으로
돌리겠지요). 시계의 모든 운동이 하나의 추 때문에 생기듯이, 거의 모
든 복잡한 운동이 결국은 아주 단순하고 실질적인 힘 때문에 생긴다는
점에서 말이죠.

— 요하네스 케플러Johannes Kepler

(1605년에 헤르바르트 폰 호엔부르크Herwart von Hohenburg에게 보낸 서
한에서)

이 책의 앞부분에서 우리는 계산적 과정(줄여서 '과정')이 무엇인지 살펴보고, 과정을 자바스
크립트로 작성한 함수들로 표현했다. 그리고 일련의 평가 모형을 통해서 그런 함수들의 의미를
설명했다. 제1장의 치환 모형(대입 모형), 제3장의 환경 모형, 제4장의 메타순환적 평가기가
그러한 평가 모형들이다. 특히, 메타순환적 평가기를 살펴보면서 자바스크립트 같은 언어가 해
석되는 방식에 관한 여러 궁금증이 해소되었다. 그렇지만 메타순환적 평가기조차도 몇 가지 중
요한 질문에 답을 주지 않는다. 좀 더 구체적으로 말하면, 메타순환적 평가기는 자바스크립트
시스템의 제어 메커니즘을 명확하게 밝히지 못한다. 예를 들어 이 평가기는 부분 표현식(부분
식)을 평가해서 나온 값이 그 값을 사용하는 표현식으로 어떻게 반환되는지를 설명하지 못한
다. 또한, 평가기는 왜 어떤 재귀 함수는 반복적 과정(즉, 상수 공간으로 평가할 수 있는 과정)

을 생성하는 반면에 다른 어떤 재귀 함수는 재귀적 과정을 생성하는지를 말해주지 않는다.[1] 이번 장에서는 이 두 가지 문제를 해결한다.

이번 장에서는 계산적 과정이라는 것을 전통적인 컴퓨터의 단계별 연산으로 서술한다. 레지스터 기계(register machine)라고 부르는 전통적인 컴퓨터는 일련의 명령(instruction)들을 차례로 수행한다. 그런 명령들은 고정된 개수의 저장 요소들에 담긴 내용을 조작하는데, 그런 저장 요소를 레지스터register라고 부른다. 레지스터 기계(종종 줄여서 '기계')로 수행하는 계산적 과정을 이번 장의 표기법으로 서술한 결과는 전통적인 컴퓨터의 '기계어(machine-language)' 프로그램과 아주 비슷하다. 그렇지만 이번 장의 초점은 특정한 컴퓨터의 기계어가 아니다. 이번 장에서는 여러 자바스크립트 함수들을 살펴보고, 그 함수들을 수행하는 구체적인 레지스터 기계들을 각각 설계한다. 즉, 이번 장에서 우리는 기계어 프로그래머가 아니라 하드웨어 설계자의 관점에서 레지스터 기계를 논의한다. 레지스터 기계를 설계하면서 재귀 같은 중요한 프로그래밍 요소를 구현하는 메커니즘도 개발해 나갈 것이다. 또한 이번 장에서는 레지스터 기계의 설계를 서술하는 언어도 소개한다. 그러한 서술을 이용해서 우리가 설계한 기계를 시뮬레이션하는 자바스크립트 프로그램이 §5.2에 나온다.

이번 장의 레지스터 기계가 갖춘 원시 연산들은 대부분 아주 간단하다. 예를 들어 더하기 연산은 그냥 두 레지스터에서 수치를 가져와서 더한 결과를 또 다른 레지스터에 저장할 뿐이다. 그런 연산은 하드웨어로 손쉽게 수행할 수 있으며, 그런 하드웨어를 서술하기도 쉽다. 그렇지만 목록 구조(list structure)를 다루기 위해서는 `head`, `tail`, `pair` 같은 메모리 조작 연산들이 필요한데, 그런 연산들을 구현하려면 좀 더 정교한 저장소 할당 메커니즘이 필요하다. §5.3에서는 이들을 좀 더 기본적인 연산들을 이용해서 구현하는 방법을 논의한다.

레지스터 기계를 간단한 함수들로 정식화하는 경험을 축적한 후 §5.4에서는 §4.1의 메타순환적 평가기로 서술된 알고리즘을 수행하는 레지스터 기계를 설계한다. 이 레지스터 기계는 평가기의 제어 메커니즘에 대한 명시적인 모형을 제공하므로, 자바스크립트 프로그램의 해석에 관해 이전 장들에서 명확히 답하지 못한 문제가 비로소 해결될 것이다. §5.5에서는 자바스크립트 프로그램을 평가기 레지스터 기계의 레지스터들과 연산들로 직접 수행할 수 있는 일련의 명령들로 변환하는 간단한 컴파일러를 살펴본다.

---

[1] 제4장의 메타순환적 평가기에서 재귀 함수의 적용은 항상 재귀적 과정을 만들어 낸다. §1.2.1의 구분에 따르면 반복적 과정에 해당하는 재귀 함수라고 해도 말이다. §4.1.1의 각주 4.6을 참고하라.

5.1 레지스터 기계의 설계

레지스터 기계를 설계하려면 기계의 데이터 경로(data path)와 제어기(controller)를 설계해야 한다. 데이터 경로는 레지스터 기계가 갖춘 레지스터들과 연산들을 말하고, 제어기는 그 연산들을 적절한 순서로 실행하는 장치를 말한다. 유클리드 호제법을 예로 들어서 간단한 레지스터 기계의 설계를 설명해 보겠다. 기억하겠지만 유클리드 호제법은 두 정수의 최대공약수(greatest common divisor, GCD)를 구하는 알고리즘이다. §1.2.5에서 보았듯이 유클리드 호제법을 컴퓨터(기계)에서 반복적 과정으로 수행할 수 있다. 다음이 그러한 함수이다.

```
function gcd(a, b) {
    return b === 0 ? a : gcd(b, a % b);
}
```

이 알고리즘을 수행하는 레지스터 기계는 두 수치 a와 b를 관리해야 한다. 이 수치들을 해당 이름의 두 레지스터에 저장한다고 가정하자. 알고리즘에 필요한 기본 연산은 레지스터 b의 내용이 0인지 판정하는 연산과 레지스터 a의 내용을 레지스터 b의 내용으로 나눈 나머지를 구하는 연산이다. 이 나머지 연산은 복합적인 과정이지만, 일단 지금은 레지스터 기계에 나머지를 구하는 어떤 원시 장치(primitive device)가 있다고 가정하고 넘어가자. 유클리드 호제법 알고리즘의 한 실행 주기(cycle)에서 레지스터 a의 내용을 레지스터 b의 내용으로 치환하고, b의 내용을 a의 기존 내용을 b의 기존 내용으로 나눈 나머지로 치환해야 한다. 그런 치환 연산을 동시에 수행할 수 있으면 편하겠지만, 지금 이야기하는 레지스터 기계의 모형에서는 한 단계에서 레지스터 하나에만 새 값을 배정할 수 있다고 가정한다. 이 치환들을 위해서는 또 다른 '임시(temporary)' 레지스터가 필요하다. 이를 레지스터 t라고 부르기로 하자. (처음에 나머지를 t에 넣고, b의 내용을 a의 내용으로 치환하고, 마지막으로 t에 담긴 나머지를 b에 넣는다.)

[그림 5.1]은 이 레지스터 기계에 필요한 레지스터들과 연산들을 나타낸 데이터 경로 도식이다. 이 도식에서 레지스터들(a, b, t)은 직사각형 상자로 표시한다. 레지스터에 값을 배정하는 연산은 ⊗로 표시된 '버튼'이 있는 화살표로 나타낸다. 화살표의 머리는 새 값을 배정할 레지스터를 가리키고, 꼬리는 그 값의 출처를 가리킨다. 화살표의 버튼을 누르면 출처의 값이 배정 대상 레지스터로 "흘러간다." 버튼 아래나 옆에는 그 버튼을 지칭하는 데 쓰이는 이름이 붙어 있다. 버튼의 이름에 특별한 제약은 없다. 그냥 해당 버튼의 의미를 기억하기 쉬운 이름을 붙이면 된다(예를 들어 a<-b는 그 버튼을 누르면 레지스터 b의 내용이 레지스터 a에 배정됨을 뜻한

다). 레지스터에 배정할 데이터의 출처는 a<-b 배정처럼 다른 레지스터일 수도 있고, t<-r 배정처럼 연산의 결과일 수도 있고, 또는 어떤 상수일 수도 있다(상수는 변경할 수 없는 내장 값으로, 데이터 경로 도식에서는 그 값을 담은 삼각형으로 표시한다).

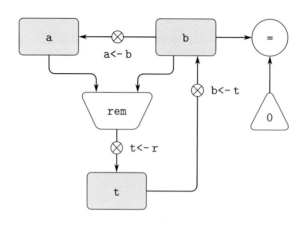

그림 5.1 GCD 기계의 데이터 경로.

상수와 레지스터 내용으로부터 어떤 값을 계산하는 연산은 데이터 경로 도식에서 사다리꼴 상자로 표시한다. 사다리꼴 상자 안은 그 연산의 이름이다. 예를 들어 [그림 5.1]에서 rem으로 표시된 사다리꼴 상자는 그 상자와 연결된 두 레지스터 a와 b의 나머지(remainder) 연산을 나타낸다. 연산으로 입력되는 레지스터나 상수는 버튼 없는 화살표로 표시하고, 연산의 출력을 레지스터에 배정할 때는 앞에서 말한 것처럼 버튼 있는 화살표로 표시한다. 검사 또는 판정(test) 연산은 판정의 이름을 담은 원으로 표시한다. 예를 들어 이 GCD 기계에는 레지스터 b의 내용이 0인지 판정하는 연산이 있다. 판정 역시 화살표로 입력 레지스터나 상수와 연결되지만, 출력 화살표는 없다. 판정 결과는 데이터 경로가 아니라 제어기가 사용한다. 정리하자면, 이러한 데이터 경로 도식은 기계의 작동에 어떤 레지스터들과 연산들이 필요한지, 그리고 그것들이 어떻게 연결되는지를 보여준다. 화살표가 전선(wire)이고 ⊗ 버튼이 스위치라고 한다면, 데이터 경로 도식은 전자 부품들로 이루어진 컴퓨터의 배선도와 아주 비슷하다.

이 데이터 경로로 최대공약수를 실제로 계산하려면 버튼들을 올바른 순서로 눌러주어야 한다. 버튼들을 누르는 순서는 [그림 5.2]와 같은 제어기 도식(controller diagram)으로 서술한다. 제어기 도식의 요소들은 데이터 경로의 구성요소들을 조작하는 방법을 나타낸다. 제어기 도식에서 직사각형 상자는 눌러야 할 데이터 경로 버튼을 나타내고, 화살표는 한 단계에서 다음 단계로 넘어가는 순서를 나타낸다. 그리고 마름모꼴 상자는 하나의 결정(decision)을 나타낸다. 마름모꼴 상자 안의 이름에 대응되는 데이터 경로 판정 연산의 값에 따라 마름모꼴 상자에서 나가는 두 순서 화살표 중 하나가 선택된다. 이러한 제어기를 물리적인 실체에 비유해서 설명하자면 이렇다. 제어기 도식이 일종의 미로(maze)이고, 그 미로에서 구슬을 굴린다고 상상하기 바란다. 제어기 도식의 한 상자에 들어온 구슬은 그 상자의 이름에 대응되는 데이터 경로의 버튼을 누른다. 마름모꼴 결정 노드에 들어온 구슬은 해당 판정(지금 예에서는 b = 0)의 결과에 따라 두 경로 중 하나로 나아간다. 이러한 제어기와 데이터 경로의 조합은 GCD 계산을 위한 하나의 레지스터 기계를 완전하게 서술한다. 최대공약수를 구할 때는 데이터 경로의 레지스터 a와 b에 원하는 두 정수를 넣은 후 제어기 도식의 **start** 지점에서 제어기('구르는 구슬')를 시동한다. 제어기가 **done**에 도달하면, 레지스터 a에는 두 수의 최대공약수가 담겨 있다.

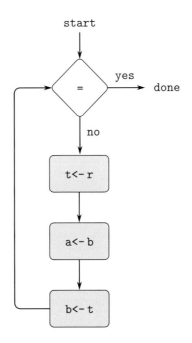

그림 5.2 GCD 기계의 제어기.

다음 함수로 명시된 반복적 알고리즘을 이용해서 계승(factorial)을 계산하는 레지스터 기계를 설계하라. 그 기계의 데이터 경로 도식과 제어기 도식을 그려야 한다.

```
function factorial(n) {
    function iter(product, counter) {
        return counter > n
               ? product
               : iter(counter * product,
                      counter + 1);
    }
    return iter(1, 1);
}
```

5.1.1 레지스터 기계의 서술을 위한 언어

데이터 경로 도식과 제어기 도식은 최대공약수 계산 같은 간단한 레지스터 기계를 나타내는 데는 적합하지만, 자바스크립트 해석기 같은 커다란 기계를 서술하기에는 비현실적이다. 복잡한 기계를 다루기 위해, 데이터 경로 도식과 제어기 도식이 제공하는 모든 정보를 텍스트 형태로 표현하는 언어를 만들기로 하자. 먼저, 그 도식들에 직접적으로 대응되는 표기법으로 시작한다.

레지스터 기계의 데이터 경로는 그 기계의 레지스터들과 연산들로 정의한다. 한 레지스터의 서술은 레지스터의 이름과 그 레지스터를 제어하는 버튼의 이름으로 구성된다. 그리고 각 버튼은 이름과 그 버튼이 활성화되었을 때 흘러갈 데이터의 출처로 서술한다. (출처는 레지스터나 상수, 연산이다.) 연산을 서술할 때는 연산의 이름과 입력(레지스터나 상수)들을 명시한다.

레지스터 기계의 제어기는 일련의 **명령**(instruction)들로 이루어진 순차열('명령렬')과 그 명령렬의 진입점(entry point)을 가리키는 **이름표**(label레이블)로 정의한다. 명령은 다음 네 종류이다.

- 누르면 값을 레지스터에 배정하는 데이터 경로 버튼의 이름. (이 명령은 제어기 도식의 직사각형 상자에 대응된다.)

- 주어진 판정을 수행하는 **test** 명령.

- 이전 판정의 결과에 기초해서 한 장소(제어기의 한 이름표가 가리키는)로 나아가는 조건 분기 명령(branch 명령). (판정 명령과 분기 명령의 조합은 제어기 도식의 마름모꼴 상자에 대응된다.) 판정의 결과가 거짓이면 제어기는 명령렬의 다음 명령으로 넘어가야 한다. 판정의 결과가 참이면 제어기는 해당 이름표 다음의 명령으로 가야 한다.

- 주어진 제어기 이름표가 가리키는 지점에서 실행을 계속하는 무조건 분기(go_to 명령).

레지스터 기계의 실행은 제어기 명령렬의 첫 명령에서 시작하고, 명령렬의 끝에 도달하면 멈춘다. 분기 명령에 의해 제어의 흐름이 바뀌는 경우를 제외하면, 명령렬의 명령들은 나열된 순서대로 실행된다.

[그림 5.3]은 GCD 기계를 이런 식으로 서술한 것이다. GCD 기계는 아주 단순한 형태의 레지스터 기계라서 이 예에는 이런 서술의 일반적인 특성이 그리 잘 나타나 있지 않다. 예를 들어 이 기계에서는 각 레지스터에 버튼이 하나씩만 있고 각 버튼과 각 판정이 딱 한 번씩만 쓰이지만, 일반적으로는 그렇지 않다.

```
data_paths(
  registers(
    list(
      pair(name("a"),
           buttons(name("a<-b"), source(register("b")))),
      pair(name("b"),
           buttons(name("b<-t"), source(register("t")))),
      pair(name("t"),
           buttons(name("t<-r"), source(operation("rem")))))),
  operations(
    list(
      pair(name("rem"),
           inputs(register("a"), register("b"))),
      pair(name("="),
           inputs(register("b"), constant(0))))));

controller(
  list(
    "test_h",                    // 이름표
    test("="),                   // 판정
```

그림 5.3 GCD 기계의 명세(다음 페이지로 이어짐).

```
      branch(label("gcd_done")),      // 조건 분기
       "t<-r",                        // 버튼 누름
       "a<-b",                        // 버튼 누름
       "b<-t",                        // 버튼 누름
       go_to(label("test_b")),        // 무조건 분기
     "gcd_done"));                    // 이름표
```

그림 5.3 (앞 페이지에서 이어짐).

안타깝게도 좀 더 복잡한 기계에서는 이런 서술을 읽고 이해하기가 쉽지 않다. 제어기의 명
령들을 이해하려면 데이터 경로의 서술에 정의된 버튼 이름들과 연산 이름들을 거듭 확인해야
하며, 버튼의 의미를 이해하려면 해당 연산 이름의 정의를 참조해야 한다. 따라서, 이들을 한눈
에 볼 수 있도록 데이터 경로 서술과 제어기 서술의 정보를 결합한 표기법을 만들기로 하자.

좀 더 직관적인 서술을 위해, 버튼들과 연산들을 따로 정의해서 이름으로 연결하는 대신 실
제 행동을 직접 서술하기로 한다. 즉, (제어기에서) "버튼 t<-r를 누른다"와 (데이터 경로에
서) "버튼 t<-r는 rem 연산의 값을 레지스터 t에 배정한다"와 "rem 연산의 입력들은 레지스
터 a와 b의 내용이다"를 모두 따로 서술하는 대신, "레지스터 a와 b의 내용에 대한 rem 연산의
값을 레지스터 t에 배정하는 버튼을 누른다" 하나로 서술하는 것이다. 또 다른 예로, (제어기
에서) "= 판정을 수행한다"라고 서술하고 그와는 별도로 (데이터 경로에서) "= 판정은 레지스
터 b의 내용과 상수 0에 대해 작용한다"라고 말하는 것이 아니라 "레지스터 b와 상수 0의 내용
에 대한 = 판정을 수행한다" 하나로 말하기로 한다. 이 새 서술 방법에서는 데이터 경로 서술을
생략하고, 제어기의 명령렬만 서술한다. 다음은 새 서술 '언어'로 GCD 기계를 서술한 것이다.

```
controller(
  list(
    "test_b",
      test(list(op("="), reg("b"), constant(0))),
      branch(label("gcd_done")),
      assign("t", list(op("rem"), reg("a"), reg("b"))),
      assign("a", reg("b")),
      assign("b", reg("t")),
      go_to(label("test_b")),
    "gcd_done"))
```

이런 형태의 서술(명세)이 [그림 5.3]에 나온 형태보다 읽기 쉽다. 그러나 다음과 같은 단점도 있다.

- 큰 기계에 대해서는 서술이 좀 더 장황해진다. 제어기 명령렬에서 데이터 경로 요소를 언급할 때마다 그 요소의 서술 전체가 중복되기 때문이다. (GCD 기계의 예에서는 각 연산과 버튼이 한 번씩만 쓰이므로 이 단점이 드러나지 않았다.) 게다가, 데이터 경로 서술들이 중복되면 기계의 실제 데이터 경로 구조가 불명확해진다. 기계 전체에 레지스터와 연산, 버튼이 몇 개씩이고 어떻게 연결되어 있는지를 파악하기 어렵다.

- 기계의 서술에 나온 제어기 명령들이 자바스크립트 표현식과 비슷한 형태라서, 이들이 임의의 자바스크립트 표현식이 아니라는 점을 잊기 쉽다. 기계의 서술에서는 오직 적법한 기계 연산만 표기할 수 있다. 예를 들어 각 연산은 상수와 레지스터 내용에만 직접 적용할 수 있다. 다른 연산의 결과에 직접 적용할 수는 없다.

이런 단점들이 있긴 하지만, 그래도 이번 장 전체에서 이 레지스터 기계어(register-machine language)를 사용하기로 한다. 이번 장의 목적에서는 데이터 경로의 요소들과 그 연결 관계를 이해하는 것보다 제어기를 이해하는 것이 더 중요하기 때문이다. 그렇지만 실제로 레지스터 기계를 설계할 때는 데이터 경로의 설계도 중대한 문제임을 잊지 말기 바란다.

■ 연습문제 5.2

이 레지스터 기계어를 이용해서 [연습문제 5.1]의 반복적 계승 기계를 서술하라.

동작들

앞의 GCD 기계에는 사용자가 두 정수를 입력하는 기능과 계산된 최대공약수를 화면에 출력하는 기능이 없다. 그럼 이 두 기능을 추가해 보자. 여기서 기계가 실제로 사용자의 입력을 읽거나 데이터를 출력하는 구체적인 방법을 논의하지는 않겠다. 대신, (자바스크립트 평가기에서 `prompt`와 `display`를 사용했던 것처럼) 기본적인 입출력 기능이 원시 연산들로서 기계에 갖추어져 있다고 가정한다.[2]

----

2 이 가정 덕분에 논의가 대단히 간단해진다. 입출력 기능을 제대로 구현하려면 상당한 노력이 필요하다. 예를 들어 여러 언어(자연어)의 다양한 문자 부호화(character encoding) 방식을 처리할 수 있어야 한다.

prompt라는 연산은 레지스터 기계의 다른 연산들처럼 레지스터에 저장할 수 있는 값을 산출한다. 단, prompt는 다른 레지스터로부터 값을 입력받는 것이 아니라, 우리가 설계하는 기계의 부품들 바깥에서 벌어지는 어떤 사건에 의해 생긴 값을 입력받는다. 여기서는 레지스터 기계의 연산들이 그런 식으로 행동하는 것을 허용하기로 한다. 따라서 prompt도 레지스터나 상수에 기초해서 값을 계산하는 다른 연산들과 동일한 형태로 표기하거나 서술한다.

한편, display 연산은 다른 레지스터에 저장할 값을 산출하지 않는다는 점에서 지금까지 사용해 온 연산들과 근본적으로 다르다. 이 연산이 효과(effect)를 내긴 하지만, 그 효과는 지금 우리가 설계하는 기계의 일부가 아니다. 이런 종류의 연산을 **동작**(action)이라고 부르기로 한다. 데이터 경로 도식에서는 동작을 그냥 어떠한 값을 계산하는 연산과 같은 방식으로, 즉 동작의 이름이 담긴 사다리꼴로 표시한다. 임의의 출처(레지스터나 상수)에서 동작 상자로 들어오는 입력은 동작 상자를 가리키는 화살표로 표시한다. 그리고 동작에는 하나의 버튼이 연관된다. 그 버튼을 누르면 동작이 발생한다. 제어기가 어떤 동작 버튼을 누르게 할 때는 **perform**이라는 새로운 종류의 명령을 사용한다. 예를 들어 다음은 레지스터 a의 내용을 출력하는 동작을 표현하는 명령이다.

```
perform(list(op("display"), reg("a")))
```

[그림 5.4]는 입출력 기능을 갖춘 새 GCD 기계의 데이터 경로와 제어기를 서술한 것이다. 답을 출력한 후 기계를 멈추는 대신 다시 처음으로 돌아가게 했음을 주목하자. 따라서 이 기계는 두 정수를 읽어 들이고, 그 최대공약수를 계산하고, 계산한 최대공약수를 출력하는 작업을 계속 반복한다. 이러한 구조는 제4장의 해석기에서 사용한 구동기 루프와 비슷하다.

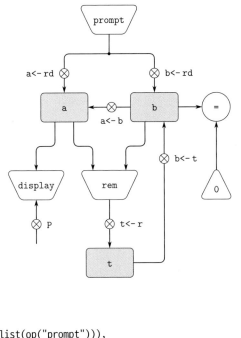

```
controller(
  list(
    "gcd_loop",
      assign("a", list(op("prompt"))),
      assign("b", list(op("prompt"))),
    "test_b",
      test(list(op("="), reg("b"), constant(0))),
      branch(label("gcd_done")),
      assign("t", list(op("rem"), reg("a"), reg("b"))),
      assign("a", reg("b")),
      assign("b", reg("t")),
      go_to(label("test_b")),
    "gcd_done",
      perform(list(op("display"), reg("a"))),
      go_to(label("gcd_loop"))))
```

그림 5.4 입력을 읽어 들이고 결과를 출력하는 GCD 기계.

5.1.2 기계 설계의 추상들

기계를 설계할 때 흔히 포함시키는 '원시(primitive)' 연산들이 실제로는 아주 복잡한 연산일 때가 많다. 예를 들어 §5.4와 §5.5에서는 자바스크립트의 환경 조작 수단들을 원시 연산으로 간주한다. 이런 추상화는 우리가 기계를 구성하는 부품들의 세부사항을 무시하고 설계의 다른 측면들에 집중할 수 있게 한다는 점에서 유용하다. 그렇지만, 기계를 설계할 때 우리가 여러 복잡한 사항을 그냥 "카펫 밑으로 쓸어 넣어서" 숨겼다고 해서 그 설계가 비현실적인 것은 아니다. 복잡한 '원시' 요소들을 더 단순한 원시 연산들로 대체하는 것은 언제라도 가능하기 때문이다.

앞에 나온 GCD 기계를 생각해 보자. 이 기계에는 레지스터 a의 내용과 b의 내용의 나머지를 계산하고 그 결과를 레지스터 t에 배정하는 명령이 있다. 그런 나머지 연산을 하나의 원시 연산으로 두지 않고 GCD 기계를 만들어야 한다면, 뺄셈 같은 좀 더 단순한 연산들을 이용해서 나머지 계산을 수행하는 방법을 명시할 수 있어야 한다. 실제로 자바스크립트로는 유클리드 호제법을 다음과 같이 뺄셈과 재귀를 이용해서 구현할 수 있다.

```
function remainder(n, d) {
    return n < d
           ? n
           : remainder(n - d, d);
}
```

GCD 기계의 데이터 경로에 있는 나머지 연산도 뺄셈 연산과 비교 판정 연산으로 대체할 수 있다. [그림 5.5]는 그런 식으로 확장된 기계의 데이터 경로와 제어기를 서술한 것이다. 원래의 GCD 기계 제어기에 다음과 같은 명령이 있었음을 기억할 것이다.

```
assign("t", list(op("rem"), reg("a"), reg("b")))
```

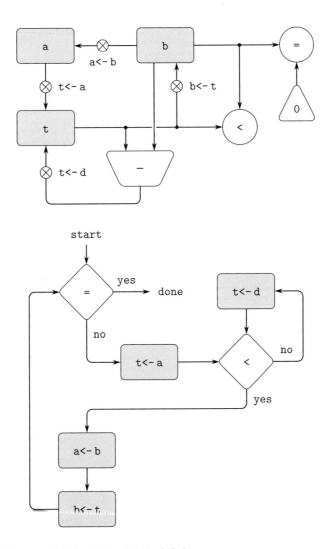

그림 5.5 확장된 GCD 기계의 데이터 경로와 제어기.

[그림 5.6]에 나온 기계에서는 이 명령이 루프를 포함한 일련의 명령들로 대체되었음을 주목하기 바란다.

```
controller(
  list(
    "test_b",
      test(list(op("="), reg("b"), constant(0))),
      branch(label("gcd_done")),
      assign("t", reg("a")),
    "rem_loop",
      test(list(op("<"), reg("t"), reg("b"))),
      branch(label("rem_done")),
      assign("t", list(op("-"), reg("t"), reg("b"))),
      go_to(label("rem_loop")),
    "rem_done",
      assign("a", reg("b")),
      assign("b", reg("t")),
      go_to(label("test_b")),
    "gcd_done"))
```

그림 5.6 [그림 5.5]에 나온 GCD 기계의 제어기 명령렬.

■ **연습문제 5.3**

§1.1.7에서 설명하고 §1.1.8에서 다음과 같은 함수로 구현한 뉴턴 반복법을 이용해서 제곱근을 계산하는 레지스터 기계를 설계하라.

```
function sqrt(x) {
    function is_good_enough(guess) {
        return math_abs(square(guess) - x) < 0.001;
    }
    function improve(guess) {
        return average(guess, x / guess);
    }
    function sqrt_iter(guess) {
        return is_good_enough(guess)
                ? guess
                : sqrt_iter(improve(guess));
    }
```

```
    return sqrt_iter(1);
}
```

일단은 is_good_enough와 improve가 원시 연산으로 주어진다고 가정하고, 이들을 좀 더 기본적인 산술 연산들로 대체해 나가기 바란다. 그런 식으로 이 sqrt 기계를 점차 발전시켜 나가면서 각 버전의 데이터 경로 도식을 그리고 제어기를 레지스터 기계어로 정의해야 한다.

5.1.3 서브루틴

어떤 계산을 수행하는 기계를 설계할 때, 공통의 구성요소들을 계산의 서로 다른 부분이 공유하게 만드는 것이 그 구성요소들을 중복해서 정의하는 것보다 바람직할 때가 많다. GCD 계산을 두 번 수행하는(이를테면 레지스터 a와 b의◆ 최대공약수와 레지스터 c와 d의 최대공약수) 기계를 설계한다고 보자. 이전의 접근 방식을 따른다면, 일단 원시 gcd 연산이 있다고 가정하고 기계를 설계한 후 그 gcd 연산의 두 인스턴스를 좀 더 단순한 원시 연산들로 확장해 나가면 된다. [그림 5.7]은 그런 식으로 만든 기계의 데이터 경로 중 GCD 부분들만 표시한 것이다(그 부분들이 기계의 나머지와 어떻게 연결되는지는 생략했다). 이 그림의 오른쪽에는 그 부분들에 해당하는 제어기 명령렬도 나와 있다.

이 기계에는 나머지 연산 상자와 상등 판정 상자가 각각 두 개씩 중복되어 있다. 나머지 연산 상자처럼 복잡한 구성요소를 이처럼 중복해서 사용한다면 기계의 경제성이 떨어진다. 두 GCD 계산을 동일한 하나의 구성요소로 수행할 수만 있다면(그렇게 해도 전체 기계의 계산에 영향이 미치지 않는다는 조건하에서) 데이터 경로 구성요소의 중복을 피할 수 있다. 만일 제어기가 gcd_2에 도달했을 때 레지스터 a와 b의 값들이 필요하지 않다면(또는, 그 값들을 다른 레지스터들에 옮겨서 보관할 수 있다면), 첫 번째 GCD 계산뿐만 아니라 두 번째 GCD 계산에서도 레지스터 c와 d 대신 레지스터 a와 b를 사용하도록 기계를 수정해서 중복을 제거할 수 있다. [그림 5.8]이 그런 식으로 수정한 데이터 경로와 제어기 명령렬이다.

◆ 옮긴이 특별히 혼동할 여지가 없는 한 "레지스터 x의 내용"을 그냥 "레지스터 x"로 표기하기도 하겠다.

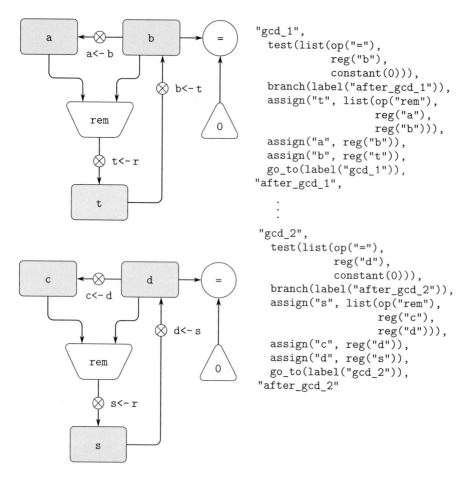

```
"gcd_1",
  test(list(op("="),
            reg("b"),
            constant(0))),
  branch(label("after_gcd_1")),
  assign("t", list(op("rem"),
                   reg("a"),
                   reg("b"))),
  assign("a", reg("b")),
  assign("b", reg("t")),
  go_to(label("gcd_1")),
"after_gcd_1",
        .
        .
        .
"gcd_2",
  test(list(op("="),
            reg("d"),
            constant(0))),
  branch(label("after_gcd_2")),
  assign("s", list(op("rem"),
                   reg("c"),
                   reg("d"))),
  assign("c", reg("d")),
  assign("d", reg("s")),
  go_to(label("gcd_2")),
"after_gcd_2"
```

그림 5.7 GCD 계산이 두 번 있는 기계의 데이터 경로와 제어기 명령렬 중 해당 부분들.

```
"gcd_1",
  test(list(op("="), reg("b"), constant(0))),
  branch(label("after_gcd_1")),
  assign("t", list(op("rem"), reg("a"), reg("b"))),
  assign("a", reg("b")),
  assign("b", reg("t")),
  go_to(label("gcd_1")),
```

그림 5.8 서로 다른 두 GCD 계산에 대해 동일한 데이터 경로 구성요소들을 사용하는 기계의 제어기 명령렬 중 해당 부분(다음 페이지로 이어짐).

```
"after_gcd_1",
  ⋮
"gcd_2",
  test(list(op("="), reg("b"), constant(0))),
  branch(label("after_gcd_2")),
  assign("t", list(op("rem"), reg("a"), reg("b"))),
  assign("a", reg("b")),
  assign("b", reg("t")),
  go_to(label("gcd_2")),
"after_gcd_2"
```

그림 5.8 (앞 페이지에서 이어짐).

데이터 경로 구성요소의 중복은 제거되었지만(이제 데이터 경로는 다시 [그림 5.1]의 것과 같아졌다), 제어기에는 진입점 이름표만 다른 GCD 명령렬 두 개가 생겼다. 이 두 명령렬을 어떤 공통의 명령렬로 가는 분기 명령들로 대체해서 중복을 제거하면 좋을 것이다. **gcd 서브루틴** subroutine이라고 부를 만한 그 공통 명령렬의 끝에는 주 명령렬의 적절한 지점(서브루틴을 "호출한" 지점)으로 되돌아가는 분기 명령이 있어야 할 것이다. 이러한 '복귀(반환)'를 실현하는 방법은 다음과 같다. **gcd** 서브루틴으로 분기하기 전에, 분기가 일어나는 지점을 나타내는 어떤 고유한 값(0이나 1 등)을 **continue**라는 특별한 레지스터에 넣는다. **gcd** 서브루틴으로 가서 명령들을 모두 수행한 후에는, `continue` 레지스터의 값에 따라 `after_gcd_1`이나 `after_gcd_2`로 분기한다. [그림 5.9]에 이 기법을 반영한 제어기 명령렬이 나와 있다. **gcd** 계산을 위한 명령들이 중복 없이 한 버전만 있음을 주목하자.

```
"gcd",
  test(list(op("="), reg("b"), constant(0))),
  branch(label("gcd_done")),
  assign("t", list(op("rem"), reg("a"), reg("b"))),
  assign("a", reg("b")),
  assign("b", reg("t")),
  go_to(label("gcd")),
"gcd_done",
```

그림 5.9 [그림 5.8]에 나온 제어기 명령렬의 중복을 피하기 위해 `continue` 레지스터를 사용하는 버전(다음 페이지로 이어짐).

```
    test(list(op("="), reg("continue"), constant(0))),
    branch(label("after_gcd_1")),
    go_to(label("after_gcd_2")),
      ⋮
    // gcd 명령들을 수행한 후 이 지점으로 돌아오도록
    // continue 레지스터에 0을 넣고 gcd로 간다.
    assign("continue", constant(0)),
    go_to(label("gcd")),
  "after_gcd_1",
      ⋮
    // 두 번째 계산에서는 continue 레지스터에 1을 넣고
    // gcd로 간다.
    assign("continue", constant(1)),
    go_to(label("gcd")),
  "after_gcd_2"
```

그림 5.9 (앞 페이지에서 이어짐)

이러한 접근 방식은 작은 문제들을 처리하기에는 적합하다. 그러나 제어기 명령렬에 GCD 계산 인스턴스가 이보다 훨씬 많을 때는 이런 식으로 처리하기가 상당히 번거롭다. gcd 서브루틴의 끝에서 어디로 돌아갈 것인지를 결정하려면 데이터 경로에 관련 판정들을 두어야 하고, 제어기에서 **gcd**를 사용하는 모든 지점에 적절한 분기 명령을 배치해야 한다. 이보다는 서브루틴을 마친 후 실행을 재개할 진입점의 이름표를 **continue** 레지스터에 담아 두는 방식이 더 나을 것이다. 이 전략을 구현하려면 레지스터 기계의 데이터 경로와 제어기를 연동하는 새로운 기능이 필요하다. 구체적으로는, 제어기 명령렬의 한 이름표를 레지스터에 배정하는 수단과 레지스터에 담긴 이름표에 해당하는 진입점에서 실행을 재개하는 기능이 있어야 한다.

이를 위해 레지스터 기계어에 **assign**이라는 명령을 추가하기로 한다. 이 명령은 제어기 명령렬의 이름표를 특별한 종류의 상수로 취급해서 레지스터에 배정한다. 또한, 상수 이름표뿐만 아니라 레지스터에 담긴 이름표로도 진입점을 지정할 수 있도록 **go_to** 명령을 확장하기로 한다. 이제 **gcd** 서브루틴의 끝에서는 번잡한 판정 없이 그냥 **continue** 레지스터에 담긴 이름표로 가면 된다. [그림 5.10]이 이를 반영한 제어기 명령렬이다.

```
 "gcd",
   test(list(op("="), reg("b"), constant(0))),
   branch(label("gcd_done")),
   assign("t", list(op("rem"), reg("a"), reg("b"))),
   assign("a", reg("b")),
   assign("b", reg("t")),
   go_to(label("gcd")),
 "gcd_done",
   go_to(reg("continue")),
    ⋮
   // gcd 명령들을 수행한 후 이 지점으로 돌아오도록
   // continue 레지스터에 적절히 이름표를 배정한다.
   assign("continue", label("after_gcd_1"))),
   go_to(label("gcd")),
 "after_gcd_1",
    ⋮
   // 앞에서와는 다른 이름표를 continue 레지스터에 배정한다.
   assign("continue", label("after_gcd_2")),
   go_to(label("gcd")),
 "after_gcd_2"
```

그림 5.10 continue 레지스터에 이름표를 배정함으로써 [그림 5.9]에 나온 전략을 좀 더 단순화하고 일반화한 버전.

그런데 서브루틴이 여러 개면 어떻게 해야 할까? 복귀를 위한 레지스터들을 따로 둘 수도 있고(이를테면 `gcd_continue`와 `factorial_continue` 등), 모든 서브루틴이 하나의 `continue` 레지스터를 공유하게 할 수도 있다. 하나의 레지스터를 공유하는 것이 더 경제적이지만, 서브루틴 안에서 다른 서브루틴을 호출하면 복귀가 꼬일 수 있음을 주의해야 한다. 예를 들어 서브루틴 **sub1** 안에서 서브루틴 **sub2**를 호출한다고 하자. 그런 경우 **sub1**은 반드시 `continue`의 현재 내용(**sub1** 자신이 되돌아갈 지점)을 다른 어떤 레지스터에 보관한 후에 **sub2** 호출을 위해 `continue`를 설정해야 한다. 그렇게 하지 않으면 **sub2**에서 복귀한 **sub1** 자신이 어디로 복귀해야 할지 알 수 없게 된다. 다음 절(§5.1.4)에서는 재귀를 처리하는 메커니즘을 개발하는데, 그때 이런 중첩된 서브루틴 호출 문제에 대한 더 나은 해법도 제시하겠다.

5.1.4 스택을 이용한 재귀 구현

지금까지 설명한 개념들을 이용하면, 그 어떤 반복적 과정이라도 그 과정의 각 상태 변수에 대응되는 레지스터들을 가진 레지스터 기계로 구현할 수 있다. 그러한 기계는 하나의 제어기 루프를 돌리면서 레지스터들의 내용을 변경하다가 어떤 특정한 종료 조건이 충족되면 실행을 중지한다. 제어기 명령렬의 임의의 지점에서 기계의 상태(반복적 과정의 상태에 대응되는)는 전적으로 레지스터들의 내용(상태 변수들의 값들에 대응되는)으로만 결정된다.

그런데 재귀적인 과정을 레지스터 기계로 구현하려면 또 다른 메커니즘이 필요하다. §1.2.1에 처음 나온, 계승을 재귀적으로 계산하는 함수를 생각해 보자.

```
function factorial(n) {
    return n === 1
           ? 1
           : n * factorial(n - 1);
}
```

이 함수에서 보듯이 $n!$을 계산하려면 $(n-1)!$을 계산해야 한다. 앞에 나온 GCD 기계는 다음 함수에 기초한 것인데, 이 함수 역시 두 수의 최대공약수를 구하기 위해 다른 두 수의 최대공약수를 계산한다는 점에서 재귀적인 것처럼 보인다.

```
function gcd(a, b) {
    return b === 0 ? a : gcd(b, a % b);
}
```

그렇지만 원래의 계산을 새로운 최대공약수 계산으로 환원(축약)하는 gcd 함수와 또 다른 계승을 하나의 부분문제(subproblem)로서 계산해야 하는 **factorial** 함수 사이에는 중요한 차이점이 있다. 최대공약수 계산의 경우에는 새 최대공약수 계산의 답이 곧 원래 문제의 답이다. 따라서 새 최대공약수를 계산할 때는 그냥 새 인수들을 GCD 기계의 입력 레지스터들에 넣고 GCD 기계의 데이터 경로를 재활용해서 동일한 제어기 명령을 실행하면 된다. 그런 식으로 나아가서 기계가 마지막 GCD 문제를 풀고 나면, 전체 계산이 끝난 것이다.

그러나 계승 계산에서(그리고 다른 모든 재귀적 과정에서) 새 계승 부분문제의 답은 원래 문제의 답이 아니다. 최종적인 답을 얻으려면 부분문제 $(n-1)!$의 답에 n을 곱해야 한다.

GCD 기계를 본떠서 계승 기계를 만든다면, 즉 레지스터 n을 감소해 가면서 계승 부분문제를 풀고 계승 기계를 재실행하는 식으로 나아간다면, 부분문제의 답에 곱할 n의 값이 유지되지 않으므로 최종 답을 얻지 못하게 된다. 따라서 부분문제를 처리할 또 다른 계승 기계가 필요하다. 그런데 이 두 번째 계승 계산 자체도 계승 부분문제를 풀어야 하므로, 세 번째 계승 기계가 필요하다. 그 이후의 계산들도 마찬가지이다. 각 계승 기계에는 또 다른 계승 기계가 포함되므로, 전체적인 레지스터 기계는 비슷한 기계들이 무한히 중첩된 형태이다. 고정된, 유한한 개수의 부품들로는 그런 레지스터 기계를 만들 수 없다.

그렇긴 하지만, 중첩된 각 기계 인스턴스가 동일한 구성요소들을 사용하도록 배치할 수만 있다면 계승 계산 과정을 하나의 유한한 레지스터 기계로 구현하는 것이 가능하다. 좀 더 구체적으로 말하면, $n!$을 계산하는 기계는 반드시 $(n-1)!$을 계산하는 부분문제, $(n-2)!$을 계산하는 부분문제, 등등을 동일한 구성요소들로 처리해야 한다. 이는 가능한 일이다. 계승 계산 과정의 서술만 보면 하나의 계산을 수행할 때 동일한 기계의 복사본을 수없이 만들어야 하지만, 실제 실행에서 그 복사본들은 한 번에 하나만 활성화하면 된다. 일반화하면, 레지스터 기계가 어떤 재귀적 부분문제를 만났을 때, 주 문제의 처리를 잠시 정지하고, 기존의 동일한 물리적 부품들을 이용해서 부분문제를 처리하고, 앞에서 정지한 지점에서 계산을 재개하면 된다.

부분문제를 처리할 때 레지스터들의 내용은 주 문제를 처리할 때의 내용과는 다를 수밖에 없다. (지금 예에서는 레지스터 n의 값이 1만큼 감소한다.) 정지된 계산을 재개하기 위해서는 부분문제를 푼 후 다시 복원해야 할 레지스터들의 내용을 어딘가에 담아 두어야 한다. 계승 계산의 경우에는 레지스터 n의 기존 값을 저장해 두고, n을 1만큼 감소해서 계승을 계산하고, 그런 다음 다시 n을 기존 값으로 복원해야 한다.[3]

중첩된 재귀 호출의 깊이에 미리 정해진 어떤 한계는 없으므로, 저장해야 할 레지스터 값들의 개수에도 한계가 없다. 그 값들은 반드시 저장된 순서의 역순으로 복원해야 한다. 중첩된 재귀에서 마지막으로 진입한 부분문제가 가장 먼저 끝나기 때문이다. 따라서 레지스터 값들을 저장하는 데 적합한 자료 구조는 흔히 **스택**stack이라고 부르는 '후입선출'(last in, first out) 자료 구조이다. 스택을 지원하기 위해 레지스터 기계어에 두 종류의 명령을 추가하기로 하자. 스택

---

3 n의 기존 값을 보관해 두는 대신 그냥 부분문제를 푼 다음에 n을 다시 1만큼 증가하면 되지 않느냐고 생각하는 독자도 있을 것이다. 계승 계산에서는 그런 전략이 통하겠지만, 일반적으로는 그렇지 않다. 레지스터의 기존 값을 레지스터의 새 값으로부터 계산하는 것이 항상 가능하지는 않기 때문이다.

에 값을 저장하는 save라는 명령과 스택에서 값을 복원하는 restore라는 명령이 기계의 원시 연산으로 주어진다고 가정하자.[4] 일련의 값들을 save로 스택에 저장한 후 restore를 반복해서 실행하면 그 값들이 원래의 역순으로 조회된다.

스택이 있으면 계승 기계의 데이터 경로 복사본 하나를 모든 계승 부분문제에 재활용할 수 있다. 그런데 데이터 경로에 대해 작용하는 제어기 명령렬의 재사용에도 앞에서와 비슷한 설계상의 고려사항이 있다. 제어기에서 계승 계산을 다시 실행할 때, 반복적 과정에서처럼 그냥 계산 시작 지점으로 돌아가는 것으로는 부족하다. $(n-1)!$ 부분문제를 푸는 것으로 끝이 아니라 그 결과에 n을 곱해야 하기 때문이다. 따라서 제어기는 반드시 $n!$의 계산을 일시 정지하고, $(n-1)!$ 부분문제를 풀고, $n!$의 계산을 재개해야 한다. 이런 관점에서 볼 때 자연스러운 해법은 §5.1.3절에서 이야기한 서브루틴 메커니즘을 도입하는 것이다. 즉, 주 문제를 풀다가 부분문제를 만나면 주 문제를 잠시 정지하고 명령렬 중 부분문제를 푸는 부분으로 이동한 후 continue 레지스터를 이용해서 다시 원래 지점으로 돌아오는 식으로 처리하면 된다. 계승 '서브루틴'에서 계승 계산을 마친 후 continue 레지스터에 저장된 진입점으로 돌아간다. 그런데 재귀적 계승 계산의 각 '수준'이 모두 하나의 continue 레지스터를 사용하므로, 각 서브루틴 호출에서는 n 레지스터를 저장하고 복원하는 것과 마찬가지 방식으로 continue 레지스터를 스택에 저장하고 복원해야 한다. 계승 서브루틴이 부분문제를 풀기 위해 자신을 호출할 때는 continue에 새 값을 넣어야 하지만, 그 지점으로 돌아오기 위해서는 continue의 이전 값을 보관할 필요가 있다.

[그림 5.11]은 재귀적 factorial 함수를 구현하는 레지스터 기계의 데이터 경로와 제어기이다. 이 기계에는 스택 하나와 레지스터 세 개가 있다. 레지스터는 각각 n, val, continue이다. 데이터 경로 도식이 너무 복잡해지지 않도록, 레지스터 배정 버튼의 이름은 생략하고 스택 연산 버튼들(레지스터를 스택에 저장하는 sc 및 sn과 스택에서 복원하는 rc 및 rn)만 표시했다. 이 기계로 계승을 계산할 때는 원하는 수를 레지스터 n에 넣고 기계를 시동한다. 기계가 fact_done에 도달하면 계산이 끝난 것이고, val 레지스터에 최종 답이 들어 있다. 제어기 명령렬은 각 재귀 호출 전에 n과 continue를 저장하고, 호출에서 돌아올 때는 그 레지스터들을 복원한다. 호출에서 돌아오는 것은 continue에 담긴 장소로의 무조건 분기(go_to)로 처리한다. 기계를 처음 시동할 때 continue 레지스터는 fact_done으로 초기화된다. 따라서 최종 복귀 지

---

4 §5.3에 이 스택 연산들을 좀 더 기본적인 원시 연산들로 구현하는 방법이 나온다.

점은 fact_done 이름표가 있는 곳인데, 이는 제어기 명령렬의 제일 끝이다. 재귀 호출 전에 계승 계산의 결과를 담는 val 레지스터는 저장하지 않는다. 서브루틴에서 복귀한 후에 val의 기존 값은 필요하지 않기 때문이다. 필요한 것은 부분문제의 계산으로 산출된 새 값뿐이다.

이론적으로 계승의 계산에는 무한히 큰 기계가 필요하지만, [그림 5.11]의 기계는 스택만 제외하면 유한하다. 이론적으로 스택의 크기에는 한계가 없지만, 실제 구현에서는 스택의 크기가 유한하다. 그리고 기계가 처리할 수 있는 재귀 호출의 깊이는 스택의 유한한 크기로 제한된다. 지금까지 살펴본 계승 기계 구현은 재귀적 알고리즘을 보통의 레지스터 기계와 스택의 조합으로 구현하는 일반적인 전략을 잘 보여준다. 정리하자면, 재귀적인 부분문제를 만나면 그 부분문제를 푼 후에 필요한 레지스터 값들을 스택에 저장해 두고, 재귀적인 부분문제를 풀고, 저장해 둔 레지스터들을 복원해서 주 문제의 실행을 재개한다. continue 레지스터는 항상 저장해야 한다. 그밖에 어떤 레지스터들을 저장해야 하는지는 구체적인 기계에 따라 다르다. 부분문제를 푸는 도중에 수정된 레지스터 값들을 굳이 복원하지 않아도 되는 재귀적 계산들도 있다 (연습문제 5.4).

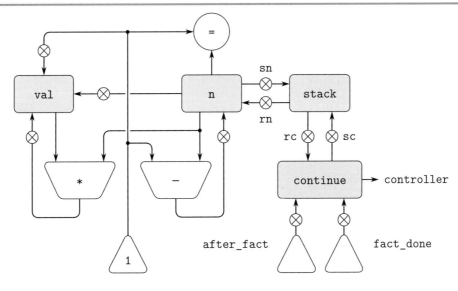

```
controller(
  list(
    assign("continue", label("fact_done")), // 최종 복귀 지점을 설정한다.
```

그림 5.11 재귀적 계승 기계(다음 페이지로 이어짐).

```
    "fact_loop",
      test(list(op("="), reg("n"), constant(1))),
      branch(label("base_case")),
      // 재귀 호출을 위해 n과 continue를 저장해 둔다.
      // 서브루틴에서 복귀 시 after_fact에서 실행이 재개되도록
      // continue를 설정한다.
      save("continue"),
      save("n"),
      assign("n", list(op("-"), reg("n"), constant(1))),
      assign("continue", label("after_fact")),
      go_to(label("fact_loop")),
    "after_fact",
      restore("n"),
      restore("continue"),
      assign("val",                  // 이제 val의 값은 n(n-1)!이다.
             list(op("*"), reg("n"), reg("val"))),
      go_to(reg("continue")),        // 호출 지점으로 돌아간다.
    "base_case",
      assign("val", constant(1)),    // 기준 경우: 1! = 1
      go_to(reg("continue")),        // 호출 지점으로 돌아간다.
    "fact_done"))
```

그림 5.11 (앞 페이지에서 이어짐)

이중 재귀

이제부터는 좀 더 복잡한 재귀적 과정을 살펴본다. 다음은 §1.2.2에서 소개한, 트리 재귀적
(tree-recursive) 피보나치 수 계산이다.

```
function fib(n) {
    return n === 0
           ? 0
           : n === 1
           ? 1
           : fib(n - 1) + fib(n - 2);
}
```

계승 계산처럼 이 재귀적 피보나치 수 계산도 레지스터 n, val, continue를 갖춘 레지스터
기계로 구현할 수 있다. 이 기계는 계승 기계보다는 복잡하다. 제어기 명령렬에서 재귀 호출을

수행해야 하는 지점이 두 군데이기 때문이다. 하나는 $\mathrm{Fib}(n-1)$을 계산하기 위한 것이고 다른 하나는 $\mathrm{Fib}(n-2)$를 계산하기 위한 것이다. 두 재귀 호출 모두, 이후에 필요한 레지스터 값들을 저장해 두고, 피보나치 수를 계산할 수치($n-1$ 또는 $n-2$)를 n 레지스터에 설정하고, 주 명령렬로 복귀할 지점(각각 afterfib_n_1 또는 afterfib_n_2)을 continue 레지스터에 설정하고, fib_loop로 간다. 모든 재귀 호출이 끝나면 val에 있는 값이 최종적인 답이다. [그림 5.12]에 이 레지스터 기계의 제어열이 나와 있다.

```
controller(
  list(
    assign("continue", label("fib_done")),
   "fib_loop",
    test(list(op("<"), reg("n"), constant(2))),
    branch(label("immediate_answer")),
    // Fib(n-1) 계산을 위한 설정
    save("continue"),
    assign("continue", label("afterfib_n_1")),
    save("n"),                  // n의 기존 값을 저장한다.
    assign("n", list(op("-"), reg("n"), constant(1))), // n을 n-1로 설정
    go_to(label("fib_loop")),        // 재귀 호출을 수행한다.
   "afterfib_n_1",                   // 복귀 시 val은 Fib(n-1)이다.
    restore("n"),
    restore("continue"),
    // Fib(n-2) 계산을 위한 설정
    assign("n", list(op("-"), reg("n"), constant(2))),
    save("continue"),
    assign("continue", label("afterfib_n_2")),
    save("val"),                // Fib(n-1)을 저장한다.
    go_to(label("fib_loop")),
   "afterfib_n_2",              // 복귀 시 val은 Fib(n-2)이다.
    assign("n", reg("val")),    // n은 이제 Fib(n-2)이다.
    restore("val"),             // val은 이제 Fib(n-1)이다.
    restore("continue"),
    assign("val",               // Fib(n-1)+Fib(n-2)
      list(op("+"), reg("val"), reg("n"))),
    go_to(reg("continue")),     // 호출 지점으로 복귀(답은 val에)
   "immediate_answer",
    assign("val", reg("n")),    // 기준 사례; Fib(n)=n
    go_to(reg("continue")),
   "fib_done"))
```

그림 5.12 피보나치 수를 계산하는 레지스터 기계의 제어기.

다음 함수들을 구현하는 레지스터 기계들을 각각 설계, 서술하라. 각 기계에 대해 제어기 명령렬을 작성하고 데이터 경로 도식을 그려야 한다.

a. 재귀적 지수함수:

```
function expt(b, n) {
    return n === 0
           ? 1
           : b * expt(b, n - 1);
}
```

b. 반복적 지수함수:

```
function expt(b, n) {
    function expt_iter(counter, product) {
        return counter === 0
               ? product
               : expt_iter(counter - 1, b * product);
    }
    return expt_iter(n, 1);
}
```

■ **연습문제** 5.5

자명하지 않은(재귀 호출을 적어도 한 번은 수행해야 하는) 몇 가지 입력들로 계승 기계와 피보나치 기계의 실행을 손으로 직접 시뮬레이션하라. 실행의 주요 지점들에서 스택의 내용을 제시할 것.

■ **연습문제** 5.6

벤 빗디들은 피보나치 기계의 제어기 명령렬에 불필요한 **save** 명령과 **restore** 명령이 하나씩 있음을 알아챘다. 이들을 제거하면 기계의 실행이 더 빨라진다. 이 두 명령이 어디에 있는가?

5.1.5 명령 요약

레지스터 기계어에서 하나의 제어기 명령은 다음 형태 중 하나이다. 아래에서 각 입력은 reg(레지스터-이름)이거나 constant(상수-값)이다.

다음은 §5.1.1에서 소개한 명령들이다.

---

assign(*레지스터-이름*, reg(*레지스터-이름*))

assign(*레지스터-이름*, constant(*상수-값*))

assign(*레지스터-이름*, list(op(*연산-이름*), 입력$_1$, ..., 입력$_n$))

perform(list(op(*연산-이름*), 입력$_1$, ..., 입력$_n$))

test(list(op(*연산-이름*), 입력$_1$, ..., 입력$_n$))

branch(label(*이름표-이름*))

go_to(label(*이름표-이름*))

다음은 §5.1.3에서 소개한, 이름표를 레지스터에 담거나 그 이름표로 분기하는 명령들이다.

---

assign(*레지스터-이름*, label(*이름표-이름*))

go_to(reg(*레지스터-이름*))

다음은 §5.1.4에서 소개한, 스택을 다루는 명령들이다.

---

save(*레지스터-이름*)

restore(*레지스터-이름*)

지금까지는 상수-값이 모두 수치(number)였지만, 이후의 논의에서는 문자열과 목록도 상수 값으로 사용한다. 예를 들어 constant("abc")는 문자열 "abc"를 나타내고 constant(null)은 빈 목록, constant(list("a", "b", "c"))는 목록 list("a", "b", "c")를 나타낸다.

5.2 레지스터 기계 시뮬레이터

레지스터 기계의 설계를 제대로 이해하려면, 우리가 설계한 레지스터 기계가 예상대로 잘 실행되는지 시험할 수 있어야 한다. 설계를 시험하는 한 가지 방법은 [연습문제 5.5]에서처럼 제어기의 작동을 손으로 시뮬레이션해 보는 것이다. 그렇지만 아주 간단한 기계가 아닌 이상 이는 극히 지루한 일이다. 이번 절에서는 레지스터 기계어로 서술된 기계의 시뮬레이터를 만들어 본다. 이 시뮬레이터는 네 개의 인터페이스 함수를 갖춘 하나의 자바스크립트 프로그램이다. 첫 함수는 레지스터 기계의 서술을 입력받아서 그 기계의 한 모형(model)을 생성한다(기계의 모형은 시뮬레이션할 기계의 부품들에 대응되는 구성요소들로 이루어진 자료 구조이다). 나머지 세 함수는 기계의 시뮬레이션을 위해 사용자가 모형을 조작하는 수단들이다. 네 인터페이스 함수는 다음과 같다.

- make_machine(*레지스터-이름들*, *연산들*, *제어기*)
  주어진 레지스터들과 연산들, 제어기로 이루어진 기계의 모형을 생성해서 돌려준다.

- set_register_contents(*기계-모형*, *레지스터-이름*, *값*)
  주어진 기계의 해당 레지스터에 값을 저장한다.

- get_register_contents(*기계-모형*, *레지스터-이름*)
  주어진 기계의 해당 레지스터에 저장된 내용을 돌려준다.

- start(*기계-모형*)
  주어진 기계의 실행을 시뮬레이션한다. 시뮬레이션은 제어기 명령렬의 첫 지점에서 시작하고, 명령렬의 끝에 도달하면 멈춘다.

이 함수들의 사용법을 보여주는 예로, 다음의 **gcd_machine**은 §5.1.1에 나온 GCD 기계의 한 모형을 정의한 것이다.

```
const gcd_machine =
    make_machine(
        list("a", "b", "t"),
        list(list("rem", (a, b) => a % b),
            list("=", (a, b) => a === b)),
        list(
          "test_b",
```

```
            test(list(op("="), reg("b"), constant(0))),
            branch(label("gcd_done")),
            assign("t", list(op("rem"), reg("a"), reg("b"))),
            assign("a", reg("b")),
            assign("b", reg("t")),
            go_to(label("test_b")),
        "gcd_done"));
```

make_machine 함수의 첫 인수는 레지스터 이름들의 목록이고 그다음 인수는 연산 이름을 그 연산을 구현한 자바스크립트 함수(즉, 같은 입력들에 대해 해당 연산과 동일한 값을 산출하는 함수)에 대응시키는 테이블이다. 마지막 인수는 제어기를 서술하는 목록으로, §5.1에서처럼 이름표들과 레지스터 기계의 명령(이하 기계어 명령)들을 나열한 것이다.

이 기계로 두 정수의 최대공약수를 구할 때는, 원하는 두 정수를 입력 레지스터들에 설정하고, 기계의 시뮬레이션을 시작하고, 시뮬레이션이 끝난 후 결과를 조회한다.

```
set_register_contents(gcd_machine, "a", 206);
"done"

set_register_contents(gcd_machine, "b", 40);
"done"

start(gcd_machine);
"done"

get_register_contents(gcd_machine, "a");
2
```

이 계산은 자바스크립트로 작성한 gcd 함수보다 훨씬 느리다. assign 같은 저수준 기계어 명령을 그보다 훨씬 복잡한 연산들로 시뮬레이션하기 때문이다.

■ 연습문제 5.7

[연습문제 5.4]에서 여러분이 설계한 기계들을 이 시뮬레이터로 시험하라.

5.2.1 기계 모형

make_machine이 생성한 기계 모형은 제3장에서 개발한 메시지 전달 기법들을 사용한, 지역 상태를 가진 하나의 함수로 표현된다. 이 모형을 생성하기 위해 make_machine 함수는 먼저 make_new_machine을 호출한다. 이 함수는 모든 레지스터 기계에 공통인 부품들로 구성된 기본 기계 모형을 만들어서 돌려준다. 본질적으로 make_new_machine이 생성하는 이 기본 기계 모형은 레지스터 몇 개와 스택 하나로 이루어진 컨테이너와 제어기 명령들을 한 번에 하나씩 처리하는 실행 메커니즘의 조합이다.

그런 다음 make_machine 함수는 적절한 레지스터들과 연산들, 제어기 명령들을 추가해서 기본 모형을 확장한다. 먼저 함수는 주어진 레지스터 이름들에 대해 각각 하나의 새 레지스터를 기계 모형에 할당하고, 주어진 연산들도 기계 모형에 설치한다. 그다음에는 제어기 명령 목록을 어셈블러(잠시 후 §5.2.2에서 설명한다)를 이용해 이 기계 모형을 위한 제어기 명령렬로 변환해서 모형에 설치한다. 마지막으로 make_machine 함수는 확장된 기계 모형을 호출자에게 돌려준다.

```
function make_machine(register_names, ops, controller) {
    const machine = make_new_machine();
    for_each(register_name =>
                machine("allocate_register")(register_name),
            register_names);
    machine("install_operations")(ops);
    machine("install_instruction_sequence")
            (assemble(controller, machine));
    return machine;
}
```

레지스터

레지스터는 제3장에서처럼 지역 상태를 가진 함수로 표현한다. make_register 함수는 설정하거나 조회할 수 있는 값을 가진 하나의 레지스터를 생성한다.

```
function make_register(name) {
    let contents = "*unassigned*";
    function dispatch(message) {
        return message === "get"
```

```
                    ? contents
                    : message === "set"
                    ? value => { contents = value; }
                    : error(message, "unknown request -- make_register");
        }
        return dispatch;
    }
```

다음은 레지스터의 값을 조회하고 설정하는 함수들이다.

```
    function get_contents(register) {
        return register("get");
    }
    function set_contents(register, value) {
        return register("set")(value);
    }
```

스택

스택 역시 지역 상태를 가진 함수로 표현할 수 있다. make_stack 함수가 그런 스택 객체를 생성하는데, 지역 상태는 스택에 담긴 항목들의 목록이다. 스택은 새 항목을 스택 최상위에 쌓는 push 요청과 스택 최상위의 항목을 뽑아서 돌려주는 pop 요청, 그리고 스택을 통째로 비우는 initialize 요청을 지원한다.

```
    function make_stack() {
        let stack = null;
        function push(x) {
            stack = pair(x, stack);
            return "done";
        }
        function pop() {
            if (is_null(stack)) {
                error("empty stack -- pop");
            } else {
                const top = head(stack);
                stack = tail(stack);
                return top;
            }
        }
```

```
    function initialize() {
        stack = null;
        return "done";
    }
    function dispatch(message) {
        return message === "push"
                ? push
                : message === "pop"
                ? pop()
                : message === "initialize"
                ? initialize()
                : error(message, "unknown request -- stack");
    }
    return dispatch;
}
```

다음은 스택을 좀 더 편하게 사용하기 위한 함수들이다.

```
function pop(stack) {
    return stack("pop");
}
function push(stack, value) {
    return stack("push")(value);
}
```

기본 기계 모형

[그림 5.13]에 나온 make_new_machine 함수는 스택 하나와 빈 명령렬, 스택을 초기화하는
연산 하나만 있는 연산 목록, 그리고 레지스터 두 개만 있는 레지스터 테이블(register table)로
구성된 지역 상태를 가진 객체를 생성한다. 그 두 레지스터는 flag와 pc("program counter"
를 줄인 것이다)이다. 내부 함수 allocate_register는 레지스터 테이블에 새 항목을 추가
하고, 내부 함수 lookup_register는 그 테이블에서 레지스터의 값을 조회한다.

flag 레지스터는 시뮬레이션되는 기계 안에서 분기를 제어하는 데 쓰인다. test 명령은 주
어진 판정의 결과(참 또는 거짓)로 flag의 내용을 설정한다. branch 명령은 flag의 현재 내
용이 참이면 주어진 지점으로 간다.

pc 레지스터는 시뮬레이션 도중 기계어 명령들이 실행되는 순서를 결정한다. 이 레지스터에

기반해서 명령들을 차례로 실행하는 작업은 내부 함수 execute가 담당한다. 시뮬레이션 모형에서 기계어 명령들은 각각 무항 함수 하나를 가진 객체이다. 이 무항 함수를 **명령 실행 함수**(instruction execution function)라고 부른다. 명령 실행 함수를 호출하면 해당 명령의 동작이 시뮬레이션된다. 기계 모형의 시뮬레이션이 진행되는 동안 pc는 명령렬에서 다음에 실행할 명령의 시작 위치를 가리킨다. execute 함수는 pc가 나타내는 명령을 가져와서 명령 실행 함수를 호출하는 작업을 더 이상 실행할 명령이 없을 때까지(즉, pc가 명령렬의 끝을 가리킬 때까지) 반복한다.

다음에 실행할 명령을 가리키도록 pc를 수정하는 일은 개별 명령 실행 함수에서 일어난다. branch 명령과 go_to 명령은 주어진 새 위치를 가리키도록 pc를 수정한다. 그 밖의 모든 명령은 그냥 pc를 한 칸 전진시켜서 명령렬의 다음 명령을 가리키게 만든다. execute는 execute 자신을 호출함으로써 명령들을 계속 실행한다. 그렇다고 무한 루프가 되는 것은 아니다. 명령 실행 함수가 pc를 명령렬의 끝을 가리키도록 수정하면 시뮬레이션이 끝난다.

```
function make_new_machine() {
    const pc = make_register("pc");
    const flag = make_register("flag");
    const stack = make_stack();
    let the_instruction_sequence = null;
    let the_ops = list(list("initialize_stack", () => stack("initialize")));
    let register_table = list(list("pc", pc), list("flag", flag));
    function allocate_register(name) {
        if (is_undefined(assoc(name, register_table))) {
            register_table = pair(list(name, make_register(name)),
                                  register_table);
        } else {
            error(name, "multiply defined register");
        }
        return "register allocated";
    }
    function lookup_register(name) {
        const val = assoc(name, register_table);
        return is_undefined(val)
               ? error(name, "unknown register")
               : head(tail(val));
    }
```

그림 5.13 기본 기계 모형을 구현하는 make_new_machine 함수(다음 페이지로 이어짐).

```
function execute() {
    const insts = get_contents(pc);
    if (is_null(insts)) {
        return "done";
    } else {
        inst_execution_fun(head(insts))();
        return execute();
    }
}
function dispatch(message) {
    function start() {
        set_contents(pc, the_instruction_sequence);
        return execute();
    }
    return message === "start"
            ? start()
            : message === "install_instruction_sequence"
            ? seq => { the_instruction_sequence = seq; }
            : message === "allocate_register"
            ? allocate_register
            : message === "get_register"
            ? lookup_register
            : message === "install_operations"
            ? ops => { the_ops = append(the_ops, ops); }
            : message === "stack"
            ? stack
            : message === "operations"
            ? the_ops
            : error(message, "unknown request -- machine");
}
return dispatch;
}
```

그림 5.13 (앞 페이지에서 이어짐)

make_new_machine 함수는 내부 상태에 대한 메시지 전달 접근을 구현한 디스패치 함수를 돌려준다. 기계를 시동하려면 pc를 명령렬의 시작으로 설정하고 execute를 호출하면 된다.

편의를 위해, 하나의 호출로 기계를 시동하기 위한 **start** 함수와 §5.2의 처음에서 설명한 레지스터 내용 설정 및 조회 함수들을 감싼 편의용 인터페이스를 추가하자.

```
function start(machine) {
    return machine("start");
}
function get_register_contents(machine, register_name) {
    return get_contents(get_register(machine, register_name));
}
function set_register_contents(machine, register_name, value) {
    set_contents(get_register(machine, register_name), value);
    return "done";
}
```

다음은 이 함수들이(그리고 §5.2.2와 §5.2.3의 여러 함수가) 특정 기계 모형에 있는 특정 이름의 레지스터를 조회하는 데 사용하는 함수이다.

```
function get_register(machine, reg_name) {
    return machine("get_register")(reg_name);
}
```

5.2.2 어셈블러

어셈블러는 레지스터 기계의 제어기 명령렬을 그에 대응되는 기계어 명령들(각자 실행 함수를 가진)의 목록으로 변환한다. 입력 언어(지금 예에서는 레지스터 기계어)가 있고 그 언어의 구성요소 종류마다 적절한 동작을 수행해야 한다는 점에서, 전체적으로 이 어셈블러는 제4장에서 본 평가기와 비슷하다.

각 명령을 위한 실행 함수를 만드는 데 쓰이는 기법은 §4.1.7에서 분석과 실행을 분리함으로써 평가기의 속도를 높이는 데 사용한 기법과 사실상 동일하다. 제4장에서 보았듯이, 자바스크립트 표현식의 경우 어떤 이름의 실제 값을 모르는 상태에서도 수행할 수 있는 유용한 분석이 많다. 레지스터 기계 시뮬레이션도 마찬가지이다. 기계 레지스터들의 실제 내용을 알지 못하는 상태에서도 레지스터 기계어의 표현식을 유용하게 분석할 수 있는 여지가 많이 있다. 예를 들어 레지스터를 참조하는 부분은 (레지스터의 값을 알지 못한다고 해도) 일단 레지스터 객체를 가리키는 포인터로 대체하면 되고, 이름표를 참조하는 부분은 명령렬에서 그 이름표가 있는 위치를 가리키는 포인터로 대체하면 된다.

적절한 명령 실행 함수들을 생성하려면 이름표들이 참조하는 지점이 무엇인지 알아야 하므로, 어셈블러는 먼저 제어기 명령렬 전체를 훑어서 이름표들과 명령들을 분리한다. 그 과정에서 어셈블러는 명령들의 목록을 만들고, 각 이름표를 그 목록의 한 명령을 가리키는 포인터와 연관시키는 테이블도 만든다. 그런 다음에는 명령 목록의 각 명령에 적절한 명령 실행 함수를 연관시킨다.

assemble 함수는 어셈블러의 주 진입점이다. 이 함수는 명령렬과 기계 모형을 받고 그 기계 모형에 저장할 명령렬을 돌려준다. assemble 함수는 제어기와 이항 함수 하나로 extract_labels 함수를 호출한다. 그러면 extract_labels는 주어진 제어기의 명령렬을 훑어서 초기 명령 목록과 이름표 테이블을 생성하고, 그 둘을 인수로 해서 주어진 이항 함수를 호출한다. 이 이항 함수는 update_insts를 호출해서 명령 실행 함수들을 생성하고 명령 목록에 삽입한 후 수정된 명령 목록을 돌려준다.

```
function assemble(controller, machine) {
    return extract_labels(controller,
                          (insts, labels) => {
                              update_insts(insts, labels, machine);
                              return insts;
                          });
}
```

extract_labels 함수는 목록 하나(매개변수 controller)와 이항 함수 하나(매개변수 receive)를 받는다. extract_labels 함수는 두 개의 값으로 receive 함수를 호출하는데, (1) 첫째는 controller에 담긴 명령들에 대응되는 명령 객체들의 목록 insts이고 (2) 둘째는 controller에 있는 이름표들을 각각 목록 insts의 해당 명령과 대응시키는 이름표 테이블 labels이다.

```
function extract_labels(controller, receive) {
    return is_null(controller)
           ? receive(null, null)
           : extract_labels(
                 tail(controller),
                 (insts, labels) => {
                   const next_element = head(controller);
                   return is_string(next_element)
```

```
                    ? receive(insts,
                             pair(make_label_entry(next_element,
                                                   insts),
                                  labels))
                    : receive(pair(make_inst(next_element),
                                   insts),
                              labels);
          });
   }
```

extract_labels 함수는 controller의 요소들을 훑으면서 insts와 labels에 항목들을
추가해 나간다. 만일 요소가 문자열이면 그것은 명령이 아니라 이름표이므로, 적절한 이름표
객체를 labels 테이블에 추가한다. 문자열이 아니면 적절한 명령 객체를 insts 목록에 추가
한다.[5]

---

5 여기서 receive 함수는 extract_labels가 두 개의 값(labels와 insts)을 명시적으로 하나의 복합 자료 구조로 만
들지 않고 돌려주게 하기 위한 것이다. 만일 명시적으로 두 값을 하나의 쌍 객체로 엮어서 돌려준다면 extract_labels
는 다음과 같은 모습이 될 것이다.

```
function extract_labels(controller) {
    if (is_null(controller)) {
        return pair(null, null);
    } else {
        const result = extract_labels(tail(controller));
        const insts = head(result);
        const labels = tail(result);
        const next_element = head(controller);
        return is_string(next_element)
                ? pair(insts,
                      pair(make_label_entry(next_element, insts), labels))
                : pair(pair(make_inst(next_element), insts),
                      labels);
    }
}
```

그리고 assemble은 다음과 같이 바꾸어야 할 것이다.

```
function assemble(controller, machine) {
    const result = extract_labels(controller);
    const insts = head(result);
    const labels = tail(result);
    update_insts(insts, labels, machine);
    return insts;
}
```

다음은 명령 목록을 수정하는 **update_insts** 함수이다. 제어기 명령들만 들어 있는 초기 명령 목록에 해당 명령 실행 함수들을 추가한다.

```
function update_insts(insts, labels, machine) {
    const pc = get_register(machine, "pc");
    const flag = get_register(machine, "flag");
    const stack = machine("stack");
    const ops = machine("operations");
    return for_each(inst => set_inst_execution_fun(
                                inst,
                                make_execution_function(
                                    inst_controller_instruction(inst),
                                    labels, machine, pc,
                                    flag, stack, ops)),
                    insts);
}
```

기계어 명령 객체는 그냥 제어기 명령과 해당 실행 함수의 쌍이다. **extract_labels** 함수로 명령 객체를 생성하는 시점에서 명령 실행 함수는 아직 마련되지 않은 상태이다. 명령 실행 함수는 나중에 **update_insts** 함수가 추가한다.

```
function make_inst(inst_controller_instruction) {
    return pair(inst_controller_instruction, null);
}
function inst_controller_instruction(inst) {
    return head(inst);
}
function inst_execution_fun(inst) {
    return tail(inst);
}
function set_inst_execution_fun(inst, fun) {
    set_tail(inst, fun);
}
```

이러한 receive 용법을 함수가 여러 개의 값을 돌려주는 우아한 방식이라고 생각할 수도 있고, 그냥 우리 저자들이 교묘한 프로그래밍 비결을 뽐내기 위한 것으로 생각할 수도 있겠다. receive 인수처럼 다음에 호출할 함수를 가리켜 '후속(continuation)' 함수라고 부른다. §4.3.3에서 amb 평가기의 역추적 제어 구조를 구현할 때 후속을 사용했음을 기억할 것이다.

제어기 명령들을 시뮬레이터가 직접 사용하지는 않지만, 디버깅에 유용하므로 계속 보관하기로 한다(연습문제 5.15 참고).

이름표 테이블에 저장되는 항목(이름표 객체)은 이름표 이름과 명령 목록의 쌍이다.

```
function make_label_entry(label_name, insts) {
    return pair(label_name, insts);
}
```

다음은 테이블에서 특정 이름표에 해당하는 항목을 조회하는 함수이다.

```
function lookup_label(labels, label_name) {
    const val = assoc(label_name, labels);
    return is_undefined(val)
            ? error(label_name, "undefined label -- assemble")
            : tail(val);
}
```

■ **연습문제 5.8**

다음 레지스터 기계 코드는 중의적이다. here라는 이름표가 두 군데에 정의되어 있기 때문이다.

```
"start",
  go_to(label("here")),
"here",
  assign("a", constant(3)),
  go_to(label("there")),
"here",
  assign("a", constant(4)),
  go_to(label("there")),
"there",
```

본문에 나온 시뮬레이터로 이 프로그램을 실행한다고 할 때, 제어의 흐름이 there에 도달한 시점에서 레지스터 a의 내용은 무엇일까? 하나의 이름표가 서로 다른 두 장소를 가리키는 경우 어셈블러가 오류를 보고하도록 extract_labels 함수를 수정하라.

5.2.3 명령과 명령 실행 함수

어셈블러는 make_execution_function 함수를 호출해서 제어기 명령에 대한 실행 함수를 생성한다. §4.1.7에 나온 평가기의 analyze 함수처럼 이 함수도 명령의 종류에 따라 적절한 실행 함수를 생성하는 코드로 분기(디스패치)되는 구조이다. 구체적인 명령 실행 함수들은 해당 레지스터 기계어 명령의 의미(실행 시점 행동 방식)를 결정한다.

```
function make_execution_function(inst, labels, machine,
                                 pc, flag, stack, ops) {
    const inst_type = type(inst);
    return inst_type === "assign"
           ? make_assign_ef(inst, machine, labels, ops, pc)
           : inst_type === "test"
           ? make_test_ef(inst, machine, labels, ops, flag, pc)
           : inst_type === "branch"
           ? make_branch_ef(inst, machine, labels, flag, pc)
           : inst_type === "go_to"
           ? make_go_to_ef(inst, machine, labels, pc)
           : inst_type === "save"
           ? make_save_ef(inst, machine, stack, pc)
           : inst_type === "restore"
           ? make_restore_ef(inst, machine, stack, pc)
           : inst_type === "perform"
           ? make_perform_ef(inst, machine, labels, ops, pc)
           : error(inst, "unknown instruction type -- assemble");
}
```

make_machine 함수가 받아서 assemble 함수로 넘겨주는 controller에는 문자열들과 태그된 목록들이 있는데, 각 문자열은 이름표를 나타내고 각 태그된 목록은 명령을 표현한다. 각 명령에서 태그는 "go_to"처럼 명령의 종류를 나타내는 문자열이고 나머지 요소들은 그 명령의 인수들(예를 들어 go_to의 경우 목표 지점 이름표)이다. make_execution_function의 디스패치에 쓰이는 type 함수는 다음과 같다.

```
function type(instruction) { return head(instruction); }
```

태그된 목록들은 make_machine의 셋째 인수인 list 표현식이 평가될 때 생성된다. list 의 각 인수는 문자열이거나(이 경우 인수는 그냥 그 문자열로 평가된다) 명령 태그된 목록의 생성자를 호출하는 표현식이다. 예를 들어 assign("b", reg("t"))는 "b"를 첫 인수로 하고 "t"로 생성자 reg를 호출한 결과를 둘째 인수로 해서 assign을 호출한다. 레지스터 기계어의 개별 명령의 구문은 해당 생성자와 그 인수들로 결정된다. 그럼 그럼 각 명령의 생성자와 선택자들, 그리고 명령 실행 함수를 생성하는 함수(선택자들을 사용하는)를 살펴보자.

assign 명령

make_assign_ef 함수는◆ assign 명령에 대한 실행 함수를 생성한다.

```
function make_assign_ef(inst, machine, labels, operations, pc) {
    const target = get_register(machine, assign_reg_name(inst));
    const value_exp = assign_value_exp(inst);
    const value_fun =
        is_operation_exp(value_exp)
        ? make_operation_exp_ef(value_exp, machine, labels, operations)
        : make_primitive_exp_ef(value_exp, machine, labels);
    return () => {
            set_contents(target, value_fun());
            advance_pc(pc);
        };
}
```

다음은 assign 명령 객체를 생성하는 생성자 assign과 assign 명령 객체에서 각각 레지스터 이름과 값 표현식을 추출하는 선택자 assign_reg_name과 assign_value_exp이다.

```
function assign(register_name, source) {
    return list("assign", register_name, source);
}
function assign_reg_name(assign_instruction) {
    return head(tail(assign_instruction));
}
function assign_value_exp(assign_instruction) {
    return head(tail(tail(assign_instruction)));
}
```

◆ 옮긴이 참고로 이 함수를 비롯해 명령 실행 함수를 생성하는 함수들의 이름에 붙은 'ef'는 execution function(실행 함수)을 뜻한다.

make_assign_ef 함수는 주어진 이름의 레지스터를 get_register로 조회해서 대상 레지스터 객체를 생성한다. 만일 레지스터에 배정할 값이 어떤 연산의 결과이면 해당 값 표현식으로 make_operation_exp_ef를 호출하고, 그렇지 않으면 make_primitive_exp_ef를 호출한다. 이 함수들(아래에 나온다)은 주어진 값 표현식을 분석해서 그 값을 위한 실행 함수를 만든다. value_fun이라고 부르는 이 실행 함수는 인수가 없는 무항 함수로, 시뮬레이션 도중에 레지스터에 실제로 값을 배정해야 할 때 평가된다. 레지스터 이름 조회와 값 표현식 분석이 어셈블리 시점에서 딱 한 번만 수행됨을 주목하자. 명령을 시뮬레이션할 때마다 매번 수행하는 것이 아니다. 명령 실행 함수를 사용하는 것은 바로 이렇게 작업을 절약하기 위한 것이다. 이는 §4.1.7의 평가기에서 프로그램의 분석과 실행을 분리해서 얻은 작업 절감과 직접 대응된다.

make_assign_ef가 돌려주는 결과는 assign 명령을 위한 실행 함수이다. (나중에 기계 모형의 execute 함수가 호출하면) 이 실행 함수는 대상 레지스터의 내용을 value_fun을 실행해서 얻은 결과로 설정한 후 pc를 다음 명령으로 전진시킨다. pc를 전진시키기 위해 사용하는 함수는 다음과 같다.

```
function advance_pc(pc) {
    set_contents(pc, tail(get_contents(pc)));
}
```

branch 명령과 go_to 명령을 제외한 모든 명령의 실행 함수는 항상 이 advance_pc 함수의 호출로 끝난다(명령이 정상적으로 실행된 경우).

test, branch go_to 명령

make_test_ef 함수는 make_assign_ef와 비슷한 방식으로 test 명령을 처리한다. 즉, 판정할 조건을 명시한 표현식을 추출하고, 그 표현식을 평가하는 실행 함수를 생성한다. 시뮬레이션 시점에서 실행 함수는 해당 조건 표현식을 나타내는 함수를 호출하고 그 결과를 flag 레지스터에 배정한 후 pc를 전진시킨다.

```
function make_test_ef(inst, machine, labels, operations, flag, pc) {
    const condition = test_condition(inst);
    if (is_operation_exp(condition)) {
        const condition_fun = make_operation_exp_ef(
                                  condition, machine,
```

```
                                    labels, operations);
            return () => {
                    set_contents(flag, condition_fun());
                    advance_pc(pc);
                };
        } else {
            error(inst, "bad test instruction -- assemble");
        }
    }
```

다음은 test 명령 객체를 생성하는 생성자 test와 test 명령 객체에서 조건식을 추출하는
선택자 test_condition이다.

```
function test(condition) { return list("test", condition); }
function test_condition(test_instruction) {
    return head(tail(test_instruction));
}
```

branch 명령의 실행 함수는 만일 flag 레지스터의 내용이 true이면 pc를 해당 분기 대
상 위치로 설정하고, 그렇지 않으면 그냥 다음 명령으로 전진시킨다. branch 명령 객체에 있
는 분기 대상은 반드시 이름표이다. 분기 대상이 이름표인지는 명령 객체를 생성하는 make_
branch_ef 함수(아래)가 점검한다. 이름표가 가리키는 위치를 어셈블리 시점에 한 번만 조회
한다는(branch 명령을 시뮬레이션할 때마다 조회하는 것이 아니라) 점도 주목하기 바란다.

```
function make_branch_ef(inst, machine, labels, flag, pc) {
    const dest = branch_dest(inst);
    if (is_label_exp(dest)) {
        const insts = lookup_label(labels, label_exp_label(dest));
        return () => {
                if (get_contents(flag)) {
                    set_contents(pc, insts);
                } else {
                    advance_pc(pc);
                }
            };
    } else {
        error(inst, "bad branch instruction -- assemble");
    }
}
```

다음은 branch 명령 객체를 생성하는 생성자 branch와 branch 명령 객체에서 분기 대상 위치를 추출하는 선택자 branch_dest이다.

```
function branch(label) { return list("branch", label); }
function branch_dest(branch_instruction) {
    return head(tail(branch_instruction));
}
```

go_to 명령의 처리도 branch 명령과 비슷하다. 단, 이번에는 분기 대상 지점이 이름표일 수도 있고 레지스터일 수도 있다는 점과 조건 판정이 없다는 점이 다르다. go_to에서는 pc를 무조건 새 위치로 설정한다.

```
function make_go_to_ef(inst, machine, labels, pc) {
    const dest = go_to_dest(inst);
    if (is_label_exp(dest)) {
        const insts = lookup_label(labels, label_exp_label(dest));
        return () => set_contents(pc, insts);
    } else if (is_register_exp(dest)) {
        const reg = get_register(machine, register_exp_reg(dest));
        return () => set_contents(pc, get_contents(reg));
    } else {
        error(inst, "bad go_to instruction -- assemble");
    }
}
```

다음은 go_to 명령 객체를 생성하는 생성자 go_to와 대상 위치를 추출하는 선택자 go_to_dest이다.

```
function go_to(label) { return list("go_to", label); }
function go_to_dest(go_to_instruction) {
    return head(tail(go_to_instruction));
}
```

나머지 명령들

스택 명령 save와 restore는 그냥 지정된 레지스터로 해당 스택 연산을 수행하고 pc를 전진시킨다.

```
function make_save_ef(inst, machine, stack, pc) {
    const reg = get_register(machine, stack_inst_reg_name(inst));
    return () => {
            push(stack, get_contents(reg));
            advance_pc(pc);
        };
}
function make_restore_ef(inst, machine, stack, pc) {
    const reg = get_register(machine, stack_inst_reg_name(inst));
    return () => {
            set_contents(reg, pop(stack));
            advance_pc(pc);
        };
}
```

다음은 각각 save와 restore 명령 객체를 생성하는 생성자 save, restore와 그런 명령 객체에서 레지스터 이름을 추출하는 선택자 stack_inst_reg_name이다.

```
function save(reg) { return list("save", reg); }
function restore(reg) { return list("restore", reg); }
function stack_inst_reg_name(stack_instruction) {
    return head(tail(stack_instruction));
}
```

마지막으로, make_perform_ef 함수는 실제 동작(action; 버튼 누르기 등)을 수행하는 perform 명령을 위한 실행 함수를 생성한다. 이 실행 함수는 해당 명령의 동작 함수를 추출해서 호출하고 pc를 전진시킨다.

```
function make_perform_ef(inst, machine, labels, operations, pc) {
    const action = perform_action(inst);
    if (is_operation_exp(action)) {
        const action_fun = make_operation_exp_ef(action, machine,
                                                 labels, operations);
        return () => {
                action_fun();
                advance_pc(pc);
            };
    } else {
        error(inst, "bad perform instruction -- assemble");
```

```
        }
    }
```

다음은 perform 명령 객체를 생성하는 생성자 perform과 perform 명령 객체에서 동작을 추출하는 선택자 perform_action이다.

```
function perform(action) { return list("perform", action); }
function perform_action(perform_instruction) {
    return head(tail(perform_instruction));
}
```

부분 표현식을 위한 실행 함수들

reg나 label, constant 표현식의 값은 레지스터에 배정할(앞에 나온 make_assign_ef) 값이나 어떤 연산의 입력(잠시 후의 make_operation_exp_ef)으로 쓰인다. 다음 함수는 시뮬레이션 도중 그런 표현식의 값을 산출하는 실행 함수를 생성한다.

```
function make_primitive_exp_ef(exp, machine, labels) {
    if (is_constant_exp(exp)) {
        const c = constant_exp_value(exp);
        return () => c;
    } else if (is_label_exp(exp)) {
        const insts = lookup_label(labels, label_exp_label(exp));
        return () => insts;
    } else if (is_register_exp(exp)) {
        const r = get_register(machine, register_exp_reg(exp));
        return () => get_contents(r);
    } else {
        error(exp, "unknown expression type -- assemble");
    }
}
```

다음은 reg, label, constant 표현식의 생성자, 술어, 선택자들이다. 각 표현식의 구문은 해당 생성자 및 술어, 선택자들로 결정된다.

```
function reg(name) { return list("reg", name); }
function is_register_exp(exp) { return is_tagged_list(exp, "reg"); }
```

```
function register_exp_reg(exp) { return head(tail(exp)); }

function constant(value) { return list("constant", value); }
function is_constant_exp(exp) {
    return is_tagged_list(exp, "constant");
}
function constant_exp_value(exp) { return head(tail(exp)); }

function label(name) { return list("label", name); }
function is_label_exp(exp) { return is_tagged_list(exp, "label"); }
function label_exp_label(exp) { return head(tail(exp)); }
```

assign 명령과 perform 명령, test 명령에는 어떤 피연산자(reg나 constant 표현식으로 지정된)에 대한 기계 연산(op 표현식으로 지정된)의 적용이 포함될 수 있다. 그런 '연산 표현식'은 연산의 이름과 피연산자 표현식(operand expression)을 담은 목록으로 표현된다. 다음은 연산 표현식을 위한 실행 함수를 생성하는 함수이다.

```
function make_operation_exp_ef(exp, machine, labels, operations) {
    const op = lookup_prim(operation_exp_op(exp), operations);
    const afuns = map(e => make_primitive_exp_ef(e, machine, labels),
                      operation_exp_operands(exp));
    return () => apply_in_underlying_javascript(
                    op, map(f => f(), afuns));
}
```

연산 표현식의 구문은 다음 생성자, 술어, 선택자들로 결정된다.

```
function op(name) { return list("op", name); }
function is_operation_exp(exp) {
    return is_pair(exp) && is_tagged_list(head(exp), "op");
}
function operation_exp_op(op_exp) { return head(tail(head(op_exp))); }
function operation_exp_operands(op_exp) { return tail(op_exp); }
```

이처럼 각 피연산자에 대한 실행 함수를 생성하는 식으로 연산 표현식을 처리하는 방식이 §4.1.7에 나온 평가기의 analyze_application 함수가 함수 적용을 처리하는 방식과 아주 비슷함을 주목하자. 시뮬레이션 시점에서는 피연산자 함수들을 호출해서 피연산자들을 얻고 해당 연산을 시뮬레이션하는 자바스크립트 함수를 적용해서 연산의 결과를 얻는다. §

4.1.4의 apply_primitive_function에서 했던 것처럼, 자바스크립트 함수는 apply_in_underlying_javascript 함수를 이용해서 적용한다. 첫 번째 map으로 얻은 인수 목록 afuns의 모든 요소를 마치 op의 개별 인수들인 것처럼 취급해서 op을 적용하려면 이렇게 해야 한다. 이렇게 하지 않았다면 단항 함수만 op으로 사용할 수 있었을 것이다.

다음은 make_operation_exp_ef가 연산 표현식(op)을 얻는 데 사용하는 함수이다. 이 함수는 주어진 연산 테이블에서 연산 이름으로 조회한 연산 표현식을 돌려준다.

```
function lookup_prim(symbol, operations) {
    const val = assoc(symbol, operations);
    return is_undefined(val)
           ? error(symbol, "unknown operation -- assemble")
           : head(tail(val));
}
```

■ **연습문제 5.9**

본문의 연산 표현식 처리 함수들은 상수나 레지스터 내용뿐만 아니라 이름표도 피연산자로 허용한다. 기계의 연산에 오직 상수와 레지스터만 사용할 수 있도록 표현식 처리 함수들을 수정하라.

■ **연습문제 5.10**

§5.1.4에서 save 명령과 restore 명령을 설명할 때, 다음 예처럼 마지막으로 저장한 레지스터가 아닌 레지스터를 복원하려 하면 어떤 일이 생기는지는 언급하지 않았다.

```
save(y);
save(x);
restore(y);
```

이 restore(y)의 합리적인 행동 방식은 한 가지가 아니다. 적어도 다음 세 가지가 가능하다.

a. restore(y)는 애초에 스택에 마지막으로 저장된 값이 어떤 레지스터에서 온 것이든 상관없이 그 값을 뽑아서 y에 넣는다. 이번 장의 시뮬레이터가 이런 식으로 작동한다. 이런 행동

방식의 장점을 이용하면 §5.1.4의 피보나치 기계(그림 5.12)에서 명령 하나를 제거할 수 있다. 그 명령은 무엇인가?

b. restore(y)는 스택의 마지막 값이 y로부터 저장된 값일 때만 그 값을 뽑아서 y에 넣는다. y로부터 저장된 값이 아니면 오류를 발생한다. restore가 이런 식으로 작동하도록 시뮬레이터를 수정하라. save가 값을 스택에 저장할 때 레지스터 이름도 함께 저장하게 바꾸어야 할 것이다.

c. restore(y)는 y에서 마지막으로 저장한 값을 뽑아서 y에 넣는다. y의 값을 저장한 후 다른 레지스터에서 저장한 값들은 스택에 그대로 남겨 둔다. restore가 이런 식으로 작동하도록 시뮬레이터를 수정하라. initialize_stack 연산이 모든 레지스터 스택을 초기화하도록 바꾸어야 할 것이다.

■ **연습문제 5.11**

제어기 명령렬만 주어진 기계를 구현하는 데 필요한 데이터 경로를 결정하고자 할 때 시뮬레이터가 도움이 될 수 있다. 기계 모형에 다음과 같은 정보를 저장하도록 어셈블러를 확장하라.

- 제어기의 모든 명령을 중복 제거 후 종류(assign, go_to 등등)별로 정렬한 목록.
- 진입점들을 담는 데 쓰이는 레지스터들(go_to가 참조하는)의 중복 없는 목록.
- save나 restore로 저장하고 복원하는 레지스터들의 중복 없는 목록.
- 레지스터별로, 그 레지스터에 배정되는 값의 출처들의 중복 없는 목록. (예를 들어 그림 5.11에 나온 계승 기계에서 레지스터 val의 출처는 constant(1)과 list(op("*"), reg("n"), reg("val"))이다.)

이 새 정보에 접근할 수 있도록 기계에 대한 메시지 전달 인터페이스를 확장하라. [그림 5.12]의 피보나치 기계를 정의하고, 이 목록들이 제대로 만들어지는지 확인하라.

기계 모형의 레지스터들을 프로그래머가 make_machine의 레지스터 목록 인수로 지정하는 대신, 시뮬레이터가 제어기 명령렬을 분석해서 자동으로 레지스터들을 파악하도록 시뮬레이터를 수정하라. 이런 접근 방식에서는 make_machine에서 모든 레지스터를 미리 할당하는 대신, 명령들을 어셈블하는 과정에서 각 레지스터가 처음 등장했을 때 할당해도 된다.

5.2.4 기계 성능의 감시와 측정

시뮬레이션은 제안된 기계 설계의 정확성을 검증하는 데뿐만 아니라 기계의 성능을 측정하는 데에도 유용하다. 예를 들어 계산 도중 실행된 스택 연산의 횟수를 측정하는 어떤 '측정기(meter)'를 시뮬레이션 프로그램 안에 설치할 수도 있다. 다음은 레지스터의 값이 저장된 횟수와 스택이 도달할 최대 깊이를 추적하도록 시뮬레이션 스택의 구현을 수정하고, 스택의 인터페이스에 그런 통계량을 출력하는 메시지를 추가한 새 make_stack 함수이다.

```
function make_stack() {
    let stack = null;
    let number_pushes = 0;
    let max_depth = 0;
    let current_depth = 0;
    function push(x) {
        stack = pair(x, stack);
        number_pushes = number_pushes + 1;
        current_depth = current_depth + 1;
        max_depth = math_max(current_depth, max_depth);
        return "done";
    }
    function pop() {
        if (is_null(stack)) {
            error("empty stack -- pop");
        } else {
            const top = head(stack);
            stack = tail(stack);
            current_depth = current_depth - 1;
            return top;
        }
```

```
    }
    function initialize() {
        stack = null;
        number_pushes = 0;
        max_depth = 0;
        current_depth = 0;
        return "done";
    }
    function print_statistics() {
        display("total pushes = " + stringify(number_pushes));
        display("maximum depth = " + stringify(max_depth));
    }
    function dispatch(message) {
        return message === "push"
               ? push
               : message === "pop"
               ? pop()
               : message === "initialize"
               ? initialize()
               : message === "print_statistics"
               ? print_statistics()
               : error(message, "unknown request -- stack");
    }
    return dispatch;
}
```

또한, 기본 기계 모형에 스택 통계량을 출력하는 연산을 추가하기 위해 make_new_machine
에서 **the_ops**를 다음과 같이 초기화한다.

```
list(list("initialize_stack",
          () => stack("initialize")),
     list("print_stack_statistics",
          () => stack("print_statistics")));
```

[연습문제 5.14]에서 [연습문제 5.18]까지는 레지스터 기계 시뮬레이터에 추가할 만한 다른
여러 모니터링 및 디버깅 기능을 설명한다.

■ **연습문제 5.13**

[그림 5.11]에 나온 계승 기계를 이용해서, 그리 크지 않은 여러 n 값에 대해 $n!$을 계산하는 데 필요한 스택 저장 연산(push) 횟수와 최대 스택 깊이를 측정하라. 측정 결과를 이용해서 임의의 $n > 1$에 대해 $n!$을 계산하는 데 쓰이는 총 스택 저장 연산과 최대 스택 깊이를 n으로 표현하는 일반식들을 구하라. 두 일반식 모두 n의 선형(일차) 함수임을 주목할 것. 따라서 둘 다 각각 하나의 상수로 결정된다. 필요한 스택 통계량들을 얻으려면 스택을 초기화하고 통계량을 출력하는 명령들을 계승 기계에 추가해야 할 것이다. 또한, n의 값을 읽어서 계승을 계산하고 결과를 출력하는 작업을 여러 개의 n 값에 대해 반복하도록(그림 5.4의 GCD 기계가 하듯이) 기계를 수정해도 좋을 것이다. 그러면 매번 get_register_contents, set_register_contents, start를 호출할 필요가 없다.

■ **연습문제 5.14**

레지스터 기계 시뮬레이터에 **명령 세기**(instruction counting) 기능, 즉 기계 모형이 수행한 명령들의 개수를 세는 기능을 추가하라. 명령 개수를 출력하는 메시지와 개수를 0으로 초기화하는 메시지를 지원하도록 기계 모형의 인터페이스를 확장하라.

■ **연습문제 5.15**

레지스터 기계 시뮬레이터에 **명령 추적**(instruction tracing) 기능, 즉 명령이 실행될 때마다 그 명령을 출력하는 기능을 추가하라. 추적 기능을 켜거나 끄는 trace_on 메시지와 trace_off 메시지를 지원하도록 기계 모형의 인터페이스를 확장하라.

■ **연습문제 5.16**

만일 제어기 명령렬에서 명령 바로 앞에 이름표가 있다면 먼저 이름표를 출력한 후 명령을 출력하도록 [연습문제 5.15]의 명령 추적 기능을 확장하라. 이 기능이 명령 세기(연습문제 5.14)를 방해하지 않도록 조심해야 한다. 필요한 이름표 정보를 유지하도록 시뮬레이터를 수정해야 할 것이다.

레지스터들을 추적할 수 있도록 §5.2.1의 `make_register` 함수를 수정하라. 레지스터 인터페이스가 추적을 켜고 끄는 메시지들을 지원하게 해야 한다. 어떤 한 레지스터의 추적이 활성화된 경우, 그 레지스터에 값을 배정할 때마다 레지스터의 이름과 기존 내용, 새 내용을 출력해야한다. 개별 레지스터의 추적을 켜고 끄는 메시지들을 지원하도록 기계 모형의 인터페이스를 확장하라.

알리사 P. 해커는 자신이 설계한 기계의 디버깅을 위해 시뮬레이터에 **중단점**(breakpoint) 기능을 추가하고자 한다. 이를 위해 알리사는 여러분을 고용했다. 알리사가 여러분에게 원하는것은, 제어기 명령렬 중 시뮬레이터가 실행을 정지하고 기계의 상태를 조사할 수 있는 지점을설치하는 기능을 추가하는 것이다. 여러분은 다음과 같은 구문의 시뮬레이터 인터페이스 함수를 구현해야 한다.

```
set_breakpoint(기계, 이름표, n)
```

이 호출은 주어진 이름표 다음의 n번째 명령 바로 앞에 중단점을 설정한다. 예를 들어 GCD기계의 예에서 다음은 레지스터 a를 배정하는 명령 바로 앞에 중단점을 설정한다.

```
set_breakpoint(gcd_machine, "test_b", 4)
```

시뮬레이터가 중단점에 도달하면 반드시 해당 이름표와 중단점까지의 오프셋을 출력하고 명령의 실행을 멈추어야 한다. 실행이 멈춘 상태에서 알리사가 기계의 상태를 조회하거나 설정하는데 사용할 인페이스 함수 `get_register_contents` 함수와 `set_register_contents` 함수도 여러분이 구현해야 한다. 또한, 실행을 재개하기 위한 인터페이스 함수

```
proceed_machine(기계)
```

와 특정 중단점을 제거하기 위한 인터페이스 함수

```
cancel_breakpoint(기계, 이름표, n)
```

도 구현해야 한다. 마지막으로, 모든 중단점을 제거하는 다음과 같은 인터페이스 함수도 구현하라.

```
cancel_all_breakpoints(기계)
```

5.3 저장소 할당과 쓰레기 수거

§5.4에서는 레지스터 기계로서 작동하는 자바스크립트 평가기를 구현해 볼 것이다. 원활한 논의를 위해, 우리의 레지스터 기계에 **목록 구조 메모리**(list-structured memory)를 장착할 수 있다고 가정한다. 목록 구조 메모리에는 목록 구조 데이터를 원시 요소로서 다루는 기본 연산들이 있다. 해석기의 제어 메커니즘에 초점을 두고 논의를 진행하려면 이런 메모리의 존재를 가정하는 것이 유용하다. 그러나 목록 구조 메모리가 현재 널리 쓰이는 컴퓨터들의 실질적인 기본 데이터 연산들을 현실적으로 반영한 것은 아니다. 시스템이 어떻게 하면 목록 구조 메모리를 효율적으로 지원할 수 있는지를 좀 더 통일적으로 파악하려면, 목록 구조를 통상적인 컴퓨터 메모리와 호환되는 방식으로 표현하는 방법을 고민해야 한다.

목록 구조 메모리를 구현할 때 고려할 사항이 두 가지 있다. 첫째는 순수하게 표현상의 문제로, 쌍 객체의 '상자-포인터' 구조(§2.2)를 오직 전형적인 컴퓨터 메모리의 저장 및 접근 능력만 사용해서 표현하는 방법은 무엇인가라는 것이다. 둘째는 계산을 진행하는 동안 메모리를 관리하는 것과 관련된 문제이다. 자바스크립트 시스템이 제대로 작동하려면 끊임없이 새 데이터 객체를 생성할 수 있어야 한다. 그런 데이터 객체들에는 해석 중인 자바스크립트 프로그램에 있는 자바스크립트 함수들이 명시적으로 생성하는 객체뿐만 아니라 해석기 자체가 생성하는 자료 구조들(환경, 인수 목록 등등)도 포함된다. 빠르게 접근할 수 있고 용량이 무한대인 메모리를 갖춘 컴퓨터라면 이런 끊임 없는 데이터 객체 생성이 문제가 되지 않겠지만, 안타깝게도 현실적으로 컴퓨터의 메모리는 유한하다. 그래서 자바스크립트는 메모리가 마치 무한하다고 보이게 하는 **자동 저장소 할당**(automatic storage allocation) 기능을 제공한다. 어떤 한 데이터 객체가 더 이상 필요하지 않으면 자바스크립트 런타임runtime(실행 시점에서 프로그램을 평가하는 시스템)은 그 객체에 할당된 메모리를 자동으로 해제해서 새 데이터 객체를 만드는 데 재활용한다. 이런 자동 저장소 할당 기능을 제공하는 데 쓰이는 기법은 여러 가지인데, 이번 절에서는 흔히 쓰레기 수거(garbage collection)라고♦ 부르는 방법을 소개한다.

5.3.1 벡터 구조로 표현된 메모리

통상적인 컴퓨터 메모리는 작은 칸(cell) 또는 방(cubbyhole)들이 일렬로 나열된 배열에 비유할 수 있다. 각 칸에는 한 조각의 정보를 담을 수 있다. 그리고 각 칸을 흔히 주소(address)나 장소(location)라고 부르는 고유한 이름을 이용해서 식별한다. 전형적인 메모리 시스템은 두 종류의 원시 연산을 제공한다. 하나는 특정 주소에 저장된 데이터를 가져오는(fetch; 조회) 것이고 다른 하나는 특정 주소에 새 데이터를 저장하는 것이다. 흔히 메모리 주소는 증가·감소할 수 있는 정수(일련번호)의 형태이다. 메모리 주소를 증가하거나 감소함으로써 연속된 메모리 칸들에 차례로 접근할 수 있다. 좀 더 일반적으로, 중요한 데이터 연산 중에는 메모리 주소를 하나의 자료로 취급해야 하는, 다시 말해 메모리 주소를 기계의 레지스터에 저장하거나 조작해야 하는 연산들이 여럿 있다. 메모리의 목록 구조 표현은 그런 **주소 산술**(address arithmetic)의 한 응용이다.

컴퓨터 메모리를 레지스터 기계에서 모형화하기 위해 여기서는 **벡터**vector라고 부르는 새로운 종류의 자료 구조를 사용하기로 한다. 추상적으로 벡터는 정수 색인을 통해서 개별 요소에 상수 시간(색인과는 독립적인 시간)으로 접근할 수 있는 복합 데이터 객체이다.[6] 다음은 이번 절에서 메모리 연산들을 서술하는 데 사용할 두 가지 벡터 함수이다.[7]

- `vector_ref(`벡터, *n*`)`은 벡터의 *n*번째 요소를 돌려준다.

- `vector_set(`벡터, *n*, 값`)`은 벡터의 *n*번째 요소를 주어진 값으로 설정한다.

♦ 옮긴이 쓰레기 '수집'이라는 용어도 쓰이지만, 이 기법이 재활용하려는 것은 쓰레기 자체가 아니라 쓰레기가 차지하고 있던 메모리 공간이고 쓰레기는 그냥 폐기된다는 점에서 '수거'가 더 적합할 것이다. 메모리 공간이 아니라 객체를 재활용하는(객체 생성과 메모리 할당 비용을 절약하기 위해) 기법으로는 풀링이 있다.

6 메모리를 항목들의 목록으로 표현할 수도 있지만, 그러면 특정 항목에 접근하는 시간이 색인과 독립적인 상수 시간이 아니게 된다. 한 목록의 *n*번째 요소에 접근하려면 tail 연산이 *n* − 1회 필요하다.

7 §4.1.4의 각주 18에서 언급했듯이 자바스크립트는 벡터를 내장 자료 형식으로 직접 지원한다. 자바스크립트에서 '배열(array)'이라고 부르는 것이 여기서 말하는 벡터이다. 배열보다는 **벡터**가 더 일반적인 용어라서 이 책에서는 배열 대신 벡터를 사용하기로 한다. 이 두 벡터 함수들은 자바스크립트의 기본 배열 지원 기능을 이용해서 손쉽게 구현할 수 있다.

예를 들어 v가 하나의 벡터 객체라고 할 때 `vector_ref(v, 5)`는 벡터 v의 다섯 번째 요소를 돌려주고 `vector_set(v, 5, 7)`은 벡터 v의 다섯 번째 요소의 값을 7로 설정한다.[8] 통상적인 컴퓨터 메모리에서는 이러한 접근을, 메모리 안에서 벡터가 시작하는 위치를 가리키는 기준 주소(base address)와 벡터의 특정 요소가 있는 오프셋에 해당하는 색인(index)을 주소 산술로 결합해서 해당 요소의 구체적인 주소를 얻는 식으로 구현할 수 있다.

데이터의 표현

목록 구조 메모리에 필요한 기본적인 쌍 객체를 이러한 벡터로 구현할 수 있다. 우선, 컴퓨터 메모리가 `the_heads` 벡터와 `the_tails` 벡터라는 두 벡터로 나뉘어 있다고 가정하자. 이 가정에 기초해서 목록 구조를 다음과 같이 표현한다. 하나의 쌍을 가리키는 포인터pointer는 그 두 벡터에 대한 색인이다. 쌍 객체의 `head`는 `the_heads`에서 그 색인이 가리키는 항목이고, 쌍 객체의 `tail`은 `the_tails`에서 그 색인이 가리키는 항목이다. 쌍이 아닌 객체들(수치나 문자열 등)도 표현할 수 있어야 하고, 데이터의 종류를 식별하는 수단도 필요하다. 구체적인 방법은 여러 가지겠지만, 결국은 어떤 형태로든 형식 있는 포인터(typed pointer)를 활용하는 것으로 환원된다. 여기서 형식 있는 포인터는 자료형(data type; 데이터 형식)에 관한 정보를 추가해서 '포인터'를 확장한 개념이다.[9] 포인터에 자료형 정보가 있으면 시스템은 쌍('쌍' 자료형과 '메모리 벡터 색인'으로 구성된)에 대한 포인터와♦ 다른 종류의 데이터(쌍이 아닌 자료형과 그 형식의 데이터에 대한 어떤 표현으로 구성된)에 대한 포인터를 구분할 수 있다. 두 데이

---

8 벡터 조작 인터페이스를 완성하려면 벡터를 생성하는 `make_vector` 연산도 필요하다. 그렇지만 지금 논의에서는 벡터를 컴퓨터 안의 고정된 분할(칸)들을 모형화하는 데에만 사용할 것이므로, 생성자는 필요하지 않다.

9 이것은 제2장에서 일반적 연산을 다루기 위해 도입한 '태그된 데이터'와 정확히 동일한 발상이다. 그렇지만 여기서는 자료형의 정보가 원시 기계 수준에서 포함된다(목록을 통해서 생성하는 것이 아니라).

형식 정보를 부호화하는 방법은 영문 소문자를 사용하는 것 외에도 여러 가지인데, 자바스크립트 시스템을 돌릴 컴퓨터의 세부사항에 따라 결정해야 할 사항이다. 자바스크립트 프로그램의 실행 효율성은 형식 정보의 부호화 방법을 얼마나 현명하게 선택하느냐에 크게 의존한다. 그렇지만 어떤 것이 좋은 선택인지에 관한 일반적인 설계 법칙을 정식화하기란 어려운 일이다. 형식 있는 포인터를 구현하는 가장 직접적인 방법은 각 포인터에 일정 개수의 비트들을 할당해서 형식 필드(type field)를 만들고 그 필드에 형식 정보를 부호화하는 것이다. 이런 표현을 설계할 때 고민해야 할 중요한 질문은 형식 필드의 비트가 몇 개나 필요한가, 벡터 색인이 얼마나 커질 수 있는가, 포인터의 형식 필드를 원시 기계어 명령들로 얼마나 효율적으로 조작할 수 있는가 등이다. 형식 필드를 효율적으로 조작하는 전용 하드웨어 장치를 갖춘 컴퓨터를 가리켜 태그된 아키텍처(tagged architecture)를 가진 컴퓨터라고 부른다.

♦ 옮긴이 "A를 가리키는 포인터"를 좀 더 간결하게 "A에 대한 포인터"로 줄여 쓰기도 하겠다. 경우에 따라서는 "A 포인터"라는 더 짧은 표현도 사용한다(특히 A가 특정한 객체가 아니라 자료형이나 종류일 때).

터 객체의 포인터들이 동일하다면 그 둘은 같다고(===) 간주한다. [그림 5.14]의 아랫부분은 list(list(1, 2), 3, 4)라는 목록을 이상의 관례를 이용해서 메모리-벡터 형태로 표현한 것이고, 위는 그 목록의 상자-포인터 그림이다. 메모리 표현에서 자료형 정보를 영문 소문자로 표기했음을 주목하자. p5는 색인이 5인 쌍(pair)을 가리키는 포인터이고, e0은 빈(empty) 목록에 대한 포인터, n4는 수치(number) 4에 대한 포인터이다. 상자-포인터 그림에서 각 쌍 상자의 왼쪽 아래에 해당 벡터 색인을 표시했다는 점도 주목하기 바란다. 상자의 왼쪽 부분과 오른쪽 부분은 예전처럼 해당 쌍의 head와 tail이다. the_heads와 the_tails의 빈칸들에 다른 목록 구조들(지금 논의와는 무관한)의 요소들이 담길 수도 있다.

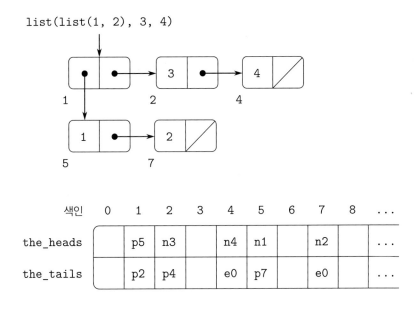

그림 5.14 목록 list(list(1, 2), 3, 4)의 상자-포인터 그림과 메모리-벡터 표현.

n4 같은 수치 포인터의 경우, 그것이 수치 형식을 나타내는 정보와 함께 수치 4의 실제 표현을 포인터 자체에 담을 수도 있다.[10] 하나의 포인터에 할당된 고정된 공간으로는 표현

10 수치를 어떻게 표현하느냐에 따라 두 수의 상등을 포인터들의 ===로 판정할 수 있느냐가 결정된다. 수치를 포인터 자체에 담는다면, 같은 두 수의 포인터들은 실제로 같다. 그렇지만 수치가 저장된 장소의 색인을 포인터에 담는다면, 같은 두 수의 포인터가 서로 다를 수 있다. 같은 두 수의 포인터가 항상 실제로 상등이 되게 하려면, 같은 수가 서로 다른 장소에 저장되는 일이 없음을 보장하는 장치를 마련해야 한다.

할 수 없을 정도로 큰 수치의 경우에는 *bignum*^{빅넘}이라고도 부르는 임의 정밀도(arbitrary precision) 수치 형식을 따로 둘 수도 있을 것이다. 이 경우 포인터는 그 수치를 구성하는 요소들을 담은[11] 목록을 가리키게 해야 할 것이다.

문자열을 형식 있는 포인터로 표현하는 한 방법은 포인터가 그 문자열의 출력 표현을 구성하는 문자들의 순차열을 가리키게 만드는 것이다. 파서는 문자열 리터럴을 만났을 때 그런 문자 순차열을 생성한다. 그리고 문자열 연결 연산자 +나 `stringify` 함수처럼 문자열을 산출하는 원시 함수도 그런 순차열을 생성한다. 한 문자열의 두 인스턴스가 '같은' 문자열임을 ===로 판정할 수 있으려면, 그리고 두 포인터의 상등을 간단하게 ===로 판정할 수 있으려면, 시스템이 같은 문자열을 두 번 만났을 때 두 번 다 같은 포인터(같은 문자 순차열을 가리키는 포인터)로 그 문자열을 표현하게 만들어야 한다. 이를 위해 **문자열 풀**(string pool)이라고 부르는 테이블에 모든 문자열을 중복 없이 담아 두기로 한다. 문자열의 생성이 요구되는 시점에서 시스템은 먼저 문자열 풀에 그 문자열이 있는지 점검한다. 그런 문자열이 없으면 그 문자열을 표현하는 문자 순차열에 대한 형식 있는 포인터를 생성하고, 그 포인터를 문자열 풀에 등록한다. 이미 문자열 풀에 있는 문자열이면 그냥 해당 포인터를 돌려준다. 문자열을 고유한 포인터로 대체하는 이러한 과정을 가리켜 **문자열 수용**(string interning)이라고 부른다.

원시 목록 연산들의 구현

이상의 표현 방식에 기초해서 한 레지스터 기계의 모든 '원시(primitive)' 목록 연산을 각각 하나 이상의 원시 벡터 연산들로 대체할 수 있다. 두 가지 메모리 벡터를 각각 `the_heads`와 `the_tails`라는 레지스터로 지칭하기로 한다. 그리고 `vector_ref`와 `vector_set`이 레지스터 기계의 원시 연산으로 주어진다고 가정한다. 또한, 포인터들에 대한 수치 산술 연산들(포인터 증가하기, 쌍 포인터를 색인으로 이용해서 벡터의 요소에 접근하기, 두 수치 더하기 등등)이 오직 형식 있는 포인터의 색인 부분만 사용한다고 가정한다.

예를 들어 레지스터 기계가 다음 명령들을 지원하게 만들려면,

```
assign(레지스터₁, list(op("head"), reg(레지스터₂)))

assign(레지스터₁, list(op("tail"), reg(레지스터₂)))
```

----

11 이것은 일상에서 하나의 수를 일련의 숫자들로 표기하는 것과 비슷하다. 단, 지금 경우 각 '숫자'는 0에서 하나의 포인터에 담을 수 있는 가장 큰 수 사이의 수이다.

각각 다음과 같이 구현하면 된다.

```
assign(레지스터₁, list(op("vector_ref"), reg("the_heads"), reg(레지스터₂)))

assign(레지스터₁, list(op("vector_ref"), reg("the_tails"), reg(레지스터₂)))
```

마찬가지 방식으로, 다음 명령들은

```
perform(list(op("set_head"), reg(레지스터₁), reg(레지스터₂)))

perform(list(op("set_tail"), reg(레지스터₁), reg(레지스터₂)))
```

다음과 같이 구현한다.

```
perform(list(op("vector_set"), reg("the_heads"), reg(레지스터₁), reg(레지스터₂)))

perform(list(op("vector_set"), reg("the_tails"), reg(레지스터₁), reg(레지스터₂)))
```

pair 연산은 쓰이지 않은 색인을 하나 할당하고 pair의 인수들을 the_heads와 the_tails에서 그 색인에 해당하는 요소들에 저장하는 식으로 구현한다. 간결한 논의를 위해, free라는 특별한 레지스터에 항상 다음번 가용 색인(아직 쓰이지 않은 색인)을 담은 쌍 포인터가 있으며, 그 포인터의 색인 부분을 증가하면 다음번 자유(free) 주소를 찾게 된다고 가정한다.[12] 예를 들어 다음 명령은

```
assign(레지스터₁, list(op("pair"), reg(레지스터₂), reg(레지스터₃)))
```

다음과 같은 일련의 벡터 연산들로 구현할 수 있다.[13]

```
perform(list(op("vector_set"),
```

----

12 저장소에서 자유 주소를 찾는 방법이 이것만은 아니다. 예를 들어 아직 쓰이지 않은 모든 쌍을 연결해서 **자유 목록**(free list)을 만들 수도 있다. 이번 장의 레지스터 기계는 §5.3.2에서 소개하는 압축 쓰레기 수거기를 사용하기 때문에 사유 주소들은 연속적이다(따라서 포인터를 증가하면서 차례로 접근할 수 있다).

13 본질적으로 이것은 pair를 §3.3.1에서 설명한 set_head와 set_tail로 구현하는 것에 해당한다. free 포인터는 §3.3.1의 구현에 쓰인 get_new_pair를 대신한다.

```
                      reg("the_heads"), reg("free"), reg(레지스터₂))),
      perform(list(op("vector_set"),
                      reg("the_tails"), reg("free"), reg(레지스터₃))),
      assign(레지스터₁, reg("free")),
      assign("free", list(op("+"), reg("free"), constant(1)))
```

두 레지스터의 상등을 판정하는 === 연산은

```
      list(op("==="), reg(레지스터₁), reg(레지스터₂))
```

그냥 레지스터들의 모든 필드가 서로 같은지 판정한다. 그리고 is_pair나 is_null, is_string, is_number 같은 술어들은 그냥 형식 필드만 점검하면 된다.

스택의 구현

이번 장의 레지스터 기계가 스택을 사용하긴 하지만, 스택을 목록으로 모형화하는 것이 가능하므로 메모리-벡터 연산으로 표현하는 데 특별히 어려울 것은 없다. 스택을 저장된 값들의 목록으로 표현하고 the_stack이라는 특별한 레지스터가 그것을 가리키게 한다고 할 때, save(레지스터) 연산을 다음과 같이 벡터 연산으로 구현할 수 있다.

```
      assign("the_stack", list(op("pair"), reg(레지스터), reg("the_stack")))
```

마찬가지로 restore(레지스터)는 다음으로 구현하면 된다.

```
      assign(레지스터, list(op("head"), reg("the_stack")))
      assign("the_stack", list(op("tail"), reg("the_stack")))
```

그리고 perform(list(op("initialize_stack")))의 구현은 다음과 같다.

```
      assign("the_stack", constant(null))
```

이 연산들을 앞에 나온 벡터 연산들로 더욱 확장하는 것도 가능하다. 그러나 통상적인 컴퓨터 아키텍처에서는 스택을 개별적인 하나의 벡터로 할당하는 것이 유리할 때가 많다. 스택을 벡터로 표현하면, 스택에 항목을 넣거나 뽑는 연산을 그냥 벡터 색인을 증가하거나 감소하는 연산으로 구현할 수 있다.

다음 프로그램이 산출하는 목록 구조의 상자–포인터 그림과 메모리–벡터 표현을 그려라(그림 5.14).

```
const x = pair(1, 2);
const y = list(x, x);
```

초기에 free 포인터는 p1을 가리킨다. 프로그램의 실행이 끝났을 때 free의 최종적인 값은 무엇인가? x의 값과 y의 값을 가리키는 포인터들은 무엇인가?

■ 연습문제 5.20

다음 함수들을 위한 레지스터 기계를 각각 구현하라. 목록 구조 메모리 연산들이 기계의 원시 연산으로 주어진다고 가정할 것.

a. 재귀적 count_leaves 함수:

```
function count_leaves(tree) {
    return is_null(tree)
           ? 0
           : ! is_pair(tree)
           ? 1
           : count_leaves(head(tree)) +
             count_leaves(tail(tree));
}
```

b. 명시적 카운터가 있는 재귀적 count_leaves 함수:

```
function count_leaves(tree) {
    function count_iter(tree, n) {
        return is_null(tree)
               ? n
               : ! is_pair(tree)
               ? n + 1
               : count_iter(tail(tree),
                            count_iter(head(tree), n));
```

```
    }
    return count_iter(tree, 0);
}
```

■ **연습문제 5.21**

§3.3.1의 [연습문제 3.12]에 한 목록에 다른 목록을 덧붙여서(append) 하나의 새 목록을 만드는 append 함수와 두 목록을 합쳐서 잇는(splice) append_mutator 함수가 나왔다. 이 함수들을 구현하는 레지스터 기계를 각각 설계하라. 목록 구조 메모리 연산들이 원시 연산으로 주어진다고 가정할 것.

5.3.2 무한 메모리라는 환상의 유지

§5.3.1에서 개괄한 표현 방법에 기초한 목록 구조 메모리의 구현에는 바탕 컴퓨터의 메모리 용량이 무한하다는 가정이 깔려 있다. 그러나 실제 컴퓨터에서는, 새 쌍을 생성하기 위한 자유 메모리 공간이 결국에는 모두 소진되는 상황에 도달한다.[14] 하지만 전형적인 계산에서 생성되는 대부분의 쌍들은 중간 계산 결과를 담는 데만 쓰인다는 점에 주목하자. 중간 계산 결과들이 다른 계산에 쓰이고 나면 이 쌍들은 더 이상 필요하지 않다. 즉, 이들은 쓰레기(garbage)가 된다. 한 예로 다음 계산을 생각해 보자.

....

14 언젠가는 이 문장이 거짓이 될 수도 있다. 메모리 용량이 점점 커지다 보면, 메모리가 소진되기 전에 컴퓨터가 먼저 고장 나는 시절이 올 수도 있기 때문이다. 예를 들어 1년은 약 3×10^{16}나노초이므로, 1나노초에 하나씩 pair 객체를 생성한다고 할 때 메모리 주소가 10^{18}개이면 30년 동안 계산을 수행해도 메모리가 소진되지 않는다. 이는 지금 기준으로 엄청나게 큰 메모리이지만, 물리적으로 불가능하지는 않다. 한편, 프로세서들도 점점 빨라지고 있으며, 요즘 컴퓨터는 하나의 메모리에 대해 다수의 프로세서를 실행하므로(그리고 그 수가 점점 늘고 있으므로), 메모리 소비 속도가 지금 예상보다 훨씬 빨라질 가능성도 있다.

```
accumulate((x, y) => x + y,
           0,
           filter(is_odd, enumerate_interval(0, n)))
```

이 예는 두 개의 목록을 만든다. 하나는 일련의 정수들을 나열한 목록이고, 다른 하나는 그 목록에 필터를 적용한 결과이다. 필터를 거친 목록에 대한 accumulate의 누산이 끝나면 두 목록들은 더 이상 필요하지 않으므로, 두 목록에 할당한 메모리를 해제해도 된다. 시스템이 모든 '쓰레기'를 주기적으로 수거하도록 설정한다면, 그리고 그런 식으로 메모리를 재활용하는 속도가 프로그램이 새 쌍들을 생성하는 속도와 대략 같다면, 메모리의 용량이 무한하다는 환상이 유지된다.

쌍들에 할당된 메모리를 재활용하려면 더 이상 필요하지 않은 쌍(즉, 그 내용이 향후 계산에 영향을 미치지 않는 쌍)들을 파악하는 수단이 필요하다. 이번 절에서는 그런 쌍들을 파악해서 재활용하는 여러 방법 중 쓰레기 수거(garbage collection)라고 부르는 방법을 소개한다. 쓰레기 수거는 목록 구조 메모리에 기초해서 프로그램을 해석하는 동안 임의의 한 순간에서 향후 계산에 영향을 줄 수 있는 객체들은 현재 기계 레지스터들에 있는 포인터들에서 출발해서 일련의 head와 tail 연산으로 도달할 수 있는 객체들뿐이라는 착안에 근거한다.[15] 그런 식으로 도달할 수 없는 메모리 칸들은 계산에 영향을 미치지 않으므로 재활용해도 된다.

쓰레기 수거를 수행하는 방법은 여러 가지이다. 이번 절에서 살펴볼 방법은 소위 정지 후 복사(stop-and-copy)라는 기법이다. 이 기법의 핵심은 메모리 전체를 같은 용량의 '작업 메모리(working memory)'와 '자유 메모리(free memory)'로 이분할하는 것이다. pair가 생성하는 쌍 객체를 위한 메모리는 작업 메모리에서 할당된다. 작업 메모리가 꽉 차면 쓰레기 수거 과정을 실행한다. 쓰레기 수거 과정에서는 작업 메모리에서 모든 유용한(향후 계산에 영향을 미치는) 쌍들을 찾아서 자유 메모리의 연속된 칸들로 이동한다. (유용한 쌍들은 기계 레지스터들에서 시작해서 모든 head와 tail 포인터를 따라가면서 찾아낸다.) 이때 쓰레기는 복사하지 않으므로, 자유 메모리에는 새 쌍을 할당하는 데 사용할 수 있는 자유로운 메모리 칸들이 존재한다. 또한, 작업 메모리의 유용한 쌍들을 모두 자유 메모리로 옮겼으므로, 작업 메모리에는 더 이상 필요하지 않은 쌍들만 남은 상태이다. 따라서 작업 메모리와 자유 메모리의 역할을 맞바

----

15 여기에는 스택을 §5.3.1에서 설명한 목록의 형태로 표현한다는, 그래서 스택 레지스터의 포인터를 통해서 스택의 항목들에 접근할 수 있다는 가정이 깔려 있다.

꾸면 계산을 진행할 수 있다. 즉, 새 쌍들을 새 작업 메모리(조금 전까지 자유 메모리였던)에서 할당하면 된다. 새 작업 메모리가 다시 꽉 차면 유용한 쌍들을 새 자유 메모리(이전에 작업 메모리였던)로 옮긴다.[16]

정지 후 복사 쓰레기 수거기의 구현

그럼 레지스터 기계어를 이용해서 정지 후 복사 알고리즘을 좀 더 상세하게 서술해 보자. 이를 위해, 결국에는 접근 가능한 모든 데이터를 가리키는 포인터를 어떠한 자료 구조에 담는 root라는 레지스터가 있다고 가정한다. 쓰레기 수거를 시작하기 직전에, 모든 레지스터의 내용을 root가 가리키는 미리 할당된 목록에 저장해 두는 식으로 구현하면 될 것이다.[17] 또한, 현재의 작업 메모리 외에 자유 메모리(유용한 데이터를 옮길)도 있다고 가정한다. 현재의 작업 메모리는 기준 주소들이 the_heads라는 레지스터와 the_tails라는 레지스터에 들어 있는 벡터들로 구성되고, 자유 메모리는 기준 주소들이 new_heads라는 레지스터와 new_tails라는 레지스터에 들어 있다.

쓰레기 수거 과정은 현재 작업 메모리의 자유 칸이 모두 소진되면, 즉 pair 연산이 free 포인터를 메모리 벡터의 끝을 넘어선 지점으로 증가하려 하면 시작된다. 쓰레기 수거 과정이 끝나면 root 포인터는 새 메모리(자유 메모리)를 가리키고, root로부터 접근할 수 있는 모든 객체는 새 메모리로 이동한 상태이다. 그리고 free 포인터는 새 메모리에서 새 쌍을 할당할 수 있는 장소를 가리킨다. 또한, 작업 메모리와 새 메모리의 역할이 맞바뀐다. 즉, 이제부터는 새

---

16 이런 방법을 처음으로 고안하고 구현한 사람은 민스키이다. 그는 MIT 전자공학 연구소(Research Laboratory of Electronics)에서 PDP-1용 리스프를 개발하면서 쓰레기 수거를 구현했다. 페니첼과 요켈슨은 이를 좀 더 발전시켜서 멀틱스[Multics] 시분할 시스템을 위한 리스프 구현에 사용했다(Fenichel 및 Yochelson 1969). 이후 베이커는 쓰레기 수거 도중에 계산을 멈출 필요가 없는 '실시간' 버전을 개발했다(Baker 1978). 베이커의 착안을 휴잇과 리버만, 문[Moon]이 자료 구조들을 좀 더 휘발성이 있는(volatile) 것들과 좀 더 영구적인 것들로 구분할 수 있다는 사실을 이용해서 더욱 개선했다(Lieberman 및 Hewitt 1983). '정지 후 복사' 대신 흔히 쓰이는 쓰레기 수거 기법으로 표시 후 청소(mark-sweep)가 있다. 표시 후 청소 기법은 기계 레지스터들에서 도달할 수 있는 모든 자료 구조를 추적해서, 도달 가능한 모든 쌍을 표시한다. 그런 다음 메모리를 모두 훑어서 표시되지 않은 모든 칸을 찾고, 그런 칸들을 쓰레기로 간주해 '청소'해서 재사용 가능한 칸으로 만든다. 표시 후 청소 기법의 자세한 설명이 [Allen 1978]에 나온다. 대형 메모리 시스템에서는 민스키-페니첼-요켈슨 알고리즘이 주로 쓰이는데, 메모리에서 유용한 부분만 조사한다는 장점 때문이다. 반면에 표시 후 청소 기법은 청소 단계에서 메모리 전체를 점검한다. 정지 후 복사 기법의 또 다른 장점은 압축(compacting) 성질이다. 쓰레기 수거 단계를 마치고 나면 모든 쓰레기 쌍들이 압축된다는 점에서, 이 기법을 이용한 쓰레기 수거기를 압축 쓰레기 수거기라고 부른다. 가상 메모리가 있는, 그래서 넓게 분산된 메모리 주소들에 접근할 때 추가적인 페이징[paging] 연산들이 필요할 수 있는 컴퓨터에서는 이러한 압축 성질이 성능에 대단히 중요할 수 있다.

17 저장소 할당 시스템이 사용하는 레지스터들(root, the_heads, the_tails, 그리고 절에서 소개하는 다른 레지스터들)은 이 레지스터 목록에 포함되지 않는다.

쌍이 새 메모리에서 **free**가 가리키는 장소에서부터 할당되며, (이전의) 작업 메모리는 다음번 쓰레기 수거 시 새 메모리로 쓰인다. [그림 5.15]는 쓰레기 수거 직전과 직후의 메모리 구성을 나타낸 것이다.

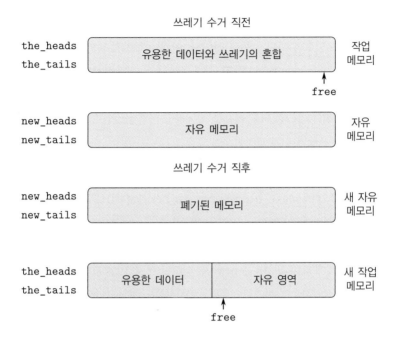

그림 5.15 쓰레기 수거 과정에 의한 메모리 구성의 변화.

쓰레기 수거 과정의 상태는 두 포인터 **free**와 **scan**을 통해서 제어한다. 처음에는 두 포인터 모두 새 메모리의 시작을 가리킨다. 쓰레기 수거 알고리즘은 먼저 **root**가 가리키는 쌍을 새 메모리의 시작으로 옮긴다. 구체적으로는 쌍을 복사하고, 새 장소를 가리키도록 **root**를 수정하고, **free** 포인터를 증가한다. 그리고 쌍의 원래 위치에는 그 쌍의 내용이 이동했음을 뜻하는 표시를 남긴다. 좀 더 구체적으로, 쌍의 **head**에는 이것이 이미 이동된 객체임을 뜻하는 특별한 태그를 설정한다. (그런 객체를 전통적으로 **상심한**(broken heart; 또는 실연당한) 객체라고 부른다.[18]) 그리고 쌍의 **tail**에는 객체가 이동한 장소를 가리키는 **전달 주소**(forwarding address)를 설정한다.

----

18 상심한 객체라는 용어는 MDL용 쓰레기 수거기를 작성한 데이비드 크레시David Cressey가 고안했다. MDL은 1970년 초반에 MIT에서 개발된 언어로, 리스프의 한 방언이다.

root를 옮긴 후 쓰레기 수거기는 주 루프로 진입한다. 알고리즘의 각 단계에서 scan 포인터(초기에는 이동된 root를 가리킨다)는 새 메모리로 이동한 쌍을 가리킨다. 그런데 그 쌍의 head와 tail은 아직 기존 메모리의 객체들을 가리키는 상태이다. 그 객체들을 각각 새 메모리로 이동하고 scan 포인터를 증가한다. 객체(예를 들어 현재 처리 중인 쌍의 head 포인터가 가리키는 객체)를 이동할 때는 그 객체가 이미 이동되지는 않았는지부터 점검한다. 객체의 head 위치에 '상심' 태그가 있으면 이미 이동된 것이다. 아직 이동하지 않았다면 객체를 free가 가리키는 장소에 복사한 후 free를 갱신하고, 객체의 기존 위치에 상심 태그를 배치한 후 객체에 대한 포인터(이 예에서는 처리 중인 쌍의 head 포인터)를 새 장소를 가리키도록 갱신한다. 이런 작업을 반복해서 접근 가능한 모든 객체를 이동하고 나면 scan 포인터가 free 포인터를 따라잡게 된다. 그러면 쓰레기 수거 과정이 끝난다.

이러한 정지 후 복사 알고리즘을 레지스터 기계의 제어기 명령렬로 구현해 보자. 한 객체를 이동하는 기본 단계를 relocate_old_result_in_new라는 서브루틴으로 구현하기로 한다. 이 서브루틴의 인수는 이동할 객체를 가리키는 포인터이다. 이 포인터는 old라는 이름의 레지스터에 담겨 있다. 서브루틴은 그 포인터가 가리키는 객체를 이동하고(그 과정에서 free를 증가한다), 이동된 객체에 대한 포인터를 new라는 레지스터에 저장하고, relocate_continue 레지스터에 저장된 진입점으로 분기함으로써 호출 지점으로 복귀한다. 쓰레기 수거를 시작할 때는 free와 scan을 적절히 초기화한 후 root 포인터를 인수로 해서 이 서브루틴을 한 번 호출한다. root의 이동이 끝나면 새 포인터를 새 root로 설정한 후 쓰레기 수거기의 주 루프로 진입한다.

```
"begin_garbage_collection",
  assign("free", constant(0)),
  assign("scan", constant(0)),
  assign("old", reg("root")),
  assign("relocate_continue", label("reassign_root")),
  go_to(label("relocate_old_result_in_new")),
"reassign_root",
  assign("root", reg("new")),
  go_to(label("gc_loop")),
```

쓰레기 수거기의 주 루프를 끝내려면 처리할 객체들이 남아 있는지 판정해야 한다. 이를 위해 scan 포인터와 free 포인터를 비교한다. 만일 두 포인터가 같다면, 접근 가능한 모든 객체를 이동한 것이므로 gc_flip으로 분기한다. gc_flip에서는 쓰레기 수거 과정을 적절히 마무리해서, 쓰레기 수거를 위해 중단된 계산을 재개한다. 아직 처리할 객체들이 남아 있다면 객체 이동 서브루틴을 호출해서 다음 쌍의 head를 이동한다(head 포인터를 old에 넣는다). 그 호출 전에, 서브루틴에서 복귀해서 head를 갱신할 수 있도록 relocate_continue 레지스터를 적절히 설정한다.

```
"gc_loop",
  test(list(op("==="), reg("scan"), reg("free"))),
  branch(label("gc_flip")),
  assign("old", list(op("vector_ref"), reg("new_heads"), reg("scan"))),
  assign("relocate_continue", label("update_head")),
  go_to(label("relocate_old_result_in_new")),
```

update_head에서는 처리 중인 쌍의 head 포인터를 수정하고 쌍의 tail이 가리키는 객체를 이동한다. 이동을 마친 후에는 update_tail로 돌아간다. tail의 이동과 갱신을 마쳤으면 그 쌍의 처리가 끝난 것이므로 주 루프의 다음 반복으로 넘어간다.

```
"update_head",
  perform(list(op("vector_set"),
              reg("new_heads"), reg("scan"), reg("new"))),
  assign("old", list(op("vector_ref"),
                    reg("new_tails"), reg("scan"))),
  assign("relocate_continue", label("update_tail")),
  go_to(label("relocate_old_result_in_new")),

"update_tail",
  perform(list(op("vector_set"),
              reg("new_tails"), reg("scan"), reg("new"))),
  assign("scan", list(op("+"), reg("scan"), constant(1))),
  go_to(label("gc_loop")),
```

서브루틴 relocate_old_result_in_new가 객체를 이동하는 과정은 다음과 같다. 만일 이동할 객체(old가 가리키는 객체)가 쌍 객체가 아니면, 객체에 대한 포인터를 수정하지 않고 그대로 돌려준다(그 포인터는 new에 저장된다). (예를 들어 head가 수치 4인 쌍이 이런 식으로 처리된다. 그런 쌍의 head를 §5.3.1에서 설명한 것처럼 n4로 표현한다면, "이동된" head 포인터는 여전히 n4이다.) 이동할 객체가 쌍 객체이면 실제로 이동을 수행해야 한다. 이동할 쌍의 head 위치에 상심 태그가 들어 있다면 그 쌍은 이미 이동된 것이므로 해당 전달 주소(상심한 쌍의 tail 위치에 있는)를 조회해서 new에 넣어 돌려준다. 상심 태그가 없다면 실제로 이동을 수행해야 한다. 만일 old 레지스터에 담긴 포인터가 아직 이동되지 않은 쌍 객체를 가리킨다면, 그 쌍을 새 메모리의 첫 자유 칸(free가 가리키는 주소)으로 이동하고 원래의 주소에는 상심 태그와 전달 주소를 설정해서 그 쌍 객체를 상심한 객체로 만든다. relocate_old_result_in_new 서브루틴은 old가 가리키는 객체의 head나 tail을 oldht 레지스터에 담아 둔다.[19]

```
  "relocate_old_result_in_new",
    test(list(op("is_pointer_to_pair"), reg("old"))),
    branch(label("pair")),
    assign("new", reg("old")),
    go_to(reg("relocate_continue")),
  "pair",
    assign("oldht", list(op("vector_ref"),
                         reg("the_heads"), reg("old"))),
    test(list(op("is_broken_heart"), reg("oldht"))),
    branch(label("already_moved")),
    assign("new", reg("free")),       // 쌍을 저장할 새 장소
    // free 포인터를 갱신한다.
    assign("free", list(op("+"), reg("free"), constant(1))),
    // 쌍의 머리와 꼬리를 새 메모리에 복사한다.
    perform(list(op("vector_set"),
                 reg("new_heads"), reg("new"),
                 reg("oldht"))),
    assign("oldht", list(op("vector_ref"),
                         reg("the_tails"), reg("old"))),
    perform(list(op("vector_set"),
                 reg("new_tails"), reg("new"),
                 reg("oldht"))),
    // 상심한 객체로 설정한다.
    perform(list(op("vector_set"),
                 reg("the_heads"), reg("old"),
                 constant("broken_heart"))),
    perform(list(op("vector_set"),
```

19 쓰레기 수거기는 목록 구조 is_pair 연산 대신 저수준 술어 is_pointer_to_pair를 사용한다. 이는, 실제 시스템에서 쓰레기 수거를 수행할 때 쌍으로서 취급할 수 있는 것이 구체적인 쌍 객체 말고도 다양할 수 있기 때문이다. 예를 들어 함수 객체를 is_pair 술어를 충족하지는 않는 어떤 특별한 '쌍'으로 구현할 수도 있다. 그러나 이번 장의 시뮬레이션에서는 is_pointer_to_pair를 그냥 is_pair로 구현해도 무방하다.

```
                        reg("the_tails"), reg("old"),
                        reg("new"))),
        go_to(reg("relocate_continue")),
    "already_moved",
        assign("new", list(op("vector_ref"),
                        reg("the_tails"), reg("old"))),
        go_to(reg("relocate_continue")),
```

쓰레기 수거 과정의 끝에서는 기존 메모리(작업 메모리)와 새 메모리(자유 메모리)의 역할을 맞바꾸기 위해 **the_heads**와 **new_heads**를 맞바꾸고 **the_tails**와 **new_tails**를 맞바꾼다. 여기까지 하면 다음에 또 메모리가 소진되었을 때 쓰레기 수거를 수행할 준비를 마친 것이다.

```
    "gc_flip",
        assign("temp", reg("the_tails")),
        assign("the_tails", reg("new_tails")),
        assign("new_tails", reg("temp")),
        assign("temp", reg("the_heads")),
        assign("the_heads", reg("new_heads")),
        assign("new_heads", reg("temp"))
```

5.4 명시적 제어 평가기

§5.1에서는 간단한 자바스크립트 프로그램을 레지스터 기계의 서술로 변환하는 방법을 살펴보았다. 이번 절에서는 그보다 복잡한 프로그램인, §4.1.1~4.1.4의 메타순환적 평가기를 레지스터 기계 서술로 변환해 본다. 기억하겠지만, 메타순환적 평가기는 자바스크립트 해석기의 작동 방식을 **evaluate** 함수와 **apply** 함수로 어떻게 서술할 수 있는지 보여준다. 반면에 이번 절에서 개발할 **명시적 제어 평가기**(explicit-control evaluator)의 초점은 평가 과정에 쓰이는 바탕 함수 호출 및 인수 전달 메커니즘을 레지스터들과 스택에 대한 연산들로 어떻게 서술할 수 있는가를 살펴보는 것이다. 또한, 이 명시적 제어 평가기는 통상적인 컴퓨터의 네이티브 기계어와 매우 비슷한 언어로 구현한 자바스크립트 해석기이기도 하다. 이 평가기를 §5.2의 레지스터 기계 시뮬레이터로 실행할 수 있다. 아니면 이 평가기를 자바스크립트 평가기의 기계어

구현을 위한 출발점으로 삼거나, 심지어는 자바스크립트 프로그램의 평가에 특화된 어떤 전용 하드웨어를 구축하는 출발점으로 삼을 수도 있을 것이다. [그림 5.16]에 그런 하드웨어 구현의 예가 나와 있다. 그림의 하드웨어는 이 책의 원판에서 자바스크립트 대신 사용한 언어인 스킴의 평가기로 작동하는 하나의 실리콘 칩이다. 이 칩을 설계한 사람들은 이번 절에서 설명하는 평가기와 비슷한 레지스터 기계의 데이터 경로와 제어기 서술로 출발해서, 설계 자동화 프로그램들을 이용해 집적회로(IC)를 설계했다.[20]

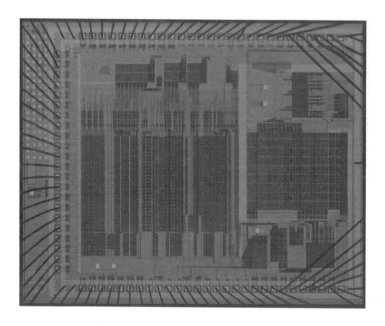

그림 5.16 스킴 평가기의 실리콘 칩 구현.

레지스터들과 연산들

명시적 제어 평가기를 설계하려면 레지스터 기계에서 사용할 연산들을 명시해야 한다. 제4장에서는 메타순환적 평가기를 is_literal이나 make_function 같은 함수를 이용해서 추상적인 구문으로 서술했다. 평가기를 레지스터 기계어로 구현할 때는 그런 함수들을 일련의 기본적인 목록 구조 메모리 연산들로 확장하고, 그런 연산들을 레지스터 기계에서 구현하는 식으로 나아갈 수도 있다. 하지만 그렇게 하면 평가기 구현이 너무 길어지고 기본 구조가 세부사항들

---

20 이 칩 및 이 칩의 설계 방법에 관한 좀 더 자세한 정보는 [Batali 외]를 보라.

에 묻히게 된다. 명확한 논의와 설명을 위해, 여기서는 §4.1.2에 나온 구문 함수들과 §4.1.3 및 §4.1.4에 나온 환경과 기타 실행 시점 데이터를 표현하는 함수들을 레지스터 기계의 원시 연산들로 두기로 한다. 그런 평가기를 실제로 저수준 기계어로 프로그래밍하거나 하드웨어로 구현하기 위해 완결적으로 서술하려면 이 연산들을 좀 더 기본적인 연산들(§5.3에서 설명한 목록 구조 구현을 이용한)로 대체해야 할 것이다.

이번 절의 자바스크립트 평가기 레지스터 기계는 스택 하나와 레지스터 일곱 개를 사용한다. 일곱 레지스터는 comp, env, val, continue, fun, argl, unev이다. comp 레지스터는 평가할 구성요소(component)를 담는 데 쓰이고, env 레지스터는 평가를 수행할 환경을 담는다. 한 구성요소의 평가가 끝났을 때 val 레지스터에는 주어진 환경에서 그 구성요소를 평가해서 나온 값이 들어 있다. continue 레지스터는 §5.1.3에서 설명한 대로 재귀를 구현하는 데 쓰인다. (구성요소 하나를 평가하려면 그 구성요소의 하위 구성요소들도 평가해야 하므로 평가기를 재귀적으로 호출할 필요가 있다.) 레지스터 fun, argl, unev은 함수 적용을 평가하는 데 쓰인다.

레지스터들과 평가기의 연산들이 어떻게 연결되는지를 보여주는 데이터 경로 도식과 기계 연산들의 전체 목록을 따로 제시하지는 않겠다. 이제부터 살펴볼 평가기 제어기의 세부사항 속에서 이들을 충분히 파악할 수 있을 것이다.

5.4.1 디스패처와 기본 평가 서브루틴

평가기의 핵심부는 eval_dispatch에서 시작하는 명령렬이다. 이 부분은 §4.1.1에서 설명한 메타순환적 평가기의 evaluate 함수에 해당한다. 이 eval_dispatch에 시작한 제어기는 comp로 지정된 구성요소를 env로 지정된 환경 안에서 평가한다. 평가가 끝나면 제어기는 continue에 담긴 진입점으로 간다. 이 시점에서 val 레지스터에는 구성요소의 값이 들어 있다. 메타순환적 평가기의 evaluate 함수처럼 eval_dispatch의 구조는 평가할 구성요소의 구문 종류에 기반한 사례 분석(case analysis)의 형태이다.[21]

----

21 이 제어기는 디스패치를 test 명령과 branch 명령으로 수행한다. 이렇게 하는 대신 데이터 지향적 스타일로 디스패치를 구현할 수도 있다. 그러면 순차적인 판정을 수행할 필요가 없고, 새로운 종류의 구성요소를 추가할 때 그냥 해당 종류의 정의만 추가하면 되니 편하다.

```
"eval_dispatch",
  test(list(op("is_literal"), reg("comp"))),
  branch(label("ev_literal")),
  test(list(op("is_name"), reg("comp"))),
  branch(label("ev_name")),
  test(list(op("is_application"), reg("comp"))),
  branch(label("ev_application")),
  test(list(op("is_operator_combination"), reg("comp"))),
  branch(label("ev_operator_combination")),
  test(list(op("is_conditional"), reg("comp"))),
  branch(label("ev_conditional")),
  test(list(op("is_lambda_expression"), reg("comp"))),
  branch(label("ev_lambda")),
  test(list(op("is_sequence"), reg("comp"))),
  branch(label("ev_sequence")),
  test(list(op("is_block"), reg("comp"))),
  branch(label("ev_block")),
  test(list(op("is_return_statement"), reg("comp"))),
  branch(label("ev_return")),
  test(list(op("is_function_declaration"), reg("comp"))),
  branch(label("ev_function_declaration")),
  test(list(op("is_declaration"), reg("comp"))),
  branch(label("ev_declaration")),
  test(list(op("is_assignment"), reg("comp"))),
  branch(label("ev_assignment")),
  go_to(label("unknown_component_type")),
```

단순 표현식의 평가

수치와 문자열, 이름, 람다 표현식에는 평가할 부분식이 없다. 그런 종류의 구성요소들에 대해 평가기는 그냥 해당 값을 val 레지스터에 저장하고 continue가 가리키는 진입점으로 간다. 다음은 이런 단순 표현식을 평가하는 제어기 코드이다.

```
"ev_literal",
  assign("val", list(op("literal_value"), reg("comp"))),
  go_to(reg("continue")),

"ev_name",
  assign("val", list(op("symbol_of_name"), reg("comp"), reg("env"))),
  assign("val", list(op("lookup_symbol_value"),
                     reg("val"), reg("env"))),
```

```
    go_to(reg("continue")),

"ev_lambda",
    assign("unev", list(op("lambda_parameter_symbols"), reg("comp"))),
    assign("comp", list(op("lambda_body"), reg("comp"))),
    assign("val", list(op("make_function"),
                        reg("unev"), reg("comp"), reg("env"))),
    go_to(reg("continue")),
```

ev_lambda에서 람다 표현식의 매개변수들과 본문을 unev와 comp 레지스터에 담아서 env의 환경과 함께 make_function 연산에 넘겨주는 방식을 잘 살펴보기 바란다.

조건부 구성요소

메타순환적 평가기처럼 이 평가기도 구성요소의 부분들을 선택적으로 평가하는 식으로 구문형 (syntactic form)들을 처리한다. 조건부 구성요소의 경우 먼저 술어를 평가하고 그 결과에 따라 귀결 부분과 대안 부분 중 하나를 평가해야 한다.

술어를 평가하기 전에, comp에 있는 조건부 구성요소 자체를 스택에 저장해 둔다. 그래야 나중에 구성요소에서 귀결 부분이나 대안 부분을 추출할 수 있다. 술어 표현식을 평가할 때는 그것을 comp 레지스터에 설정하고 사전 준비를 마친 후 eval_dispatch로 간다. 사전 준비는 다음과 같다. 이 시점에서 env 레지스터에는 술어를 평가하는 데 적합한 환경이 이미 들어 있다. 이 환경은 나중에 귀결 부분이나 대안 부분을 평가할 때 필요하므로, env를 스택에 저장해 둔다. 또한, 술어 평가를 마쳤을 때 ev_conditional_decide에서 실행을 재개할 수 있도록 continue를 적절히 설정한다. 그런데 조건부 구성요소의 평가를 끝낸 후에는 조건부 구성요소의 값을 기다리고 있는 문장 자체의 평가로 되돌아가야 하므로, continue를 설정하기 전에 먼저 continue의 기존 값을 저장해 둔다.

```
"ev_conditional",
    save("comp"), // 이후 용도를 위해 조건부 구성요소를 저장
    save("env"),
    save("continue"),
    assign("continue", label("ev_conditional_decide")),
    assign("comp", list(op("conditional_predicate"), reg("comp"))),
    go_to(label("eval_dispatch")), // 술어를 평가한다.
```

술어를 평가한 후 ev_conditional_decide로 가서는 술어의 값이 참인지 거짓인지 판정하고, 그 결과에 따라 귀결 부분 또는 대안 부분을 comp에 넣은 후 eval_dispatch로 간다.[22] 그전에 env와 continue를 복원함을 주의하자. 이렇게 해야 eval_dispatch가 귀결 또는 대안을 적절한 환경에서 평가하고, 평가가 끝난 후 적절한 지점에서 실행이 재개된다.

```
"ev_conditional_decide",
  restore("continue"),
  restore("env"),
  restore("comp"),
  test(list(op("is_falsy"), reg("val"))),
  branch(label("ev_conditional_alternative")),
"ev_conditional_consequent",
  assign("comp", list(op("conditional_consequent"), reg("comp"))),
  go_to(label("eval_dispatch")),
"ev_conditional_alternative",
  assign("comp", list(op("conditional_alternative"), reg("comp"))),
  go_to(label("eval_dispatch")),
```

문장렬의 평가

명시적 제어 평가기에서 ev_sequence로 시작하는 부분은 문장렬(문장들의 순차열)을 처리한다. 이 부분은 메타순환적 평가기의 eval_sequence 함수에 대응된다.

ev_sequence_next와 ev_sequence_continue의 명령들은 문장렬의 각 문장을 차례로 평가하는 하나의 루프를 형성한다. 아직 평가하지 않은 문장들은 unev 레지스터에 담긴다. ev_sequence는 먼저 주어진 문장렬을 unev에 넣는다. 만일 문장렬이 비어 있으면 val을 undefined로 설정하고 continue를 통해서 ev_sequence_empty로 간다. 빈 문장렬이 아니면 continue의 값을 스택에 저장하고 문장렬 평가 루프로 진입한다. continue를 저장해 두는 이유는 루프 반복 시 실행의 흐름을 제어하는 용도로 continue를 사용할 것이기 때문이다. 문장렬 평가를 마친 후 실행을 재개하려면 continue의 기존 값이 필요하다. 루프의 각 반복에서는 평가할 문장을 comp에 넣은 후 그 문장 외에 더 평가할 문장이 있는지 점검한다. 만

---

[22] 이번 장에서는 술어의 값을 is_falsy 함수로(is_truthy가 아니라) 판정한다. 이 덕분에 조건부 구성요소에서 귀결절이 먼저 나오는 것처럼 제어기 명령렬에 귀결 평가 부분을 먼저 배치할 수 있다. is_falsy가 참이 아니면 그냥 바로 귀결 평가 부분으로 넘어가면 된다. is_falsy는 §4.1.1에서 조건부 구성요소의 술어를 평가하는 데 사용한 is_truthy 함수와 반대로 작동하도록 정의된 함수이다.

일 있다면 그 문장들(unev에 있는)과 그 문장들을 평가할 환경(env에 있는)을 저장해 두고 eval_dispatch 서브루틴을 호출해서 현재 문장(comp에 있는)을 평가한다. 현재 문장의 평가가 끝나면 ev_sequence_continue에서 실행이 재개된다. 거기에서는 스택에 저장해 둔 두 레지스터를 복원하고 루프의 다음 반복으로(ev_sequnce_next) 넘어간다.

문장렬의 마지막 문장은 ev_sequence_last_statement에서 특별하게 처리한다. 이 문장 이후에는 더 평가할 문장이 없으므로 eval_dispatch로 가기 전에 unev나 env를 저장할 필요가 없다. 전체 문장렬의 값은 마지막 문장의 값이므로, 마지막 문장을 평가한 후에는 ev_sequence에서 저장해 둔 진입점에서 실행을 재개하기만 하면 된다. eval_dispatch 이후 다시 이 지점으로 돌아오도록 continue를 설정하는 작업과 이 지점에 돌아온 후 continue를 복원해서 다시 원래의 호출 지점으로 돌아가는 작업도 필요하지 않다. 그냥 eval_dispatch로 가기 전에 continue를 복원하기만 하면 된다. 그러면 eval_dispatch에서 마지막 문장을 평가한 후 원래의 호출 지점으로 돌아가게 된다.

```
"ev_sequence",
  assign("unev", list(op("sequence_statements"), reg("comp"))),
  test(list(op("is_empty_sequence"), reg("unev"))),
  branch(label("ev_sequence_empty")),
  save("continue"),
"ev_sequence_next",
  assign("comp", list(op("first_statement"), reg("unev"))),
  test(list(op("is_last_statement"), reg("unev"))),
  branch(label("ev_sequence_last_statement")),
  save("unev"),
  save("env"),
  assign("continue", label("ev_sequence_continue")),
  go_to(label("eval_dispatch")),
"ev_sequence_continue",
  restore("env"),
  restore("unev"),
  assign("unev", list(op("rest_statements"), reg("unev"))),
  go_to(label("ev_sequence_next")),
"ev_sequence_last_statement",
  restore("continue"),
  go_to(label("eval_dispatch")),

"ev_sequence_empty",
  assign("val", constant(undefined)),
  go_to(reg("continue")),
```

메타순환적 평가기의 eval_sequence 함수에서는 문장렬의 평가를 일찍 종료하기 위해 반환문 여부를 판정해야 했지만, ev_sequence에서는 그럴 필요가 없다. 이 '명시적 제어' 평가기에서는 문장렬의 한 반환문에서 (나머지 문장들의 평가를 생략하고) 직접 현재 함수 적용의 후속 지점으로 넘어가는 것이 가능하다. 따라서 문장렬 평가 루틴에서 반환문을 따로 점검할 필요가 없다. 사실 언어에 반환문이 있는지 없는지 자체를 신경 쓸 필요가 없다. 반환문이 평가되면 문장렬 평가 루틴에서 아예 벗어나게 되므로, 저장된 레지스터들을 ev_sequence_continue의 끝에서 복원하는 명령들은 실행되지 않는다. 나중에 보겠지만, 반환문 평가 시이 레지스터 값들이 스택에서 제거된다.

5.4.2 함수 적용의 평가

함수 적용은 함수 표현식과 인수 표현식들의 조합으로 표현된다. 함수 표현식은 하나의 함수로 평가되는 부분식이고 인수 표현식들은 그 함수를 적용할 인수 값들로 평가되는 부분식들이다. 메타순환적 평가기의 evaluate 함수는 자신을 재귀적으로 호출해서 함수 적용 조합의 각요소를 평가한 결과들을 apply에 넘겨주는 식으로 함수 적용을 처리한다. 함수 적용을 실제로수행하는 것은 apply 함수이다. 명시적 제어 평가기도 기본적으로 같은 방식이다. 재귀 호출을 go_to 명령과 스택 조작(호출 전에 레지스터들을 저장하고, 호출 후에 레지스터들을 복원하는)으로 구현한다는 점이 다를 뿐이다. 각 재귀 호출 전에, 나중에 계산에 필요한 값을 담은 레지스터들을 모두 식별해서 스택에 저장해 두는 것이 중요하다.[23]

메타순환적 평가기처럼 이 명시적 제어 평가기도 연산자 조합을 해당 연산자들에 대응되는 원시 함수들의 적용으로 변환해서 처리한다. 이 작업은 ev_operator_combination에서 일

---

23 이는 자바스크립트 같은 절차적 언어로 작성된 알고리즘을 레지스터 기계어로 번역할 때 중요한, 그러나 쉽지 않은 부분이다. 나중에 필요한 레지스터들만 저장하는 대신 val을 제외한 모든 레지스터를 저장할 수도 있다. 이를 **프레임화된 스택**(framed-stack) 방식이라고 부른다. 이런 방식이 잘 작동하긴 하겠지만 필요 이상으로 많은 레지스터를 저장하게 될수 있다. 스택 연산이 비싼 시스템에서는 이 점이 문제가 될 수 있음을 고려해야 한다. 나중에 필요하지 않은 내용은 더이상 쓰이지 않는 데이터일 수 있는데, 그런 레지스터를 스택에 저장하면 쓰레기 수거의 대상에서 벗어나기 때문에 해당메모리가 재활용되지 않는 문제도 발생할 수 있다.

어난다. `ev_operator_combination`은 연산자 조합을 해당 함수 적용으로 변환해서 comp 에 넣는다. 그후 실행의 흐름은 `ev_application`으로 넘어간다.[24]

함수 적용을 평가할 때는 함수 표현식을 평가해서 함수를 얻는다. 이 함수를 이후 인수 표현식들을 평가해서 얻은 인수들에 적용한다. 함수 표현식을 평가할 때는 함수 표현식을 comp 레지스터에 넣고 사전 준비를 마친 후 `eval_dispatch`로 간다. 사전 준비는 다음과 같다. 이 시점에서 env 레지스터에는 함수 표현식을 평가하기에 적합한 환경이 이미 들어 있다. 이 환경은 나중에 인수 표현식들을 평가할 때 필요하므로, env를 스택에 저장해 둔다. 또한 인수 표현식들을 추출해서 unev에 넣고 unev를 스택에 저장한다. 그리고 함수 표현식의 평가를 마친 후 `eval_dispatch`의 끝에서 `ev_appl_did_function_expression`으로 돌아올 수 있도록 continue를 적절히 설정한다. 그런데 함수 적용 전체를 평가한 후에 원래의 호출 지점으로 돌아가야 하므로, continue를 설정하기 전에 먼저 기존 값을 스택에 저장해 둔다.

```
"ev_operator_combination",
  assign("comp", list(op("operator_combination_to_application"),
                      reg("comp"), reg("env"))),
"ev_application",
  save("continue"),
  save("env"),
  assign("unev", list(op("arg_expressions"), reg("comp"))),
  save("unev"),
  assign("comp", list(op("function_expression"), reg("comp"))),
  assign("continue", label("ev_appl_did_function_expression")),
  go_to(label("eval_dispatch")),
```

함수 표현식의 평가에서 돌아온 후에는 함수 적용의 인수 표현식들을 평가하고 그 결과들의 목록을 argl 레지스터에 설정한다. 인수 표현식들을 평가하는 과정은 다음과 같다(기본적으로 문장렬을 평가할 때와 같다. 단, 문장들이 아니라 값들을 모은다는 점이 다를 뿐이다). 먼저, 아직 평가하지 않은 인수 표현식들과 환경을 스택에서 복원한다. argl를 빈 목록으로 초기화하고, fun 레지스터에는 함수 표현식을 평가해서 나온 함수를 설정한다. 만일 평가할 인수

---

24 여기서는 연산자 조합을 함수 적용으로 변환하는 구문 변환기 `operator_combination_to_application`이 레지스터 기계의 한 원시 연산으로 주어진다고 가정한다. 실제 구현에서는 이 연산이나 `function_decl_to_constant_decl` 같은 소스 코드 수준 변환을 자바스크립트 프로그램으로 구현하고, 그 프로그램을 평가 이전의 구문 분석 단계에서 이 명시적 제어 평가기 자체로 평가해서 처리하면 될 것이다.

표현식이 하나도 없으면 바로 `apply_dispatch`로 간다. 그렇지 않으면 `fun`을 스택에 저장하고 인수 평가 루프로 진입한다.[25]

```
"ev_appl_did_function_expression",
  restore("unev"), // 인수 표현식들
  restore("env"),
  assign("argl", list(op("empty_arglist"))),
  assign("fun", reg("val")), // 함수
  test(list(op("is_null"), reg("unev"))),
  branch(label("apply_dispatch")),
  save("fun"),
```

인수 평가 루프의 각 반복에서는 `unev`에 담긴 목록의 한 인수 표현식을 평가하고 그 결과를 `argl`에 담긴 목록에 추가한다. 인수 표현식 하나를 평가하는 과정은 다음과 같다. 먼저 인수 표현식을 `comp` 레지스터에 넣고, 평가가 끝난 후 다시 이 루프로 돌아오도록 `continue`를 설정한 후 `eval_dispatch`로 간다. 그런데 그 전에 지금까지 누적된 인수들(`argl`에 있는)과 환경(`env`에 있는), 그리고 아직 평가하지 않은 나머지 인수 표현식들(`unev`에 있는)을 스택에 저장해 둔다. 이번이 마지막 인수 표현식이면 `ev_appl_last_arg`로 가서 특별하게 처리한다.

```
"ev_appl_argument_expression_loop",
  save("argl"),
  assign("comp", list(op("head"), reg("unev"))),
  test(list(op("is_last_argument_expression"), reg("unev"))),
  branch(label("ev_appl_last_arg")),
  save("env"),
  save("unev"),
  assign("continue", label("ev_appl_accumulate_arg")),
  go_to(label("eval_dispatch")),
```

----

25 이 평가기에는 §4.1.3의 평가기 자료 구조 함수들 외에 다음과 같은 두 가지 인수 목록 조작 함수가 추가되었다.

```
function empty_arglist() { return null; }
function adjoin_arg(arg, arglist) {
 return append(arglist, list(arg));
}
```

또한, 현재 인수 표현식이 함수 적용의 마지막 인수 표현식인지 판정하기 위해 다음과 같은 구문 함수도 추가되었다.

```
function is_last_argument_expression(arg_expression) {
 return is_null(tail(arg_expression));
}
```

인수 표현식 하나의 평가를 마친 후에는 그 값을 argl에 담긴 목록에 추가한다. 그런 다음 unev에 있는 아직 평가하지 않은 인수 표현식 목록에서 현재 인수 표현식을 제거하고 인수 평가 루프로 돌아간다.

```
"ev_appl_accumulate_arg",
  restore("unev"),
  restore("env"),
  restore("argl"),
  assign("argl", list(op("adjoin_arg"), reg("val"), reg("argl"))),
  assign("unev", list(op("tail"), reg("unev"))),
  go_to(label("ev_appl_argument_expression_loop")),
```

명령렬의 마지막 문장처럼 마지막 인수 표현식도 특별하게 처리한다. 이번이 마지막으로, eval_dispatch로 가기 전에 환경이나 아직 평가하지 않은 인수 표현식 목록을 저장할 필요가 없다. 또한, 이제는 인수 표현식의 평가를 마친 후 인수 평가 루프로 돌아가는 것이 아니라 특별한 진입점 ev_appl_accum_last_arg으로 돌아간다. 거기에서는 인수 목록을 복원하고, 새 인수를 누적하고, 저장해 둔 함수를 복원하고, 함수 적용에서 벗어난다.[26]

```
"ev_appl_last_arg",
  assign("continue", label("ev_appl_accum_last_arg")),
  go_to(label("eval_dispatch")),
"ev_appl_accum_last_arg",
  restore("argl"),
  assign("argl", list(op("adjoin_arg"), reg("val"), reg("argl"))),
  restore("fun"),
  go_to(label("apply_dispatch")),
```

명시적 제어 평가기가 한 조합의 인수 표현식들을 평가하는 순서(예를 들어 왼쪽에서 오른쪽 또는 오른쪽에서 왼쪽—연습문제 3.8을 보라)는 인수 평가 루프의 구체적인 구현 방식에 따라 결정된다. 메타순환적 평가기에서는 이 순서가 평가기가 아니라 평가기의 구현에 쓰인 자바

---

[26] 마지막 인수 표현식을 이렇게 특별하게 처리하는 최적화 기법을 evlis 꼬리 재귀(evlis tail recursion)라고 부른다 (Wand 1980). (참고로 'evlis'는 elvis의 오타가 아니고, 리스프 계열 언어들에서 표현식들의 목록을 평가하는 함수에 흔히 붙이는 이름이다. evlis의 'ev'는 evaluaion, 'lis'는 list를 뜻한다—옮긴이.) 만일 첫 인수 표현식의 평가도 특별하게 처리한다면 인수 평가 루프를 좀 더 효율적으로 수행할 수 있다. 그러면 argl의 초기화를 첫 인수 표현식을 평가한 후로 미룰 수 있으며, 그럼으로써 첫 인수 표현식에 대해서는 불필요하게 argl를 저장하는 비용을 절약할 수 있다. §5.5의 컴파일러가 실제로 이런 최적화를 적용한다. (§5.5.3의 construct_arglist 함수를 참고하라.)

스크립트 자체의 제어 구조에 따라 결정된다.[27] ev_appl_argument_expression_loop에서 head를 이용해서 unev에서 다음 인수 표현식을 추출하고 ev_appl_accumulate_arg에서는 tail을 이용해서 나머지 인수 표현식들을 추출하기 때문에, 명시적 제어 평가기는 한 조합의 인수 표현식들을 왼쪽에서 오른쪽 순서로 평가한다. 이는 ECMAScript 명세서의 요구사항과도 일치한다.

함수 적용

진입점 apply_dispatch는 메타순환적 평가기의 apply 함수에 대응된다. 제어기가 apply_dispatch에 도달한 시점에서 fun 레지스터에는 적용할 함수가 들어있고 argl에는 그 함수의 인수들이 들어 있다. 그리고 스택에는 함수 적용의 결과를 돌려줄 지점을 뜻하는 continue의 값(원래는 eval_dispatch로 전달되어서 ev_application이 스택에 저장한)이 들어 있다. 함수 적용이 끝나면 제어기는 저장된 continue가 가리키는 진입점으로 실행의 흐름을 옮긴다. 이때 val에는 함수 적용의 결과가 들어 있다. 메타순환적 평가기의 apply에서처럼, 함수 적용 과정은 적용할 함수가 원시 함수인지 아니면 복합 함수인지에 따라 두 갈래로 나뉜다.

```
"apply_dispatch",
  test(list(op("is_primitive_function"), reg("fun"))),
  branch(label("primitive_apply")),
  test(list(op("is_compound_function"), reg("fun"))),
  branch(label("compound_apply")),
  go_to(label("unknown_function_type"))),
```

여기서는 모든 원시 함수가 argl에서 자신의 인수들을 추출하고 자신의 결과를 val에 저장하는 식으로 구현되어 있다고 가정한다. 실제 구현에서는 각 원시 함수를 구현하는 제어기 명령들을 개별적으로 작성하고 primitive_apply가 fun의 내용에 기초해서 해당 명령들로 디스패치하게 만들어야 할 것이다. 그러나 지금 논의의 초점은 개별 원시 함수의 세부사항이 아니라 전반적인 제어 과정의 구조이므로, 여기서는 그냥 fun에 담긴 함수를 argl에 담긴 인수들에 적용하는 apply_primitive_function이라는 연산이 있다고 가정한다. §5.2에 나온 시뮬레이터로 이 평가기를 시뮬레이션하는 경우에는, §4.1.1의 메타순환적 평가기에서 했

---

27 메타순환적 평가기의 list_of_values 함수가 인수 표현식들을 평가하는 순서는 인수 목록을 생성하는 데 쓰이는 pair 함수의 인수들이 평가되는 순서에 따라 결정된다. §4.1의 각주 4.7에 나온 list_of_values 버전은 pair를 직접 호출하는 반면에 본문의 버전은 map이 pair를 호출하게 한다. (연습문제 4.1을 보라.)

던 것처럼 바탕 자바스크립트 시스템을 이용해서 함수 적용을 수행하는 자바스크립트 apply_primitive_function을 사용하면 될 것이다. 원시 함수의 값을 계산한 다음에는 스택에서 복원한 continue의 내용이 가리키는 진입점으로 간다.

```
"primitive_apply",
  assign("val", list(op("apply_primitive_function"),
                     reg("fun"), reg("argl"))),
  restore("continue"),
  go_to(reg("continue")),
```

이름표 compound_apply에서 시작하는 명령렬은 복합 함수를 적용한다. 복합 함수의 적용 역시 메타순환적 평가기와 비슷한 방식이다. 함수의 매개변수들을 인수들에 묶는 프레임을 만들고, 그 프레임으로 함수의 환경을 확장하고, 확장된 환경에서 함수의 본문을 평가한다.

compound_apply에 도달한 시점에서 복합 함수는 fun 레지스터, 그 인수들은 argl 레지스터에 들어 있다. 복합 함수의 매개변수들을 추출해서 unev에 넣고, 복합 함수의 환경은 env에 넣는다. 그런 다음 매개변수들을 인수들에 묶는 바인딩들을 추가해서 그 환경을 확장한다. 다음으로, 함수의 본문을 추출해서 comp 레지스터에 넣는다. 그다음 단계는 저장된 continue를 복원하고 eval_dispatch로 가서 본문을 평가하는 것이다. 평가가 끝나면 val에 함수 적용 결과가 들어 있다. 문장렬의 마지막 문장에서처럼, 이제 복원된 continue가 가리키는 곳으로 돌아가기만 하면 된다. 그런데 아쉽지만 이렇게 간단하게 끝나지는 않는다.

이 부분에서 고려할 사항이 두 가지가 있다. 첫째로, 함수 본문 평가 도중에 반환문을 만나면 그 반환문의 반환 표현식을 평가한 값을 함수의 반환값으로 해서 호출 지점으로 돌아와야 하는데, 그 반환문이 함수 본문 안에서 임의로 중첩된 블록 안에 있을 수도 있다는 점이다. 따라서 반환문이 평가될 때의 스택이 반드시 함수에서 돌아오는 데 필요한 스택과는 다를 수 있다. 복귀에 적합하도록 스택을 조정하는 한 가지 방법은 반환 표현식을 평가하기 전에 스택에 특별한 표식(mark)을 추가해 두고, 반환 코드가 그 표식을 이용해서 복귀 지점을 조회하게 하는 것이다. 이를 위해, 그런 표식을 추가하는 push_marker_to_stack이라는 명령과 그 표식이 있는 지점으로 스택을 되돌리는 revert_stack_to_marker라는 명령이 있다고 가정한다.[28]

---

28 반드시 push_marker_to_stack과 revert_stack_to_marker 같은 명령을 반드시 따로 두어야 하는 것은 아니다. 특정한 표식 값(프로그램에 쓰이는 값들과 확실히 구별할 수 있는 값이라면 어떤 것이라도 가능하다)을 명시적으로 스택에 넣고 뽑는 식으로 이런 작업을 구현할 수도 있다. [연습문제 5.23]을 보라.

또 다른 고려사항은, 반환문을 만나지 않고 본문의 평가가 끝나는 경우 본문의 값은 반드시 undefined라는 점이다. 이를 처리하기 위해, 본문 평가를 위해 eval_dispatch로 가기 전에 continue 레지스터가 진입점 return_undefined를 가리키도록 설정해 둔다. 만일 본문 평가 도중에 반환문을 만나지 않으면 본문 평가 후 실행의 흐름은 return_undefined로 간다.

```
"compound_apply",
  assign("unev", list(op("function_parameters"), reg("fun"))),
  assign("env", list(op("function_environment"), reg("fun"))),
  assign("env", list(op("extend_environment"),
                     reg("unev"), reg("argl"), reg("env"))),
  assign("comp", list(op("function_body"), reg("fun"))),
  push_marker_to_stack(),
  assign("continue", label("return_undefined")),
  go_to(label("eval_dispatch")),
```

해석기에서 env 레지스터에 새 값을 배정하는 곳은 compound_apply와 ev_block(§5.4.3)뿐이다. 메타순환적 평가에서처럼 함수의 환경을 확장해서 함수 본문을 평가할 새 환경을 만든다. 새 환경은 함수의 매개변수들을 해당 인수들과 묶는 바인딩들이 기존의 함수 환경에 추가된 것이다.

본문 평가 도중 반환문을 만나면 ev_return으로 간다. 여기에서는 revert_stack_to_marker 명령을 실행한다. 이 명령은 스택 최상위 항목부터 특정 표식까지의 모든 항목을 삭제함으로써 스택을 함수 호출의 평가가 시작된 시점으로 되돌린다. 그러면 restore("continue")에 의해 continue는 ev_application에서 저장한, 함수 호출의 평가를 마친 후 실행을 재개할 지점을 가리키게 된다. 이제 반환문의 반환 표현식을 평가하기 위해 적절한 사전 준비를 마친 후 eval_dispatch로 간다. 거기서 반환 표현식의 평가를 마친 후에는 val에 반환값이 담긴 상태에서 함수 호출 평가 이후 지점에서 실행이 재개된다.

```
"ev_return",
  revert_stack_to_marker(),
  restore("continue"),
  assign("comp", list(op("return_expression"), reg("comp"))),
  go_to(label("eval_dispatch")),
```

함수 본문을 평가하는 과정에서 반환문을 만나지 못하면, 평가 이후 실행은 compound_apply에서 설정해 둔 return_undefined에서 재개된다. undefined를 반환값으로서 호출 지점에 돌려주기 위해 undefined를 val 레지스터에 넣은 후 ev_application에서 스택에 저장한 진입 지점으로 간다. 그런데 이를 위해 스택에서 continue를 복원하기 전에, compound_apply에서 저장한 표식을 반드시 스택에서 제거해야 한다.

```
"return_undefined",
  revert_stack_to_marker(),
  restore("continue"),
  assign("val", constant(undefined)),
  go_to(reg("continue")),
```

반환문과 꼬리 재귀

제1장에서 반복적 과정(iterative process)이라는 개념을 소개했다. 예를 들어 다음 함수는 하나의 반복적 과정을 서술한다.

```
function sqrt_iter(guess, x) {
    return is_good_enough(guess, x)
           ? guess
           : sqrt_iter(improve(guess, x), x);
}
```

이 함수는 구문상으로는 재귀적이지만(자기 자신을 호출한다는 점에서), 논리적으로 보면 평가기가 sqrt_iter의 한 호출과 그다음 호출 사이에서 정보를 보존하고 전달할 필요가 없다.[29] 이처럼 함수가 자신을 호출할 때 저장소를 더 사용하지 않고도 sqrt_iter 같은 함수를 실행할 수 있는 평가기를 가리켜 꼬리 재귀적(tail-recursive) 평가기라고 부른다.

제4장에서 구현한 메타순환적 평가기는 꼬리 재귀적 평가기가 아니다. 그 평가기는 반환문을 반환값 객체(돌려줄 값을 담은)의 생성자로 구현하며, 함수 호출의 결과에 그런 객체가 들어 있는지 조사한다. 만일 함수 본문의 평가에 의해 반환값 객체가 생성되었다면, 메타순환적 평가기는 그 객체의 내용을 함수의 반환값으로 사용한다. 만환값 객체가 생성되지 않았다면 바

----

29 §5.1에서 보았듯이, 스택이 없는 레지스터 기계로도 이런 반복적 과정을 구현할 수 있다. §5.1에서는 계산적 과정의 상태를 고정된 개수의 레지스터들에 저장했다.

환값은 undefined이다. 반환값 객체의 생성과 함수 호출 결과의 조사가 둘 다 지연된 연산이라서, 호출이 거듭될수록 스택에 계속해서 정보가 쌓인다. 따라서 그 평가기는 꼬리 재귀적이지 않다.

반면에 이번 장의 명시적 제어 평가기는 꼬리 재귀적이다. 이 평가기는 결과의 조사를 위해 반환값 객체를 따로 생성하지 않으므로, 지연된 연산 때문에 스택에 데이터가 쌓이는 일도 없다. ev_return에서 함수의 반환값을 계산하는 표현식을 평가하기 위해 eval_dispatch로 갈 때, revert_stack_to_marker 명령을 이용해서 미리 스택을 함수 호출 직후와 동일한 상태로 되돌린다. 이 명령은 지금까지 함수 본문을 평가하면서 스택에 저장한 모든 항목을 제거한다(이제 함수에서 복귀하므로 그 항목들은 더 이상 필요하지 않다). 그런 다음, eval_dispatch로 갔다가 다시 여기로 돌아와 continue를 복원해서 해당 진입점에서 실행을 재개하도록 스택을 조작하는 대신, 그냥 스택에서 continue를 복원한 후에 직접 eval_dispatch로 간다. 그러면 eval_dispatch의 처리가 끝난 후 반환 표현식의 평가 직후 지점에서 실행이 재개된다. 마지막으로, eval_dispatch로 가기 전에 스택에는 아무런 추가 정보도 없음을 주목하자. 즉, 반환 표현식의 평가를 마치면 스택은 함수 호출(이 반환 표현식의 평가 결과를 받을) 직전과 동일한 상태이다. 따라서 반환 표현식을 평가해도 — 심지어 반환 표현식이 함수 호출이라고 해도(실제로 sqrt_iter의 반환 표현식은 조건 판정에 따라 자기 자신을 호출한다) — 스택에는 아무런 정보도 쌓이지 않는다.[30]

만일 반환 표현식 평가 도중 스택에 저장된 쓸모없는 정보를 평가 후에도 계속 유지할 필요가 없다는 사실을 활용할 생각을 하지 못했다면, 다음처럼 반환 표현식을 평가한 후 다시 돌아와 스택을 복원한 후 비로소 함수 호출의 결과를 기다리는 진입점으로 돌아가는 좀 더 직접적인 접근 방식을 취했을 것이다.

```
"ev_return",   // 또 다른 구현: 꼬리 재귀적이지 않음
  assign("comp", list(op("return_expression"), reg("comp"))),
  assign("continue", label("ev_restore_stack")),
  go_to(label("eval_dispatch")),
"ev_restore_stack",
```

....

30 이 꼬리 재귀 구현은 여러 컴파일러가 사용하는 잘 알려진 최적화 기법의 한 변형이다. 함수 호출로 끝나는 함수를 컴파일할 때 컴파일러는 그 호출을 해당 함수의 진입점으로 직접 넘어가는 점프 명령으로 대체함으로써 불필요한 스택 연산을 피할 수 있다. 이번 절에서처럼 이런 전략을 해석기에 적용하면 언어 전반에서(꼭 재귀 호출이 아니라도) 효율성이 향상된다.

```
        revert_stack_to_marker(),     // 현재 함수에서 저장한 항목들을 제거
        restore("continue"),          // ev_application에서 저장한 항목을 복원
        go_to(reg("continue")),
```

이 구현은 앞에 나온 반환문 평가 구현과 별로 다르지 않아 보인다. 이 버전이 이전 버전과 다른 점은 스택에 저장된 레지스터들을 복원하는 작업을 반환 표현식 평가의 이후로 미룬다는 것뿐이다. 임의의 표현식에 대해 해석기는 여전히 동일한 값을 제공한다. 그렇지만 재귀 구현에서는 이러한 사소한 차이가 치명적이다. 이제는 반환 표현식을 평가한 후 스택에 저장된 (더 이상 필요하지 않은) 레지스터 값들을 제거하기 위해 다시 이 코드로 돌아와야 한다. 함수 호출이 중첩되면 그러한 여분의 저장 항목들이 점점 스택에 점점 싸인다. 따라서 sqrt_iter 같은 반복적 과정을 수행하려면 고정된 크기의 저장 공간이 아니라 반복 횟수에 비례하는 크기의 저장 공간이 필요하다. 이 차이가 아주 중요할 수 있다. 예를 들어 꼬리 재귀에서는 무한 루프를 다음과 같이 함수 호출과 반환 메커니즘만으로 표현해도 메모리가 고갈되지 않는다.

```
function count(n) {
    display(n);
    return count(n + 1);
}
```

꼬리 재귀적이지 않은 평가기에서 이 함수의 호출을 평가하면 결국에는 스택 공간이 모두 소비되므로, 이런 순수한 반복을 표현하려면 함수 호출 외에 추가적인 제어 메커니즘을 도입해야 한다.

그런데 이번 장의 명시적 제어 평가기에서 꼬리 재귀가 실제로 작동하려면 해당 자바스크립트 함수에 반드시 **return** 키워드가 있어야 함을 주목하자. 꼬리 재귀를 위해 스택에 저장된 레지스터들을 제거하는 작업은 반환 표현식을 처리하는 ev_return에서 일어나므로, 만일 앞의 count 함수에서 **return**을 제거하면 꼬리 재귀가 적용되지 않아서 결국은 스택 공간이 소진된다. 제4장의 무한 구동기 루프에서 **return**을 사용한 이유도 이것이다.

다음처럼 **return**을 제거한 count를 호출하면 스택에 어떤 값들이 어떻게 쌓이는지 설명하라.

```
function count(n) {
    display(n);
    count(n + 1);
}
```

■ 연습문제 5.23

push_marker_to_stack 명령에 해당하는 작업을 직접 구현하라. compound_apply에서 특별한 표식 값을 save로 스택에 저장하면 된다. 그리고 revert_stack_to_marker 명령에 해당하는 작업도 구현하라. ev_return와 return_undefined에서, 특별한 표식이 나올 때까지 루프를 돌려서 restore로 스택 항목들을 복원하면 된다. 그 과정에서, 스택에 있는 항목을 원래의 레지스터(애초에 그 항목을 저장할 때 그 항목이 담겨 있던 레지스터)와는 다른 어떤 레지스터로 복원하는 일도 생길 것이다. (평가기 구현에서는 이런 방식의 복원을 세심하게 피하지만, 스택 구현 자체는 이런 복원을 허용한다. 연습문제 5.10을 보라.) 현재 스택 구현에서 스택에서 뽑아낸 항목은 반드시 레지스터에 저장되므로 이런 방식의 복원을 피할 수 없다. 힌트: 복귀용 표식으로 사용할 고유한 상수를 만들어야 한다. 이를테면 const marker = list("marker") 같은 코드를 이용해서 말이다. list는 새로운 쌍을 생성하므로, 스택에 있는 항목과 ===로 상등을 판정할 수는 없다.

■ 연습문제 5.24

push_marker_to_stack과 revert_stack_to_marker를 §5.2.3에 나온 save 명령과 restore 명령의 구현에 기초해서 레지스터 기계어의 명령들로 구현하라. §5.2.1의 push와 pop을 참고해서, 스택에 특별한 표식을 저장하고 제거하는 함수 push_marker와 pop_marker를 작성해야 한다. 그런데 반드시 스택에 그 표식을 실제로 추가해야 하는 것은 아니다. 그 대신, 지역 상태 변수 하나를 스택 모형에 추가하고 그 변수를 이용해서 각 push_ marker_to_stack 전의 마지막 save 위치를 추적하는 방식도 가능하다. 그냥 스택에 실제로 표식을 추가하기로 했다면 [연습문제 5.23]의 힌트를 참고할 것.

5.4.3 블록, 배정, 선언

블록

블록의 본문은 그 블록의 모든 지역 이름을 "*unassigned*"라는 특별한 값과 묶는 바인딩들을 담은 프레임을 현재 환경에 추가해서 만든 환경에서 평가한다. 블록에서 선언된 모든 변수의 목록을 임시로 val 레지스터에 담아 둔다. 지역 변수 목록은 §4.1.1의 scan_out_declarations로 얻는다. scan_out_declarations 함수와 list_of_unassigned 함수에 해당하는 레지스터 기계의 연산들이 있다고 가정한다.[31]

```
"ev_block",
  assign("comp", list(op("block_body"), reg("comp"))),
  assign("val", list(op("scan_out_declarations"), reg("comp"))),

  save("comp"),        // 임시로 *unassigned*를 담기 위해 기존 값을 보관
  assign("comp", list(op("list_of_unassigned"), reg("val"))),
  assign("env", list(op("extend_environment"),
                     reg("val"), reg("comp"), reg("env"))),
  restore("comp"), // 블록의 본문을 복원한다.
  go_to(label("eval_dispatch")),
```

배정과 선언

배정은 ev_assignment에서 처리한다. eval_dispatch는 배정 표현식을 만나면 comp에 그 배정 표현식을 넣은 후 ev_assignment로 간다. ev_assignment의 코드는 먼저 그 표현식의 값 부분(우변)을 평가한 후 그 값과 변수의 바인딩을 환경에 추가한다. 값을 배정하는 assign_symbol_value 함수가 레지스터 기계의 한 연산으로 갖추어져 있다고 가정한다.

----

31 실제 구현은 프로그램 실행 이전에 구문 변환을 수행할 수 있음을 이번 장의 각주 24에서 언급했다. 같은 맥락에서, 블록에서 선언된 이름들을 실제 블록 평가 단계가 아니라 전처리 단계에서 미리 수집해 두는 것이 바람직할 것이다.

```
  "ev_assignment",
    assign("unev", list(op("assignment_symbol"), reg("comp"))),
    save("unev"), // 이후 용도를 위해 변수를 저장해 둔다.
    assign("comp", list(op("assignment_value_expression"), reg("comp"))),
    save("env"),
    save("continue"),
    assign("continue", label("ev_assignment_install")),
    go_to(label("eval_dispatch")), // 배정의 값 부분을 평가한다.
  "ev_assignment_install",
    restore("continue"),
    restore("env"),
    restore("unev"),
    perform(list(op("assign_symbol_value"),
                 reg("unev"), reg("val"), reg("env"))),
    go_to(reg("continue")),
```

변수 선언과 상수 선언도 이와 비슷한 방식으로 처리한다. 배정 표현식을 평가한 값은 변수
에 배정되는 값이지만, 선언 표현식을 평가한 값은 그냥 undefined임을 주의하자. 이를 위해,
선언을 처리한 후 원래 지점에서 실행을 재개하기 전에 val을 undefined로 설정한다. 메타
순환적 평가기에서처럼 함수 선언은 값 표현식이 람다 표현식인 하나의 상수 선언으로 변환한
다. 이 작업은 ev_function_declaration에서 수행한다. ev_function_declaration은
변환 결과를 comp에 넣는다. 그런 다음 실행의 흐름은 분기 없이 그대로 ev_declaration으
로 넘어간다.

```
  "ev_function_declaration",
    assign("comp",
           list(op("function_decl_to_constant_decl"), reg("comp"))),
  "ev_declaration",
    assign("unev", list(op("declaration_symbol"), reg("comp"))),
    save("unev"), // 선언된 이름을 저장한다.
    assign("comp",
           list(op("declaration_value_expression"), reg("comp"))),
    save("env"),
    save("continue"),
    assign("continue", label("ev_declaration_assign")),
    go_to(label("eval_dispatch")), // 선언의 값을 평가한다.
  "ev_declaration_assign",
    restore("continue"),
    restore("env"),
```

```
    restore("unev"),
    perform(list(op("assign_symbol_value"),
                 reg("unev"), reg("val"), reg("env"))),
    assign("val", constant(undefined)),
    go_to(reg("continue")),
```

■ 연습문제 5.25

while 루프를 [연습문제 4.7]에 있는 while_loop 함수를 호출하는 표현식으로 변환해서 처리하도록 명시적 제어 평가기를 수정하라. while_loop의 선언을 입력된 프로그램의 제일 앞에 붙여넣어서 평가기에 입력하고, 해석 과정에서 그 while_loop를 적절히 활용하면 될 것이다. 더 나아가서, 그런 변환을 수행하는 구문 변환기 while_to_application이 기계의 한 연산으로 주어진다고 가정하는 "편법"을 사용해도 좋다. [연습문제 4.7]을 참고해서, while 루프 안에서 return이나 break, continue 문을 허용할 때도 이런 접근 방식이 잘 통하는지 논하라. 만일 그런 제어문이 있는 while 루프에 대해서는 이 접근 방식이 잘 통하지 않는다고 판단했다면, 그런 경우에도 프로그램이 잘 해석되도록 명시적 제어 평가기를 고치려면 어떻게 해야 할까?

■ 연습문제 5.26

정상 순서 평가(§4.2의 느긋한 평가기에 쓰인)를 사용하도록 명시적 제어 평가기를 수정하라.

5.4.4 평가기의 실행

제1장에서부터 평가 모형을 점점 더 정교하게 개선해 온 우리의 여정은 이 명시적 제어 평가기의 구현으로 마무리되었다. 제1장의 비교적 비공식적인 치환 모형을 제3장에서는 상태와 변화를 다룰 수 있는 환경 모형으로 확장했다. 제4장 끝부분의 메타순환적 평가기에서는 자바스크립트 자체를 평가기의 구현 언어로 사용한 덕분에 프로그램의 한 구성요소를 평가하는 도중 생성되는 환경 구조를 좀 더 구체적으로 살펴볼 수 있었다. 이번 장에서는 저장소 관리, 인수 전달, 실행 흐름 제어를 위한 평가기의 메커니즘들을 레지스터 기계를 이용해서 자세히 살펴보

았다. 설명의 수준을 한 단계씩 높일 때마다, 이전 수준에서는 드러나지 않았던 문제점들과 중의성들을 해결해야 했다. 이번 절에서는 지금까지 구현한 명시적 제어 평가기가 실제로 어떻게 작동하는지 파악하기 위해 명시적 제어기를 시뮬레이션하고 성능을 측정해 본다.

먼저, 평가기를 위한 레지스터 기계에 구동기 루프(driver loop)를 설치한다. 이 루프는 §4.1.4의 `driver_loop` 함수에 대응된다. 이 루프를 통해서 평가기는 프롬프트를 출력하고, 프로그램을 입력받고, `eval_dispatch`로 가서 프로그램을 평가하고, 그 결과를 출력하는 작업을 반복한다. 프롬프트에 대해 사용자가 입력한 것이 빈 프로그램이면 제어기 명령렬의 마지막 진입점인 `evaluator_done`으로 간다. 다음은 명시적 제어 평가기의 제어기 명령렬 중 처음 부분에 있는 명령들이다.[32]

```
"read_evaluate_print_loop",
  perform(list(op("initialize_stack"))),
  assign("comp", list(op("user_read"),
                     constant("EC-evaluate input:"))),
  assign("comp", list(op("parse"), reg("comp"))),
  test(list(op("is_null"), reg("comp"))),
  branch(label("evaluator_done")),
  assign("env", list(op("get_current_environment"))),
  assign("val", list(op("scan_out_declarations"), reg("comp"))),
  save("comp"),       // 잠시 *unassigned*를 저장하기 위해 기존 값을 보관
  assign("comp", list(op("list_of_unassigned"), reg("val"))),
  assign("env", list(op("extend_environment"),
                    reg("val"), reg("comp"), reg("env"))),
  perform(list(op("set_current_environment"), reg("env"))),
  restore("comp"), // 입력 프로그램
  assign("continue", label("print_result")),
  go_to(label("eval_dispatch")),
"print_result",
  perform(list(op("user_print"),
              constant("EC-evaluate value:"), reg("val"))),
  go_to(label("read_evaluate_print_loop")),
```

---

32 user_read와 parse, 그리고 여러 출력 연산이 레지스터 기계의 원시 연산들로 주어진다고 가정한다. 이러한 가정은 지금의 시뮬레이션에는 유용하지만, 실제 구현에서는 완전히 비현실적이다. 사실 이 연산들은 극도로 복잡하다. 실제 구현이라면 입·출력 장치와 문자들을 주고받는 저수준 입출력 연산들로 입력 연산이나 출력 연산을 구현할 것이다.

이 코드는 현재 환경(제일 처음에는 전역 환경)을 current_environment 변수에 저장한다. 이 변수는 루프를 반복할 때마다 갱신된다(지난 선언들을 기억하기 위해). get_current_environment 연산과 set_current_environment 연산은 그냥 이 변수를 조회하거나 설정한다.

```
let current_environment = the_global_environment;
function get_current_environment() {
    return current_environment;
}
function set_current_environment(env) {
    current_environment = env;
}
```

함수 평가 도중에 오류(apply_dispatch의 "unknown function type" 같은)를 발견하면 해당 오류 메시지를 출력하고 구동기 루프로 돌아간다.[33]

```
"unknown_component_type",
  assign("val", constant("unknown syntax")),
  go_to(label("signal_error")),

"unknown_function_type",
  restore("continue"), // 스택을 정리한다(apply_dispatch에서).
  assign("val", constant("unknown function type")),
  go_to(label("signal_error")),

"signal_error",
  perform(list(op("user_print"),
               constant("EC-evaluator error:"), reg("val"))),
  go_to(label("read_evaluate_print_loop")),
```

시뮬레이션에서는 구동기 루프의 반복마다 스택을 초기화한다. 오류가 발생해서 평가가 중단된 경우 스택이 미처 비워지지 않았을 수 있기 때문이다.[34]

----

33 이밖에도 해석기가 처리하면 좋을 오류들이 더 있겠지만, 처리가 그리 간단하지는 않다. [연습문제 5.31]을 보라.

34 오류가 발생했을 때만 장소에서 스택을 초기화할 수도 있다. 그러나, 잠시 후에 보겠지만 평가기의 성능을 측정하는 데에는 그냥 구동기 루프에서 일괄적으로 스택을 초기화하는 것이 더 편하다.

§5.4.1~§5.4.4에 나온 모든 코드 조각을 합치면 §5.2의 레지스터 기계 시뮬레이터를 이용해서 실행할 수 있는 하나의 평가기 기계 모형이 만들어진다.

```
const eceval = make_machine(list("comp", "env", "val", "fun",
                                 "argl", "continue", "unev"),
                            eceval_operations,
                            list("read_evaluate_print_loop",
                                 〈지금까지 나온 제어기 명령렬〉
                                 "evaluator_done"));
```

시뮬레이션을 실제로 수행하려면, 평가기가 원시 연산으로 사용하는 연산들을 시뮬레이션하는 자바스크립트 함수들이 필요하다. §4.1의 메타순환적 평가기에 사용한 함수들과 §5.4에서 따로 정의한 몇몇 함수들을 사용하면 된다.

```
const eceval_operations = list(list("is_literal", is_literal),
                               〈명시적 제어 평가기 기계의 모든 연산〉);
```

이제 준비가 끝났다. 전역 환경을 초기화하고 평가기를 시동하면 된다.

```
const the_global_environment = setup_environment();
start(eceval);
```

```
EC-evaluate input:
function append(x, y) {
    return is_null(x)
           ? y
           : pair(head(x), append(tail(x), y));
}

EC-evaluate value:
undefined

EC-evaluate input:
append(list("a", "b", "c"), list("d", "e", "f"));

EC-evaluate value:
["a", ["b", ["c", ["d", ["e", ["f", null]]]]]]
```

물론 자바스크립트 프로그램을 이런 식으로 평가하면 그냥 자바스크립트 해석기를 직접 이용해서 평가하는 것보다 훨씬 느리다. 이는 이런 식의 평가에 여러 수준의 시뮬레이션이 관여하기 때문이다. 입력된 프로그램은 명시적 제어 평가기가 평가하는데, 그 평가기는 하나의 자바스크립트 프로그램으로 시뮬레이션되며, 그 시뮬레이션 프로그램 자체는 자바스크립트 해석기가 평가한다.

평가기 성능의 측정

평가기의 구현을 시험하고 조사할 때 시뮬레이션이 아주 유용할 수 있다. 시뮬레이션을 이용하면 레지스터 기계를 다양한 방식으로 설계해 볼 수 있을 뿐만 아니라, 평가기의 성능도 손쉽게 측정할 수 있다. 예를 들어 성능의 중요한 측면 하나는 평가기가 스택을 얼마나 효율적으로 사용하는가이다. 시뮬레이션을 이용하면 다양한 프로그램의 평가에 필요한 스택 연산 횟수를 관측할 수 있다. 스택 사용 통계량을 수집하는 수단을 시뮬레이터에 추가하고(§5.2.4 참고), 평가기 명령렬의 진입점 **print_result**에 그 통계량들을 출력하는 명령을 추가하면 된다.

```
"print_result",
  perform(list(op("print_stack_statistics"))), // 추가된 명령
  // 나머지는 이전과 동일함
  perform(list(op("user_print"),
               constant("EC-evaluate value:"), reg("val"))),
  go_to(label("read_evaluate_print_loop")),
```

다음은 성능 측정 수단을 갖춘 평가기를 사용하는 예이다.

```
EC-evaluate input:
function factorial (n) {
    return n === 1
           ? 1
           : factorial(n - 1) * n;
}
```

```
total pushes = 4
maximum depth = 3
EC-evaluate value:
undefined
```

```
EC-evaluate input:
factorial(5);

total pushes = 151
maximum depth = 28
EC-evaluate value:
120
```

평가기의 구동기 루프가 각 반복의 시작에서 스택을 다시 초기화함을 주목하자. 따라서, 출력된 통계량은 그 이전 프로그램의 평가에 쓰인 스택 연산들만 반영한 것이다.

■ 연습문제 5.27

이 연습문제에서는 스택 연산 통계 기능을 이용해서 평가기의 꼬리 재귀(§5.4.2) 특성을 조사해 본다. 평가기를 시동하고, §1.2.1에 나온 다음과 같은 반복적 **factorial** 함수를 입력하자.

```
function factorial(n) {
    function iter(product, counter) {
        return counter > n
               ? product
               : iter(counter * product,
                      counter + 1);
    }
    return iter(1, 1);
}
```

그리고 몇 가지 작은 n 값으로 이 함수를 호출해서, 각 값으로 $n!$을 계산할 때의 최대 스택 깊이와 스택 저장(**push** 연산) 횟수를 기록하기 바란다.

a. $n!$을 계산하는 데 필요한 최대 스택 깊이가 n과는 독립적임을 알게 될 것이다. 그 깊이는 얼마인가?

b. 수집된 데이터에 기초해서, 임의의 $n \geq 1$에 대해 $n!$을 평가하는 데 필요한 총 스택 연산 횟수를 n에 대한(n이 주된 항인) 수학 공식으로 표현하라. 이 횟수는 n의 선형 함수이며, 따라서 두 개의 상수로 결정된다.

[연습문제 5.27]을 참고해서, 계승을 재귀적으로 계산하는 다음 함수의 행동 방식을 탐구해 보자.

```
function factorial(n) {
    return n === 1
           ? 1
           : factorial(n - 1) * n;
}
```

스택 연산 통계 기능을 이용해서, $n \geq 1$에 대해 $n!$을 평가하는 데 필요한 스택 최대 깊이와 총 저장 연산 횟수를 n의 함수로 표현하라. (이 함수 역시 선형 함수이다.) 이 연습문제의 결과와 [연습문제 5.27]의 결과를 정리해서, 다음 표의 칸들에 적절한 공식(n이 관여하는)을 채워서 표를 완성하라.

	최대 깊이	저장 횟수
재귀적 계승		
반복적 계승		

스택 최대 깊이는 평가기가 계산을 수행하는 동안 사용하는 저장 공간의 양을 측정하는 측도가 된다. 그리고 스택 저장 연산 횟수는 계산을 수행하는 데 필요한 시간과 상관관계가 있다.

ev_return을 §5.4.2에서 설명한 대로 변경하라. 즉, 평가기가 더 이상 꼬리 재귀가 아니게 만들어야 한다. 수정된 평가기로 [연습문제 5.27]과 [연습문제 5.28]의 실험을 수행해서, factorial 함수의 두 버전 모두 필요한 저장 공간의 양이 입력의 크기에 비례함을 보여라.

트리 재귀적 피보나치 계산의 스택 연산 횟수를 측정하라.

```
function fib(n) {
```

```
    return n < 2 ? n : fib(n - 1) + fib(n - 2);
}
```

a. $n \geq 2$에 대해 Fib(n)을 계산하는 데 필요한 스택 최대 깊이를 n에 대한 공식으로 제시하라. 힌트: 이 계산적 과정에 필요한 공간이 n에 선형으로 비례해서 증가함을 §1.2.2에서 보았다.

b. $n \geq 2$에 대해 Fib(n)을 계산하는 총 스택 저장 연산 횟수를 n에 대한 공식으로 제시하라. 총 저장 횟수(계산에 필요한 시간과 연관된)가 n에 대해 지수적으로 증가함을 알게 될 것이다. 힌트: Fib(n)을 계산하는 데 쓰인 저장 횟수가 $S(n)$이라고 할 때, $S(n)$을 $S(n-1)$과 $S(n-2)$, 그리고 어떤 고정된 '추가부담(overhead)'을 나타내며 n과는 독립적인 상수 k로 표현하는 공식이 존재함을 보일 수 있어야 한다. 그 공식을 제시하고, k가 무엇인지 밝힌 다음 $S(n)$을 aFib($n+1$)$+b$로 표현할 수 있음을 밝히고, a와 b의 값을 제시할 것.

■ **연습문제 5.31**

본문의 평가기는 두 종류의 오류만 검출, 보고한다. 하나는 평가기가 알지 못하는 종류의 구성요소를 만난 것이고("unknown component type" 오류) 다른 하나는 알지 못하는 종류의 함수를 만난 것이다("unknown function type" 오류). 그 밖의 오류가 발생하면 평가기의 읽기-평가-출력 루프(REPL)에서 벗어나게 된다. 이 평가기를 레지스터 기계 시뮬레이터를 이용해서 실행하는 경우 이 오류들은 바탕 자바스크립트 시스템이 잡아낸다. 오류 발생 시 REPL이 끝나는 것은 사용자 프로그램에서 오류가 발생했을 때 컴퓨터 자체가 "다운되는" 것에 비유할 수 있다.[35] 제대로 된 오류 처리 시스템을 만드는 것은 대규모 프로젝트에 해당하지만, 이런 문제와 관련해서 많은 것을 배울 수 있다는 점에서 도전해 볼 만한 일이다.

a. 평가 과정에서 발생하는 오류들(묶이지 않은 이름에 접근하는 등)은, 조회 연산이 오류 조건을 검출했을 어떤 특별한 조건 부호(프로그램의 변수들이 가질 수 없는 어떤 값)를 돌려주고, 평가기는 그 조건 부호를 판정해서 적절한 사전 준비를 마친 후 `signal_error`로 가

·······································

35 이런 경우 운영체제에 따라 '커널 패닉'이 발생하거나 '죽음의 파란 화면(blue screen of death)'이 나타난다. 시스템이 아예 재부팅되는 경우도 있다. 스마트폰이나 태블릿에서는 흔히 자동 재부팅이 쓰인다. 현세대 운영체제들은 대부분 사용자 프로그램 때문에 컴퓨터 전체가 다운되는 사태를 비교적 잘 방지한다.

는 식으로 처리할 수 있다. 평가기에서 이런 처리가 필요한 부분을 모두 찾아서 코드를 적절히 수정하라. 고칠 코드가 꽤 많을 것이다.

b. 원시 함수들의 실행 도중에 어떤 수를 0으로 나누려 하거나 문자열에서 head를 추출하려는 등의 잘못된 시도 때문에 발생하는 오류는 처리하기가 훨씬 어렵다. 전문적으로 작성된 고품질 시스템에서는 각각의 원시 함수 적용 과정에 그 적용의 안전성을 점검하는 작업이 포함되어 있다. 예를 들어 head를 적용하는 경우 먼저 주어진 인수가 쌍 객체인지부터 점검하는 식이다. 만일 인수가 쌍 객체가 아니면 응용 프로그램은 그 사실을 알려주는 어떤 특별한 조건 코드를 평가기에 돌려주고, 평가기는 그 코드를 인식해서 실패를 보고한다. 이런 방식을 레지스터 기계 시뮬레이터에 도입한다면, 각각의 원시 함수가 적용 가능성을 점검해서 실패 시 특별한 조건 코드를 돌려주도록 수정해야 한다. 평가기의 primitive_apply에서는 원시 함수의 반환값이 특별한 조건 코드이면 signal_error로 간다. 평가기를 실제로 이렇게 수정하라. 이것은 시간이 걸리는 본격적인 프로젝트이다.

5.5 컴파일

§5.4의 명시적 제어 평가기는 자바스크립트 프로그램을 해석하는 제어기를 가진 하나의 레지스터 기계이다. 이번 절에서는 제어기가 자바스크립트 해석기가 아닌 레지스터 기계에서 자바스크립트 프로그램을 실행하는 방법을 살펴본다.

명시적 제어 평가기 기계는 범용적이다. 즉, 자바스크립트로 서술할 수 있는 것이면 그 어떤 계산적 과정도 수행할 수 있다. 평가기의 제어기는 자신의 데이터 경로를 적절히 활용해서 주어진 계산을 수행한다. 그런 면에서 평가기의 데이터 경로 역시 범용적이다. 적절한 제어기만 주어진다면, 그 어떤 계산을 수행하기에 충분하다.[36]

....

36 이것은 이론적인 주장이다. 이 평가기의 데이터 경로가 특별히 편리하다거나, 범용 컴퓨터의 효율적인 데이터 경로 집합에 해당한다고 주장하는 것이 아님을 주의하자. 예를 들어 이 데이터 경로는 고성능 부동소수점 계산이나 비트 벡터들을 본격적으로 다루는 계산을 구현하는 데에는 그리 적합하지 않다.

흔히 판매되는 범용 컴퓨터들도 레지스터 기계이다. 그런 범용 컴퓨터들은 일단의 레지스터들과 연산들로 이루어진, 효율적이고 편리하며 범용적인 데이터 경로들의 집합을 갖추고 있다. 범용 컴퓨터의 제어기는 이번 장에서 사용한 것과 크게 다르지 않은 레지스터 기계어의 해석기이다. 그런 언어는 해당 컴퓨터의 고유어(native language; 다른 언어로 번역하지 않고 직접 이해할 수 있는 언어)에 해당하는데, 이를 흔히 기계어(machine language)라고 부른다. 기계어로 작성된 프로그램은 해당 기계의 데이터 경로를 사용하는 명령들의 순차열이다. 예를 들어 명시적 제어 평가기의 명령렬을 어떤 특화된 해석기 기계를 위한 제어기의 명령렬이 아니라 어떤 범용 컴퓨터의 기계어 프로그램으로 간주할 수 있다.

고수준 언어와 레지스터 기계어의 틈을 메우는 데 쓰이는 전략은 크게 두 가지이다. 명시적 제어 평가기는 '해석' 전략을 보여준다. 이 전략에서는 컴퓨터의 고유어와는 다를 수도 있는 어떤 언어(원본 언어(source language)라고 부르기로 하자♦)로 작성된 프로그램을, 컴퓨터의 고유어로 작성된 해석기를 이용해서 실행한다. 원본 언어의 원시 함수들은 해당 컴퓨터의 고유어로 작성된 서브루틴들의 라이브러리로 구현된다. 해석할 프로그램(**원본 프로그램**(source program)이라고 부르자)은 하나의 자료 구조로 표현된다. 해석기는 이 자료 구조를 훑어서 원본 프로그램의 구문을 분석한다. 그 과정에서 해석기는 라이브러리에 있는 적절한 원시 서브루틴을 호출함으로써 원본 프로그램이 하고자 하는 일을 시뮬레이션한다.

또 다른 전략은 **컴파일** 전략이다. 이번 절에서는 이 컴파일 전략을 살펴본다. 원본 언어와 컴퓨터의 종류가 주어지면 컴파일러는 그 원본 프로그램을 해당 컴퓨터의 고유어로 작성된, 원본 프로그램과 동등한 작업을 수행하는 프로그램(**목적 프로그램**(object program)이라고 부른다)으로 '번역(translation)'한다. 이번 절에서 구현할 컴파일러는 자바스크립트로 작성된 프로그램을 명시적 제어 평가기의 데이터 경로를 이용해서 실행할 수 있는 제어기 명령렬로 번역한다.[37]

<hr>

♦ 옮긴이 컴파일러와 관련해서 '원시 언어'나 '원시 코드' 같은 용어를 사용하기도 하지만, 본 번역서에서 '원시'는 primitive의 번역어로 쓰이므로 '원본'을 사용하기로 한다.

[37] 사실 컴파일된 코드를 실행하는 기계가 해석기 기계보다 더 단순할 수 있다. 이 책의 경우 전자의 기계는 comp 레지스터와 unev 레지스터를 사용하지 않는다는 점에서 해석기 기계보다 단순하다. 해석기는 아직 평가하지 않은 구성요소들을 담는 데 이 레지스터들을 사용한다. 그러나 컴파일 전략에서는 이 구성요소들이 레지스터 기계가 실행할 컴파일된 코드에 내장된다. 마찬가지 이유로, 컴파일 전략에서는 구성요소 구문을 다루는 기계어 명령들이 필요하지 않다. 물론 명시적 제어 평가기 기계에는 없는, 컴파일된 코드에만 필요한(컴파일된 함수 객체를 표현하기 위한) 기계어 명령들도 있다.

잠시 후 컴파일러를 개괄할 때 보겠지만, 컴파일 전략은 해석 전략보다 프로그램 실행의 효율성이 훨씬 좋다. 하지만 해석기는 프로그램을 대화식으로 개발하고 디버깅할 수 있는 좀 더 강력한 개발 환경을 제공한다. 해석기 환경에서는 실행 중인 원본 프로그램을 직접 조사하고 디버깅하기가 편하다. 게다가 원시 함수들의 라이브러리 전체에 접근할 수 있으므로, 디버깅 도중에 새로운 프로그램을 작성해서 시스템에 추가할 수 있다.

현대적인 프로그램 개발 환경은 컴파일과 해석의 상호보완적인 장점들을 모두 취하는 혼합 전략을 추구한다. 일반적으로 이런 시스템들은 해석된 함수와 컴파일된 함수가 서로를 호출할 수 있도록 조직화된다. 그러면 프로그래머는 프로그램의 여러 부분 중 디버깅이 끝났다고 판단한 부분은 컴파일해서 효율성을 취하고, 아직 유동적인 부분은 해석기로 실행해서 대화식 개발과 디버깅의 장점을 활용할 수 있다.[38] 컴파일러를 구현한 후 §5.5.7에서는 컴파일러와 해석기를 연동해서 통합된 해석기-컴파일러 시스템을 구축하는 방법을 살펴본다.

컴파일러의 개요

이번 절에서 만드는 컴파일러는 그 구조와 작동 방식이 앞에서 본 해석기와 아주 비슷하다. 그런 만큼, 컴파일러가 프로그램의 구성요소들을 분석하는 데 쓰이는 메커니즘 역시 해석기가 사용하는 메커니즘과 비슷하다. 게다가, 컴파일된 코드와 해석된 코드의 손쉬운 연동을 위해 이번 절에서 설계하는 컴파일러는 해석기가 레지스터를 사용하는 방식과 동일한 관례를 따르는 코드를 생성한다. 좀 더 구체적으로, 해석기처럼 컴파일된 코드도 환경을 env 레지스터에 담고, 인수들의 목록은 argl 레지스터, 적용할 함수는 fun 레지스터에, 함수의 반환값은 val 레지스터에, 함수가 돌아갈 지점은 continue 레지스터에 담는다. 대체로, 컴파일러가 원본 프로그램을 번역해서 산출하는 목적 프로그램이 수행하는 레지스터 연산들은 같은 원본 프로그램을 해석기로 평가할 때 수행되는 레지스터 연산들과 본질적으로 동일하다.

앞 문단의 설명을 잘 읽어보면 기본적인 형태의 컴파일러를 구현하는 전략 하나를 떠올릴 수 있을 것이다. 그 전략은 이런 것이다. 컴파일러는 해석기가 하는 것과 같은 방식으로 프로그램의 구성요소들을 훑는다. 각 구성요소에 대해 컴파일러는 해석기가 그 구성요소를 평가할 때 수행할 레지스터 연산들을 식별하고, 해당 명령들을 실제로 수행하는 대신 명령열에 추가한

---

[38] 프로그래밍 언어 구현들은 디버깅이 끝난 것으로 가정된 부분도 컴파일 시 효율성이 충분히 개선된다는 증거가 충분하지 않다면 컴파일을 뒤로 미룰 때가 많다. 이때 증거는 실행 시점에서 프로그램의 부분들이 해석되는 횟수를 측정해서 얻는다. 이런 기법을 *JIT*(just-in-time; 적시) 컴파일이라고 부른다.

다. 이런 식으로 만들어 낸 명령렬이 목적 코드이다. 이런 구현 전략에서 해석에 비한 컴파일의 실행 효율성 장점을 고찰해 보자. f(96, 22) 같은 구성요소를 평가할 때 해석기는 구성요소의 종류를 분류하고(지금 예의 경우 이 구성요소는 함수 적용이다), 구성요소에서 인수 표현식들을 추출한다(지금 예에서는 두 개의 인수 표현식이 나온다). 해석기는 이러한 작업을 이 구성요소가 나올 때마다 반복한다는 점에 주목하자. 반면에 컴파일러는 이 분석을 컴파일 시점(compile time)에 한 번만 수행해서 해당 명령들을 목적 코드에 추가한다. 컴파일러가 만들어 낸 목적 코드에는 이 함수 적용의 함수 표현식과 두 인수 표현식을 평가하는 명령들과 그 결과들로 인수 목록을 만드는 명령들, 그리고 함수(fun에 담긴)를 인수들(argl에 담긴)에 적용하는 명령들만 포함된다.

이는 §4.1.7의 구문 분석 평가기에서 구현한 것과 같은 종류의 최적화이다. 그렇지만 컴파일된 코드에는 효율성을 더욱 개선할 수 있는 추가적인 기회가 존재한다. 해석기는 원본 언어로 표현할 수 있는 그 어떤 구성요소에도 적용할 수 있는 과정을 따른다. 반면에 컴파일된 코드의 한 조각은 어떤 구체적인 구성요소 하나를 실행하기 위한 것이다. 이 차이가 효율성에 큰 영향을 미칠 수 있다. 예를 들어 레지스터들을 스택에 저장하는 연산을 생각해 보자. 어떤 구성요소를 평가할 때 해석기는 반드시 임의의 우발성(contingency)을 대비해야 한다. 구성요소의 한 부분 구성요소를 평가하기 전에 해석기는 나중에 필요한 내용을 담은 모든 레지스터를 저장해 두어야 한다. 부분 구성요소를 평가하는 과정에서 어떤 레지스터가 바뀔지 미리 알 수 없기 때문이다. 반면에 컴파일러는 처리 중인 구성요소의 구체적인 구조를 활용해서 불필요한 스택 연산을 피하는 코드를 생성할 수 있다.

이 점을 f(96, 22)의 적용을 예로 들어서 좀 더 구체적으로 살펴보자. 해석기는 이 함수 적용의 함수 표현식을 평가하기 전에 인수 표현식들을 담은 레지스터와 환경을 담은 레지스터를 스택에 저장해 두어야 한다. 함수 표현식을 평가한 후에 함수를 적용하려면 그 값들이 필요하기 때문이다. 함수 표현식의 평가가 끝나면 그 결과가 val 레지스터에 저장된다. 그러면 해석기는 앞에서 저장해 둔 레지스터들을 복원하고, val의 내용을 fun 레지스터에 저장한 후 실제 함수 적용으로 넘어간다. 지금 예에서 함수 표현식은 f라는 하나의 이름이고, 이 표현식의 평가는 기계의 한 연산인 lookup_symbol_value가 담당한다. 그런데 이 연산은 그 어떤 레지스터도 변경하지 않는다. 이번 절에서 구현하는 컴파일러는 이 사실을 활용해서, 함수 표현식을 다음과 같은 명령으로 평가하는 코드를 생성한다.

```
assign("fun",
        list(op("lookup_symbol_value"), constant("f"), reg("env")))
```

여기서 lookup_symbol_value의 인수는 컴파일 시점에서 f(96, 22)의 파스(parse; 입력 텍스트를 파서가 분석해서 만들어 낸 자료 구조)로부터 추출한 객체이다. 이 코드가 불필요한 스택 저장, 복원 명령을 생략하고 조회 결과를 fun에 직접 배정함을 주목하자. 해석기라면 평가 결과를 val에 담고, 그것을 다시 fun으로 옮겨야 했을 것이다.

컴파일러는 환경에 대한 접근도 최적화할 수 있다. 컴파일러는 원본 코드를 분석해서 특정한 이름의 값이 프레임의 어디에 있는지 알아낼 수 있으므로, lookup_symbol_value로 프레임을 검색하는 대신 그 값에 직접 접근할 수 있다. 이런 어휘적 접근을 구현하는 방법은 §5.5.6에서 논의한다. 그전까지는 앞 문단에서 이야기한 종류의 레지스터 및 스택 접근 최적화만 고려하기로 한다. 컴파일러가 수행할 수 있는 최적화는 이 밖에도 여러 가지가 있다. 예를 들어 원시 연산들에 일반적인 apply 메커니즘을 적용하는 대신 해당 명령들을 목적 코드에 복사해 붙이는 '인라인화(inlining)' 기법(연습문제 5.41 참고)이 있지만, 여기서는 이런 기법들을 강조하지 않겠다. 이번 절의 주된 목표는 컴파일 과정을 단순화된(그래도 여전히 흥미로운) 맥락에서 설명하는 것이다.

5.5.1 컴파일러의 구조

§4.1.7에서 우리는 원래의 메타순환적 평가기를 수정해서 분석과 실행을 분리했다. 수정된 메타순환적 평가기는 각각의 구성요소를 분석해서 실행 함수를 만든다. 그 실행 함수는 환경을 인수로 받고 그 구성요소가 해야 할 연산들을 수행한다. 컴파일러에서도 같은 방식으로 구성요소들을 분석한다. 단, 실행 함수를 생성하는 대신 레지스터 기계가 실행할 명령들의 순차열을 생성한다는 점이 다르다.

아래의 compile 함수는 컴파일러의 최상위 디스패처dispatcher이다. 이 함수는 §4.1.1의 evaluate 함수와 §4.1.7의 analyze 함수, 그리고 §5.4.1에 나온 명시적 제어 평가기의 eval_dispatch 진입점에 대응된다. 이전의 해석기들처럼 이 컴파일러도 §4.1.1에서 정의한 구성요소 구문 함수들을 사용한다.[39] compile 함수는 컴파일할 구성요소의 구문 형식(종류)에 대해 사례 분석을 수행해서, 구성요소 종류마다 특화된 **코드 생성기**(code generator)로 실행을 디스패치한다.

```
function compile(component, target, linkage) {
    return is_literal(component)
           ? compile_literal(component, target, linkage)
           : is_name(component)
           ? compile_name(component, target, linkage)
           : is_application(component)
           ? compile_application(component, target, linkage)
           : is_operator_combination(component)
           ? compile(operator_combination_to_application(component),
                     target, linkage)
           : is_conditional(component)
           ? compile_conditional(component, target, linkage)
           : is_lambda_expression(component)
           ? compile_lambda_expression(component, target, linkage)
           : is_sequence(component)
           ? compile_sequence(sequence_statements(component),
                              target, linkage)
           : is_block(component)
           ? compile_block(component, target, linkage)
           : is_return_statement(component)
           ? compile_return_statement(component, target, linkage)
           : is_function_declaration(component)
           ? compile(function_decl_to_constant_decl(component),
                     target, linkage)
           : is_declaration(component)
           ? compile_declaration(component, target, linkage)
           : is_assignment(component)
           ? compile_assignment(component, target, linkage)
           : error(component, "unknown component type -- compile");
}
```

---

39 그렇지만 이 컴파일러는 하나의 자바스크립트 프로그램이며, 이 컴파일러가 사용하는 표현식들을 조작하는 데 사용하는 구문 함수들은 메타순환적 평가기에 쓰이는 실제 자바스크립트 함수들임을 주의하자. 이와는 대조적으로 명시적 제어 평가기에서는 해당 구문 연산들이 레지스터 기계의 연산들로 주어진다고 가정했다. (물론 레지스터 기계를 자바스크립트로 시뮬레이션할 때는 실제 자바스크립트 함수들을 사용했다.)

대상과 연계

compile 함수와 이 함수가 호출하는 코드 생성기들은 컴파일할 구성요소 외에 두 개의 인수를 받는다. 하나는 대상(target) 레지스터이고 다른 하나는 **연계 서술자**(linkage descriptor; 또는 연결성 서술자)이다. 대상 레지스터는 컴파일된 코드가 구성요소의 값을 돌려주는 데 사용할 레지스터이고, 연계 서술자는 컴파일된 코드의 실행이 끝난 후의 처리 방식을 나타내는 값이다. 연계 서술자로 지정할 수 있는 값과 해당 처리 방식은 다음 세 종류이다.

- "next": 명령렬의 다음 명령으로 넘어간다.

- "return": continue 레지스터의 현재 값이 가리키는 지점으로 간다. 함수 호출에서 복귀할 때 쓰인다.

- 그 밖의 값: 그 값이 가리키는 진입점으로 점프한다.

예를 들어 대상 레지스터를 val로, 연계를 "next"로 지정해서 리터럴 5를 컴파일하면 다음과 같은 명령이 생성된다.

```
assign("val", constant(5))
```

한편, 연계를 "return"으로 지정해서 같은 표현식을 컴파일하면 다음과 같은 명령들이 만들어진다.

```
assign("val", constant(5)),
go_to(reg("continue"))
```

첫 예에서는 실행의 흐름이 명령렬의 다음 명령으로 넘어간다. 둘째 예에서는 continue 레지스터에 담긴 진입점으로 간다. 두 경우 모두 표현식의 값은 대상 레지스터 val에 저장된다. 이번 장의 컴파일러는 반환문의 반환 표현식을 컴파일할 때 "return" 연계를 사용한다. 명시적 제어 평가기에서처럼 함수 호출에서 돌아오는 과정은 다음 세 단계로 일어난다.

a. 스택을 복기 표시이 있는 곳으로 되돌리고 continue(함수 호출 시작 지점에서 설정한 복귀 지점이 담긴)를 복원한다.

b. 반환값을 계산해서 val에 넣는다.

c. continue에 담긴 진입점으로 간다.

반환문을 컴파일할 때 컴파일러는 스택을 되돌리고 continue를 복원하는 코드를 명시적으로 생성한다. 반환 표현식은 대상 val, 연계 "return"으로◆ 컴파일한다. 따라서 반환값 계산을 위해 생성된 코드는 반환값을 val에 넣고 continue가 가리키는 곳으로 점프한다.

명령렬과 스택 관리

각 코드 생성기는 해당 구성요소에 대해 생성한 목적 코드를 담은 **명령렬**(instruction sequence)을 돌려준다. 복합 구성요소에 대한 목적 코드는 그 구성요소의 부분 구성요소들 각각에 대한 단순 코드 생성기들의 결과를 조합한 것이다. 이는 평가기가 복합 구성요소들을 평가할 때 부분 구성요소들의 평가 결과를 조합하는 것과 마찬가지 방식이다.

append_instruction_sequences라는 함수는 명령렬들을 조합하는 가장 간단한 방법에 해당한다. 이 함수는 연달아 차례로 실행할 두 명령렬을 받고, 첫 명령렬 끝에 둘째 명령렬을 덧붙여서 만든 하나의 명령렬을 돌려준다. 즉, 두 명령렬이 명령렬$_1$과 명령렬$_2$라고 할 때, 다음 호출은

---

append_instruction_sequences(명령렬$_1$, 명령렬$_2$)

다음과 같은 명령들로 이루어진 하나의 명령렬을 돌려준다.

명령렬$_1$의 모든 명령
명령렬$_2$의 모든 명령

레지스터들을 저장해 두어야 하는 경우 컴파일러의 코드 생성기들은 preserving이라는 함수를 사용한다. 이 함수는 앞의 함수보다 명령렬들을 좀 더 복잡한 방식으로 조합한다. preserving 함수는 두 명령렬 외에 저장할 레지스터들의 집합도 인수로 받는다. 이 함수는 첫 명령렬이 둘째 명령렬의 실행을 방해하지 않도록 레지스터들의 내용을 적절히 보존하는 방식으로 명령렬들을 덧붙인다. 좀 더 구체적으로, 만일 첫 명령렬이 어떤 레지스터를 수정하는데 둘째 명령렬이 그 레지스터의 원래 내용을 사용해야 한다면, preserving은 첫 명령렬 앞

◆ 옮긴이 "대상 레지스터를 A로 지정하고 연계 서술자를 B로 지정해서"를 간단히 "대상 A, 연계 B로"라고 표현하기도 하겠다.

과 뒤에 적절한 save 명령과 restore 명령을 추가해서 두 명령렬을 연결한다. 둘째 명령렬이 레지스터의 원래 내용을 필요로 하지 않는다면 preserving은 그냥 두 명령렬을 그대로 연결한다. 예를 들어 preserving을 다음과 같이 호출한다고 할 때,

---

preserving(list(레지스터$_1$, 레지스터$_2$), 명령렬$_1$, 명령렬$_2$)

명령렬$_1$과 명령렬$_2$가 레지스터$_1$과 레지스터$_2$를 어떻게 사용하느냐에 따라 다음 네 가지 명령렬 중 하나가 만들어진다. ◆

명령렬$_1$ 명령렬$_2$	save(레지스터$_1$), 명령렬$_1$ restore(레지스터$_1$), 명령렬$_2$	save(레지스터$_2$), 명령렬$_1$ restore(레지스터$_2$), 명령렬$_2$	save(레지스터$_2$), save(레지스터$_1$), 명령렬$_1$ restore(레지스터$_1$), restore(레지스터$_2$), 명령렬$_2$

preserving을 이용해서 명령렬들을 결합함으로써 컴파일러는 불필요한 스택 연산들을 피한다. 이는 또한 구체적인 save 명령 및 restore 명령 생성 방식을 preserving 함수의 내부에 격리해서, 개별 코드 생성기를 작성할 때 고민할 사항들과는 분리하는 효과도 낸다. 실제로 코드 생성기가 save 명령과 restore 명령을 직접 생성하는 경우는 거의 없다. 예외는 함수를 호출하는 코드에서 continue를 저장하고 함수에서 돌아오는 코드에서 continue를 복원한다는 것뿐이다. 함수 호출 및 반환을 위한 save 명령과 restore 명령은 preserving이 짝을 맞추어서 생성하는(구체적인 방법은 §5.5.3에 나온다) 것이 아니라, 서로 다른 compile 호출들에 의해 명시적으로 생성된다.

이론상으로는 명령렬을 자바스크립트에서 그냥 명령 객체들의 목록으로 표현해도 된다. 그런 표현을 사용한다면 append_instruction_sequences 함수는 통상적인 목록 조작 연산의 하나인 append를 사용하면 될 것이다. 그렇지만 단순한 목록 표현으로는 preserving을 구현하기가 복잡하다. preserving이 두 명령렬을 분석해서 이들이 레지스터들을 어떻게 사용하는지 파악해야 하기 때문이다. 그러면 구현이 복잡해질 뿐만 아니라 효율성도 나빠진다.

◆ 옮긴이 각 열(세로 방향)이 하나의 명령렬이다.

이전에 preserving 호출로 만들어진, 따라서 이미 분석된 명령렬이 주어져도 preserving 은 그것을 다시 분석해야 한다. 이런 중복된 분석을 피하기 위해, 명령렬에 레지스터를 사용하는 방식에 관한 정보를 추가한 자료 구조를 사용하기로 하자. 기본 명령렬을 생성할 때는 레지스터 사용 정보를 명시적으로 제공한다. 이후 명령렬들을 조합하는 함수들에서는 주어진 명령렬들에 있는 정보로부터 유도한 레지스터 사용 정보를 이용해서 명령렬들을 조합한다.

정리하자면, 하나의 명령렬은 다음 세 가지 정보로 구성된다.

- 명령렬의 명령들을 실행하기 전에 반드시 초기화해야 하는 레지스터들의 집합(이 레지스터들을 명령렬이 **필요로 하는**(need) 레지스터 또는 명령렬의 실행에 필요한 레지스터라고 말한다).

- 명령렬의 명령들이 값을 수정하는 레지스터들의 집합.

- 명령렬의 실제 명령들.

이러한 명령렬을, 세 가지 정보에 해당하는 요소 세 개로 이루어진 목록으로 표현한다. 다음은 명령렬의 생성자이다.

```
function make_instruction_sequence(needs, modifies, instructions) {
    return list(needs, modifies, instructions);
}
```

예를 들어 다음은 현재 환경에서 기호 **"x"**의 값을 조회해서 **val**에 배정한 후 호출 지점으로 돌아가는 명령렬을 생성하는 예이다. 환경 조회와 호출 복귀를 위해서는 **env** 레지스터와 **continue** 레지스터를 초기화해야 하며, 배정을 위해서는 **val** 레지스터를 수정해야 한다는 점이 처음 두 인수에 반영되어 있다.

```
make_instruction_sequence(list("env", "continue"), list("val"),
    list(assign("val",
                list(op("lookup_symbol_value"), constant("x"),
                     reg("env"))),
         go_to(reg("continue"))));
```

명령렬들을 조합하는 함수들은 §5.5.4에 나온다.

■ 연습문제 5.32

함수 적용을 평가할 때 명시적 제어 평가기는 함수 표현식 평가의 전후에 항상 env 레지스터를 저장·복원하고, 각 인수 표현식의 평가 전후에는 항상 env 레지스터와 argl 레지스터를 저장·복원한다(단, 마지막 인수 표현식의 경우에는 env 레지스터를 저장·복원하지 않는다). 그리고 인수 표현식 목록 전체의 평가 전후에서는 fun 레지스터를 저장·복원한다. 다음 함수 적용 각각에 대해 불필요한, 따라서 컴파일러의 preserving 메커니즘으로 제거할 수 있는 save 연산들과 restore 연산들을 파악하라.

```
f("x", "y")

f()("x", "y")

f(g("x"), y)

f(g("x"), "y")
```

■ 연습문제 5.33

함수 적용의 함수 표현식이 하나의 이름이면 굳이 env를 저장하고 복원할 필요가 없다. 컴파일러는 preserving 메커니즘을 이용해서 그런 불필요한 연산을 피한다. 이런 최적화를 평가기에도 적용할 수 있다. 실제로 §5.4의 명시적 제어 평가기는 이미 인수가 없는 함수 적용을 특별하게 처리함으로써 이와 비슷한 최적화를 수행한다.

a. 함수 표현식이 하나의 이름인 함수 적용을 그렇지 않은 함수 적용과는 개별적인 종류의 구성요소로 인식해서 좀 더 효율적으로 처리하도록 명시적 제어 평가기를 개선하라.

b. 알리사 P. 해커는 만일 특별한 사례들을 더 많이 인식해서 컴파일러의 최적화들을 해석기에 도입해 나간다면 결국에는 컴파일 전략의 모든 장점이 사라질 것이라고 주장한다. 이 주장을 여러분은 어떻게 생각하는가?

5.5.2 구성요소들 컴파일

이번 절과 다음 절에서는 compile 함수가 디스패치하는 여러 코드 생성기의 구현을 살펴본다.

연계 코드의 컴파일

일반적으로 각 코드 생성기의 출력은 요구된 연계를 구현하는 명령들('연계 코드')로 끝난다. 그 명령들은 다음의 compile_linkage 함수가 생성한다. 연계가 "return"이면 반드시 go_to(reg("continue")) 명령을 생성해야 한다. 이 명령은 continue 레지스터를 필요로 하며, 아무 레지스터도 수정하지 않는다. 연계가 "next"이면 추가적인 명령이 필요하지 않다. 그 밖의 경우 연계로 지정된 값은 하나의 이름표이므로, 그 이름표로 가는 go_to 명령을 생성한다. 이 명령은 아무 레지스터도 필요로 하지 않고 수정하지도 않는다.

```
function compile_linkage(linkage) {
    return linkage === "return"
           ? make_instruction_sequence(list("continue"), null,
                                       list(go_to(reg("continue"))))
           : linkage === "next"
           ? make_instruction_sequence(null, null, null)
           : make_instruction_sequence(null, null,
                                       list(go_to(label(linkage))));
}
```

코드 생성기는 이 함수로 만든 연계 코드를 자신이 만든 명령렬에 덧붙인다. 이를 위해 continue를 대상 레지스터로 지정해서 preserving을 호출하는데, 대상이 continue인 이유는 "return" 연계에 continue 레지스터가 필요하기 때문이다. 주어진 명령렬이 continue를 수정한다면, 그리고 연계 코드가 continue를 필요로 한다면, preserving은 continue를 적절히 저장하고 복원하는 코드를 삽입한다.

```
function end_with_linkage(linkage, instruction_sequence) {
    return preserving(list("continue"),
                      instruction_sequence,
                      compile_linkage(linkage));
}
```

단순 구성요소의 컴파일

리터럴 표현식과 이름에 대한 코드 생성기는 요구된 값을 대상 레지스터에 배정하고 연계 서술자에 따라 실행을 진행하는 명령렬을 생성한다.

컴파일러는 컴파일할 구성요소에서 리터럴 값을 추출하고, 그것을 배정의 상수 부분(둘째 인수)으로 사용하는 assign 명령을 생성한다. 이름의 경우에는 lookup_symbol_value 연산을 이용해서 현재 환경에서 해당 기호를 조회해서 그 값을 대상 레지스터에 배정하는 명령을 생성한다. 리터럴 값처럼 기호는 해당 구성요소에서 추출한다. 이 모든 일은 컴파일 시점에서 일어나므로 symbol_of_name(component)는 프로그램을 컴파일하는 도중에 딱 한 번만 실행되며, 해당 기호는 assign 명령의 상수로 쓰인다.

```
function compile_literal(component, target, linkage) {
    const literal = literal_value(component);
    return end_with_linkage(linkage,
            make_instruction_sequence(null, list(target),
                list(assign(target, constant(literal)))));
}
function compile_name(component, target, linkage) {
    const symbol = symbol_of_name(component);
    return end_with_linkage(linkage,
            make_instruction_sequence(list("env"), list(target),
                list(assign(target,
                        list(op("lookup_symbol_value"),
                            constant(symbol),
                            reg("env"))))));
}
```

이 배정 명령들은 대상 레지스터를 수정한다. 그리고 기호를 조회하는 배정 명령은 env 레지스터를 필요로 한다.

컴파일러가 배정과 선언을 처리하는 방식은 해석기기의 해당 처리 방식과 아주 비슷하다. compile_assignment_declaration 함수는 주어진 기호와 연관시킬 값을 계산하는 코드를 재귀저으로 생성하고, 환경에 있는 해당 기호를 갱신하고 구성요소 전체의 값(배정의 경우 배정 표현식을 평가한 값; 선언의 경우에는 undefined)을 대상 레지스터에 배정하는 명령 두 개짜리 명령렬을 그 코드에 덧붙인다. 재귀적인 컴파일에서 대상 레지스터는 val이고 연계는 "next"이므로, 컴파일된 코드의 결과는 val에 배정되며, 실행의 흐름은 컴파일된 코드에 연결된 다음 명령으로 넘어간다. 명령렬을 덧붙일 때는 env 레지스터를 보존하도록 preserving을 적용한다. 값을 계산한 후 기호-값 연관을 갱신하려면 환경이 필요한데, 재귀적으로 값을 계산하는 코드를 생성하는 과정에서 만난 복합 표현식에 대해 코드가 레지스터들을 어떻게 사용할지 미리 알 수 없으므로, 이처럼 env 레지스터가 보존되는 방식으로 명령렬들을 연결해야 한다.

```
function compile_assignment(component, target, linkage) {
    return compile_assignment_declaration(
                assignment_symbol(component),
                assignment_value_expression(component),
                reg("val"),
                target, linkage);
}
function compile_declaration(component, target, linkage) {
    return compile_assignment_declaration(
                declaration_symbol(component),
                declaration_value_expression(component),
                constant(undefined),
                target, linkage);
}
function compile_assignment_declaration(
                symbol, value_expression, final_value,
                target, linkage) {
    const get_value_code = compile(value_expression, "val", "next");
    return end_with_linkage(linkage,
                preserving(list("env"),
                    get_value_code,
                    make_instruction_sequence(list("env", "val"),
                                            list(target),
                        list(perform(list(op("assign_symbol_value"),
                                        constant(symbol),
                                        reg("val"),
                                        reg("env"))),
                            assign(target, final_value)))));
}
```

컴파일된 코드에 덧붙이는 명령 두 개짜리 명령렬은 env와 val을 필요로 하며 주어진 대상 레지스터를 수정한다. 이 명령렬에 대해 env를 보존하긴 하지만 val은 보존하지 않음을 주목하자. 이는 get_value_code가 자신의 결과(이 명령렬에 사용할)를 명시적으로 val에 넣도록 만들어졌기 때문이다. (만일 val을 보존하게 하면 버그가 생긴다. 그렇게 하면 get_value_ code 직후에 val의 이전 내용이 복원되어서 잘못된 결과가 쓰이게 된다.)

조건부 구성요소의 컴파일

조건부 구성요소에 대해 컴파일러가 생성하는 코드는 다음과 같은 형태이다.

```
〈대상 val, 연계 "next"로 술어를 컴파일한 코드〉
  test(list(op("is_falsy"), reg("val"))),
  branch(label("false_branch")),
"true_branch",
  〈주어진 대상과 주어진 연계 또는 after_cond로 귀결 부분을 컴파일한 코드〉
"false_branch",
  〈주어진 대상과 주어진 연계로 대안 부분을 컴파일한 코드〉
"after_cond"
```

이 코드를 생성하기 위해 컴파일러는 술어, 귀결 부분, 대안 부분을 각각 컴파일하고, 술어 판정 결과에 따라 적절한 코드로 분기하는 명령들과 분기에 필요한 여러 이름표(술어가 참일 때 분기할 이름표, 거짓일 때 분기할 이름표, 조건부 구성요소의 끝을 나타내는 이름표)를 새로 만들어서 적절한 순서로 연결한다.[40] 앞의 형태를 보면 술어가 참인지가 아니라 거짓인지 판정해서 거짓인 경우 참 갈래를 건너뛰고 거짓 갈래(앞의 예에서 false_branch 이름표)로 분기한다. 따라서 참 갈래(true_branch 이름표)를 컴파일할 때 연계를 세심하게 설정할 필요가

---

[40] 이 true_branch, false_branch, after_cond는 예시일 뿐, 이들을 항상 그대로 사용할 수는 없음을 주의하자. 프로그램에 조건부 구성요소가 여러 개 있을 수 있기 때문이다. 컴파일러는 make_label 함수를 이용해서 이름표를 생성한다. make_label 함수는 문자열 하나를 받고 그 문자열로 시작하는 새 문자열을 돌려준다. 예를 들어 make_label("a")를 여러 번 호출하면 "a1", "a2" 등이 반환된다. make_label 함수는 질의 언어에서 고유한 변수 이름을 생성할 때와 비슷한 방식으로 구현하면 된다. 다음 예를 참고하기 바란다. (이런 방식의 고유한 이름표 활용은 람다 표현식이나 함수 적용 등, 컴파일된 코드에 조건 분기가 관여하는 다른 종류의 구성요소들에도 적용된다 — 옮긴이.)

```
let label_counter = 0;

function new_label_number() {
 label_counter = label_counter + 1;
 return label_counter;
}
function make_label(string) {
 return string + stringify(new_label_number());
}
```

있다. 조건부 구성요소 자체의 연계가 **"return"**이나 이름표일 때는 그냥 참 갈래와 거짓 갈래 모두 그 연계를 그대로 따르면 된다. 그러나 조건부 구성요소의 연계가 **"next"**이면, 참 갈래의 끝에서 거짓 갈래의 코드를 건너뛰고 조건부 구성요소의 끝(**after_cond**)으로 가야 한다.

```
function compile_conditional(component, target, linkage) {
    const t_branch = make_label("true_branch");
    const f_branch = make_label("false_branch");
    const after_cond = make_label("after_cond");
    const consequent_linkage =
            linkage === "next" ? after_cond : linkage;
    const p_code = compile(conditional_predicate(component),
                           "val", "next");
    const c_code = compile(conditional_consequent(component),
                           target, consequent_linkage);
    const a_code = compile(conditional_alternative(component),
                           target, linkage);
    return preserving(list("env", "continue"),
            p_code,
            append_instruction_sequences(
              make_instruction_sequence(list("val"), null,
                list(test(list(op("is_falsy"), reg("val"))),
                    branch(label(f_branch)))),
                append_instruction_sequences(
                  parallel_instruction_sequences(
                    append_instruction_sequences(t_branch, c_code),
                    append_instruction_sequences(f_branch, a_code)),
                  after_cond)));
}
```

참 갈래나 거짓 갈래에서 **env** 레지스터가 필요할 수 있으므로, 술어 코드 전후에서 **env** 레지스터를 적절히 보존한다. 또한, 그 갈래들의 연계 코드에 **continue**가 필요할 수 있으므로 **continue**도 보존한다. 마지막으로, 참 갈래 코드와 거짓 갈래 코드(연달아 실행되지 않는다)를 **parallel_instruction_sequences**(§5.5.4)라는 특별한 조합 함수(combiner)를 이용해서 덧붙인다.

문장렬의 컴파일

문장렬을 컴파일하는 코드의 구조는 명시적 제어 평가기에서 문장렬을 평가하는 코드의 구조와 거의 일대일로 대응된다. 유일한 예외는, 문장렬에 반환문이 있는 경우 컴파일에서는 그것을 문장렬의 마지막 문장인 것처럼 처리한다는 점이다. 문장렬을 컴파일하는 다음 함수는 주어진 문장렬의 각 문장을 컴파일하되, 마지막 문장(또는 반환문)은 연계를 문장렬 자체의 연계로 지정해서 컴파일하고 그 밖의 문장들은 (실행이 그다음 문장으로 넘어가도록) "next"를 연계로 지정해서 컴파일한다. 그런 다음에는 개별 문장들의 명령렬들을 덧붙여서 하나의 명령렬을 만드는데, 이때 env(문장렬의 나머지에 필요하다)와 continue(문장렬 끝의 연계에 필요할 수도 있다)가 보존되게 한다.[41]

```
function compile_sequence(seq, target, linkage) {
    return is_empty_sequence(seq)
            ? compile_literal(make_literal(undefined), target, linkage)
            : is_last_statement(seq) ||
                is_return_statement(first_statement(seq))
            ? compile(first_statement(seq), target, linkage)
            : preserving(list("env", "continue"),
                compile(first_statement(seq), target, "next"),
                compile_sequence(rest_statements(seq),
                                    target, linkage));
}
```

반환문을 문장렬의 마지막 문장으로 취급하면 반환문 다음에 있는 '죽은 코드(dead code)', 즉 어차피 실행되지 않을 코드를 컴파일하느라 시간을 낭비하지 않게 된다. is_return_statement 판정을 생략해도 목적 프로그램의 행동이 달라지지는 않는다. 그렇지만 죽은 코드를 컴파일하지 않는 것은 여러 이유로(보안, 컴파일 시간, 목적 코드의 크기 등등 — 여기서 이들을 자세히 이야기하지는 않겠다) 바람직하다. 실제로 여러 컴파일러는 죽은 코드를 경고해 준다.[42]

블록의 컴파일

블록을 컴파일할 때는 블록의 본문을 컴파일하고 그 앞에 assign 명령을 끼워 넣는다. 이 배정 명령은 블록에서 선언된 이름들을 특별한 값 "*unassigned*"과 묶는 바인딩들을 담은 프레임으로 현재 환경을 확장하는 역할을 한다. 이 연산은 env 레지스터를 필요로 하고 수정한다.

---

41 compile_and_go(§5.5.7)의 결과로 만들어질 수 있는 "return" 연계가 continue를 필요로 할 수 있다.

42 이번 장의 컴파일러가 모든 종류의 죽은 코드를 검출하지는 않는다. 예를 들어 조건문의 귀결 갈래와 대안 갈래가 둘 다 반환문으로 끝나도, 조건문 다음의 문장들이 여전히 컴파일된다. [연습문제 5.34]와 [연습문제 5.35]에서 이 문제를 다룬다.

```
function compile_block(stmt, target, linkage) {
    const body = block_body(stmt);
    const locals = scan_out_declarations(body);
    const unassigneds = list_of_unassigned(locals);
    return append_instruction_sequences(
                make_instruction_sequence(list("env"), list("env"),
                    list(assign("env", list(op("extend_environment"),
                                        constant(locals),
                                        constant(unassigneds),
                                        reg("env")))))),
                compile(body, target, linkage));
}
```

람다 표현식의 컴파일

람다 표현식은 함수 객체를 생성한다. 람다 표현의 목적 코드는 다음과 같은 형태이다.

〈함수 객체를 생성해서 대상 레지스터에 배정하는 코드〉
〈연계 코드〉

람다 표현식을 컴파일할 때 해당 함수의 본문에 대한 코드도 생성된다. 함수 객체를 생성하는 시점에서 그 본문이 실행되는 것은 아니지만, 본문을 컴파일한 코드를 목적 코드에서 람다 표현식을 위한 코드 바로 다음에 삽입하면 연계 처리가 편해진다. 람다 표현식의 연계가 이름표나 "return"이면 따로 처리할 것이 없다. 그러나 람다 표현식의 연계가 "next"이면 함수 본문을 컴파일한 코드를 건너뛰고 원본 코드에서 람다 표현식의 다음 부분에서 실행이 재개되도록 연계를 적절히 설정해야 한다. 정리하자면, 람다 표현식과 함께 해당 함수 본문도 컴파일해서 만들어 낸 목적 코드는 다음과 같은 형태이어야 한다.

〈함수 객체를 생성해서 대상 레지스터에 배정하는 코드〉
〈연계 코드〉 또는 go_to(label("after_lambda"))
〈함수 본문을 컴파일한 코드〉
"after_lambda"

compile_lambda_expression 함수는 함수 객체를 생성하는 코드와 함수 본문을 위한 코드를 생생해서 적절히 덧붙인다. 함수 객체는 현재 환경(선언 시점에서의 환경)을 컴파일된

함수 본문의 진입점(새로 생성한 이름표)과 조합해서 생성한다.[43]

```
function compile_lambda_expression(exp, target, linkage) {
    const fun_entry = make_label("entry");
    const after_lambda = make_label("after_lambda");
    const lambda_linkage =
            linkage === "next" ? after_lambda : linkage;
    return append_instruction_sequences(
                tack_on_instruction_sequence(
                    end_with_linkage(lambda_linkage,
                        make_instruction_sequence(list("env"),
                                                  list(target),
                            list(assign(target,
                                    list(op("make_compiled_function"),
                                        label(fun_entry),
                                        reg("env"))))))),
                    compile_lambda_body(exp, fun_entry)),
                after_lambda);
}
```

compile_lambda_expression 함수는 append_instruction_sequences 대신 특별한
조합 함수 tack_on_instruction_sequence(§5.5.4)를 이용해서 함수 본문 코드를 람다
표현식 코드에 덧붙인다. 프로그램 실행 도중 람다 표현식이 평가될 때 함수 본문까지 실행하
지는 말아야 하므로 특별한 방식으로 두 명령렬을 연결해야 한다. 함수 본문을 컴파일한 코드
를 람다 표현식을 컴파일한 코드 다음에 두는 것은, 그냥 거기에 두는 것이 편하기 때문일 뿐이다.

----

[43] 이를 위해서는 컴파일된 함수를 표현하는 자료 구조(§4.1.3에서 설명한 복합 함수를 표현하는 자료 구조에 대응되는)
를 구현하는 연산들을 레지스터 기계가 제공해야 한다. 다음이 그러한 연산들이다.

```
function make_compiled_function(entry, env) {
 return list("compiled_function", entry, env);
}
function is_compiled_function(fun) {
 return is_tagged_list(fun, "compiled_function");
}
function compiled_function_entry(c_fun) {
 return head(tail(c_fun));
}
function compiled_function_env(c_fun) {
 return head(tail(tail(c_fun)));
}
```

compile_lambda_body 함수는 람다 표현식의 함수 본문을 위한 코드를 생성한다. 이 코드는 함수 본문으로 진입하기 위한 이름표로 시작한다. 그다음은 런타임이 함수 본문의 평가에 적합한 환경으로 전환하게 하는 명령들이 온다. 여기서 함수 본문의 평가에 적합한 환경이란 함수의 환경에 함수의 매개변수들을 함수 호출 시 지정된 인수들과 묶는 바인딩들을 추가한 환경이다. 이 명령들 다음에는 반드시 하나의 반환문으로 끝나도록 증강한(augment) 함수 본문의 코드가 온다. 증강된 본문을 컴파일할 때 대상 레지스터로는 val을 지정한다. 따라서 함수의 반환값은 val에 들어간다. 이 컴파일에서 연계 서술자는 무시되므로 중요하지 않다.[44] 연계 인수를 아예 생략할 수는 없으므로 그냥 "next"를 지정한다.

```
function compile_lambda_body(exp, fun_entry) {
    const params  = lambda_parameter_symbols(exp);
    return append_instruction_sequences(
        make_instruction_sequence(list("env", "fun", "argl"),
                                  list("env"),
            list(fun_entry,
                assign("env",
                    list(op("compiled_function_env"),
                        reg("fun"))),
                assign("env",
                    list(op("extend_environment"),
                        constant(params),
                        reg("argl"),
                        reg("env")))),
        compile(append_return_undefined(lambda_body(exp)),
            "val", "next"));
}
```

모든 함수가 반환문 하나의 실행으로 끝나도록, compile_lambda_body 함수는 반환 표현식이 리터럴 undefined인 반환문을 함수 본문에 덧붙인다. 이를 위해 compile_lambda_body는 append_return_undefined라는 함수를 사용하는데, 이 함수는 함수 본문과 return undefined; 문장으로 된 문장렬에 대한 파서의 태그된 목록 표현(§4.1.2)을 생성한다.

----

[44] 증강된 함수 본문은 하나의 반환문으로 끝나는 문장렬이다. 문장렬을 컴파일할 때 마지막 문장을 제외한 문장들은 연계를 "next"로 지정한다. 마지막 문장의 경우에는 문장렬 자체의 연계를 사용한다. 지금 맥락에서 마지막 문장은 하나의 반환문이며, §5.5.3에서 보겠지만 반환문은 항상 반환 표현식의 연계를 "return"으로 지정한다. 따라서 모든 함수 본문의 연계는 compile_lambda_body에서 compile을 호출할 때 지정한 "next"가 아니라 "return"이다.

```
function append_return_undefined(body) {
    return list("sequence", list(body,
                              list("return_statement",
                                  list("literal", undefined)))));
}
```

람다 본문을 이런 식으로 간단히 증강하는 것은 명시적으로 반환되지 않는 함수가 반환값 undefined를 돌려주게 하는 세 번째 방법이다. 메타순환적 평가기에서는 반환값 객체를 사용했다. 반환값 객체는 문장렬의 평가를 일찍 끝내는 용도로도 쓰였다. 명시적 제어 평가기에서는 명시적으로 반환되지 않는 함수를, val에 undefined를 담은 상태에서 특정 진입점으로 가게 하는 식으로 처리했다. 반환문 증강을 좀 더 우아한 방식으로 처리하는 방법이 [연습문제 5.35]에 나온다.

■ **연습문제 5.34**

각주 5.2에서 지적했듯이, 이 컴파일러가 죽은 코드를 모두 검출하지는 않는다. 모든 죽은 코드를 컴파일러가 검출하려면 무엇이 필요할까?

힌트: 답은 '죽은 코드'를 여러분이 어떻게 정의하느냐에 따라 달라진다. 한 가지 가능한(그리고 유용한) 정의는 "문장렬에서 반환문 다음에 있는 코드"이지만, 여기에는 if (false) ...의 귀결 갈래에 있는 코드나 [연습문제 4.15]의 run_forever() 호출 다음에 있는 코드가 포함되지 않는다.

■ **연습문제 5.35**

append_return_undefined의 현재 설계는 다소 조잡하다. 이 함수는 항상 람다 본문의 모든 실행 경로에 이미 반환문이 있는 경우에도 무조건 본문에 return undefined;를 덧붙인다. 반환문이 없는 실행 경로들에만 return undefined;를 삽입하도록 append_return_undefined를 수정하라. 그리고 수정된 함수를 다음과 같은 형태의 함수들에 대해 시험하라. e_1과 e_2는 임의의 표현식들로 대체하고, s_1과 s_2는 임의의 (반환문이 아닌) 문장으로 대체해야 한다. 함수 t의 경우에는 (*)들에 모두 반환문을 배치하거나 (**)에만 배치해야 한다. 함수 w와 h에서는 (*) 중 하나에만 반환문을 배치해야 하고, 함수 m에는 반환문을 추가하지 않아야 한다.

```
function t(b) {        function w(b) {        function m(b) {        function h(b1, b2) {
  if (b) {               if (b) {               if (b) {               if (b1) {
    s₁                      return e₁;             return e₁;             return e₁;
    (*)                   } else {              } else {              } else {
  } else {                  s₂                   return e₂;             if (b2) {
    s₂                      (*)                 }                        s₁
    (*)                   }                   }                          (*)
  }                       (*)                                          } else {
  (**)                  }                                                return e₂;
}                                                                      }
                                                                       (*)
                                                                     }
                                                                     (*)
                                                                   }
```

5.5.3 함수 적용과 반환문의 컴파일

컴파일 과정의 핵심은 함수 적용의 컴파일이다. 함수 적용을 컴파일한 코드는 다음 형태를 따른다.

〈대상 fun, 연계 "next"로 함수 표현식을 컴파일한 코드〉
〈함수 표현식들을 평가하고 인수 목록을 만들어서 argl에 넣는다〉
〈주어진 대상과 연계로 함수 호출을 컴파일한 코드〉

함수 표현식과 인수 표현식들을 평가할 때 레지스터 env, fun, argl을 적절히 저장·복원해야 할 수 있다. 컴파일 과정 전체에서 val 이외의 레지스터를 컴파일러가 대상 레지스터로 지정하는 부분은 이곳뿐임을 주목하자.

함수 적용을 컴파일하는 함수는 compile_application이다. 이 함수는 적용할 함수의 함수 표현식을 재귀적으로 컴파일해서 해당 코드를 fun 레지스터에 넣는다. 그리고 인수 표현식들을 컴파일해서 개별 인수 표현식을 평가하는 코드를 생성하고, 그것을 인수들의 목록을 만들어서 argl 레지스터에 넣는 코드(construct_arglist로 생성한다)와 조합한다. 그 결과를 앞에서 만든 함수 표현식 코드 및 함수 호출 코드(compile_function_call로 생성한다)와 조합한다. 코드들을 덧붙일 때, 함수 평가식 평가 전후에서 env 레지스터를 반드시 보존해야 하고(함수 표현식을 평가할 때 env가 수정될 수 있는데, 인수 표현식들을 평가하려면 기존의 env가 필요하다), 인수 목록 생성 전후에서는 fun 레지스터를 보존해야 한다(인수 표현식들을 평가할 때 fun이 수정될 수 있는데, 실제 함수 적용에는 기존의 fun이 필요하다). 함수 호출의 연계에 필요한 continue 레지스터도 이 과정 전반에서 반드시 보존해야 한다.

```
function compile_application(exp, target, linkage) {
    const fun_code = compile(function_expression(exp), "fun", "next");
    const argument_codes = map(arg => compile(arg, "val", "next"),
                               arg_expressions(exp));
    return preserving(list("env", "continue"),
                      fun_code,
                      preserving(list("fun", "continue"),
                          construct_arglist(argument_codes),
                          compile_function_call(target, linkage)));
}
```

인수 목록을 생성하는 코드는 각각의 인수 표현식을 평가해서 val에 넣고 각 값을 pair를 이용해서 argl에 담긴 인수 목록에 추가한다. 인수들을 argl 목록의 앞단에 삽입해 나가기 때문에, 인수 표현식들을 마지막 것부터 첫째 것까지 역순으로 평가해야 한다. 이 평가 과정을 위해 argl를 빈 목록으로 초기화하는 데 명령 하나를 소비하는 대신, 첫 번째 인수 표현식에 대한 코드에서 argl를 값 하나짜리 목록으로 초기화하기로 한다. 인수 목록을 생성하는 코드의 전체적인 형태는 다음과 같다.

```
〈대상을 val로 해서 마지막 인수의 평가를 컴파일한 코드〉
assign("argl", list(op("list"), reg("val"))),
〈대상을 val로 해서 그다음 인수의 평가를 컴파일한 코드〉
assign("argl", list(op("pair"), reg("val"), reg("argl"))),
...
〈대상을 val로 해서 첫 인수의 평가를 컴파일한 코드〉
assign("argl", list(op("pair"), reg("val"), reg("argl"))),
```

첫 인수를 제외한 인수들 각각의 평가 전후에 argl 레지스터를 보존해야 한다(그래야 지금까지 추가된 인수 값들이 사라지지 않는다). 그리고 마지막 인수를 제외한 인수들 각각의 평가 전후에 env를 보존해야 한다(env는 그다음 인수 평가에 쓰인다).

이 인수 코드 컴파일은 첫 인수 표현식을 특별하게 평가해야 한다는 점과 **argl**와 **env**를 여러 지점에서 보존해야 한다는 점 때문에 다소 까다롭다. `construct_arglist` 함수는 개별 인수 표현식들을 평가하는 코드를 받는다. 만일 인수 표현식이 하나도 없으면 그냥 다음 명령 하나로 된 명령렬을 돌려준다.

```
assign(argl, constant(null))
```

인수 표현식이 하나라도 있으면 `construct_arglist`는 마지막 인수로 **argl**를 초기화하고 나머지 인수들을 평가해서 **argl**에 추가하는 코드를 생성한다. 인수들을 마지막 인수에서 첫 인수의 순서로 처리하기 위해, 먼저 인수 코드 목록(`compile_application`이 넘겨준)을 뒤집는다는 점도 주목하기 바란다.

```
function construct_arglist(arg_codes) {
    if (is_null(arg_codes)) {
        return make_instruction_sequence(null, list("argl"),
                    list(assign("argl", constant(null))));
    } else {
        const rev_arg_codes = reverse(arg_codes);
        const code_to_get_last_arg =
            append_instruction_sequences(
                head(rev_arg_codes),
                make_instruction_sequence(list("val"), list("argl"),
                    list(assign("argl",
                                list(op("list"), reg("val"))))));
        return is_null(tail(rev_arg_codes))
               ? code_to_get_last_arg
               : preserving(list("env"),
                     code_to_get_last_arg,
                     code_to_get_rest_args(tail(rev_arg_codes)));
    }
}
function code_to_get_rest_args(arg_codes) {
    const code_for_next_arg =
        preserving(list("argl"),
            head(arg_codes),
            make_instruction_sequence(list("val", "argl"), list("argl"),
                list(assign("argl", list(op("pair"),
                                          reg("val"), reg("argl"))))));
    return is_null(tail(arg_codes))
```

```
            ? code_for_next_arg
            : preserving(list("env"),
                         code_for_next_arg,
                         code_to_get_rest_args(tail(arg_codes)));
}
```

함수 적용 코드

함수 적용의 요소들을 평가하는 코드를 생성한 후에는 fun에 담긴 함수를 argl에 담긴 인수들에 적용하는 코드를 생성한다. 이 코드가 하는 일은 메타순환적 평가기의 apply 함수(§4.1.1)나 명시적 제어 평가기의 apply_dispatch 진입점(§5.4.2)에서 하는 일과 사실상 같다. 먼저 이 코드는 적용할 함수가 원시 함수인지 복합 함수인지 파악한다. 원시 함수이면 apply_primitive_function 함수를 호출하는데, 이 함수가 컴파일된 원시 함수를 처리하는 방식은 잠시 후에 살펴보겠다. 함수 적용 코드의 형태는 다음과 같다.

```
    test(list(op("primitive_function"), reg("fun"))),
    branch(label("primitive_branch")),
"compiled_branch",
    〈주어진 대상과 적절한 연계로 컴파일된 함수를 적용하는 코드〉
"primitive_branch",
    assign(대상,
           list(op("apply_primitive_function"), reg("fun"), reg("argl"))),
    〈연계 코드〉
"after_call"
```

주어진 함수가 복합 함수이면 실행의 흐름은 복합 함수에 대한 갈래로 그대로 넘어간다. 그 갈래 다음에는 원시 함수에 대한 갈래가 연이어 있다. 따라서, 만일 원래 함수 호출의 연계 서술자가 "next"이면 복합 함수에 대한 갈래의 끝에서 반드시 원시 함수 갈래의 끝에 있는 이름표로 건너뛰어야 한다. (이는 compile_conditional에서 참 갈래에 사용한 연계 방식과 비슷하다.)

```
function compile_function_call(target, linkage) {
    const primitive_branch = make_label("primitive_branch");
    const compiled_branch = make_label("compiled_branch");
    const after_call = make_label("after_call");
    const compiled_linkage = linkage === "next" ? after_call : linkage;
    return append_instruction_sequences(
        make_instruction_sequence(list("fun"), null,
```

```
            list(test(list(op("is_primitive_function"), reg("fun")))),
                branch(label(primitive_branch)))),
        append_instruction_sequences(
            parallel_instruction_sequences(
                append_instruction_sequences(
                    compiled_branch,
                    compile_fun_appl(target, compiled_linkage)),
                append_instruction_sequences(
                    primitive_branch,
                    end_with_linkage(linkage,
                        make_instruction_sequence(list("fun", "argl"),
                                                  list(target),
                            list(assign(
                                target,
                                list(op("apply_primitive_function"),
                                    reg("fun"), reg("argl")))))))))),
            after_call));
}
```

compile_conditional의 참 갈래와 거짓 갈래처럼 원시 함수 갈래와 복합 함수 갈래도 차례로 실행되는 것이 아니므로, 해당 코드들을 보통의 append_instruction_sequences 대신 parallel_instruction_sequences를 이용해서 덧붙인다.

컴파일된 함수의 적용

함수 적용과 반환의 처리는 컴파일러에서 가장 까다로운 부분이다. 컴파일된 함수(compile_lambda_expression이 생성한)에는 함수의 진입점, 즉 함수를 시작하는 코드를 가리키는 이름표가 있다. 이 진입점에 있는 코드는 함수 본문을 컴파일한 코드를 실행해서 함수의 결과를 계산하고, 그 결과를 val 레지스터에 저장하고, 마지막으로 적용 결과를 계산하고, 컴파일된 반환문의 명령들을 실행하는 것으로 끝난다.

컴파일된 함수 적용을 위한 코드는 스택을 명시적 제어 평가기(§5.4.2)와 같은 방식으로 사용한다. 즉, 먼저 함수 호출의 후속 지점을 스택에 저장하고, 함수에서 돌아올 때 스택을 함수 호출 직전의 상태로 되돌리기 위한 표식을 스택에 추가하고, 비로소 컴파일된 함수의 진입점으로 간다.

```
// 함수에서 돌아오기 위한 설정
save("continue"),
```

```
push_marker_to_stack(),
// 함수의 진입점으로 간다.
assign("val", list(op("compiled_function_entry"), reg("fun"))),
go_to(reg("val")),
```

반환문을 컴파일한 코드(`compile_return_statement`가 생성한)는 이와는 반대로, 스택을 호출 이전으로 되돌리고 `continue`를 복원해서 `continue`가 가리키는 곳으로 돌아간다.

```
revert_stack_to_marker(),
restore("continue"),
〈반환 표현식을 평가하고 그 결과를 val에 저장하는 코드〉
go_to(reg("continue")), // "return" 연계 코드
```

함수가 무한 루프에 빠지지 않는 한 언젠가는 위의 반환 코드를 실행하게 된다. 이 반환 코드는 프로그램에 원래 있던 어떤 반환문에서 생성된 것일 수도 있고, `undefined`를 돌려주기 위해 `compile_lambda_body`가 삽입할 것일 수도 있다.[45]

컴파일된 함수를 적용하는 코드는 대략 이렇다. 최종 연계(함수 적용 전체의 연계)가 아니라 지역 이름표로 돌아오도록 `continue`를 설정하고, 필요하다면 `val`의 함수 값을 대상 레지스터에 저장하고, 마지막으로 최종 연계를 적용한다. 최종 연계가 하나의 이름표인 경우 컴파일된 함수를 적용하는 코드는 다음과 같은 모습이다.

```
assign("continue", label("fun_return")), // 함수 호출에서 복귀할 지점을 설정
save("continue"),              // 이후 함수는 이 값을 복원해서 복귀에 사용한다.
push_marker_to_stack(), // 함수가 스택을 되돌려서 fun_return을
                        // 찾을 수 있게 한다.
assign("val", list(op("compiled_function_entry"), reg("fun"))),
go_to(reg("val")),      // 함수로 진입한다. 이후 함수는 스택을 되돌리고
                        //  continu의 원래 값이 가리키는 곳으로 간다.
"fun_return",                  // 함수는 이곳으로 돌아온다.
assign(대상, reg("val")),  // 대상이 val이 아니면 이 명령을 포함시킨다.
go_to(label(연계)),    // 연계 코드
```

---

[45] 컴파일 방식에서는 함수 본문의 실행이 항상 하나의 반환문으로 끝나므로, §5.4.2의 `return_undefined` 진입점 같은 메커니즘은 필요하지 않다.

한편 최종 연계가 "return"인 경우, 즉 이 함수 적용이 다른 함수의 반환문에 있으며 함수 적용의 값을 그 반환문이 돌려주어야 하는 경우에는 함수 적용의 끝에서 호출자의 후속 지점으로 돌아가야 하므로 continue 레지스터의 현재 값을 스택에 저장한 후 함수 적용을 진행해야 한다.

```
    save("continue"),           // 호출자의 후속 지점을 저장한다.
    assign("continue", label("fun_return")), // 함수 호출에서 복귀할 지점을 설정
    save("continue"),           // 이후 함수는 이 값을 복원해서 복귀에 사용한다.
    push_marker_to_stack(),     // 함수가 스택을 되돌려서 fun_return을
                                // 찾을 수 있게 한다.
    assign("val", list(op("compiled_function_entry"), reg("fun"))),
    go_to(reg("val")),          // 함수로 진입한다. 이후 함수는 스택을 되돌리고
                                //   continue의 원래 값이 가리키는 곳으로 간다.
   "fun_return",                // 함수는 이곳으로 돌아온다.
    assign(대상, reg("val")),   // 대상이 val이 아니면 이 명령을 포함시킨다.
    restore("continue"),        // 호출자의 후속 지점을 복원한다.
    go_to(reg("continue")),     // 연계 코드
```

이 코드는 함수가 이름표 fun_return으로 돌아오도록 continue를 설정한 후 함수의 진입점으로 간다. 이름표 fun_return의 코드는 필요하다면 val에 담긴 함수의 결과를 대상 레지스터에 저장하고 연계가 가리키는 곳으로 간다. (compile_function_call은 컴파일된 함수 갈래의 "next" 연계를 after_call 이름표로 대체하므로, 연계는 반드시 "return" 아니면 이름표이다.) 함수의 진입점으로 가기 전에 먼저 continue를 저장하고 push_marker_to_stack()을 실행해서, 스택이 호출 이전의 상태인 채로 적절한 지점으로 돌아올 수 있게 한다. 함수 본문 안의 반환문을 컴파일하는 compile_return_statement 함수는 이 명령들과 짝이 맞는 revert_stack_to_marker() 명령과 restore("continue") 명령을 생성한다.[46]

실제로, 대상이 val이 아닌 경우 컴파일러는 위와 정확히 동일한 코드를 생성한다.[47] 그렇지만 보통의 경우 대상 레지스터는 val이다(컴파일러가 val이 아닌 레지스터를 대상으로 지

---

[46] 컴파일러의 다른 부분에서는 모든 레지스터 저장 및 복원 명령을 preserving이 생성한다. preserving은 주어진 명령들(이를테면 조건부 구성요소의 술어를 평가하는 명령들) 전후에서 레지스터의 값을 보존하기 위해 레지스터를 스택에 저장하고 복원하는 명령들을 추가한다. 그런데 함수 적용을 위해 continue를 저장하고 복원하는 명령들은 이 메커니즘으로 생성할 수 없다. 그런 명령들은 개별적으로 컴파일되며 목적 코드에 연속적으로 배치되지 않기 때문이다. 이 저장 및 복원 명령들은 반드시 compile_fun_appl과 compile_return_statement에서 명시적으로 생성해야 한다.

[47] 실제로, 연계가 "return"인데 대상이 val이 아니면 컴파일러는 오류를 발생한다. "return" 연계는 반환 표현식의 컴파일에만 필요하며, 함수는 항상 자신의 결과를 val에 담는 것이 이 컴파일러의 관례이기 때문이다.

정하는 것은 함수 표현식 평가를 fun 레지스터에 담을 때뿐이다). 그런 경우 함수의 결과는 이미 대상 레지스터에 들어 있는 것이므로, 굳이 특별한 장소로 점프해서 결과를 복사한 후 되돌아올 필요가 없다. 따라서 다음처럼 호출된 함수가 호출자의 연계로 지정된 장소로 직접 '복귀'하도록 continue를 설정하기만 하면 된다.

```
〈연계를 위해 continue를 저장하고 스택을 되돌릴 표식을 추가하는 코드〉
assign("val", list(op("compiled_function_entry"), reg("fun"))),
go_to(reg("val")),
```

연계가 이름표이면 그 이름표에서 실행이 재개되도록 continue를 설정한다. (이렇게 하면 호출된 함수의 끝에서 go_to(reg("continue"))를 실행하는 것이 앞의 fun_return에서 go_to(label(연계))를 실행하는 것과 같은 효과를 낸다.)

```
assign("continue", label(연계)),
save("continue"),
push_marker_to_stack(),
assign("val", list(op("compiled_function_entry"), reg("fun"))),
go_to(reg("val")),
```

연계가 "return"이면 continue를 설정할 필요가 없다. continue에 이미 적절한 복귀 장소가 들어 있다. (이렇게 하면 호출된 함수의 끝에서 go_to(reg("continue"))를 실행하는 것이 앞의 fun_return에서 go_to(reg("continue"))를 실행하는 것과 같은 효과를 낸다.)

```
save("continue"),
push_marker_to_stack(),
assign("val", list(op("compiled_function_entry"), reg("fun"))),
go_to(reg("val")),
```

"return" 연계를 이런 식으로 구현한 덕분에, 함수 호출에 대해 컴파일러가 생성하는 코드는 꼬리 재귀적이다. 즉, 어떤 함수의 반환문이 함수 적용 하나만으로 되어 있는 경우(즉, 그 호출이 반환값이 곧 함수의 반환값인 경우), 쓸데없이 스택에 정보를 넣고 뽑는 과정 없이 함수 적용의 결과를 직접 돌려준다.

연계가 "return"이고 대상이 **val**인 함수 호출을 대상이 **val**이 아닌 경우와 같은 방식으로 처리한다고 가정해 보자. 그러면 꼬리 재귀가 작동하지 않는다. 함수 호출의 결과를 돌려준다는 점은 변하지 않지만, 함수를 호출할 때마다 **continue**를 저장하고 호출 이후 그것을 복원해서 호출 지점으로 돌아가는 불필요한 작업이 수행된다. 함수 호출이 중첩되면 스택에 계속해서 **continue** 값이 쌓이게 된다.[48]

compile_fun_appl 함수는 호출의 대상 레지스터가 **val**인지의 여부와 연계 서술자가 "return"인지의 여부에 따라 총 네 가지 경우를 고려해서 앞에 나온 함수 적용 코드를 생성한다. 명령렬을 생성할 때 둘째 인수로 **all_regs**라는 상수를 지정함을 주목하자.[49] 이는 해당 명령들이 모든 레지스터를 수정한다고 가정하는 것이다. 함수 본문의 코드가 그 어떤 레지스터라도 수정할 수 있으므로 이렇게 해야 한다.

```
function compile_fun_appl(target, linkage) {
    const fun_return = make_label("fun_return");
    return target === "val" && linkage !== "return"
        ? make_instruction_sequence(list("fun"), all_regs,
            list(assign("continue", label(linkage)),
                save("continue"),
                push_marker_to_stack(),
                assign("val", list(op("compiled_function_entry"),
                                reg("fun"))),
                go_to(reg("val"))))
        : target !== "val" && linkage !== "return"
        ? make_instruction_sequence(list("fun"), all_regs,
            list(assign("continue", label(fun_return)),
                save("continue"),
```

---

48 컴파일러가 꼬리 재귀적인 코드를 생성하게 하는 것이 바람직하다. 이는 함수형 언어의 패러다임에서 특히나 중요하다. 그렇지만 C와 C++을 포함해 흔히 쓰이는 여러 함수의 컴파일러들이 항상 꼬리 재귀적 코드를 생성하지는 않는다. 그래서 그런 언어들로는 반복적 과정을 함수 호출만으로 표현할 수 없다. 그런 언어들이 꼬리 재귀를 안정적으로 지원하기가 어려운 이유는, 구현(컴파일러, 해석기 등)이 복귀 주소뿐만 아니라 함수 인수들과 지역 이름들도 스택에 저장하기 때문이다. 이름과 인수를 스택에 저장하면 언어 차원에서 쓰레기 수거를 수행할 필요가 없다는 장점이 생긴다. 그렇지만, 인수들을 스택에 저장하면서도 꼬리 재귀를 보장하는 정교한 컴파일러들도 있다. (이에 관해서는 [Hanson 1990]을 보라.) 그리고 애초에 스택 할당이 쓰레기 수거보다 실제로 더 효율적인지도 논쟁의 대상이다. 그렇지만 이와 관련한 세부사항들은 구체적인 컴퓨터 아키텍처의 특징에 의존하는 것으로 보인다. (이 문제에 관한 상반된 관점들로는 [Appel 1987]과 [Miller 및 Rozas 1994]를 보라.)

49 all_regs는 다음과 같이 모든 레지스터 이름의 목록과 바인딩된 상수이다.

```
const all_regs = list("env", "fun", "val", "argl", "continue");
```

```
                    push_marker_to_stack(),
                    assign("val", list(op("compiled_function_entry"),
                                          reg("fun"))),
                    go_to(reg("val")),
                    fun_return,
                    assign(target, reg("val")),
                    go_to(label(linkage))))
        : target === "val" && linkage === "return"
        ? make_instruction_sequence(list("fun", "continue"),
                                      all_regs,
               list(save("continue"),
                    push_marker_to_stack(),
                    assign("val", list(op("compiled_function_entry"),
                                          reg("fun"))),
                    go_to(reg("val"))))
        : // target !== "val" && linkage === "return"
          error(target, "return linkage, target not val -- compile");
}
```

지금까지 보았듯이, 컴파일러는 연계가 **"return"**인 함수 적용에 대해 꼬리 재귀적 연계 코드를 생성한다. 함수 적용의 연계가 **"return"**인 상황, 즉 함수 적용이 반환문에 있으며 함수 적용의 결과가 곧 반환값인 상황에서만 꼬리 재귀를 적용하기 위해 컴파일러가 §5.4.2에서 설명한(그리고 메타순환적 평가기에 쓰인) 스택 표식 메커니즘을 사용한다는 점도 주목하자. 함수 적용에 대해 생성된 코드의 이 두 측면 덕분에, 함수가 함수 호출의 값을 돌려주는 반환문으로 끝나는 경우 스택에는 아무것도 쌓이지 않는다.

반환문의 컴파일

반환문에 대해 생성되는 코드는 연계 및 대상과는 무관하게 항상 다음 형태이다.

```
revert_stack_to_marker(),
restore("continue"),    // compile_fun_appl에서 저장해 둔 값을 복원한다.
〈반환 표현식을 평가하고 그 결과를 val에 저장하는 코드〉
go_to(reg("continue")) // "return" 연계 코드
```

이 코드는 compile_fun_appl이 생성한, continue와 표식을 스택에 저장하는 고ㄴ와 찍을 이룬다. 이 코드는 저장된 표식을 이용해서 스택을 이전 상태로 되돌리고 continue를 복원한다. 마지막에 있는 continue로의 점프 명령은 **"return"**을 연계로 해서 반환 표현식을 컴파

일한 결과이다. 다른 모든 코드 생성기와는 달리 compile_return_statement 함수는 주어진 대상 인수와 연계 서술자 인수를 무시하고, 항상 대상 val, 연계 "return"으로 반환 표현식을 컴파일한다.

```
function compile_return_statement(stmt, target, linkage) {
    return append_instruction_sequences(
                make_instruction_sequence(null, list("continue"),
                    list(revert_stack_to_marker(),
                        restore("continue"))),
                compile(return_expression(stmt), "val", "return"));
}
```

5.5.4 명령렬들의 조합

이번 절에서는 명령렬들을 표현하는 방법과 조합하는 방법을 구체적으로 살펴본다. §5.5.1에서 이야기했듯이 하나의 명령렬은 그 명령렬에 필요한 레지스터들의 목록과 그 명령렬이 수정하는 레지스터들의 목록, 그리고 명령렬을 구성하는 실제 명령들의 목록으로 구성된다. 또한, 문자열 형식의 이름표(label)도 일종의 퇴화된(degenerate) 명령렬, 즉 아무 레지스터도 필요로 하지 않고 수정하지 않는 명령렬로 취급한다. 다음은 주어진 명령렬이 필요로 하는 레지스터들과 수정하는 레지스터들, 그리고 실제 명령들을 조회하는 선택자들이다.

```
function registers_needed(s) {
    return is_string(s) ? null : head(s);
}
function registers_modified(s) {
    return is_string(s) ? null : head(tail(s));
}
function instructions(s) {
    return is_string(s) ? list(s) : head(tail(tail(s)));
}
```

그리고 다음은 주어진 명령렬이 주어진 레지스터를 필요로 하는지와 수정하는지를 판단하는 술어들이다.

```
function needs_register(seq, reg) {
    return ! is_null(member(reg, registers_needed(seq)));
}
function modifies_register(seq, reg) {
    return ! is_null(member(reg, registers_modified(seq)));
}
```

이 술어들과 선택자들은 컴파일러 전반에 쓰이는 여러 명령렬 조합 함수를 구현하는 데 쓰인다.

기본 조합 함수는 append_instruction_sequences이다. 이 함수는 차례로 실행할 명령렬 두 개를 받아서, 첫 명령렬의 명령들 다음에 둘째 명령렬의 명령들을 덧붙인 명령렬을 만든다. 이 함수에서 핵심은 결과 명령렬이 필요로 하는 레지스터들과 수정하는 레지스터들을 제대로 파악하는 것이다. 결과 명령렬이 수정하는 레지스터들은 두 명령렬이 각각 수정하는 레지스터들의 합집합이다. 또한, 결과 명령렬이 필요로 하는 레지스터들은 첫 명령렬이 필요로 하는 (즉, 첫 명령렬의 명령들을 실행하기 전에 초기화해야 하는) 레지스터들과 둘째 명령렬이 필요로 하되 첫 명령렬이 초기화하거나 수정하지 않는 레지스터들(즉, 첫 명령렬이 필요로 하는 레지스터들과 겹치지 않는)의 합집합이다.

다음은 append_instruction_sequences 함수의 구현이다. 두 명령렬 seq1과 seq2에는 seq1의 명령들을 먼저 실행한 후 seq2의 명령들을 실행해야 한다는 가정이 깔려 있다. 이 명령들 전체가 수정하는 레지스터들은 seq1이 수정하는 레지스터들과 seq2가 수정하는 레지스터들을 합한 것이고, 필요로 하는 레지스터들은 seq1이 필요로 하는 레지스터들과 seq2가 필요로 하되 seq1이 수정하지 않는 레지스터들을 합친 것이다. (집합 연산으로 말하자면, 결과 명령렬이 필요로 하는 레지스터들의 집합은 "seq1이 필요로 하는 레지스터들의 집합"과 "seq2가 필요로 하는 레지스터들 집합에서 seq1이 수정하는 레지스터들의 집합을 뺀 차집합"의 합집합이다.)

```
function append_instruction_sequences(seq1, seq2) {
    return make_instruction_sequence(
                list_union(registers_needed(seq1),
                        list_difference(registers_needed(seq2),
                                        registers_modified(seq1))),
                list_union(registers_modified(seq1),
                        registers_modified(seq2)),
                append(instructions(seq1), instructions(seq2)));
}
```

이 함수는 목록으로 표현된 집합들을 다루는 간단한 집합 연산 함수 두 가지를 사용한다. 목록을 이용한 집합 표현은 §2.3.3에서 설명한 (순서 없는) 집합 표현과 비슷하다.

```
function list_union(s1, s2) {
    return is_null(s1)
           ? s2
           : is_null(member(head(s1), s2))
           ? pair(head(s1), list_union(tail(s1), s2))
           : list_union(tail(s1), s2);
}
function list_difference(s1, s2) {
    return is_null(s1)
           ? null
           : is_null(member(head(s1), s2))
           ? pair(head(s1), list_difference(tail(s1), s2))
           : list_difference(tail(s1), s2);
}
```

또 다른 주요 명령렬 조합 함수인 preserving 함수는 레지스터들의 목록 regs와 차례로 실행할 두 명령렬 seq1, seq2를 받아서 seq1의 명령들 다음에 seq2의 명령들이 실행되는 형태의 명령렬을 생성하되, seq1 전후에 적절한 save/restore 명령들을 추가한다는 점이 특징이다. 이 명령들은 regs에서 seq1이 수정하는, 그러나 seq2가 필요로 하는 레지스터들을 적절히 보존함으로써 seq2가 제대로 실행되게 만든다. 이를 위해 preserving 함수는 먼저 보존해야 하는 레지스터들을 스택에 저장하는 save 명령들과 seq1의 명령들, 그리고 그 레지스터들을 복원하는 restore 명령들로 이루어진 명령렬을 만든다. 이 명령렬이 필요로 하는 레지스터들은 저장/복원되는 레지스터들과 seq1이 필요로 하는 레지스터들이고, 수정하는 레지스터들은 seq1이 수정하는 레지스터들에서 저장·복원되는 레지스터들을 제외한 것들이다. 이 증강된 명령렬에 보통의 방식으로 seq2를 덧붙여서 최종적인 결과 명령렬을 만든다. 다음은 보존할 레지스터들의 목록을 재귀적으로 훑는 식으로 이러한 전략을 구현한 perserving 함수이다.

```
function preserving(regs, seq1, seq2) {
    if (is_null(regs)) {
        return append_instruction_sequences(seq1, seq2);
    } else {
        const first_reg = head(regs);
```

```
            return needs_register(seq2, first_reg) &&
                   modifies_register(seq1, first_reg)
                   ? preserving(tail(regs),
                         make_instruction_sequence(
                             list_union(list(first_reg),
                                        registers_needed(seq1)),
                             list_difference(registers_modified(seq1),
                                             list(first_reg)),
                             append(list(save(first_reg)),
                                    append(instructions(seq1),
                                           list(restore(first_reg))))),
                         seq2)
                   : preserving(tail(regs), seq1, seq2);
    }
}
```

그밖에, `compile_lambda_expression`이 함수 본문 코드를 다른 명령렬에 덧붙이는 데 사용하는 `tack_on_instruction_sequence`라는 조합 함수가 있다. 함수 본문을 그 앞 명령렬과 함께 실행하지는 않으므로, 함수 본문의 레지스터 사용과 그 앞 명령렬의 레지스터 사용은 무관하다. 따라서 함수 본문을 명령렬에 덧붙일 때 함수 본문 자체가 필요로 하고 수정하는 레지스터들은 반영할 필요가 없다.

```
function tack_on_instruction_sequence(seq, body_seq) {
    return make_instruction_sequence(
               registers_needed(seq),
               registers_modified(seq),
               append(instructions(seq), instructions(body_seq)));
}
```

`compile_conditional` 함수와 `compile_function_call` 함수는 `parallel_instruction_sequences`라는 특별한 조합 함수를 이용해서 판정 명령렬 다음에 두 갈래 (branch) 코드들을 덧붙인다. 두 갈래가 연달아 실행되는 일은 없다. 항상 판정의 결과에 따라 둘 중 하나만 실행된다. 따라서 둘째 갈래가 필요로 하는 레지스터들은, 첫 갈래가 그 레지스터들을 수정한다고 해도 여전히 조합된 명령렬이 필요로 하는 레지스터들이다.

```
function parallel_instruction_sequences(seq1, seq2) {
    return make_instruction_sequence(
```

```
        list_union(registers_needed(seq1),
                   registers_needed(seq2)),
        list_union(registers_modified(seq1),
                   registers_modified(seq2)),
        append(instructions(seq1), instructions(seq2)));
}
```

5.5.5 컴파일된 코드의 예

지금까지 컴파일러를 구성하는 모든 요소를 소개했다. 이번 절에서는 컴파일된 코드의 예를 살펴보면서 이 모든 요소가 어떻게 맞아떨어지는지 파악해 본다. 이를 위해 재귀적 **factorial** 함수의 선언을 컴파일해 보겠다. 다음은 프로그램(**factorial** 함수 선언)의 문자열 표현(자바스크립트에서 역따옴표(back quote)를 이용한 `...` 형태의 문자열 리터럴은 작은따옴표나 큰따옴표로 감싼 문자열과 비슷하되 줄 바꿈을 허용하기 때문에, 지금처럼 여러 줄로 이루어진 문자열을 지정하는 데 편리하다)에 **parse**를 적용한 결과를 첫 인수로 지정해서 **compile**을 호출함으로써 **factorial** 함수를 컴파일하는 코드이다.

```
compile(parse(`
function factorial(n) {
    return n === 1
           ? 1
           : factorial(n - 1) * n;
}
           `),
        "val",
        "next");
```

둘째 인수는 이 선언을 평가한 값을 **val** 레지스터에 저장하라는 뜻이다. 지금 예에서 선언을 평가한 후에 무엇이 실행되는지는 중요하지 않으므로, 연결 서술자는 아무거나 지정해도 된다. 그냥 **"next"**를 지정했다.

compile 함수는 주어진 프로그램이 하나의 함수 선언임을 인식하고는 그것을 상수 선언으로 변환해서 **compile_declaration** 함수를 호출한다. **compile_declaration** 함수는 배정할 값을 계산하는 코드(**val**을 대상으로 한) 다음에 선언을 설치(환경에 바인딩 추가)하는 코드와 선언의 값(일단은 undefined)을 대상 레지스터에 넣는 코드가 오고 마지막에 연계 코드가 오는 명령렬을 생성한다. 선언을 설치하려면 env가 필요하므로, 값을 계산하는 전후에 env 레지스터를 보존한다. 지금은 연계가 "next"이므로, 연계 코드는 따로 추가하지 않는다. 컴파일된 코드의 일반적인 형태는 다음과 같다.

```
〈만일 값 표현식 코드가 env를 수정한다면 env를 저장한다〉
〈대상 val, 연계 "next"로 선언의 값 표현식을 컴파일한 코드〉
〈앞에서 env를 저장했다면 여기서 복원한다〉
perform(list(op("assign_symbol_value"),
             constant("factorial"),
             reg("val"),
             reg("env"))),
  assign("val", constant(undefined))
```

지금 예에서, factorial이라는 이름과 묶을 값을 산출하기 위해 컴파일할 표현식은 하나의 람다 표현식이고, 이 람다 표현식의 값은 계승을 계산하는 함수이다. compile 함수는 이 람다 표현식을 컴파일하기 위해 compile_lambda_expression 함수를 호출한다. 이 함수는 람다 표현식에 있는 함수 본문을 컴파일하고, 거기에 새 진입점으로 사용할 이름표를 붙이고, 새 진입점에 있는 함수 본문과 런타임 환경을 조합하고 함수의 결과를 val에 배정하는 명령을 생성한다. 그런 다음에는 그 지점에 삽입된 함수 코드(함수 본문을 컴파일한 코드)를 지나친 곳으로 넘어간다. 함수 코드 자체는, 먼저 매개변수 n을 함수의 인수와 묶는 프레임을 함수 선언의 환경에 추가한다. 그런 다음에는 실제 함수 본문이 온다. 이 코드는 이름에 묶을 값을 위한 코드라서 env 레지스터는 수정하지 않는다. 따라서 위의 일반적 형태에서 env를 저장하고 복원하는 save, restore 명령들은 생성되지 않는다. (entry1에 있는 함수 코드가 지금 당장 실행되는 것은 아니므로, 그 함수 코드에서 env를 수정하는지는 중요하지 않다.) 정리하자면, 지금 예에서 함수 선언을 컴파일한 코드는 다음과 같다.

```
  assign("val", list(op("make_compiled_function"),
                     label("entry1"),
                     reg("env"))),
    go_to(label("after_lambda2")),
  "entry1",
    assign("env", list(op("compiled_function_env"), reg("fun"))),
    assign("env", list(op("extend_environment"),
                       constant(list("n")),
```

```
                    reg("argl"),
                    reg("env"))),
    〈함수 본문을 컴파일한 코드〉
  "after_lambda2",
    perform(list(op("assign_symbol_value"),
                 constant("factorial"),
                 reg("val"),
                 reg("env"))),
    assign("val", constant(undefined))
```

함수 본문을 (compile_lambda_body 함수로) 컴파일할 때는 항상 대상을 val로, 연계 서술자를 "next"로 지정한다. 지금 예에서 함수 본문은 반환문 하나이다.[50]

```
return n === 1
       ? 1
       : factorial(n - 1) * n;
```

compile_return_statement 함수는 표식을 이용해서 스택을 되돌리고 continue 레지스터를 복원하는 코드를 생성한 후 대상 val, 연계 "return"으로 반환 표현식을 컴파일한다. 연계를 "return"으로 지정하는 이유는 반환 표현식의 값이 곧 함수의 반환값이기 때문이다. 지금 예에서 반환 표현식은 조건부 표현식이다. 이 조건부 표현식에 대해 compile_conditional 함수는 먼저 술어를 계산하고(대상 레지스터는 val) 그 결과를 판정해서 만일 술어가 거짓이면 참 갈래를 건너뛰어서 거짓 갈래로 가는 코드를 생성한다. 이때 술어 판정 코드 전후에서 env 레지스터와 continue 레지스터를 보존한다. 조건부 표현식의 나머지 부분에서 그 레지스터들이 필요할 수도 있기 때문이다. 참 갈래와 거짓 갈래는 둘 다 대상 val, 연계 "return"으로 컴파일한다. (따라서 조건부 표현식의 값(참 갈래의 값 또는 거짓 갈래의 값)이 함수 전체의 반환값이 된다.)

```
    revert_stack_to_marker(),
    restore("continue"),
    〈만일 술어가 수정하거나 갈래들이 필요로 하면 continue와 env를 저장한다〉
    〈대상 val, 연계 "return"으로 술어를 컴파일한 코드〉
```

....

[50] compile_lambda_body가 append_return_undefined를 호출하기 때문에, 실제로는 함수 본문이 반환문 두 개로 구성된다. 그렇지만 compile_sequence의 죽은 코드 점검에 의해 첫 반환문은 컴파일에서 제외된다. 따라서 본문은 사실상 반환문 하나로만 구성된다.

```
  〈앞에서 continue와 env를 저장했다면 여기서 복원한다〉
  test(list(op("is_falsy"), reg("val"))),
  branch(label("false_branch4")),
"true_branch3",
  〈대상 val, 연계 "return"으로 참 갈래를 컴파일한 코드〉
"false_branch4",
  〈대상 val, 연계 "return"으로 거짓 갈래를 컴파일한 코드〉
"after_cond5",
```

술어 n === 1은 하나의 함수 적용이다(연산자 조합의 변환 이후). 이 함수 적용에 대해 컴파일러가 생성한 코드는 먼저 함수 표현식(기호 "===")을 추출해서 fun 레지스터에 넣고, 두 인수(1과 n의 값)로 구성된 목록을 argl에 넣는다. 그런 다음 fun이 원시 함수인지 복합 함수인지 판정해서 그에 따라 원시 함수 갈래 또는 복합 함수 갈래로 분기한다. 두 갈래 모두 끝에서 after_call 이름표로 가야 하는데, 그러려면 복합 함수 갈래는 원시 함수 갈래를 건너뛰어야 하므로 먼저 continue를 적절히 설정하고 표식(함수 반환문을 컴파일한 코드에서 스택을 되돌리는 데 사용할)을 스택에 저장한다. 지금 예에서는 함수와 인수 표현식들의 평가에서 레지스터들이 수정되지 않으므로, 이 평가들 전후에서 레지스터들이 따로 저장·복원되지는 않는다.

```
  assign("fun", list(op("lookup_symbol_value"),
                     constant("==="), reg("env"))),
  assign("val", constant(1)),
  assign("argl", list(op("list"), reg("val"))),
  assign("val", list(op("lookup_symbol_value"),
                     constant("n"), reg("env"))),
  assign("argl", list(op("pair"), reg("val"), reg("argl"))),
  test(list(op("is_primitive_function"), reg("fun"))),
  branch(label("primitive_branch6")),
"compiled_branch7",
  assign("continue", label("after_call8")),
  save("continue"),
  push_marker_to_stack(),
  assign("val", list(op("compiled_function_entry"), reg("fun"))),
  go_to(reg("val")),
"primitive_branch6",
  assign("val", list(op("apply_primitive_function"),
                     reg("fun"),
                     reg("argl"))),
"after_call8",
```

상수 1로만 구성된 참 갈래는 다음과 같은 명령들로 컴파일된다(대상 `val`, 연계
`"return"`).

```
assign("val", constant(1)),
go_to(reg("continue")),
```

거짓 갈래는 하나의 함수 호출인데, 함수는 기호 `"*"`의 값이고 인수들은 n과 또 다른 함수 호
출(factorial 호출)의 결과이다. 이 호출들 각각은 fun과 argl, 그리고 자신만의 원시 함
수 갈래와 복합 함수 갈래를 설정한다. [그림 5.17]에 factorial 함수의 선언을 컴파일해
서 만든 전체 코드가 나와 있다. 앞에서 "만일"이라고 표현했던 나온 술어 평가 전후의 save,
restore, continue, env 레지스터 보존 명령들이 실제로 생성되었음을 주목하자. 술어의
함수 호출이 이 레지스터들을 수정하고 갈래들의 함수 호출과 갈래들의 `"return"` 연계 코드
가 이 레지스터들을 필요로 하기 때문이다.

```
// 함수 객체를 생성하고 함수 본문 코드 다음으로 넘어간다.
   assign("val", list(op("make_compiled_function"),
                      label("entry1"), reg("env"))),
   go_to(label("after_lambda2")),
"entry1",                            // 여기가 factorial 호출의 진입점이다.
   assign("env", list(op("compiled_function_env"), reg("fun"))),
   assign("env", list(op("extend_environment"), constant(list("n")),
                      reg("argl"), reg("env"))),
// 실제 함수 본문의 시작
   revert_stack_to_marker(),    // 반환문 하나로 시작한다.
   restore("continue"),
   save("continue"),                // 술어 평가 전후에서 레지스터들을 보존한다.
   save("env"),
// n === 1을 계산한다.
   assign("fun", list(op("lookup_symbol_value"), constant("==="), reg("env"))),
   assign("val", constant(1)),
   assign("argl", list(op("list"), reg("val"))),
   assign("val", list(op("lookup_symbol_value"), constant("n"), reg("env"))),
   assign("argl", list(op("pair"), reg("val"), reg("argl"))),
   test(list(op("is_primitive_function"), reg("fun"))),
branch(label("primitive_branch6")),
```

그림 5.17 factorial 함수 선언의 컴파일(다음 페이지로 이어짐).

```
"compiled_branch7",
  assign("continue", label("after_call8")),
  save("continue"),
  push_marker_to_stack(),
  assign("val", list(op("compiled_function_entry"), reg("fun"))),
  go_to(reg("val")),
"primitive_branch6",
  assign("val", list(op("apply_primitive_function"), reg("fun"), reg("argl"))),
"after_call8",                        // 이제 val에는 n === 1의 결과가 들어 있다.
  restore("env"),
  restore("continue"),
  test(list(op("is_falsy"), reg("val"))),
  branch(label("false_branch4")),
"true_branch3",                       // 1을 돌려준다.
  assign("val", constant(1)),
  go_to(reg("continue")),
"false_branch4",
// factorial(n - 1) * n을 계산해서 돌려준다.
  assign("fun", list(op("lookup_symbol_value"), constant("*"), reg("env"))),
  save("continue"),
  save("fun"),                        // * 함수를 저장한다.
  assign("val", list(op("lookup_symbol_value"), constant("n"), reg("env"))),
  assign("argl", list(op("list"), reg("val"))),
  save("argl"),                       // *의 부분 인수 목록을 저장한다.
// *의 한 인수인 factorial(n - 1)을 계산한다.
  assign("fun", list(op("lookup_symbol_value"),
                     constant("factorial"), reg("env"))),
  save("fun"),                        // factorial 함수를 저장한다.
// factorial의 인수인 n - 1을 계산한다.
  assign("fun", list(op("lookup_symbol_value"), constant("-"), reg("env"))),
  assign("val", constant(1)),
  assign("argl", list(op("list"), reg("val"))),
  assign("val", list(op("lookup_symbol_value"), constant("n"), reg("env"))),
  assign("argl", list(op("pair"), reg("val"), reg("argl"))),
  test(list(op("is_primitive_function"), reg("fun"))),
  branch(label("primitive_branch10")),
"compiled_branch11",
  assign("continue", label("after_call12")),
  save("continue"),
  push_marker_to_stack(),
  assign("val", list(op("compiled_function_entry"), reg("fun"))),
```

그림 5.17 (앞 페이지에서 이어짐)

```
      go_to(reg("val")),
    "primitive_branch10",
      assign("val", list(op("apply_primitive_function"), reg("fun"), reg("argl"))),
    "after_call12",                     // 이제 val에는 n - 1의 결과가 들어 있다.
      assign("argl", list(op("list"), reg("val"))),
      restore("fun"),                   // factorial을 복원한다.
    // factorial을 적용한다.
      test(list(op("is_primitive_function"), reg("fun"))),
      branch(label("primitive_branch14")),
    "compiled_branch15",
      assign("continue", label("after_call16")),
      save("continue"),                 // 컴파일된 함수 −에서 복귀할 지점
      push_marker_to_stack(),           // 복귀 시 스택을 되돌리기 위한 표식
      assign("val", list(op("compiled_function_entry"), reg("fun"))),
      go_to(reg("val")),
    "primitive_branch14",
      assign("val", list(op("apply_primitive_function"), reg("fun"), reg("argl"))),
    "after_call16",                     // 이제 val에는 factorial(n - 1)의 결과가 들어 있다.
      restore("argl"),                  // *의 부분 인수 목록을 복원한다.
      assign("argl", list(op("pair"), reg("val"), reg("argl"))),
      restore("fun"),                   // *을 복원한다.
      restore("continue"),
    // *을 적용하고 그 결과를 돌려준다.
      test(list(op("is_primitive_function"), reg("fun"))),
      branch(label("primitive_branch18")),
    "compiled_branch19", // 주목: 여기서 복합 함수는 꼬리 재귀적으로 호출됨
      save("continue"),
      push_marker_to_stack(),
      assign("val", list(op("compiled_function_entry"), reg("fun"))),
      go_to(reg("val")),
    "primitive_branch18",
      assign("val", list(op("apply_primitive_function"), reg("fun"), reg("argl"))),
      go_to(reg("continue")),
    "after_call20",
    "after_cond5",
    "after_lambda2",
    // 함수를 이름 factorial에 배정한다.
      perform(list(op("assign_symbol_value"),
                   constant("factorial"), reg("val"), reg("env"))),
      assign("val", constant(undefined))
```

그림 5.17 (앞 페이지에서 이어짐)

다음과 같은 계승 함수를 생각해 보자. 본문의 계승 함수와는 약간 다르다.

```
function factorial_alt(n) {
    return n === 1
           ? 1
           : n * factorial_alt(n - 1);
}
```

이 함수를 컴파일한 코드를 본문의 **factorial** 함수를 컴파일한 코드와 비교해서 서로 다른 부분을 설명하라. 어느 함수가 더 효율적인가?

■ 연습문제 5.37

다음과 같은 반복적 계승 함수를 컴파일하라.

```
function factorial(n) {
    function iter(product, counter) {
        return counter > n
               ? product
               : iter(product * counter, counter + 1);
    }
    return iter(1, 1);
}
```

컴파일된 코드를 분석해서, **factorial**의 반복적 버전(상수 스택 공간에서 실행되는)과 재귀적 버전(호출이 중첩됨에 따라 스택 공간을 소비하는)의 본질적인 차이를 제시하라.

■ 연습문제 5.38

본문과 앞의 연습문제들에 나온 계승 함수 중에서 [그림 5.18]과 같은 코드로 컴파일되는 버전은 무엇인가?

```
        assign("val", list(op("make_compiled_function"),
                            label("entry1"), reg("env"))),
  "entry1"
    assign("env", list(op("compiled_function_env"), reg("fun"))),
    assign("env", list(op("extend_environment"),
                       constant(list("x")), reg("argl"), reg("env"))),
    revert_stack_to_marker(),
    restore("continue"),
    assign("fun", list(op("lookup_symbol_value"), constant("+"), reg("env"))),
    save("continue"),
    save("fun"),
    save("env"),
    assign("fun", list(op("lookup_symbol_value"), constant("g"), reg("env"))),
    save("fun"),
    assign("fun", list(op("lookup_symbol_value"), constant("+"), reg("env"))),
    assign("val", constant(2)),
    assign("argl", list(op("list"), reg("val"))),
    assign("val", list(op("lookup_symbol_value"), constant("x"), reg("env"))),
    assign("argl", list(op("pair"), reg("val"), reg("argl"))),
    test(list(op("is_primitive_function"), reg("fun"))),
    branch(label("primitive_branch3")),
  "compiled_branch4"
    assign("continue", label("after_call5")),
    save("continue"),
    push_marker_to_stack(),
    assign("val", list(op("compiled_function_entry"), reg("fun"))),
    go_to(reg("val")),
  "primitive_branch3",
    assign("val", list(op("apply_primitive_function"), reg("fun"), reg("argl"))),
  "after_call5",
    assign("argl", list(op("list"), reg("val"))),
    restore("fun"),
    test(list(op("is_primitive_function"), reg("fun"))),
    branch(label("primitive_branch7")),
  "compiled_branch8",
    assign("continue", label("after_call9")),
    save("continue"),
    push_marker_to_stack(),
    assign("val", list(op("compiled_function_entry"), reg("fun"))),
    go_to(reg("val")),
  "primitive_branch7",
```

그림 5.18 [연습문제 5.38]을 위한 컴파일러 출력 예(다음 페이지로 이어짐).

```
  assign("val", list(op("apply_primitive_function"), reg("fun"), reg("argl"))),
 "after_call9",
   assign("argl", list(op("list"), reg("val"))),
   restore("env"),
   assign("val", list(op("lookup_symbol_value"), constant("x"), reg("env"))),
   assign("argl", list(op("pair"), reg("val"), reg("argl"))),
   restore("fun"),
   restore("continue"),
   test(list(op("is_primitive_function"), reg("fun"))),
   branch(label("primitive_branch11")),
 "compiled_branch12",
   save("continue"),
   push_marker_to_stack(),
   assign("val", list(op("compiled_function_entry"), reg("fun"))),
   go_to(reg("val")),
 "primitive_branch11",
   assign("val", list(op("apply_primitive_function"), reg("fun"), reg("argl"))),
   go_to(reg("continue")),
 "after_call13",
 "after_lambda2",
   perform(list(op("assign_symbol_value"),
                 constant("f"), reg("val"), reg("env"))),
   assign("val", constant(undefined))
```

그림 5.18 (앞 페이지에서 이어짐)

■ **연습문제 5.39**

함수 적용을 컴파일한 코드에서 인수들은 어떤 순서로 평가되는가? (ECMAScript 명세서가 요구하는 순서인) 왼쪽에서 오른쪽인가, 아니면 오른쪽에서 왼쪽인가? 또는 그 밖의 어떤 순서인가? 이 순서가 컴파일러의 어느 부분에서 결정되는가? 지금과는 다른 순서로 인수들이 평가되도록 컴파일러를 수정하라. (인수들의 평가 순서에 관해서는 §5.4.1에 나온 명시적 제어 평가기의 해당 논의를 참고할 것.) 인수 평가 순서를 바꾸면 인수 목록을 구축하는 코드의 효율성에 어떤 영향이 미치는가?

■ **연습문제 5.40**

컴파일러가 스택 사용을 최적화하는 데 사용하는 preserving 메커니즘을 이해하는 한 방법은 만일 이 메커니즘을 적용하지 않는다면 어떤 명령들이 추가로 생성되는지를 보는 것이다. 항상 save 명령과 restore 명령을 생성하도록 preserving 함수를 수정하고, 간단한 표현식 몇 개를 컴파일해서 불필요하게 생성된 스택 연산들을 찾아보라. 컴파일된 코드들을 preserving 메커니즘을 원래대로 적용해서 컴파일한 코드들과 비교해 볼 것.

■ **연습문제 5.41**

본문의 컴파일러는 불필요한 스택 연산들을 피하는 데는 똑똑하지만, 언어의 원시 함수를 호출하는 구문에 대해 레지스터 기계가 제공하는 원시 연산들을 활용하는 코드를 생성할 정도로 똑똑하지는 않다. 예를 들어 a + 1을 컴파일해서 생긴 코드가 얼마나 장황한지 생각해 보자. 컴파일된 코드는 인수 목록을 만들어서 argl에 넣고, 원시 덧셈 함수(환경에서 기호 "+"와 묶인 값을 찾아서 얻은)를 fun에 넣고, 그 함수가 원시 함수인지 복합 함수인지 판정한다. 컴파일러는 이 판정을 위한 코드를 항상 생성하며, 판정의 참 갈래와 거짓 갈래에 해당하는 코드들도 항상 생성한다(둘 중 하나만 실행됨에도). 제어기에서 원시 함수들을 구현하는 부분은 본문에서 제시하지 않았다. 다만 그 함수들이 레지스터 기계의 데이터 경로에 있는 원시 산술 연산들을 활용해서 구현된다고 가정했다. 만일 컴파일러가 원시 함수 호출들에 대해 원시 기계 연산들을 직접 사용하는 코드를 생성한다면 컴파일된 코드가 훨씬 간결해질 것이다. 이처럼 컴파일 과정에서 함수 호출을 그 호출과 같은 일을 하는 일련의 저수준 기계 연산들로 대체하는 것을 **오픈코딩**open-coding이라고 부른다. 오픈코딩을 지원하는 컴파일러는 예를 들어 표현식 a + 1을 다음으로 컴파일한다.[51]

```
assign("val", list(op("lookup_symbol_value"), constant("a"), reg("env"))),
assign("val", list(op("+"), reg("val"), constant(1)))
```

---

[51] 여기서 기호 +는 원본 언어의 함수와 레지스터 기계의 연산을 모두 가리킨다. 그러나 일반적으로 원본 언어의 원시 함수들과 기계의 원시 연산들이 이렇게 일대일로 대응되지는 않는다.

이 연습문제에서 여러분이 할 일은 선택된 몇몇 원시 함수에 대해 오픈코딩을 적용하도록 컴파일러를 수정하는 것이다. 몇몇 원시 함수들에 대해 컴파일러는 일반적인 함수 적용 코드 대신 해당 함수에 특화된 전용 코드를 생성해야 한다. 이를 위해 레지스터 기계를 다음과 같이 확장한다. 우선, arg1과 arg2라는 인수 전용 레지스터 두 개를 추가한다. 그리고 레지스터 기계의 원시 산술 연산들이 arg1과 arg2에 있는 값들을 피연산자로 사용하고, 연산의 결과를 val이나 arg1, arg2에 담을 수 있게 한다.

컴파일러는 원본 프로그램에서 오픈코딩의 대상인 원시 함수의 적용을 식별할 수 있어야 한다. 이를 위해서는 compile 함수의 사례 분석 코드에서 구문형들을 처리하는 부분에 오픈코딩 원시 함수들에 대한 디스패치도 추가해야 한다. 컴파일러가 지원하는 구문형마다 개별적인 코드 생성기가 있다. 이 연습문제에서 여러분은 오픈코딩된 원시 함수들을 위한 일단의 코드 생성기들을 만들어야 한다.

a. 구문형과는 달리, 오픈코딩된 원시 함수를 적용하려면 먼저 인수 표현식들을 평가해야 한다. 모든 오픈코딩 코드 생성기가 사용할 코드 생성기 spread_arguments를 작성하라. spread_arguments 함수는 인수 표현식들의 목록을 받고 각 인수 표현식을 각 인수 레지스터를 대상으로 해서 컴파일해야 한다. 인수 표현식에 또 다른 오픈코딩된 원시 함수의 호출이 포함되어 있을 수도 있으므로, 인수 표현식 평가 전후에서 인수 레지스터들을 보존할 필요가 있음을 주의할 것.

b. 레지스터 기계는 자바스크립트의 ===, *, -, +를 원시 함수로서 구현하고 전역 환경의 기호 "===", "*", "-", "+"로 참조한다. 표준 자바스크립트에서는 이 이름들을 재정의할 수 없다(이 이름들은 자바스크립트의 유효한 식별자에 대한 구문적 제약을 충족하지 않기 때문이다). 따라서 이 연산들은 오픈코딩해도 안전하다. 원시 함수 ===, *, -, +에 대한 코드 생성기들을 각각 작성하라. 코드 생성기들은 함수 표현식과 함수의 이름으로 구성된 함수 적용 표현식과 대상, 연계 서술자를 받고, 인수들을 인수 레지스터들에 배정하고 주어진 대상과 연계로 해당 연산을 수행하는 코드를 생성해야 한다. 각 원시 함수가 해당 코드 생성기로 디스패치되도록 compile을 수정하라.

c. 새 컴파일러를 본문의 예제 factorial 함수로 시험해 보라. 컴파일러가 생성한 코드를 오픈코딩을 적용하지 않고 생성한 코드와 비교해 볼 것.

5.5.6 어휘순 주소 접근

컴파일러가 흔히 적용하는 최적화 중 하나는 이름 조회(name lookup)의 최적화이다. 지금까지 구현한 컴파일러는 평가기 기계의 `lookup_symbol_value` 연산을 이용해서 이름을 조회하는 코드를 생성한다. `lookup_symbol_value`는 실행 시점 환경의 프레임들을 일일이 훑어서 주어진 이름이 있는 바인딩을 찾는다. 만일 프레임들이 깊게 내포되어 있다면, 또는 이름들이 아주 많다면 검색에 시간이 오래 걸릴 수 있다. 예를 들어 다음 표현식이 돌려주는, 인수가 다섯 개인 함수 적용에 있는 표현식 x * y * z를 평가하는 과정에서 x의 값을 찾는다고 하자.

```
((x, y) =>
  (a, b, c, d, e) =>
    ((y, z) => x * y * z)(a * b * x, c + d + x))(3, 4)
```

`lookup_symbol_value`가 x를 검색할 때마다 기호 "x"가 "y"나 "z"와 같지 않다는(첫 프레임에서), 그리고 "a"나 "b", "c", "d", "e"와 같지 않다는(둘째 프레임에서) 판정을 거쳐야 한다. 우리의 언어는 어휘순 범위(lexical scoping)를 따르므로, 임의의 구성요소에 대한 실행 시점 환경에는 그 구성요소가 있는 프로그램 전체의 어휘순 구조와 대응되는 구조가 존재한다. 따라서 컴파일러는 함수가 적용될 때 x * y * z의 x가 현재 프레임에서 두 프레임 떨어진 프레임의 첫 바인딩에 있음을 이 표현식을 분석할 때 미리 알아낼 수 있다.

이 사실을 활용하기 위해, `lexical_address_lookup`이라는 새로운 이름 조회 연산을 만들기로 하자. `lexical_address_lookup`은 환경과 어휘순 주소(lexical address)를 받는다. 어휘순 주소는 두 개의 수치로 이루어진 자료 구조인데, 하나는 원하는 바인딩이 있는 프레임이 현재 프레임에서 몇 프레임이나 떨어져 있는지를 나타내는 프레임 수(frame number)이고 다른 하나는 원하는 바인딩이 그 프레임의 몇 번째 바인딩인지를 나타내는 변위 수(displacement number)이다. `lexical_address_lookup` 연산은 현재 환경을 기준으로 주어진 어휘순 주소에 저장된 이름의 값을 산출한다. 이런 `lexical_address_lookup` 연산을 우리의 레지스터 기계에 추가한다면, 컴파일러는 `lookup_symbol_value` 대신 이 연산을 이용해서 이름을 참조하는 코드를 생성할 수 있다. 이러한 어휘순 주소 접근(lexical addressing)을 배정에도 적용할 수 있다. 즉, `assign_symbol_value` 대신 `lexical_address_assign`이라는 새 연산을 컴파일러가 사용하게 하는 것이다. 어휘순 주소 접근에서는 이름을 참조하는 기호들을 목적 코드에 집어넣을 필요가 없으며, 실행 시점에서 프레임들에 기호들을 포함시킬 필요도 없다.

어휘순 주소 접근을 사용하는 코드를 생성하려면 컴파일러는 컴파일할 구성요소가 참조하는 이름의 어휘순 주소를 알아낼 수 있어야 한다. 프로그램에 있는 한 이름의 어휘순 주소는 그 이름이 출현한 위치에 따라 결정된다. 예를 들어 다음 프로그램을 보자. 표현식 e_1에서 x의 주소는 $(2,0)$이다. 즉, x는 현재 프레임에서 두 프레임 거슬러 올라간 프레임의 첫 바인딩에 있다. 그리고 그 지점에서 y의 주소는 $(0,0)$이고 c의 주소는 $(1,2)$이다. 표현식 e_2에서 x의 주소는 $(1,0)$이고 y의 주소는 $(1,1)$, c의 주소는 $(0,2)$이다.

```
((x, y) =>
  (a, b, c, d, e) =>
    ((y, z) => e₁)(e₂, c + d + x))(3, 4);
```

컴파일러가 어휘순 주소 접근을 이용하는 코드를 생성하게 만드는 한 가지 방법은 컴파일 과정에서 컴파일 시점 환경(compile-time environment)이라고 부르는 자료 구조를 갱신하고 활용하는 것이다. 컴파일 시점 환경은 실행 시점에서 특정한 이름 접근 연산이 수행될 때 그 이름이 실행 시점 환경의 어떤 프레임의 몇 번째 바인딩이 될 것인지를 파악하는 용도로 쓰인다. 컴파일 시점 환경은 기본적으로 프레임들의 목록인데, 각 프레임에는 기호들의 목록이 담겨 있다. 그 기호들에 값이 연관되지는 않는다. 컴파일 시점에서는 기호의 값이 계산되지 않기 때문이다. (연습문제 5.47에서는 상수의 최적화를 위해 컴파일 시점에서 기호의 값을 계산하는 문제를 살펴본다.) compile 함수는 다른 인수들과 함께 이 컴파일 환경을 받아서 각 코드 생성기에 전달한다. 최상위 수준에서 compile을 처음 호출할 때는 모든 원시 함수와 원시 값의 이름들을 담은 초기 컴파일 시점 환경을 만들어서 지정한다. 람다 표현식의 본문을 컴파일할 때 compile_lambda_body는 현재 함수의 매개변수들을 담은 프레임을 추가한 컴파일 시점 환경을 지정해서 람다의 본문을 컴파일한다. 마찬가지로, 블록의 본문을 컴파일할 때 compile_block은 본문을 훑어서 파악한 지역 이름들을 담은 프레임으로 컴파일 시점 환경을 확장한다. 컴파일 과정의 각 지점에서 compile_name과 compile_assignment_declaration은 컴파일 시점 환경을 이용해서 적절한 어휘순 주소를 생성한다.

[연습문제 5.42]에서 [연습문제 5.45]까지는 이상의 어휘순 주소 접근 전략을 실제로 구현해서 어휘순 이름 조회를 컴파일러에 도입한다. [연습문제 5.46]과 [연습문제 5.47]에서는 컴파일 시점 환경의 다른 용도들을 살펴본다.

■ **연습문제 5.42**

새로운 조회 연산을 구현하는 `lexical_address_lookup` 함수를 작성하라. 이 함수는 어휘순 주소와 실행 시점 환경을 받고 실행 시점 환경의 그 주소에 있는 이름의 값을 돌려주어야 한다. 만일 그 이름의 값이 `"*unassigned*"`이면 `lexical_address_lookup` 함수는 오류를 보고해야 한다. 또한, 주어진 어휘순 주소에 있는 이름의 값을 변경하는 새 배정 연산을 구현하는 `lexical_address_assign` 함수도 작성하라.

■ **연습문제 5.43**

본문에서 설명한 방식으로 컴파일 시점 환경을 생성하고 갱신하도록 컴파일러를 수정하라. `compile`과 여러 코드 생성기는 컴파일 시점 환경을 인수로 받아야 하며, `compile_lambda_body`와 `compile_block`이 컴파일 시점 환경을 적절히 확장해야 한다.

■ **연습문제 5.44**

기호와 컴파일 시점 환경을 받고 그 환경에서 그 기호의 어휘순 주소를 돌려주는 `find_symbol` 함수를 작성하라. 예를 들어 본문의 예제 프로그램에서 표현식 e_1을 컴파일하는 도중에 컴파일 시점 환경은 다음과 같은 모습이다.

```
list(list("y", "z"),
     list("a", "b", "c", "d", "e"),
     list("x", "y"))
```

이에 대해 `find_symbol` 함수는 다음과 같이 작동해야 한다.

```
find_symbol("c", list(list("y", "z"),
                      list("a", "b", "c", "d", "e"),
```

```
                           list("x", "y")));
list(1, 2)

find_symbol("x", list(list("y", "z"),
                      list("a", "b", "c", "d", "e"),
                      list("x", "y")));
list(2, 0)

find_symbol("w", list(list("y", "z"),
                      list("a", "b", "c", "d", "e"),
                      list("x", "y")));
"not found"
```

■ **연습문제 5.45**

[연습문제 5.44]의 `find_symbol` 함수를 이용해서 어휘순 주소 명령들을 생성하도록 `compile_assignment_declaration`과 `compile_name`을 수정하라. `find_symbol`이 `"not found"`를 돌려준 경우(즉, 주어진 이름이 컴파일 시점 환경에 없는 경우)에는 컴파일 시점 오류를 발생해야 한다. 수정한 컴파일러를 이번 절 처음에 나온 내포된 람다 조합 같은 몇 가지 간단한 사례들로 시험해 볼 것.

■ **연습문제 5.46**

자바스크립트에서 상수로 선언된 이름에 새 값을 배정하려 하면 오류가 발생한다. [연습문제 4.11]에서는 그런 오류를 실행 시점에서 검출하는 방법을 살펴보았다. 이번 절의 기법들을 이용하면 상수에 새 값을 배정하려는 시도를 컴파일 시점에서 검출할 수 있다. 이를 위해, 주어진 이름이 변수로 선언되었는지(즉, **let**으로 선언된 이름이나 매개변수인지) 아니면 상수로 선언되었는지(즉, **const**나 **function**으로 선언된 이름인지)에 관한 정보를 컴파일 시점 환경에 기록하도록 함수 `compile_lambda_body`와 `compile_block`을 수정하라. 그리고 상수에 대한 배정을 검출해서 적절한 오류를 보고하도록 `compile_assignment` 함수를 수정하라.

컴파일 시점에서 상수에 관한 정보가 있으면 다양한 최적화 가능해져서 좀 더 효율적인 목적 코드를 생성할 수 있다. [연습문제 5.46]에서는 이름이 상수로 선언되었는지에 관한 정보로 컴파일 환경을 확장했다. 더 나아가서, 컴파일 시점에서 알 수 있는 상수의 값을 컴파일 시점 환경을 추가하는 등, 코드를 최적화하는 데 도움이 되는 정보라면 어떤 것이든 컴파일 시점 환경에 추가할 수 있다.

a. 컴파일 도중 `const` 이름 – *리터럴*; 같은 상수 선언을 만났을 때, 그 선언의 범위 안에 있는 모든 *이름*을 *리터럴*로 대체해 버리면 실행 시 실행 시점 환경에서 *이름*을 조회할 필요가 없다. 이러한 최적화를 **상수 전파**(constant propagation)라고 부른다. 상수 선언의 리터럴 값을 저장하도록 확장된 컴파일 시점 환경을 이용해서, `lookup_symbol_value` 명령 대신 컴파일 시점 환경에 저장된 값을 이용하는 `assign` 명령을 생성하도록 `compile_name` 함수를 수정하라.

b. 함수 선언은 상수 선언으로부터 파생된 구성요소이다. 전역 환경에 있는 원시 함수 이름도 상수로 간주하기로 하자. 그리고 주어진 이름의 함수가 원시 함수인지 복합 함수인지에 관한 정보도 컴파일 시점 환경에 추가한다고 하자. 그러면 함수 적용을 컴파일할 때 그 함수가 원시 함수인지 복합 함수인지 판정하는 부분을 실행 시점에서 컴파일 시점으로 옮길 수 있다. 그러면 함수를 적용할 때마다 함수의 종류를 판정할 필요가 없으므로 목적 코드의 효율성이 좋아진다. 이런 식으로 확장된 컴파일 시점 환경을 이용해서, 만일 호출된 함수가 원시 함수인지 복합 함수인지를 컴파일 시점에서 판정할 수 있다면 그에 따라 `compiled_branch`의 명령렬과 `primitive_branch`의 명령렬 중 하나만 생성하도록 `compile_function_call` 함수를 수정하라.

c. 부문제 (a)에 나온, 상수 이름들을 해당 리터럴 값으로 대체하는 기법을 좀 더 확장하면 또 다른 최적화 기법이 나온다. 바로, 원시 함수의 적용을 컴파일 시점에서 계산한 결과에 해당하는 리터럴 값으로 대체하는 것이다. **상수 접기**(constant folding)라고 부르는 이 최적화 기법은 예를 들어 원본 프로그램의 `40 + 2`를 컴파일 시점에서 아예 `42`로 대체해 버린다. 수치에 대한 산술 연산들과 문자열 연결(concatenation) 연산에 대해 상수 접기를 적용하도록 컴파일러를 수정하라.

5.5.7 컴파일된 코드와 평가기의 연동

컴파일된 코드를 평가기 기계에 적재해서(load) 실행하는 방법은 아직 이야기하지 않았다. 일단, 명시적 제어 평가기를 §5.4.4에서 설명한 대로 구현했으며 거기에 §5.5.2의 각주 5.43에 나온 연산들을 추가했다고 가정한다. 이번 절에서는 주어진 자바스크립트 프로그램을 컴파일해서 목적 코드를 얻고, 그 목적 코드를 평가기 기계에 적재하고, 평가기 기계가 평가기 전역 환경 안에서 그 코드를 실행하게 만들고, 그 결과를 출력하고, 평가기의 구동기 루프로 진입하는 compile_and_go라는 함수를 구현한다. 또한, 해석된 구성요소가 해석된 함수뿐만 아니라 컴파일된 함수도 호출할 수 있도록 평가기를 수정한다. 그러면 다음 예처럼 컴파일된 함수를 기계에 적재하고 그 함수를 평가기를 이용해서 호출할 수 있다.

```
compile_and_go(parse(`
function factorial(n) {
    return n === 1
            ? 1
            : factorial(n - 1) * n;
}
                        `));
EC-evaluate value:
undefined

EC-evaluate input:
factorial(5);

EC-evaluate value:
120
```

컴파일된 함수를 평가기에서 사용할 수 있으려면(이를테면 위의 factorial 호출을 평가하기 위해), 컴파일된 코드를 복합 함수나 원시 함수와는 다른 종류의 구성요소로 인식하고 컴파일된 코드의 진입점으로 실행의 흐름을 직접 이동하도록 apply_dispatch 진입점의 코드(§5.4.2)를 수정해야 한다. 다음이 그런 식으로 수정된 코드이다.[52]

```
"apply_dispatch",
```

....

52 물론 컴파일된 함수도 해석된 함수처럼 복합 함수이다(원시 함수가 아니라는 의미에서). 명시적 제어 평가기를 설명할 때 사용한 용어들과의 호환성을 위해, 이번 절에서 '복합(compound)'이라는 용어를 주어진 코드가 컴파일된 것이 아니라 해석된 것임을 나타내는 용도로 사용하기로 한다.

```
    test(list(op("is_primitive_function"), reg("fun"))),
    branch(label("primitive_apply")),
    test(list(op("is_compound_function"), reg("fun"))),
    branch(label("compound_apply")),
    test(list(op("is_compiled_function"), reg("fun"))),
    branch(label("compiled_apply")),
    go_to(label("unknown_function_type")),

"compiled_apply",
    push_marker_to_stack(),
    assign("val", list(op("compiled_function_entry"), reg("fun"))),
    go_to(reg("val")),
```

compound_apply의 코드와 비슷하게 compiled_apply의 코드는 먼저 스택에 표식을 저장한다(컴파일된 함수의 반환문에서 스택을 현재 상태로 되돌릴 수 있도록). compiled_apply에서 continue를 저장하지 않음을 주목하자. apply_dispatch 진입점에서 스택의 최상위에 이미 복귀할 지점이 들어 있도록 평가기가 준비해 두기 때문이다.

평가기 기계를 시동하면 바로 컴파일된 코드가 실행되도록, 평가기 기계의 시작 부분에 다음과 같이 branch 명령을 하나 삽입한다. 이 명령에 의해, 만일 flag 레지스터가 설정되어 있으면 기계는 새 진입점으로 가게 된다.[53]

```
    branch(label("external_entry")), // 만일 flag가 설정되어 있으면 분기
"read_evaluate_print_loop",
    perform(list(op("initialize_stack"))),
    ...
```

external_entry의 코드는 실행할 컴파일된 코드의 진입점이 val 레지스터에 담겨 있으며, 그 코드는 자신의 실행 결과를 val에 저장하는 명령과 go_to(reg("continue"))로 끝난다고 가정한다. 그런 가정에 따라 external_entry는 컴파일된 코드를 실행한 후 print_result

---

53 이제는 평가기 기계가 branch 명령으로 시작하므로, 평가기 기계를 시동하기 전에 항상 flag 레지스터를 초기화해야 한다. 컴파일된 코드를 실행하지 않고 그냥 예전처럼 REPL를 돌리려면 다음과 같이 하면 된다.

```
function start_eceval() {
    set_register_contents(eceval, "flag", false);
    return start(eceval);
}
```

로 복귀하도록 continue 레지스터를 설정한 후 val에 담긴 위치로 간다. print_result의
코드는 val에 담긴 값을 출력한 후 평가기의 REPL 시작 지점으로 간다.[54]

```
"external_entry",
  perform(list(op("initialize_stack"))),
  assign("env", list(op("get_current_environment"))),
  assign("continue", label("print_result")),
  go_to(reg("val")),
```

다음은 주어진 프로그램(텍스트)을 컴파일하고, 컴파일된 코드를 실행하고, 그런 다음
REPL로 진입하는 함수이다. 이 함수를 이용하면 함수 선언을 컴파일한 후 REPL로 진입해서
컴파일된 함수를 호출해 볼 수 있다. 평가기는 컴파일된 코드가 자신의 결과를 val에 넣은 후
continue에 있는 지점으로 간다고 가정하므로, 이 함수는 대상 val, 연계 "return"으로 프
로그램을 컴파일한다. 컴파일러가 생성한 목적 코드를 평가기 레지스터 기계가 실행할 수 있는
명령들로 변환하기 위해 이 함수는 레지스터 기계 시뮬레이터(§5.2.2)의 assemble 함수를 사
용한다. 해석된 프로그램이 컴파일된 프로그램의 최상위 수준에 선언된 이름들을 참조할 수 있
도록, 이 함수는 최상위 이름들을 파악한 후 그 이름들을 각각 "*unassigned*"과 묶는 바인
딩들을 담은 프레임을 전역 환경에 추가한다(이름들의 실제 값은 컴파일된 코드가 배정할 것
이므로, 여기서는 그냥 "*unassigned*"와 묶으면 된다). 그런 다음에는 val 레지스터를 그

----

54 이제는 시스템이 컴파일된 함수의 결과를 출력하므로, 시스템이 사용하는 출력 연산 user_print(§4.1.4)가 컴파일된
함수의 구성요소들을 출력하려 들지는 않도록 다음과 같이 수정해야 한다.

```
function user_print(string, object) {
    function prepare(object) {
        return is_compound_function(object)
                ? "< compound function >"
                : is_primitive_function(object)
                ? "< primitive function >"
                : is_compiled_function(object)
                ? "< compiled function >"
                : is_pair(object)
                ? pair(prepare(head(object)),
                        prepare(tail(object)))
                . object;
    }
    display(string + " " + stringify(prepare(object)));
}
```

명령들의 목록을 가리키도록 초기화하고, 평가기가 **external_entry**로 가도록 **flag** 레지스터를 설정해서 평가기를 시동한다.

```
function compile_and_go(program) {
    const instrs = assemble(instructions(compile(program,
                                                  "val", "return")),
                            eceval);
    const toplevel_names = scan_out_declarations(program);
    const unassigneds = list_of_unassigned(toplevel_names);
    set_current_environment(extend_environment(
                                toplevel_names,
                                unassigneds,
                                the_global_environment));
    set_register_contents(eceval, "val", instrs);
    set_register_contents(eceval, "flag", true);
    return start(eceval);
}
```

§5.4.4의 끝에서처럼 스택 사용 통계량 수집 기능을 추가했다면, 컴파일된 코드가 스택을 얼마나 사용하는지 파악할 수 있다. 다음이 그러한 예이다.

```
compile_and_go(parse(`
function factorial(n) {
    return n === 1
           ? 1
           : factorial(n - 1) * n;
}
                      `));
total pushes = 0
maximum depth = 0
EC-evaluate value:
undefined

EC-evaluate input:
factorial(5);

total pushes = 36
maximum depth = 14
EC-evaluate value:
120
```

이 예의 통계량들을 §5.4.4의 끝에 나온 `factorial(5)`의 해석 버전에 대한 통계량들과 비교해 보기 바란다. 해석 버전의 스택 저장 횟수는 151이고 최대 스택 깊이는 28이었다. 반면에 컴파일 버전은 컴파일 전략에서 비롯한 최적화 덕분에 36과 14밖에 되지 않는다.

해석과 컴파일

이번 절의 프로그램들을 이용하면 해석과 컴파일이라는 대조적인 두 가지 실행 전략을 실험할 수 있다.[55] 해석기는 기계를 사용자 프로그램의 수준으로 끌어올리지만 컴파일러는 사용자 프로그램을 기계어의 수준으로 낮춘다. 자바스크립트라는 프로그래밍 언어를(사실 그 어떤 프로그래밍 언어라도) 기계어로부터 구축한 일관된 추상들의 모임(family; 족)이라고 간주할 수 있다. 해석기는 프로그램을 대화식으로(상호작용적으로) 개발하고 디버깅하는 데 적합하다. 해석기에서는 프로그램 실행의 단계들을 그런 추상들을 기준으로 조직화할 수 있으며, 그 덕분에 프로그래머가 프로그램 실행 단계들을 좀 더 잘 이해할 수 있기 때문이다. 한편 컴파일된 코드는 더 빠르게 실행된다는 장점이 있다. 이는 프로그램 실행의 단계들을 기계어로 조직화하며, 컴파일러는 고수준 추상들을 건너뛰는 최적화 기법들을 자유로이 적용할 수 있기 때문이다.[56]

해석과 컴파일의 여러 실행 전략은 프로그래밍 언어를 새 컴퓨터로 이식하는 여러 전략으로 이어진다. 자바스크립트를 어떤 새로운 종류의 컴퓨터에서 구현한다고 하자. 한 가지 전략은 § 5.4의 명시적 제어 평가기로 출발해서 그 평가기의 명령들을 새 컴퓨터의 명령들로 번역하는

---

[55] 더 나아가서, 컴파일된 코드에서 해석된 함수를 호출할 수 있도록 컴파일러를 확장한다면 더욱 다양한 전략을 실험할 수 있다. [연습문제 5.50]을 보라.

[56] 어떤 실행 전략을 사용하든, 만일 사용자 프로그램의 실행 도중에 발생하는 오류를 실행 시스템이 반드시 검출해서 보고하게 한다면(그냥 시스템을 중지하거나 잘못된 답을 내도록 허용하는 것이 아니라) 상당한 추가부담이 발생한다. 예를 들어 배열 범위 바깥을 참조하는 오류는 참조 전에 해당 색인의 유효성을 점검해서 검출할 수 있다. 그러나 이러한 점검의 추가부담은 배열 참조 자체의 비용의 몇 배가 될 수 있으며, 따라서 프로그래머는 그런 점검에 의한 안정성 증가 대 실행 속도 감소의 경중을 따져 보아야 한다. 좋은 컴파일러는 그런 점검을 수행하는 코드를 생성하되 불필요한 점검은 피할 수 있어야 하며, 컴파일된 코드의 오류 점검 수준과 종류를 프로그래머가 제어할 수 있게 해야 한다.

프로그램의 빠른 실행을 중요시하는 유명 언어(C, C++ 등등)의 컴파일러는 실행 코드에 오류 점검 코드를 거의 집어넣지 않는다. 따라서 안전을 위해서는 프로그래머가 직접 오류 점검 코드를 작성해야 한다. 안타깝게도 오류 점검을 게을리하는 프로그래머가 많다. 심지어 속도가 제약 조건이 아닌 핵심(critical) 응용 프로그램을 만들 때도 그렇다. 그런 식으로 만들어진 프로그램은 빠르지만 위험한 삶을 살게 된다. 예를 들어 1988년에 인터넷을 마비시킨 악명 높은 그 '웜'(최초의, 또는 최초로 대중 매체의 주목을 받은 인터넷 웜인 모리스 웜Morris worm을 말한다 — 옮긴이)은 UNIX™ 운영체제의 한 취약점을 악용했는데, 그 취약점이란 운영체제가 `finger` 데몬에서 입력 범퍼가 넘치는 상황을 제대로 점검하지 않는다는 것이었다(Spafford 1989).

것이다. 또 다른 전략은 이번 장의 컴파일러로 출발해서 새 컴퓨터를 위한 명령들을 생성하도록 코드 생성기들을 수정하는 것이다. 이 둘째 전략에서는, 먼저 기존 컴퓨터에서 실행되는 자바스크립트 시스템에서 컴파일러를 실행해서 자바스크립트 프로그램을 컴파일하고, 컴파일된 코드를 새 컴퓨터에 맞게 컴파일한 런타임 라이브러리와 링크해서 새 컴퓨터에서 실행함으로써 그 어떤 자바스크립트 프로그램이라도 새 컴퓨터에서 실행할 수 있다.[57] 더 나은 방법은 컴파일러 자체를 그런 식으로 컴파일해서 새 컴퓨터에 설치한 후 새 컴퓨터에서 임의의 자바스크립트 프로그램을 컴파일하는 것이다.[58] 아니면 §4.1에 나온 해석기 중 하나를 컴파일해서 새 컴퓨터에서 실행할 수 있는 해석기를 만들어도 된다.

■ **연습문제 5.48**

어떤 계산을 위해 컴파일된 코드가 사용하는 스택 연산들과 평가기가 사용하는 스택 연산들을 비교해 보면 컴파일러가 스택 사용을 속도와 공간 측면에서 어느 정도나 최적화하는지 파악할 수 있다. 총 스택 연산 횟수의 감소는 속도를 위한 최적화에 해당하고 최대 스택 깊이의 감소는 공간을 위한 최적화에 해당한다. 컴파일한 코드의 최적화된 스택 사용 통계량을 해당 계산에 특화된 전용 컴퓨터의 성능과 비교해 보면 컴파일러의 품질을 어느 정도 잘 가늠할 수 있다.

a. [연습문제 5.28]에서는 $n!$을 본문의 재귀적 계승 함수를 이용해서 평가기로 계산하는 데 필요한 스택 저장 연산 횟수와 최대 스택 깊이를 n의 함수로 표현해 보았다. 그리고 [연습문제 5.13]에서는 [그림 5.11]에 나온 전용 계승 기계에 대해 그 두 통계량을 측정했다. 이번에는 컴파일된 factorial 함수를 이용해서 두 통계량을 측정하고 n의 함수로 표현하라.

컴파일된 버전의 스택 저장 횟수와 해석된 버전의 스택 저장 횟수의 비(ratio)를 구하고, 최대 스택 깊이에 대해서도 그런 비를 구하라. $n!$을 계산하는 데 쓰이는 스택 저장 횟수와 최

---

57 해석 전략이든 컴파일 전략이든, 저장소 할당이나 입출력을 비롯해 평가기와 컴파일러를 논의할 때 우리가 '원시' 연산으로 간주한 모든 연산을 새 컴퓨터에 맞게 구현해야 함은 물론이다. 이를 위한 작업을 최소화하는 한 방법은 그런 연산들을 최대한 자바스크립트로 구현한 후 새 컴퓨터에 맞게 컴파일하는 것이다. 궁극적으로, 새 컴퓨터에 맞게 사람이 직접 짜야 하는 것은 아주 작은 커널kernel 하나(쓰레기 수거 기능과 실제 기계어 원시 연산을 적용하는 메커니즘 같은 필수 기능만 갖춘)이고, 나머지는 모두 고수준 언어로 구현해서 컴파일하는 것으로 대신할 수 있다.

58 이 전략은 컴파일러의 정확성을 검증하는 흥미로운 테스트 전략으로 이어진다. 예를 들어, 컴파일된 컴파일러를 이용해서 새 컴퓨터에서 어떤 프로그램을 컴파일한 결과가 그 프로그램을 원래의 자바스크립트 시스템에서 컴파일한 결과와 같은지 비교해 볼 수 있다. 차이가 생긴 원인을 추적하는 것은 재미있지만 까다로운 일일 때가 많은데, 왜냐하면 컴파일 결과는 아주 사소한 세부사항에 극도로 민감하기 때문이다.

대 스택 깊이는 n에 정비례(선형 비례)하므로, n이 증가함에 따라 이 비들은 각각 어떤 상수에 접근할 것이다. 그 두 상수를 구하라. 마찬가지로, 전용 기계와 해석된 버전의 스택 사용 통계량 비들도 구하라.

전용 기계 대 해석된 코드의 비들을 컴파일된 코드 대 해석된 코드의 비들과 비교하라. 전용 기계가 컴파일된 코드보다 훨씬 효율적임을 알 수 있을 것이다. 이번 장의 초보적인 범용 컴파일러가 생성한 코드보다 사람이 직접 손으로 짠 제어기 코드가 훨씬 나은 것은 당연한 일이다.

b. 컴파일된 코드의 성능이 손으로 짠 버전의 성능에 가까워지도록 컴파일러를 개선하는 방안을 찾아보라.

■ **연습문제 5.49**

[연습문제 5.48]의 분석 방법을 이용해서, 다음의 트리 재귀적 피보나치 함수를 컴파일한 코드와 [그림 5.12]에 나온 전용 피보나치 기계의 효율성을 비교하라.

```
function fib(n) {
    return n < 2 ? n : fib(n - 1) + fib(n - 2);
}
```

(해석된 버전의 성능은 연습문제 5.30에서 다루었다.) 피보나치 수 계산의 경우 스택 사용 통계량이 n에 정비례하지 않는다. 따라서 스택 사용 통계량들의 비가 n에 독립적인 어떤 한계 값에 접근하지는 않는다.

■ **연습문제 5.50**

이번 절에서는 해석된 코드가 컴파일된 함수를 호출할 수 있도록 명시적 제어 평가기를 설명했다. 컴파일된 함수에서 원시 함수와 컴파일된 함수뿐만 아니라 해석된 함수도 호출할 수 있도록 컴파일러를 수정하는 방법을 제시하라. 그렇게 컴파일러를 수정하려면 묶음 함수(해석된 함수)를 처리하는 코드를 compile_function_call 함수에 추가해야 한다. compile_fun_appl에 쓰인 모든 target/linkage 조합을 지원해야 함을 주의하기 바란다. 함수 평가를 실제로 수행하려면 평가기의 `compound_apply` 진입점으로 점프해야 한다는 점도 기억하자. 목적 코드에서 이 이름표를 직접 참조할 수는 없다(어셈블러는 어셈블 중인 코드 자체에서 정의된 이름표들만 참조하기 때문이다). 이 문제를 처리하기 위해, 복합 함수를 위한 진입점을 담을 `compapp`라는 새 레지스터를 평가기 기계에 추가하고, 그 레지스터를 초기화하는 다음 명령을 평가기 기계의 제어열 첫 부분에 추가하자.

```
  assign("compapp", label("compound_apply")),
  branch(label("external_entry")),       // 만일 flag가 설정되어 있으면 분기
"read_evaluate_print_loop",
  ...
```

새 컴파일러를 이런 식으로 시험해 보기 바란다. 아직 선언되지 않은 함수 g를 호출하는 함수 f를 작성하고, `compile_and_go`를 호출해서 f의 선언을 컴파일하고 평가기를 실행한다. 평가기 REPL에서 함수 g를 선언한 후 f를 호출해 본다.

■ 연습문제 5.51

이번 절에서 구현한 `compile_and_go` 인터페이스는 컴파일러를 한 번만(평가기 기계를 시동할 때) 호출할 수 있어서 사용하기가 다소 불편하다. 명시적 제어 평가기 안에서 호출할 수 있는 `compile_and_run`이라는 원시 연산을 제공하도록 컴파일러–해석기 인터페이스를 개선하라. `compile_and_run`을 다음과 같이 사용할 수 있어야 한다.

```
EC-evaluate input:
compile_and_run(parse(`
function factorial(n) {
    return n === 1
           ? 1
           : factorial(n - 1) * n;
}
                      `));

EC-evaluate value:
undefined

EC-evaluate input:
```

```
factorial(5)

EC-Eval value:
120
```

■ 연습문제 5.52

명시적 제어 평가기의 REPL 대신 사용할, 읽기-컴파일-실행-출력 루프(read-compile-execute-print loop)를 수행하는 레지스터 기계를 설계하라. 즉, 프로그램을 입력받고, 컴파일 및 어셈블을 수행해서 실행 가능 코드를 만들고, 그 코드를 실행하고, 실행 결과를 출력하는 루프를 돌리는 기계를 만들어야 한다. 시뮬레이터 환경에서는 compile 함수와 assemble 함수를 '레지스터 기계 연산'으로서 호출할 수 있으므로 그런 기계를 돌리기가 쉬울 것이다.

■ 연습문제 5.53

컴파일러를 이용해서 §4.1의 메타순환적 평가기를 컴파일하고, 컴파일된 코드를 레지스터 기계 시뮬레이터로 실행해 보라. 파서는 문자열을 받으므로, 프로그램을 먼저 문자열로 변환해야 할 것이다. 가장 간단한 방법은 compile_and_go와 compile_and_run 예제에서처럼 역따옴표(`)를 사용하는 것이다. 컴파일된 평가기는 여러 수준의 해석을 거쳐야 하므로 아주 느리게 실행되겠지만, 모든 세부사항을 제대로 처리해서 평가기가 잘 실행되게 만들어 보면 배울 점이 많을 것이다.

■ 연습문제 5.54

자바스크립트의 기본적인 구현을 C로 개발하라(C 대신 여러분이 선호하는 다른 저수준 언어를 사용해도 좋다). §5.4의 명시적 제어 평가기를 C로 이식하는 전략을 사용할 것. 해당 코드를 실행하는 데 필요한 저장소 할당 루틴들과 기타 실행 시점 지원 루틴들도 구현해야 한다.

[연습문제 5.54]와는 대조적으로, 자바스크립트 함수를 일련의 C 명령들로 컴파일하도록 컴파일러를 수정하라. 그런 컴파일러로 §4.1의 메타순환적 평가기를 컴파일하면 C로 작성된 자바스크립트 해석기가 나온다.

참고문헌

[1]   Abelson, Harold, Andrew Berlin, Jacob Katzenelson, William McAllister, Guillermo Rozas, Gerald Jay Sussman, Jack Wisdom. 1992. The Supercomputer Toolkit: A general framework for special-purpose computing. *International Journal of High-Speed Electronics* 3(3):337-361.

[2]   Allen, John. 1978. *Anatomy of Lisp*. New York: McGraw-Hill.

[3]   Appel, Andrew W. 1987. Garbage collection can be faster than stack allocation. *Information Processing Letters* 25(4):275-279.

[4]   Backus, John. 1978. Can programming be liberated from the von Neumann style? *Communications of the ACM* 21(8):613-641.

[5]   Baker, Henry G., Jr. 1978. List processing in real time on a serial computer. *Communications of the ACM* 21(4):280-293.

[6]   Batali, John, Neil Mayle, Howard Shrobe, Gerald Jay Sussman, Daniel Weise. 1982. The Scheme-81 architecture — System and chip. *Proceedings of the MIT Conference on Advanced Research in VLSI*, Paul Penfield, Jr. 엮음. Dedham, MA: Artech House.

[7]   Borning, Alan. 1977. ThingLab — An object-oriented system for building simulations using constraints. *Proceedings of the 5th International Joint Conference on Artificial Intelligence.*

[8]   Borodin, Alan, Ian Munro. 1975. *The Computational Complexity of Algebraic and Numeric Problems*. New York: American Elsevier.

[9]   Chaitin, Gregory J. 1975. Randomness and mathematical proof. *Scientific American* 232(5):47-52.

[10]   Church, Alonzo. 1941. *The Calculi of Lambda-Conversion*. Princeton, N.J.: Princeton University Press.

[11]   Clark, Keith L. 1978. Negation as failure. *Logic and Data Bases*. New York: Plenum Press, pp. 293-322.

[12] Clinger, William. 1982. Nondeterministic call by need is neither lazy nor by name. *Proceedings of the ACM Symposium on Lisp and Functional Programming,* pp. 226‒234.

[13] Colmerauer A., H. Kanoui, R. Pasero, P. Roussel. 1973. Un système de communication homme‒machine en français. 기술보고서, Groupe d'Intelligence Artificielle, Université d'Aix‒Marseille II, Luminy.

[14] Cormen, Thomas H., Charles E. Leiserson, Ronald L. Rivest, Clifford Stein. 2022. *Introduction to Algorithms.* 제4판. Cambridge, MA: MIT Press.

[15] Crockford, Douglas. 2008. *JavaScript: The Good Parts.* Sebastopol, CA: O'Reilly Media.

[16] Darlington, John, Peter Henderson, David Turner. 1982. *Functional Programming and Its Applications.* New York: Cambridge University Press.

[17] Dijkstra, Edsger W. 1968a. The structure of the "THE" multiprogramming system. *Communications of the ACM* 11(5):341‒346.

[18] Dijkstra, Edsger W. 1968b. Cooperating sequential processes. *Programming Languages,* F. Genuys 엮음. New York: Academic Press, pp. 43‒112.

[19] Dinesman, Howard P. 1968. *Superior Mathematical Puzzles.* New York: Simon and Schuster.

[20] de Kleer, Johan, Jon Doyle, Guy Steele, Gerald J. Sussman. 1977. AMORD: Explicit control of reasoning. *Proceedings of the ACM Symposium on Artificial Intelligence and Programming Languages,* pp. 116‒125.

[21] Doyle, Jon. 1979. A truth maintenance system. *Artificial Intelligence* 12:231‒272.

[22] ECMA. 1997. ECMAScript: A general purpose, cross‒platform programming language. 제1판, Guy L. Steele Jr. 엮음. *Ecma International.*

[23] ECMA. 2015. ECMAScript: A general purpose, cross‒platform programming language. 제6판, Allen Wirfs‒Brock 엮음. *Ecma International.*

[24] ECMA. 2020. ECMAScript: A general purpose, cross‒platform programming language. 제11판, Jordan Harband 엮음. *Ecma International.*

[25] Edwards, A. W. F. 2019. *Pascal's Arithmetical Triangle.* Mineola, New York: Dover Publications.

[26] Feeley, Marc. 1986. Deux approches àl'implantation du language Scheme. 석사논문, Universitéde Montréal.

[27] Feeley, Marc and Guy Lapalme. 1987. Using closures for code generation. *Journal of Computer Languages* 12(1):47–66.

[28] Feigenbaum, Edward, Howard Shrobe. 1993. The Japanese National Fifth Generation Project: Introduction, survey, and evaluation. *Future Generation Computer Systems,* 권 9, pp. 105–117.

[29] Feller, William. 1957. *An Introduction to Probability Theory and Its Applications,* 권 1. New York: John Wiley &Sons.

[30] Fenichel, R., J. Yochelson. 1969. A Lisp garbage collector for virtual memory computer systems. *Communications of the ACM* 12(11):611–612.

[31] Floyd, Robert. 1967. Nondeterministic algorithms. *JACM,* 14(4):636–644.

[32] Forbus, Kenneth D., Johan de Kleer. 1993. *Building Problem Solvers.* Cambridge, MA: MIT Press.

[33] Friedman, Daniel P., David S. Wise. 1976. CONS should not evaluate its arguments. *Automata, Languages, and Programming: Third International Colloquium,* S. Michaelson, R. Milner 엮음, pp. 257–284.

[34] Friedman, Daniel P., Mitchell Wand, Christopher T. Haynes. 1992. *Essentials of Programming Languages.* Cambridge, MA: MIT Press/McGraw-Hill.

[35] Gabriel, Richard P. 1988. The Why of Y. *Lisp Pointers* 2(2):15–25.

[36] Goldberg, Adele, David Robson. 1983. *Smalltalk-80: The Language and Its Implementation.* Reading, MA: Addison-Wesley.

[37] Gordon, Michael, Robin Milner, Christopher Wadsworth. 1979. *Edinburgh LCF.* Lecture Notes in Computer Science, 권 78. New York: Springer-Verlag.

[38] Gray, Jim, Andreas Reuter. 1993. *Transaction Processing: Concepts and Models.* San Mateo, CA: Morgan-Kaufman.

[39] Green, Cordell. 1969. Application of theorem proving to problem solving. *Proceedings of the International Joint Conference on Artificial Intelligence,* pp. 219–240.

[40] Green, Cordell, Bertram Raphael. 1968. The use of theorem-proving techniques in question-answering systems. *Proceedings of the ACM National Conference,* pp. 169-181.

[41] Guttag, John V. 1977. Abstract data types and the development of data structures. *Communications of the ACM* 20(6):397-404.

[42] Hamming, Richard W. 1980. *Coding and Information Theory.* Englewood Cliffs, N.J.: Prentice-Hall.

[43] Hanson, Christopher P. 1990. Efficient stack allocation for tail-recursive languages. *Proceedings of ACM Conference on Lisp and Functional Programming,* pp. 106-118.

[44] Hanson, Christopher P. 1991. A syntactic closures macro facility. *Lisp Pointers,* 4(4):9-16.

[45] Hardy, Godfrey H. 1921. Srinivasa Ramanujan. *Proceedings of the London Mathematical Society* XIX(2).

[46] Hardy, Godfrey H., E. M. Wright. 1960. *An Introduction to the Theory of Numbers.* 제4판. New York: Oxford University Press.

[47] Havender, J. 1968. Avoiding deadlocks in multi-tasking systems. *IBM Systems Journal* 7(2):74-84.

[48] Henderson, Peter. 1980. *Functional Programming: Application and Implementation.* Englewood Cliffs, N.J.: Prentice-Hall.

[49] Henderson, Peter. 1982. Functional Geometry. *Conference Record of the 1982 ACM Symposium on Lisp and Functional Programming,* pp. 179-187.

[50] Hewitt, Carl E. 1969. PLANNER: A language for proving theorems in robots. *Proceedings of the International Joint Conference on Artificial Intelligence,* pp. 295-301.

[51] Hewitt, Carl E. 1977. Viewing control structures as patterns of passing messages. *Journal of Artificial Intelligence* 8(3):323-364.

[52] Hoare, C. A. R. 1972. Proof of correctness of data representations. *Acta Informatica* 1(1):271-281.

[53] Hodges, Andrew. 1983. *Alan Turing. The Enigma.* New York: Simon and Schuster.

[54] Hofstadter, Douglas R. 1979. *Gödel, Escher, Bach: An Eternal Golden Braid.* New York: Basic Books.

[55] Hughes, R. J. M. 1990. Why functional programming matters. *Research Topics in Functional Programming*, David Turner 엮음. Reading, MA: Addison-Wesley, pp. 17-42.

[56] IEEE Std 1178-1990. 1990. *IEEE Standard for the Scheme Programming Language.*

[57] Ingerman, Peter, Edgar Irons, Kirk Sattley, Wallace Feurzeig; M. Lind, Herbert Kanner, Robert Floyd 도움. 1960. THUNKS: A way of compiling procedure statements, with some comments on procedure declarations. 미출판 원고. (또한, Wallace Feurzeig와의 개인적인 의견 교환.)

[58] Jaffar, Joxan, Peter J. Stuckey. 1986. Semantics of infinite tree logic programming. *Theoretical Computer Science* 46:141-158.

[59] Kaldewaij, Anne. 1990. *Programming: The Derivation of Algorithms.* New York: Prentice-Hall.

[60] Knuth, Donald E. 1997a. *Fundamental Algorithms. The Art of Computer Programming* 권 1, 제3판. Reading, MA: Addison-Wesley.

[61] Knuth, Donald E. 1997b. *Seminumerical Algorithms. The Art of Computer Programming* 권 2, 제3판. Reading, MA: Addison-Wesley.

[62] Konopasek, Milos, Sundaresan Jayaraman. 1984. *The TK!Solver Book: A Guide to Problem-Solving in Science, Engineering, Business, and Education.* Berkeley, CA: Osborne/McGraw-Hill.

[63] Kowalski, Robert. 1973. Predicate logic as a programming language. 기술보고서 70, Department of Computational Logic, School of Artificial Intelligence, University of Edinburgh.

[64] Kowalski, Robert. 1979. *Logic for Problem Solving.* New York: North-Holland.

[65] Lamport, Leslie. 1978. Time, clocks, and the ordering of events in a distributed system. *Communications of the ACM* 21(7):558-565.

[66] Lampson, Butler, J. J. Horning, R. London, J. G. Mitchell, G. K. Popek. 1981. Report on the programming language Euclid. 기술보고서, Computer Systems Research Group, University of Toronto.

[67] Landin, Peter. 1965. A correspondence between Algol 60 and Church's lambda notation: Part I. *Communications of the ACM* 8(2):89 – 101.

[68] Lieberman, Henry, Carl E. Hewitt. 1983. A real–time garbage collector based on the lifetimes of objects. *Communications of the ACM* 26(6):419 – 429.

[69] Liskov, Barbara H., Stephen N. Zilles. 1975. Specification techniques for data abstractions. *IEEE Transactions on Software Engineering* 1(1):7 – 19.

[70] McAllester, David Allen. 1978. A three–valued truth–maintenance system. Memo 473, MIT Artificial Intelligence Laboratory.

[71] McAllester, David Allen. 1980. An outlook on truth maintenance. Memo 551, MIT Artificial Intelligence Laboratory.

[72] McCarthy, John. 1967. A basis for a mathematical theory of computation. *Computer Programing and Formal Systems*, P. Braffort, D. Hirschberg 엮음. North–Holland, pp. 33 – 70.

[73] McDermott, Drew, Gerald Jay Sussman. 1972. Conniver reference manual. Memo 259, MIT Artificial Intelligence Laboratory.

[74] Miller, Gary L. 1976. Riemann's Hypothesis and tests for primality. *Journal of Computer and System Sciences* 13(3):300 – 317.

[75] Miller, James S., Guillermo J. Rozas. 1994. Garbage collection is fast, but a stack is faster. Memo 1462, MIT Artificial Intelligence Laboratory.

[76] Moon, David. 1978. MacLisp reference manual, Version 0. 기술보고서, MIT Laboratory for Computer Science.

[77] Morris, J. H., Eric Schmidt, Philip Wadler. 1980. Experience with an applicative string processing language. *Proceedings of the 7th Annual ACM SIGACT/SIGPLAN Symposium on the Principles of Programming Languages*.

[78] Phillips, Hubert. 1934. *The Sphinx Problem Book*. London: Faber and Faber.

[79] Phillips, Hubert. 1961. *My Best Puzzles in Logic and Reasoning*. New York: Dover Publications.

[80] Rabin, Michael O. 1980. Probabilistic algorithm for testing primality. *Journal of Number Theory* 12:128 – 138.

[81] Raymond, Eric. 1996. *The New Hacker's Dictionary.* 제3판. Cambridge, MA: MIT Press.

[82] Raynal, Michel. 1986. *Algorithms for Mutual Exclusion.* Cambridge, MA: MIT Press.

[83] Rees, Jonathan A., Norman I. Adams IV. 1982. T: A dialect of Lisp or, lambda: The ultimate software tool. *Conference Record of the 1982 ACM Symposium on Lisp and Functional Programming,* pp. 114-122.

[84] Rivest, Ronald L., Adi Shamir, Leonard M. Adleman. 1978. A method for obtaining digital signatures and public-key cryptosystems. *Communications of the ACM,* 21(2):120-126.

[85] Robinson, J. A. 1965. A machine-oriented logic based on the resolution principle. *Journal of the ACM* 12(1):23.

[86] Robinson, J. A. 1983. Logic programming — Past, present, and future. *New Generation Computing* 1:107-124.

[87] Spafford, Eugene H. 1989. The Internet Worm: Crisis and aftermath. *Communications of the ACM* 32(6):678-688.

[88] Steele, Guy Lewis, Jr. 1977. Debunking the "expensive procedure call" myth. *Proceedings of the National Conference of the ACM,* pp. 153-162.

[89] Steele, Guy Lewis, Jr., Gerald Jay Sussman. 1975. Scheme: An interpreter for the extended lambda calculus. Memo 349, MIT Artificial Intelligence Laboratory.

[90] Steele, Guy Lewis, Jr., Donald R. Woods, Raphael A. Finkel, Mark R. Crispin, Richard M. Stallman, Geoffrey S. Goodfellow. 1983. *The Hacker's Dictionary.* New York: Harper &Row.

[91] Stoy, Joseph E. 1977. *Denotational Semantics.* Cambridge, MA: MIT Press.

[92] Sussman, Gerald Jay, Richard M. Stallman. 1975. Heuristic techniques in computer-aided circuit analysis. *IEEE Transactions on Circuits and Systems* CAS-22(11):857-865.

[93] Sussman, Gerald Jay, Guy Lewis Steele Jr. 1980. Constraints — A language for expressing almost-hierarchical descriptions. *AI Journal* 14:1-39.

[94] Sussman, Gerald Jay, Jack Wisdom. 1992. Chaotic evolution of the solar system. *Science* 257:256-262.

[95]   Sussman, Gerald Jay, Terry Winograd, Eugene Charniak. 1971. Microplanner reference manual. Memo 203A, MIT Artificial Intelligence Laboratory.

[96]   Sutherland, Ivan E. 1963. SKETCHPAD: A man-machine graphical communication system. Technical report 296, MIT Lincoln Laboratory.

[97]   Thatcher, James W., Eric G. Wagner, Jesse B. Wright. 1978. Data type specification: Parameterization and the power of specification techniques. *Conference Record of the Tenth Annual ACM Symposium on Theory of Computing*, pp. 119 - 132.

[98]   Turner, David. 1981. The future of applicative languages. *Proceedings of the 3rd European Conference on Informatics*, Lecture Notes in Computer Science, 권 123. New York: Springer-Verlag, pp. 334 - 348.

[99]   Wand, Mitchell. 1980. Continuation-based program transformation strategies. *Journal of the ACM* 27(1):164 - 180.

[100] Waters, Richard C. 1979. A method for analyzing loop programs. *IEEE Transactions on Software Engineering* 5(3):237 - 247.

[101] Winston, Patrick. 1992. *Artificial Intelligence*. 제3판. Reading, MA: Addison-Wesley.

[102] Zabih, Ramin, David McAllester, David Chapman. 1987. Non-deterministic Lisp with dependency-directed backtracking. *AAAI-87*, pp. 59 - 64.

[103] Zippel, Richard. 1979. Probabilistic algorithms for sparse polynomials. Ph.D. dissertation, Department of Electrical Engineering and Computer Science, MIT.

[104] Zippel, Richard. 1993. *Effective Polynomial Computation*. Boston, MA: Kluwer Academic Publishers.

INDEX

INDEX

INDEX

INDEX

INDEX

INDEX

INDEX

INDEX

INDEX

INDEX

INDEX

INDEX